Anton Springer

Textbuch zu den kunsthistorischen Bilderbogen

Anton Springer

Textbuch zu den kunsthistorischen Bilderbogen

ISBN/EAN: 9783743403703

Hergestellt in Europa, USA, Kanada, Australien, Japan

Cover: Foto ©ninafisch / pixelio.de

Manufactured and distributed by brebook publishing software (www.brebook.com)

Anton Springer

Textbuch zu den kunsthistorischen Bilderbogen

TEXTBUCH

ZU DEN

KUNSTHISTORISCHEN BILDERBOGEN

VON

ANTON SPRINGER

ZWEITE VERBESSERTE AUFLAGE

LEIPZIG
VERLAG VON E. A. SEEMANN
1881

Vorwort zur zweiten Auflage.

Als „Seemann's Kunſthiſtoriſche Bilderbogen“ vollendet vorlagen, wurde vielfach der Wunſch nach einem kurzgefaßten
Textbuche laut, welches die einzelnen Abbildungen erläutert
und erklärt. Von dem befreundeten Verleger zu Rathe gezogen, empfahl ich die Anordnung des Textbuches nach hiſtoriſchen Grundſätzen, ſo daß dasſelbe zugleich als kunſthiſtori-
ſcher Leitfaden dienen könnte, und übernahm ſchließlich ſelbſt
die Löſung der Aufgabe. Nicht ohne Sorge und Bangen. Man
muß den leichten Muth der Jugend beſitzen oder bloß auf den
von der Forſchung bereits breit getretenen Wegen und nicht
auch auf den zahlreicheren, nur verſuchsweiſe eingeſchlagenen
und erſt mühſam gebahnten Pfaden ſich bewegen, um nicht
vor den großen Schwierigkeiten einer univerſalhiſtoriſchen
Ueberſicht zurückzuſchrecken. Und je kürzer die gebotene
Faſſung, deſto mehr wachſen die Schwierigkeiten. Auch jetzt
nach zweimaliger Bearbeitung des Textbuches bekenne ich mich
zu der Anſicht, daß einzelne Kapitel in den Händen des einen
oder anderen Specialforſchers eine vollendetere Form gewonnen
hätten. Zu dem Entſchluſſe, das Werk dennoch zu wagen,
brachte mich die Erwägung, daß das Textbuch in erſter Linie
didaktiſche Zwecke ſich vorſetze. Der Rückblick auf eine fünf-

unddreißigjährige — ich denke nicht ganz erfolglofe — Lehr-
thätigkeit ließ mich hoffen, in Bezug auf Anordnung und Gliederung des Stoffes, auf das Maß des gebotenen Inhaltes und
auf den Ton der Schilderung meiftens das Richtige getroffen
zu haben.

Die erfte Auflage des Textbuches erfchien anonym. Ich
lüfte jetzt den für meine Freunde und Fachgenoffen ohnehin
durchfichtigen Schleier.

Leipzig, im September 1881.

Anton Springer.

Inhaltsverzeichniss.

III. DIE KUNST DER NEUEREN ZEIT.

A. Italien.

DIE KUNST DES ALTERTHUMS.

Die Anfänge der Kunſtentwickelung.

Auf die Fragen: Wie weit reicht unſer unmittelbares Kunſt-
verſtändniß zurück und welche vergangene Kunſtſtufe bietet uns
zuerſt reinen Genuß und volle Freude? lautet die Antwort: Mit
den Griechen beginnt unſere Kunſtwelt, in den Werken der helleniſchen Künſtler empfangen unſere Ideale der Schönheit am früheſten Leben und Geſtalt. Mit der klaſſiſchen Kunſt, ſo nennen
wir die Kunſt der Griechen und Römer, verhält es ſich wie mit den
klaſſiſchen Sprachen und insbeſondere wie mit der griechiſchen
Poeſie und Philoſophie. Sprachgelehrte beſchäftigen ſich mit den
altorientaliſchen Sprachen; Einfluß auf die allgemeine Bildung üben
nur die Sprachen der Griechen und Römer. Die Namen Homer,
Plato, Ariſtoteles klingen vernehmlich an unſer Ohr, altägyptiſche
und altindiſche Dichter dagegen, orientaliſche Weiſe bleiben uns
ſtets fremd und werden nur mühſam verſtanden. Doch darf man
nicht glauben, als ob das griechiſche Volk von allem Anfange her
eine vollendete Kunſt, gleichſam als Naturgeſchenk, beſeſſen habe
und für ſeine künſtleriſche Entwickelung nichts der älteren orientaliſchen Kultur verdanke. Es gab eine Zeit, in welcher die Griechen
über kein größeres Kunſtvermögen verfügten, als die vielgeſchol-
tenen Barbaren. Viele Menſchenalter vergingen, ehe ſich die nationale Eigenart entwickelte und feſte, nach außen abgeſchloſſene
Formen fand. Je näher ein Volk dem Anfange ſeines Daſeins ſteht,
eine deſto geringere Kraft übt die Eigenthümlichkeit ſeiner Natur.
Auf den elementaren Stufen der Bildung rücken die einzelnen
Stämme in ihren Zuſtänden, Aeußerungen und Beſtrebungen eng
aneinander und zeigen noch nicht die ſcharfen Unterſchiede, welche
ſie in den Zeiten reicherer Kultur trennen.

Eine Schilderung, wie ſich menſchlicher Kunſtſinn allmählich
entfaltet hat, würde zunächſt die Verſuche erwähnen, durch mannig-

sache Erfindungen die Befriedigung der Lebensbedürfnisse zu er-
leichtern und zu vermitteln. Die Noth schärfte das Auge und ließ
in Naturkörpern, selbst in Gliedern des eigenen Leibes, z. B. in
der geballten oder hohlen Hand dafür taugliche Gegenstände er-
decken. Diese Urgeräthe, zuerst so hingenommen, wie sie die
Natur darbot, wurden sodann durch andere Naturkörper, welche
als Werkzeuge verwendet wurden — Steinspitzen, Steinbeile, Kno-
chennadeln u. s. w. — für ihren Zweck noch tauglicher gestaltet.
Formgedanken begannen sich zu regen. Noch immer erschien
aber die Form wie zufällig an dem Stoffe haftend. Da ist es nun
ein riesiger Fortschritt gewesen, als Stoff und Form getrennt und
der erstere, z. B. Pflanzenfasern, in Streifen geschnittene Thierfelle,
Thonerde, Metalle durch bewußte menschliche Arbeit in die zweck-
mäßige Form gebracht wurde, wobei die Erinnerung an Naturvorbilder die Hand leitete. Im Handwerke offenbarte sich zuerst
die menschliche Kunstfertigkeit; die Lust, das Geräth zu schmücken,
weckte am frühesten den Formensinn. Die Weberei und Töpferei
müssen wir als Mutterkünste begrüßen, im Kreise des Ornaments
spielt sich die älteste Entwickelung unserer Kunst ab. Beinahe unwillkürlich entstanden die Ornamente. Der Vorgang bei der textilen Arbeit selbst führte zum Verflechten, Reihen, Binden, Säumen
und gab dem Bande, der Krone, dem Saume den Ursprung. Das
Treiben der Metalle, die älteste Weise der Metallverwendung im
menschlichen Dienste, ließ unwillkürlich Buckel entstehen, welche
in Reihen zusammengestellt gleichzeitig einen Schmuck bildeten und
weiterhin zu Kreis- und Spiralornamenten Anlaß gaben.

Die Bewohner der Schweizer Pfahlbauten haben allerdings nicht
in Urzeiten gelebt, stehen an Alter gegen die Ahnen orientalischer
Stämme und des Griechenvolkes weit zurück; sie befanden sich
aber auf der primitiven Kulturstufe, welche auch die letzteren am
Anfange ihres Daseins eingenommen hatten, und dürfen, da nach
einem historischen Grundgesetze verwandten Kulturstufen verwandte
Lebensäußerungen entsprechen, zur Vergleichung herangezogen
werden, wenn es sich um die anschauliche Schilderung des ursprüng-
lichen Kunstlebens der Menschheit handelt. Die Reste von Flecht-
werken, welche in den Pfahlbauten gefunden wurden (No. **319**,
5 und 6) zeigen deutlich die natürliche Entstehung von Mustern,
welche bereits vollständig den Reiz eines Ornamentes besitzen und
als Schmuckform seitdem die mannigfachste Verwendung gefunden
haben. In ähnlicher Weise lehrt die Zusammenstellung von Bronze-
Geräthen und Waffen mit den als Geräthe und Waffen verwende-
ten Naturkörpern (No. **319**, 1, 2 und 7, 8) die unmittelbare Anlehnung der ersteren an die letzteren kennen.

Das Ornament als Produkt des technischen Vorganges bildet das erfte Glied in der Entwickelungsreihe dekorativer Formen. Auf dem weiteren Wege werden fodann die Ornamente, welche urfprünglich nur einem Stoffe und einer beftimmten technifchen Procedur entfproffen find, ausgetaufcht und gemifcht. Diefes Schickfal trifft namentlich die Ornamente der textilen Kunft (Saum, Band, Tau). Sie begegnen uns in fehr früher Zeit bereits auch auf Thongefäßen und Metallgeräthen. In einzelnen Fällen kann man auch die Urfachen der Mifchung errathen. Vertikale von Querftrichen durchkreuzte Linien auf Thongefäßen deuten darauf hin, daß die letzteren früher zur größeren Sicherheit mit Weiden oder Binfen umflochten wurden.

Es kann darüber kein Zweifel herrfchen, daß felbft bei den einfachften und älteften Ornamenten, mochten diefelben auch Gründen technifcher Zweckmäßigkeit ihr Dafein verdanken, die Freude am Schmucke mitwirkte. Ohne eine angeborene Formfreude, welche mehr thut, als das bloße materielle Bedürfniß erheifcht, könnten wir uns die Entwickelung des Kunftfinnes gar nicht erklären. Allmählich öffnet fich das Auge auch für die Eindrücke der äußeren Natur und nimmt die lebendigen Formen der letzteren in fich auf. In ihrer Uebertragung auf den Gerätbefchmuck waltet das rein künftlerifche Intereffe vor. Das Ornament bedeckt mehr oder weniger die ganze Fläche und erhebt den Anfpruch auf felbftändige Geltung. Wir find nicht im Stande, die Zeit anzugeben, in welcher bei den verfchiedenen Stämmen diefe Dekorationsweife zuerft aufkam. Auch fie fällt noch der prähiftorifchen Zeit anheim. Ebenfowenig können wir bis jetzt mit Sicherheit angeben, welcher der verfchiedenen Klaffen von Ornamenten ein höheres Alter unbedingt zugefchrieben werden muß. Drei Ornamentgattungen treten uns entgegen: das geometrifche oder lineare Ornament, aus mannigfachen rechteckig gebrochenen, im Zickzack geführten, im Kreife gefchwungenen Linien und kleinen Feldern gebildet; das Pflanzenornament oder die floreale Dekoration und das Thierornament, welches wieder in zwei Unterarten fich fcheidet, je nachdem Seethiere, wie Tintenfifche, Mollusken, Medufen u. f. w., oder größere Landthiere, wie Pferde, Ziegenarten, Löwen u. f. w. das natürliche Vorbild boten. Im geometrifchen Ornament klingt vielfach noch die Erinnerung an die älteſte, den technifchen Vorgängen entlehnte Dekorationsweife an. Daffelbe befitzt auch von allen Gattungen die weiteſte Verbreitung. Aus der Tiefe des Bodens wurde es in Hiffarlik, wo Schliemann das alte Ilion vermuthet, ausgegraben (No. **321**, 7); es wurde in Mykenä, auf Cypern und in altitalifchen Gräbern bei Bologna (No. **320**, 5) gefunden, und in Schweizer Pfahlbauten (No. **320**, 3) wie im fkandinavifchen Norden (No. **320**, 4) nachgewiefen. Wäre es nicht möglich, daß die indogermani-

schen Völker diese Ornamente, ähnlich wie einen Theil ihres Sprach-
schatzes aus ihrer arischen Heimat mitgebracht hätten, als sie sich in den
verschiedenen Landschaften Europa's niederließen. Diese Ansicht ist
mit mehreren guten Gründen vertheidigt, aber auch, was ihre Giltigkeit für Griechenland betrifft, angegriffen worden. Hier soll das
Pflanzenornament das ältere und ursprüngliche gewesen sein. Jedenfalls besitzt das letztere und in noch höherem Maße das Thierornament einen enger begrenzten Schauplatz. Wie nur nordische
Stämme auf den Gedanken kommen konnten, Rennthierbilder in
Knochen mit einem scharfen Werkzeuge einzugraben, so konnten
auch nur Anwohner des Meeres an den Formen der Seethiere sich
ergötzen. In der That sind Nachahmungen der Meergeschöpfe nur
den Völkern, welche sich um das Becken des ägäischen Meeres ge-
sammelt hatten, eigenthümlich, ähnlich wie Löwenbilder auf den
Orient weisen. Daß dieselben später nicht auf die ursprüngliche
Heimat beschränkt blieben, hängt mit dem steigenden Wechselver-
kehr der Völker zusammen. Hier stoßen wir auf ein weiteres Element der Kunstentwickelung von durchgreifender Wichtigkeit. Wie
Stammmischung erst die rechte Energie für eine erfolgreiche politische Thätigkeit darbietet, so erweitert die Kulturmischung die künstlerischen Fähigkeiten. Die Berührung mit einer fremden Kunstwelt
lockt nicht allein zur Aneignung der mannigfachen Formen aus der
letzteren, sondern treibt auch die in der eigenen Natur wurzelnden
Keime zu rascherer Blüthe.

Im Laufe der Entwickelung verwischten sich die Spuren der
frühesten Stufen und wurde die Erinnerung an den Ursprung der
Kunst verdunkelt. Erfreut sich ein Volk einer lebendigen Kunst, so
besitzt es nicht mehr die Lust und die Muße, den mühsamen, steinigen
Weg, welchen es hat erklimmen müssen, zu pflegen. Selbst auf
der Höhe angelangt, fesseln dasselbe bei dem Rückblicke in die
Vergangenheit ähnliche Höhepunkte. Jahrtausende vergingen erst,
ehe man auf die elementaren Anfänge der Künst, auf die Schichten
längst verklungener Kulturperioden aufmerksam wurde und ihre
Bedeutung für die spätere Entwickelung erfaßte. Die mit großem
Eifer in den letzten Jahrzehnten betriebene Forschung stößt noch
immer auf gewaltige Lücken und hat für die Erkenntniß des Ur-
sprungs der bestimmten nationalen Kunstweisen bis jetzt kaum mehr
als einzelne Bausteine geliefert. Immerhin ist es aber schon möglich, ein beiläufiges und allgemeines Bild von dem Aufsteigen der
Kunst aus dem Kreise des Handwerkes zu entwerfen. Dasselbe
offenbart das Ornament als ältesten Ausdruck des Kunstsinnes, zeigt,
wie die lineare Ornamentik rascher sich entwickelte als die figürlichen Darstellungen, welche meistens im Verhältniß zu gleichzeitiger geometrischer und Pflanzen-Dekoration eine entsetzliche Rohheit

aufweifen (No. **321**, 8), und hebt hervor, daß felbft, als der Naturfinn erweitert war, Pflanzen- und Thierbilder beffer gelingen als
die Wiedergabe menfchlicher Geftalten. Hier heftet fich der Fortfchritt nicht an die Götteridole, zu welchen anfangs, wie zu Geräthen, Naturkörper verwendet wurden, fondern an die Flach-
bilder, Teppicharbeiten, auf Thongefäße gemalte Figuren, gefärbte
Steinreliefs. Der Natur wurden die einfachen Bewegungen und
Stellungen abgefchaut, in der Kunft die elementaren Zuftände des
Lebens wiedergegeben. Auch in der monumentalen Kunft fpielt zunächft das Ornament eine große Rolle. Der gleichmäßigen Gliederung
eines architektonifchen Werkes geht die Ausfchmückung einzelner
Theile des Baugerüftes, der plaftifchen Nachbildung der menfchlichen
Geftalt eine reiche Ausfchmückung mit mannigfachem Zierrath
voran. Erft nachdem der Naturalismus, diefe unbedingt ältefte
Kunftrichtung, einen höheren Grad von Vollkommenheit erreicht hat,
gewinnt er die Fähigkeit und die Kraft, aus den fymbolifchen Typen,
welche bis dahin die religiöfe Phantafie erfüllt hatte, ideale Charaktere zu fchaffen. Dem alten Orient ift die Löfung diefer Aufgabe
nicht gelungen. Der Naturalismus und die fymbolifche Auffaffung
gingen unvermittelt neben einander und beide dadurch einer langfamen Erftarrung entgegen. Im Verhältniß zur griechifchen
Kunft bewahrt die altorientalifche für unfer Auge ftets den Schein
des Unvollendeten, in feiner Entwickelung Abgebrochenen.

A. DER ORIENT.

1. Aegypten.

Der alte Glaube, ein wahrer Aberglaube, von der abfoluten
Unveränderlichkeit der ägyptifchen Kunft hat durch die genaueren
Forfchungen in unferen Tagen feine Giltigkeit großentheils eingebüßt. Die ägyptifche Kunft hat nicht allein während ihres viel-
taufendjährigen Dafeins wiederholt einen Wechfel des Schauplatzes
und mehrere Perioden der Blüthe und des Verfalls erlebt, deren
Spuren an den Denkmälern deutlich fichtbar find, fondern auch
eine innere Entwickelung erfahren. Nicht in dem gleichen Maaße
freilich, wie die Kunft fpäterer Kulturvölker. Das ganze Dafein der
Aegypter empfing Ziel und Regel vom Nilftrom. Auch die Kunft
konnte das fefte Gepräge, das gewohnheitsmäßig allen Lebensäußerungen aufgedrückt wird, nicht verwifchen. Nicht minder trug
die ftrenge Regelung aller Thätigkeit durch unerfchütterliche Satzun-
gen und die hier zur äußerften Grenze getriebene Theilung der

Arbeit zur engeren Begrenzung der Entwicklungfähigkeit bei. Immerhin gelten im Großen auch für die ägyptiſche Kunſt die gleichen Geſetze, welche die Kunſtübung aller anderen Zeiten und Völker beherrſchten.

Von den Veränderungen und Entwickelungsſtufen der ägyptiſchen Kunſt haben ſich deutliche Spuren erhalten. Daß urſprünglich auch Holz als Baumaterial verwendet wurde, beweiſt der Wandſchmuck der älteſten Grabkammern in der Nähe der Pyramiden und die Decoration des Baſaltſarkophags des Mykerinus (No. **34**, 2) oder Menkaura, des Erbauers der dritten großen Pyramide bei Gize, aus der IV. Dynaſtie (3000 v. Chr.). Vertikale Stäbe durch horizontale Bänder verknüpft, theilweiſe abgerundet, dünnen Stämmen der Sykomore oder Palme ähnlich, bilden die Gliederung der Faſſade. Einen weiteren Beleg der mannigfachen Wandlungen, welche die ägyptiſche Kunſt erfahren hat, bietet der Pyramidenbau, welcher in Aegypten nur auf das Todtenfeld von Memphis ſich einſchränkt und nach der XII. Dynaſtie (2300 v. Chr.) nicht mehr geübt wird. Auch die Tempel beſaßen urſprünglich nicht die gleiche Ausdehnung und wahrſcheinlich auch nicht dieſelbe Geſtalt, welche ſie nach wiederholten Zerſtörungen und Reſtaurationen empfingen. In den älteſten Werken der Sculptur und Malerei beobachtet man endlich eine friſche Naturwahrheit, eine unmittelbare naive Wiedergabe der äußeren Erſcheinungen. Die Statuen und Statuetten ſind ſo charakteriſtiſch aufgefaßt, daß ſie als Figuren aus dem Volksleben gelten können. Außer dem kleinen Schreiber im Louvre, welcher mit untergeſchlagenen Beinen daſitzt und durch die Bemalung des Körpers und die künſtlich (weißer Quarz mit einem durchſichtigen Bergkryſtall als Augapfel auf einem Bronzeplättchen) eingeſetzten Augen einen ſo lebendigen Eindruck macht, iſt beſonders die Hölzſtatue des „Dorfſchulzen" (No. **322**, 6), von Mariette in einem Grabe zu Sakkarah gefunden und in dem Muſeum zu Bulak bei Kairo bewahrt, berühmt. Beide ſtammen aus der Zeit der V. Dynaſtie. Derſelbe naiv naturwahre Stil wiederholt ſich an zahlreichen anderen gleichzeitigen Werken und beweiſt die hohe Ausbildung der Portraitkunſt bereits in den älteſten Zeiten. Man erkennt die betreffenden Perſönlichkeiten in wiederholten Abbildungen ſelbſt dann wieder, wenn ſie vom Künſtler in verſchiedenem Alter geſchildert werden. Auch noch in ſpäteren Zeiten bleiben die Porträtbilder der Glanzpunkt der ägyptiſchen Kunſt. Endlich müſſen noch die flachen bemalten Reliefs an den Wänden der Pyramidengräber erwähnt werden. Sie unterſcheiden ſich ſowohl durch die Technik, wie durch den Inhalt und die formelle Auffaſſung weſentlich und zwar zu ihrem Vortheil von den mit inhaltreichen Anſpielungen vollgepfropften Darſtellungen der folgenden Perioden. Mit einem Worte: die ftarre Einförmigkeit und Unveränderlichkeit, welche früher als das unverbrüchliche Gefetz der ägyptifchen Kunft ausgegeben wurde, ift in Wahrheit nur der Ausdruck des Verfalles und der allmählichen Verknöcherung, die allerdings in Aegypten dem zähen Charakter des Orients gemäß in fcheinbar ungebrochener Macht länger andauert als bei den beweglicheren Völkern Europas. Die Herrfchaft eines unweigerlich feftgehaltenen feften Kanons der Verhältniffe fällt erft in eine viel fpätere Zeit und befaß auch dann nur befchränkte Geltung.

Wir unterfcheiden mehrere Perioden der ägyptifchen Kunftgefchichte, welche fich an die allgemeine Gliederung der ägyptifchen Gefchichte eng anfchließen, und fondern die Kunft des alten Reiches (I—XII. Dyn. 3800—2100 v. Ch.) von jener des neuen Reiches (XVII—XXVI. Dyn. 1701—525 v. Ch.), welches nach der vierhundertjährigen Zwifchenherrfchaft des aus Afien eingedrungenen Hykfosftammes fich rafch zur Weltmacht erhob. Innerhalb diefer großen Perioden heben fich wieder die Zeiten der IV. Dynaftie (mit der Refidenz in Memphis) und der XII. (politifche Vereinigung des ganzen Landes) und weiter der XVIII. und XIX. Dyn. (Hauptftadt des Reiches Theben) fowie der letzten nationalen Dynaftie, der XXVI. in Sais, als Glanzpunkte der Kunftthätigkeit ab. In der erften Periode zeigt die Architektur (Pyramidenbau, Felsgräber mit fchweren quadratifchen Pfeilern) noch primitive Zuftände. In den plaftifchen, den Leben unmittelbar abgelaufchten Geftalten herrfchen kräftig gedrungene Verhältniffe vor, die Muskeln werden deutlich angegeben, die Beine in natürlicher Weife aus einander gehalten (No. **322**, 7). Die Reliefbilder find flüchtig aber nicht unrichtig gezeichnet. Zur Zeit der XII. Dynaftie haben die Künftler bereits verfchiedene Raffen kennen gelernt, deren Typen fie auf ihren Bildern mit großer Schärfe wiedergeben. Der Horizont hat fich erweitert, der Inhalt der Darftellungen, welche früher das mythologifche Gebiet ausfchloßen, vermehrt. Unter der XVIII. und der folgenden Dynaftie wirft die Politik einen ftarken Schein auf die Kunft. Aegypten war eine Weltmonarchie geworden, drang wiederholt fiegreich in Afien vor. Aehnliche Zuftände wie in Affyrien verliehen auch der ägyptifchen Kunft einen verwandten Charakter. Sie wird höfifch, die Bilder erfcheinen der Verherrlichung der mit den Göttern eng verbundenen Könige faft ausfchließlich geweiht, ihre Großthaten geben den Künftlern unerfchöpflichen Stoff. Neu find die zahlreichen Schlachtfchilderungen, welche in früheren Zeiten fehlten. Die Architektur empfängt ihren Abfchluß und ihren üppigften, durch Polychromie verftärkten Glanz. Nach einer Zwifchenperiode des Verfalls hebt fich unter der Saitifchen Dynaftie (7. Jahrh.) insbefondere die Plaftik zu einem frifcheren Leben und fteigert fich

wieder die Naturwahrheit (No. **322**, 10 u. 12). Bei allen dieſen
Wechſelfällen zeigt aber dennoch die Kunſt ein beſtimmtes un-
auslöſchliches Gepräge, welches ſie Jahrtauſende unverſehrt bewahrt,
zumal im Kreiſe der Architektur, auf deren Formen hier wie überall
die Bodenbeſchaffenheit und die Natur des Materials nachhaltig
einwirkt.

An den Dämmen aus getrocknetem Nilſchlamme, welche ausgeführt werden mußten, um den Segen des Stromes zu regeln
und dauernd zu machen, übten die Aegypter zuerſt den Bauſinn.
Von dieſen Werken entlehnten ſie das Material, aus welchem ſie
(außer dem Holze) die älteſten Bauten aufführten; die Böſchungen
der Dämme gaben ihnen die Richtſchnur, wie die Mauern errichtet
werden ſollen. Sie verliehen denſelben durchgängig eine abge-
ſchrägte Geſtalt. Wären Steinquadern das urſprüngliche Baumaterial geweſen, ſo hätten die Aegypter die Wände ſenkrecht
geſtellt und nicht auch bei monumentalen Werken an der Böſchung
feſtgehalten. Bei fortſchreitender Kunſtbildung bemühte man ſich
den wenig anſehnlichen Bauſtoff zu verbergen, die Außenflächen
mit großen Platten zu belegen und ſo den ärmlichen Kern zu
verkleiden. Dieſes Syſtem der Verkleidung blieb auch dann in
Kraft, als durchgängig Quadern zum Baue verwendet wurden.
An den Tempelfaſſaden (No. **34**, 11 und No. **35**, 1) zeigen ſich
dieſe Grundzüge deutlich verkörpert.

Die Faſſade beſteht aus zwei thurmhohen Flügeln, zwiſchen
welche ein niedriger, in der Hohlkehle mit der geflügelten Sonnen-
ſcheibe (No. **34**, 10) geſchmückter Eingang ſich ſchiebt. Die Mauern
jedes Flügels (Pylon) ſind abgeſchrägt, oben durch ein in Aegypten
regelmäßig wiederkehrendes Geſims, aus Hohlkehle und Platte
(No. **35**, 15) zuſammengeſetzt, geſchloſſen, an beiden Seiten durch
Rundſtäbe geſäumt, welche an die alte Holzarchitektur mahnen.
Die Wand, vollſtändig mit Schriftzeichen (Hieroglyphen) und flachen
bemalten Reliefs bedeckt, erinnert an einen ausgeſpannten Bild-
teppich und erſcheint als die ſchmuckreiche Verkleidung der da-
hinter befindlichen Mauer. Auf dieſe Anordnung und Dekoration
der Tempelfaſſaden übte die Einrichtung des Gottesdienſtes großen
Einfluß. Die ägyptiſchen Tempel ſind kein feſtgeſchloſſener, haus-
artiger Bau, ſondern umfaſſen einen ganzen Bezirk von offenen und
geſchloſſenen Räumen. Sie laſſen ſich mit einer geſchmückten
Straße vergleichen, die durch eine Reihe von Höfen bis zu dem
innerſten, für die Augen der Nichteingeweihten verborgenen Heiligthume führt. Den Zugang zum Tempelbezirke ſäumten zu beiden
Seiten Sphinxe, mit männlichen oder Widder-Köpfen auf Löwen-
leibern (No. **322**, 4 u. 5) ein. Die Prozeſſion gelangt auf dieſem
Wege zur Tempelfaſſade, welcher Obelisken oder Koloſſe vortreten

und die bei feftlichen Anläffen mit farbigen Flaggen auf hohen
Maften gefchmückt war (No. 35, 1), fodann durch das Thor in
einen erften offenen Hof. Ein Pylonenpaar fchließt denfelben ab
und leitet in eine zweite bedeckte Säulenhalle, in welcher die
mittlere höhere Säulenreihe wieder die Straße markirt. Es folgen
noch weitere Säulenhallen mit kleineren Räumen zur Seite, bis
endlich das kleine, dunkle, nur dem Oberpriefter zugängliche
Heiligthum (Sekos) erreicht wird, in welchem hinter Vorhängen
das geheimnißvolle Götterbild ruhte. Der Grundriß (No. 34, 9)
des großen Tempels von Karnak in Theben, deffen Anfänge in
die Zeit der XII. Dynaftie fallen, und welcher nachmals von den
Pharaonen der XVIII. und XIX. Dynaftie erweitert wurde, gibt ein
Bild der vielverzweigten, ausgedehnten Anlage eines ägyptifchen
Tempels, welche fich felbft, wenn auch in befchränktem Maße, in
dem kleinen Tempel des Chunfu oder Chons in Karnak (No. 34,
6 u. 7), fowie in dem fpäter errichteten Tempel von Edfu (No. 35,
2 u. 3) wiederholt. Selbft wo die Befchaffenheit des Bodens, das
Vordringen der Felfen bis an die Nilufer den Plan des Tempels
beftimmte, wurde doch gern der übliche Grundriß feftgehalten, wie
diefes der Tempel von Girfcheh oder Kirfch in Nubien (No. 35,
8 u. 9) zeigt. Der hintere Theil des Tempels ift in den Felfen
gehauen, der Grotte aber ein freier Hof vorgebaut. Ganz fpäter Zeit
gehören einzelne von Säulen getragene Bauten (No. 35, 5 u. 6) an,
welche wahrfcheinlich als Gehege heiliger Thiere dienten und daher
durch hohe Brüftungsmauern zwifchen den Säulen gefchloffen find.

Der Längen-Durchfchnitt des kleineren Karnaktempels (No. 34, 7)
lehrt die ftetige Verminderung der Höhenverhältniffe von der Faffade
bis zum Heiligthume kennen und liefert ein Beifpiel von der Verhüllung des inneren Tempelkernes durch die äußeren Vorhöfe.
Der Querfchnitt (No. 34, 8) unterrichtet uns über eine weitere
Eigenthümlichkeit der Tempelanlage. Die mittleren Säulenpaare
der Halle ftehen höher und ragen mit ihrem Gebälke über die
anderen Säulenreihen empor, bilden einen mittleren Gang und
fetzen fo gleichfam die feft beftimmte Prozeffionsftraße auch in
den inneren Höfen fort. Diefe Säulen zeichnen fich nicht allein
durch Dicke und Höhe, fondern auch durch die Form des Kapitäls
vor den übrigen aus.

Gar mannigfach erfcheinen die Säulen in der ägyptifchen
Architektur geftaltet. Wir unterfcheiden Nebenformen der Säulen,
welche nur zeitweilig auftreten, von folchen, welche durch Dauer
und weite Verbreitung als die allgemeingiltigen erfcheinen. Zu den
erfteren rechnen wir die protodorifche (No. 34, 4b) und die Säule
mit dem Masken-Kapitäl (No. 35, 11). Die erftere kommt an
den aus der XII. Dynaftie ftammenden Felsgräbern von Benihaffan

vor. Auf einem niedrigen, plattwulstigen Fuße erhebt fich ein
fechzehnfeitiger, leicht gefurchter Pfeiler, mit einer einfachen viereckigen Deckplatte gekrönt. Der Name diefer Säulenform bringt
die Verwandtfchaft mit der dorifchen Säule der Griechen in Erinnerung; doch ift nur eine äußere, nicht einmal vollftändig zutreffende
Aehnlichkeit vorhanden; keineswegs darf man in ihr ein bewufstes
Vorbild der Griechen erkennen. Der jüngften Periode der ägyptifchen Architektur gehört die andere Säulenform an, welche oben
an vier Seiten Masken, gewöhnlich jene der Göttin Hathor mit
Kuhohren zeigt und darüber noch eine kleine Tempelfronte als
Schmuck trägt. Vorwiegend wurden Säulen mit oben eingezogenem
(No. 34, 5. u. No. 35, 14) oder mit kelchförmig ausladendem Kapität
(No. 35, 10 u. 13) verwendet. Für Schmuck und Geftalt derfelben
haben die zwei typifchen Pflanzen des alten Aegypten, der Lotos
und der Papyrus, das natürliche Vorbild geliehen. Die Säule zieht
fich unten am Schaft ein, wie es die Papyrusftaude thut. Zur
größeren Deutlichkeit wird fie noch am Fuße von einem Kranze
von Schilfblättern umgeben. Der Schaft hat (No. 34, 5) das Anfehen eines Bündels von Pflanzenftengeln, die oben durch ein vielfach gewundenes Band zufammengehalten werden. Das Kapität,
welches nach oben fich verjüngt und fchmäler ausläuft, erinnert
an die gefchloffenen Knospen des Papyrus, während das ausladende
Kapität den offenen Blumenkelch verfinnlicht. Durch die Malerei
wurden die Naturvorbilder noch unmittelbarer und lebendiger vor
das Auge gerückt und der Eindruck des bloß äußerlich ange-
hefteten und befeftigten Schmuckes, die Verkleidung des Säulen-
kernes noch mehr erhöht.

Neben den Tempeln bilden die Gräber die wichtigfte und
reichfte Gruppe ägyptifcher Denkmäler. Von Palaftbauten hat fich
nur der fogenannte Pavillon Ramfes' III. in Medinet-Abu in
Theben erhalten, der aber fchwerlich jemals als Wohnung benutzt
wurde; über die Natur der Privathäufer, die gewiß aus leichtem
Material, luftig in den oberen, fchattig und kühl in den unteren
Theilen errichtet wurden, belehren uns nur nothdürftig Reliefs
(No. 35, 4) und Gemälde. Der tief wurzelnde Glaube an die Unfterblichkeit fand eine wefentliche Stütze in der unverfehrten Erhaltung der Leiber nach dem Tode und empfahl, wie die Mumi-
firung der letzteren, fo auch einen monumentalen, auf die Ewigkeit
berechneten Bau der Gräber. Beifpiele des Gräberbaues aus der
älteften Zeit liefern die Pyramiden. Sie find Königsgräber, deren
Bau begonnen wurde, fobald der König, welcher in dem unterirdifch
angelegten Felsgrabe beigefetzt werden follte, den Thron beftiegen
hatte. Ein Stufenbau erhob fich, fo lange der König lebte, zu
immer größerer Höhe; war er geftorben, fo wurden die Stufen

von oben nach unten durch Platten ausgefüllt und dem Werke die
Geſtalt der abgeſchrägten zugeſpitzten Pyramide gegeben. Die Höhe
der in fünf Gruppen bei dem alten Memphis errichteten Pyramiden
wechſelt, weil ſie ſich nach der jeweiligen Regierungsdauer des
Königs richtete, ebenſo das Material und die Pracht der Ausſtattung. Von den drei größten Pyramiden aus der vierten Dynaſtie
iſt jene des Chufu oder Cheops, deren innere Einrichtung theilweiſe (No. 322, 1. u. 2) leicht zugänglich iſt, weitaus die bekannteſte.
Die Vorforge für die Entlaſtung der Königskammer (durch Aus-
ſparung hohler Räume über derſelben) und die vollkommene Fügung
und Politur der Steinblöcke im Inneren beweiſen am beſten, wie hoch
ſchon dreitauſend Jahre vor unſerer Zeitrechnung die techniſche
Bildung der Aegypter geſtiegen war.
Von der gewöhnlichen Form weicht die Pyramide von Daſchur
(No. 34, 1) ab, welche rerſchiedene Negungswinkel der äußeren
Bekleidungsfläche zeigt. Sie führt deßhab den Namen der Knick-
pyramide. Mit den Pyramiden waren Grabtempel, in welchen für
das Seelenheil der Verſtorbenen Opfer gebracht wurden, verbunden.
Die Gräber der Privatperſonen, auf dem Todtenfelde von Memphis,
zerfallen in Freibauten aus Quadern (Maſtaba), der Form nach
niedrige, abgeſtumpfte Pyramiden mit reich (durch Gemälde und
Reliefs) geſchmückten Kammern, und in Felsgrüfte. Den Eingang
zu den Gräbern bildet eine Thüre, deren Pfoſten auf einem runden
Querbalken, vielleicht einer Nachahmung der urſprünglichen Holz-
ſtämme, ruhen (No. 34, 3). In der ſpäteren (thebaniſchen) Periode
ſind die Felsgräber ausſchliefslich im Gebrauch. Auch ſie waren
mit Tempeln (Memnonien) verbunden und zeichnen ſich durch die
Pracht des maleriſchen Schmuckes aus. Die Todtenſtadt von
Theben befindet ſich am linken Nilufer, vornehmlich in der
Schlucht, welche den Namen Biban-el-Moluk führt.
Die Plaſtik und Malerei ſtehen in Aegypten vorwiegend im unmittelbaren Dienſte der Architektur. Bemalte Flachreliefs ſchmücken
die Wandflächen, Statuen treten den Pylonen vor, lehnen ſich
(No. 35, 12) an die Pfeiler an. Durch dieſe Verbindung mit der
Architektur wird vielfach der Stil der Bildwerke bedingt. Die paar-
weiſe Aufſtellung, die Anordnung größerer Reihen verleihen den
Statuen das Gepräge der Unbeweglichkeit und laſſen ſie leicht erſtarren. Sie ſind dem Geſetze der Symmetrie unterthan und entbehren, wozu ſchon die meiſtens koloſſalen Verhältniſſe auffordern
mußten, des individuellen, perſönlichen Ausdruckes. Wie ſie da
ſitzen, die Beine im rechten Winkel geneigt, die Arme eng an den
Körper gedrückt, den Kopf gradeaus gerichtet, oder vor den Pfeilern
ſtehen, mit gekreuzten Armen und geſchloſſenen Beinen, erſcheinen
ſie als die Sinnbilder empfindungsloſer, ewiger Ruhe. Die Koloſſe,

welche die Faſſade des Felstempels von Abu Simbel — Ramſes II.,
der bauluſtigſte aller Pharaonen hatte denſelben zur Erinnerung
an ſeine Siege über Aethioper und Syrer errichtet — ſchmücken
(No. **322**, 3) würden bei lebendigerer Natürlichkeit nur an charakte-
riſtiſcher Wahrheit verlieren. Bei den Götterbildern hemmte die
gehäufte Symbolik, (No. **322**, 11) bei den Darſtellungen der Könige
die ceremonielle Tracht die feinere Durchbildung der körperlichen
Formen, ſo bewunderungswürdig auch die rein techniſche Steinmetzarbeit erſcheint.   Am beſten gelingen außer den kleineren
Genreſiguren, beſonders jenen in Bronze gearbeiteten, die Porträtbilder von Privatperſonen.   Für uns verwiſcht, wie dieſes bei allen
Darſtellungen von Individuen fernſtehender Völker der Fall iſt, der
gemeinſame Raſſentypus (No. **36**, 5): die ſchmale Stirn, die ge-
ſchlitzten Augen, die gebogene Naſe, die ſtarken Lippen u. ſ. w.
den perſönlichen Charakter.   Der Ueberblick über eine größere
Zahl von Bildwerken zeigt aber, daß das Auge der ägyptiſchen
Künſtler auch für die feineren porträtartigen Züge keineswegs verſchloſſen war.   Die vollendete Treue in der Wiedergabe der äußeren
Erſcheinung der Thiere, auf Rundbildern (No. **35**, 18) wie auf den
zahlreichen Gemälden iſt längſt anerkannt.   Hier durfte ſich der
Kunſtſinn frei und ungehemmt durch Kultusvorſchriften und höfiſche Rückſichten bewegen.   Dagegen feſſeln die zahlloſen Darſtellungen aus dem Leben der Götter und Menſchen in den bemalten Flachreliefs und Gemälden an den Wänden der Tempel
und Gräber ungleich mehr durch ihren Inhalt als durch ihre künſtleriſche Form.   An ihrer Hand kann man die Kriegszüge und die
Beſchäftigungen im Frieden, den Pomp der königlichen Aufzüge
und das Treiben des Volkes eingehend kennen lernen.   Sie ſind
aber nicht nach künſtleriſchen Grundſätzen in ſchön geſchloſſenen
Gruppen angeordnet, ſondern ziehen ſich bald in langen Reihen
hin, bald bedecken ſie in buntem Gewirre die Flächen.   Wie die
Schrift der Aegypter, die Hieroglyphen, vielfach bildartig erſcheint,
ſo beſitzen die Bilder wieder einen Schriftcharakter.   Ein con-
ventioneller Zug drängt die natürliche Wahrheit zurück, Ab-
kürzungen bringen eine breite Schilderung raſcher vor das Auge.
Man ſehe (No. **36**, 3) wie z. B. Ramſes, der ſtets wie alle Könige
und Führer die übrigen Geſtalten an Größe überragt, als Sieger
über das feindliche Heer dargeſtellt wird.   Er hält einfach einen
gedrängten Haufen von Feinden bei dem Schopfe.   Bezeichnend
iſt ferner, daß in den Reliefbildern und auf Gemälden regelmäßig
Köpfe und Beine im Profil, die Bruſt in voller Breite dargeſtellt
werden (No. **322**, 8).   Das Streben nach möglichſter Deutlichkeit
im Einzelnen ſiegt über die Wahrheit des Geſammtbildes und führt
zu einen Kompromiſſe in der Zeichnung, welcher übrigens nicht

bei den Aegyptern ausfchließlich angetroffen wird. Das Fehlen der Perfpective, die an Stickerei erinnernde Schärfe der Umriffe, während die inneren Flächen kaum hervortreten, verfinnlichen die Proben ägyptifcher Malerei (No. 187, 1 u. 2.). Wie vortrefflich dagegen leblofes Geräthe gemalt wird, zeigen die Inftrumente der beiden Harfenfpieler (No. 187, 3 u. 4.). Es enthüllt überhaupt die ornamentale Kunft und das Kunfthandwerk (Email- und Goldfchmiedearbeiten) die glänzendfte Seite der altägyptifchen, mit Zeit und menfchlicher Kraft verfchwenderifchen Kultur.

2. Affyrien.

Wie die ägyptifche Kunft vom Nil, fo nimmt die Kunft der Völker Mefopotamiens vom Euphrat und Tigris den Ausgangspunkt. Der Doppelftrom lieferte den Anwohnern die wichtigften Bedingungen und Regeln des Lebens, übte auch auf das Material und die Form der Bauten wefentlichen Einfluß. In dem Tieflande war man auf getrocknete und gebrannte Ziegel angewiefen, Erdwälle traten an die Stelle der Steinmauern, auf Terraffen erhoben fich die architektonifchen Werke, Stufenpyramiden wurden bei gottesdienftlichen Anlagen verwendet, vielleicht in der Weife daß auf der oberften Stufe das Heiligthum ftand. Das ärmliche fchmucklofe Material führte zu dem Syftem der Wandverkleidung. Die inneren und äußeren Wände wurden entweder mit Gyps oder Afphalt überzogen und mofaikartig dekorirt, oder mit Steinplatten belegt. Die Erinnerung an urfprünglich aufgehängte und ausgefpannte Teppiche liegt nahe. Die künftlerifche Thätigkeit der Völker Mefopotamiens war in ein vollftändiges Dunkel gehüllt und nur aus fagenhaften Berichten bekannt, bis in unferen Tagen franzöfifche und englifche Forfcher (zuerft Botta und Layard) durch Ausgrabungen unter den alten Schutthügeln unfere Kunde erhellt und auf Denkmäler begründet haben. Die Zeit der Entdeckungen auf chaldäifchem und affyrifchem Boden ift noch nicht abgefchloffen. Ueber die altbabylonifche Kunft find wir auch jetzt noch am dürftigften unterrichtet. Das Fragment einer Wandbekleidung in den Trümmern von Uruch oder Warka am unteren Euphrat (No. 38, 1) zeigt teppichartige Mufter, die auf glafirte Thonkeile gemalt die in den Asphaltbewurf eingedrückt wurden. Reicher find die Proben der jüngeren affyrifchen Kunft, welche am linken Ufer des Tigris in der Nähe von Mofful gefunden und zum Theile auf die Bauten von Niniveh bezogen wurden. Sie werden nach den Fundorten: Khorfabad, Nimrud und Kujjundfchik benannt. Es find eigentlich nur die letzten

Wellen eines alten Kulturſtromes, von welchem ſich in den aufgedeck-
ten Denkmälern deutliche Spuren erhalten haben. Das altchaldäiſche
Reich lag längſt in Trümmern, die ägyptiſche Herrſchaft war glücklich zurückgedrängt, als ſich zuerſt unter dem kriegeriſchen Assur-
nazir-habal (882—857), dem Erbauer des Palaſtes von Nimrud,
die aſſyriſche Kunſt reicher entwickelte. Einen weit mächtigeren
Aufſchwung nahm ſie während der Regierung Sargon's und Senna-
cherib's (721—680), den Erbauern von Khorſabad und Kujjundſchik;
eine Art Nachblüthe genoß ſie unter Assur-bani-pal (668—647),
welcher das Werk ſeines Großvaters Sannacherib in Kujjundſchik
vollendete. Die Rieſenbauten ſind vom Erdboden verſchwunden,
nur ihr Schmuck iſt durch Ausgrabungen vor unſeren Augen wieder
lebendig geworden. Die architektoniſchen Werke, zu welchen die
aufgefundenen Alabaſterplatten und Ziegel gehören, ſind ſämmtlich
durch Feuer zerſtört worden. Das Erdwerk wurde zu Staub oder
unförmlichem Schutt, die Wandbekleidung, aus Steinplatten beſtehend, aber brach und fiel an derſelben Stelle, an welcher ſie
geſtanden hatte, und läßt den Lauf des Gemäuers ziemlich deutlich
verfolgen. Auf dieſe Art wurde es den Forſchern möglich, den
Grundriß der aſſyriſchen Palaſtbauten zu zeichnen.

No. **38**, 2 gibt den Grundriß eines Palaſtes von Kujjundſchik,
No. **37**, 5 eines Palaſtes von Nimrud, No. **37**, 6 den in der Phantaſie ergänzten Grundriß eines Palaſtes von Khorſabad. Die Anlage der Paläſte zeigt die größte Verwandtſchaft. Sie erhoben ſich
auf Terraſſen, welche mit einer Brüſtungsmauer (Kranzgeſims einer
ſolchen, durch eine tiefe Hohlkehle mit einer vorſpringenden Platte
darüber charakteriſirt No. **37**, 7) abſchloß, und beſaßen als Mittelpunkte eine größere Zahl von Höfen, um welche ſich Hallen, Galerien von verhältnißmäßig geringer Breite legten. Nur das unterſte
Stockwerk wird aus dem Grundriſſe kenntlich. Wie daſſelbe Licht
empfing, wie es bedeckt war — man muß annehmen, daß einzelne
Räume durch Tonnengewölbe geſchloſſen wurden — welche Geſtalt die oberen Stockwerke beſaßen, darüber geben die ausgegrabenen Reſte keine Auskunft. Dieſe Lücke ergänzen theilweiſe die
Darſtellungen von Bauten auf den Reliefs. Wir erblicken auf denſelben (No. **37**, 10) offene, von Säulen getragene Galerien am oberen Ende der einzelnen Stockwerke. Die nähere Beſchaffenheit der
Säulen (mit Doppelvoluten im Kapitäl) und die Bekrönung des Baues
mit Zinnen lehrt das Relief eines Pavillons (No. **37**, 8) kennen. Ein
tempelartiges Giebelhaus mit geſchmückten Pfeilern (No. **37**, 9),
eine Stufenpyramide auf einem Hügel (Nr. **38**, 3) beweiſen die
Mannigfaltigkeit der gottesdienſtlichen Bauten. Selbſt über die Beſchaffenheit der Privathäuſer werden wir (No. **38**, 8) annähernd
unterrichtet. Sie zeigen bald gerade, bald kuppelförmige Dächer,

die Thüren, gleichzeitig Lichtöffnungen, einen geraden oder bogen-
förmigen Abfchluß. Ungeachtet des geringeren Alters (die affyrifchen Bauten reichen bis in das 9. Jahrh. v. Chr. zurück; Niniveh's
Zerftörung 606 v. Chr. giebt den Endpunkt der Bauzeit an) ftehen
die Bauwerke Affyriens weit unter den ägyptifchen Monumenten.

Den künftlerifchen Werth verleiht den affyrifchen Bauten vorwiegend der plaftifche und malerifche Schmuck. Von dem Metall-
fchmuck freilich, der eine fo große Rolle fpielte, haben fich nur
dürftige Refte erhalten, u. a. Palmenbäume aus vergoldetem Erze,
die vor dem Palafteingange aufgeftellt waren, und eine Bronzethüre
aus getriebenen Platten, der Zeit Salmanaffar's III. (827—822
v. Chr.) angehörig. Auch freiftehende Statuen find felten. Als die
fchönfte und wohl auch ältefte, wenn man von dem verftümmelten
Bilde einer nackten Göttin (Mylitta-Zarpanit) aus dem zehnten Jahrhundert im britifchen Mufeum abfieht, gilt eine Statue, welche den
König Affur-nazir-habal darftellen foll, jetzt im britifchen Mufeum.
Die Sculptur und Malerei in Affyrien fteht faft ausfchließlich im
unmittelbaren Dienfte der Architektur, fie bildet die Wandverkleidung. An den Portalen häufte fich der Schmuck befonders reich.
Ornamente, Ziegeln aufgemalt und eingebrannt, umgaben diefelben
(das Relief No. **38**, 10, giebt eine beiläufige Anfchauung derfelben),
gewaltige geflügelte Geftalten, halb Mann, halb Stier, bewachten fie,
fymbolifche Figuren, Priefter, Löwenbändiger, gleichfalls von riefigen Verhältniffen, fchmückten die benachbarten Faffaden. Die
Wände im Innern der Kammern wurden mit Reliefplatten von Kalkftein dekorirt, auf welchen Scenen aus allen Kreifen des affyrifchen
Lebens, religiöfe Ceremonien, Opfer, Kriege, Jagden gefchildert
wurden. Ueber die flach gefchnittenen Reliefs zogen fich noch
Friefe von glafirten Thonplatten theils mit figürlichen, theils mit
ornamentalen Darftellungen hin. Auch der Fußboden war mit glafirten Thonplatten belegt, deren farbiges Mufter (No. **38**, 9) durch
die Regelmäßigkeit und Symmetrie der Anordnung fich auszeichnet.
Unbedingtes Lob ernten auch die Thierbilder, die naturwahr und
lebendig aufgefaßt erfcheinen (No. **38**, 7). Bei den Darftellungen
der Männer (Frauen kommen nicht vor) bemerken wir dagegen erhebliche Schranken des Kunftfinnes. Die Wahrheit des Ganzen
wird noch mehr als in Aegypten der Deutlichkeit des Einzelnen
geopfert oder, wie bei den Portalwächtern, der architektonifchen
Anordnung unterworfen (No. **37**, 2, 3). Ihr Leib füllt die Tiefe
des Portales aus, mit Bruft und Kopf treten fie aus demfelben
heraus. Sie erfcheinen gleichfam fünfbeinig, da auch die Seitenanficht alle vier Beine wiedergiebt. Die Beine der Koloffalfiguren
(No. **37**, 1 u. 4) find im Profil, Kopf und Bruft in voller Breite gezeichnet. Ein anderes Hinderniß freier Kunftübung bildet das ftarre

Ceremoniell, welches ſich namentlich auch in der Tracht wieder-
ſpiegelt. Der gekünſtelte Haar- und Bartputz (No. **36**, 6) raubt den
Köpfen Leben und Ausdruck. In den Schilderungen des religiöſen
und höfiſchen Lebens erſcheinen die Bewegungen auf das ſtrengſte
geregelt, die Prachtornate ſtarren an den Leibern, die übrigens
kräftig und muskulös gebaut ſind, gedrungene Verhältniſſe zeigen
und in den Köpfen den Raſſentypus deutlich ausgeprägt offenbaren.
Wenn die Gewänder keine Falten werfen, ſo ſind ſie dafür deſto
reicher verbrämt. Diefe Verbrämungen, Beſätze und Muſter verrathen einen hohen Aufſchwung der Weberei und Stickerei; auch
die zahlreich dargeſtellten Geräthe und Metallarbeiten legen Zeugniß
ab von der Geſchicklichkeit des Steinmetzen, der ſie ſo getreu nach-
bildete, und von der Schönheit der Originale. Erhöht wurde die
Wirkung der Reliefs durch die Färbung, welche den Gewändern
und Ornamenten verliehen wurde. Das Fremdartige in der Auffaſſung, Haltung und Tracht wirkt ſo übermächtig auf das moderne
Auge, daß Stilunterſchiede zwiſchen den Werken verſchiedener
Epochen kaum bemerkt werden. Nur in der Kompoſition entdeckt
man in den ſpäteren Reliefs eine größere Häufung der Figuren und
eine entſchiedene Vorliebe für eine reiche Ausmalung des Hintergrundes mit Bäumen, Bauten und Thieren. In der letzten Zeit
wird auf die feine Durchbildung der Einzelheiten und auf ſorgfältige
Technik großes Gewicht gelegt.

Proben der Malerei auf Ziegeln mit dick aufgetragener ein-
gebrannter Farbe liefern vorzugsweiſe die Ruinen Chaldäas. Es
ſind eigentlich nur colorirte Umrißzeichnungen ohne Schattenangabe
und ohne feinere Abtönung der Farben, von welchen dem Künſtler,
wie allen Emailmalern, nur eine beſchränkte Zahl zu Gebote ſtand,
das Roth gänzlich fehlte, daher oft dieſelbe Farbe für die ver-
ſchiedenſten Gegenſtände, z. B. blau für Pferde, Fiſche, Schilde,
gelb für Fleiſch, Wagen, Goldgefäße, angewendet wurde. In der
techniſchen Bereitung der Farben, dem tieferen Glanz derſelben überragen die babyloniſchen Ziegelbilder (aus der Zeit Nebukadnezar's)
jene, die auf aſſyriſchem Boden, beſonders in Nimrud gefunden
wurden. In dem Prinzip der Färbung ſind ſie von dieſen nicht verſchieden. Ein Beiſpiel eines aſſyriſchen Ziegelbildes zeigt No. **187**, 5,
einen König (an der Kopfbedeckung, der Tiara, kenntlich) mit ſeinem
Bogen- und Speerträger darſtellend. Das mattgrüne, gelbgeſtreifte
Gewand iſt mit Roſetten geſchmückt und mit abwechſelnd gelben
und weißen Franſen behängt.

3. Persien.

Nicht nur viel jünger, als die aſſyriſch-babyloniſchen Werke, ſondern auch weſentlich von dieſen verſchieden, aus mannigfachen Elementen gemiſcht erſcheinen die Reſte perſiſcher Kunſt. Das neue Baumaterial, große Steinquadern, Marmor, führten den Bauſinn auf neue Formen; der Verkehr mit Aſſyrien, Aegypten und Ionien ſteigerte die Neigung, fremde Kunſtelemente mit den heimiſchen zu verbinden. Die Säule ſpielt in der perſiſchen Architektur eine hervorragende Rolle. Säulenhallen bilden den Hauptbeſtandtheil perſiſcher Palaſtanlagen. Die überaus ſchlanken, in ihrer Geſtalt auffallenden Säulen konnten nur ein leichtes Gebälk, wahrſcheinlich aus metallbekleidetem Holze, tragen, ſie ſchließen den Gedanken an obere Stockwerke aus. Wir finden ſie ſowohl an den Faſſaden der in den Felſen gehauenen Gräber, wie als freie Stützen an dem Palaſte von Perſepolis verwendet. Ihre Baſis zeigt den Schmuck niederfallender Blätter, der Stamm iſt gefurcht oder cannelirt, als Kapitäl dienen zwei mit dem Rücken zuſammenſtoßende Einhörner, ſo daß eine Einſattelung entſteht, auf welcher die Köpfe der Querbalken ruhen. (No. 39, 9.) Zuweilen erſcheint das Kapitäl noch reicher, aber für uns kaum mehr verſtändlich zuſammengeſetzt. Auf den dünnen, einer Metallröhre ähnlichen Stamm ſetzt ein Doppelkelch auf, durch eine Perlenſchnur verknüpft; dann folgt ein hohes gerieftes Glied mit doppelten, aufrechtſtehenden Voluten oder Windungen zur Seite und endlich das Einhornpaar mit dem Balkenkopfe in der Mitte. Aehnliche Voluten, nur liegend, kommen auf aſſyriſchen Monumenten (z. B. auf dem mittleren Stamme des heiligen Baumes (No. 37, 11 u. 12) vor, wir werden ſie ferner, aber dann in gründlich veränderter Form und Bedeutung, in der ioniſchen Säulenordnung der Griechen (No. 4, 1) wiederfinden.

Das älteſte Denkmal perſiſcher Baukunſt iſt unter dem Namen: das Grab des Cyrus (No. 39, 3) bekannt. Mag auch die Benennung zweifelhaft ſein und wir das Grab Kaſſandane's, der Mutter des Kambyſes, vor uns haben: die Entſtehung im Zeitalter des Cyrus iſt nicht angefochten worden. Inmitten eines Parkes, von einer Säulenhalle umgeben, erhob ſich in der Ebene von Murghâb, wo man die Stätte des alten Paſargadae vermuthet, auf einer Stufenpyramide ein kleines Giebelhaus, wie die ganze Anlage aus Marmorquadern errichtet. Ein ganz anderes Gepräge trägt das Grab des Darius (No. 39, 4 u. 5). Aus dem lebendigen Felſen iſt eine Faſſade ausgehauen; in dem Innern, das nur durch einen verborgenen Eingang zugänglich war, wurde der König beigeſetzt. Auf vier Säulen ruht zunächſt ein Architrav, darüber erhebt ſich ein von Männern getragenes thronartiges Gerüſte (Teppich?), auf welchem der König

vor ſeinem Schutzgeiſte knieend dargeſtellt iſt. — Von dem Königs-
palaſte zu Perſepolis haben ſich unter dem Namen Tſchihil-
Minar (= vierzig Säulen) ſtattliche Trümmer erhalten. Darius
hatte ihn erbaut, Xerxes erweitert. Durch Glättung des felſigen
Grundes wurde eine rieſige Plattform hergeſtellt. Größere und kleinere
Säulenhallen, auf mehrere Terraſſen vertheilt, durch Prachttreppen
mit einander verbunden, belebten den Raum, der vortrefflich geeignet war, zum Schauplatze pomphafter Aufzüge zu dienen und
einen großartigen Glanz zu entfalten. Die Treppenwangen ſind mit
Reliefs (No. **39**, 6) geſchmückt, welche die Huldigung der tribut-
pflichtigen Stämme ſchildern; an die Pfeiler lehnen ſich Thierfiguren, welche an verwandte Darſtellungen an aſſyriſchen Palaſtportalen
erinnern. Die Sculptur hat überkaupt den aſſyriſchen Vorbildern
viele Einzelheiten entlehnt; doch hat auch Aegypten manche
Muſter geliefert, z. B. den Kopfſchmuck an dem ſog. Cyrusrelief
(No. **39**, 8), während im Stile, namentlich in der Behandlung der
faltenreicheren Gewänder, ſich eine gewiſſe Selbſtändigkeit behauptet.
Die Zahl der erhaltenen plaſtiſchen Denkmäler iſt nicht groß
genug, um über ihr Verhältniß zur aſſyriſchen Kunſt ein erſchöpfen-
des Urtheil fällen zu können.

Die Stammesherrſchaft war allmählich von Weſten nach Oſten,
von Aſſyrern zu Medern und Perſern gewandert. Der Zug der
weltgeſchichtlichen Bewegung ging aber unverrückt nach Weſten,
dem Meere entgegen. Dorthin führten die großen Völkerſtraßen,
auf den Beſitz der Küſtenlande waren die Abſichten der Weltmonar-
chien gerichtet, dem öſtlichen Becken des Mittelmeeres ſtrebten die
wichtigſten Karawanen und die gewaltigſten Heeresmaſſen mit
gleichem Eifer zu. Hier iſt der wahre Schauplatz unſerer älteren
Weltgeſchichte. Der reicheren Bodengliederung entſpricht die größere
Zahl von Völkerindividuen, welche mit einander in mannigfachem
Austausch der Gedanken und der Güter leben und, wenn ſie ſich
auch oft bekämpfen, doch aufeinander angewieſen bleiben. Ihre
urſprüngliche Eigenart, wie ſie ſich z. B. auf dem Gebiete des
Gräberbaues (phrygiſche Felsfaſſaden, teppichartig geſchmückt; lykiſche
aus den Felſen gehauene Gräber, Sparrenwerk nachahmend u. ſ. w.)
offenbart (No. **8**, 10, 11), tritt für die überſichtliche hiſtoriſche Betrachtung gegen die Empfänglichkeit fremden Kultureinflüßen gegenüber, das natürliche Produkt des Verkehrs und der Weltlage, zurück. Es kreuzte ſich auf ſyriſchem und kleinaſiatiſchem Boden die
aſſyriſche und ägyptiſche Macht und beide ließen hier auch einzelne
Spuren ihrer Kunſtthätigkeit zurück. Von weit größerer Bedeutung

erfcheint aber die vermittelnde Wirkfamkeit der fchiffkundigen, handeltreibenden Phöniker. Sie umfaßte den ganzen damaligen Weltkreis, riß die einzelnen Stämme aus ihrer Vereinzelung, brachte überall neue Elemente der materiellen, oft auch der religiöfen und künftlerifchen Kultur hin. Die Phöniker felbft waren, was Phantafie betrifft, mäßig begabt. Die Gefchichte der großen monumentalen Kunft weiß von ihnen kaum mehr zu rühmen, als ihre wunderbare Gefchicklichkeit im Quaderbaue. Die von ihnen errichteten Mauerwerke erfcheinen wie aus einem Guße, fo trefflich find fie geiügt. Die Gliederung ihrer Bauten (Tempel und Grottengräber) ift fchwerfällig, die Zahl der Zierformen gering und diefe felbft von mangelhafter Durchbildung. Deßhalb konnten auch die Phöniker auf die monumentale Kunft anderer Völker keinen Einfluß üben. Dagegen wirkten fie auf das Schickfal des alten Kunfthandwerkes in hohem Maße beftimmend ein. Sie machten den Bergbau gewinnreich, entwickelten den Verkehr in Metallen, führten auf ihren Schiffen neue Mufter aus und ein und erweiterten namhaft den Umkreis des Kunftfinnes bei den Anwohnern des Mittelmeeres. Selbft in einzelnen Zweigen des Kunfthandwerks, z. B. in der Metallarbeit, erfahren, verfchafften fie der heimifchen Kunftthätigkeit neue Abfatzquellen; ebenfo häufig überbrachten fie die Werke älterer Kulturvölker, wie namentlich des affyrifchen, in die dem Verkehre neu gewonnenen Landfchaften. Wenn dazu noch unmittelbare Einwirkungen der Aegypter und fpäter der Affyrer traten, fo entftand ein Mifchftil, welcher auf die internationalen Beziehungen und die mannigfachen Kunftwandlungen in der alten Welt ein fcharfes Licht wirft. Als Beifpiel mag die durch Cesnola's Ausgrabungen uns wieder zugänglich gewordene cyprifche Kunft dienen. Auf der Infel, deren Ureinwohner wahrfcheinlich mit kleinafiatifchen Stämmen in Raffe und Sprache zufammenhingen, ftießen griechifche Anfiedler und phönikifche Koloniften aufeinander. Die Tributpflichtigkeit unter ägyptifcher und affyrifcher Herrfchaft führte zur Bekanntfchaft mit der Kunft Aegyptens und Affyriens. So empfing Cypern eine Reihe von Anregungen, welche es in eigenthümlicher Kreuzung und Verflechtung weiter zu entwickeln bemüht war. Daß dabei mit einer großen Selbftändigkeit verfahren wurde, zeigen die zahlreichen Statuen von Golgoi, urfprünglich an den Wänden der Tempelzellen aufgeftellt und zum Theile in koloffalen Verhältnißen behandelt. Aeußerlichkeiten wie Bart und Haare, die Kopfbedeckung, die Gewänder, auch die Haltung der Arme, find bald Aegyptern, bald Affyrern entlehnt; in der Zeichnung der Köpfe jedoch unterfcheiden fich, trotz aller Anklänge an das Semitifche, die Statuen von Golgoi wefentlich von diefen Vorbildern und müffen auf einen befonderen Typus zurückgeführt werden (No. **321**, 3). Aeußerlich erfcheinen die

2 *

aſſyriſchen und ägyptiſchen Einflüße aut den beiden Silberſchalen
(No. **321**, 4, 5) gemiſcht, wo uns neben ägyptiſchen Sphinxbildern und
Göttern auch aſſyriſche geflügelte Geſtalten im Kampfe mit Löwen,
aſſyriſche Krieger, dann Thierkämpfe und Kultusakte, ähnlich wie
in Niniveh, entgegentreten.   Auf ein aſſyriſches Vorbild, den
heiligen Baum zwiſchen zwei Vögel, weiſt auch das Ornament einer
Thonvase (No. **321**, 5) hin, während bei anderen Gefäßen das
geometriſche Ornament, in den Figuren zuweilen eine ägyptiſirendc
Zeichnung vorherrſcht.   Den Wiederſchein einer ähnlichen Kultur-
kreuzung finden wir nur noch einmal in einem viel ſpäteren Weltalter,
bei der ſiciliſchen Kunſt des Mittelalters wieder.

B. GRIECHENLAND UND ROM.

1. Architektur.

Weithin offen, allſeitig erſchloſſen lag die griechiſche Welt;
im engen Zuſammenhange mit dem Orient und mit Aegypten ſtand die
alte helleniſche Cultur, wobei die Inſeln eine wichtige vermittelnde
Rolle ſpielten. Es verſtand aber das griechiſche Volk, wie kein anderes,
dieſe Abhängigkeit zu löſen und ſich zu einer freien Selbſtändigkeit
zu erheben.   Die Wurzeln ſeines Daſeins erſcheinen verdeckt, nur
die herrlichen Blüthen und Früchte ſind ſichtbar. Dieſe Beobachtung
macht man auf allen Gebieten des geiſtigen Lebens. In dem
Augenblicke, als in den Hellenen das Bewußtſein erſtarkte, menſchliche
Schönheit und menſchliche Tugend ſeien ein Geſchenk der gnädigen
Götter und ihre Pflege ein Gottesdienſt, als ſie den Göttern weſentlicli
ſittliche Züge aufprägten, da ſchloſſen ſie mit der Vergangenheit
ab und öffneten der Bildung völlig neue Bahnen. Ihr hiſtoriſcher
Glaube ſtand im Gegenſatze zu den natürlichen Anfängen ıhres
Daſeins.   Prieſen ſie doch als erſtc Volksthat den Kampf gegen
orientaliſche Mächte und ſtellten, was ihre welthiſtoriſche Beſtimmung
werden ſollte, an die Spitze ihrer Geſchichte. Die helleniſche
Bildung hat ihren Urſprung mit einer viel ſtärkeren Schichte bedeckt,
als dieſes allen anderen Völkern möglich war. Auch die griechiſche
Kunſt hat die Spuren des mühſeligen Weges, welchen ſie Jahrhunderte gegangen war, verwiſcht und weckt den Eindruck, als
wäre ſie vollendet der Phantaſie eincs Künſtlers entſprungen. Fremd-
artig wirkten auf die Griechen ſelbſt die Werke der Vorzeit. Sie
benannten die Bauweiſe, deren ſie ſich, wie ſo viele andere Völker,
bei der Errichtung der Stadtmauern, Thore u. ſ. w. bedienten und in
welcher gewaltige vieleckige Blöcke ohne Mörtel auf einander

geſchichtet und in einander gefügt wurden (No. 1, 1), nach den
Kyklopen. Eine tiefe Kluft trennt die ausgebildete helleniſche Kunſt
von den Anfängen, wie ſie uns aus dem homeriſchen Zeitalter,
z. B. in dem ſogenannten Schatzhauſe des Atreus zu Mykenae, entgegentreten (No. 1, 4). Ein kreisförmiger Raum wird durch vor-
kragende Steinreihen nach oben immer mehr verengt und gewölb-
artig geſchloſſen. Die Reſte von Halbſäulen und Geſimſen, die an
demſelben Orte gefunden wurden (No. 1, 3), ſcheinen gleichfalls
einer anderen Welt anzugehören. Ihr Zierrath erinnert in den Spiralen an Metallarbeit, wie denn in der That das Innere des Schatz-
hauſes mit Metallplatten bekleidet war. Von der Metallbekleidung
machten die Griechen in der älteſten Periode unſtreitig ausgedehnten
Gebrauch, ebenſo von Holz als Baumaterial; der Webekunſt und
der Töpferei entlehnten ſie mannigfachen Schmuck; in der Goldarbeit fanden ſie die höchſte Befriedigung ihres Kunſtſinnes. Als
die uralten Gräber in Mykenae aufgedeckt wurden, welchen bald die
Grabfunde von Menidi, Spata, Nauplia folgten, war man ebenſo ſehr
überraſcht durch den Einblick in eine verhältnißmäßig reiche Kultur
und mannigfache techniſche Geſchicklichkeit, wie durch den geringen
Zuſammenhang mit der ſpäteren helleniſchen Kunſtthätigkeit. Abgeſehen von einzelnen zweifellos importirten Schmuckſachen, wie
den gravierten Goldſiegeln, erinnern Gegenſtände der Darſtellung
und Formen (die im heraldiſchen d. h. im Teppichſtile gehaltenen
Thierleiber) häufig an den Orient und laſſen auf Zuſtände ſchließen,
wo Griechenland orientaliſchen Einflüſſen offenlag, oder ein ge-
meinſames Maß von Kunſtbildung von den Ufern des Euphrat bis
nach Griechenland hinein ohne Unterſchied der Raſſe und des
Stammes verbreitet war. Die kleinen, zum Kleiderputz beſtimmten
Goldplättchen, welche das Bild der babyloniſch-phöniziſchen Venus,
von Tauben umgeben, darſtellen (No. 320, 9), zeigen, mit ihren
Vorbildern verglichen, keinen beſonderen Stil, ſondern nur eine
größere Rohheit der Arbeit. Die Grabſtele von Kalkſtein (No. 321, 1)
im oberen Theile mit Spiralen, einem der Metalltechnik entlehnten
Ornament, geſchmückt, in der unteren Hälfte einen Krieger auf
dem Streitwagen, welcher den fliehenden Feind verfolgt, darſtellend,
erinnert am meiſten an altitaliſche Grabfunde. Vollends als
Produkte primitiver Volkskunſt, wie ſie auch ſonſt bei barbariſchen
Stämmen angetroffen werden, erſcheinen die zahlreichen Terracotta-
figuren (No. 321, 2). Offenbar haben wir es mit einer Kulturſtufe
zu thun, auf welcher die Individualität des helleniſchen Volkes
noch ſchlummerte. Darin liegt aber der weltgeſchichtliche Beruf
der griechiſchen Kunſt, daß ſie, ſobald das helleniſche Bewußtſein
erwacht iſt, ſchöpferiſch auch die aus der Fremde entnommenen
Formen und Motive ſo umgeſtaltet, daß ſie erſt jetzt das wahre

Leben gewinnen. Einmal von der hellenifchen Phantafie angehaucht, verlieren fie die Spuren ihres äußeren Urfprunges.

Die Griechen haben die Glieder ihrer Architektur nicht erfunden. Säulenhallen kannten auch die Aegypter, verwandte Säulenformen entdeckte man auf aſſyriſchem Boden, die afiatifchen Nachbarländer befaßen bauliche Anlagen, in ihren Elementen den griechifchen Werken vielfach ähnlich. Vergleicht man aber die Werke unter einander, fo bemerkt man fofort, wie ungleich reifere Früchte die Griechen aus den gemeinfamen Wurzeln gezeitigt haben. Grab-faffaden in der lykifchen Landfchaft zeigen gleichfalls Säulen als wichtigfte Schmucktheile (No. 8, 12, 13). Sie befitzen kein be-fonders hohes Alter; um fo auffallender erfcheint die Unficherheit in den Maßen und in der Behandlung der Einzelglieder. Auf Pfeilern und Säulen ruht zunächft ein dreitheiliger Querbalken (Epiftyl) und über einem vorfpringenden, mit Balkenköpfen oder Zahnfchnitten gezierten Gefimfe der Giebel. Ueber den Pfeilern liegen Löwenköpfe, die Säulen fchließen mit Voluten (Windungen) als Kapitäl ab. Diefe Faffaden ftehen in den Einzelheiten griechifchen (ionifchen) Werken ganz nahe, und doch welch ein ganz anderes Ganze hat die griechifche Phantafie aus diefen Einzelheiten ge-fchaffen! Auf orientalifchem Boden befaß offenbar die Tradition eine zähere Lebenskraft und geftattete keine organifche Entwickelung der Bauglieder. Gewiß hatten Kultus und Tempelformen auch in Griechenland manche Aenderung erfahren, ehe das einfache Säulen-haus gefchaffen wurde. Der Phantafie der Architekten gelang es aber vollkommen, diefe Vorftufen für den Betrachter zu befeitigen. Selbft in dem einzigen Falle, in welchem fie auf ftrenge Kultustradi-tionen Rückficht nehmen mußten, bei dem Bau des Tempels der Athene Polias, fanden fie für die Aufgabe eine freie künftlerifche Löfung.

Der Kern der griechifchen Tempelarchitektur ift das von Säulen getragene Giebeldach, welches fich über der Cella erhebt. Die Cella, ein länglicher Raum, fchließt das Götterbild und die Weih-gefchenke in fich. Sie ift nicht, wie in Aegypten, in ein geheimniß-volles Dunkel gehüllt und erft nach langer Wanderung durch Vor-höfe zugänglich, fondern öffnet fich unmittelbar nach außen durch die Säulenhalle. Die Stellung der Säulen ift nicht immer die gleiche. Bald treten die Seitenmauern der Cella vor, und zwifchen den Stirnen (antae) der Mauern ftehen die Säulen, fo daß das Giebel-dach von den Mauern, die von vorn betrachtet als Pfeiler erfcheinen, und von den Säulen getragen wird. Diefe Form der Tempel (No. 1, 12 u. No. 2, 1) nähert fich der orientalifchen Weife und fcheint urfprünglich dem ionifchen Stile eigenthümlich gewefen. Im Gegen-fatz zu dem „templum in antis" ruht beim „Proftylos" der Vordergiebel ausfchließlich auf Säulen, und diefe nehmen die ganze Breite der

Faffade ein. Ein Tempel mit einer Säulenreihe auf beiden Giebel-
feiten (No. 1, 13) führt den Namen „Amphiproftylos". Umgeben den
Tempel die Säulen auf allen vier Seiten der Cella, und das ift die
vollendetfte, für uns geradezu die ideale Form des griechifchen
Tempels, fo entfteht der „Peripteros", durch Verdoppelung der Säulenreihen (in fpäterer Zeit) der „Dipteros".

Die Tempel werden nicht allein durch die Stellung der Säulen
von einander unterfchieden, fondern auch durch die Form und
Geftalt der letzteren. Drei Säulenordnungen, die ionifche, dorifche
und korinthifche, werden gewöhnlich in der griechifchen Architektur
gezählt. Mag auch die ionifche Ordnung aus guten Gründen als
die ältere gelten, wie fie denn auch einzelne fchon in der affyrifchen,
felbft ägyptifchen Kunft vorkommende Elemente befitzt, fo führt
doch die dorifche am beften in das Verftändniß der griechifchen
Bauphantafie ein. Nicht wie der griechifche Tempel allmählich
entftanden ift, zuerft mit Holztheilen verfetzt und mit Metallwerk
gefchmückt, fondern wie er als reiner Steinbau vollendet gefchaut
wird und gleichfam das Idealbild einer künftlerifchen Phantafie verkörpert, foll die folgende Schilderung andeuten.

Dorifcher Stil. Auf der oberften Stufe (Stylobat) eines
mächtigen aus Quadern gefugten Unterbaues (Krepidoma) erhebt
fich die Säulenreihe. Kein Fuß vermittelt den einzelnen Säulenftamm mit der Plattform, fondern diefer fteigt unmittelbar in die
Höhe. Der Säulenftamm ift cannelirt, d. h. mit flachen Furchen,
die fcharfkantig auf einander ftoßen (No. 1, 6 u. 7) verfehen; er verjüngt fich nach oben und erhält in der Mitte eine leichte Schwellung.
Am oberen Ende des aus Trommeln zufammengefetzten Schaftes
ift ein Einfchnitt angebracht, welcher zum Schutze der oberften
Trommel dient. Ueber dem Einfchnitt beginnt der Hals, mit dem
Kapitäl aus einem Stein gehauen und durch mehrere Riemchen,
in welchen noch einmal die zufammen gehaltene Kraft des Säulenftammes zum Ausdrucke kommt oder durch eine den Kapitälfchmuck
andeutende Blattreihe (No. 1, 11) charakterifirt. Es folgt fodann das
Kapitäl, aus dem weit ausladenden, oben leife wieder eingezogenen
Echinus und der Deckplatte beftehend (No. 1, 10). In der Form,
in welcher der Echinus uns meiftens entgegentritt, keffelartig, einfach rundlich geglättet, erfcheint er für unfere Phantafie ftumm.
Erft die aufmerkfame Betrachtung aufgemalter Ornamentrefte, die
hie und da an demfelben gefunden wurden, und die Vergleichung
des plaftifchen Schmuckes an ähnlich geformten und profilirten Baugliedern lehrte das Wefen und die Bedeutung des dorifchen Kapitäls
verftehen. Denkt man fich um einen Kern einen Kranz aufgerichteter Blätter gelegt und diefe belaftet, fo werden die Blattfpitzen

nach unten ſich neigen und zwar um ſo ſtärker, je größer der
Druck, bis ſie ſchließlich die Wurzel wieder berühren. Eine
ſolche Belaſtung durch das Gebälke, der Druck des letzteren auf
die gegenſtrebende Säule wird im doriſchen Kapitäl wahrnehmbar
und verlangt eine ſinnbildliche Andeutung durch den Schmuck.
Sie wird durch den Kranz der überfallenden Blättter gegeben, der
gleichzeitig auch das Profil des Kapitäls beſtimmt. (No. 1, 14.)

Laſt und Gegendruck, der Conflict zweier entgegenwirkender
Kräfte, wiederholt ſich noch öfter an dem Tempelbaue. Ueberall,
wo dieſes Verhältniß für das Auge anſchaulich gemacht werden ſoll,
wird ein ähnliches Ornament und ein verwandtes Profil angewendet.
Die Welle oder das „Kyma" (ſo wird das geſchilderte Bauglied auch
genannt, wie der Blätterſchmuck, gemeißelt und derber gebildet, den
Namen „Eierſtab" führt) beſitzt daher eine viel weiter reichende Aufgabe als das doriſche Kapitäl; nicht das letztere hat zur Schöpfung
des Gliedes geführt, ſondern es wurde das Glied auf das Kapitäl
übertragen, weil es galt, auch hier den Druck und die Richtung
nach unten ſinnbildlich anzudeuten. Daher erklärt ſich die weite
Ausbreitung der Welle und ihres Schmuckes (No. 1, 14) ſowie die
Varianten in der Wahl des Profiles und der Blätter (eiförmig mit
Echinusprofil, herzförmig mit Karniesprofil = ioniſches und lesbiſches
Kymation, No. 5, 1 u. 2), je nachdem die Aufgabe des Baugliedes
ſtärker oder ſchwächer betont werden ſoll. Jedenfalls gehört der
Blätterſchmuck mit ſeiner ausdrucksvollen Kraft nicht dem Gebiete
der Architektur ausſchließlich an, er konnte hier gar nicht zuerſt
erfunden werden. Aus der Kunſt der Weberei und Töpferei wurde
er auf den monumentalen Steinbau übertragen. Es finden ſich
daher die Blattornamente der Architektur auch auf Gefäßen identiſch
in Bildung und Bedeutung (No. 2, 10—14). Auch das Saumornament (Mäander) iſt von der textilen Kunſt auf die Baukunſt
übertragen worden (No. 1, 16). Es ſchmückt hier ebenfalls die
Saumglieder, welche von einem Haupttheile des Baues zu dem anderen
überleiten, von einer Richtung zur anderen den Uebergang bilden,
alſo z. B. die viereckige Platte über dem Kyma, den „Abacus" (No.
1, 14), mit welchem der Säulenſtamm abſchließt und auf welchem das
Gebälke folgt. Auch die Stirnſeiten der Mauern oder Anten (No. 1,
15) endigen mit der Deckplatte über dem Kapitäl, nur daß beides
hier eine leichtere und zierlichere Ausbildung empfängt.

Das Gebälke beginnt mit dem Architrav (Epiſtylion), dem Steinbalken, welcher horizontal den Säulen aufruht, und die feſte, einheitliche Grundlage des Daches vorſtellt. Der Architrav (No. 2, 3)
ſchließt mit einer kleinen vorſpringenden (mäandergezierten) Platte
ab. Das nächſtfolgende Gebälkeglied zeigt pfeilerartige Stützen,

an der Vorderfeite mit prismatifch vertieften Kanälen oder vielleicht richtiger mit abgefaften Stegen verfehen, gleichfam gefchlitzt — „Triglyphen" oder Dreifchlitze — und zwifchen ihnen viereckige, zur Aufnahme von Sculpturen beftimmte Felder „Metopen" (No. 2, 2 und 9). Ueber den Urfprung der Triglyphen und Metopen find wir auf das Rathen angewiefen. War die Triglyphe zuerft eine ausgezackte Bordure, den Köpfen der Balken der inneren Decke vortretend oder ein Fenfterpfoften, und dienten die Metopen dann als Fenfteröffnungen? An den Monumenten finden fich die Metopen ftets gefchloffen, die Decke aber höher gelegt, wie denn überhaupt eine Umbildung des dorifchen Stiles, ehe die noch vorhandenen Hauptdenkmäler ausgeführt wurden, als wahrfcheinlich gilt. — Die Furchen der Triglyphe nehmen nicht die ganze Höhe der letzteren ein, fondern neigen oben fcharf vor und laffen Raum für eine Platte, welche als Kapitäl der Triglyphe aufgefaßt werden kann, jedenfalls fie abfchließt, während die fogenannten Tropfen (fechs an einer fchmalen Leifte (regula) hängende bommelartige Körperchen) unter dem Architravbande auf die Triglyphe vorbereiten.

Ueber den Triglyphen und Metopen fpringt das Kranzgefims (Geifon) mächtig vor. Die untere unterfchnittene und daher etwas geneigte Fläche deffelben trägt an viereckigen Platten (Dielenköpfen) drei Reihen von Tropfen, wodurch das Ueberhängende und Schwebende des Geifon angedeutet wird. Das Kranzgefims wird durch eine fein profilirte Welle gefäumt, der ganze Bau fodann durch die aufgebogene Rinnleifte (sima) abgefchloffen. Als Symbol des Abfchluffes und freien Endigens ift der Sima ein Kranz aufgerichteter Blätter aufgemalt, der Zweck der Rinnleifte wird durch die wafferfpeienden Löwenköpfe noch verfchärft. Den Giebel (Tympanon) an der Vorder- und Rückfeite des Tempels rahmen ein niedriges Geifon (mit einem lesbifchen Kymation als Saum, ohne Dielenköpfe) und eine Sima ein. Firftziegel (Akroterien) fchmücken die Spitze des Giebels, Stirnziegel, meiftens in der Form einer Palmette erheben fich an der Seite über dem Dachrande (No. 5, 3—8).

Ionifcher Stil. Im Gegenfatze zu dem dorifchen Stile, in welchem der Zufammenhang der einzelnen Glieder fefter bewahrt und ihre enge Wechfelbeziehung auf das deutlichfte vor die Augen geftellt wird, offenbart die ionifche Architektur in den Denkmälern vollendeten Stiles eine größere Ungebundenheit und leichtere Freiheit. Die Säule ift durch einen felbftändigen Fuß (spira) mit dem Stufenbaue verbunden. Das Hauptglied des Fußes oder der Bafis ift eine nach unten und oben ausgefchweifte, in der Mitte eingezogene, als Hohlkehle profilirte Scheibe (trochilus), gefurcht und dadurch an den cannelirten Säulenftamm anklingend, bald einfach und dann befonders hoch (No. **4**, 15), bald doppelt (No. **4**, 16) wo dann die beiden Kehlen durch Rundplättchen (Aftragale) getrennt werden. Mit dem Säulenfchafte verknüpft den Trochilus ein Pfühl (torus) von halbkreisförmigem Profil, gefurcht, entweder mit einem tauförmigen Ornament umflochten (No. **3**, 6) oder mit einem Laubftrange umzogen. Nach unten fchließt die Bafis mit einer viereckigen Platte (Plinthe) ab. Neben der alterthümlichen Form der ionifchen Säulenbafis (z. B. No. **3**, 11) macht fich insbefondere an den Denkmälern Athens die andere geltend, wo die Hohlkehle (ohne Plinthe) unten und oben von einem Pfühle begrenzt wird (No. **3**, 9; No. **4**, 17—20). Unter dem Namen „attifche Bafis" hat fich diefelbe weit über die Zeitgrenzen der hellenifchen Kunft bis in unfere Tage als die nahezu alleingiltige Form des Säulenfußes in Geltung erhalten. Die Verhältniffe der Bafisglieder haben im Laufe der Entwickelung gleichfalls einen fehr großen Wechfel erfahren, allmählich das Steile und Hohe eingebüßt und eine niedrigere, weichere Geftalt angenommen. Von befonderer Wichtigkeit ift das Profil der Hohlkehle, deren Durchmeßer oben geringer als unten erfcheint und welche in feiner Schweifung fowohl oben wie unten einen Ablauf zeigt.

Die ionifche Säule (No. **3**, 8 u. 11), fchlanker als die dorifche, erreicht eine Höhe von 8—9 unteren Durchmeffern, während die dorifche nur bis zu 5—6 Durchmeffern emporfteigt; fie erfcheint weniger verjüngt und mit halbrund gehöhlten Furchen oder Canneluren verfehen, die durch Stege getrennt find, nicht, wie im dorifchen Stile, fcharfkantig an einander ftoßen (No. **4**, 22). Eine Perlenfchnur (Aftragal) verknüpft den Schaft der Säule mit dem Kapitäl (No. **4**, 1). Diefes befteht zunächft, um die auf der Säule ruhende Laft anzudeuten, aus einer Welle mit überfallenden Blättern, deren durch die Sculptur derb gebildete Form zu dem Namen Eierftab geführt hat, alfo aus einem Echinus, wie im dorifchen Stile, worüber fich nach der gewöhnlichen Bezeichnung ein Polfter legt. Wir denken uns ihn an beiden Enden aufgewickelt, weit über den Schaft ausladend, mit den Enden fodannn fich wieder fpiralförmig zufammenziehend. Den Eindruck viel größerer Elafticität gewähren die Kapitäle des attifch-ionifchen Stiles (No. **3**, 9), an welchen wir in der Senkung der Kurven in der Mitte und in der Vermehrung der Spiralen eine Steigerung der inneren Federkraft ahnen. Jedenfalls fpricht fich in diefem Zufammenrollen der Voluten und Herabhängen derfelben eine fchmiegfame, jetzt nachgebende, dann zurückkehrende Widerftandskraft aus. Kein Bauglied hat unter den Händen der griechifchen Künftler eine fo durchgreifende Aenderung erfahren wie das ionifche Kapitäl. Sein Urfprung muß auf den Orient zurückgeführt werden. Die affyrifchen Bildwerke, welche den heiligen Baum darftellen (No. **37**, 11) zeigen uns bereits Spiralen als Schmuck des Baumftammes und die Palmette, das fpätere Symbol der freien Endigung. Als krönendes Glied erfcheint die Spirale ferner an Einzelfäulen oder „Stelen" auf cyprifchen und altgriechifchen Denkmälern. Die Spiralen oder Voluten wurden fodann im ganzen Oriente als Abfchluß der Säule, alfo als Knauf verwendet. Da diefes aber meiftens bei Felsfaffaden gefchah, fo trat der Widerfpruch, daß ein krönendes Glied als belaftetes behandelt wird, nicht offen zu Tage. Erft am griechifchen Tempel funktionirte wirklich die ionifche Säule als Träger. Diefer Funktion entfprechend wurde auch die Form umgewandelt, durch die Verknüpfung mit der Welle die Belaftung angedeutet. Wie die Gebundenheit, welche der ionifchen Kapitälform anklebt, überwunden wurde, erregte ftets Bewunderung. — Die Vorderanficht des ionifchen Kapitäls ift von der Seitenanficht wefentlich verfchieden. Dort fehen wir die Bewegung der Voluten, hier (No. **4**, 2 und No. **5**, 16) die Binde oder Flechtfchnur, welche das Polfter gleichfam zufammenhält. Das Kapitäl einer Eckfäule am Peripteraltempel kann daher nicht auf dem gefetzmäßigen Wege gebildet werden. Es müffen, während an dem gewöhnlichen Kapitäl (No **4**, 4) die Fronten einander gegenüberftehen, am Eckkapitäl (No. **4**, 5, No. **3**, 7) die Fronten wie die Seitenanfichten aneinanderftoßen. — Eine kleine Welle fchließt das Kapitäl oben ab, welches natürlich an Wandpfeilern (No. **4**, 6—11) eine modificirte Geftalt empfängt. Die Voluten rahmen eine mit Blumen und Ranken gefchmückte Fläche ein.

Die Gebälkeglieder beginnen mit dem Architrav (Epiftylion), welcher in der Unterficht zuweilen durch einen Einfchnitt als in zwei nebeneinander ruhende Balken getheilt erfcheint, von vorn betrachtet als aus drei übereinander gelagerten, nach oben etwas vortretenden Streifen (No. **3**, 2 u. 9) gebildet fich darftellt. Der Architrav fchließt mit der Welle ab, welche vermittelft einer Perlenfchnur mit jenem verknüpft und mit einer blättergefchmückten Karniesplatte gekrönt ift (No. **3**, 10.). Es reihen fich alfo das Symbol der Belaftung und das Symbol der freien Endigung unmittelbar an einander, charakteriftifch für den ionifchen Stil, der einerfeits jedes Glied feine befondere Aufgabe erfüllen und fo dem Ganzen dienen läßt, auf der anderen Seite aber gern jedem Gliede eine gewiffe Selbftändigkeit gönnt. Wo wir im dorifchen Stile Triglyphen und Metopen wechfelnd fchauten, erblicken wir am ionifchen Tempel einen ungegliederten, als einfaches Mauerftück gedachten Fries (Thrinkos), den Hintergrund für plaftifchen Schmuck. Wie alle belafteten Glieder wird auch der Fries mit einer kräftig gefchwungenen Welle gekrönt. Das Geifon zeigt häufig an der unteren Hälfte einen Theil der Steinmaffe zur Verminderung des Druckes weg-

genommen, ſo daß nur einzelne Ausſchnitte (Zahnſchnitte, Geiſipodes)
übrig bleiben.   Die obere Hälfte des Geiſon ragt ſtark heraus und
ſtützt die Sima, welche im geſchwungenen Karniesprofil gezeichnet
und mit einer Reihe aufgerichteter Blätter (Anthemienkranz) oder
mit Pflanzenranken plaſtiſch geziert wurde.   An den attiſch-ioni-
ſchen Denkmälern fehlt gewöhnlich der Zahnſchnitt des Geiſon
(No. 3, 9) und dieſes ſchränkt ſich, den mäßigen Verhältniſſen
der Bauten entſprechend, auf die vorſpringende, etwas unterſchnittene
Hängeplatte ein.   Das zur Aufnahme von Statuen beſtimmte Giebel-
dreieck wird von Geiſon (ohne Zahnſchnitt) und Sima umſäumt
und auf dem Scheitel wie an den Ecken mit Stirnziegeln geſchmückt
(No. 3, 1.).

Korinthiſche Ordnung.   Uralt iſt das bezeichnendſte und
augenfälligſte Glied der korinthiſchen Säule, der als Korb oder Kelch
gedachte, von einem Blätterkranze umſchloſſene Knauf, die Anekdote
daher, erſt der Bildhauer Kallimachos (in Athen ungef. 400 v. Chr.
thätig) habe das Motiv einem von Akanthusblättern umwachſenen
Korbe auf dem Grabe eines korinthiſchen Mädchens abgelauſcht,
hiſtoriſch nicht begründet.   Allerdings aber wurde das urſprünglich
einfache Blätterkapitäl in ſpäterer Zeit (Periode Alexanders des
Großen) reicher zuſammengeſetzt, wie denn überhaupt der korinthiſche Stil zu überwiegender Herrſchaft erſt bei den Römern gelangte.
An erhaltenen griechiſchen Werken kommt derſelbe ſelten vor.   Das
intereſſanteſte Beiſpiel iſt das choragiſche Denkmal des Lyſikrates in
Athen (334 v. Chr.), an welchem nicht allein der Rundbau (No. 9, 11)
von korinthiſchen Säulen umgeben iſt, ſondern auch der Aufſatz
über der Kuppel, welcher den Dreifuß trug, die Formen eines reich
entwickelten korinthiſchen Knaufes zeigt.   Einen einfachen Typus des
Kapitäls bietet No. 9, 8.   Hier umſchließt den Kern zuerſt ein
Kranz des großblättrigen, reichgezackten Akanthus (Bärenklau), der ·
prächtigſten Decorationspflanze des Occidents, über welchem ſich ein
Kranz leichterer Spitzblätter erhebt, in leiſer durch den Druck des
feingegliederten Abakus hervorgerufener Krümmung.   Die weitere,
beſonders in der römiſchen Architektur vorherrſchende Kapitälform
fügt zum doppelten Akanthuskranze noch an den vier Ecken als
Uebergang zum Abakus Voluten hinzu.   Dieſelben entſteigen als
Stengel dem Kelche, bilden in der Mitte Blumen, an den Ecken
aber winden ſie ſich ſchneckenförmig und ſtützen die Deckplatte.
(No. 9, 1. 2. 7. 10; No. 10, 8.)   In derbſter Weiſe wurde ſodann
das korinthiſche Kapitäl weiter entwickelt, indem man an die Stelle
der Stengelvoluten das ganze ioniſche Kapitäl auf den doppelten
Akanthuskranz pfropfte (No. 10, 5).   Unter den Namen Compo-
ſita- oder römiſches Kapitäl bekannt, begegnet uns dasſelbe zuerſt

am Triumphbogen des Titus in Rom (70 n. Chr.). Wie die at-
tifche Bafis, fo erfreute fich auch das korinthifche Kapitäl der
Unfterblichkeit und errang auch in mittelalterlichen und neueren
Zeiten allgemeine Beliebtheit.

Das Blätterkapitäl ift das hervorragendfte, aber nicht das einzige
Merkmal des korinthifchen Stiles. Die Bafis der Säule entlehnt
ihre Gliederung dem ionifchen oder attifch-ionifchen Stile, die
Cannelirung des fchlanken Schaftes ift jener der ionifchen Säule
gleichfalls verwandt, der Architrav erfcheint dreigetheilt, der Fries
bald dem ionifchen Thrinkos gleich, bald aber auch belebter, indem
er als feingefchwungene Welle mit leicht überfallenden Blättern
emporfteigt. Das Kranzgefims zeigt zuweilen an Stelle des Zahn-
fchnittes Kragfteine oder Confolen, welche die Hängeplatte tragen
(No. 10, 4.).

Innere Decke. Nach dem Außenbaue beftimmt man gewöhnlich den Stil des hellenifchen Tempels. Vom Außenbaue haben
auch die nachgriechifchen Jahrhunderte das Meifte entlehnt. Doch
ift die Conftruction der Tempeldecke für das Verftändniß der hellenifchen Architektur von gleich großer Bedeutung. Steinerne Decktafeln (Kalymmatien), an ihrer unteren fichtbaren Fläche mit fym-
metrifch vertheilten, viereckigen, vertieften Feldern (den Keimen der
modernen Kaffettendecke) verfehen, ruhen auf Balken und bilden
auf diefe Art einen leicht fchwebenden, horizontal gefpannten
Teppich (No. 5, 11. 12. 17. 18). Goldene Sterne auf blauem
Grunde fchmücken die Mitte der Felder und fymbolifiren das freie
Schweben. Von Mäanderzügen, dem Saumornament, find die Felder
umfchloffen, mit Heft- oder Perlenfchnüren an den Kalymmatien
gleichfam befeftigt. Die Balken, welche die Decktafeln tragen, zeigen
an ihrem oberen Ende eine Welle, an ihrer unteren Seite, fie als
Gurte charakterifirend, gemaltes oder gemeißeltes Flechtwerk. Die
Kalymmatien- oder Lacunariendecke ift im dorifchen und ionifchen
Tempel diefelbe, wennfchon die Balkenlage wenigftens urfprünglich
nicht die gleiche war: im dorifchen Stil durch die Stellung der
Triglyphen bedingt und beengt, im ionifchen viel freier und
ungebundener. Nur bei einfacher Cellabildung und mäßigen Raum-
verhältniffen findet die fteinerne Kalymmatiendecke Anwendung.
Bei großen Tempeln, wo monolithe Balken zur Ueberfpannung des
Raumes nicht ausreichten', trat eine Kaffettendecke aus Holz in
Geltung. Die Rückfichten des Cultus und des Raumes verlangten in
einzelnen Tempeln den unmittelbaren Zutritt des Himmelslichtes in
die Cella. Durch eine Oeffnung im Dache (Opaion) wurde diefes
erreicht. Die Größe der Oeffnung, ihre nähere Form, ob es nöthig
war, auf die Säulenreihen im Innern der Cella noch obere Säulen zu

ſtellen (No. **2, 7** u. **8**), um das durch das Opaion unterbrochene Dach zu ſtützen, iſt nicht bekannt. Solche Tempel führen den Namen „Hypäthraltempel".

Polychromie. Daß die Decke und die Wände der Cella bemalt waren, unterliegt keinem Zweifel. Abgeſehen von der Analogie mit chriſtlichen Kirchen, verlangte ſchon die farbige Beſchaffenheit der Tempelſtatuen (insbeſondere jener, welche aus Gold und Elfenbein gebildet wurden — chryſelephantine Werke) einen ebenfalls farbigen Hintergrund. Aber auch für die äußere Architektur muß die Mitwirkung der Farbe auf Grund ſchriftlicher Zeugniſſe und erhaltener Reſte angenommen werden, und nur über das Maß der Bemalung an Marmortempeln herrſcht Streit. Aufgemalt waren die kleinen Ornamentglieder, der Mäander, die Blätter; in blauer Farbe erſchienen die Furchen der Triglyphen, wahrſcheinlich roth der Grund der Metopen. Im Allgemeinen wird die Polychromie der Gebälktheile, der farbige Eindruck der oberen Hälfte des Tempels zugeſtanden. War der Tempel aus gewöhnlichen Steinen (Poros) erbaut, die einen Stucküberzug verlangten, ſo war der weitere Schritt zur Färbung oder Abtönung der Säulen, des Architravs, der Außenwände nicht mehr fern; dieſes Verfahren findet auch jetzt noch Billigung. Bei Marmortempeln ſträubt ſich aber der moderne Kunſtſinn, der freilich als Farbenſinn auf einer kläglich tiefen Stufe ſteht, gegen die Annahme, daß der hellſtrahlende Glanz des Marmors durch die Farbe verdeckt wurde. Ein viel größeres Bedenken regt ſich jedoch gegen die Behauptung, die eine Hälfte des Tempels wäre farblos, weiß geblieben, die andere (das Gebälke) aber hätte volle und mannigfache Farbe gezeigt. Der Glaube an einen durchgängigen polychromen Schmuck beſitzt daher eine gute Berechtigung, mag auch über die näheren Vorgänge und über die verſchiedenen Weiſen der Färbung keine volle Klarheit und Gewißheit herrſchen. Die Frage wird der Löſung erſt näher rücken, wenn ſie mit der zeitlichen Entwickelung der griechiſchen Architektur enger verknüpft wird. Als Schmucktheile aus Terracotta hergeſtellt wurden, mußte natürlich die farbige Erſcheinung der Faſſaden ſich anders geſtalten als in der ſpäteren Periode, und ebenſo konnte, als in der nachalexandriniſchen Zeit die Sitte der Verkleidung mit bunten Marmor- und Steinplatten aufkam, das alte Syſtem der Polychromie nicht mehr in Kraft bleiben.

Denkmäler. Die Entwicklungsgeſchichte der griechiſchen Architektur, namentlich die Geſchichte der einzelnen Monumente, harrt noch der erfolgreichen Durchforſchung. Die Architektur iſt bekanntlich die intoleranteſte Kunſt; die ſpäteren Werke treten nicht

den älteren zur Seite, fondern fetzen fich an ihre Stelle, gewinnen
Raum erft durch Zerftörung der letzteren. Daher bleiben die Vorftufen der vollendeten Steinarchitektur in tiefes Dunkel gehüllt. Die
Vergleichung der Maßverhältniffe, um dadurch das Alter der Monumente zu beftimmen (No. 1, 8), berührt die Stilentwicklung doch
nur in oberflächlicher Weife. Erft das Studium der Grundriffe,
der Ausbildung der einzelnen Glieder und des Ornamentes gewährt
einen tieferen Einblick in die hiftorifche Entwicklung. Auch der
Kunftcharakter der einzelnen Landfchaften, die Lokaltradition griffen
in das Schickfal der Architektur mächtig ein, je nach ihrer Natur
Neuerungen zugänglich oder an dem Hergebrachten hangend. Das
Ziel der Forfchung liegt klar vor Augen. Der Gruppirung der
einzelnen Bauten nach Landfchaften und ihrer Einordnung nach
der Zeit ihrer Entftehung foll die Schilderung der Thätigkeit der
einzelnen hervorragenden Künftler folgen. Die Namen der letzteren
haben fich in ziemlicher Zahl erhalten, von den wenigften find
wir aber im Stande, ein klares Bild ihres Wirkens zu entwerfen.
Chersiphron und *Metagenes* haben den großen Tempel zu Ephefus,
welchen *Deinokrates* fpäter neubaute, gefchaffen, mit dem Parthenon
find die Namen des *Iktinos* und *Kallikrates*, mit dem Propyläen der
Name des *Mnefikles*, mit dem Zeustempel in Olympia jener des
Libon verknüpft. Erft in der fpäteren Zeit fließen die Nachrichten
über die Perfönlichkeit der Künftler, wie z. B. über den *Deinokrates*,
den Architekten Alexanders des Großen, etwas reichlicher. So klar
das Ziel, fo fchwer ift bei der relativen Dürftigkeit der erhaltenen
Monumente feine Erreichung. Von den altionifchen Bauten des
6. Jahrhunderts (Heratempel auf Samos) bieten die vorhandenen
Trümmer (No. 3, 1) keine genügende Anfchauung. Einen alterthümlichen Eindruck gewähren die Tempel von Selinunt auf Sicilien.
Der mittlere Burgtempel (No. 8, 3) befitzt eine auffallend tiefe
Vorhalle und bei großer Gefammtanlage eine fehr fchmale Cella,
welche von dem Säulengehäufe noch fcharf fich abtrennt. Er ift
entfchieden älter als der fog. Zeustempel (No. 8, 4), der nördlichfte
von den drei Stadttempeln von Selinunt — man zählt drei Tempel
auf dem weftlichen Hügel oder der Burg und drei Tempel auf dem
öftlichen Hügel oder der Stadt —, welcher ebenfalls eine tiefe
Vorhalle, aber eine breitere Cella aufweift, die Säulen weit von der
Cellamauer abftehen läßt, der Säulenhalle eine große Breite verleiht.
Er ift 409 v. Chr. noch nicht vollendet gewefen. Verwandter Anlage erfcheint der fpätere Demetertempel (No. 8, 2) in Päftum und
der berühmte Pofeidontempel (No. 2, 6—8 und No. 323, 2) ebendort. Hier haben fich die Säulenreihen im Innern der Cella erhalten, und die Anordnung der oberen kleinen Säulen über den
unteren ift noch kenntlich. Abweichend von der üblichen Anlage

iſt die ſog. Baſilika in Päſtum (No. **8**, 6) mit einer mittleren Säulen-
reihe in der Cella, ebenſo unterſcheidet ſich der Zeustempel in
Agrigent (No. **8**, 5) durch die Halbſäulen außen und durch die
Atlanten, welche in der Cella über Wandpfeilern die Decke ſtützen
(No. **5**, 20), von dem herrſchenden Tempeltypus. Die Erbauung
dieſes Tempels fällt wahrſcheinlich in das 5. Jahrh. v. Chr.

Von hervorragender Wichtigkeit für die weitere Entwicklung
der Architektur ſeit Kimon (470) ſind ſodann die Bauten auf
attiſchem Boden. Der attiſch-ioniſche Stil hat die Einſeitigkeiten
des alten doriſchen und alten ioniſchen Stiles abgeſchliffen, beide
dadurch auf eine höhere Stufe gehoben, daß in der doriſchen Architektur die Zierglieder vermehrt, das Herbe und Starre, die vorwiegende Richtung der Einzelglieder auf den Zweck des Ganzen
gemildert, in der ioniſchen Architektur dagegen der Ungebundenheit der einzelnen Theile Schranken geſetzt und ſie mehr als
organiſche Glieder, zuſammenhängend und auf einander bezüglich,
aufgefaßt wurden. Außer den beiden kleinen Tempeln zu Rhamnus
(No. **2**, 1 und No. **8**, 7), von welchen aber der ſog. Themiſtempel
theilweiſe in eine frühere Zeit fallen dürfte, der Nemeſistempel
unvollendet blieb, und dem ſog. Theſeustempe lin Athen(No. **6**, 12), von
Kimon kurz nach den Perſerkriegen errichtet, liefern die Bauten auf
der Akropolis die großartigſten Muſter der attiſchen Kunſt. Wenn
man von der Weſtſeite zu der alten, nunmehr in einen weiten Tempel-
bezirk umgewandelten Burg·emporſtieg (No. **323**, 3. 4), gelangte
man zuerſt an die dreiſchiffige Thorhalle (Propyläen, No. **7**, 4),
welcher nach außen und innen ein von doriſchen Säulen getragener
Giebelbau vortrat. Für die Säulenreihe im Innern der Halle war
mit Rückſicht auf die höher liegende Decke die ſchlankere ioniſche
Ordnung gewählt worden. Plaſtiſcher Schmuck fehlte ihrer Beſtimmung gemäß den Propyläen; um ſo reicher war mit demſelben
der auf einem Mauervorſprunge vor dem ſüdlichen Seitenflügel der
Propyläen gelegene zierlich kleine ioniſche Tempel der ungeflügelten
Siegesgöttin, der Nike Apteros (No. **3**, 7; **6**, 1—3 u. 10) bedacht;
derſelbe zeigt noch zahlreiche Reſte der urſprünglichen Polychromie.
Mächtig ragte über alle Bauten der Parthenon empor, das herr-
lichſte Denkmal der perikleiſchen Zeit (447—434 v. Chr.), der
Athene Parthenos geweiht, vornehmlich als Feſttempel benutzt, mit der
Eingangsſeite nach Osten gerichtet, an den Giebelfronten von 8, an
den Langſeiten von 17 Säulen umſchloſſen. Der aus penteliſchem
Marmor errichtete Tempel iſt 30,89 m. breit und 69,54 m. lang,
zeigt alſo das muſtergiltige Verhältniß von 4 zu 9. (No. **2**,
4 u. 5; **325**, 1.) Die Höhe der Säulen beträgt nahezu 11 untere
Säulenhalbmeſſer oder moduli; die Säulen ſind enger geſchart und
kürzer als die etwas älteren Säulen am Theſeustempel. Die innere

Anordnung zeigt einen hinteren Raum (zur Aufbewahrung des
Staatsfchatzes beftimmt) von der Cella abgetrennt, diefe felbft (Heka-
tompedon) durch eine Doppelreihe von Säulen in einen breiten Mittelraum (Parthenon) und fchmale Säulenhallen getheilt. Nahe am Nord-
rande der Akropolis erhob fich das ältefte Heiligthum der Athene,
das fog. Erechtheion, der Tempel der Pallas Polias (No. 6, 4—9).
Es galt hier nicht allein mehrere Cultusftätten harmonifch zu um-
fchließen, fondern auch die Unebenheiten des Bodens zu berechnen
und auszunutzen. Der Cella (A in No. 6, 5), von welcher ein Raum
B durch eine Zwifchenwand (bei a a) abgetrennt war, legt fich öftlich
auf höherem Niveau eine fechsfäulige Vorhalle vor. Eine tiefere
Vorhalle (D) mit vier Säulen in der Fronte befindet fich an der
Nordfeite; an der Südfeite (C) tritt ein kleiner Bau vor, deffen
Dach von 6 Mädchenftatuen (fog. Karyatiden) auf hohem Mauerfockel
getragen wird.

Im vierten Jahrhundert hob fich wieder die Architektur auf
ionifchem Boden. Bereits im Alterthum wurden der Tempel des
didymäifchen Apollo bei Milet, der Tempel der Artemis zu Ephefus,
der Athenetempel zu Priene, ein fechsfäuliger Peripteros, u. f. w.
als Wunderwerke gepriefen. In der Zeichnung einzelner Glieder
klingt noch die altionifche Tradition an, doch wird für die feinfte,
faft raffinirte Durchbildung der Glieder Sorge getragen. (No. 3,
2,10; 4, 6—11, 14 u. 16). Ein bewußter Gegenfatz zum dorifchen
Stile macht fich geltend, wie auch erfolgreiche Verfuche an den
Maßen zu ändern (Weite der Säulenftellungen unter einander
und von der Cellawand) oder neue Ordnungen einzuführen (korinthifche Säulen in der äußeren Architektur am Asklepiostempel zu
Tralles), auftauchen. Unter den namhaften Künftlern ragt der auch als
Theoretiker gerühmte *Pythios* hervor, der Erbauer des Priene-
tempels, welchem auch an dem Mauffoleum zu Halikarnass, nach dem
Tode des Königs Mauffolos (354) errichtet, der Hauptantheil gebührt.
(No. 7, 1 u. 2). Auf einem riefigen Unterbaue, der die Grabkam-
mer enthielt, erhob fich eine ionifche Säulenhalle und darüber eine
Marmorpyramide, von einem Viergefpann mit der koloffalen Porträt-
ftatue des Mauffolos gekrönt. Die Anklänge an die altorientalifchen
Grabdenkmäler find augenfcheinlich und entfprechen der Zeitrich-
tung, in welcher fich griechifche und orientalifche Cultur enger berühren und fo manche Elemente austaufchen, ein weltgefchichtliches
Ereigniß, das am Ende der römifchen Kaiferzeit in noch groß-
artigerer Weife wiederkehrt. Die griechifch-orientalifche Architektur
der alexandrinifchen Periode befitzt überhaupt eine große weltge-
fchichtliche Bedeutung. Wurden durch diefelbe einerfeits die einfach
klaffifchen Typen gelockert, fo hat fie wieder andererfeits durch Vermehrung der Bauaufgaben, Erweiterung der konftructiven Kenntniffe,

Steigerung der dekorativen Pracht, die hellenifchen Bauformen fähig gemacht, auf einem weiten Schauplatze und in einem fpäteren Weltalter zu herrfchen. Die römifche Architektur holte fich hier vorwiegend ihre Mufter.

2. Sculptur.

Die Vorzeit der hellenifchen Plaſtik weiſt auf ſtarke Einflüſſe einer älteren orientalifchen ·Kunſt hin, deren Bedeutung Ausgrabungen der jüngſten Jahre in immer helleres Licht fetzen; fie zeigt ferner die Kunſt wefentlich nur als fchmückendes Handwerk. Auf die beſſere Bearbeitung des Materials, auf die Ausbildung der technifchen Proceſſe iſt die Aufmerkfamkeit vorzugsweife gelenkt. In der finnlichen Vorſtellung von den waltenden Göttern lag nicht der erſte Antrieb zu rafchem Fortfchritt in der Richtung auf formale Schönheit. Die Götterbilder behalten ihr puppenhaftes Anfehen noch zu einer Zeit, in welcher auf profanem Gebiete und in der Geräth-bildnerei bereits eine höhere Stufe formaler Vollkommenheit erreicht war. Die Gründe und Urfachen, aus welchen, freilich erſt nach viel-hundertjähriger Arbeit, aus dürftigen, vielfach orientalifirenden An-fängen fich eine vollendete und durchaus eigenthümliche Kunſt entwickelte, find theils allgemeiner Art, theils müſſen fie in der befonderen Weife griechifcher Kunſtübung gefucht werden. Himmel und Erde, die Naturanlage, der Charakter der Landfchaft, vielge-gliedert, nach außen offen, auf die Seefahrt hinweifend, zu weitem Verkehr einladend, die Menfchlichkeit der Götter, die mäßige Größe der Einzelſtaaten, die Theilnahme aller Bürger am politifchen Leben weckend, die überfichtliche harmonifche Bildung fördernd — alles trug zur Entfaltung und Vertiefung des Kunſtfinnes bei. Die Ent-wickelung der griechifchen Plaſtik hält mit jener der Sprache, der Poefie und der Philofophie gleichen Schritt; nichts erklärt daher auch die Schickfale der erſteren fo treffend wie die Prüfung des Ganges, welchen die Sprache, der Staat, die Poefie und die Wiſſen-fchaft in Hellas genommen haben. Auch die griechifche Plaſtik fchlug anfangs den Weg der unmittelbaren Naturanfchauung und der möglichſt treuen Wiedergabe der wirklichen Erfcheinungen ein. Von den befonderen Umſtänden, welche der Phantafie und der Hand der Künſtler die Gabe verliehen, mit vollendeter Wahrheit die For-men einer hohen idealen Schönheit unlösbar zu einigen, find folgende hervorzuheben. Die griechifche Plaſtik hat nicht wie die ägyptifche dem Herfchercultus fich widmen müſſen, nicht in der Darſtellung von Königsbildern ihre Kraft zuerſt verfucht. Die ägyptifche Plaſtik begann mit Porträtſtatuen, aus welchen fich aber im Laufe der

Zeiten der lebendige und individuelle Zug verlor, fo daß das Ceremonielle, Steife, Leblofe, Symbolifche immer mehr überwog. Die
griechifche Kunft fchlug einen anderen Weg ein. Sie hob, fobald
die felbftändige nationale Bildung fich regte, damit an, daß fie die
einfach natürlichen und allgemein menfchlichen Züge klar in das
Auge faßte und zunächft Gattungstypen (Kämpfer, ftehende, aus-
fchreitende Figuren u. f. w.) fchuf, welchen allmählich immer feineres
Leben und die fcharfe Perfönlichkeit verliehen wurde. So wurde
das Verftändniß der reinen Körperformen, der fchönen plaftifchen
Bewegungen erworben. Ferner: nicht das Studium der Anatomie,
wie in den neueren Zeiten, fondern die lebendige Anfchauung der
gymnaftifchen Spiele lehrte den menfchlichen Leib kennen und die
Gefetze feiner Thätigkeit begreifen. Daher ftammt die unmittelbare,
naiv fcheinende Wahrheit der griechifchen Werke. Endlich muß
noch hervorgehoben werden, daß die griechifchen Künftler einem
rafchen Wechfel und einer ftetigen Vermehrung der Typen die feine
Durchbildung und das langfame Ausreifenlaffen einer mäßigen Zahl
derfelben vorzogen und an dem vollendeten Typus nicht willkürlich änderten, fondern mit leichten Varianten deffelben fich begnügten. Selbft hervorragende Meifter hielten an beftimmten Maßen,
Verhältniffen und Stellungen mit Vorliebe feft und verfchafften
denfelben in ihren Schulen ein gefetzliches Anfehen. So allein
wurden die abfoluten Ideale erreicht, welche in der plaftifchen Kunft
der Griechen bewundert werden.

In die älteften griechifchen Zeiten führen uns zahlreiche in
Olympia ausgegrabene Bronzen zurück. Erz ift der am meiften ge-
fchätzte Kunftftoff, das Treiben des Metalles die beliebtefte Arbeit.
Die Ornamentik bewegt fich noch zum Theil in elementaren Formen,
die Figuren erfcheinen in Zeichnung und Ausdruck kaum entwickelt.
Dennoch giebt fich bereits der Anfang eines reinen Naturgefühles
kund und erfcheint, wenn aus der Fremde überlieferte Motive behandelt
werden, das Streben nach freier Umwandlung wirkfam. (No. **320,** 11
mit der vierflügeligen Artemis, dem Herakles und Kentauren, mit
Greifen und Adlern in vier Feldern über einander). Zu den älteften
Sculpturwerken gehört ferner das Löwenthor von Mykenae (No. **16,** 3
und **323,** 1), zwei aus Kalkftein gemeißelte Löwen mit Profilleibern,
während die (nicht mehr vorhandenen) Köpfe zweifellos en face
geftellt waren. Zwifchen ihnen befindet fich eine nach unten verjüngte Säule mit einem nicht völlig klaren Auffatze (Holzgebälke?)
über dem Kapitäl. Diefe Burgwächter find in ihrer Beftimmung den
affyrifchen Portalfculpturen verwandt, in der Wiedergabe von Einzelheiten (Bauch) drückt fich aber bei aller Unbeholfenheit ein lebendiger Naturfinn aus, der wohl berechtigt, diefes Werk mit den felbftändigen griechifchen Kunftanfängen in Zufammenhang zu bringen.

In höherem Grade orientalifirend find die dem Architrav des Tempels
in Affos (Kleinafien) entflammenden Reliefs (No. **16**, 7), welche Thierkämpfe, Sphinxe, Kentauren, ein Gelage, den Kampf des Herakles
mit einem fifchfchwänzigen Triton, dem Halios Geron, ein auch in
argivifchen Bronzen wiederkehrendes Motiv, darftellen, und in der
Verfchiebung der Leiber gegen die Profilköpfe, in den Mißverhält-
niffen der einzelnen Figuren an affyrifche Bilder erinnern.   An ägyptifche Typen wieder klingen die Marmorflatuen auf der heiligen Straße
von Milet nach dem Apollotempel (No. **16**, 6) an, wie auch ihre Beftimmung an die ägyptifchen Statuenftraßen erinnert. Sie haben die
Arme dicht an den Leib gerückt, die Hände auf die Knice gelegt,
die Gewänder durch Parallelfalten in architektonifcher Weife gegliedert.
Ganz anders treten uns an der Weftgrenze der griechifchen Culturwelt, in Sicilien, die Anfänge plaftifcher Kunft entgegen. Von dem
mittleren Burgtempel in Selinunt (etwa 600 v. Chr. errichtet) haben
fich mehrere Metopenreliefs erhalten (No. **16**, 1 u. 2).   Das eine
Relief ftellt Herakles dar, welcher die diebifchen Kerkopen gebunden
an einem Tragholze über den Schultern davonträgt, das andere
fchildert die Tödtung der Medufa im Beifein Athene's und die
Geburt des (aus dem Blute der Medufa entfprungenen) Pegafus.
Der Relieffiel ift noch wenig entwickelt, die Figuren heben fich
fcharf und hoch vom Grunde ab, erfcheinen aber von vorn ziem-
lich flach.   Sie find kurz, unterfetzt in den Verhältniffen, ähnlich
wie in der Plaftik des frühen Mittelalters.   Profil und en face-Stel-
lung wechfelt bei den einzelnen Gliedern, ohne Rückficht auf die
Anficht im Ganzen zu nehmen.   Verwandt ift das Relief in Sparta
(No. **17**, 1), die Bedrohung Helenas durch Menelaus darftellend.
Einen ungleich höheren Fortfchritt offenbaren die Friesreliefs vom
Harpyiendenkmal in Xanthus (No. **16**, 8): fitzende Götter und
Göttinnen, welche Opfergaben empfangen.   Wenn auch lykifchem
Boden entflammend, zeigen diefelben doch den reinen griechifchen
Stil in feiner alterthümlichen Faffung.   Mit Ausnahme der Augen
ift die Profilanficht fchon durchgängig in ihr Recht gefetzt; die
Haare find künftlich gelockt, die Gewänder zierlich gefaltet, die
Umriffe der Körperformen unter ihnen fichtbar. Der Haltung
und Bewegung ift der Charakter einer gewiffen cermoniellen Feier
aufgedrückt.   Theilweife diefelben Züge giebt das Weihrelief von
der Infel Thafos (No. **18**, 1) kund.   Die Bilder decken drei Seiten
eines Marmorbaues und ftellen Apollo mit der Leier, von einer
Nymphe bekränzt, welcher drei Nymphen folgen, ihm gegenüber
drei Grazien, ferner Hermes und eine Frau dar. Das Auftreten auf
der ganzen Sohle ift für diefen archaifchen Stil charakteriftifch. Von
großer Wichtigkeit find mehrere alterthümliche Rundbilder, wie z. B.
der Apoll von Tenea, 1846 nicht weit von Akrokorinth gefunden und

in der Münchner Glyptothek bewahrt (No. **325**, 2). Er offenbart
bei aller Steifheit der Formen und trotz einzelner Mißverhältniffe,
wie fchon von früh an das Auge des Künftlers die Natur beobachtete
und diefelbe wiederzugeben trachtete. Bezeichnend ift das Fehlen
aller Attribute, fo daß die Aufmerkfamkeit des Künftlers fich rein
auf die Verkörperung menfchlicher Formen und die (relativ) lebendige
Bewegung gerichtet zeigt. Eine noch höhere Entwickelung des
Kunftfinnes enthüllt die auf der Akropolis bewahrte, in der Nähe
derfelben gefundene Athene (No. **17**, 2), insbefondere in der Zeichnung der Beine, die weniger fcharfkantig im Umriffe erfcheinen,
als bei dem Apoll, und in der Bewegung fchon das leife Bewußt-
fein von der fchönen Wirkung des Contraftes verrathen.

Innerhalb der gemeinfamen Grenzen, welche durch die Gleich-
zeitigkeit der Entftehung und die verwandte Stufe der Entwickelung
gezogen werden, machen fich die Eigenthümlichkeiten des Stammes-
charakters und der einzelnen Localftile geltend. So unterfcheidet
man die dorifche Kunftweife von der ionifch-attifchen. Der erfteren
möchte man das einem der jüngeren felinuntifchen Tempel entftammende Relief (Mufeum in Palermo) zufchreiben, mit der Schilderung Aktaeons, wie er auf Diana's Geheiß von Hunden zerriffen
wird (No. **17**, 9). Attifch, wahrfcheinlich dem fünften Jahrhundert
angehörig, ift die „wagenbefteigende Göttin" (No. **18**, 4), auf der
Akropolis gefunden, in der Bewegung viel freier als in der Behandlung des Gewandes, von einer beinahe vollendeten Feinheit der
Umriffe. In Attika wurde der Grabftein des Ariftion (No. **325**, 3)
ausgegraben, an welchem das flache Relief durch einen Farbenüberzug belebt wurde. Der Grund der Marmorplatte war roth, der
Panzer blau; am Nackten haben fich die Farben nicht erhalten.
Ob auch das Maß der Bemalung in den verfchiedenen Localfchulen
je nach der Verfchiedenheit der Tradition und des Materials wechfelte,
ift nicht bekannt. In der altattifchen Sculptur fcheint die flache,
nur andeutende Behandlung der Haare auf die herkömmliche Mitwirkung der Malerei hinzudeuten. Die Einzelheiten der Rüftung
find mit dem größten Fleiße der Wirklichkeit nachgebildet, weniger
genau ift der rechte nackte Arm durchgeführt. Zur Vergleichung
eignet fich trefflich das Grabrelief aus Orchomenos in Böotien, von
Alxenor aus Naxos gearbeitet (No. **16**, 5). Ein großer Fortfchritt zeigt fich in der Bewegung, auch der Ausdruck ift lebendi-
diger. Der bärtige Mann hält fpielend feinem Hunde eine Heu-
fchrecke vor.

Wenn in diefem und anderen Grabreliefs die einfache Geftalt
des Beigefetzten die Erinnerung fefthält, fo erweiterte die fpätere
Kunft poefievoll die Schilderung zu einer Familienfcene. Zu den
älteften Beifpielen diefer Art gehört das fog. Leukothearelief (No.

17, 5). Nach dem Schmucke des Stuhles möchte man den Urfprung des Werkes in Kleinafien fuchen. Der Mutter (unter deren Stuhl ihr Arbeitskorb noch fteht) wird von der Dienerin das Kind zum Abfchied oder Spiel dargereicht. Seitwärts ftehen noch zwei Glieder der Familie. Sind auch die enggefalteten, wie geftreift erfcheinenden Gewänder noch ganz in archaifchem Stile behandelt, fo fpricht doch fchon aus der Compofition die Seele, welche diefe Abfchiedsfchilderungen in der hellenifchen Kunst fo lebendig geftaltet. Seit dem vierten Jahrhundert war namentlich die attifche Kunst unerfchöpflich in der Erfindung von Scenen, welche bald wehmüthige Trennung von den Geliebten und von den Gütern des Lebens, bald das Glück und den Frieden des gemüthlichen Familiendafeins vor die Augen bringen und auf diefe Weife die Bitterkeit der Todesgedanken milde löfen. Zahlreiche, durch finnigen Inhalt und Schönheit der Form feffelnde Reliefs wurden aus einem athenifchen Friedhofe ausgegraben (No. **326**, 6). Einer anderen Gattung von Denkmälern, den Ehrenftatuen, gehören zwei Statuen (No. **18**, 2) an, welche nach gewöhnlicher Anficht die Tyrannenmörder Harmodios und Ariftogeiton darftellen und als eine Marmorkopie des 476 v. Chr. vollendeten Erzwerkes, einer gemeinfamen Arbeit des *Kritios* und *Nefiotes*, gelten. Auffallend bleibt bei der Gruppe, welche nach einem Münzbilde fo geordnet wird, daß die beiden Jünglinge dicht nebeneinander heranftürmen und der eine den anderen deckt, das Fehlen eines Gegengewichtes in der Compofition. Wenn die Gruppe der Tyrannenmörder uns die fo wichtige Gattung der Ehrenftatuen, wie fie in frühen Zeiten aufgefaßt wurden, nackt, ohne portaitmäßige Züge, vor die Augen bringt, fo verfinnlicht eine kleine Bronzeftatue, die Nachbildung eines größeren Werkes des *Kanachos* aus Sikyon (Ende des fechften Jahrhunderts), einen alterthümlichen Göttertypus. Sie ftellt (No. **17**, 8) den didymäifchen Apollo mit der Figur eines Hirfchkalbes in der einen, dem Bogen in der andern Hand dar und deutet in der Weife, wie das Haar behandelt ift, im Vergleich zu den herberen, aber der Wirklichkeit forgfältig abgelaufchten Formen des Körpers den noch nicht ausgeglichenen Kampf zweier Stile in der Götterbildung, des conventionellen mit dem naturaliftifchen, an.

Von der neben Athen, Argos, Sikyon im 5. Jahrhundert hochgerühmten Kunftftätte von Aegina hat fich ein glänzendes Denkmal in den Giebelgruppen des Pallastempels von Aegina und in diefen eines der hervorragendften Werke der archaifchen Kunst überhaupt erhalten. Sowohl der Weft- wie der Oftgiebel des Tempels waren mit Statuen gefchmückt, die in ihrer Gruppierung fich eng an die Linien des Giebels anfchloffen, das Dreieckfeld ungezwungen füllten und in beiden Giebeln gleichartige Scenen fchildern: home-

rifche Kämpfe, genauer ausgedrückt den Kampf der Griechen gegen
Trojaner unter dem Schutze der Pallas Athene. Der beffer erhaltene Weftgiebel (No. 17, 3) wird in folgender Weife gedeutet.
Zu Füßen der in der Mitte ftehenden, die Griechen mit Schild und
halbgefenkter Lanze deckenden Athene liegt der todte Achill. Ein
trojanifcher Krieger fucht den Gefallenen herüberzuziehen. Noch
wogt der Kampf. Auf der linken Seite fehen wir als Vorkämpfer
der Griechen Ajas, dann einen knieenden Lanzenkämpfer und den
Bogenfchützen Teukros. Auf der Seite der Trojaner erfcheint als
Vorkämpfer Aeneas, welchem ebenfalls ein knieender Lanzenträger
und der Bogenfchütze Paris folgen. In der in der Münchner Glyptothek aufgeftellten Giebelgruppe, wie auf der Abbildung, find die
Stellungen der beiden knieenden Figuren links und rechts vertaufcht,
der Bogenfchütze dem Lanzenträger vorgehend, doch ift die ent-
gegengefetzte Anordnung, nach welcher der Lanzenträger den
Bogenfchützen deckt, die richtigere. Die Ecken des Giebels werden
durch die liegenden Figuren verwundeter Krieger ausgeiüllt. Das
Gleichgewicht, die Symmetrie der Compofition ftreift noch an das
Schematifche; eine vollkommene Freiheit der Bewegung offenbaren
die einzelnen Geftalten, deren Körper mit genauefter Kenntniß der
Natur, mehr wahr als fchön modellirt find, während in den Köpfen
noch eine gewiffe Starrheit und wenig belebte Einförmigkeit fich
kundgiebt. Winckelmanns Wort: „die Zeichnung im älteren Stile
der Griechen war nachdrücklich aber hart, mächtig aber ohne Grazie,
und der ftarke Ausdruck verminderte die Schönheit" drückt das
Wefen des archaifchen Stiles auch heute fo gut aus, wie vor hundert
Jahren, mag fich auch feitdem der Denkmälervorrath gerade aus
der älteren Griechenzeit mehr als verdoppelt haben.

Eine fcharfe Grenze, wann der archaifche Stil aufhörte, läßt
fich kaum ziehen, da die alterthümliche Darftellung für die in
Tempeln aufgeftellten Statuen und für den Schmuck der Tempel-
geräthe auch in fpäteren Jahrhunderten vielfach in Uebung blieb.
Ferner kehrte der Gefchmack und die Geiftesrichtung zuweilen, als
wären fie erfchöpft und überfättigt oder unzufrieden, zu alterthümlichen Muftern zurück. Antike Werke, welche den Charakter oder
einzelne Züge des archaifchen Stiles wiederholen, dabei aber nicht
immer freiere Formen und Linien ganz fernhalten, führen den
Namen „archaiftifche". Als Probe diefes archaifirenden Stiles möge
die Artemis aus Marmor in Neapel (No. 16, 9), welche mit der
Rechten leife das Gewand aufhebt und noch Spuren der urfprünglichen Bemalung befitzt, dienen. Ein anderes Beifpiel bietet das
Fragment des Zwölf-Götteraltars, ehemals in der Sammlung Borghefe,
einer dreifeitigen Marmorbafis mit einer doppelten Reihe von Geftalten, oben die zwölf Götter, unten in größerem Maßftabe die

Chariten (No. **18**, 5), Horen und Parzen darſtellend. Die Haartracht und das zierliche Raſſen des Gewandes find befonders charakteriſtiſch. Archaiſtiſch iſt ferner die dreiſeitige Baſis in Dresden, deren eine Seite den Kampf des Herakles und Apoll um den delphiſchen Dreifuß (zwiſchen ihnen liegt mit Bändern behangen der delphiſche Omphalos, der Nabel der Erde) ſchildert. (No. **17**, 10)

Von der Mitte des fünften Jahrhunderts an ſteigt die helleniſche Plaſtik raſch zum Gipfel der Vollendung empor. Der Kampf mit den Perſern ſpannte alle Kräfte an, der glorreiche Sieg erhöhte das Lebensgefühl, ließ das Daſein doppelt werthvoll und des reichſten Schmuckes würdig erſcheinen. Die homeriſchen Kämpfe gewannen eine neue Bedeutung, ſie ſchwebten der Phantaſie als das mythiſche Vorbild des eigenen Schickſals vor. Dieſes ſelbſt hatte ſich mächtig und gnädig erwieſen. Eine ernſte religiöſe Weihe durchklang die Empfindung, ließ auch die Kunſt noch gern den Göttern dienen. Dieſe werden in erhabener Schönheit ſtrahlend geſchaut, alle Mittel, über welche die Kunſt zu gebieten gelernt hatte, auf ihre Bilder übertragen. Der vergleichende Blick auf die gleichzeitig aufblühende dramatiſche Poeſie hilft weſentlich den Charakter der griechiſchen Plaſtik in der Zeit Kimons und Perikles' erkennen. Auch der äußere Antrieb für ein reges Kunſtleben, der durch die Pflicht, die während der Perſerkriege zerſtörten Tempel wieder herzuſtellen und durch Weihegeſchenke für den errungenen Sieg zu danken, gegeben wurde, darf nicht unterſchätzt werden. Wie in allen anderen Kreiſen des geiſtigen Lebens, wie in dem Bereiche der politiſchen Welt, ſo iſt auch für das künſtleriſche Schaffen Athen der Mittelpunkt. (Nebenſtätten waren Argos und Sikyon). Unter den Bildhauern, welche in Athen noch vor der Mitte des fünften Jahrhunderts thätig auftraten, zwar nicht alle Spuren des älteren Stiles abgeſtreift hatten, im Ganzen aber ſchon die reinere Formenſchönheit zur Geltung brachten, iſt zuerſt *Kalamis* zu nennen. Die ſpätrömiſche Nach-bildung eines widdertragenden Hermes, für Tanagra in Böotien gearbeitet (No. **17**, 7), in der Sammlung des Lord Pembroke in Wiltonhouſe bewahrt, giebt keinen rechten Begriff von den Vorzügen des Künſtlers, deſſen Frauengeſtalten auch noch in ſpäteren Zeiten durch ihre zierlich anmuthige Bildung gefielen, deſſen Pferdefiguren (Viergeſpanne) als vollkommen geprieſen werden. Noch reicheren Ruhm gewann der Böotier *Myron*, in derſelben Schule wie Phidias und Polyklet, nämlich in jener des *Ageladas* in Argos, unterrichtet, mit Vorliebe ſeine Geſtalten in Erz bildend und nach einer Seite bereits ein vollendeter Meiſter. Mehrere ſeiner Werke offenbaren ſich als der ideale Wiederſchein der gymnaſtiſchen Kunſt und führen die lebensvolle Naturwahrheit, die Schilderung energiſcher Kraft-äußerungen, augenblicklicher Bewegungen auf die höchſte Stufe.

Als beſtes Beiſpiel gilt der Diskuswerfer (No. 18, 7), in mehreren Marmornachbildungen erhalten. Der jugendliche Athlet iſt in dem Momente dargeſtellt, in welchem er die Scheibe wirft. Er hat den einen Arm auf das Knie geſtemmt, mißt mit dem Blicke erſt blitzartig das Ziel und ſchleift das linke Bein, die heftige Bewegung des Körpers im Moment des Schleuderns vorausſehend, nach. Nur eine Sekunde kann dieſe auf das höchſte geſpannte Action dauern, und dieſe Sekunde hat Myron plaſtiſch fixirt. Auch die Marmorſtatue im Lateran, früher „tanzender Satyr" bezeichnet (No. 18, 6), gilt als die Nachbildung eines berühmten Myroniſchen Erzwerkes. Sie ſtellt Marſyas dar, welcher die von Athene weggeworfenen Flöten findet und darüber in eine ſtaunende Freude ausbricht, und gehörte zu einer Gruppe, welche Athene und Marſyas einander gegenübergeſtellt zeigte.

Nicht die eine oder die andere Seite der plaſtiſchen Kunſt allein beherrſchte vollkommen *Phidias*, des Charmides Sohn; die umfaſſendſte Schöpferkraft ſtand ihm vielmehr zu Gebote. Zur Naturwahrheit und lebendiger Auffaſſung geſellten ſich tief innerlicher Ausdruck und die Richtung auf das Großartige und Ideale. Dieſer Harmonie der mannigfachſten Vorzüge dankte es Phidias, daß er einen reichen Künſtlerkreis um ſich ſammelte und nicht allein an der Spitze der attiſchen Schule ſtand, ſondern zu allen Zeiten als der erſte Bildhauer der Welt geprieſen wurde. Ueber Phidias' Lebensverhältniſſe und ſein von der Sage vielfach umwundenes Lebensende fehlen genaue verbürgte Nachrichten. Seine Geburt dürfte wohl in die erſten Jahre des fünften Jahrhunderts fallen. Als er von Perikles neben Iktinos, dem Leiter des Parthenonbaues, mit der plaſtiſchen Ausſchmückung deſſelben betraut wurde (vielleicht 447 v. Chr.), hatte er bereits eine reiche künſtleriſche Thätigkeit hinter ſich. Die Aufſtellung des Tempelbildes im Parthenon fand im Jahre 438 ſtatt. Neid und Scheelſucht ſeiner Landsleute, auch wohl politiſche Parteileidenſchaft hatten ihm nach einer bekannten Erzählung die Freude an dem vollendeten Werke verdorben, ſtatt des Dankes traf ihn Verfolgung. In ſeine letzten Lebensjahre fällt ſeine Thätigkeit in Olympia. Er ſtarb in Elis. Seine beiden berühmteſten Werke, die Koloſſalſtatue der Athene Parthenos im Tempel der Göttin auf der Akropolis und jene des Zeus im Tempel zu Olympia waren aus einem von Alters her hoch geſchätzten Materiale, aus Elfenbein und Goldblech gearbeitet. Solche Werke, in welchen über einen Holzkern dünne Platten von Elfenbein (für die nackten Theile) und fein getriebenes Goldblech gelegt wurden, führen den Namen Chryselephantinen. Von der Geſtalt der jungfräulichen Athene geben uns zwei in Athen ausgegrabene Marmorſtatuetten einen beiläufigen Begriff. Die eine, 1859 gefunden und nach ihrem Ent-

decker Lenormant genannt (No. **19**, 2), erſcheint unfertig, gibt einzelne Theile des Originals ganz flüchtig, andere wie den äußeren
Schmuck des Schildes, mit Betonung der Details wieder. Die
andere (No. **325**, 9) über einen Meter hohe Statuette wurde 1880
ausgegraben, ſtammt zwar aus ſpäter Zeit, beſitzt aber den Vorzug
eines gleichmäßigeren und allem Anſchein nach auch eines engeren
Anſchlußes an die Parthenos des Phidias. Spuren der Vergoldung ſind
ſichtbar. Die Göttin ſteht aufrecht in ruhig gemeſſener feierlicher
Haltung. Während das rechte Bein feſt auf den Boden auffſtößt,
iſt das linke leicht gebogen und ganz leiſe zurückgeſetzt. Dadurch kommt eine größere Freiheit in die Bewegung und ein ſchöner
Gegenſatz in das Gefälte des einfach gegürteten Chitons. Hals
und Schultern deckt die ſchuppige Aegis, den Kopf ſchmückt ein
reich verzierter Helm mit mächtigem Helmbuſche. Der linke Arm
ruht auf einem großen kreisrunden Schilde, in der vorgeſtreckten
Rechten hält Athene die geflügelte Nike, welche dem Beſchauer
beinahe halb im Profile entgegenſchwebt. Als Stütze für die Hand
mit der Nike dient eine ſtarke Rundſäule, bei den rieſigen Verhältniſſen
des Werkes ein unentbehrlicher Nothbehelf. Wenn auch die Nachbildungen uns nur die allgemeine Geſtalt der Statue verrathen,
ſo weht ſelbſt aus dieſen ein weihevoller religiöſer Zug. Hier liegt
mehr vor als ein bloßes Anbequemen an die durch Ueberlieferung
geheiligte Tempelſculptur und eine äußere Rückſicht auf die Beſtimmung des Werkes. Es ſpricht ſich auch die perſönliche Ge-
ſinnung des Künſtlers aus, in welchem eine ehrfürchtige Scheu vor
den alten Göttern, welche über Athen ſegensvoll walten, lebte und eine
noch ungebrochene fromme Empfindung klang. So, mit dem Ausdrucke ruhiger Macht und ernſter Hoheit hat die helleniſche Bildung
zur Zeit des Perikles und des Aeſchylos, des Pindar und Polygnot
die olympiſchen Götter aufgefaßt.

  Ueber die Geſtalt des anderen Goldelfenbeinwerkes, des Zeus
im Tempel zu Olympia belehren uns nur Beſchreibungen und Münzbilder von Elis (No. **19**, 10, 11). Die letzteren zeigen auch, daß
die berühmte Zeusbüſte von Otricoli (No. **19**, 5) keineswegs als
ein treues Nachbild des von Phidias geſchaffenen Typus angeſehen
werden kann. Den ſpäteren Urſprung enthüllt die freie Behandlung
des Haares und Bartes, ſo wie die weniger aus Inſpiration als aus
Berechnung des Effectes entſtandene ſcharfe Betonung der von
Homer überlieferten Züge des Götterkönigs. Wie der Zeustypus
auch auf verwandte Göttergeſtalten übertragen wurde, lehrt die Büſte
des Asklepios (No. **19**, 4).

  Der Verluſt aller Originalwerke des Phidias wäre noch ſchwerer
zu tragen, wenn ſich nicht die mit den Baugliedern des Parthenon
unmittelbar verbundenen Sculpturen wenigſtens theilweiſe erhalten

hätten. Sind fie auch nicht eigenhändige Arbeiten des Meiflers, fo
find fie doch unter feiner Leitung entflanden, von ihm componirt,
fkizzirt, theilweife vielleicht auch modellirt worden. Die Ausführung
übertrug er den zahlreichen Gehilfen, die herbeiflrömten und von
denen einzelne fich vielleicht fchon bei der plaflifchen Ausfchmückung
des fog. Thefeustempels in Athen erprobt hatten. Außer den Metopen waren an dem Thefeustempel auch die beiden Schmalfeiten
der Cellawand mit Reliefs ausgeflattet. Sie fchildern Kampffcenen,
in den Metopen die Triumphe des Herakles und Thefeus, im Friefe
die Siege der Athener über Barbaren und Kentauren (No. 19, 12).
Der unmittelbare Anfchluß an die Architektur führte zur Gemeffen-
heit des Ausdruckes, gab aber auch andererfeits Anlaß zu einem
lebensvollen Contrafte der Linien. Gerade durch die in Kampffcenen
vorherrfchenden fchrägen Stellungen heben fich die Reliefs von
der vertikalen architektonifchen Umgebung wirkfam ab.

Der inhaltliche Zufammenhang des mannigfachen plaflifchen
Schmuckes an dem fog. Thefeion liegt nicht mehr klar vor Augen.
Um fo deutlicher und großartiger tritt uns derfelbe an den Sculpturen
des Parthenon entgegen. Ueber der vollendeten formellen Schönheit der Einzelleiflungen vergißt man nur zu leicht den tiefen poetifchen Sinn, mit welchem das Ganze erdacht ift, und welcher
dem Werke erft feine große nationale Bedeutung verlieh. Athene,
ihre Macht, ihr fiegreiches Auftreten unter Göttern und Menfchen,
die Gnaden, welche fie den Griechen und befonders den Athenern
erwies, die Huldigung, welche die letzteren ihr dafür darbringen,
bilden den Gegenftand der plaflifchen Schilderung. Wie Athene
am Gigantenkampfe theilnahm, wie die Athener unter Thefeus Führung die Kentauren und Amazonen befiegen, wie Athene's Schutz
fich den Griechen im trojanifchen Kriege hilfreich erwies, erzählen
die 92 Metopenreliefs. Weit hat der Künftler ausgegriffen, reich aus
dem Sagenfchatze der Hellenen gefchöpft. So mannigfach aber auch
der Inhalt fich geftaltet, fo ift doch überall die Beziehung bald
unmittelbar auf die Göttin, bald auf die ihr zu Ehren geflifteten
und in ihrem Heiligthum gefeierten Panathenäen gewahrt und dadurch
ein feftes Band um den ganzen Darflellungskreis gefchlungen. Der
Grad der Erhaltung der einzelnen Metopen ift verfchieden, ebenfo
der Grad der künftlerifchen Durchbildung, daher auf die Mitwirkung
mehrerer Hände gefchloffen wird. Verhältnißmäßig gut erhalten
find die Metopenreliefs der Südfeite mit den Kentaurenkämpfen,
welchen die beiden Proben, der Kentaur, welcher über den Leib
des niedergeworfenen Gegners in wildem Triumphe dahinfprengt
(No. 19, 7) und der Jüngling, welcher den Kentauren beim Schopfe
erfaßt hat, den einen Fuß auffetzt und zum Schlage ausholt (No.
19, 6) entlehnt find.

Die Giebelgruppen fchildern am Oftgiebel die Erfcheinung
Athene's unter den Göttern, im Weftgiebel ihren Sieg über Pofeidon
im Wettftreit über die athenifche Herrfchaft. Faft alle erhaltenen
Statuen befinden fich im britifchen Mufeum und werden nach dem
Namen des Mannes, welcher fie von Athen nach London gebracht,
Elginmarbles genannt. Aber ihre urfprüngliche Gruppirung wäre
völlig im Dunkel, wenn nicht ein franzöfifcher Maler Jacques Carrey
1674, als noch der Bau ziemlich unverfehrt ftand, wie von meh-
reren Metopen und einem Theile des Friefes fo auch von den
Giebelfculpturen Zeichnungen entworfen hätte (No. **323**, 5 u. 6).
Ueber die Bedeutung der einzelnen Statuen gehen noch immer die
Anfichten vielfach auseinander. Wir find wohl im Stande den
Grundgedanken der mächtigen Gruppen wieder herzuftellen. Wir
denken uns auf der Oftfeite in der Mitte des Giebels die hoch-
ragende Athene, Zeus und mehrere Götter in ihrer Nähe thronend,
wir fehen ferner Boten die frohe Kunde Bewohnern des Olymps und
athenifchen Schutzgottheiten eiligft mittheilen, in den Ecken endlich den Sonnengott mit feinen Roffen zum Tageslicht emporfteigen,
Selene mit ihrem Gefpann zum Ocean hinabfinken. Die Mitte der
viel fchlechter erhaltenen weftlichen Giebelgruppe nehmen Athene
und Pofeidon mit ihren Gefpannen und Wagenlenkerinnen ein.
Zeugen des Streites, Anhänger der beiden Götter füllen bald heftiger
bewegt, bald ruhiger theilnehmend den weiteren Raum aus. Wie
aber die einzelnen Statuen getauft werden follen, darüber gibt es,
wie bei den Figuren in Raffaels Schule von Athen, keine vollkommene Sicherheit. Zum Glück wird dadurch das künftlerifche Urtheil nicht berührt. Volle Uebereinftimmung herrfcht über den
unvergleichlichen Werth der Statuen. Bei den bekleideten Frauengeftalten (No. **20**, 8) erregt es unfere Bewunderung, wie die Gewänder
frei und ungezwungen den Linien und Bewegungen des Körpers
folgen und doch in großen fchönen Maffen zufammengehalten
werden; in den nackten Leibern aber (No. **20**, 1; **325**, 5) offenbart fich die vollkommenfte Beherrfchung der Natur, wodurch es
allein möglich wurde, von allem Kleinen, Unbedeutenden abzufehen,
nur das Wefentliche, diefes aber groß und breit wiederzugeben. Es
ift alles Natur und doch nicht bloße gewöhnliche Natur.

Außen um die Cellawand zog fich in der Höhe der äußeren
Triglyphen ein Fries in ganz flachem Relief hin (die Länge des
Friefes beträgt über 500 Fuß), in welchem der Feftzug der Panathenäen, der Hauptfeier der athenifchen Schutzgöttin in idealer
Weife gefchildert wurde. Die Götter felbft (No. **20**, 2 u. 5) werden bei dem Fefte gegenwärtig gedacht, Jünglinge bringen Opfergaben (No. **20**, 3), andere begleiten zu Roffe den Zug (No. **21**, 2;
325, 4, 7) rüften und zäumen die Pferde (No. **21**, 3), die Prieſterin

der Göttin nimmt Mädchen Stühle vom Haupte ab, ein bärtiger
Priefter im langen gürtellofen Gewande ift mit einem Knaben befchäftigt, das Weihegefchenk für die Göttin, den kunftreich gewebten
Peplos, zu falten (No. **20**, 4) u. f. w. Daß einzelnes, wie z. B.
die Pferdezügel, aus Metall gearbeitet war, fteht feft; keine Sicherheit herrfcht über das Maß der Färbung, deren Hilfe fchon wegen
der fchlechten Beleuchtung des Friefes angenommen werden muß.
Derfelbe ift die eigenthümlichfte Schöpfung des Phidias, dem unftreitig die Compofition angehört, mag auch die Ausführung verfchiedenen Händen anvertraut gewefen fein. Die vornehme Einfachheit der Darftellung, die ideale Ruhe bei aller Lebendigkeit und
Mannigfaltigkeit der Schilderung macht den hier gefchaffenen Stil
unnachahmbar und erklärt, daß bald nach Phidias die Wirkung der
Reliefkunft in anderen Eigenfchaften gefucht wurde. Einen Abglanz
der edlen Einfachheit und des würdigen Ernftes bewahrt noch das
1859 zu Eleufis gefundene Relief (No. **19**, 9). Es ftellt einen Knaben
(Triptolemos? Iakchos?) dar, welchem Demeter einen nicht mehr
kenntlichen Gegenftand reicht, während Kora, von rechts herantretend,
ihn bekränzt. Die Haartracht zeigt noch eine Spur des alten Stiles;
der Fluß der Gewänder, namentlich der Demeter, bringt dagegen
die Erinnerung an den Stil des Parthenonfriefes nahe vor das Auge.
Eine enge Verwandtfchaft mit der Kunft des Phidias offenbart
auch das berühmte Relief in der Villa Albani bei Rom (No. **20**, 6):
Orpheus, der das Gebot, fich nicht umzufehen, übertreten und deßhalb für immer von feiner Gattin getrennt wird, wirft noch einen
letzten Blick auf die von Hermes in die Unterwelt zurückgeforderte
Eurydice. Sie legt zum Abfchied auf die Schulter des Orpheus die
Hand, welche diefer mit feiner Rechten leife berührt, während Hermes, zum Fortgehen mahnend, Eurydice's rechte Hand ergreift.
Das Relief ift ein Mufter für die Fähigkeit der griechifchen Kunft,
auch das tief Schmerzliche in milde gedämpfter Weife, und dadurch
doppelt ergreifend zu verkörpern. Aus der Zeit des Phidias ftammen
auch die Reliefs am Friefe des kleinen Niketempels auf der Akropolis, lebendig und kräftig bewegte Kampfbilder (No. **328**, 3), fowie
die etwas fpäteren Reliefs an der Baluftrade des Niketempels, welche
Siegesgöttinnen in verfchiedenen Thätigkeiten fchildern. Nike errichtet ein Siegeszeichen, bereitet ein Siegesopfer vor, neftelt an den
Sandalenbändern (No. **21**, 12). Auch die Karyatiden vom Erechtheion
(No. **20**, 10), als Korbträgerinnen oder Kanephoren aufgefaßt, löfen
glücklich ihre Doppelaufgabe, als architektonifche Stützen, Vertre-
terinnen der Säulen, Ruhe zu bewahren und doch als menfchliche
Geftalten einen weichen, leichten Linienfluß zu offenbaren.
   Schwer widerfteht man bei der kunfthiftorifchen Betrachtung
dem lockenden Gedanken, von dem Hauptmeifter ftets das ganze

Zeitalter abhängig zu ftellen, die wichtigeren Kunftwerke als Glieder
einer Stufenreihe aufzufaffen. Haben nicht die griechifchen Künftler, fobald fie die Schöpfungen des Phidias fchauten, fofort ihren
Stil verändert und dem Beften unter ihren Genoffen fich angefchloffen? Die Antwort lautet verneinend. Ganz abgefehen davon,
daß ftets neben einer vorwärts treibenden Richtung auch eine kon-
fervative ihren Platz behauptet, lag Phidias eine vollftändige Umwandlung der bisher herrfchenden Kunftformen fern. Wie feine
Anfchauungen noch im alten Volksboden wurzelten, fo offenbart
fich auch fein Stil wefentlich als die reiffte und edelfte Frucht der
vorangegangenen Kunftweifen. Seiner großartigen Begabung gelang
es, jeder Geftalt das Gepräge harmonifcher Vollendung aufzudrücken,
minder reich entwickelte Fachgenoffen fielen in Einzelheiten noch
in das Strenge und Gebundene der älteren Richtung zurück und
verftanden es minder gut, die überlieferten typifchen Züge mit lebendiger, unmittelbar ergreifender Naturwahrheit zu verbinden.

Das bedeutendfte Werk der monumentalen Sculptur im Zeitalter des Perikles neben dem Parthenonfchmuck, doch weit hinter
demfelben zurückftehend, find die Bildwerke am Zeustempel in
Olympia. Die auf Koften des deutfchen Reiches veranftalteten
Ausgrabungen haben zahlreiche Refte zu Tage gefördert. Der Tempel,
ein dorifcher fechsfäuliger Peripteros (No. 324, 1) wurde wahrfcheinlich in den Jahren 480—460 errichtet. Während an demfelben gebaut wurde, muß auch bereits der plaftifche Schmuck, namentlich die Metopenreliefs in Angriff genommen worden fein. Die
Metopenbilder an den beiden Schmalfeiten des Tempels fchildern
die Thaten des Herkules, wie er den kretifchen Stier bändigt, den
nemaeifchen Löwen befiegt, die goldenen Aepfel aus dem Garten der
Hesperiden holt u. f. w. Das letztere Relief (No. 18, 5, No. 324, 7)
ift am beften erhalten. Herakles, von einer Hesperide unterftützt,
trägt die Himmelslaft, auf feinen Schultern. Ihm gegenüber fteht der
bärtige Atlas und reicht ihm die goldene Frucht dar. Die Namen der
Schöpfer der beiden (fpäteren?) Giebelgruppen hat uns Paufanias erhalten. Von *Alkamenes*, „dem nächften nach Phidias in der plaftifchen
Kunft" ftammt der Schmuck des Weftgiebels; die Darftellung des
Kampfes zwifchen Lapithen und Kentauren (No. 324, 3). Die Mitte
des Giebels nimmt eine Koloffalfigur, Pirithoos (auch als Apollo
aber kaum mit Recht gedeutet), ein (No. 324, 4). Zu beiden Seiten diefer auffallend ruhigen Geftalt wogt der tieffte Kampf. Kentauren haben die Braut des Pirithoos und die anderen zur Hochzeit verfammelten Frauen ergriffen und eilen fie als Beute wegzu-
fchleppen. Vergebens fuchen die Frauen die Räuber abzuwehren
(No. 324, 5). Bereits fpringen aber die Lapithen zur Hilfe herbei
und fenken den Dolch in die Bruft des Angreifers oder fuchen ihn

durch Umklammerung zu erwürgen. Als der Schöpfer des Oft-
giebels wird *Paionios* aus Mende in Thracien genannt. Er fchilderte die Vorbereitung auf den Wettkampf des Pelops mit Oenomaos
(No. 324, 2) den mythifchen Urfprung der olympifchen Spiele, alfo
einen ähnlichen Gegenftand, wie Phidias im Weftgiebel des Parthenon. Zwifchen den beiden Wettkämpfern fteht als Richter in
der Mitte des Giebelfeldes der gewaltige Zeus. Oenomaos, welcher
die Rechte ftolz in die Seite ftemmt (No. 325, 8) und Pelops werden
von ihren Frauen begleitet. Es folgen ihre Viergefpanne mit den
Wagenlenkern und den Dienern, die zum Theile auf den Ausgang
des Kampfes forglich harren (No. 324, 6). Die Ecken des Giebels
füllen zwei Flußgötter aus. Die technifche Arbeit erfcheint überall
viel nachläffiger als am Parthenon. Doch mag die Färbung der Statuen vielfach nachgeholfen haben. Da auch fonft in der Compofition und Zeichnung eine gewiffe Ungleichheit herrfcht, eine faft
alterthümlich wirkende Steifheit mit einem ungebundenen Naturalismus wechfelt, fo tauchte die Meinung auf, entweder daß heimifche,
weniger gefchulte Kräfte die attifchen Entwürfe ausgeführt hätten
oder eine felbftändige (nordgriechifche?) Richtung hier thätig auftrat. Viel jünger als die Tempelfculpturen ift die nach 425 v. Chr.
von den Meffeniern als Weihgefchenk nach Olympia geftiftete geflügelte Nike, ein Werk des Paionios. (No. 19, 3, No. 324, 9).
Wir haben uns diefelbe hoch in den Lüften über einem Adler flie-
gend, mit dem gefenkten rechten Arm und der gehobenen Linken den
flatternden Mantel haltend zu denken. Durch die Bewegung drückt
fich das weite Gewand an den Körper und baufcht fich nach hinten.
Erfcheinen die olympifchen Tempelfculpturen theilweife als das
Werk einer zögernden, noch nicht innerlich gefeftigten Schule, fo
zeigen die flachen Reliefs, welche fich im Inneren der Cella des
Apollotempels in Phigalia (Arkadien) an allen vier Seiten hinzogen, be-
reits die Neigung zu einem gefteigerten Effecte und zu einem
mannigfacheren durch Contrafte wirkfamen Ausdruck. Auch die
Behandlung der Gewänder, befonders jener der Frauen, hat eine
Verfeinerung der Motive erfahren. Den Tempel hatte *Iktinos*, der
Architekt des Parthenon, erbaut, wodurch auch die Zeit für die
Entftehung des plaftifchen Schmuckes ungefähr beftimmt wird. Den
Inhalt der Reliefs bilden theils Amazonenkämpfe (No. 21, 5—8, 10),
theils Kentaurenkämpfe (No. 21, 9 u. 11). Die beiden Schilderungen wurden durch eine Tafel mit Apollo und Artemis, welche
zur Hilfe herbeieilen, getrennt. Vom Parthenon abgefehen, bemerkt
man in der Plaftik diefes Zeitalters ein entfchiedenes Ueberragen
der Compofition in Schönheit und lebendiger Kraft über die Ausführung. Offenbar hat die Phantafie, von der gleichzeitigen grofs-
erhabenen Poefie angeregt, fich rafcher entwickelt, als die Hand

und das Auge. Auf die formale Durchbildung der Einzelgeſtalt wurde, um die Kluft auszugleichen, ſeitdem ein beſonderer Nachdruck gelegt, ſo daß einige Menſchenalter ſpäter eine virtuoſe in der Wiedergabe des reizend-Anmuthigen, wie des kühn und leidenſchaftlich Bewegten gleich heimiſche Richtung zur Herrſchaft gelangte.

Gern wird dem Phidias der aus Sikyon ſtammende *Polyklet*, der attiſchen Schule die peloponneſiſche, gegenübergeſtellt und dieſer als Hauptzug ein durch lebendige und ſchöne Auffaſſung veredelter Naturalismus zugeſprochen, während die attiſche Kunſt eine idealiſtiſche Richtung einſchlägt. Doch bezieht ſich dieſer Gegenſatz mehr auf die Gegenſtände der Darſtellung, als auf die künſtleriſche Form. Die häufigen Aufträge auf Athletenſtatuen lockten zur Wiedergabe verwandter Schilderungen. So bildete Polyklet einen Jüngling, welcher ſich eine Binde um das Haupt legt, den Diadumenos, einen ſpeertragenden Jüngling, den Doryphoros, einen jugendlichen Athleten, welcher mit dem Schabeiſen ſich vom Staube des Ringplatzes reinigt (Apoxyomenos) u. ſ. w. Als Nachbildungen der beiden erſtgenannten Werke dürfen zwei Statuen, die eine im britiſchen Muſeum (No. **326**, 5), die andere in Neapel (No. **326**, 4) gelten. In der Bildung des Körpers aber erhob ſich Polyklet weit über die bloße Naturwahrheit, ſuchte das Ideal eines vollkommenen, beſonders eines jugendlichen Körpers in maßvoll ſchöner Bewegung, in dem anmuthigen Einklang der Kräfte darzuſtellen. Für ſein ideales Streben zeugt auch ſein Studium der abſolut giltigen Proportionen des menſchlichen Leibes (Kanon des Polyklet), ſowie der Umſtand, daß ein beſonderer Kopftypus in den Nachbildungen ſeiner Werke wiederkehrt, der offenbar einem beſtimmten Stilgefühle entſprang. Man glaubt denſelben in einer breiteren Stirn, einem ſchmäleren Kinne, einer ſchärferen Betonung der einzelnen Geſichtstheile und Linien, ſo daß ſie ſich weniger zu einem feinen Ovale verſchmelzen und abrunden, entdeckt zu haben. Von einem der berühmteſten Werke Polyklet's, der mächtigen, aus Goldblechen und Elfenbein gebildeten Hera in dem nach 423 v. Chr. errichteten Tempel der Göttin unweit Argos gewinnen wir eine Vorſtellung durch den (farneſiſchen) Herakopf im Muſeum zu Neapel, welcher durch ſeinen herben Ernſt, die Zeichnung der Augen und den Blick, die ſtärkeren Backenknochen, die nach den Mundwinkeln herabgezogene Oberlippe und die volle Unterlippe an die leidenſchaftliche homeriſche Hera erinnert (No. **323**, 7). Die von Winckelmann, Goethe (Italieniſche Reiſe) und Schiller (Briefe über die äſthetiſche Erziehung) ſo ſehr geprieſene Juno Ludoviſi (No. **20**, 7) zeigt die Göttin bereits in viel milderer Auffaſſung, der Würde die rein weibliche Anmuth untrennbar zugeſellt. Im Wettkampfe mit Phidias, Kreſilas u. a. ſoll Polyklet eine Amazone für den epheſiſchen Tempel der Artemis gefchaffen haben. Als Nachbildung gilt die 1869 in Rom gefundene verwundete Amazone in Berlin (No. 21, 4). Sie ift mit einem ärmellofen Chiton bekleidet und legt (nach Maßgabe anderer Copien reftaurirt) die eine Hand auf den Kopf, während fie fich mit dem anderen Arme auf einen Pfeiler ftützt.

Der Verluft faft aller Originalwerke aus der beften Zeit der griechifchen Kunft müßte noch tiefer beklagt werden, wenn nicht die fchöne Sitte der Antike, die einmal feftgeftellten Typen, insbefondere jene der Götterbilder, nicht haftig mit anderen neuen zu vertaufchen, fondern oft noch in fpäter Zeit nachzubilden, einigen Erfatz bieten würde. So ift z. B. der Athenekopf (No. 19, 8) in der Münchner Glyptothek erft in der römifchen Kaiferzeit gearbeitet worden; er liefert uns aber nicht allein nahezu den fchönften Athenetypus, fondern geht offenbar auf ein älteres Vorbild, das vielleicht in der Nähe des Phidias gefchaffen wurde, zurück. Der Diskuswerfer im Vatican (No. 21, 1), der mit der Scheibe in der Linken, den rechten Fuß vorftellend, noch vor dem Wurfe rafch das Ziel prüft, ift gleichfalls eine Nachbildung eines älteren trefflichen Werkes. Das Original muß der attifchen Schule zugefchrieben werden und war vielleicht ein Werk des *Alkamenes*. Die Aphrodite (No. 21, 13) im Bade kauernd gilt vielfach als eine Copie(?) der Statue, welche ein peloponnefifcher Künftler des vierten Jahrhunderts *Dädalos* gemeißelt hatte. Sie hat in diefer Auffaffung bereits alles Göttliche eingebüßt und erfcheint einfach als anmuthige Frau, in bemerkenswerthem Gegenfatze zu der weltberühmten Venus von Milo (No. 19, 1), im Jahre 1820 auf der Infel Melos gefunden, in deren vollen, mächtigen Formen und ftolzem Kopfe, ebenfo wie in der Behandlung des Gewandes die Verkörperung eines älteren Götterideales erkannt wird. Ob das Original näher an Phidias Schule oder an Skopas zu fetzen fei, ob die Statue dem vierten Jahrhundert oder noch fpäterer Zeit angehöre, ift unentfchieden. Auch darüber, wie die fehlenden Arme zu ergänzen feien, ob Aphrodite mit beiden Armen den Schild des Ares vorhielt oder in der Linken einen Apfel hielt, herrfcht noch keine vollkommene Uebereinftimmung der Anfichten.

Vielfach hat auch die Vergleichung mit Münztypen zur richtigen Beftimmung der erhaltenen Werke und Zurückführung auf verfchollene Originale geführt. So danken wir einem athenifchen Münzbilde die Kenntniß einer Gruppe des älteren *Kephifodot*, des Vaters des Praxiteles, welche Eirene, die Göttin des Friedens, mit dem Plutos (Reichthum) auf dem Arme darftellt. Die Ergänzung der linken Hand des Knaben und des Kruges auf der in München bewahrten Statue (No. 23, 1) ift modern und falfch. Eirene hielt in der Rechten den Scepter, Plutos in der Linken ein

Füllhorn. Die feinere pſychiſche Durchbildung, die weiche Empfindung im Verein mit dem einfach großen Wurfe des Gewandes
ſtempeln das Werk zu einem der ſchönſten der attiſchen Kunſt im
Uebergange zur jüngeren Schule, welche den größeren Theil des
vierten Jahrhunderts umfaßt.

Die Kunſt ſteht ſpäter nicht mehr, wie in der Periode Kimons
und des Perikles, vornehmlich im öffentlichen Dienſte; die Kunſtliebe reicher und vornehmer Privaten tritt bei der Beſtellung der
Werke ſtärker in den Vordergrund und übt auf die Wahl der Gegenſtände, wie auf die formelle Behandlung Einfluß. Auch der Umſtand, daß Kleinaſien öfter der Schauplatz künſtleriſcher Thätigkeit
wird, darf nicht überſehen werden. Die Götterideale erfahren eine
weſentliche Wandlung. Den ernſt erhabenen Geſtalten des Olymps
werden die anmuthigen, heiteren, empfindungsreicheren, bis zur
Leidenſchaft bewegten ſogenannten jüngeren Götter, Aphrodite, Eros,
Apollo, Dionyſos, in der künſtleriſchen Darſtellung vorgezogen.
Dieſe Vorliebe für die Schilderung reichen ſubjectiven Lebens und
das Auge feſſelnder Formenreize entfernt nothwendig von der architektoniſchen Gemeſſenheit, welche die Werke der nächſtälteren Periode bei aller freien Lebendigkeit der Darſtellung noch innehalten.
Die Sculptur beginnt ſich innerlich von der architektoniſchen Grundlage loszulöſen und in den allmählich bis zur Virtuoſität ausgebildeten plaſtiſchen Ausdrucksmitteln die Hauptwirkung zu ſuchen.
Zum Vergleiche darf das Schickſal der Malerei, welche gleichfalls
von der architektoniſch gegliederten Wandmalerei des Polygnot zur
Tafelmalerei des Apelles übergeht und auf die vollendete Schönheit
der Einzelerſcheinung, auf täuſchende Wahrheit, auf die Steigerung
des pathetiſchen Ausdruckes zielt, herangezogen werden. Die Entwickelung der Poeſie, insbeſondere der durch Euripides veränderte
Charakter der Tragödie erklären die Wandlung vollkommen.

In den Ruhm der Herrſchaft theilen ſich in dieſem Zeitraume
vor allen *Skopas* und *Praxiteles*. Skopas, von der Inſel Paros
ſtammend, auch als Architekt thätig, fand Beſteller und Bewunderer
in der ganzen griechiſchen Welt, daher auch die Verbreitung und
die Zahl ſeiner Werke ſo groß war. Zu den berühmteſten gehörten: Apollo im langen Gewande, wie er die Saiten der Kithara
ſchlagend einherſchreitet, von welcher Schöpfung vielleicht eine flüchtige Nachbildung in der Statue des Vatican (No. **326**, 7) vorliegt,
eine nackte Aphrodite, eine raſende Bakchantin, ein Zug Poſeidons
mit Thetis, Achilles und einer Schaar von Tritonen und Nereiden
u. a. — Praxiteles aus Athen, der gewiß noch die Zeit Alexanders des Großen erlebte, entwickelte gleichfalls eine erſtaunliche
Fruchtbarkeit und einen unermüdlichen Eifer, die Ideale Aphrodite's, des jugendlichen Apoll und des Eros zu verkörpern. Ein

Münzbild (No. **24,** 5) belehrt uns über die Geſtalt ſeines berühmteſten Werkes, der Aphrodite von Knidos, welche die Phantaſie aller folgenden Geſchlechter bannte, ſo daß die Künſtler ſich wie im Kreiſe um dieſen Typus bewegen und das Motiv der in das Bad ſteigenden und das Gewand ablegenden Venus fortwährend variiren. Als Copie ſeines Eros gilt, aber nur aus oberflächlichen Gründen, die Marmorſtatue im Vatican, deren Kopfprofil No. **22,** 8 zeigt. Ebenſo wird vielfach der ruhende Satyr im Capitol (No. **22,** 10) auf ein praxiteliſches Original zurückgeführt. Die häufige Wiederholung der Statue läßt allerdings auf ein berühmtes und überaus beliebtes Original ſchließen. Die Grazie, welche Praxiteles ſeinen jugendlichen Geſtalten vor allen Künſtlern einzuhauchen verſtand, wird am beſten durch den Apollo Sauroktonos, den Eidechſentödter (No. **23,** 2), verſinnlicht. Der hinter einem Baumſtamme halbverſteckte Jüngling lauſcht auf die ſchnell vorbeihuſchende Eidechſe, um ſie mit dem in der Rechten bereit gehaltenen Pfeile zu tödten. Verwandte Formen zeigt die Statue des Apollino in Florenz (No. **23,** 4), welcher ſich an einen Baumſtamm anlehnt, die Rechte über den Kopf gelegt hat und behaglich ausruht. Einen individuellen Charakter beſitzt dieſe Geſtalt ſo wenig, wie der Narkiſſos oder Dionyſos (No. **23,** 3), eine in Pompeji ausgegrabene Erzſtatue. Wir haben es mit Schilderungen der geheimnißvollen Reize des Jünglingsalters zu thun, welches in unbeſtimmter Sehnſucht hinträumt, der natürlichen Heiterkeit einen Zug ſüßer Schwermuth beimiſcht. Das unſchuldig ahnungsvolle Weſen ſpricht ſich auch in den weichen, von aller beſtimmten Schärfe und Kraft entfernten Formen aus. Während wir uns früher mit dergleichen Nachbildungen, welche nicht einmal immer mit Sicherheit als ſolche beſtimmt werden konnten, begnügen mußten, iſt durch die Ausgrabungen in Olympia ein von Pauſanias bereits erwähntes Originalwerk des Praxiteles zu Tage gekommen. An einen Baumſtamm lehnt der jugendliche nackte Hermes, in ſein abgewogener Bewegung der kräftigen Glieder und mit gewinnender Heiterkeit des Ausdruckes. Auf dem linken Arme trägt er das (ſpäter gleichfalls aufgefundene) Dionyſoskind (No. **324,** 8). Neben Skopas und Praxiteles traten die übrigen Künſtler der attiſchen Schule in den Hintergrund zurück. Von einem jüngeren Künſtler, der zum Kreiſe des Skopas gehörte, *Leochares*, ſtammt wahrſcheinlich das Original der Vaticaniſchen Gruppe: Ganymed vom Adler emporgetragen (No. **22,** 7), in welcher nicht allein die Anmuth der Glieder gefällt, ſondern auch die Kühnheit, die Bewegung des Schwebens mit plaſtiſchen Mitteln wiederzugeben, ähnlich wie in Päonios Nike, Bewunderung erregt.

Von den Einzelſtatuen wendet ſich die Betrachtung zu den Gruppenbildern, theilweiſe mit architektoniſchen Werken unmittel-

bar verbundenen Sculpturen, welche als Zeugniſſe der attiſchen Kunſt
des vierten Jahrhunderts dienen. Ihnen allen ſtcht die Niobiden-
gruppe voran, von welcher man ſchon im Alterthume nicht wußte,
ob ſie Skopas oder ob ſie Praxiteles zuzuſchreiben ſei. Dieſelbe
wurde (doch nicht das von Plinius erwähnte Original) 1583 in Rom
mit mehreren anderen Statuen ausgegraben und iſt gegenwärtig in
Florenz aufgeſtellt. Von einzelnen zu ihr gehörigen Statuen gibt
es noch mehrere, oft viel ſchönere Exemplare. Es iſt bis jetzt weder
gelungen, alle zu der Gruppe gehörenden Figuren vollſtändig auf-
zufinden, noch die urſprüngliche Aufſtellungsweiſe zu errathen.
Gegenſtand der Darſtellung war die von Apollo und Artemis an
Niobe vollzogene Strafe, weil ſie gegenüber der Leto ſich ihres größeren Kinderreichthums gerühmt. Apollo und Artemis rächen die
Beleidigung der Mutter, indem ſie (in dem Kunſtwerke gewiß un-
ſichtbar) mit Pfeilſchüſſen die vierzehn Kinder der Niobe tödten.
Die Gruppe zeigt einzelne Niobiden bereits todt am Boden liegen,
andere brechen zuſammen, ſind in die Knie geſunken oder wenden
ſich zu haſtiger Flucht. Ein Bruder iſt bemüht, die verwundete
Schweſter in ſeinen Armen aufzufangen und mit ſeinem Gewande
zu decken (No. **23**, 6), einen Knaben ſucht ſein Erzieher, der Pä-
dagoge, vor dem Verderben zu retten, indem er ihn an ſich zieht
und ſchützend die Rechte auf ſeine Schulter legt (No. **23**, 8); das
jüngſte Töchterlein endlich hat ſich in den Schooß der Mutter ge-
flüchtet (No. **23**, 7), in deren Kopfe (No. **23**, 5) der Künſtler den
pathetiſchen Ausdruck am großartigſten verkörpert hat. Im tiefſten
Seelenſchmerze ringt die Mutter, innig und feſt ſchmiegt ſie das
Kind an ſich, zu deſſen Schutze ſie, wie das Gewand zeigt, herbei-
geeilt war. Sie weiß, daß keine Rettung möglich, und blickt mit
ſtummer Anklage zu den grauſamen Göttern empor. Neben der
im Vatican bewahrten fliehenden Niobide erſcheint Niobe auch künſtleriſch als das hervorragendſte Glied der ganzen Gruppe. Die Meinung, daß das Werk auf Skopas zurückzuführen ſei, überwiegt.
Derſelbe Urſprung wird bei einem in Rom gefundenen und in der
Müuchener Glyptothek bewahrten Relieffries angenommen. Poſeidon
mit Amphitrite, in einem von Tritonen gezogenen Wagen ſitzend
(No. **22**, 4), werden in feſtlichem Hochzeitszuge von ihrem Gefolge
über die Wellen geleitet. Seekentauren, Nereiden auf Seeroſſen rei-
tend, deren Zügel Eroten halten (No. **22**, 1—6), alle von rauſchen-
der Lebensluſt erfüllt, ſchließen das Brautpaar ein. So phantaſtiſch
wie die Thiergeſtalten gehalten ſind, ſo einfach und natürlich erſcheinen alle Bewegungen, ſo rein ſind die Formen der Gewänder
und der nackten Körper gezeichnet. Zweifellos der attiſchen Schule
gehört endlich der Fries an, welcher das, nach einem muſiſchen
Wettſtreite 334 v. Chr. errichtete Siegesdenkmal des Lyſikrates

schmückte. Tyrrhenische Räuber, welche Dionyfos fangen wollten, werden auf fein Geheiß, von Satyrn gezüchtigt, in Delphine verwandelt. Während in der Mitte des Friefes der jugendliche Gott, behaglich zurückgelehnt, mit dem Panther tändelt (No. 23, 10), vollziehen die Satyrn mit Baumäßten und Fackeln die Strafe an den Seeräubern, von welchen einzelne bereits die Verwandlung in Delphine zeigen (No. 23, 9). Das Relief ist ganz leicht, mit einem Anfluge von Humor componirt und ausgeführt. In das vierte Jahrhundert und in den attischen Kunstkreis fällt auch der Relieffchmuck der vorderen Bühnenwand im Dionyfostheater zu Athen, ein kauernder Silen und mehrere dem Bacchuskreife angehörige Geftalten (No. 326, 1). — Von den auf kleinafiatifchem Boden gefchaffenen Werken nimmt neben dem Nereidendenkmale von Xanthos das Mauffoleum in Halikarnaß (Budrun) den hervorragendften Platz ein. Königin Artemifia hatte das Denkmal nach dem Tode ihres Gemahls (351 v. Chr.) errichtet. Skopas, Leochares und andere attifche Künftler hatten die Herftellung des plaftifchen Schmuckes übernommen. Von dem gewaltigen Friefe, der urfprünglich bemalt gewefen, haben fich zahlreiche Refte im britifchen Mufeum erhalten. Amazonenkämpfe bilden den Inhalt der meiften Reliefs (No, 24, 1—4). Die Amazonen, einzelne unter ihnen zur Erhöhung des finnlichen Reizes in gefchlitzten Gewändern, kämpfen bald zu Roffe, bald zu Fuße und offenbaren wie ihre Gegner die größte Mannigfaltigkeit der Bewegungen. Sie wenden fich rückwärts auf dem Pferde fitzend zur Flucht, greifen an, weichen aus, decken fich mit dem Schilde, ftürzen verwundet und befiegt zu Boden.

Auch im vierten Jahrhunderte herrfcht nach gewöhnlicher Annahme zwifchen der attifchen und peloponnefifchen Kunft ein ftarker Gegenfatz. Haupt der letzteren Schule ift *Lysippos* aus Sikyon, als Meifter im Erzguffe und als Vollender des Heraklesideals berühmt und von Alexander dem Großen mit Vorliebe befchäftigt. Zahlreiche Bildniffe foll er von dem großen Könige gefchaffen haben. Eine fichere Kenntniß des lyfippifchen Stiles verfchafft der Apoxyomenos im Vatikan (No. 24, 8): ein Jüngling reinigt fich mit dem Schabeifen von dem Staube des Ringplatzes. Die Statue ift eine Kopie des in Erz ausgeführten Originals Lyfipps. Die Geftalt ift individueller gefaßt, als es ältere Meifter liebten. Die Kunft, felbft ruhige Stellungen von elaftifcher Bewegung durchftrömen zu laffen und gewöhnliche Befchäftigungen durch die Schönheit der Formen zu adeln, ift hier auf das höchfte entwickelt. Gegen Polyklet's Kanon gehalten erfcheinen am Apoxyomenos die Verhältniffe fchlanker, der Oberleib kürzer, der Kopf kleiner. Das Haar ift leichter und freier behandelt, in der Modellirung auf die Mitwirkung von Licht und Schatten Rückficht genommen. Die Verwandt-

ſchaft der Kopf- und Körperform hat zur Annahme geführt, daß
der ſitzende Ares mit dem Eros zu ſeinen Füßen in der Villa Lu-
doviſi (No. **24**, 9) aus der Schule Lyſipps ſtamme. Dem Ares zur
Seite ſoll Aphrodite gedacht wetden, welcher zu Liebe der Kriegsgott
ſich zu behaglichem Verweilen beſtimmen läßt. Auch der betende
Knabe in Berlin (No. **25**, 7) gehört nach ſeinen Proportionen in die
Schule Lyſipps. Ob freilich die Vorausſetzung, daß jeder hervorragende Künſtler und jede Schule an einem Typus der Geſtalten und
Verhältniſſe unverbrüchlich feſthielt, unbedingt gilt, ob nicht auch ein
Austauſch ſtattfand, ſteht dahin. Die Einordnung des ausruhenden
Hermes, einer der ſchönſten Erzſtatuen des Alterthums (No. **24**, 11)
unter die Werke, welche aus dem Kreiſe Lyſipps ſtammen, erſcheint
vorläufig noch unſicher. Das Motiv war überaus beliebt und weit
verbreitet. Auch über den Urſprung der Pariſer Gruppe „Silen als
Wärter des kleinen Bachus" (No. **328**, 6), an welcher die Modellirung der Beine als die ſchönſte in der ganzen antiken Kunſt gerühmt wurde, iſt nichts genaues bekannt. Die vielen Nachbildungen beweiſen, daß das Original dieſer Scene ruhigſten Behagens in
hohem Anſehen ſtand. Aehnlich verhält es ſich mit der Gruppe
des Menelaos und Patroklos (No. **326**, 8), welche gleichfalls in
mehreren Exemplaren (Pasquino in Rom) vorkommt und auf ein
berühmtes Vorbild ſchließen läßt.

In dem Entwickelungsgange der griechiſchen Plaſtik iſt es tief
begründet, daß die Porträtkunſt erſt ſpät zur Vollendung gelangte.
Jene ging von dem Typiſchen, allgemein Menſchlichen aus, und die
ſorgfältigſte Beobachtung der Natur diente weſentlich dazu, die
Geſetzmäßigkeit und ideale Schönheit der menſchlichen Erſcheinung
zu erfaſſen und zu verkörpern. Daher kam es, daß, als in der Zeit
der vorherrſchenden individualiſirenden Richtung im Staatsleben
auch in der Kunſt die Porträtdarſtellungen in den Vordergrund traten,
ein idealer Hauch ſie noch immer umwehte. Zu den glänzendſten
Beiſpielen griechiſcher Porträtſculptur gehört die bei Terracina in
unſerem Jahrhundert gefundene Statue des Sophokles in Lateran
(No. **25**, 9). In feſter, ruhiger Haltung, mit eingeſtemmtem linken
Arm, das Haupt leiſe erhebend, bietet die Geſtalt das Bild eines
geiſtig hochſtehenden, körperlich ſchönen, eines vollkommenen
Mannes. Das Gewand iſt unten in großen Maſſen vereinigt, über
der Bruſt fein und klar gegliedert. Ob auch ſchon dieſer Periode
oder erſt einer ſpäteren Zeit mehrere der berühmteſten Genrefiguren,
Darſtellungen aus dem Alltagsleben angehören, bleibt vorläufig unentſchieden. Der Dornauszieher aus Bronze im Capitol (No. **24**,
12) zeichnet ſich beſonders durch die einfach naive Wahrheit aus.
Von einem Künſtler aus der helleniſtiſchen Zeit *Boëthos*, wurde der
ꝛſt nachgebildete Knabe mit der Gans gerühmt (No. **22**, 9). Daß

übrigens Genrebilder bereits im vierten Jahrhundert beliebt waren, haben neben anderen Thatfachen die Ausgrabungen in Tanagra bewiefen. Seit dem Jahre 1873 wurde in diefer böotifchen Stadt, der Heimat der Dichterin Corinna, eine Reihe von Gräbern eröffnet, unter deren mannigfachem Inhalte, wie Amuletten und Schmuckgeräthe, kleine bemalte aus Thon gebrannte Figuren und Gruppen die größte Aufmerkfamkeit erregten. Die Terracotten von Tanagra find feitdem vielbegehrte Schätze aller Sammlungen geworden. Sie gehören nicht alle einer Zeit an und befitzen nicht gleichen Werth. Ihre Größe beträgt im Durchfchnitt 15—25 Centimeter; fie find in Hohlformen gepreßt (daher öfter mehrere Exemplare einer Figur vorkommen), mitunter noch nachmodellirt und mit einem feinen Ueberzuge verfehen. Auf diefen wurden nach dem Brennen die Farben aufgetragen, unter welchen ein helles Blau, ein zartes Rofa am beliebteften fcheinen. Wir haben es mit Producten des Kunfthandwerkes, mit Schöpfungen einer Provinzialkunft zu thun. Um fo wichtigere Schlüffe können aus denfelben gezogen werden. Sie offenbaren am beften den Charakter der griechifchen Volkskunft und belehren uns über das Maß des Einfluffes der vornehmen großen Kunft auf die weiteren und unteren Kreife. In der Behandlung der Gewänder zeigt fich, wie allgemein verbreitet plaftifcher Sinn war, in dem Ausdrucke und der Zeichnung bei aller Flüchtigkeit der Arbeit eine fichere Beherrfchung der Formen. Mit den einfachften Mitteln ift ftets, was der Künftler wollte, vollkommen deutlich, felbft mit einem Anfluge von zierlicher Anmuth oder luftigem Humor wiedergegeben. Außer Göttergeftalten, für welche die alterthümlichen Typen feftgehalten wurden, feffeln uns befonders die weiblichen Gewandfiguren (No. **24**, 13; **328**, 10) und die aus dem Volksleben herausgegriffenen Geftalten, wie der Frifeur (No. **24**, 14), die Bäckerin, die Kinderwärterin, der Straßenjunge, der fich auf einem Felsftück oder einem Altar, niedergelaffen hat und in feliger Bedürfnißlofigkeit das Dafein genießt. Reiche Fundgruben für Terracotten aus fpäterer Zeit find auch die Trümmerftätten Kleinafiens, wie Ephefus, Smyrna, Pergamos, Magnefia fowie Sicilien und Großgriechenland.

Die Wandlungen im griechifchen Staatsleben nach Alexanders Tode (323 v. Chr.) fchneiden auch in die Kunftthätigkeit fcharf ein. Die hellenifche Cultur hat ihren Schauplatz riefig erweitert und herrfcht in Aegypten wie in Afien an allen Höfen der neuerrichteten Reiche (Diadochen). Darüber aber mußte fie natürlich ihre urfprüngliche, auf das kleine Hellas berechnete ideale Hoheit und zugleich die frühere Feinheit einbüßen. Schon die Aufgaben, welche vielfach den griechifchen Künftlern geftellt werden, laffen den Einbruch orientalifcher Sitten ahnen: Leichenwagen, Staatsfchiffe u. f. w. Die Kunft dient häufiger als fonft flüchtigen, augenblicklichen

Zwecken. Ueberhaupt hemmen die politiſchen Ereigniſſe der Gegenwart die feierliche Ruhe des Geiſtes, welche die alten helleniſchen Geſchlechter auszeichnete. Die hiſtoriſchen Thaten brauchen nicht mehr in den mythiſchen Kreis zurückverſetzt zu werden, um auf dieſe Art eine ideale Verklärung und das Anrecht auf künſtleriſche Verkörperung zu erlangen. Sie werden oft unmittelbar vor die Augen gebracht. Mit dem Realismus der Auffaſſung geht ein derberer Formenſinn Hand in Hand. Er prägt ſich aus in der Vorliebe für das Leidenſchaftliche, Pathetiſche, für Schilderungen gräßlichen Leidens, gewaltiger Kraftanſtrengungen. Daneben ſteigt der Werth, der auf koſtbare Stoffe, auf die Arbeiten in edlen Metallen, auf die Steinſchneidekunſt gelegt wird.

Griechiſche Außenländer ſind die Erben des attiſchen Ruhmes geworden.

Neben der Schule von Pergamos ſtand jene von Rhodos ſeit dem dritten Jahrhundert v. Chr. in hohem Anſehen. Zwei gewaltige Werke, die auf das Koloſſale, Pathetiſche zielende Richtung der Schule bezeichnend, haben ſich erhalten. Der ſog. Farneſiſche Stier (No. **26**, 1) ſchildert die Strafe, welche die Söhne der Antiope, Zethos und Amphion, an Dirke, der Quälerin ihrer Mutter, vollziehen. Der Schauplatz des Ereigniſſes auf dem Kithaeron in Böotien wird durch den kleinen Berggott und die Hunde und andere Thiere am Fuße des Felſens angedeutet. Die Gruppe iſt nicht richtig reſtaurirt, doch das Motiv, auf welchem die Wirkung beruht, der Gegenſatz der hilfloſen, vergebens um Gnade flehenden Dirke zu den erbarmenloſen Rächern, deutlich zu erkennen. Ein zweites viel erörtertes Werk der Rhodiſchen Schule, deſſen Urſprung von einzelnen Forſchern erſt in die Zeit des Kaiſers Titus verſetzt wird, iſt die Laokoongruppe im Vatican. Sie wurde 1506 in Rom aufgefunden und übte auf die Renaiſſancekunſt großen Einfluß (No. **25**, 5.) Zwei von Apoll geſendete Schlangen haben den Prieſter Poſeidons und die beiden jugendlichen Söhne deſſelben umſtrickt und bereits den Vater und den jüngeren Sohn mit tödtlichem Biſſe verletzt, während der ältere Sohn ſich noch aus der Umwindung zu reißen bemüht. Wie der Farneſiſche Stier, ſo geht auch der Laokoon wahrſcheinlich auf Anregungen der tragiſchen Poeſie zurück. Das offenbar Berechnete der (pyramidalen) Compoſition, die ſcharfe Zeichnung jedes einzelnen Muskels, die grelle Betonung des körperlichen Leidens ſind Mängel, die bei dem Ueberblick der Entwickelung der griechiſchen Kunſt ſtärker in das Auge fallen, als wenn man das Werk für ſich betrachtet, wo namentlich die Verbindung der drei Geſtalten zu einer geſchloſſenen Gruppe und die Kontraſte des Ausdrucks große Bewunderung verdienen.

Hochgeſchätzt war die Schule von Pergamos und auch vielbe-

fchäftigt von den Königen Attalos und Eumenes, welche ihre Siege
über die Gallier durch ausgedehnte Kunftftiftungen feierten. Den
erften Platz im Kreife derfelben nimmt der Riefenàltar auf der
Burg von Pergamos ein, von König Eumenes II. (197—159 v. Chr.)
gleichfam als Siegestrophäe errichtet. Die von dem deutfchen
Architekten C. Humann feit 1878 ausgegrabenen Refte bilden den
Hauptfchmuck des Berliner Mufeums. Auf einer theilweife dem
Felfen abgewonnenen Terraffe erhob fich ein mächtiger viereckiger
Unterbau mit einfpringenden Treppe an der Vorderfeite; die Plattform
war mit einer Säulenhalle gekrönt, in deffen Hofe fich der eigentliche Opferaltar befand (No. **327**, 1 u. 2). An dem Unterbaue zog
fich ein mächtiger Fries, die Gigantomachie darftellend, hin, ein kleinerer Fries mit der Telephoffage fchmückte den Mittelraum der Plattform, auf welcher auch zahlreiche Statuen aufgeftellt waren. Daß man
zur Verherrlichung eines hiftorifchen, kaum vergangenen Ereigniffes
auf eine mythologifche Scene zurückging, den Sieg über die Barbaren
in dem vorbildlichen Siege der Götter über die Giganten feierte, erinnert an die Kunftfitte des älteren, auch des perikleifchen Zeitalters.
Und nicht diefes allein bringt die glänzendfte Periode der hellenifchen
Kunft in Erinnerung. Sie klingt auch in der begeifterten Hingabe an
die Arbeit, die fich nie genug thun kann, alles gleichmäßig liebevoll
vollendet, in dem energifchen Zufammenfaffen der naturaliftifchen
Züge zu gefchloffenen Charaktertypen, in der breiten Behandlung
des Nackten an. Auf der anderen Seite führt uns die Gigantomachie von Pergamos in eine neue, ungeahnte Welt. Wir waren
gefaßt, auf Schilderungen voll wuchtiger Kraft, packender Naturwahrheit und leidenfchaftlich dramatifchen Ausdruckes zu ftoßen.
Ueberrafcht hat uns diefe fo völlig überftrömende, raufchende Lebensfülle, vollends unerwartet war der Einblick in die faft unbegrenzte
erfinderifche Begabung, welche befonders aus den Gigantenfiguren
fpricht. Bis zum Phantaftifchen hat fich diefelbe gefteigert. Wie
kühn ift die Bildung der dreiköpfigen Hekate (No. **327**, 3), welche
mit ihren drei Armpaaren Angriff und Abwehr gleichzeitig übt,
dabei von den Höllenhunden und Ares unterftützt. Großartig ift Zeus
höchfte Macht dargeftellt (No. **327**, 5), der mit Blitz und Aegis drei
Giganten zu Boden fchmettert. Mit raffinirter Schärfe erfcheint in
der Schilderung der fchlangenfüßigen, geflügelten Giganten die rohe
elementare Naturkraft ausgeprägt, es fehlen aber andererfeits auch nicht
wie z. B. in dem Athenerelief (No. **327**, 4) einfach menfchliche,
rührende Züge. Tiefer ftummer Schmerz drückt fich hier in dem
Gigantenkopfe, wie in der Geftalt der klagenden Gäa aus. Die Gigantomachie hat unfer Urtheil über den Werth der Kunft in der Diadochenzeit wefentlich abgeändert. Es fcheint, als ob die furchtbare Gefahr,
welche der hellenifchen Bildung durch die Einbrüche der Barbaren,

dem Vorſpiele der Völkerwanderung, droht, die Lebensgeiſter der
Griechen gewaltig angefacht, ihre beſte Kraft neu geweckt und auch
die Phantaſie zu gewaltigem Aufſchwunge gehoben hatte.

Von den Weihegeſchenken, mit welchen Attalos I. die Akropolis von Athen ſchmückte, haben ſich Reſte erhalten, in vielen
Sammlungen (Venedig, Paris, Neapel) zerſtreut und in ihrem Zuſammenhange erſt in unſeren Tagen erkannt. Große Kämpfe, theils
mythiſche, theils hiſtoriſche wurden in zahlreichen halb lebensgroßen
Statuen, die wahrſcheinlich maleriſch (nicht als Frieſe) gruppirt
waren, geſchildert. Proben der Darſtellung aus dem Muſeum in
Venedig (Dogenpalaſt) ſind in No. **25**, 2 und 4 gegeben. Ein gal-
liſcher Krieger, hart bedrängt, iſt auf das linke Knie geſunken und
hält ein kurzes Schwert dem Angreifer entgegen, ein anderer liegt,
bereits zum Tode getroffen, auf ſeinem Schilde. Waffe und Tracht
(der gewundene Halsring, torques) laſſen auch in dem „ſterbenden
Fechter“ (No. **25**, 3) einen Gallier erkennen; alles führt zu der
Annahme, daß wir es mit einem Originalwerke der pergameniſchen
Schule zu thun haben. Der gleiche Urſprung gilt von der früher
„Arria und Paetus“ getauften Gruppe in der Villa Ludoviſi (No.
25, 1). Sie ſtellt einen Gallier dar, welcher um ſein Weib der
ſchimpflichen Gefangenſchaft zu entziehen, dieſe getödtet hat und nun
ſich ſelbſt das Schwert in die Bruſt ſtößt. Der Zeit und dem Stile
nach ſchließt ſich den pergameniſchen Sculpturen der ſog. ſterbende
Alexander in Florenz (No. **328**, 5), wahrſcheinlich ein ſterbender Gi-
gant an; verwandt erſcheint auch die etwas früher geſchaffene Nike
von Samothrake im Louvre (No. **325**, 10 und 11). Wir ſehen in
dieſem Werke aus dem Anfange des 3. Jahrhunderts die Siegesgöttin leidenſchaftlich vorſchreiten und mit Trompetenſchall den
Triumph über die Feinde verkünden.

Mehr durch den Gegenſtand der Darſtellung als durch die
Formengebung hängt mit der kleinaſiatiſchen Schule der Diadochenzeit der (aus der Sammlung Borgheſe ſtammende) borgheſiſche
Fechter im Louvre (No. **27**, 4) zuſammen. Ein Krieger in weit
vorgebeugter Stellung deckt ſich mit dem Schilde gegen einen (un-
ſichtbaren) Reiter, um im nächſten Augenblicke ſelbſt zum Angriffe
vorzugehen. Trotz der heftigen Bewegung der Geſtalt und der Aufregung die ſich im Kopfe kundgibt, erblicken wir in der Statue doch
zumeiſt nur eine Schauſtellung der allerdings großen anatomiſchen
Kenntniſſe des Meiſters, der ſich inſchriftlich *Agasias* aus Epheſus
nennt. Die Verherrlichung der Palaeſtra, die von vielen ſchon in
dieſer Statue erblickt wird, tritt noch deutlicher in der Florentiner
Ringergruppe (No. **25**, 6), 1583 in Rom gefunden, zu Tage. Glücklich iſt der Augenblick gewählt, in welchem der Sieg noch nicht
völlig entſchieden iſt, die Spannung des Betrachters daher den

höchſten Grad erreicht hat.   Virtuoſe Behandlung der Muskellagen erhöht noch den Reiz der kunſtreichen Verſchlingung der Leiber.

An die Kämpfe mit den keltiſchen Stämmen im dritten Jahrhundert erinnern nicht allein die Werke der pergameniſchen Schule, ſondern, wenn eine Vermuthung richtig iſt, auch eine der berühmteſten Statuen des Alterthums: der Apollo vom Belvedere. (No. 26, 3).   Als die Gallier unter Brennus Anführung 279 v. Chr. ſich anſchickten, Delphi zu plündern, ſoll ihnen Apollo ſelbſt entgegengetreten ſein.   Zum Andenken an dieſe Rettung des Heiligthums wurde die Statue des Gottes aufgeſtellt, mit den von Homer entlehnten Zügen, wie Apollo durch die vorgehaltene Aegis (die von Schlangen eingefaßte Thierhaut mit dem Meduſenkopfe, deſſen ſpäteſten und ſchönſten Typus die aus Goethe's italieniſcher Reiſe berühmte Rondaniniſche Maske [No. 27, 1] wiedergiebt) die Achäer vom Kampfe gegen Troja zurückſchreckt.   Eine Bronzeſtatuette, dem vatikaniſchen Apoll ähnlich, im Beſitze Stroganoff's in Petersburg, zeigt dieſes Motiv und führte auf 'den Gedanken, auch im Apoll von Belvedere den aegiſchütternden Gott zu erblicken.   Danach wurde in unſerer Abbildung (nicht im Originale) der linke Arm ergänzt.   Eine weitere Entdeckung, die Auffindung eines Apollokopfes durch den Bildhauer Steinhäuſer 1866 in Rom (No. 26, 4), ergänzte noch mehr unſere Kunde.   Dieſer Kopf zeigt, mit dem Kopfe des vaticaniſchen Apoll verglichen (No. 26, 2), eine größere Einfachheit und einen individuelleren Charakter.   Ihm fehlt die beſtechende Eleganz, die raffinirte techniſche Behandlung der vatikaniſchen Statue.   Der Schluß iſt berechtigt, daß auch dieſer Apollotypus ſeine Geſchichte hat und daß zwiſchen dem verlorenen griechiſchen Originale und ſeiner ſpäteſten, beinahe ſchon theatraliſchen Verkörperung im Apoll vom Belvedere mehrere Zwiſchenſtufen vorhanden waren.

Mit dem Untergange der ſtaatlichen Selbſtändigkeit, mit dem Verluſte des nationalen Stolzes ſtockt natürlich auch die innere Lebenskraft der griechiſchen Kunſt; an äußerer Rührigkeit derſelben und vielfacher Beſchäftigung der Künſtler dagegen fehlt es durchaus nicht.   Weihegeſchenke und Ehrenſtatuen werden auch fernerhin geſtiftet, ſelbſt die Bauthätigkeit ruhte nicht.   Während auf dieſem Gebiete die Tüchtigkeit in der Löſung verwickelter conſtructiver Aufgaben wie die Freude an decorativer Pracht (Marmortäfelung der Wände) ſich erhielt, wurde in einem Zweige der Sculptur noch deren Wirkungskraft geſteigert.   Die maleriſche Auffaſſung, das landſchaftliche Element drang in den Reliefſtil ein.   Bei der Schöpfung idealer Geſtalten dagegen wird die Abhängigkeit von der älteren Kunſt gerade in den beſten Leiſtungen dieſer letzten Periode, die von der Mitte des zweiten Jahrhunderts vor Chr. bis in die Regierung Hadrians reicht, deutlich fühlbar.   Rom iſt der Hauptmarkt für grie-

chiſche Kunſtwerke, griechiſche und gräciſirende Kunſt findet in den
kampaniſchen Städten willkommene Aufnahme und gutes Verſtländ-
niß. Unſer Denkmälervorrath ſtammt vorzugsweiſe aus Rom, aus
den Kaiſerpaläſten, Thermen u. ſ. w.; die Ausgrabungen in Herculanum und Pompeji füllen ein großes prächtiges Muſeum. Die Freude
am Beſitze griechiſcher oder gräciſirender Werke ſteigert ſich in
hohem Maße, ſeitdem die römiſche Bildung (ſchon in der letzten
Zeit der Republik) auf Griechenland als ihr Muſter zurückblickt
und in dem Erwerbe griechiſcher Anſchauungen und Kunſtformen
ihr höchſtes Ziel findet. Die griechiſche Kunſt wurde zum Ideal
der römiſchen und nahm eine ähnliche Stellung ein, wie ſie die
italieniſche Kunſt und Cultur des 16. Jahrhunderts gegenüber
dem Norden beſaß. In Rom arbeiteten zahlreiche griechiſche
Bildhauer, aber auch in Griechenland gab es fruchtbare Werkſtätten,
insbeſondere in Athen, ſo daß geradezu von einer neuattiſchen
Schule des letzten vorchriſtlichen Jahrhunderts geſprochen werden
kann. Mehrere der berühmteſten Antiken entſtammen dieſer letzten
Periode griechiſcher Kunſt, ſo die mediceiſche Venus, früher in der
Villa Medici in Rom, wohin ſie aus dem Palaſte des Kardinals
Andrea della Valle gelangte, ſeit 1776 in der Tribuna der florentiner Galerie aufgeſtellt (No. 27, 2). Die Göttin iſt als Anadyomene
dem Meere entſtiegen gedacht, in zierlichen, feinen Formen modellirt.
Das Haar war urſprünglich goldig gefärbt. Ehemals übermäßig geſchätzt, wird ſie gegenwärtig faſt ebenſo übertrieben geringgehalten.
Der Heraklestorſo im Vatikan (No. 28, 3), im Anfange des 16. Jahrh.
in Rom aufgefunden, von Michelangelo und Winckelmann auf das
höchſte geprieſen, wird in Gedanken ſo ergänzt, daß man nach einem
lyſippiſchen Vorbilde in ſeine Linke eine Keule legt, auf welche ſich
der ausruhende Heros ſtützt, in ſeiner Rechte einen Becher annimmt.
Auch der Farneſiſche Herakles (No. 26, 6) wird auf ein lyſippiſches
Original zurückgeführt. In der auf den Rücken gelegten Hand hält
er die Hesperidenäpfel, iſt alſo am Ende ſeiner Laufbahn angelangt,
ruht von den überſtandenen Arbeiten aus, deren Mühe in dem
gleichſam ſchwieligen Körper (geſchwollene Adern und aufgetriebene
Muskeln) ſich ausprägt. Für die ſchlafende Ariadne (früher Kleopatra getauft) im Vatikan (No. 27, 3) dürfte gleichfalls ein älteres
griechiſches Original angenommen werden. Der leiſe Zug der
Sehnſucht, die Spuren tiefer Erregung, die man an der holden
Schläferin wahrnimmt, werden durch die Situation erklärt: es naht
Dionyſos mit ſeinem Gefolge. Auf ein älteres griechiſches Vorbild
aus der alexandriniſchen Periode glaubt man auch die öfter vorkommenden in läſſig vornehmer Haltung ſitzenden Frauengeſtalten (Muſeo
Torlonia u. a.) zurückführen zu dürfen. Die Rückkehr zur älteren
ſtrengen Weiſe ſtrebt die Schule des *Paſiteles* an, deſſen Richtung

eine Gruppe in der Villa Ludovifi (No. **28**, 7) von *Menelaos*, Schüler
des *Stephanos*, verfinnlicht. Sie wird als die Wiedererkennung und
Begrüßung des Aepytos durch feine Mutter Merope gedeutet und zeichnet fich durch eine Vertiefung der Empfindung und eine edle einfache
Ruhe aus, die den meiften gleichzeitigen Werken abgeht. Neben diefer
an älteren Idealformen fich auffrifchenden Richtung und neben einer
abfichtlich archaiftifchen Kunftweife, welche befonders im Zeitalter
Hadrians beliebt erfcheint, tauchen auch Verfuche auf, der Plaftik
durch Steigerung der finnlichen Reize, durch ein anziehendes Spiel
mit Kontraften neue Wirkungen abzugewinnen und fie dadurch dem
in Wohlleben und Ueppigkeit wachfenden Gefchlechte anziehender zu
geftalten. Naturaliftifcher im Ausdruck, koketter in Stellung und
Bewegung werden nackte Frauengeftalten (Venusbilder) gefchildert,
bei Gewandfiguren der Kleiderftoff fo dünn und leicht dargeftellt,
daß die Körperformen durchfcheinen. Die aus Goethe's italienifcher
Reife bekannte Tänzerin im Vatican und die koloffale Farnefifche
Flora (No. **328**, 7) mögen als Beifpiele diefer Tendenz gelten. Einen
viel glücklicheren Griff machte der ungenannte, vielleicht in Alexandrien thätige Künftler, welcher den alten Vater Nil darftellte, deffen
riefige Leib fechzehn muntere Kinder (Symbole der 16 Ellen, um
welche der Strom anfchwillt) als Tummelplatz ihrer Luft benutzen.
Das Gefuchte des Inhaltes wird über dem gefälligen, anmuthenden Treiben der Kinderfchaar vergeffen. Die Nilgruppe (No. **328**, 9) ift eines
der letzten Werke, aus welchen die reine antike, erft in der Renaiffance wiedergeborene Heiterkeit ftrahlt. In den Antinousftatuen
erfcheint fie bereits gebrochen und an ihrer Stelle bereits ein fchwer-
müthiger, faft fentimentaler Zug getreten. In anderer Weife macht
fich der Niedergang des antiken Geiftes und zugleich die Wieder-
annäherung an den Orient in der Vorliebe für koftbares, die technifche Virtuofität herausforderndes Material geltend, z. B. in den
zwei Statuen des kapitolinifchen Mufeums, von welchen die eine in
fchwarzem Marmor (die Augen find als farbige Steine eingefetzt)
einen Kentauren (mit dem Amor auf dem Rücken) darftellt, der
gegen einen mürrifchen von Amor gefeffelten älteren Genoffen (No.
328, 8) in fröhlichem Uebermuthe anfprengt (No. **27**, 7), während
die andere, aus dem helleren, fchwer zu bearbeitenden rothen Marmor
(roffo antico) gearbeitet einen Trauben nafchenden Faun (No. **28**, 1)
verkörpert. In der auf griechifche Ideale zurückblickenden Richtung
fpricht fich aber nur eine Strömung der römifchen Kunft aus. Eine
zweite Strömung wird durch die italifch-römifche Natur und Gefchichte beftimmt.

3. Altitalisch-Römische Kunst.

Die unterfte Schichte der altitalifchen Kunft, die ältefte Bau-
und Decorationsweife deckt fich beinahe vollftändig mit der urfprünglichen Kunftübung auf griechifchem Boden und befitzt wahrfcheinlich die gleichen Wurzeln. Wir ftoßen bei der Anlage von
Stadtmauern auf die fog. kyklopifche Weife, die Schichtung un-
regelmäßiger Steinblöcke, und fehen innere Räume durch im Kreife
angeordnete Steinreihen, die fich allmählich nach oben verengen,
bedeckt (No. 15, 10). Auch die Hügelgräber, von welchen, freilich
in fpäterer Umformung, No. 15, 6 ein Beifpiel bietet, find nicht
Italien eigenthümlich, ebenfowenig als die Grabpfeiler (No. 328, 1),
welche an phönikifche Monumente erinnern. Es ift überhaupt merkwürdig, wie das fcheinbar fo verfchloffene Volk der Etrusker, deffen
Gefchichte noch immer in tiefes Dunkel fich hüllt, doch fo leicht
nach außen fich öffnet und mit der übrigen Welt in die mannigfachften Beziehungen tritt. Sie kannten und liebten affyrifche und ägyptifche (durch Phöniker oder Karthager zugeführte) Kunftgegenftände,
fie lernten von Kleinafiaten, von Korinthern einzelne Kunftweifen, auch
die athenifche Kunft wurde ihnen durch den Handel befreundet.
Die Anregungen waren aber offenbar nicht ftetiger Natur, fondern
kamen ftoßweife. Daher erklärt es fich, daß wir auf etruskifchem Boden
altgriechifche Formen gleichfam erftarrt wahrnehmen, daß fie hier
noch mechanifch feftgehalten werden in einer Zeit, in welcher fie
im Mutterlande längft veraltet und überflügelt waren. Am reichften
ift unfere Kenntniß etruskifcher Gräber. Zu den fchon früher bekannten Todtenftätten: Corneto (Tarquinii), Cerveteri (Cäre), Caftel
d'Affo u. a. find neuerdings noch jene von Orvieto und Bologna
(Volfinii und Felfina) gekommen. Der Oberbau (Hügel) ift meiftens
zerftört, nur die inneren Grabkammern, denen oft förmliche Felsfaffaden vortreten, haben fich erhalten (No. 15, 7 u. 8). Die viereckigen Räume werden durch überkragende Steine bedeckt oder
zeigen die Decke durch Pfeiler geftützt; jene ift oft fchräge an-
fteigend und durch eine Art von Sparrenwerk gegliedert. Die Skelette
liegen auf Bänken ausgeftreckt, mit kleineren Behältern darunter,
in welchen die Mitgift der Todten, Bronzegeräthe, Thongefäße, bewahrt wurde. — Die Form der etruskifchen Tempel läßt fich nur
nach Vitruv's Worten befchreiben. Darnach befaß der etruskifche
Tempel (No. 15, 12 u. 13) eine tiefe, auf weitgeftellten Säulen
ruhende Vorhalle, welche in die gewöhnlich dreigetheilte Cella (eine
breitere Mittelkammer mit fchmäleren Seitenkammern, entfprechend
dem üblichen Dreigöttercultus) führte. Im Gegenfatz zum griechifchen
Tempel, welchen eine Säulenhalle umfchloß, find die Säulen auf
die vorfpringende Vorhalle eingefchränkt. Auch im Aufbaue und

in der Gliederung zeigten fich mehrfache Unterfchiede. Das Giebel-
dach war fleiler, die Gebälktheile wahrfcheinlich aus Holz und mit
Mauerwerk ausgefetzt, der Gefammteindruck ohne Zweifel farbig.
Aus Säulenreften, die in Gräberbauten gefunden wurden (No. 15, 11)
und mit Säulendarftellungen auf alten Vafenbildern ziemlich übereinftimmen, erkennt man die Aehnlichkeit des Kapitäls mit jenem
der dorifchen Säule, von welcher fich die altitalifche durch die Maße
und das Vorhandenfein einer Bafis unterfcheidet. Diefe halbe Verwandtfchaft trug dazu bei, daß fich die hellenifch-dorifche Säule
in Rom nicht vollftändig einbürgerte und Vitruv eine felbftändige
toskanifche Säulenordnung annahm. Das wichtigfte Princip der
etruskifchen Architektur war der Bogen, nach den Regeln des Stein-
fchnittes aus dem Halbkreife conftruirt, durch keilförmige Steine
gebildet. Beifpiel: die Porta all' arco in der Stadtmauer von Volterra (No. 15, 9). Dadurch wurde der römifchen Architektur ein
Element zugeführt, mit deffen Hilfe allein die großartigen Bauaufgaben der fpäteren Zeit gelöft werden konnten.

Mit den in Italien heimifchen Bautraditionen begnügten fich die
Römer in der republikanifchen Periode. Erft gegen das Ende der
letzteren wurde die Abhängigkeit von der hellenifchen Kunft vorherrfchend, nicht der hellenifchen Kunft der perikleifchen Zeit, fondern von jener reichen und pomphaften Architektur, welche nach
Alexanders Tode in den neugegründeten halborientalifchen Reichen
fich aufthat. In den neuen Refidenzen: Alexandria, Pergamos, Antio-
chia u. a. wurden ähnliche Aufgaben den Baukünftlern überwiefen, wie
fie nachmals römifche Architekten der Kaiferzeit auszuführen hatten.
Weite Binnenräume, durch die Maße und den Glanz der Decoration
gleich bedeutend, ausgedehnte und doch zufammenhängende Anlagen, beftimmt, den mannigfachften Bedürfniffen zu dienen, wie
Bäder, Gymnafien, in mehreren Stockwerken fich hoch erhebende
Bauten hatten fchon in der alexandrinifchen Periode die Phantafie
und den Verftand der Architekten befchäftigt. Auch in der Behandlung und Zeichnung der Bauglieder hielten die Römer an dem
Vorbilde des fpäteren ionifchen und des korinthifchen Stiles feft.
Die Vergleichung der Beifpiele griechifcher und römifcher Kapitäle
und Gebälktheile auf den Tafeln 9, 10 und 11 lehrt den Unterfchied
griechifcher und römifcher Steinmetzarbeit, die derberen Formen,
die oft naturaliftifchen Motive der Blätter, die kräftigere Wirkung des
Ornamentes, den geringeren Zufammenhang der einzelnen Glieder
und ihre Befreiung von conftructiven Beziehungen kennen. Es
ändert fich überhaupt die Stellung der Säule. Sie ift nicht mehr
ausfchließlich die Stütze des wagerecht auf ihr laftenden Gebälkes,
fondern vielfach nur ein Theil der Wand, welcher fie zuweilen mit
den zu ihr gehörigen Gebälktheilen vortritt. Als Wandglied nimmt

fie ihren Platz überall berechtigt ein, wo eine Mauer Gliederungen zuläßt und nach Schmuck verlangt, alfo auch in den höheren Stockwerken. Mit diefem Wechfel ihrer Bedeutung hängt auch zufammen, daß fie z. B. an Tempeln als Halbfäule gebildet oder durch Wandpfeiler, Pilafter, erfetzt wurde. Ein Blick auf die Triumphbogen des Titus (No. 13, 4) und des Conftantin (No. 13, 5) und auf das in der augufteifchen Zeit errichtete Theater des Marcellus (No. 10, 2), welches in der Renaiffancearchitektur ein fo einflußreiches Mufter abgab, mag den Gebrauch, welchen die Römer von den Säulen machten, erläutern. Den Kern der Triumphbogen bilden zwei Mauerflügel, zwifchen welchen fich im Bogen das Thor öffnet. Bei dem Conftantinsbogen find auch die Flügel durch gewölbte kleinere Eingänge durchbrochen. Der Thorbogen befitzt feinen felbftändigen Rahmen und einen reich decorirten Schlußftein in der Mitte. Den Mauerflügeln treten je zwei Säulen vor (am Conftantinbogen auf einem hohen Sockel aufruhend); das unmittelbar auf ihnen laftende Gebälkftück wird gleichfalls aus der allgemeinen Flucht herausgezogen; das Gebälk verkröpft fich mit den Säulen. Diefes Vorfpringen wiederholen in dem Halbgefchoffe über dem Kranzgefims des Hauptwerkes, in der fog. Attica, niedrige Pfeiler, denen (am Conftantinsbogen) noch Statuen vortreten. Am Marcellustheater wurden die Halbfäulen im unteren Stockwerk, welche zwifchen den Bogen ftehen, im dorifchen Stile errichtet, jene des oberen Stockwerkes im ionifchen Stile; dem entfprechend erfcheint auch unten dorifches, oben ionifches Gebälke über den Säulen lagernd. Es bildete fich ein förmliches Rangfyftem der einzelnen Säulenordnungen nach dem Maße ihrer leichteren, zierlicheren Form aus, welches auch nach der Wiederbelebung der Antike im 16. Jahrh. feftgehalten wurde.

An den älteren römifchen Tempeln, z. B. dem dorifchen Tempel in Cori im Volskergebirge, aus der fullanifchen Zeit (No. 330, 1), ferner an einem kleinen Tempel in Rom, ohne Grund der Fortuna virilis zugewiefen, noch wohl erhalten, mit ionifchen Halbfäulen an drei Seiten der Cella und einer tiefen Vorhalle (No. 11, 10 u. No. 330, 2) und an dem zierlichen anmuthigen fog. Sibyllentempel in Tivoli (No. 11, 9 u. No. 330, 3), von einer offenen, von 18 korinthifchen Säulen getragenen Halle umgeben, find die heimifchen Bautraditionen noch bemerkbar. Ein fchönes Beifpiel römifcher Architektur der beften Zeit bietet auch der Tempel in Nîmes (No. 11, 15). Wie aber auch im Tempelbau bereits im zweiten Jahrh. n. Chr. Neuerungen um fich griffen, zeigt der angeblich vom Kaifer Hadrian felbft entworfene Doppeltempel der Venus und Roma (No. 11, 11). Ein doppelter Porticus umgab den Bau, der unter einem Dache zwei mit den Nifchen aneinander ftoßende Tempel barg und in

prunkvollfter Weife verziert war. Der fog. Tempel der Minerva medica
(No. 14, 3), ein Zehneck mit tiefen Wandnifchen, aus dem 3. Jahrh.
n. Chr., gehört offenbar Bädern an. Gleichfalls einer großartigen
Thermenanlage benachbart, aber gewiß fchon urfprünglich Göttern
geweiht war das Pantheon, vom Schwiegerfohne des Kaifers Auguftus,
M. Agrippa, erbaut, das fchönfte Werk römifcher Kunft, welches
noch der Phantafie der Renaiffancearchitekten als Ideal vorfchwebte
(No. 11, 12—14). Der mächtige Eindruck des Werkes wird durch
die Maße und die Beleuchtung bedingt. Die Höhe der Kuppel ift gleich
dem Durchmeffer des Rundbaues, auf welchem fie unmittelbar ruht, =
43,4 m. Sieben Nifchen, im Grundriß abwechfelnd halbrund und
viereckig, gliedern die Mauer. Ein Architrav, der fich um den ganzen
inneren Raum zieht, theilte urfprünglich die Nifchenbogen (fpäter ver-
baut, wie No. 11, 13, zeigt), und während der Architrav von zwei in
der Nifchenöffnung aufgeftellten Säulen getragen wurde, ftützten den
Kreisbogen zwei Karyatiden. Die Kuppelwölbung war mit Kaffetten,
eigentlich dem Ornament einer geraden Decke, gefchmückt, das Licht
ftrömt ausfchließlich aus der mittleren weiten Kuppelöffnung ein. Dem
aus Ziegeln erbauten, einft mit Marmor und Stuck bekleideten Rund-
baue tritt eine tiefe Vorhalle, von 16 Granitfäulen getragen, vor.
Bekanntlich ift die ganze Prachtdecoration des Pantheon fpäterer
Barbarei zum Opfer gefallen.

An Berühmtheit wetteifert mit dem Pantheon das Coloffeum,
das für 80,000 Zufchauer berechnete Flavifche Amphitheater (No.
12, 6 u. 7). Der Grundriß zeigt in Viertelkreisausfchnitten die Conftruction der vier Stockwerke, der Durchfchnitt belehrt über die
Anordnung der inneren Räume. Das Amphitheater hatte die für
folche Anlagen übliche Form einer Ellipfe. Achtzig Arkaden führten im unterften Stockwerke in die gewölbten Galerien, durch
welche man in zwei innere, concentrifch laufende Gänge und zu
den Treppenfluchten gelangte. Durch Vomitorien, offene Eingänge
(im Grundriß durch kleine Vierecke angedeutet), betraten in den
oberen Stockwerken die Zufchauer die Sitzreihen. Die oberfte Sitz-
reihe wurde von einer Säulenhalle eingefchloffen. In der Gliederung
der äußeren Architektur (No. 330, 4) wurde daffelbe Syftem wie
am Theater des Marcellus feftgehalten. Zwifchen den Arkaden treten
Halbfäulen (wie der Kern des ganzen Baues aus Travertin, dem in
Rom heimifchen Material) vor; fie folgen in dorifcher, ionifcher
und korinthifcher Ordnung auf einander. Die Mauer des oberften
Stockwerkes beleben korinthifche Pilafter, zwifchen welchen Confolen wahrgenommen werden, zur Aufnahme der Maftbäume dienend,
an denen das gegen die Sonne fchützende Teppichzelt befeftigt
war. — Riefig wie die Amphitheater, die Theater und die Bauten für
Rennfpiele waren auch die öffentlichen Bäder Roms. Als Beifpiel

dienen die Thermen des Caracalla (Thermae Antoninianae), 212 n.
Chr. errichtet. Der Hauptbau erhob ſich inmitten eines freien
gartenartigen Raumes, der ſeinerſeits wieder von einem Porticus
umſchloſſen wurde (No. **14**, 5), und enthielt außer prunkvoll aus-
geſtatteten Kalt- und Warmbädern noch eine große Zahl von Sälen,
die bald auf Pfeilern, bald auf Säulen ruhten und mit Kreuzgewölben (B im Grundriß) oder Kuppeln (D) gedeckt waren. Eine reſtaurirte Anſicht eines Thermenſaales bietet No. **14**, 6, welche aber
noch in Farbe umgeſetzt werden müßte, um der Wahrheit nahe
zu kommen. Denn in der Anwendung buntfarbigen Marmors zur
Herſtellung der Säulen, zum Belage der Wände und reicher vergoldeter Bronze an den Decken lag der Hauptreiz der römiſchen
Prachtbauten der Kaiſerzeit, die auch darin alexandriniſchen Anregungen folgten. Noch umfangreicher waren die Thermen des
Diocletian, von welchen ein gewölbter, mit Granitſäulen geſchmückter
Raum durch Michelangelo in eine Kirche umgewandelt wurde (No. **330**,
6). — Unter den für den öffentlichen Dienſt beſtimmten Bauten
der römiſchen Welt nehmen die Baſiliken eine hervorragende Stelle
ein. Wie bei dem Theater, ſo geht auch bei der Baſilica Urſprung
und Name auf Athen zurück. Doch ſind wir weder über das athe-
niſche Vorbild der Baſilica, noch über die allmähliche Umbildung
derſelben auf italiſch-römiſchem Boden unterrichtet. Herrſchen doch
ſelbſt über die Geſtalt der ſpätrömiſchen Baſilica widerſprechende
Anſichten. Der Platz der Baſilica war der Markt, das Forum, ſie
diente wie dieſes gleichzeitig dem Handelsverkehr und der Rechtspflege, war gleichſam ein verjüngtes Forum. Den großen Portiken,
mit welchen man das Forum einzuſchließen liebte, und welche die
Vortheile des offenen und geſchloſſenen Raumes in gleichem Maße
darboten, entſpricht die Säulenhalle, welche den mittleren, reicher
decorirten, vielleicht auch geheiligten Raum umgab. Die oblonge
Geſtalt, die Einſchließung des Mittelraumes durch einen Porticus
iſt den Baſiliken Roms und der Municipien weſentlich. Ob ſtets auch
ein Oberſtock ſich über den Säulen der Portiken erhob, iſt unentſchieden. Die Veränderung, daß an die Halle ſich noch ein halb-
kreisförmiger Raum (tribunal, apsis) anſchloß, ſcheint mit Veränderungen in der Rechtspflege zuſammenzuhängen. Die Baſilica in
Pompeji (No. **12**, 9) iſt die beſterhaltene; ihre Gründung fällt noch
vor 90 v. Chr. Die Geſtalt der Baſilica Ulpia (No. **13**, 10) wird
durch den antiken (auf Marmor gravirten) Stadtplan im capitoliní-
ſchen Muſeum und erhaltene Reſte beſtimmt. Eine weſentlich verſchiedene Form zeigt die von Maxentius erbaute, von Conſtantin veränderte Baſilica Conſtantins (No. **14**, 2), eine dreiſchiffige Anlage mit
kühn geſpannten Gewölben.

Von den Kaiſerpaläſten, welche den Palatin bedeckten und ſeit

Auguftus der Bauluft der Kaifer reichen Stoff boten, ift der große in der Mitte gelegene Palaft der Flavier, von Domitian ausgebaut, (No. **13**, 6) im Grundriffe wiedergegeben. Er zeigt eine ähnliche Anordnung der Räume, wie das römifche Privathaus, nur alles groß-artiger angelegt und mit Rückficht auf den kaiferlichen Dienft ent-worfen. Ein ganz anderer Charakter prägt fich in dem Palafte aus, welchen Diocletian nach feiner Abdankung (im Anfang des 4. Jahr-hunderts) in der Nähe Salona's in Dalmatien errichtete (No. **13**, 3). Auf den Trümmern deffelben fteht heutzutage zum Theile die Stadt Spalatro. Er erinnert in feiner Difpofition an ein Lager, wird durch zwei fich kreuzende Hauptftraßen in vier Quartiere getheilt. Die beiden vorderen nahmen fein Gefolge ein, in der Mitte des linken hinteren Vier-eckes (vom Haupteingange gezählt) erhob fich ein achtfeitiger Kuppelbau, von einem Portikus umgeben, der fog. Jupiterstempel (No. **13**, 2), jetzt als Dom benutzt. Die architektonifchen Details, z. B. die mit Bogen verbundenen Säulen, weifen einerfeits auf den Verfall der antiken Kunft hin, werfen andererfeits einen Schatten vorwärts auf die fpäteren chriftlichen Jahrhunderte und befonders auf die byzan-tinifche Kunft, welche diefe und ähnliche Formen verewigte.

Die römifchen Grabmäler treten in gar mannigfacher Geftalt auf, wie diefes theils der Wechfel der Begräbnißweife, theils der wachfende Luxus und die fteigende Luft, Kunftmotive auch aus der Ferne zu entlehnen, bedingte. Ein mächtiger Rundbau auf viereckiger Bafis ift das im Mittelalter als Burg benutzte und mit Zinnen gekrönte Grabmal der Cäcilia Metella, der Gemahlin des Triumvir Craffus, auf der Via Appia (No. **330**, 5). Im Gegenfatz zu diefem pomphaften Einzelgrabe bietet das Columbarium (von der Aehnlichkeit mit Taubenfchlägen fo benannt) an der Via Appia (No. **15**, 2) das Beifpiel eines Maffengrabes, in welchem in kleinen Nifchen die Afchenurnen eingefetzt wurden. In eine ganz andere Formenwelt führt uns das Denkmal der Julier (einem C. Julius und feiner Gattin von ihren drei Söhnen errichtet) aus der Zeit des Auguftus bei St. Remy auf dem halben Wege zwifchen Avignon und Arles (No. **13**, 8). Auf einem hohen mit Reliefs gefchmückten Sockel erhebt fich ein vierfeitiger Arkadenbau, welcher von einem Rundtempel (Monopteros) gekrönt wird. Im Innern diefes Tempels, deffen gefchupptes Dach an das Lyfikratesdenkmal in Athen erinnert, find die Statuen des C. Julius und feiner Gattin aufgeftellt. Die Schönheit des Werkes ließ an griechifche Hände denken, während das kleinafiatifche Grabmal bei Mylafa (No. **15**, 3), wo fich über einer offenen Pfeilerhalle noch eine Stufenpyramide wie am Mauf-foleum erhob, der Vermuthung orientalifcher Einflüffe Raum giebt. Noch viel entfchiedener machen fich die letzteren in den Felsgräbern von Petra, füdlich vom todten Meere (Wâdi Mufa), aus der letzten

Zeit der Römerherrſchaft (No. **12**, 1) geltend. Sind auch die architektoniſchen Einzelheiten der klaſſiſchen Architektur entlehnt, ſo weiſt
doch die ganze Anlage auf altheimiſche Ueberlieferungen hin. Ueberhaupt ſpielt der Orient, wie in allen anderen Culturkreiſen, ſo auch
auf dem Gebiete der Kunſt keine unbedeutende Rolle. Mit dem
Eindringen religiöſer Vorſtellungen des Orients in die römiſche Welt
ſchieben ſich auch orientaliſche Kunſtanſchauungen wieder in den
Vordergrund. An den Tempelruinen von Baalbek in Syrien, des alten
Heliopolis, aus der Zeit des Antoninus Pius und der folgenden Kaiſer (No. **14**, 1) ſieht man deutlich die Anlehnung an altheimiſche
Vorbilder mit ihren mannichfachen Höfen und Portiken. Damit
geht die Auflöſung des antiken Formſyſtems Hand in Hand. Die
Glieder bleiben, müſſen ſich aber neue Verbindungen gefallen laſſen.

Wie in der Architektur, ſo geht auch in der Sculptur der
altitaliſchen Völker neben einem gräciſirenden Stile eine ſelbſtändige
heimiſche Weiſe, die älter iſt und theilweiſe auf orientaliſchem Einfluſſe beruht, einher. Unter den etruskiſchen Gräberfunden bemerkt
man Reliefs, ſchwarzen Thongefäßen eingepreßt, Metallarbeiten, gegoſſen, getrieben und gravirt, Elfenbeinſchnitzereien (No. **33**, 5),
welche einer von helleniſchen Werken noch unberührten Kunſtſtufe angehören. Die techniſche Vollkommenheit und die Sicherheit der ganzen Behandlung üben den Eindruck, als wären es nicht
ſo ſehr Werke einer erſt anfangenden, als vielmehr einer zurück-
gebliebenen Kunſt. Auch als die Einwirkungen der griechiſchen
Kunſt vorherrſchten, bewahrten die Etrusker im Einzelnen ihre
ſelbſtändige Natur, nicht allein in den Gegenſtänden, ſondern auch
in den Formen der Darſtellung, in den Maßen der Figuren z. B.,
und dann in den gröberen realiſtiſchen Zügen der Köpfe, womit auch
die Vorliebe für die vollſtändige Bemalung der Sculpturen zuſammen-
hängt. Aſchenkiſten und Sarkophage liefern die meiſten Proben etruskiſcher Kunſt; die Mehrzahl offenbart den handwerksmäßigen Urſprung,
iſt, wenn ein moderner Ausdruck erlaubt iſt, bloße Fabrikwaare.
Doch giebt es auch unter ihnen viele hervorragende Werke, wie das
Relief vom Deckel eines in Vulci gefundenen Alabaſterſarges (No.
33, 3), welches Gatten und Gattin in herzlichſter Umarmung zeigt.
Auch in den Deckelfiguren aus Thon von einem Sarkophage aus
Caere (No. **33**, 4), den Porträten des Ehepaares, in der gewöhnlichen
Weiſe mit aufrechtem Oberleibe dargeſtellt, in prächtigem Farben-
ſchmucke, dringt durch die conventionellen Schranken ein kräftiges
Lebensgefühl durch. Außer in Thonarbeiten waren die Etrusker
auch durch ihre Erzwerke berühmt. Ihre techniſche Tüchtigkeit
kommt freilich im Kunſthandwerk zu beſſerer Geltung als in den
Schöpfungen höherer Kunſt. Unter dieſen iſt neben der in Arezzo
ausgegrabenen Chimaere (No. **328**, 2) die kapitoliniſche Wölfin (No.

33, 8) am meisten bekannt. Auffassung und Ausführung können
kaum roher und plumper gedacht werden, auch ist deßhalb ihr antiker Ursprung vielfach angezweifelt und ihre Entstehung in das Mittelalter versetzt worden.   Unter griechischem Einflusse ist bereits der
Knabe mit der Gans (No. **33**, 1 und No. **328**, 3) gearbeitet, und
ebenso weist die lebensgroße Statue des Aulus Metellus, in der Haltung eines Redners (No. **328**, 4), auf eine spätere Zeit und eine
Umwandlung des heimischen Stiles durch die Einwirkung der
griechischen Kunst hin.

Die näheren Umstände, unter welchen in Rom selbst der etrus-
kische Einfluß von dem griechischen abgelöst wurde, lassen sich
nicht genau feststellen.   Aber auch von der römischen Kunst gilt,
daß neben der aus Griechenland eingeführten oder nach griechischen
Idealen sich bildenden Weise noch eine in heimischen Traditionen
wurzelnde oder der eigenthümlichen Cultur Roms entsprechende
Kunstrichtung sich erhielt.   Sie wird vielleicht am besten durch den
Hinweis auf die zahlreichen Bildnisse und die historischen Reliefs
charakterisirt.   Die eifrige Pflege der Porträtkunst bedingte schon
frühzeitig der Ahnenkultus, in der Kaiserzeit aber wurde dieselbe
durch die höfische Sitte und die religiöse Weihe, welche das Cäsaren-
thum genoß, in den Vordergrund gestellt.   Ein Beispiel der Erhebung der Cäsaren in die Nähe der Götter liefert die in dem Wiener
Antikenkabinet bewahrte Onyxgemme (No. **29**, 1).   Kaiser Augustus
thront, mit dem Adler des Zeus zur Seite, neben der Göttin Roma.
Die Göttin der bewohnten Erde setzt ihm einen Kranz auf und ist
von den Elementen des Meeres und der Erde umgeben.   Vor ihm
steht Germanicus und der dem Triumphwagen nach dem Siege
über die Pannonier entsteigende Tiberius.   Unten sind Soldaten beschäftigt, ein Siegesdenkmal (Trophäe) aufzurichten.   Porträtstatuen
der Kaiser und ihrer Familie aus dem ersten Jahrhundert haben
sich mehrfach erhalten.   Zu den schönsten zählt die 1863 unter den
Resten einer Villa der Gemahlin des Augustus, Livia, bei Rom aufgefundene Marmorstatue des Augustus (No. **28**, 11).   Ueber der
Tunica trägt er einen reliefgeschmückten Harnisch, den Mantel hat
er über den linken Arm geworfen, die eine Hand führt den Stab,
die andere ist wie zur Ansprache erhoben.   An der Tracht haben
sich deutliche Spuren der Färbung (purpuroth, gelb, carmoisin) erhalten.   Der kleine Amor zur Seite der Statue erinnert an die Ab-
stammung des Geschlechtes der Julier von Aeneas und Venus.   Selbst
noch im zweiten Jahrhunderte hält sich die Porträtkunst auf stattlicher Höhe.   Die eherne Reiterstatue des Kaisers Marcus Aurelius
(No. **329**, 5), jetzt auf dem Capitolplatze aufgestellt, imponirt durch
den edlen Ernst und die vornehme Ruhe und ist der neueren Kunst
ein mächtiges Vorbild geworden. Kaum übersehbar ist der Reichthum

an römiſchen Porträtbüſten.   In Frauenbüſten macht ſich zuweilen
noch der Zug nach idealer Auffaſſung bemerklich, in den männlichen Bildniſſen dagegen (No. **27, 8**) herrſcht das Streben nach
ſcharfer Charakteriſtik entſchieden vor.   Sie erſcheinen oft bis zum
Erſchrecken lebenswahr.   Den Gegenſatz zwiſchen griechiſcher und
römiſcher Kunſtrichtung offenbart auch die Vergleichung der Münztypen, z. B. des Idealkopfes auf den Münzen von Syrakus (No.
28, 7), welche zu den ſchönſten des klaſſiſchen Alterthums gehören,
mit dem Porträtkopfe, welcher römiſche Kaiſermünzen ſchmückte
(No. **28, 8**).

Das in ſeinem Beſtande gelocke... ꝛ römiſche Reich weckte die Thatkraft ſtarker Perſönlichkeiten, konnte auch nur durch ſolche aufrecht
erhalten werden.   Die Lockerung hatte aber einen doppelten Grund.
Die alten ſittlichen Grundlagen des Lebens waren morſch geworden, der Staat hatte ſich zu einem Weltreiche erweitert.   Je größer
die Ausdehnung eines Staatsweſens, deſto leichter wird es der Tummelplatz ſtarker Perſönlichkeiten.   Die Zahl der bloß paſſiven Menſchen
wächſt rieſig an, welche nur zu leicht geneigt ſind einem kräftigen
Willen zu folgen, freilich mit dem Vorbehalte, ſich nächſtens vor
einem anderen noch eindringlicheren Willen zu beugen.   Die ſpätere
römiſche Kaiſerzeit war der natürliche Schauplatz für ſolche ſtarken
Perſönlichkeiten, gegen welche ſelbſt die berühmten Kraftmenſchen
der Renaiſſance als Schwächlinge erſcheinen.   Die Helden der römiſchen Kaiſerzeit zeigen überdieß ſo wechſelvolle Charaktere, jeder
einzelne vereinigt in ſich ſo ſeltſame oft widerſprechende Eigenſchaften, daß nicht allein der Pſychologe gefeſſelt, ſondern auch der
Künſtler in hohem Maße angeregt wird.   Kein Wunder, daß die
Phantaſie der römiſchen Bildner in den Porträten feſſelnde Aufgaben
erblickte und ſie mit offenbarer Vorliebe löſte.   Nachdem einmal ihr
Auge für das Erfaſſen des Charakteriſtiſchen geſchärft war, verſtanden
ſie, ebenſo gut wie die heimiſchen Perſönlichkeiten, die Vertreter
fremder Stämme lebenswahr zu ſchildern.   Die zahlreichen Barbaren-
ſtatuen, unter welchen die in ſchmerzliches Sinnen verſunkene Frauen-
figur, Thusnelda genannt (No. **329**, 1), die bekannteſte iſt, erſcheinen
doch noch viel realiſtiſcher erfaßt, als die Gallier der pergameniſchen
Schule.   Der an politiſchen Ereigniſſen unendlich reichen Gegenwart war der Sinn vorwiegend zugekehrt, bei ihrer Schilderung die
unmittelbare Treue und Lebenswahrheit maßgebend.   Auch hier trennt
ſich die römiſche Kunſt von der helleniſchen und nähert ſich wieder
der orientaliſchen Weiſe.   Mit dem Wechſel des Inhaltes war auch
eine Aenderung des Stiles geboten.   Die Schilderung unmittelbar
gegenwärtiger Ereigniſſe fordert eine größere Breite, ein genaueres
Eingehen auf das Einzelne, einen reicheren Hintergrund, eine größere
Zahl und andere Anordnung der handelnden Perſonen.   Die ſinn-

volle Abkürzung der Vorgänge im griechifchen Relieffil war nur
möglich, weil jene in eine ferne ideale Höhe zurückverlegt wurden.
Das hiflorifche Relief der Römer verknüpfte fich mit der realiflifchen
Darflellung. Auf früheren Entwickelungsflufen wurde durch Bemalung der plaflifchen Werke eine größere Lebenswahrheit erreicht,
allmählich war das malerifche Element in den plaflifchen Stil felbft einge-
drungen. Maßvoller zeigt fich daffelbe in den Reliefbildern des Titus-
bogens, welche die Krönung des Kaifers durch eine Victoria und den
Triumphzug mit den gefangenen Juden und eroberten Trophäen,
z. B. dem fiebenarmigen Leuchter, darflellen (No. **329**, 2). Deutlicher tritt die Entfeffelung des Stiles von den alten Schranken,
die Häufung der Gruppen, die malerifche Compofition in den Reliefs
der Trajansfäule, welche den dacifchen Krieg behandeln, dem Auge
entgegen (No. **329**, 4). Der Werth der Arbeit wird freilich dadurch
verringert, daß fich die Reliefbilder wie ein Spiralband um den
Schaft der Riefenfäule hinziehen, alfo nur als Decoration verwendet
werden (No. **329**, 3).
    Ein wichtiges Gebiet der römifchen Kunft find die Sarkophag-
fculpturen, die fich namentlich feit dem Schluffe des zweiten Jahrhunderts mehren. Ihr künftlerifcher Werth kann in der Regel
nicht hoch angefchlagen werden. Die Sarkophage wurden offenbar
auf Vorrath gearbeitet, und wie die Ausführung in vielen Fällen
nur die technifch geübte Hand des Steinmetzen und nicht die fein
empfindende des Bildhauers verräth, fo ift auch die Compofition
meiftentheils nicht für das einzelne Werk erft erfunden, fondern
entlehnt und nur äußerlich für den Gebrauch zurecht gefchnitten
worden. Aus kleinen mythologifchen Sammelwerken, Bilderchroni-
ken, halb Text, halb Bild, welche in den Schulen der Grammatiker
als Vorlagen dienten, holten auch die Sarkophagarbeiter die Gegen-
flände der Darflellung. Der Inhalt feffelt (ähnlich wie an den Vafen-
gemälden) den Befchauer mehr als die künftlerifche Form. Die Bedeutung des erfteren fleigt, wenn die Schilderung auf die Lockerung des
feftgefügten antiken Anfchauungskreifes und auf die Unruhe des
religiöfen Geiftes hinweift, wie in dem kapitolinifchen Sarkophage,
welcher in Prometheus und Pfyche das menfchliche Leben in feinem
Werden und Vergehen verfinnlicht. Das No. **29**, 8 mitgetheilte
Fragment zeigt Prometheus als Menfchenbildner und Minerva, welche
dem fertig gewordenen Leibe die Seele (Pfyche) in Schmetterlings-
form verleiht. Im Hintergrunde fpinnt eine Parze den Lebensfaden
und prüft eine zweite am Himmelglobus die Conftellation der Ge-
ftirne. Weiter rechts entflieht Pfyche als Schmetterling dem Leichnam, an deffen Seite der Todesgenius mit gefenkter Fackel fteht,
zu deffen Haupte eine Parze das Lebensbuch ausgebreitet hält. Die
verfchleierte Todesgöttin und die Mondgöttin auf ihrem Zweigefpanne

beſchließen die Scene. Einem verwandten Ideenkreiſe entſtammen
die in der ſpäteren römiſchen Zeit häufigen Darſtellungen Amors
und Pſyche's. Zur Gruppe vereinigt (doch unbeflügelt), in zärtlicher
Umarmung zeigt ſie das kapitoliniſche Marmorwerk No. **27**, 6.
Auch die Aufnahme orientaliſcher Gottheiten, z. B. der Iſis (No. **28**, 4),
in das römiſche Pantheon deutet auf die Sehnſucht nach kräftigeren
Stützen der religiöſen Empfindung, als ſie die altheimiſchen Götter boten.

4. Das antike Kunsthandwerk.

Der rege Verkehr auf dem Gebiete der Kunſtinduſtrie verwiſchte
vielfach die Schranken, welche die nationale Eigenart in anderen
Culturkreiſen aufgerichtet hatte, und geſtattet, von einem außer Griechenland auch Italien und die Außenländer umfaſſenden, gemeinſamen Kunſthandwerke zu reden. Gewiß entdeckt die tiefere Forſchung feine Unterſchiede zwiſchen den Werken, welche die griechiſchen Kunſthandwerker für den heimiſchen Bedarf ſchufen, und
jenen, welche ſie für fremde Abnehmer, für die Ausfuhr arbeiteten.
Der Geſchmack der Clienten zwang ihnen ohne Zweifel mannig-
faltige Rückſichten in der Behandlung und Verzierung der Kunſt-
waaren auf. Auch außerhalb Griechenlands erhoben ſich Werkſtätten. Waren doch z. B. die Etrusker wegen der Tüchtigkeit in
aller Art Metallarbeit berühmt. Ob in dieſen nicht griechiſchen
Werkſtätten die griechiſchen Muſter ſtets genau feſtgehalten wurden,
iſt fraglich. Wir wiſſen aus unſerem eigenen Leben, daß ſich z. B.
franzöſiſche Kunſtarbeiter bei längerem Aufenthalt in England leicht
von den heimiſchen Ueberlieferungen losſagen. Im Ganzen und
Großen blieben aber im klaſſiſchen Alterthum die Griechen weſentlich der gebende Theil und hoben die anderen Völker eher zu ſich
empor, als daß ſie ſich von ihnen herabziehen ließen. Auch für
das antike Kunſthandwerk bot der Orient die Muſter dar; er lehrte
insbeſondere die techniſchen Vorgänge. Trotzdem daß die Abhängigkeit von orientaliſchen Muſtern namentlich in den Anfängen kunſtgewerblicher Thätigkeit viel ſtärker auftritt, als im Kreiſe der monumentalen Kunſt, eroberte ſich gleichwohl die Kleinkunſt im Laufe
der Jahrhunderte das Recht, als die Schöpfung der eigenthümlichen
helleniſchen Phantaſie begrüßt zu werden. Einzelne Grundzüge
haften ſtets an ihr: die vollkommene Zweckmäßigkeit der Geſtalt
und Form, das Durchſcheinen des Zweckes im Zierrat und die frei-
willige Unterwerfung unter ſtrenge architektoniſche Geſetze. Das
‥‥ke Geräth kopirt nicht Bauformen, wie es das Kunſthandwerk

in der gothiſchen Periode thut, wo z. B. der kleine Schrein die
Formen des rieſigen Domes wiederholt. Aber dieſelben Trennungs-
und Verbindungsglieder, welche in der Architektur eine ſo wichtige
Rolle ſpielen, werden auch in den Werken des Kunſthandwerks
verwendet; die Profile, das Ornament, welche dort die Aufgaben
der Glieder ſo ſprechend andeuten, kommen auch hier zur Geltung.
Daß die Kunſt und das Kunſthandwerk der Griechen in einer einheitlichen Phantaſie wurzeln, bei aller Freiheit des Vorgehens in
jedem einzelnen Zweige, verleiht dem letzteren ſeine eigenthümliche
Schönheit und ſtempelt es auch für die folgenden Weltalter zum
Muſter.

Das Kunſthandwerk greift bald in das Gebiet der Plaſtik, bald
in jenes der Malerei über. Die Flachdecoration ſchließt ſich der
Malerei an, in Metall, Stein und Thon wird das plaſtiſch geformte
Geräthe ausgeführt. Das Gold iſt wahrſcheinlich der älteſte Stoff,
welcher dem Reiche der Metalle entlehnt und künſtleriſch bearbeitet
wird; es empfiehlt ſich durch ſeine außerordentliche Dehnbarkeit
und ſeine Fähigkeit, bis zum feinſten Drahte ausgezogen zu werden.
Das Goldblech dient zur Bekleidung und zum Beſchlage, die älteſten
Blechornamente ſind der Buckel und die geritzte Linie; aus dem
Drahte, welcher ſich zum Geflecht und zur Kette eignet, entwickelt
ſich das Filigranwerk. Die Goldarbeit iſt, wie die alterthümlichſte,
ſo auch die conſervativſte. In keinem anderen Zweige des Kunſthandwerks bindet die Natur des Stoffes ſo feſt die Form wie hier.
Kein Wunder, daß die antike Goldſchmiedekunſt der altorientaliſchen ſo nahe ſteht, oft die ganz gleichen techniſchen Vorgänge
wiederholt. Sie iſt faſt ausſchließlich reine Goldſchmiedearbeit. Die
Juwelierkunſt, ſeit dem Ende des klaſſiſchen Alterthums zu immer
größerer Bedeutung emporſteigend, wurde wenig geübt und auch
wenig geachtet. Zum Theil hängt dies damit zuſammen, daß man
nur den Rundſchliff der Edelſteine (en cabochon) kannte, nicht aber
den eigentlichen Steinſchnitt (Facettirung), welcher erſt im 15. Jahrhundert aufkam. Der Saphir und Rubin kommen gar nicht, der
Diamant nur als Seltſamkeit vor. Der grüne Smaragd, deſſen Farbe
ſich am beſten mit Gold verbindet, wird öfter verwendet, am häufig-
ſten die harten, opaken Halbedelſteine (Jaspis, Achat u. a.), welche
das Material für die Gemmen (gravirte Steine: Intaglios, mit erhabener Arbeit: Cameen) darboten. Die Diadochenzeit hat uns
einzelne Prachtexemplare von Cameen, in welchen die Farbenſchich-
ten des Steines geſchickt zur Zeichnung des Bildes benutzt wurden,
geſchenkt, z. B. den berühmten Mantuaner Cameo in Petersburg
(No. 28, 2). So machte ſich auch hier der Grundſatz geltend, daß
die kunſtreiche Arbeit den Stoff veredelt, auf die erſtere jedenfalls
das größte Gewicht gelegt werden muß. Und in der That prägt

sich diefelbe fowohl in der vollendeten Technik, wie in der Schönheit des Ornaments auf das fchärffte aus. Man ftaunt, wie fein die dünnen Goldplättchen gefchlagen find, und fteht vor dem unendlich zarten, auf die Blättchen aufgelötheten (gekörnten oder gedrehten) Filigran, wahren Atomen, oft wie vor einem Räthfel. Nur durch diefe Virtuofität in der Technik konnte der Reichthum des Goldfchmuckes ohne alle Schwerfälligkeit und Plumpheit erzielt werden. Das Ornament geht theils auf unmittelbare Naturvorbilder (Blätter, Blumen, Früchte) zurück, theils wird es der Weberei (Mäander) entlehnt. Unter den Gegenftänden der antiken Goldfchmiedekunft ragen die fogenannten Diademe (richtiger Stephane) durch den Reichthum und die Schönheit des Ornaments befonders hervor. Auch an Ohrgehängen fand die Goldfchmiedekunft einen dankbaren Stoff. Sie laufen in allerhand Figuren, Thiere, geflügelte Amoretten, Amphoren u. f. w. aus und fteigern durch das Heranziehen der Farbe in den Granaten, Smaragden, Glasperlen, Emailplättchen namhaft die Wirkung. Auch die Köpfe der Haarnadeln zeigen den mannigfachften plaftifchen Schmuck (Eicheln, Granatäpfel, Blumen, und Venus- und Amorbilder) und deuten in ihm zuweilen die Beftimmung des Geräthes unmittelbar an, fo z. B. in jener Haarnadel, welche in einer das Haar kämmenden Frau endigt. Gleichförmiger erfcheinen die Halsbänder der Frauen gebildet; fie werden aus geflochtenen Goldfäden gearbeitet, mit Knötchen verfehen oder durch Reihen von Körnern geziert, welche mit Goldkugeln abwechfeln u. f. w. Die Mitte des Halsbandes hebt eine Blume, ein Kopf, eine Camee ftets fcharf hervor. Bei den Gewandnadeln (fibulae), mit welchen auf der Bruft oder Achfel das Gewand befeftigt wurde, unterfcheidet man zwei Hauptarten: kreisförmige nach Art der modernen Brofchen, oder bügelförmige. Letztere find die gewöhnlichen, am weiteften verbreiteten, zugleich die älteften. Die Armbänder, im Gegenfatz zu den modernen beinahe niemals mit Edelfteinen gefchmückt, gewöhnlich in einen Schlangenkopf, das natürlichfte Symbol für das um den Arm fich ringelnde Band, auslaufend, beftehen aus einem maffiven Goldreifen oder aus vielen mit einander verbundenen Goldplatten, die mit Filigranarbeit verziert find. Die längfte Zeit holten wir die Kenntniß antiken Schmuckes aus den in Pompeji ausgegrabenen Proben (No. **31**, 3 und **32**, 8). Allmählich hat fich die Summe des erhaltenen Goldgefchmeides namhaft erweitert. In etruskifchen Gräbern und in Gräbern auf der Krim in halbbarbarifchem Boden wurde Goldfchmuck von vollendeter Schönheit gefunden. In viel ältere Zeiten führen uns die in Hiffarlik (No. **321**, 9), Mykenä (**320**, 6—8) und namentlich in Curium auf Cypern ausgegrabenen Schätze zurück. Das koftbarfte und reichfte Gefchmeide aegyptifchen Urfprungs bewahrt das

Mufeum in Bulak aus dem Befitze der Königin Ahhotep (XVII. Dyn.), welches an ihrer Mumie gefunden wurde.

Nächft dem Golde ift das Erz oder die Bronze für das Kunft-handwerk das wichtigfte Metall. Die Bearbeitung der Bronze geht weit in die vorhiftorifchen Zeiten zurück; die entfcheidenden tech-nifchen Fortfchritte liefgen in dem Uebergange vom Treiben und Nieten der Bronzebleche zum Gießen und Löthen. Dadurch erft wurde der Kreis ihrer Brauchbarkeit erweitert und die volle Frei-heit der Form und Geftalt gegeben. Die Gefäße aus Erz unter-ftehen denfelben Grundgefetzen wie die Thongefäße; der eigentlichen Natur des Erzes dagegen entfprechen die aus Metallftäben gebilde-ten Träger, Ständer und Stützen, die Kandelaber und Dreifüße. Die Kandelaber find bald Kerzen-, bald Lampenträger, zeigen ent-weder die Geftalt des kannelirten Säulenftammes oder ahmen Pflan-zenftämme mit Blätterfchmuck nach. Sie ruhen, ihrem beweglichen Charakter gemäß, auf drei Thierbeinen, deren aufgerichteter und dann wieder niedergedrückter Obertheil in feiner Krümmung die elaftifche, gleichfam von innen bewegte Kraft fymbolifirt. Den Ueber-gang vom Fuße zum Schafte, an welchem zuweilen in anmuthigem Spiele Thiere emporklettern (No. **33**,6), bildet einen Kreis von mit der Spitze nach unten geneigten Blättern, wodurch wie in der Architek-tur die Folge eines oberen höheren Gliedes angedeutet wird. Am oberften Ende breitet fich der Schaft, die Aufnahme der Lampe vorbereitend, kelch- oder fchalenartig aus und fchließt mit einem Kranze überfallender Blätter. Beifpiele größerer und kleinerer Kan-delaber aus Pompeji (aus Griechenland find äußerft wenige Exem-plare bekannt worden) bietet No. **31**, 1 und **32**, 11. Eine ähnliche Bildung der Beine und des oberen zur Aufnahme eines Keffels dienenden Kranzes zeigen die Dreifüße, verfchränkte Bronzeftäbe (No. **31**, 7), welche gerade durch ihre einfache, den ftatifchen Ge-fetzen unbedingt entfprechende Form das Mufter einer feften, leich-ten und beweglichen Stütze darftellen.

Auch die Werke der Töpferei (Keramik) führen in die vor-hiftorifchen Zeiten, in die Anfänge menfchlicher Civilifation zurück. Die Erfindung der Töpferfcheibe bezeichnet einen wichtigen Wende-punkt in der Kulturgefchichte. Der an den Thongefäßen geübte Formenfinn und die hier gebrauchten Ornamente übten vielfach befruchtenden Einfluß auf die Architektur, deren Ausbildung, wie die aller reinen Künfte, fpäter fällt, als die Entwickelung des Kunft-handwerks. Zu den älteften griechifchen Zierformen gehört ein ziem-lich naturaliftifch behandeltes Pflanzenornament: zuerft Wafferpflanzen, fpäter Palmetten und Rofetten. Allmählich werden auch Thierbilder, in Streifen geordnet, angebracht (No. **187**, 6), aber in rohefter Aus-führung, ohne Naturgefühl, dünnleibig, gewebten Muftern nachge-

ahmt. Die folgende Stufe der Entwickelung wird durch die Gefäße
orientalifirenden Stiles vertreten. Es ändert fich die Form der Gefäße; fie nehmen die Geftalt des hängenden Schlauches, der liegenden
Ellipfe an. Es wechfelt in noch höherem Maß die Natur des Ornamentes. Thierbilder herrfchen vor, unter ihnen der Löwe, der Tiger, alfo
Gefchöpfe des afiatifchen Bodens, dann allerhand phantaftifche Thiere,
aber alle in kräftiger Zeichnung, mit enfchiedener Kenntniß der
Naturgeftalt. Mit den Thierbildern vereinigt fich das Pflanzenornament, jetzt aber in wefentlich verfeincrter Geftalt und als das Pro--
dukt künftlerifcher Ueberlegung. In dem Kranze lanzettförmiger
Blätter, der unmittelbar über dem Fuße den Bauch des Gefäßes
umgibt und das fefte Auffitzen und das Streben nach oben verfinnlicht, erreicht das Ornament diefelbe Bedeutung, welche ihm in
der Architektur zukommt; es drückt die Aufgabe und den Zweck
des Gliedes, dem es anhaftet, finnbildlich aus. Diefer Kranz am
unteren Sitze des Gefäßes wurde daher auch die ganze antike Zeit
hindurch feftgehalten. Beifpiele des orientalifirenden Stiles zeigen
No. 30, 3 u. 4. Erft nach diefen Vorftufen bricht fich der reine
hellenifche Stil Bahn. Zur trefflichen technifchen Herftellung und
tadellofen Färbung — fowohl das warme Gelbroth, wie der glänzende fchwarze Firniß erregen noch jetzt gerechte Bewunderung —
gefellt fich ein klarer Aufbau, eine feine Gliederung der Gefäße,
eine maßvolle Vertheilung des Ornamentes und weife Scheidung
des figürlichen Schmuckes von dem rein decorativen. Die Form
der Gefäße läßt den Zweck und die Beftimmung derfelben deutlich
durchblicken. Man unterfcheidet deutlich die Sammel- und Vor-
rathsgefäße (Krater, ein Mifchgefäß No. 30, 5; Amphora No. 29,
12 u. 13, No. 30, 9a) von den Schöpfgefäßen (Hydria) und den
Gußgefäßen oder Kannen (No. 30, 1 u. 2; letztere Form für Salb-
gefäße gebräuchlich). Während die erfteren durch eine weite Oeffnung, kurzen Hals, mehrere Henkel charakterifirt werden, zeigen die
anderen Gattungen bei enger Oeffnung einen langen Hals und
fetzen gleichfam den Trichter auf den Füllraum. Fuß, Bauch, Hals
und Mündung find die Hauptglieder, auf deren richtigem Verhältniß zu einander fowohl die Zweckmäßigkeit wie die Schönheit der
Geftalt beruht. Die Ornamente werden nicht über die ganze Fläche
zerftreut, fondern wirkfam auf einzelne Stellen befchränkt; fie heben
die Bedeutung der betreffenden Glieder, die Uebergänge, Verbindungen und Trennungen anfchaulich hervor. Der Fuß empfängt
die Form eines ringförmigen Wulftes oder erfcheint in bewegterem
Profile, unten ausladend, oben eingezogen (No. 29, 12 u. 13). Ein
Blätterkranz verbindet ihn mit dem Bauche, der an feinem unteren
Theile von einem horizontalen Bande mit feitwärts gerichteten Blättern eingefaßt wird oder auch das Saumornament aufweift, letzteres

beſonders dann, wenn der figürliche Schmuck jetzt nicht mehr in
mehreren Streifen ſich wiederholt, ſondern, als ein Gemälde aufgefaßt, gleichſam angeheftet wird. Das Bild verlangt eine Einrahmung
oder Umſäumung, wozu ſich namentlich der Mäander eignet. (Beiſpiele No. 30, 6, 8, 9.) Den Hals, welcher ebenſo ſehr zum Füllen
wie zum Leeren des Gefäßes dient, ſchmückt demgemäß ein Band
mit abwechſend emporgerichteten und niederfallenden Blättern. Die
Ornamentmotive ſind im Grunde nicht zahlreich (Beiſpiele No. 30,
13—15), ſie geſtatten aber eine unendliche Mannigfaltigkeit der
Zeichnung und offenbaren, da ſie niemals nach der Schablone gemalt ſind, die große Fruchtbarkeit der Phantaſie ſelbſt des gewöhnlichen Kunſthandwerkers.

Innerhalb der kaum überſehbaren Maſſe der Thongefäße unterſcheidet man vornehmlich zwei Gattungen, jene, wo die Figuren
ſchwarz auf rothem Grunde gemalt ſind (No. 29, 13) und dann
wieder ſolche, wo die Figuren roth von ſchwarzem Grunde ſich abheben. Die erſteren ſind im allgemeinen die älteren. Jedenfalls, ſelbſt
wenn dafür keine beſtimmte Zeitgrenze angegeben werden kann, bedeutet das Aufkommen der rothen Figuren auf ſchwarzem Grunde
eine Epoche in der Vaſenmalerei. Denn erſt dadurch wurde eine beſſere
Zeichnung der Figuren möglich. Dieſe erſcheinen nicht als bloße
Silhouetten (No. 188, 1), ſondern können auch innerhalb der Umriſſe fein durchgebildet werden. Sind zwar die Fundorte für die
beiden Gattungen vorwiegend altitaliſche Gräber geweſen, ſo wird
doch ihr Urſprung auf Griechenland (Korinth, Athen) zurückgeführt.
Ohne Zweifel iſt hier der Stil entwickelt worden. Italiſchen Ur-
ſprungs, der nachalexandriniſchen Zeit angehörig, ſind zahlreiche
Vaſen, an welchen die rieſigen Dimenſionen, der Rückfall in die Strei-
fencompoſition, der übertriebene Reichthum an Ornamentik, die
mannigfaltigen Farbennuancen ſich bemerkbar machen. Ein Beiſpiel
ſolcher apuliſcher Vaſen bietet No. 190, 2, mit der Darſtellung des
Pluton und der Perſephone (Proſerpina), welche in einem Säulenbaue thronen, des Orpheus mit der Lyra, des Herakles als Bändi-
ger des Cerberus und anderer Scenen aus der Unterwelt.

Die maleriſche Wanddecoration im klaſſiſchen Alterthum kann
nur (von einzelnen Reſten dieſſeits der Alpen abgeſehen) durch
italiſche Proben anſchaulich gemacht werden. Wie wir unſere Kunde
über die helleniſche Malerei nur aus ſchriftlichen Quellen ſchöpfen,
ſo kennen wir auch die innere Ausſchmückung der griechiſchen
Wohnhäuſer nicht aus erhaltenen Denkmälern. Doppelt ſteigt dadurch der Werth und das Intereſſe der in Italien, insbeſondere in
Rom, in etruskiſchen Gräbern, in Herculanum und Pompeji aufge-
deckten Reſte der Malerkunſt. Abgeſehen von ihrer unmittelbaren
Bedeutung für die Erkenntniß etruskiſcher, römiſcher und unter-

italifcher Kunft, vertreten fie für uns bis zu einem gewiffen Grade die untergegangenen griechifchen Malerwerke und laffen uns die Natur und das Ausfehen der letzteren wenigftens ahnen. Bei den zahlreichen und noch immerwährend durch neue Ausgrabungen vermehrten etruskifchen Grabgemälden muß allerdings das ftark ausgeprägte nationale Element in Betracht gezogen werden, welches den griechifchen Einfluß vielfach durchbricht. Eine Kunftweife, welche in fo eigenthümlicher Weife die reine Abfchrift des Lebens, was die Compofition betrifft, in conventionelle Farben kleidet, muß fich nothwendig lange Zeit gegen die griechifchen Kunftanfchauungen fpröde verhalten. Den Fortfchritt in der etruskifchen Wandmalerei, zugleich den allmählich gefteigerten Einfluß griechifcher Kunft, zeigt die vergleichende Betrachtung des Grabbildes aus Corneto (No. 189, 5), das nur Profilftellungen des Kopfes kennt, mit dem Todtenopfer, welches Achilles den Manen des Patroklos darbringt, aus einem Grabe bei Vulci (No. 191, 3). Kopftypen wie Körperzeichnung weifen auf eine mit der griechifchen Kunft vertraute Hand hin. Noch beffer führen vielleicht in das Verftändniß griechifcher Malerei einige in Päftum und in Rom ausgegrabene Wandbilder ein. Das aus Päftum in das Mufeum Neapels übertragene Gemälde (No. 191, 2) fchildert auf weißem Grunde reliefartig componirte Krieger, welche fiegreich heimkehrend von Frauen begrüßt werden. Das 1606 in Rom aufgedeckte und nach dem erften Befitzer benannte Bild »die Aldobrandinifche Hochzeit«, jetzt in der Vatikanifchen Bibliothek bewahrt, zeigt in der Mitte die verfchleierte Braut, welcher die halbnackte Venus aufmunternd zuredet, links von ihr den harrenden Bräutigam, an den beiden Enden Gruppen von Dienerinnen (No. 191, 1). Natürlich hat fich die antike Malerei nicht auf folche friesartige Compofition befchränkt. Daß den Alten auch perfpectivifch vertiefte Darftellungen bekannt, und auch rein malerifche Effecte bei ihnen beliebt waren, zeigen die Landfchaftsbilder, unter welchen die 1848 auf dem Esquilin ausgegrabenen Odyffeelandfchaften (No. 190, 4) die berühmteften find. — Die italifchen Gemälde erfetzen nicht allein beiläufig die mangelnden Proben griechifcher Kunft, fondern gelten in einzelnen Fällen als die freilich handwerksmäßig durchgeführten Nachbildungen älterer hellenifcher Originale. So wird z. B. das Iphigenienopfer aus Pompeji (No. 189, 1), wenigftens in Bezug auf eine Geftalt, jene des Agamemnon, welcher in feinem Gram fein Haupt verhüllt, um nicht den Tod der Tochter anfehen zu müffen, auf ein Werk des *Timanthes* von Kynthos, eines Zeitgenoffen des *Zeuxis* und *Parrhasios*, aus dem Anfange des vierten Jahrhunderts v. Chr. zurückgeführt. Io von Argos bewacht, während Hermes zu ihrer Befreiung heranfchleicht, in Pompeji und anfcheinend vollftändiger in Rom (No. 188, 6) gibt die Compofition des *Nikias* aus Athen, eines Zeitgenoffen des Praxiteles, wieder. Auch von dem großen Mofaikbilde, welches den Fußboden in der fog. Cafa del Fauno in Pompeji fchmückte, 1831 ausgegraben wurde und jetzt im Mufeum zu Neapel fich befindet (No. **189**, 2), der Schilderung des Sieges Alexanders des Großen bei Iffos über Darius, muthmaßt man, daß es die Kopie eines älteren Bildes fei, wenn es auch nicht von der apokryphen Malerin *Helena*, der Tochter eines Aegypters, herrührt. Die Ausführung des großen Bildes in einem anderen Materiale (das Original ift gewiß nicht auf Mofaik berechnet gewefen) und die Uebertragung des Wandgemäldes auf den Fußboden deutet fchon auf die decorative Verwerthung älterer Kunftwerke hin. Und in der That find die Wandgemälde, namentlich jene in Pompeji und Herculanum, vorwiegend nur als Glieder eines umfaffenderen Wandfchmuckes aufzufaffen und gewinnen erft in diefem Zufammenhange ihre künftlerifche Bedeutung.

Von der Natur des antiken Haufes wird das Wefen der inneren Wanddecoration bedingt und beftimmt. Anfchauungen des erfteren bieten in reichem Maße die Ausgrabungen in Pompeji, im Jahre 1748, nachdem die campanifche Stadt feit dem Jahre 79 n. Chr. unter einer fieben Meter ftarken Decke von Bimfteinftücken (rapilli) und Afche begraben lag, begonnen und mit wechfelndem Eifer und Erfolge bis zu diefer Stunde fortgefetzt. Das antike Haus, dem im Orient noch gegenwärtig üblichen nahe verwandt, fteht in fchroffem Gegenfatze zu dem nordifchen Haufe des Mittelalters und der fpäteren Jahrhunderte. Im antiken Haufe, auf der Entwickelungsftufe, welcher die pompejanifchen Häufer (No. **14**, 7 u. 8) angehören, bildet der innere Hof den Mittelpunkt des Haufes, auch bei der Zweitheilung oder Verdoppelung des Haufes, wo die vordere Hälfte mit dem Atrium mehr dem Verkehre mit der Außenwelt, die hintere mit dem Periftyl dem ftillen Familienverkehr dient. Von dem Hofe empfingen die anftoßenden Räume Licht und Luft. Die Glasfenfter, für die Anordnung und Einrichtung des nordifchen Wohnhaufes von durchgreifender Bedeutung, fehlten. Damit war auch die Möglichkeit, große licht- und luftreiche gefchloffene Räume, in denen das ganze Leben der Familie fich abfpielt, zu fchaffen, verwehrt, die Nothwendigkeit kleinerer halboffener Räume geboten. Auch die Verfchiedenheit des Baumateriales verdient Beachtung. Das pompejanifche Haus ift ein Steinhaus, das nordifche Haus geht auf den Holzbau zurück. Demgemäß erfcheint in dem letzteren auch die innere Decoration (Täfelung, Holzdecken, Holzmöbel) im Geifte der Holzarchitektur gehalten, während gerade die ältefte Ausfchmückung pompejanifcher Häufer eine Nachahmung der Steinconftruction zeigt. Die Wände wurden (nach Vorbildern, die bis in die alexandrinifche

Periode zurückgehen) mit Stucco überzogen, welches buntfarbige
Marmortafeln nachbildet, diese in schöngefugten Schichten aufsteigen
läßt und oben mit einem vorspringenden Karnieße abschließt. An
die Stelle des Stucco tritt dann die Nachahmung der Marmor-
incrustation in Farben. Auch die Säulen und Pfeiler, welche die
Wandfelder trennen und Friese tragen, weisen auf die architektonischen Fronten als Muster der Wanddecoration hin. In der jüngeren Decorationsweise hört die Imitation der Marmortäfelung auf,
und die Glieder verlieren den strengen architektonischen Charakter.
Die Wände werden in Felder getheilt; leichte verticale Zierglieder,
welche immer mehr selbst den Schein der Tragfähigkeit einbüßen
und nur gemalt gedacht werden können, herrschen vor. Selbst
jetzt waltet noch eine deutliche Beziehung auf die Construction des
Hauses. Die kleinen Räume werden durch die Decoration scheinbar erweitert. Die zwischen den Feldern aufsteigenden architektonischen Glieder, unter einander durch luftige Bogen und dünne
Friese verbunden, vertiefen sich perspectivisch und gewähren dem
Auge Durchblicke in die Ferne (No. 14, 9 und No. 188, 3). Zuweilen sind auch auf den Mittelfeldern Gartenprospecte gemalt, wodurch die Illusion noch verstärkt wird. Solche Durchsichten von
dem Eingange durch das Atrium und das mit einer bloßen Brüstungs-
mauer verschlossene Tablinum gab es auch in der Wirklichkeit, und
es mag dieser Umstand auf die Vorliebe für perspectivische Decorationsmalerei Einfluß geübt haben, welche schließlich die ganzen
Wände bedeckt und die festen Mauern scheinbar durchbricht.
   Auf die Farbenwahl und Farbenstimmung wirkte die Beleuchtung der Räume bestimmend. Das vom Hofe durch die weiten
Thüröffnungen einströmende Licht traf die unteren Wandtheile stärker als die oberen, demgemäß wurden die Farben von unten nach
oben heller genommen. Der Sockel zeigt stets einen dunkeln, vorwiegend einen schwarzen Ton. Die mittleren Flächen erscheinen
bald einfarbig (monochrom) z. B. in gelb, bald in verschiedenen
Farbenfeldern, oder wenn die Felder selbst in derselben Farbe gehalten sind, so wird doch für die Zwischenräume ein anderer Farbenton gewählt. Die am häufigsten in den Mitteltheilen vorkommenden Farben sind Roth und ein sattes Gelb, doch kommt auch Grün,
Blau und Weiß vor. An den obersten von den Hauptfeldern ab-
getrennten Wandtheilen ist der weiße Grund, von welchem sich eine
zierliche Spielarchitektur abhebt, besonders wirksam. Die Ausführung des malerischen Schmuckes (auf nassem, trefflich vorbereitetem
Bewurfe, al fresco) offenbart verschiedene Grade der Vollkommenheit,
von einer guten Schule zeugt die stets glücklich erreichte Farbenharmonie. Durch weiße Trennungslinien, durch eingestreute kleinere schwarze Flächen werden schroffe Gegensätze vermieden; an dem

einen Wandtheile dominirende Töne klingen leiſe in den anderen
wieder, das richtige Verhältniß der Intenſität der Farbe zum Flächen-
maße (je intenſiver die Farbe, deſto geringer ihre räumliche Ausdehnung) wird bei aller Freiheit, die ſich auch in dem Fehlen jeder
Schablone kundgiebt, genau beobachtet. Die Felder bilden den
Grund für die figürlichen Darſtellungen. Dieſelben ſind entweder
ein untrennbarer Beſtandtheil der Decoration, wie die ſchwebenden
Figuren und jene, welche das architektoniſche Gerüſte beleben (No.
188, 3), oder ſie treten an die Stelle von Tafelbildern und werden
vollſtändig eingerahmt. Beiſpiele derſelben, über alle Darſtellungs-
kreiſe von mythologiſchen Schilderungen, Genrebildern, dramatiſchen
Scenen bis zu landſchaftlichen Darſtellungen und zu Caricaturen
ſich ausbreitend, ſind auf den Bogen No. **188—191** reproducirt.
Sie unterſcheiden ſich nicht weſentlich von jenen, welche in Rom
(No. **189**, 4) ausgegraben oder aufgedeckt wurden. Auf die Kunſt
des ſpäteren Weltalters übten dieſe Wandgemälde keinen merklichen
Einfluß. Die Form ließ ſich nicht vom Inhalte loslöſen, dieſer
aber wurde bald unverſtändlich oder verpönt. Anders verhält es
ſich mit der reinen Dekorationsmalerei, welche nicht nur in der
altchriſtlichen Zeit fortgeſetzt, ſondern namentlich im 16. Jahrhundert als Muſter verehrt wurde. Dieſes gilt insbeſondere von
der Deckendecoration mit ihrer Gliederung in Medaillons und feinen
linearen Verbindungsgliedern (No. **15**, 1). Auch die Moſaikmalerei,
zunächſt zum Schmuck des Fußbodens verwendet, allmählich aber
an den Wänden emporſteigend, feiert nach dem Untergange der
antiken Kunſt noch ein langes Nachleben. Ohne Zweifel haben
die Römer den Gebrauch des aus kleinen farbigen Steinwürfeln
zuſammengeſetzten Moſaik zum Schmucke des Fußbodens der
alexandriniſchen Periode entlehnt. Das berühmteſte Beiſpiel eines
griechiſchen muſiviſchen Fußbodens ſtammt aus der Vorhalle des
Zeustempels in Olympia (No. **5**, 19) und zeigt uns, daß damals
noch der Charakter des Teppichs den Moſaikfußboden aufgeprägt
war. Die alexandriniſche Periode mochte wieder ihre Vorbilder
aus dem Oriente holen. Ein aſſyriſcher in Stein gravirter, offenbar incruſtirter Fußboden, ein anderer Bodenbelag aus glaſirten
Thonplatten zuſammengeſetzt (No. **38**, 9) dürfen als die Vorläufer
des ſpäteren Steinmoſaik gelten. Es war ein Fortſchritt in der
techniſchen Virtuoſität, aber nicht ein ſtiliſtiſcher Fortſchritt, als
man mit den dekorativen Teppichmuſtern brach und mit förmlichen
Gemälden den Fußboden pflaſterte. Zu den berühmteſten Beiſpielen
antiker muſiviſchen Kunſt gehören die Tauben im capitoliniſchen
Muſeum (No. **190**, 3), in der Villa Hadrians bei Tivoli gefunden
und einem älteren Moſaikwerke des *Soſos* von Pergamos aus der
alexandriniſchen Periode nachgebildet.

Im Inhalte und in den Formen geht die spätrömische Kunst
vielfach wieder auf die orientalischen Traditionen zurück. Damit
bereitet sie der reinen altklassischen Kunst ein Ende, gewinnt aber
mustergiltigen Einfluß in der folgenden Periode, welche die Wurzeln des religiösen Glaubens im Oriente besitzt und auch (in dem
byzantinischen Kaiserthum) das politische Schwergewicht theilweise
nach dem Orient verlegt. Die spätrömische Kunst kehrt aber nicht
allein auf den alten orientalischen Kulturboden zurück, sondern
dringt auch in die barbarischen Länder des Nordens vor, hier
neuen kräftigen Bildungssamen ausstreuend. Die römische Provinzialkunst, sowie sie uns auf gallischem Boden, am Rheine, an der
Mosel, an der Donau, in England entgegentritt, kann sich natürlich
mit der hauptstädtischen an Glanz und Reichthum nicht messen.
Je weiter von Rom entfernt, desto mehr schwindet der Kunst das
feine Formengefühl. Alles wird derber und gröber, so in der
Architektur und Sculptur, wie in den Werken der Kleinkunst.
Kunstgeschichtlich besitzt aber gerade die Provinzialkunst eine große
Bedeutung, da ihr vornehmlich die Rolle der Vermittlung, der
Uebertragung der Tradition zufällt. Die spätantike, die römische
Kunst zeigt also eine Doppelseite, gerade so wie ihr Nachleben in
dem nächsten Weltalter eine Doppelseite aufweist. Während die
Antike in der byzantinischen Kunst nur als eine Mumie fortdauert,
hier ihr Grab findet, bedeutet sie für die abendländischen Völker
die Wiege und weiter den Stab, auf welchen gestützt ihre Kunst
langsam der Vollendung entgegenschreitet. Gewiß ist es eine arge
Verkennung der Wahrheit, wenn man eine Kunstweise nur nach
dem Maße des Einflußes, welchen sie auf spätere Geschlechter
übt, schätzt und die Vorbereitung künftiger Richtungen als ihre
natürliche Aufgabe auffaßt. Die Kunst eines jeden Volkes und
einer jeden Periode ist Selbstzweck, sie sieht die Stufen hinter
sich, welche sie bereits erklommen hat, sie will aber und kann
nicht als bloßer Uebergang gelten. Mit vollem Rechte wird daher
der abgeschlossene Charakter der Antike betont und ihr Wesen
erst dann begriffen, wenn man sie im ausschließlichen Dienste
des Hellenen- und Römerthums, als die Verklärung und Verherrlichung des hellenischen und römischen Volksgeistes auffaßt.
Dennoch erscheint auch die andere Betrachtung, welche die Spuren
des Nachlebens der Antike im folgenden Weltalter aufdeckt, besonders vom historischen Standpunkte fruchtbar. Was ist in dem
Kunstvermögen der späteren Perioden auf das antike Erbe zurückzuführen?

Man muß zwischen den Kunstgattungen und den Zeiten unterscheiden und die bewußte und unbewußte Art der Aneignung auseinander halten. Die antike Architektur darf sich des reichsten und

längſten Nachlebens rühmen. Die organiſche Einheit des antiken
Bauwerkes wurde zwar bereits in den letzten Jahrhunderten des
römiſchen Kaiſerreiches zerſtört, die Bauelemente blieben aber
lebendig und mit ihrer Hilfe wurde ein großer Theil der neuen
Bauaufgaben im Mittelalter und der folgenden Periode gelöſt. Die
Bauſprache ſetzte ſich ſeitdem vornehmlich aus dem von der Antike
überlieferten Baualphabete zuſammen. Die Säule, der Pfeiler, die
mannigfachen Geſimſe und Glieder werden mannigfach umgeformt,
den Kern der Geſtalt holte man regelmäßig aus der antiken Ueberlieferung. Dieſes gilt ſelbſt von einzelnen Baugliedern des gothiſchen Stiles, obſchon der letztere ſich ſonſt im ſchroffen Gegenſatze zur klaſſiſchen Architektur bewegt. Als fühlte aber die Phantaſie Scham und Reue über dieſe Entfremdung von der Antike,
folgte unmittelbar auf die Herrſchaft der Gothik eine unwiderſteh-
liche Reaction zu Gunſten der antiken Architektur im Zeitalter der
ſog. Renaiſſance, welche ſich am Schluſſe des 18. Jahrh. wiederholte, nachdem einige Menſchenalter lang abermals die antiken Ideale
zurückgedrängt worden waren.

Auch im Kreiſe der zeichnenden Künſte hat das Mittelalter die
Spuren der Antike nicht vollſtändig verwiſcht. Eine dunkle Ahnung
von der Macht der antiken Kunſt, die als Zauber gefürchtet wurde,
erhielt ſich. Der Inhalt antiker Kunſtwerke wurde allerdings nicht
mehr verſtanden; ſie waren allmählich ganz abgeſchliffen worden
und wurden nur in dieſer abgeſchliffenen Form wiedergegeben.
Auf ſolche Art haben ſich ſogar einzelne altorientaliſche Motive (der
Baum zwiſchen zwei Löwen u. ſ. w.) erhalten. Es feſſelte das Auge
die lebendige Darſtellung, welche aus eigenem Antrieb niemals gelang. Man kann ſicher ſein, wo in einer Landſchaft ſich antike
Monumente erhielten — und die römiſche Provinzialkunſt verbreitete
ſolche in die weiteſten Kreiſe — reizten ſie zur Nachahmung, mochte
auch der Volksglaube in den Denkmälern der Römer vielfach Teufels-
werke erblicken. Die Formfreude fand immer wieder an ihnen
eine Nahrung. Es waren in der Regel nicht große monumentale
Werke, welche der Phantaſie mittelalterlicher Künſtler neue Nahrung
zuführten. Arbeiten der Kleinkunſt wie z. B. Gemmen, Elfenbeinreliefs u. ſ. w., zufällig erhalten und betrachtet, boten die häufig-
ſten Muſter. Schwerlich machten ſich die Steinmetzen des 11. und
12. Jahrhunderts, wenn ſie antike Werke nachbildeten, beſondere
Gedanken über ihre Bedeutung. Sie ſahen nur Reiter, Kämpfer,
Jäger u. ſ. w., und wenn ſie der Inhalt reizte, wie bei Centauren,
Sirenen u. a., ſo deuteten ſie denſelben um. Immerhin blieb
auf dieſe Weiſe ein formaler Zuſammenhang mit der Antike be-
ſtehen und wurde eine Schulung des Auges erzielt. Stetig und
ununterbrochen erbten ſich einzelne Gewandmotive und Elemente

des Ornamentes fort. Sie verloren ihre Reinheit, ähnlich wie die
Schrift des frühen Mittelalters arg von der römiſchen abſticht. So
wenig aber dieſe neuerfunden wurde und trotz ihres Schnörkel-
weſens auf einen römiſchen Kern zurückgeführt werden muß, ebenſo
beruhen die Gewandfalten, das Blatt- und Saumornament auf einer
freilich nur dumpf geahnten antiken Tradition. Neben der naiven
unbewußten Nachbildung der Antike ſtoßen wir aber auch in
größeren oder kleineren Zeitabſtänden auf eine bewußte Würdigung
der Antike als höchſten Muſters, ſo in engeren Kreiſen im 12. und
13. Jahrhundert, in umfaſſender Weiſe in der Renaiſſanceperiode.
Man darf behaupten, daß die ganze Kunſt des ſpäteren Weltalters
im Banne der Antike ſteht. Der Einfluß der letzteren beſchreibt
Kurven, ſteigt und ſinkt abwechſelnd. Immer aber wenn die Phantaſie einer Auffriſchung, die Kunſt einer gründlichen Correktur bedarf, kehrt ſie zum Studium der Antike zurück. Eine Kunſt, für
welche die Antike ein leeres Blatt darſtellt, erſcheint wenigſtens
für Europa vollkommen undenkbar.

Druckfehler.

Auf Bilderbogen Nr. 327 iſt die »Hekategruppe« irrthümlich mit Fig. 2 ſtatt
mit Fig. 3 bezeichnet.

DIE KUNST DES MITTELALTERS.

—

A. ALTCHRISTLICHE UND BYZANTINISCHE KUNST.

1. Rom.

Die Gründung des oftrömifchen Kaiferthums, der Zufammenbruch des weftrömifchen Reiches, diefe beiden weltgefchichtlichen Ereigniffe fchneiden auch tief in die künftlerifche Entwickelung unferes Gefchlechtes ein. Durch die Verlegung des Kaiferfitzes nach Byzanz wurde das orientalifche Element, welches fich bereits in der fpätrömifchen Kunft immer ftärker in den Vordergrund gedrängt hatte, doppelt gekräftigt und blieb noch viele Jahrhunderte einflußreich. Der Sturz des weftrömifchen Reiches bedeutet aber zugleich den Sieg der germanifchen Völker, den Eintritt neuer Charaktere in die hiftorifche Scene, eigenartig in Sitten und Sprache wie im Denken und Empfinden, wodurch auch die Phantafie in andere Bahnen als in der antiken Zeit gelenkt wird. Ehe fich diefe Ereigniffe vollzogen, wurde aber noch innerhalb der römifchen Welt durch das Chriftenthum der Grund zu einer tiefen Wandlung der Kunftanfchauung gelegt. Die alten Gegenftände künftlerifcher Schilderung, die reiche Götterwelt, waren nun verpönt, die alten Cultusftätten gemieden und gehaßt. Allerdings konnten die neuen Glaubensideale nicht fofort Fleifch und Blut gewinnen. Die Hand und das Auge verloren nicht gleich die feit Menfchenaltern herrfchenden Gewohnheiten, die formale Schönheit wurde noch lange nach den überlieferten Gefetzen beurtheilt. Immerhin wurde der antiken Kunft der Boden entzogen. Das Handwerk bleibt noch feinem Wefen nach antik, die Vorftellungskreife aber ftehen zur Antike in mannigfachem Gegenfatze. Wo diefelben nicht berührt werden, in dem technifchen Verfahren, in den Ornamenten, in der Zeichnung und Färbung, bewahrt die Antike daher noch lange ihr Recht. Selbft in der formalen Kompofition, in der Gruppirung der Geftalten, in der Wahl der Typen diente die über-

lieferte Kunft zur Richtfchnur. Der „heidnifche" Inhalt der Darftellungen wird aber entweder zurückgewiefen oder wenigftens fo
umgedeutet, daß er das Anftößige verliert. Neuer chriftlicher Inhalt füllt langfam und allmählich die Formen. In diefer Weife
tritt die altchriftliche Kunft auf. Sie erfcheint zunächft bis zum
vierten Jahrhundert noch unficher in der Auffaffung, der antiken
Darftellungsweife vielfach zugeneigt und den Bilderkreis auf wenige
Grundlehren befchränkend. Das vierte und das fünfte Jahrhundert
bilden eine Uebergangsperiode. Die Anerkennung des Chriften-
thums als Staatsreligion übt auch Einfluß auf die Kunftpflege, die
officielle Geltung empfängt allmählich in großen und glänzenden
monumentalen Werken ihren Ausdruck. Aus äußeren Gründen
trat die Sculptur in den Thätigkeitskreifen der Künftler zurück und
lockerte fich fchon dadurch die Verbindung mit der Antike. Was
die neue Refidenz am Bosporus an plaftifchem Schmucke brauchte,
wurde einfach aus Rom und griechifchen Städten zufammenge-
fchleppt. Bauten und Wandgemälde ließen fich nicht übertragen.
In diefen beiden Künften fammelte fich daher vorzugsweife die
Thätigkeit und fand die neue Kultur Ausdruck. Die Architektur
ermannt fich zu neuen Schöpfungen, unter welchen befonders der
Kuppelbau hervorragt. Die Malerei nimmt auf eine fchärfere Individualifirung der Geftalten, eine breitere Schilderung der Ereigniffe und eine forgfältige, oft glänzende Ausführung Bedacht, er-
fcheint dem Pompe und der ceremoniellen Pracht des höfifchen
Lebens zugänglich. Obfchon das orientalifche Element fich bereits
vielfach geltend macht, fo überwiegen doch noch die gemeinfamen
Merkmale in der Kunft Weftroms und Oftroms. Die vollftändige
Kulturfcheidung beginnt erft im fechften Jahrhundert; zugleich ver-
fiegen die bis dahin wenigftens fickernden antiken Quellen der
Kunftbildung. Erft nach diefer Zeit tritt die wahre byzantinifche
Kunft auf den Schauplatz.

Die Katakomben find der frühefte Schauplatz der altchriftlichen
Kunft. Mit diefem von einer beftimmten Localität vor den Thoren
Roms entlehnten Namen werden die Friedhöfe oder Coemeterien
der alten Chriften bezeichnet. Katakomben, d. h. unterirdifche
chriftliche Begräbnißftätten, kommen auch außerhalb Roms, z. B.
in Neapel, Syrakus, Alexandrien, vor; doch ragen die römifchen
Katakomben durch Umfang, Ehrwürdigkeit und künftlerifche Bedeutung weithin über alle anderen hervor. Ihr Urfprung geht
vielleicht bis in das erfte Jahrhundert zurück. Im Gebrauch als
Begräbnißftätten blieben fie bis zur Mitte des fünften Jahrhunderts;
doch wurden fie fchon im vierten Jahrhundert überwiegend als
Heiligthümer angefehen. Der Schmuck, welchen fie feitdem empfingen, ift ihnen nicht mehr ausfchließend eigenthümlich; für die

erften drei Jahrhunderte dagegen bilden fie faft die einzige Quelle, aus welcher wir unfere Kenntniß altchriftlicher Kunft fchöpfen.

Urfprünglich bis zu den Chriftenverfolgungen im dritten Jahrhundert waren die Eingänge zu den Katakomben offen (No. **40**, 1), überhaupt diefelben, da fie unter gefetzlichem Schutze ftanden, keineswegs heimlich und verborgen angelegt. Eine Treppe führte zu den unterirdifchen, in körnigem Tufftein ausgegrabenen Gängen, mit Höhlungen (loculi) in den Seitenwänden, in welchen die Leichname der Gläubigen beigefetzt wurden. Die Gräber wurden mit Platten gefchloffen und auf diefen der Name, das Alter, der Todestag des Verftorbenen, ein frommer Wunfch, in Wort oder Sinnbild (Taube, Palmzweig u. f. w.) ausgedrückt, verzeichnet. Der alten Sitte folgfam legten die Hinterbliebenen zu den Todten mannigfache Gegenftände: Lampen, Glasgefäße, Münzen u. a. Die Gänge wurden durch größere viereckige Räume unterbrochen, welche mit reicherem Schmuck bedeckt, mit Lichtöffnungen an der Decke verfehen wurden und fpäter zu gottesdienftlichen Verfammlungen dienten (No. **41**, 1, den fog. Calixtkatakomben an der Via Appia mit Papftgräbern aus dem dritten Jahrhundert entlehnt). In folche Krypten verlegte man gern die Gräber der Märtyrer, und in der That erfcheint in denfelben häufig ein Grab an der Schmalfeite in einer Nifche angebracht, in die Wand eingehauen, von einem Bogen überfpannt (Arcofolium), mit befonderer Sorgfalt hergeftellt und vor den anderen ausgezeichnet (No. **40**, 7). Wichtiger als die bauliche Anlage, die natürlich ftets beengt war und keine reiche Gliederung zuließ, ift die malerifche Ausfchmückung der Katakomben. Je älter diefelbe, defto mehr nähert fie fich der Antike, insbefondere in den rein ornamentalen Theilen. So zeigt die Deckenmalerei in der Katakombe der h. Lucina aus dem zweiten Jahrhundert (No. **40**, 2) den gleichen Charakter wie die römifchen Gewölbebilder. Von dem mittleren Kreife ftrahlen, durch leichte Linien getrennt, die einzelnen Felder aus, in den Kreisfegmenten ftets auf die Grundfigur zurückgehend, von deren hellem Grunde fich die zierlichen Ranken und Masken abheben. Nur wenn man fchärfer zufieht und die Füllung des (halbzerftörten) Mittelkreifes durch das Bild des guten Hirten, oder diefelbe Figur mit einer betenden Frau (Orantin) abwechfelnd in den Eckfeldern gewahrt, wird man fich des Unterfchiedes von antiken Darftellungen bewußt.

Auch in dem wenig fpäteren Deckengemälde aus den Katakomben der Domitilla, in der Nähe der Calixtkatakomben (No. **192**, 4), erinnert wenigftens die allgemeine Eintheilung und das Einfügen landfchaftlicher Scenen an ältere Vorbilder. Antiker Formenfinn fpricht fich ferner in der Behandlung der Gewänder und in den Kopftypen der Figurenbilder aus, welche die Wände

6*

der Katakomben fchmücken, fo z. B. in der Geftalt des Mofes,
welcher Waffer aus dem Felfen fchlägt (No. **192**, 1), und in dem
berühmten Marienbilde in den Katakomben der Priscilla aus dem
zweiten Jahrhundert, der älteften und fchönften erhaltenen Ma-
donnenfchilderung aus der altchriftlichen Periode. Die Madonna,
ein jugendlich kräftiges Weib mit großen Augen, halbentblößten
Armen, in Tracht, Haltung und Zeichnung des Geſichtes an die
antiken römifchen Frauen gemahnend, hält das nackte Chriftuskind
an der Bruft. Vor ihr fteht ein junger Mann, im bloßen Mantel
ohne Tunica, mit halberhobener Rechten, während er in der Linken
eine Rolle trägt, wahrfcheinlich der Prophet Jefaias, welcher auf
das neue Licht (über der Madonna befindet fich ein Stern) in
Israel hinweift.

Die Mehrzahl der Katakombenbilder befitzt allerdings nur
einen untergeordneten künftlerifchen Werth und zeigt eine flüchtige
Ausführung, noch weniger prägt fich in denfelben bereits eine
künftlerifche Individualität aus. Am eheften wird in den Deckenbildern die Compofition einer feften, überlieferten Kunftregel unterworfen, eine das Auge anmuthende fymmetrifche Anordnung der
Geftalten und Gruppen, fo daß die gegenüberftehenden einander
auch formell entfprechen, beliebt. Die Wandgemälde in den einzelnen Grabkammern erfcheinen nicht mit Rückficht auf Raumgefetze
geordnet und architektonifch gegliedert. Die Einzelbilder beftehen
meiftens felbftändig für fich und konnten daher im Laufe der
Zeiten leicht ergänzt und vermehrt werden. Die Verwandtfchaft
des Inhaltes erfetzt den formalen Zufammenhang. Begreiflicher
Weife fpannen die Gegenftände der Darftellung und die Auffaffung
in ihrer Wiedergabe unfere Aufmerkfamkeit in hohem Grade. Belaufchen wir doch hier die erften Aeußerungen einer nachmals fo
mächtigen und unermeßlich reichen Kunft. Uns feffelt die einfache Natürlichkeit der Schilderung verbunden mit der ftrengen
Befchränkung auf das Wefentliche der Vorgänge. Gleichfam nur
den Kern des Ereigniffes führen uns die Bilder vor die Augen.
Uns intereffirt ebenfo fehr, welche biblifchen Erzählungen in den
Vordergrund geftellt, wie welche ausgelaffen find. Denn aus der
Bibel ift vorwiegend der Inhalt der Darftellungen gefchöpft, nur
in wenigen Fällen wurden Helden des antiken Mythus wie Orpheus
oder der den Sirenen widerftrebende Odyffeus im chriftlichen Sinne
umgedeutet und verwendet. Die Frage richtet fich auf die Tendenz
bei der Auswahl biblifcher Scenen. Die Katakomben dienten als
Begräbnißftätte. Nichts lag näher, als folche Bilder hier aufzuftellen,
welche fich auf die Befreiung der Gläubigen aus den Banden des
Todes, auf das jenfeitige Leben und die Unfterblichkeit beziehen,
alfo eine fepulcrale Bedeutung befitzen. Beifpiele von Befreiungen

und Rettungen und damit die Gewähr für die eigene Zukunft bot
sowohl das alte wie das neue Teftament. Die kirchliche Lehre
hat fie den Gläubigen ohne Zweifel in Gebetformeln nahe gerückt,
die Katakombenbilder diefelben anfchaulich geftaltet. Diefem Kreife
gehören an: Jonas, David, Daniel in der Löwengrube, die drei
Jünglinge im Feuerofen, Sufanna, Noah, Abraham, Hiob, Lazarus
u. f. w. Auch die am häufigften in den Katakombenbildern wiederkehrende Figur des guten Hirten (No. **192**, 2) muß in diefem Sinne
gedeutet werden. Auf den Schultern des guten Hirten wird die Seele
des Verftorbenen der Gemeinfchaft der Heiligen zugeführt. Der formale Anklang des guten Hirten an die Figur des widdertragenden Hermes wurde vielleicht dadurch gefördert, daß auch der letztere auf antiken (etruskifchen) Graburnen angebracht wurde, alfo eine fepulcrale
Bedeutung befaß. Nächft der Lehre von dem Leben nach dem Tode
bewegte die Geifter nichts fo mächtig, als die wunderbare Erfcheinung
Chrifti auf Erden. So findet die Schilderung der Kindheitsge-
fchichte Chrifti, die Anbetung der Magier einen berechtigten Platz
in den Katakombenbildern. Auch die typologifchen Beziehungen, die
altteftamentlichen Vorbilder für Chriftus, wie z. B. Mofes, waren
nicht unbekannt und wurden dem Bilderkreife einverleibt. Die
Spendung der Taufe und des Abendmahles in den Krypten der
Katakomben führte zur Darftellung der Taufe Chrifti und des
Liebesmahles, wenn man nicht im letzteren Falle die Deutung auf
die Theilnahme am Male der Seligen, auf ein himmlifches Bankett
vorzieht. Endlich kommen noch Porträtfiguren, wie z. B. jene
des Todtengräbers oder Foffors (No. **192**, 3), vor. Ob die fo
häufig wiederkehrende Geftalt einer mit ausgebreiteten Armen
betenden Frau (Orantin) ftets auf die beigefetzte Perfönlichkeit zu
beziehen fei und nicht auch als Allegorie der Kirche oder der be-
freiten Seele gefaßt werden könne, fteht dahin.

Die altchriftliche Plaftik wird am reichhaltigften durch die
Sarkophagfculpturen vertreten. Es werden zwar auch mehrere altchriftliche Rundbilder, Statuen erwähnt, doch ftößt ihr chriftlicher
Urfprung auf berechtigten Zweifel. Von der Statue des h. Hippo-
lytus, im 16. Jahrhundert bei Rom gefunden (No. **41**, 3), ift nur
der untere Theil alt. Der auf der Rückfeite des Stuhles einge-
grabene Oftercyclus zeigt allerdings chriftlichen Inhalt, die darge-
ftellte Perfönlichkeit war aber wahrfcheinlich ein römifcher Rhetor.
Ebenfo, meint man, ift die Bronzeftatue des h. Petrus in der
Peterskirche (No. **41**, 2) aus einem Confulporträt nachträglich
umgearbeitet worden. (Die fchönfte altchriftliche Statue, einen
guten Hirten, beinahe im Knabenalter, bewahrt das Mufeum in
Conftantinopel.) Jedenfalls zeigen die beiden erwähnten Statuen
in der Gefammthaltung und in der Behandlung der Gewänder, mit

ſpätantiken Werken verglichen, keinen Unterſchied. Erſt in der
Sarkophagſculptur regte ſich wenigſtens in der Compoſition ein
ſelbſtändigerer Sinn. Die Reliefs bilden zuweilen eine einzige
Reihe, häufiger ſind zwei Reihen übereinander gemeißelt; ſie ziehen
ſich in einem Streifen die ganze Seite entlang oder werden durch
Säulen und Pilaſter in verſchiedene Scenen gegliedert. Zu den
berühmteſten Sarkophagen zählt der in den Vaticaniſchen Grotten
unter der Peterskirche bewahrte Sarkophag des Präfecten Junius
Baſſus († 359), von welchem No. **40**, 6 einen Theil der Vorderſeite wiedergiebt. Die Reliefs in dem abgebildeten Fragmente
ſchildern in der oberen Reihe Chriſtus über dem Firmamente
thronend, (er iſt wie auf dem zweiten Felde, wo er zwiſchen zwei
Apoſteln ſteht, unbärtig, jugendlich dargeſtellt) und die Hände-
waſchung des Pilatus; unten Chriſti Einzug in Jeruſalem, Daniel
in der Löwengrube und die Bedrohung Moſis durch die murren-
den Iſraeliten. Ein anderer Sarkophag, in dem chriſtlichen Muſeum
des Lateran (No. **40**, 3), zeigt in der Mitte in einer Muſchel die
Bruſtbilder der Beigeſetzten. Die übrigen ununterbrochen aneinander gereihten Reliefs enthalten folgende Scenen: (oben) Auferweckung des Lazarus, Petrus verleugnet Chriſtum (am Hahne kenntlich), Moſes empfängt die Geſetztafeln, Abrahams Opfer, die Hände-
waſchung des Pilatus; (unten) Moſes ſchlägt Waſſer aus dem Felſen
und wird von den unzufriedenen Iſraeliten bedrängt, Daniel in
der Löwengrube, Hiob, Heilung des Blindgeborenen durch Chriſtus
und die wunderbare Speiſung. Daß zuweilen bloß ſymboliſche
Darſtellungen (Tauben, Kreuz) den Sarkophag ſchmücken, zeigt
das Fragment eines Ravennatiſchen Sarkophags (No. **42**, 7). Nicht
nur in Italien, ſondern auch in Gallien (beſonders ſchöne und
zahlreiche Sarkophage beſitzt Arles) und auf deutſchem Boden
(No. **40**, 5) waren Sarkophage im Gebrauche.

Das Maß künſtleriſcher Vollendung erſcheint an den Sarko-
phagſculpturen ziemlich gering, der Mehrzahl nach ſind ſie bloße
Produkte des Handwerks. Doch erkennt man in der Anordnung
der Gruppen die Rückſicht auf formale Kunſtregeln. An die Ecken
wurden gern ſolche Scenen verlegt, deren Beiwerk einen räumlich
abſchließenden Charakter beſitzt, wie z. B. der Felſen, aus welchem
Moſes Waſſer ſchlägt, der Grabtempel des Lazarus. Schmückt den
Sarkophag ein mittleres Medaillon, ſo werden demſelben rechts
und links regelmäßig Abrahams Opfer und der Empfang der Geſetztafeln durch Moſes angereiht, weil dann für die Hand Gottes oben
ein natürlicher Platz gewonnen wird. Füllfiguren, aus dem Hintergrunde heraustretend, Köpfe verknüpfen für das Auge die einzelnen Gruppen. Die Gruppen ſelbſt, regelmäßig aus drei Figuren
beſtehend, haben keine feſte Ordnung, wiederholen ſich ſo häufig,

daß man auf eine rein äußerliche Zusammensetzung, auf das Vorhandensein einer gemeinsamen Vorlage schließen darf, aus welcher die Steinmetzen, ähnlich wie die römischen Sarkophagarbeiter, die verschiedenen Scenen entlehnten. Wir denken an zusammenfallende bildliche Darstellungen der biblischen Hauptlehren und Hauptbegebenheiten, Bilderkatechismen vergleichbar, in welchen Wort und Illustration sich gegenseitig ergänzten und aus welchen die auf Erfindung verzichtenden Bildhauer, ähnlich wie die späteren Miniaturmaler, schöpften. Einen Fingerzeig bietet uns die unter dem Namen Dittochaeon (Doppelnahrung) bekannte Schrift des Aurelius Prudentius Clemens aus dem Anfange des 5. Jahrhunderts. Die 49 Tetrastichen (24 aus dem alten und 25 aus dem neuen Testamente) sind offenbar als erläuternde Unterschriften von Bildern zu fassen. Sie beziehen sich schwerlich auf Wandgemälde, sondern auf kurzgefaßte Bilderbibeln, welche dann Künstlern als Vorlagen dienten. Für die Auswahl der Scenen zu Sarkophagreliefs war die Bestimmung der Sarkophage maßgebend. Die Mehrzahl derselben besitzt eine sepulcrale Bedeutung, versinnlicht den Glauben an das Fortleben nach dem Tode und stimmt in auffallender Weise mit dem Inhalte der Sterbegebete in alten kirchlichen Liturgien (commendationes animae) überein. Sowohl in den Sarkophagsculpturen wie in den alten Katakombengemälden erscheint die Darstellung der Passion ausgeschlossen. Die früheste Beschreibung eines Kreuzigungsbildes (Christus zwischen den beiden Schächern) findet sich in der erwähnten Schrift des Prudentius, nach welcher sich vielleicht der Holzschnitzer an der Thüre in S. Sabina in Rom, gleichfalls noch aus dem 5. Jahrhunderte, richtete.

Neben den Sarkophagsculpturen bilden Werke der Kleinkunst, wie die mit dem Monogramm Christi (No. 41, 5), der Gestalt des guten Hirten, der Orantin u. s. w. geschmückten Thonlampen, Goldgläser mit figürlichen Darstellungen und Elfenbeinreliefs, wichtige Zweige der altchristlichen Kunst. Auch für die Freude an Elfenbeinarbeiten war die ältere Sitte maßgebend. Doppeltäfelchen aus Elfenbein (Diptycha), innen mit Wachs überzogen und zum Schreiben dienlich, außen mit Reliefs geschmückt, gebrauchten die Römer mit Vorliebe. Personen von Consularrang beschenkten bei ihrem Amtsantritte Freunde und Gönner mit Diptychen und luden durch solche zu den öffentlichen Spielen ein. Eine Probe dieser vielfach noch erhaltenen Consular-Diptychen liefert No. 41, 4, die untere Hälfte der Schauseite eines Diptychons darstellend, eine Löwenhetze, während auf der oberen (nicht reproducirten) Hälfte der Consul Areobindus abgebildet erscheint, in seiner Amtstracht, die „mappa", das Tuch, mit welchem das Zeichen zum Beginn der Spiele gegeben wurde, in der Hand. Die christliche Kirche ver-

wendete ähnliche Diptychen, um die Namen der Märtyrer, der
Wohlthäter der Kirche, der Verftorbenen in denfelben zu ver-
zeichnen, welche fodann bei dem Gottesdienfte verlefen wurden.
Auch für die Herftellung kirchlicher Geräthe bediente fie fich des
Elfenbeins. Eine Rundbüchfe aus frühchriftlicher Zeit, zugleich
ein Zeugniß des noch vorwaltenden antiken Formenfinnes, bewahrt
das Berliner Mufeum. Die Reliefs, in der Abbildung (No. 42, 1)
abgewickelt, ftellen den unbärtigen Chriftus auf dem Throne
von den Apofteln begleitet und ihm gegenüber das Opfer
Ifaaks dar.

Erft nachdem der Gottesdienft fefte Formen und die chriftlichen Gemeinden eine fcharfe Gliederung gewonnen hatten, empfing
auch das Kirchengebäude ein beftimmtes, gefetzmäßig ausgebildetes
Gepräge. Gewiß wurden fchon frühzeitig gottesdienftliche Verfammlungen gehalten. Wir wiffen von Zufammenkünften in Privathäufern angefehener Gläubigen. Auch in den Katakomben wurden
Cultusräume eingerichtet, Kapellen, an welchen man die für die
Trennung der Gefchlechter geübte Vorforge — zwei Gemächer, das
eine für die Männer, das andere für die Frauen beftimmt, wurden
durch einen mittleren Gang auseinander gehalten — und die Ausbildung der fpäteren Chortheile, des halbkreisförmigen gewölbten
Abfchluffes an der Schmalfeite (Apfis), mit dem Bifchofsthrone in
demfelben, beobachtet. Der für die Gemeinde beftimmte Raum
war hier natürlich befchränkt. Erft in dem Conftantinifchen Zeitalter (4. Jahrh.) wurden diefe Theile der kirchlichen Anlagen vollftändig ausgebildet. Kaifer Conftantin befahl die Bethäufer zu erhöhen und nach Breite und Länge zu erweitern. Bald darauf
wurde für die chriftlichen Kirchen der Name Bafilika vorherrfchend, während fie früher Dominicum hießen. Vielleicht hängt
der neue Name mit der von Conftanftin befohlenen Vergrößerung
der Kirchen, wodurch fich ihre Geftalt änderte, zufammen. Der
Name Bafilika führte zu dem Glauben, daß die älteren Bafiliken
der römifchen Fora, die Markt- und Gerichtshallen in Kirchen
umgewandelt oder doch wenigftens als Vorbilder des Kirchenbaues
benutzt wurden. Die erftere Meinung ift völlig unhaltbar, da die
Marktbafiliken urkundlich noch lange nach der Errichtung chriftlicher Bafiliken ihren urfprünglichen Zwecken dienten. Aber auch
die andere Anficht kann nur in ftärkfter Befchränkung gelten, zumal da es auch in den vornehmen Privathäufern und Paläften (vgl.
No. 13, 6) Bafiliken gab, überhaupt in den Privathäufern Räume,
die fog. oeci nachgewiefen wurden, welche den Bafiliken ähnlich
waren und zur Aufnahme einer größeren Menfchenzahl fich eig-
neten. Am eheften darf die Erhöhung der mittleren, auf Säulen
ruhenden Halle über den niedrigeren Seitenhallen auf die forenfifche

Bafilika zurückgeführt und davon die Uebertragung des Namens abgeleitet werden.

Altchriftliche Bafiliken haben fich nicht unverfehrt bis auf unfere Tage erhalten. Die beiden größten römifchen Stiftungen des vierten Jahrhunderts, die Peterskirche und die St. Paulskirche, find, jene vollftändig, diefe bis auf einen geringen Bruchtheil von der Erde verfchwunden. Ueber die Befchaffenheit der alten Peterskirche belehren uns Zeichnungen (No. 44, 1 u. 2), die Paulskirche ift nach dem Brande vom Jahre 1823 annähernd im alten Stile wieder aufgebaut worden (No. 44, 3 u. 4). Aber auch, als fie noch aufrecht ftanden, zeigten fie vielfach Spuren der fchmückenden Thätigkeit, welche faft alle Jahrhunderte mit befonderer Vorliebe den ehrwürdigften Werken chriftlicher Kunft zuwendeten. Ueber die urfprüngliche Geftalt der altchriftlichen Bafiliken belehren uns am beften Bilder derfelben auf Sarkophagen und namentlich ein bronzener Lampenträger in der Geftalt einer Bafilika, welcher in Afrika gefunden wurde.

Die Durchfchnittsform der altchriftlichen Bafilika, wie fie befonders in Rom im vorigen Jahrtaufende feftgehalten wurde, läßt fich in folgenden Zügen zufammenfaffen. Dem Baue trat (fpäter gewöhnlich nach Weften) ein Vorhof — atrium — vor, vierfeitig, mit der Bafilika gleich breit, auf allen vier Seiten von einer offenen Säulenhalle umgeben, in der Mitte mit einem Brunnen — cantharus — für die Abwafchungen der Gläubigen verfehen. Der Vorhof führte in das Innere, welches durch Säulenreihen (vielfach wurden antiken Tempeln und Bauten entlehnte Säulen verwendet) in ein mittleres, höheres und breiteres Hauptfchiff und niedrige Seitenfchiffe getheilt war. Das Mittelfchiff fchloß mit einem mächtigen Bogen (Triumphbogen) ab, jenfeits deffen fich die Apfis, der halbkreisförmige, gewölbte Anbau mit dem Altar, dem Bifchofsfitze und der Priefterbank öffnete. Die Säulen, bald mit einem geraden Gebälk über fich, bald durch Bogen verbunden, trugen die Obermauer des Mittelfchiffes, welches, wie die Seitenfchiffe, mit einer flachen Holzdecke gedekt war. Zuweilen fah man (doch gewiß noch nicht in der altchriftlichen Zeit, fondern erft in den fpäteren ärmeren Jahrhunderten) den offenen Dachftuhl; in einzelnen Fällen fchob fich zwifchen Apfis und Schiff (Langhaus) noch ein größerer quer gelegter Raum, knapp über die Breite des Langhaufes hinausragend. Thurmanlagen waren in der früheften Periode der chriftlichen Baukunft nicht üblich. Sie kommen fchwerlich vor dem fiebenten Jahrhunderte vor, haben überhaupt erft in der nordifchen Architektur eine reiche Ausbildung gewonnen. Von den römifchen Bafiliken, welche wenigftens theilweife aus der altchriftlichen Zeit fich erhalten und den alten Typus bewahrt haben: S. Giovanni in

Laterano, S. Pudenziana, S. Maria maggiore, S. Sabina, S. Lorenz⸕
fuori le mura intereffirt in konftruktiver Beziehung befonders die klein
Kirche S. Praffede (No. **44**, 6). Die Säulenreihe wird wiederholt von
breiten Pfeilern unterbrochen, welche quer gefpannte Bogen zur befferen
Sicherung der Obermauer und des Daches tragen. Damit ift fchon
der einfache Bafilikenftil verlaffen und zu einer neuen Gliederung
des Baues der Keim gelegt, der allerdings nicht in Rom weiter-
fproßte, in der Architektur des Mittelalters fonft aber eine fruchtbare Entwickelung fand.

Beffer als die Innenanfichten von St. Peter und St. Paul belehrt uns das Bild von S. Clemente (No. **44**, 8) über die innere
Einrichtung der Bafilika. S. Clemente ift nicht mehr die urfprüngliche Kirche; diefe hat fich nur als Unterkirche erhalten, und
wurde verfchüttet (jetzt wieder ausgegraben), als nach der Zerftörung des ganzen Stadttheiles durch Robert Guiscard (1084) der
Boden fich hob und der neue Bau (vor 1125 vollendet) errichtet
wurde. In diefen trug man viele bewegliche Gegenftände aus der
verlaffenen älteren Kirche über und ftellte fie in gleicher Weife wie
früher auf. So wurde die alte Einrichtung gerettet und diefer
jüngften Bafilika der alterthümlichfte Schein verliehen. Im Mittelfchiff ift durch niedere Schranken (cancelli) ein Raum für die Sänger,
die niedrige Geiftlichkeit abgefondert, ein niederer Chor, mit welchem die Ambonen, erhöhte Kanzeln zum Ablefen der Evangelien
und Epifteln, verbunden waren. Neben dem Ambo ftand häufig ein
reich gefchmückter Leuchter, beftimmt, die Ofterkerzen zu tragen.
Der Altar in der Tiefe des Mittelfchiffes erhob fich, befonders wenn
eine Krypta unter ihm angelegt wurde, auf mehreren Stufen. Ihn
bedeckte, von vier Säulen getragen, ein Baldachin (Ciboriumaltar).
An der Wand der halbkreisförmigen Apfis hatten der Bifchof und
die höhere Geiftlichkeit ihre Sitze.

Entbehrte auch das Aeußere der altchriftlichen Bafiliken nicht
vollftändig des Zierraths (Spoletaner Kirchen des fünften Jahrh.
zeigen z. B. plaftifch dekorirte Thüren und Fenfter), fo blieb doch
das Innere derfelben der Hauptfchauplatz der ornamentalen Künfte.
Hier fammelten fich bald koftbare Geräthe, goldene Kreuze,
Leuchter; der Altar wurde mit vergoldeten Platten bekleidet; vom
Altarbaldachin hing der Hoftienbehälter in der Form einer Taube
herab, bunte Teppiche fpannten fich an den Wänden. Den reichften Schmuck empfingen die Räume der Bafiliken durch die Mofaikmalerei.

Diefelbe war in der römifchen Kaiferzeit mächtig in die Höhe
gekommen, wurde bereits in den Katakomben verwendet und fand
nun in den Bafiliken feit Conftantin eine fo eifrige Pflege, daß fie
geradezu als typifch für die altchriftliche Zeit gilt. Den Fußboden

und theilweise auch die Wände deckten aus Marmortäfelchen zu-
sammengesetzte gemusterte Platten (opus tesselatum), an den Ober-
wänden, an Bogen und Nischen glänzten Ornamente und Figuren,
welche aus farbigen Steinwürfeln und Glasstiften, die im Mörtel haf-
teten, gebildet wurden. Der Goldgrund, von welchem sich die
Figuren abheben, erscheint meistens so hergestellt, daß Metallblätt-
chen zwischen zwei Schichten Glas gelegt und diese dann zusammen-
geschmolzen wurden.

Die Mosaikmalerei ist festen und engen Schranken der Wirksamkeit unterworfen. Schon die Theilung des Werkes, die mecha-
nische Uebertragung einer fremden Zeichnung auf die Wand und in
Farben — denn der Mosaikarbeiter componirt in der Regel nicht das
Gemälde — lähmt die Freiheit. Die Natur des Materials ist dem freien
Zug der Linien, den leisen Uebergängen des Farbentones hinderlich,
für die Wiedergabe mannigfaltigen Ausdruckes, bewegter Empfindungen in hohem Grade unzulänglich. Die Mosaikmalerei bietet aber
auch zahlreiche Vortheile. Sie ist dauerhafter, in diesem Sinne monumentaler, als jede andere Art malerischer Technik. Die mangelnde
Fähigkeit für Detailschilderung wird kaum wahrgenommen im An-
gesicht der einfachen, großen Gestalten, die in majestätischer Ruhe
beharren und gleich Visionen wirken. Der visionäre Schein ist es
vor allem, welcher die Mosaikmalerei zum richtigen Ausdrucksmittel der von der Erwartung des Antichrists und des himmlischen
Jerusalem erfüllten Volksstimmung der altchristlichen Jahrhunderte
stempelt.

Ueber die Anordnung der Mosaiken in den Basiliken gibt die
Ansicht des Inneren der St. Paulskische (No. 45, 1) Auskunft. Den
Triumphbogen schmückt das Brustbild Christi, dem sich oben die
Evangelistenzeichen, weiter unten Engel und die 24 Aeltesten der
Apokalypse (Cap. 4, Vers 6—10), Kronen vor den Stuhl Christi
werfend, anschließen. Noch tiefer sind die Gestalten der Apostel-
fürsten gezeichnet. An dem Gewölbe der Apsis treten uns Christus
zwischen Heiligen thronend und darunter die Apostel entgegen. Allerdings fällt dieses Apsismosaik in eine viel spätere Zeit (13. Jahrh.),
während die Bilder am Triumphbogen dem fünften Jahrhunderte
angehören. Doch geht die Composition auch des Apsisbildes offenbar auf ältere Vorbilder zurück, und die Vergleichung mit dem
Apsismosaik in S. Cosma und Damiano am römischen Forum (No.
192, 6) aus den Jahren 526—530 zeigt die Aehnlichkeit der Anordnung und die Verwandtschaft des Stiles, soweit die immer zu-
nehmende Verarmung und Rohheit des künstlerischen Geistes eine
solche zuläßt. Denn es besitzt die altchristliche Kunst in Rom ein
Doppelgesicht. Während sie auf der einen Seite die antiken Formen
in das folgende Weltalter hinüberleitet, läßt sie auf der anderen

Seite, da ein neuer auffriſchender Zug zunächſt nicht hinzutritt, dieſelben allmählich erſtarren und den ganzen Kunſtſinn erſterben. Daher ſind die Denkmäler der Malerei, je näher ſie der antiken Zeit ſtehen (z. B. die reſtaurirten Moſaiken in S. Pudentiana in Rom aus dem Ende des 4. Jahrh. und jene in S. Sabina aus dem 5. Jahrh.), deſto vollkommener.

2. Oströmiſches Reich.

Die Verbindung mit dem Reichsſitze, die Anſiedlung in Rom übte auf die Geſtaltung und Entwicklung des Chriſtenthums den mächtigſten Einfluß. Indem es ſich in Rom herrſchend machte, wurde es Weltreligion. Auch das Schickſal der Kunſt wurde dadurch entſchieden und derſelben ein vorwiegend römiſches Gepräge aufgedrückt, wobei die Bedeutung des griechiſchen Elementes, welches ſich bereits in der kirchlichen Sprache offenbarte, und die Einwirkung des Orientes auf die Symbolik (Fiſch) nicht überſehen wird. Kein Zweifel, daß in den orientaliſchen Provinzen des Reiches mindeſtens eben ſo früh wie in Rom chriſtliche Gemeinden erſtanden und kirchliche Anlagen in die Höhe ſtiegen. Aber erſt ſeit der Uebertragung des Kaiſerſitzes nach Conſtantinopel (330) erſtarkte der Cultureinfluß des Orients. Es iſt bei der Zerſtörung gerade der älteſten Denkmäler und der noch nicht vollſtändigen Durchforſchung der ſyriſchen und kleinaſiatiſchen Landſchaften nicht leicht, im Einzelnen den Einfluß nachzuweiſen, welchen die Ueberlieferungen der älteren Kunſt, die Eigenart des Landes auf die oſtrömiſche Kunſt des vierten bis ſechſten Jahrhunderts ausübten. Betrachtet man z. B. den Pfeiler und den Bogenanſatz (No. 45, 7) von der ſogenannten goldenen Pforte in Jeruſalem, welche zu dem heiligen Bezirke der Mohamedaner (Harâm eſch-Scherif), wo ſich ehemals der Zionstempel erhob, führt, dieſe ſcharf gezackten, ſpitzen Blätter, ſo erkennt man ſofort eine der helleniſch-römiſchen Weiſe fremde Behandlung des Ornaments. Dieſe Laubzeichnung ſteht keineswegs vereinzelt da. Sie kehrt z. B. in dem Steinbalken einer ſyriſchen Kirche (No. 45, 9) deutlich wieder. Von der Baukunſt im inneren Syrien beſitzen wir erſt ſeit wenigen Jahrzehnten eine genauere Kunde. Südarabiſche Stämme wanderten im erſten chriſtlichen Jahrhunderte nach dem Norden und ſiedelten ſich in dem Haurângebiete (ſüdlich von Damaskus) an. Das hier gegründete Reich der Ghaſſaniden, bald von chriſtlicher Cultur durchſtrömt, erhielt ſich an fünfhundert Jahre, brach dann unter den Angriffen jüngerer arabiſcher Wanderſtämme zuſammen und gerieth vollkommen in Vergeſſenheit. Die Denkmäler der alten Anwohner, ſowohl aus der heidniſchen Zeit wie aus der altchriſtlichen, haben ſich aber in großer Zahl und merkwürdig unverſehrt erhalten. Sie danken es dem dauerhaften Materiale. Der Haurân, durchgängig vulkaniſcher Boden, iſt ebenſo holzarm, wie reich an leicht zu bearbeitendem Geſtein (Dolerit). So bildete ſich hier naturgemäß ein Steinbau aus, welcher auf Gliederung und Formen Einfluß übte. In Steinhöhlen wohnte ſeit urdenklichen Zeiten die Bevölkerung. Als man zu Freibauten ſchritt, wurden behauene Steinbalken ohne Mörtel auf einander gelegt; Steinplatten, von Pfeilern oder Conſolen getragen, bilden die Decke, ſelbſt die Thüren des Erdgeſchoſſes werden durch ſteinerne Flügel geſchloſſen. Aus Stein ſind die Bänke im Innern, die Schränke, ſelbſt die Leuchter. Selbſtverſtändlich wurde auch bald der Steinſchnitt geübt und der Rundbogen angewendet. Außer zahlreichen, wohlerhaltenen Privathäuſern kommen im Haurân Gräber, Triumphbogen, Theater, Tempel aus römiſcher, Baſiliken und Klöſter aus chriſtlicher Zeit vor. Durchaus verwandt mit den Bauten im Haurân iſt eine zweite ſyriſche Baugruppe weiter nördlich zwiſchen Hama und Aleppo. Derſelben ſind die Proben der Architektur Centralſyriens auf Bogen No. 45, 6 u. 8 entlehnt. Von der dreiſchiffigen Baſilika von Turmanin ſehen wir die Faſſade mit der offenen Säulenhalle über dem Portal und den Thürmen zur Seite, von der gleichfalls dreiſchiffigen Kirche von Qualb-Luzeh die halbkreisförmige Apſis, an welcher namentlich die auf einander geſtellten Säulen auffallen. Ein unmittelbarer Zuſammenhang zwiſchen der mittelſyriſchen Architektur und der oſtrömiſchen Kunſt iſt nicht nachweisbar; doch erſcheinen folgende Momente bedeutſam: Auch in der oſtrömiſchen Architektur lebt ein Steinſtil, weſentlich auf das Material des Steines berechnet und daher durch Bogen und Wölbungen ausgezeichnet, gerade durch jene Elemente, die in der orientaliſchen Baukunſt vorgebildet wurden; hervorragende byzantiniſche Baumeiſter entſtammen aſiatiſchen Provinzen; in noch reicherem Maße gilt dieſes von den Bauleuten, zumal bei den Kirchen, welche die byzantiniſchen Kaiſer ſeit Conſtantin in Paläſtina errichteten, und endlich iſt eine gewiſſe Verwandtſchaft namentlich in der Zeichnung der Blätter an Geſimſen und Kapitälen (vgl. No. 42, 8) zwiſchen den ſyriſchen Werken, die ſelbſt wieder auf eine ältere jüdiſch-phöniziſche Kunſt zurückgehen, und den von Byzantinern gemeißelten unleugbar.

Die oſtrömiſche Architektur ging nicht urſprünglich gleich von einem beſtimmten Bautypus aus. Die Baſiliken fanden anfangs auch im oſtrömiſchen Reiche Verbreitung. Allmählich trat aber in Grundriß und Aufriß, in der Gliederung und in den Decorationsformen ein Muſter in den Vordergrund, welches in der byzantini

fchen Kunft und weiterhin in allen von Oftrom im Glauben und
in der Cultur abhängigen Landfchaften die Alleinherrfchaft behauptete.   Es läßt fich am beften als Centralanlage mit Kuppelbau
bezeichnen.   Die Bedeckung innerer Räume mit Kuppeln war fchon
im früheren Weltalter, wie das Beifpiel des römifchen Pantheon
zeigt, im Gebrauch.   Auch Rundbauten und vieleckige (polygonale)
kirchliche Anlagen kannte bereits die altchriftliche Zeit.   Die Grabkapelle der Tochter Kaifer Conftantins vor der Porta Pia in Rom
(No. 45, 5) ift ein Rundbau, in welchem 24 gekoppelte oder ge-
paarte Säulen die mittlere Kuppel tragen.   Eine centrale Anlage
empfahl fich überhaupt für Grabkapellen und Taufkapellen (Bapti-
fterien).   Als ein Baptifterium gilt deßhalb die alte Kirche S. Maria zu
Nocera de' Pagani bei Neapel (No. 45, 2).   Aber auch wenn diefe
befondere Beftimmung nicht dafür fprach, griff man nicht felten
zur Rundform und zum Kuppelbaue; fo bei der Kirche S. Stefano
rotondo in Rom (No. 45, 4), doch hier mit flacher Decke, und bei
der Kirche S. Lorenzo in Mailand (No. 45, 3), vorausgefetzt, daß
wir es hier mit einem altchriftlichen Kirchenbau und nicht mit
einem römifchen Werke zu thun haben.   Dennoch erreicht erft in
der oftrömifchen Architektur feit dem fechften Jahrhundert der
Kuppelbau eine hervorragende kunftgefchichtliche Bedeutung.   Die
Conftruction der Kuppel gewinnt an Freiheit; die benachbarten
Bautheile werden mit ihr in eine engere und feftere Verbindung
gebracht.   Kräftige Pfeiler, durch Bogen verknüpft, begrenzen den
meiftens quadratifchen Mittelraum.   Auf den Scheiteln der Bogen
und auf dreieckigen Zwickeln (Pendentifs), die zwifchen die Bogen
eingefchoben find, hier den Raum ausfüllen und der gefchloffenen
Rundung näher bringen, ruht ein Gefimskranz, über welchem fich
die gewöhnlich flach gefpannte Kuppel wölbt.   Halbkuppeln und
Wandnifchen find beftimmt, theils dem Druck der Kuppel Widerftand zu leiften, theils den Mittelraum nach den angrenzenden Neben-
räumen zu öffnen.   In diefem feft gegliederten Syftem von Kuppeln,
Bogen und Pfeilern, die fich der Flächendecoration willig darbieten,
findet natürlich der Stolz der antiken Architektur, die Säule mit
ihrem Gebälke, nur eine befchränkte Verwendung.   Säulen tragen die
Emporen, den Oberftock des Umganges, welcher fich an den höheren
Kuppelraum anfchließt, oder find innerhalb der größeren Bogen
aufgeftellt.   An der Bildung der Säulenkapitäle erkennt man am
beften die Stilwandlung.   Selbft da, wo das Blattmotiv beibehalten
wurde (No. 42, 6 u. 8), ging doch die reine Kelchform und der leichte
Schmuck des Laubkranzes verloren.   Gemeinhin erfcheint aber das
byzantinifche Kapitäl (No. 43, 6, 7 u. 9) als ein abgefchrägter
Steinwürfel, deffen Seiten an den Rändern von einem flachen Or-

namente eingerahmt, im mittleren Felde von einer ohne alles Natur-
gcfühl gezeichneten Ranke überzogen find.

Die Glanzzeit der Architektur in der neuen Hauptftadt fällt in
die Regierung Juftinians (527—565). Ihr entftammen fowohl die
kleine Kirche des h. Sergius in Conftantinopel (No. **43**, 8) wie das
prunkvollfte und großartigfte Werk der byzantinifchen Kunft, die
Sophienkirche. Ihre Anfänge gehen auf Kaifer Conftantin zurück.
Nach einem Brande 532 wurde fie von *Anthemios* von Tralles und
Ifidor von Milet neu erbaut und, als bald nach ihrer Vollendung
537 ein Erdbeben die Kuppel zerftört hatte, noch unter Juftinian
wieder hergeftellt. Die urfprüngliche Geftalt wird durch fpätere Anbauten z. B. Minarets arg verdeckt (No. **43**, 1), und auch die innere
Ausftattung wurde durch die Verwandlung in eine Mofchee zerftört.
Ein ftattlicher, von einer Säulenhalle umfchloffener Hof führte zu
einer doppelten Vorhalle. Das Innere (die linke Hälfte des Grundriffes [No. **43**, 2] bezieht fich auf das untere, die rechte auf das
obere Stockwerk) empfängt das charakteriftifche Gepräge durch die
mächtige bis zur Höhe von 179 Fuß über dem Boden emporfteigende
Kuppel, die auf vier Pfeilern ruht und öftlich und weftlich von
Halbkuppeln begrenzt wird. In die Halbkuppeln fchneiden wieder
kleinere Halbkuppeln ein, wodurch der mittlere Raum fich namhaft
erweitert. Wie ausfchließlich derfelbe aber als der wefentliche,
allein ausdrucksvolle Theil der ganzen Anlage galt, zeigt die Anordnung der Nebenräume, welche durch vorfpringende, zur Unterftützung der Kuppelgewölbe beftimmte Pfeiler begrenzt werden.
Die Pfeiler fchnüren fie ein und nehmen ihnen den Charakter der
Nebenfchiffe. Der Längendurchfchnitt der Kirche (No. **43**, 3) lehrt
die Höhengliederung kennen und deutet wenigftens die innere Ausfchmückung, die Bekleidung der Wände und Pfeiler mit Marmor
und edlen zu Muftern geordneten Steinen, fowie die Mofaikmalerei
an den oberen Flächen an. Von den erhaltenen Mofaikbildern in
der Sophienkirche dürften übrigens nur wenige dem Zeitalter Juftinians angehören; wie denn überhaupt die Summe der erhaltenen
Denkmäler der Malerei aus dem altchriftlichen Oriente äußerft gering ift. (Mofaiken in den fpäter in Mofcheen umgewandelten Kirchen
des h. Georg und der h. Sophia in Salonichi). Einigen Erfatz bieten
dafür ausführliche Bilderbefchreibungen kirchlicher Schriftfteller (h.
Nilus im 5. und Chorigius von Gaza im 6. Jahrh.), aus welchen
wir entnehmen, daß in den Kirchen auch decorative Malereien,
Pflanzen und Thierdarftellungen beliebt waren, daß aber außerdem
hiftorifche Schilderungen aus dem alten und neuen Teftamente, die
letzteren bereits das ganze Leben Chrifti umfaffend, an den Wänden
Platz fanden. Weitere Aufklärung über die Kunftzuftände im
oftrömifchen Reiche danken wir den griechifchen illuftrirten Hand-

ſchriſten aus dem 6. Jahrhundert (Fragment eines Evangelarium
in Roſſano in Calabrien, Fragment der Geneſis und das Pflanzen-
buch des Dioskorides in der Wiener Hofbibliothek, ein ſyriſches
Evangelarium vom J. 586 in der Laurentiana in Florenz). Die hohe
Bedeutung der heiligen Schrift als Quelle und Regel des Glaubens
erklärt die prächtige Ausſtattung einzelner Handſchriften und den
Eifer, mit welchem die übrigens ſchon im klaſſiſchen Alterthume
gepflegte Büchermalerei, ſpäter Miniaturmalerei genannt, getrieben
wurde. Wird auch zunächſt der Maler von der Abſicht, die im
Texte beſchriebenen Ereigniſſe deutlich wiederzugeben geleitet, ſo
verrathen doch einzelne Züge die fortdauernde Herrſchaft einer
guten alten Kunſttradition. Anklänge an die Antike offenbaren die
Gewänder, die Geberden der einzelnen Geſtalten; der antiken Kunſt
iſt auch die Einflechtung allegoriſcher Figuren zur Verſinnlichung innerer Vorgänge und Stimmungen, und die Beigabe von
Perſonificationen zur Verdeutlichung der Oertlichkeiten entlehnt.

---

3. Ravenna.

In enger Beziehung zu der oſtrömiſchen, vorwiegend vom
Hofe gepflegten Kunſt ſtehen die Bauwerke von Ravenna. Das
fünfte Jahrhundert führte dieſen alten Hafenplatz in die Reihe der
Hauptſtädte des Reichs ein und ließ hier eine Kunſtthätigkeit aufblühen, die noch im ſechſten Jahrhundert ſich lebendig erwies. Als
Reſidenz des Kaiſers Honorius und ſeiner Schweſter Galla Placidia
(bis 450), dann wieder als Sitz des Oſtgothenkönigs Theodorich
(ſeit 493) wurde Ravenna mit zahlreichen Bauten, Baſiliken, Tauf-
kirchen, Grabkapellen und mit einem Palaſte geſchmückt. Schon
bei dieſen älteren Werken beobachtet man mannigfache Abweichungen von dem gleichzeitigen altchriſtlichen Stile Roms. Die Grabkirche der Galla Placidia (S. Nazaro e Celso) erſcheint in der Form
des lateiniſchen Kreuzes errichtet; die Wirkung im Innern wird
ausſchließlich durch den maleriſchen Schmuck beſtimmt, eine architektoniſche feinere Gliederung fehlt. An dem mit einen rieſigen
Steinblocke geſchloſſenen Grabmale Theodorichs ſind die einzelnen
Bauglieder, z. B. Geſimſe, bis zur Unkenntlichkeit bereits verwildert.
Die Baſilika S. Apollinare nuovo aus der Zeit Theodorichs (No. 42,
9) zeigt in der Bildung der Kapitäle und Kämpferauffätze Anklänge
an die oſtrömiſche Bauweiſe. Die Säulen ſind durch Bogen verbunden, die Gliederung (in Stucco) aber ſteht noch unter dem Einfluſſe der antiken Architektur. Die Baſilika S. Apollinare in Claſſe
(der Hafenſtadt Ravenna's), eine Stiftung des · ſonſt unbekannten
Julius Argentarius (534—549) bringt uns eine weitere Entwickelung

des Bauftiles vor die Augen. Die äußeren Mauerflächen (No. 42, 4) erfcheinen durch Flachbogen und Backfteingefimfe (No. 42, 5) belebt; der Altarraum (No. 44, 5) erhebt fich auf mehreren Stufen über das Mittelfchiff. Die Kirche S. Vitale endlich (No. 43, 4 u. 5) ift ein von der Kuppel gekrönter Polygonalbau. Die Bauzeit: 526—547 fällt mit jener der verwandten Kirche des h. Sergius in Conftantinopel zufammen. Holte hier der ravennatifche Baumeifter fein Vorbild, oder haben wir ein älteres gemeinfames Vorbild anzunehmen?

Acht Pfeiler, im Achteck geftellt, tragen die Obermauer und darüber die aus länglichen Hohltöpfen conftruirte Kuppel. Ein gleichfalls achtfeitiger Umgang fchließt fich an den Kuppelraum an und öffnet fich im Doppelgefchoß gegen den letzteren in der Weife, daß zwifchen die Hauptfeiler im Halbkreife zurückweichende Säulen geftellt find, welche das obere Stockwerk des Umganges tragen. Die unregelmäßige Anlage der Vorhalle wurde offenbar durch die Bodenbefchaffenheit bedingt.

In allen Ravennatifchen Kirchen bilden die Mofaikgemälde, welche an den Kuppeln, Gewölben und Wänden ftrahlen, den Hauptfchmuck. Die älteren Mofaiken aus der Zeit des Honorius und der Galla Placidia, z. B. jene im Baptifterium (S. Giovanni in Fonte) und in der Grabkapelle der Galla Placidia, lehnen fich noch unmittelbar an die altchriftlichen Werke Roms an und theilen mit diefen die Anklänge an die Antike, fo im Ornamente, in der Zeichnung der Gewänder und in den Typen der Köpfe. Von größter Schönheit, alle uns erhaltenen Werke in diefer Hinficht überragend, find die Mofaiken im Baptifterium: in der Mitte des Kuppelgewölbes das Bild der Taufe Chrifti, weiter unten in Streifen Apoftel und Heilige zwifchen Rankenwerk und phantaftifchen Architekturen. Eine merkliche Stiländerung wird dagegen in den fpäteren Mofaiken (S. Apollinare nuovo, S. Vitale, S. Apollinare in Claffe) beobachtet. Die Erweiterung des Darftellungskreifes feffelt am meiften das Intereffe. Zu Huldigungsfcenen, Prozeffionen treten noch hiftorifche Schilderungen aus dem alten und neuen Teftamente hinzu, die letzteren zum Theile noch in der kurzgedrängten Faffung, wie auf den Sarkophagreliefs. Der Eindruck diefer Mofaiken ift ungleich weniger harmonifch als jener der alten Werke. Auf der einen Seite nimmt man ein allmähliches Sinken des Kunftvermögens und Erblaffen der antiken Erinnerungen wahr. Auf der anderen Seite ift gerade um die Mitte des vorigen Jahrtaufends der chriftliche Geftaltenkreis beinahe vollftändig feftgeftellt worden. Nicht gering waren die Schwierigkeiten, diefelben in malerifche Formen zu bannen. Neue Empfindungen, neue Charaktere tauchten auf; ehe aber noch der rechte Ton der Erzählung und der richtige Aus-

druck der Charaktere gefunden war, mußte die äußerliche Schilderung der Ereigniffe und der grobe Schein des Porträtmäßigen genügen.   An fich war der Uebergang von der fymbolifchen Kunft
(z. B. der gute Hirte) zur hiftorifchen ein großer Fortfchritt, er
wurde aber zunächft mit dem Verlufte der Formenfchönheit er-
kauft. Auch wenn die Verwilderung des Schönheitsfinnes, die Folge
der Verarmung und der politifchen Zuchtlofigkeit, nicht fo arg um
fich gegriffen hätte, fo würden fich die antiken Ueberlieferungen für
die neue Gedankenwelt immer weniger brauchbar erwiefen haben.   In
ähnlicher Weife ging auch die Reinheit und Schönheit der römifchen
Sprache zu Grunde.   Eine ausgelebte Kunft mifcht fich mit einer noch
nicht zu vollem Leben erwachten und weckt fo den Eindruck des halb
Ueberreifen, halb noch Ungelenken, den wir aus den Mofaiken des
fünften und befonders fechften Jahrhunderts empfangen.   Dazu
kommt noch die Einwirkung der byzantinifchen Hoffitten. Ceremonielle Tracht und Haltung, fteifes, höfifches Wefen fanden in
der kaiferlichen Refidenz am Bosporus, in der Nachbarfchaft des
Orients eine dauernde Heimat.   Sie wurden bald auch in die Kreife
der Kunft übertragen.   Nicht allein in Aeußerlichkeiten, wie in
Coftümen, möchten wir Anklänge an das höfifche Ceremoniell entdecken; auch die Bewegungen, z. B. der Kniefall, die Verhüllung
der Hände, das Mienenfpiel erfcheinen ceremoniell geregelt, felbft
in den Heiligengeftalten, die fich ftumm und demüthig dem Aller-
höchften nahen und fich vor ihm wie Unterthanen beugen und in
ftummer Unterwürfigkeit verharren.   (Ein Beifpiel einer ceremoniellen Scene, wie Juftinian dem h. Vitalis Opfergefchenke darbringt, `
zeigt No. 192, 5 aus S. Vitale in Ravenna.)   Unter den zahlreichen in Ravenna erhaltenen Sculpturwerken befitzt der Stuhl
(Kathedra) des Bifchofes Maximianus (546—552) wegen der ficheren
Zeitbeftimmung befonderen Werth.   Er ift mit Elfenbeinplatten bedeckt und zeigt an der Vorderfeite Heiligengeftalten von forgfältigfter
Arbeit aber harter Zeichnung (No. 40, 5), an den Seitenlehnen und
der Rücklehne Darftellungen aus dem Leben des ägyptifchen Jofephs
und Chrifti, in welchen die lebendige Kompofition die technifche Ausführung weit überragt und auf beffere ältere Vorbilder fchließen läßt.

----

4. Byzantinische Kunst.

Die Einwanderung der Langobarden in Italien bereitet der
alten weftrömifchen Kultur das Ende.   Sie bedeutet keine bloße
Ueberfluthung des italienifchen Bodens durch fremde Kriegshaufen,

fondern eine dauernde Befiedlung des Landes. Es wird der Grund
zu den Beziehungen zwifchen Italien und dem germanifchen Norden gelegt, welche den Gang der Weltgefchichte im Mittelalter beftimmten, zugleich die Kirche zum Hauptträger der lateinifchen
Bildung erhoben. Die Knüpfung neuer Bande löfte allmählich das
längft bereits gelockerte Verhältniß zum oftrömifchen Reiche.
In demfelben Maße in welchem fich Oftrom dem Abendlande ent-
fremdet, nähert es fich dem Oriente, welchem es ohnehin durch
feine Weltlage zuneigt. Seit dem 6. Jahrhunderte entfteht die
eigentliche byzantinifche Kultur, und nimmt auch die felbftändige
byzantinifche Kunft den Anfang. Will man ein äußeres Wahr-
zeichen für die Wendung der Dinge, fo bietet ein folches die Auf-
hebung der athenifchen Philofophenfchule im Jahre 529. Damit
wurde die letzte Quelle antiker Bildung, fo dürftig fie auch noch
fließen mochte, abgefchnitten. Als die den Griechenftämmen angeborene Luft an fpekulativem Grübeln wiedererwachte, wurde fie
nur im Dienfte einer fpitzfindigen Dogmatik verwendet. Der
Bilderftreit und die Bilderverfolgung, welche im Jahre 726 begannen
und mehrere Menfchenalter lang wütheten, unterbrachen die Kunftpflege und hemmten die ftetige Entwickelung. Nachdem der Bilderftreit beigelegt war, kam wieder die Kunftübung zu Ehren. Zwar
verfuchten zur Zeit der makedonifchen Dynaftie (867—1056),
wahrfcheinlich unter dem Einfluß des Hofes, einzelne Künftler
an die ältere Tradition anzuknüpfen. Den Beweis dafür liefern
mehrere damals gefchaffene Bilderhandfchriften (Pfalter in der
Parifer Nationalbibliothek) und die genauen Kopien, welche von
altchriftlichen illuftrirten Codices genommen wurden. Doch gewann die in Klöftern und von Mönchen gepflegte Kunftrichtung
immer mehr die Herrfchaft. Die dogmatifche Tendenz, das Streben
nach frommer Erbauung vertrug fich fchlecht mit dem einfachen,
klaren Erzählungstone des älteren Stiles, noch fchlechter mit dem
reineren Formenfinne und der größeren Naturfrifche, welche noch in
den Werken der altchriftlichen Kunft walteten. Die Geftalten wurden
fteif, die Bewegungen hart, der Ausdruck unlebendig. Der perfönliche Antheil der Künftler verringerte fich und mußte bis zur Null
finken, je lehrhafter die Darftellungen wurden, je enger fie mit
dogmatifchen Beziehungen verknüpft werden mußten. Die kirchliche
Vorfchrift trat an die Stelle der freien künftlerifchen Erwägung.
Wie bei allen in der Kultur auslebenden Völkern erfcheint der
Zuftand der Erftarrung nachgerade als der gefetzmäßige. Byzanz
wiederholt das Schaufpiel, welches Aegypten im Alterthume bietet.
Schwer fällt daher die Zeitbeftimmung der einzelnen Werke, namentlich feit dem 11. Jahrh., und eine Anweifung für Maler, welche in
der vorliegenden Form wahrfcheinlich erft gegen das Ende des

Mittelalters redigirt wurde (das Malerbuch vom Berge Athos), befitzt auch für viel frühere Jahrhunderte volle Geltung; felbft eine
lange Reihe altchriftlicher Motive hat fich, wie man aus dem Buche
und aus den noch vorhandenen Werken erfieht, äußerlich unverändert im Anfehen erhalten.   Man darf übrigens nicht an einen
barbarifchen Zuftand, welcher dem Leben alle feineren Reize raubte,
denken.   Die technifche Tüchtigkeit blieb die längfte Zeit auf einer fehr
hohen Stufe und konnte dem Abendlande vielfach zum Mufter dienen.
In der Herftellung von Mofaikbildern befaßen die Byzantiner nahezu
ein Monopol, in den Fächern des Kunfthandwerkes wie in der Goldfchmiedekunft, in der Emailmalerei, in der Elfenbeinfchnitzerei, in
der Seidenweberei, überragten fie weithin die übrigen chriftlichen
Völker.   Viele Werke byzantinifcher Kleinkunft gelangten erft im
Laufe der Kreuzzüge in den Weften und Norden Europa's wie z. B.
die Elfenbeintafel im Trierer Domfchatz (No. **42**, 2) welche die
Uebertragung von Reliquien in eine Kirche Conftantinopels fchildert.
Doch hat auch fchon früher ein reger Verkehr in den Produkten
des Kunfthandwerkes zwifchen dem Oriente und dem Abendlande
beftanden und foweit darf man auch einen Einfluß der byzantinifchen Kunft auf die Kultur des Occidentes behaupten.   Was aber
von einem ganz Europa beherrfchenden byzantinifchen Kunftftile
in den älteren Jahrhunderten des Mittelalters geredet wird, ift eine
eitle Fabel.   Der Occident ging in der Kunft bereits feit der Karolingifchen Periode felbftändig, nur auf die altchriftliche und römifche
Tradition fußend, feine eigenen Wege.   Wohl aber hat die byzantinifche Kunft bei den Völkern, welche fich zur orientalifchen Kirche
bekennen, bei den Neugriechen, den Oftflaven, Bulgaren, Rumänen
eine führende Rolle behauptet und hier fich bis auf die Gegenwart
forterhalten.

Ein Beifpiel des fpäteren byzantinifchen halb verkümmerten,
erftarrten Bauftiles liefert die Muttergotteskirche (Theotokos) in
Conftantinopel (No. **43**, 10) aus dem zehnten Jahrhunderte.   Sie
ift, wie die meiften Kirchen des Orients, von kleinem Umfange und,
wenn man von der Vorhalle abfieht, beinahe quadratifch im Grundriffe.   Der Hauptkuppel treten Nebenkuppeln zur Seite, die Apfis,
welche unfere Anficht zeigt, wird im Vieleck geftaltet.   Eine reiche
Gliederung des Baues kennt der byzantifche Stil nicht; fie wird zuweilen durch den Farbenwechfel der Ziegelfchichten erfetzt, wie auch
im Innern die bis zur geringften Klofterkirche herab übliche Bemalung
der Wände nach einem überall gleichmäßig feftgehaltenen Plane
den ausfchließlichen Schmuck bildet.   In einzelnen Fällen bringt
die Kenntniß theils der abendländifchen, theils der mohamedanifchen Kunft Abwechslung in den herrfchenden Typus.   Als Probe
mag eine rumänifche Kirche, die Klofterkirche von Kurtea d'Argyifch

(No. **48**, 6 u. 7) dienen. Sie wurde 1526 vollendet und angeblich
von dem Fürften Nyagon, der in Conftantinopel die Baukunft betrieben hatte (nach anderen Nachrichten von einem auch in der
Volkspoefie verherrlichten Architekten Namens Manolli), errichtet.
An einen quadratifchen Kuppelbau fchließt fich noch eine zweite,
gleichfalls mit Kuppeln gefchmückte kreuzförmige Anlage an. Der
Grundriß wie der innere Schmuck und die Anordnung der Kuppeln
entfprechen dem überlieferten byzantinifchen Stile, die Decoration
der äußeren Wände dagegen offenbart den Einfluß der arabifchen
Kunft. Die Wechfelwirkung zwifchen der byzantinifchen Kunft
und der Richtung, welche die Völker des Islam einfchlagen, kann
übrigens fchon im vorigen Jahrtaufend beobachtet werden. Die
Vorbilder für byzantinifche Paläfte des neunten Jahrhunderts bot
die Refidenz der Chalifen in Bagdad. Auf der andern Seite lehnten
fich die Bauten der Araber in Syrien an die hier vorgefundenen
älteren byzantinifchen Werke vielfach an. Sie verwandelten nicht
allein Kirchen in Mofcheen und holten das Material von antiken
und altchriftlichen Werken, fondern entlehnten auch zahlreiche
Bauglieder der byzantinifchen Architektur. Als der Chalif Abd-el-
Melek im J. 694 auf dem Haram in Jerufalem an der Stelle des
Salomonifchen Tempels eine Mofchee, den Felfendom (Kubbet-es
Sachra) errichtete, hielt er fich unzweifelhaft an das Mufter der
Grabkirche Chrifti und borgte von diefem Baue die Gliederung
feines Werkes. Der Felfendom (No. **48**, 3 u. 4) ift ein Achtek
und wird im Innern durch einen Doppelkreis von Stützen (ab-
wechfelnd Pfeiler und Säulen) in drei Abtheilungen gegliedert. Im
Mittelpunkte erhebt fich der in der jüdifchen und mohamedanifchen
Sagengefchichte viel genannte heilige Felfen, der Mittelpunkt der
Erde. Die Kuppel, aus Holz, ift nicht mehr die alte, wohl aber
haben fich von dem Baue Abd el-Melek's die Säulen erhalten, die
er von einem älteren oftrömifchen Werke herbeigeholt hatte.
Auch von dem Mofaikfchmuck, Blumengewinden, Vafen mit Trauben
und Aehren auf Goldgrund, gehört noch ein großer Theil der
urfprünglichen Bauzeit an und weift auf byzantinifchen Einfluß hin.

B. KUNST DES ISLAM.

1. Syrien und Aegypten.

Wie die byzantinifche Kunft fich im Laufe der Zeit mit der
griechifchen Kirche gedeckt hat, fo fand auch die Kunft des Islam
ihre Grenzen in der Verbreitung der Lehre Mohameds. Sie reicht

im Often bis nach Indien, im Weften bis nach Spanien. Unter
den mohamedanifchen Prachtbauten Indiens, auf deren Geftalt
übrigens auch die Erinnerungen an den altheimifchen Stil ein-
wirkten, ragt die große Mofchee zu Delhi (No. **48**, 1) hervor.
Gewaltige Portale im gefchweiften Spitzbogen, dem fog. Kielbogen
(No. **47**, 11), gefchloffen und von fchlanken Thürmen begrenzt,
führen in den Hof wie in die Gebethalle, über deren Dach fich
mehrere zwiebelförmig ausgezogene Kuppeln erheben. Die malerifche Decoration, zumeift aus mufivifchen Teppichmuftern beftehend,
erfüllt nicht allein das Innere mit blendendem Glanze, fondern
dehnt fich auch über die Flächen der äußeren Architektur aus.
Nicht minder reich erfcheinen in Perfien die Mofcheen, Paläfte
und insbefondere die Grabdenkmale gefchmückt. Ein Beifpiel,
freilich aus fpäterer Zeit, bietet das Grabdenkmal Abbas' II. in
Ifpahan (No. **48**, 2), ein Achteck, deffen Wände mit buntfarbigen
Ornamenten bedeckt find, wie denn überhaupt hier das Farben-
element in der Architektur eine Hauptrolle fpielt und die Dürftigkeit der Gliederung verhüllen muß. Unwillkürlich denkt man an
die Zelte nomadifcher Stämme, welche ihren Hauptfchmuck durch
Teppiche empfangen. Prägt fich in Afien der altorientalifche Charakter auch in den Werken des Islam deutlich aus, fo offenbart
ein Prachtbau der fpäteren Türkenzeit, die Mofchee Mohamed II.
in Conftantinopel aus dem funfzehnten Jahrhundert (No. **48**, 5)
die Zähigkeit des byzantinifchen Einfluffes. Auf den mit Cypreffen
bepflanzten Vorhof, deffen ringsum laufender Porticus mit kleinen
Kuppelgewölben über Marmorfäulen eingedeckt ift, folgt ein Centralbau in deutlicher Nachbildung der Sophienkirche. Vier Halbkuppeln
und vier kleinere Kuppeln umgeben die mittlere Hauptkuppel.
Die chriftliche Herkunft des Architekten *Chriftodulos* erklärt diefe
Anlehnung.

Von ungleich größerem Intereffe find die Bauten des Islam
auf ägyptifchem und füdeuropäifchem Boden. Im rafchen Sturm-
laufe wurde fchon im fiebenten Jahrhundert Aegypten dem Islam
unterworfen, eine neue Hauptftadt (Foftat oder Altkairo) gegründet,
einige Menfchenalter fpäter die Herrfchaft der Chalifen abgefchüt-
telt, ein felbftändiges Reich errichtet und das Land zu hoher lang-
dauernder Blüthe emporgebracht. Die arabifche Architektur birgt
mannigfache von außen hineingetragene Elemente in fich. Es
kreuzen fich byzantinifche und fyrifche Einflüffe. Die antike Kunft
muß zahlreiche Säulen zum Schmuck der neuen Werke hergeben.
Selbft die unter den Saffaniden vom dritten bis zum fiebenten Jahrhundert aufblühende perfifche Kunft lieh einige Bauformen. Aus
diefen vielfältigen Wurzeln entftand ein Styl, der Eigenthümlichkeiten genug aufweift, um von den anderen verwandten Weifen

unterfchieden zu werden. Der Spitzbogen und der Hufeifenbogen (No. **47**, 6) kommen zur Verwendung, doch ohne daß fie als Gewölbegieder aufgefaßt werden. Noch herrfcht die gerade Decke und insbefondere die Kuppel vor. Letztere ift zumeift auf quadratifchem Grundriffe errichtet, die Zwickel, welche den Uebergang von der Mauer zur Kuppel bilden, werden durch kleine wie Bienenzellen aneinandergereihte aus Gyps oder Holz geformte Hohlkörper gefchmückt. Sie erinnern an Tropffteinbildungen und führen den Namen Stalaktitengewölbe (Beifpiel No. **46**, 3). Auch von der Wand zur flachen Decke leiten häufig Stalaktitengefimfe über. Den monumentalften Eindruck üben die Portalbauten der Mofcheen aus, mächtige Nifchen, durch eine Halbkuppel gefchloffen und die ganze Faffadenhöhe einnehmend. Möglich, daß der altägyptifche Faffadenbau hier noch nachwirkte. Einen anderen Theil einer Mofchee, die Gebethalle, freilich aus fpäter Zeit, ftellt No. **46**, 6 dar. Der Kern einer Mofchee ift der Hof, in deffen Mitte fich der Brunnen für die religiöfen Wafchungen befindet. Eine gedeckte Halle umgibt ihn; an feiner Oftfeite, von ihm häufig durch ein Gitter getrennt, liegt die tiefere, der Breite nach oft durch Säulen oder Pfeiler getheilte Gebethalle, im Hintergrunde derfelben die nach Mekka gerichtete Gebetnifche (Kibla oder Mihrab), rechts davon die Kanzel (Mimba), von welcher die Predigt gehalten wird und näher dem Hofe zu ein hohes umgittertes Geftell (Dikka), dem von Cancellen umgebenen Chorraum in der altchriftlichen Bafilika vergleichbar, von welchem von einem Vorbeter die Koranverfe für die Fernftehenden wiederholt wurden. Noch wären als regelmäßige Theile einer Mofcheeanlage das Grab des Erbauers der Mofchee (Makṣûra), die Schule (Medrefi) und der Minaret zu erwähnen, der Thurm mit Balkonen oder Galerien zum Abrufen der Gebetftunden, der fich nach oben verjüngt, aus dem Quadrat in das Achteck oder den Cylinder übergeht und auf dem Dache kugelförmige Knöpfe oder Kugelfpitzen trägt.

Die decorative Kunft entbehrt vollftändig des plaftifchen Charakters, wie fchon aus dem Mangel an architektonifchen, fcharf profilirten Gliedern hervorgeht. Der Malerei ift die Aufgabe, die Felder, Füllungen und Flächen zu fchmücken, ausfchließlich übertragen worden. Die arabifchen Maler Aegyptens verftanden fich zwar auch wie die mohamedanifchen Perfer auf die Wiedergabe von Menfchen- und Thierbildern; das Vollendetfte und Bleibendfte ihrer Leiftungen find jedoch die ornamentalen Mufter, die unter dem Namen Arabesken begriffen werden. Geometrifche Figuren liegen ihnen zu Grunde. Diefelben werden aber nicht im regelmäßigen Wechfel wiederholt, es werden auch nicht, wenn mehrere Figuren in eine größere Fläche eingezeichnet werden, Hauptfiguren von

Nebenfiguren unterfchieden, die einen den anderen untergeordnet.
Die Umriffe derfelben öffnen fich vielmehr gegen einander, eine
Figur geht in die andere über, die Linien ftatt fich zu fchließen,
lenken ab und leiten zu der nächften Figur, fo daß man nie eine
einzige feft im Auge behält, ftets weiter gewiefen und von dem
fcheinbar bunten Wechfel der Geftalten gefangen genommen wird.
Zur Verftärkung und Ergänzung des Eindruckes tritt noch die
Farbe hinzu. Wir begegnen keinem einzelnen vorherrfchenden
Tone, welcher der ganzen Fläche den beftimmten Charakter verleiht, auch nicht der Hebung der Farbentöne durch Contrafte.
Gerade fo wie die Linien in einander fließen, eine Figur mit der
anderen fich verfchlingt, fo ordnen fich auch die verfchiedenen
Farben nebeneinander, fo daß alle gleichmäßig zur Wirkung bei-
tragen, zu einem reichen harmonifchen Ganzen. Das Auge haftet
nicht an einer Farbe, fondern empfängt rafch wechfelnde, im Ganzen
aber gut zufammenklingende Eindrücke. Das Beifpiel einer einfachen Arabeske ift auf dem Bogen No. 47, 5 gegeben. Mit Ranken und Blattwerk verbunden tritt uns die Arabeske auf No. 46,
4 und No. 47, 3 und 7 entgegen. Die Thierfiguren, namentlich
auf Teppichen oft wiederkehrend und auch auf byzantinifchen und
arabifch-ficilifchen Geweben heimifch, haben einen anderen Urfprung.
Sie gehen auf die altaffyrifchen Thierbilder zurück und wurden durch
die Saffanidenkunft, welche überhaupt den alten Orient mit dem orientalifchen Mittelalter verknüpft, auf die fpätere Kunftperiode vererbt.

2. Spanien und Sicilien.

Von Aegypten drang die arabifche Kunft, wie die politifche
Herrfchaft des Islam nach der Weftküfte Afrika's, nach Sicilien und
Spanien vor. Die hier gefchaffenen Werke werden gewöhnlich unter
dem Namen Werke des maurifchen Stiles begriffen. Von der
Kunftthätigkeit der Araber auf Sicilien geben uns nur fchriftliche
Berichte und die Nachbildungen und Nachklänge in der normanni-
fchen Periode (Paläfte Zifa und Kuba) kunde. Anders in Spanien.
Hier haben zwei Bauten der Araber vor allen anderen Weltruhm er-
rungen, die Mofchee von Cordova und die Alhambra in Granada.
Die Anfänge der Mofchee von Cordova fallen bereits in das achte
Jahrhundert. Die fpäteren Erweiterungen haben die Symmetrie
geftört, doch den urfprünglichen Plan nicht unkenntlich gemacht.
An den Vorhof lehnt fich die urfprünglich von zehn Säulenreihen
durchfchnittene Gebethalle an (No. 47, 1). Die Säulen; faft alle

römifchen Denkmälern entlehnt und durch gezackte Hufeifenbogen
verbunden, tragen kurze, ebenfalls durch Bogen verbundene Pfeiler,
auf welchen die gerade Decke ruht (No. 46, 1). Der Wechfel von
weißen Steinen und rothen Ziegeln ftimmt vortrefflich zu dem
reichen Farbenfchmuck, welcher die Wände und Bogen überzog.
Das Luftfchloß der maurifchen Könige von Granada, nach der
rothen Farbe des Gefteins Albambra benannt, vorwiegend dem
14. Jahrhundert angehörig, zeichnet fich nicht durch die Größe der
Anlage oder durch Großräumigkeit und monumentale Ausftattung
aus.   Die Fülle und die Schönheit des farbigen Ornamentes,
welches alle Flächen bedeckt, die Vertheilung der Räume, der reizende Wechfel der Höfe und Hallen umkleiden den Bau mit poe-
tifchem Schimmer und haben in unferer Phantafie die Alhambra
zum idealen Schauplatze eines träumerifchen, dem Gefange, der
Liebe und dem Ritterdienfte gewidmeten Genußlebens gefchaffen.
Das Fefthalten an den orientalifchen Sitten gibt fich in der Betonung der Höfe kund, welche den Mittelpunkt der ganzen Anlage
bilden.   Um den Hof der Alberca (auf dem Grundriffe No. 47, 2,
rechts), eines langgeftreckten Viereckes, gruppiren fich Säulenhallen,
die jetzt zerftörte Mofchee, die Bäder und der gewaltige, vorfpringende
viereckige Thurm, in welchem fich der Saal der Gefandten befindet.
Einen zweiten Mittelpunkt bildet der Löwenhof (auf dem Grundriß
links oben), nach dem auf zwölf Löwen ruhenden Baffin fo benannt
(No. 46, 2).   Eine leicht getügte Säulenhalle fchließt ihn ein und
führt an einer der Langfeiten zur Halle der Abenceragen (No. 46,
3), deren ritterliches Gefchlecht hier von König Boabdil (um 1480)
ermordet wurde, an der anderen zur Halle der zwei Schweftern.
Die üppige Schönheit der farbenreichen Decoration namentlich in
diefen beiden Hallen fpottet jeder Befchreibung.   Nur der eine
Umftand muß zur richtigen Würdigung des Bauwerkes hervorgehoben werden, daß die Bogen z. B. im Löwenhofe nicht auf
den Säulen ruhen, alfo keine conftructive Bedeutung befitzen,
fondern nur zur zierlicheren Füllung und zum Abfchluß des
Raumes zwifchen je zwei Säulen dienen.   Auch die letzteren felbft,
bald einzeln, bald zu zwei (gekuppelt) aufgeftellt, dünn und fchlank,
mit einem aus verfchlungenen Blättern gebildeten Kapitäl (No.
47, 10) bedeckt, find mit Rückficht auf die geringe Laft, die fie
zu tragen haben, und auf den leichten anmuthigen Charakter der
ganzen Anlage gefchaffen worden.   Die Alhambra ift das jüngfte
Werk arabifcher Cultur in Europa.   Die wuchtige Kraft, welche
den Islam in rafchem Laufe nahezu die Weltherrfchaft erftürmen
ließ, ift verfchwunden; eine fatte Bildung, die fich des Lebens-
genuffes und des üppigen Reichthums erfreut und bei der Ausfchmückung der heimifchen Stätte vor allem den finnlichen Reizen

huldigt, war an ihre Stelle getreten. So spiegelt sich in dem köst-
lichen Luftbau der Alhambra das Schickfal der arabifchen Culturwelt wieder.

C. DIE KUNST DES MITTELALTERS SEIT DEN KAROLINGERN.

1. Karolingifche Kunst.

Die byzantinifche Kunft offenbart, obfchon das äußere Gerüfte der Bildung faft ein Jahrtaufend lang fich unverfehrt erhält,
eine langfame Verfumpfung der Phantafie. In der Kunft der
Araber und Mauren wird ein plötzliches Aufflackern, welchem ein
ebenfo rafches Zurückfinken folgt, den vorübergehenden Nomaden-
ftürmen vergleichbar, beobachtet. Die germanifchen Völker mußten
fich mühfam aus größter Kunftarmuth emporarbeiten, zeigen aber
eine ftetige, immer höheren Zielen nachftrebende Kunftentwickelung.
In den römifchen Pflanzftätten Galliens und Germaniens fproß
allerdings fchon in der Kaiferzeit eine reichere Cultur empor, wie
uns die zahlreichen Funde in der Erde und felbft einzelne Bau-
refte lehren. Nach den Stürmen der Völkerwanderung mußte beinahe überall von neuem wieder gefäet werden. Langfam hebt
fich die Kunftthätigkeit unter den Franken während der ftürmifchen
Herrfchaft der Merovinger. Doch haben fich Nachrichten von ausgedehnten Kirchenbauten und von malerifcher Ausfchmückung der
Kirchen erhalten. Stetiger tritt uns die Kunftentwickelung auf
angelfächfifchem Boden entgegen, wo namentlich die feit Gregor
dem Großen unterhaltenen Beziehungen zu Rom auch auf die Kunftpflege Einfluß übten. Bereits im fiebenten Jahrhundert fcheint eine
fefte Regel für die Auffteilung der Bilder in Kirchen beftanden zu
haben. Erft in der Karolingifchen Periode, feit der Mitte des
achten Jahrhunderts, beginnt eine reiche Thätigkeit, die ihren Mittelpunkt überwiegend an dem Hofe Karls des Großen findet. Einem
felbftändigen freien Auftreten der germanifchen Phantafie fehlte
zunächft noch die Kraft. Zum befferen Verftändniß hilft die Erinnerung, daß es im ganzen Frankenreich nur eine römifche Literatur gab und unter Kaifer Karl dem Kahlen die byzantinifche
Hoffitte zu erneuertem Anfehen gelangte. Die Blicke der karolingifchen Zeit find auf die ältere römifche Cultur zurückgelenkt.
Italien liefert nicht blos Baumaterial und Schmuckfachen, fondern
auch künftlerifche Anregungen und Mufter. Byzanz endlich übt
Einfluß auf die ceremonielle Tracht und fendet Werke des Kunfthandwerkes und der Luxusinduftrie. Das bedeutendfte Denkmal

der karolingifchen Kunft ift die von Kaifer Karl dem Großen geftiftete und 804 geweihte Palaftkapelle (jetzt Münfter) in Aachen
(No. 49, 2—4). Mag auch die oft angerufene Aehnlichkeit mit
San Vitale in Ravenna nicht durchfchlagend fein, der Plan und die
Anordnung von einem felbftändig denkenden Baumeifter (einem fonft
unbekannten Meifter *Otto* aus Metz?) herrühren: die Verwandtfchaft
mit oftrömifchen Centralanlagen bleibt beftehen. Eine Vorhalle mit
zwei Rundthürmen zur Seite führte in das Innere, das als ein achtfeitiger Kuppelraum, von einem fechzehnfeitigen niederen Umgange
umfchloffen, entworfen wurde. Der Umgang zeigt zwei Stockwerke.
Das untere ift, dem Wechfel der quadratifchen und dreieckigen
Felder im Grundriffe entfprechend, mit Kreuzgewölben und dreifeitigen Gewölbekappen eingedeckt. Das obere lehnt fich in auffteigenden Gewölben an den Kuppelraum an und öffnet fich gegen
denfelben in hohen Rundbogen, welche durch ein Doppelpaar von
Säulen, — die unteren von den oberen durch ein Gefims getrennt,
die oberen, wie im Pantheon, an die Leibung der Bogen unmittelbar anftoßend — ausgefetzt erfcheinen. Außen entbehrte der Bau
beinahe jeglichen Schmuckes. Die große Nifche an der Eingangsfeite, die fchmalen Pfeiler an der Kuppelmauer find die einzigen
wirkfamen Unterbrechungen der Mauermaffe. Innen dagegen trugen
Mofaikgemälde in der Kuppel, noch erhaltene, kunftvoll gegoffene
Gitter im oberen Umgange und die reichen (antiken Bauten entlehnten?) Säulenkapitäle zu einem glänzenden Eindrucke bei. Die
Aachener Palaftkapelle wurde mehrfach nachgeahmt, fo z. B. in
Ottmarsheim bei Mülhaufen im Elfaß (No. 49, 20) einer Benedic-
tinerinnenkirche des 11. Jahrhunderts; doch blieb auch in der
nordifchen Welt die altchriftliche Bafilika als allgemeines Mufter
beftehen. Wir erfahren diefes nicht allein aus zahlreichen fchrift-
lichen Nachrichten und Befchreibungen und dem uns erhaltenen
Idealplane der Klofterkirche von St. Gallen, fondern auch aus den
monumentalen Reften der karolingifchen Periode. Ein Beifpiel
bietet die von Einhard, dem berühmten Genoffen des Hofes Karls
des Großen, geftiftete und 821 geweihte Marienkirche zu Michel-
ftadt bei Steinbach im Odenwalde (No. 49, 1). Die Seitenfchiffe
find abgebrochen, aber die urfprüngliche Geftalt, die Kreuzesform,
die halbrunde Apfis, die Pfeiler, welche die Mittelfchiffsmauer trugen
und noch ganz die römifche Bautechnik zeigen, deutlich erkennbar.
  Werke der Sculptur und Malerei haben fich begreiflicher Weife
aus der Zeit Karl des Großen nur fpärlich erhalten. Den Bedarf
an plaftifchem Schmucke deckte zum Theil Italien, woher der Kaifer
mehrere ältere Bronzearbeiten (Statue Theodorichs) holte; doch
wurde auch in Aachen nachweisbar der Erzguß geübt. Wenn die
kleine Reiterftatuette aus Bronze im Hotel Carnevalet in Paris, auf

den Namen Karl des Großen getauft, in der That dem 9. Jahrh.
entſtammt, ſo ſchloßen ſich die Karolingiſchen Künſtler eng an
den ſpäteſten römiſchen Provinzialſtil an. Die Thatſache, daß die
gallorömiſche Kunſt den Bildhauern des frühen Mittelalters bis zum
11. Jahrh. zum Vorbilde diente, bleibt .beſtehen, auch wenn ·der
Urſprung der Kaiſerſtatuette anders gedeutet wird. Die Aehnlichkeit in der wulſtförmigen Behandlung der Haare, in der Bildung
der Köpfe und in der harten ſymmetriſchen Zeichnung der Gewänder erſcheint zu groß, als daß ſie auf den bloßen Zufall geſchrieben werden könnte. Von den monumentalen Malereien, den
Moſaiken in der Aachener Domkuppel, welche ſchwerlich ein ein-
heimiſcher Künſtler geſchaffen hat, und dem hiſtoriſchen und bibliſchen Bilderkreiſe im Saale und in der Kapelle der Ingelheimer
Pfalz ſind alle Spuren verſchwunden. Dagegen beſitzen wir außer
mehreren Elfenbeinreliefs eine ſtattliche Reihe mit Bildern geſchmückter Handſchriften, (Pſalter, Evangelarien, Bibeln), welche uns
in genügender Weiſe über die Richtung und den Werth der Karolingiſchen Malerei unterrichten.

Den nordiſchen zum Chriſtenthume bekehrten Stämmen waren
die bibliſchen Schriften nicht bloß Quelle des Glaubens, ſondern
auch Quelle der literariſchen Bildung überhaupt. Die neu erlernte
Kunſt des Schreibens übten ſie zuerſt und am liebſten an den heiligen
Büchern. Die hohe Bedeutung der letzteren wurde durch die ſorgfältige kalligraphiſche Ausführung ausgedrückt. Dadurch unterſcheiden ſich die illuſtrirten Handſchriften altchriſtlichen und byzantiniſchen Urſprunges grundſätzlich von den nordiſchen, daß in den
erſteren bei aller Pracht Ausſtattung (Purpurpergament, Goldſchrift)
doch der Text im ganzen unverziert gelaſſen und der Schmuck auf
die Beigabe gemäldeartig wirkender Bilder eingeſchränkt wird. Dieſe
ſind, wie auch die Technik offenbart, das Werk geſchulter Maler.
Anders im Norden. Hier dehnt ſich der künſtleriſche Schmuck
auch auf den Text aus. Der Schreiber und der Maler erſcheinen
enger verbunden, oft in einer Perſon vereinigt. Die Initialen
nehmen einen unverhältnißmäßig großen Raum ein, auf ſie wird
bunter Farbenſchmuck gehäuft, der Kern ihrer Form durch reichen
Zierrat beinahe erdrückt. Mit farbigen Muſtern werden die Blätter
eingerahmt, zuweilen ganze Seiten mit decorativer Zeichnung über-
ſponnen. In dem Ornament prägt ſich der ſelbſtändige nationale
Kunſtſinn am ſtärkſten aus, zumal dafür nicht wie für figürliche
Darſtellungen ältere Vorbilder beſtanden; nirgends ſtärker als in
den iriſchen Manuſcripten. Es wiederholt ſich hier theilweiſe die
älteſte elementare Kunſtweiſe. Die Ornamente erſcheinen der textilen
Kunſt entlehnt, wenn auch an eine unmittelbare Uebernahme aus
der letzteren nicht gedacht werden kann. Sie zeigen gebrochene,

verfchlungene Linien, gewundene Bänder, verflochtenes Riemenwerk,
das oft in Thierköpfe, Schlangenleiber ausgeht und wird am beften
als Geriemfel charakterifirt. Bei der großen Schreibluft und dem
Wandertriebe der irifchen Mönche (Schotten) gewannen die irifchen
Handfchriften eine weite Verbreitung bis nach S. Gallen und Würzburg. Doch würde man irren, wenn man denfelben eine grund-
legende Bedeutung für die abendländifche Kunft zufchriebe. Die
irifche Miniaturmalerei ift nur ein Nebenzweig der letzteren und
zwar ein rafch verwilderter. Insbefondere die fo auffallenden figürlichen Schilderungen offenbaren keine eigenthümliche, entwicklungs-
fähige Phantafie, fondern find, wie der Vergleich der älteren Codices
z. B. des Evangelarium im Trinitycollege in Dublin (book of Kells)
mit jüngeren (in S. Gallen) lehrt, fo entftanden, daß der lateinifchen Kunft entftammende Vorbilder unter der Hand des nur auf
kalligraphifche Schnörkel eingefchulten Schreibers allmählich auch
die letzte Spur der Natürlichkeit einbüßten. Nur foweit das irifche
Ornament dem im ganzen Norden heimifchen Formenfinne entfprach, fand es bei Angelfachfen und Franken Eingang. Bei den
letzteren wird das Flechtwerk und die gewundenen Linien bereits
mit Ranken und Blättern gemifcht. Kunftfchulen, mit fruchtbaren
Keimen für weitere Entwickelung ausgeftattet, finden fich nur auf
angelfächfifchem und fränkifchem Boden. Für viele Darftellungen
werden die Typen aus der älteren Kunft herübergenommen. Die
Möglichkeit dazu boten unter anderen die von Papft Gregor dem
Großen nach Canterbury gefendeten Codices und die auf Karl des
Großen Geheiß unternommene Vergleichung älterer Handfchriften,
um einen befferen Bibeltext herzuftellen. Titelfiguren, wie Chriftus,
die Evangeliften, David mit den Chören zeigen gewöhnlich die ftärften
Anklänge an die altchriftliche Weife. Als Beifpiele können das
fog. Evangelium des h. Auguftin in Cambridge und ein Pfalter im
britifchen Mufeum, beide aus Canterbury ftammend, dienen. Wie
in fränkifchen Handfchriften der altchriftliche Typus feftgehalten
wird, zeigt das Bild Chrifti (No. 193, 1) aus einem Evangelarium,
welches Godescalc für Karl den Großen und deffen Gemalin Hilde-
gard fchrieb. Ebenfo erinnert das Ceremonialbild: Kaifer Lothar
zwifchen Trabanten thronend (No. 193, 2) aus einem in Metz ge-
fchriebenen Evangelarium, jetzt in Paris, an verwandte Darftellungen
auf Elfenbeintafeln. Bei vielen anderen, befonders hiftorifchen
Schilderungen regte fich aber auch die eigene Phantafie der angelfächfifchen und fränkifchen Künftler. Sie waren ftärker im Erfinden
als im Ausführen. Wenn fie in flüchtigen Federzeichnungen Kämpfe
darftellten oder Scenen aus dem ländlichen Leben, ließ fie die
fcharfe Naturbeobachtung nicht im Stiche. Die Bewegungen find
mit ficherer Hand gezeichnet, der Ausdruck vielleicht übertrieben,

aber jedenfalls deutlich, die ganze Auffassung frisch und lebendig.
Der berühmte Utrechtpsalter, in England in der zweiten Hälfte des
9. Jahrh. geschrieben, liefert die besten Belege für diese Behauptung.
So zeigt die Miniaturmalerei in der karolingischen Periode neben
Reproductionen älterer Bilder auch Originalarbeiten, deren künst-
lerischer Werth keineswegs gering angeschlagen werden darf und
die gangbare Annahme von einer Abhängigkeit des Abendlandes
von Byzanz Lügen straft. Leider sind wir über den Ursprung der
meisten illustrirten Handschriften schlecht unterrichtet, wissen nur,
von der reichen Gunst, welche der fränkische Hof in den Zeiten
Karl des Großen und Karl des Kahlen der Kunst zuwandte, und
erfahren, daß in einzelnen Klöstern und Stiften, wie in Tours seit
Alcuin Zeiten, in Metz, in S. Gallen (Psalterium aureum) die Miniaturmalerei erfolgreich betrieben wurde. Wir sind aber noch nicht im
Stande, die Entwickelung der einzelnen Schulen, ihre besonderen
Eigenthümlichkeiten festzustellen und das Maß ihres Einflußes auf
das spätere Künstlergeschlecht des 10. und 11. Jahrh. zu bestimmen.

2. Die Baukunst des romanischen Stils.

Mit dem zehnten Jahrhundert beginnt das eigentliche Mittelalter. Die Einheit der Lehre verbindet die Völker des westlichen
Europa, und kirchliche Anstalten verketten dieselben unter einander.
Die Mönchsorden der Benedictiner und Cisterzienser liefern nicht
allein Colonisten und erweitern den Culturschauplatz, sondern bilden
auch ein internationales Band, da sie, selbst durch weite Länder
getrennt, einen stetigen Verkehr zwischen den einzelnen Ansiede-
lungen unterhalten. Dennoch überwiegt die Trennung und Vereinzelung der mannigfachen Völker und Stämme. Selbst die Kirche
braucht längere Zeit, um den nationalen Charakter abzustreifen.
Allmählich sammeln sich die einzelnen Kreise zu größeren politi-
schen Ganzen, es erweitern sich die Culturschranken, nicht allein
in dem Sinne, daß neue landschaftliche Gebiete, z. B. Nieder-
sachsen, zu der alten Culturwelt hinzutreten, sondern auch in der
Weise, daß die Bildung selbst sich hebt, der Reichthum der Gedanken, die Feinheit der Empfindung, die Schönheit der Formen,
wenn auch nur langsam, zunehmen. Insbesondere die letztere
muste von den dürftigsten Anfängen geradezu neu erobert werden,
da die Grundlage des künstlerischen Schaffens, die technische Ge-
schicklichkeit, in der Karolingischen Periode kaum gewonnen, in den
Stürmen des zehnten Jahrhunderts fast ganz wieder verloren ging.

Die künftlerifche Cultur ftrahlt in den erften Menfchenaltern
unferes Jahrtaufends nicht von einem Mittelpunkte aus. Sie fetzt
gleichzeitig an zahlreichen Stellen an, hängt nur locker mit den
älteren Traditionen zufammen und tritt erft, nachdem fie an den
einzelnen Punkten erftarkt ift, aus den mannigfachen Unterfchieden
und Gegenfätzen zu einer umfaffenderen Einheit heraus. Die Kunft
des dreizehnten und des folgenden Jahrhunderts befitzt viele gemeinfame Züge, offenbart eine große Gleichmäßigkeit der Richtung
der Phantafie und des Formenfinnes; bis dahin aber bewegt fie
fich in einer beinahe unendlichen Mannigfaltigkeit von Kreifen, die
fich nur theilweife berühren, überwiegend gegen einander noch ab-
fchließen.

Nach einem gemeinfamen Berührungspunkte führt gegenwärtig
die Kunft des zehnten bis dreizehnten Jahrhunderts den Namen:
romanifche Kunft. Es foll damit angedeutet werden, daß auch
jetzt noch die römifche Kunft nachwirkt und den feften Grund
abgiebt, auf welchem insbefondere die Architektur des frühen Mittelalters fich entwickelt. Die Erinnerung an die romanifchen Sprachen, in welchen gleichfalls römifche Wurzeln, wenn auch umgeformt, vorherrfchen, wird gewöhnlich zu befferem Verftändniß des
Namens angerufen. Völlig zutreffend ift derfelbe nicht; da er aber
allgemein angenommen wurde, fo mag es bei demfelben verbleiben,
wenn man nur fefthält, daß die römifche Kunft keineswegs als ein
gefchloffenes Ganze nachlebt, vielmehr nur vereinzelte, zufällig vorhandene oder aufgedeckte Fragmente römifcher Kunftwerke, neben
Reften von Bauten, insbefondere Produkte des Kunfthandwerkes,
z. B. der Metallarbeit, verwerthet wurden. In diefer Beziehung erfcheint der Vorgang in der lateinifchen Literatur des früheren
Mittelalters, die Einfchiebung einzelner Sätze und Redewendungen
klaffifcher Autoren in die fonft fchwerfällig und ungelenk gefchrie-
benen Chroniken lehrreich. Diefes Verhältniß zur römifchen Kunft
und zu den älteren Ueberlieferungen wird durch den Umftand erklärt und bedingt, daß in der Periode der romanifchen Kunft überhaupt kein einheitliches Mufter, kein feft in fich gefchloffener Typus
vorhanden war, welcher einfach wiederholt oder leicht umgeändert
werden konnte. Aus dürftigen Anfängen entwickelt fich fchrittweife
überall eine beffere Technik, ein größerer Formenreichthum, eine
feinere Durchbildung des Details. Auf jedem Schritte werden neue
Elemente willig aufgenommen und die ornamentalen Glieder vermehrt. Hier wird dann auch der reichfte Raum für die Nachahmung römifcher Formen gewonnen. Nun wird es auch verftändlich, daß die Schilderung der charakteriftifchen Eigenfchaften eines
Werkes der romanifchen Kunft ftets in eine Aufzählung mehrerer
gleich bedeutender und mit einander abwechfelnder Merkmale über-

8*

geht, immer längere Reihen derfelben nennt. Es gibt nur ein
dorifches oder ionifches Kapitäl, dagegen aber mehrere romanifche,
die alle mit dem gleichen Rechte verwendet werden. Aehnlich
verhält es fich in vielen anderen Fällen.

Von den einzelnen Kunftgattungen, in welchen fich die fchöpferifche Thätigkeit der romanifchen Periode äußert, nimmt die
Architektur das meifte Intereffe in Anfpruch. Zwar wurden
zahlreiche Bauten der romanifchen Periode niedergeriffen, um den
Werken fpäterer Jahrhunderte zu weichen. Wenn man die fchrift-
lichen Nachrichten zu Rathe zieht, erkennt man, daß fich verhältnißmäßig nur geringe Refte des urfprünglichen Reichthums erhalten
haben, und auch die erhaltenen Bauten zeigen regelmäßig die
Spuren der Thätigkeit aufeinander folgender Menfchenalter. Gar
oft umhüllen einen unfcheinbaren Kern des elften Jahrhunderts Er-
weiterungsbauten des zwölften; ältere Theile ftoßen unmittelbar an
jüngere; noch während der Herrfchaft des romanifchen Stiles errichtete man neue Choranlagen; neue Decken ändern den urfprünglichen Eindruck. Immerhin umfaffen die architektonifchen Werke
der romanifchen Periode viel mehr als die plaftifchen und malerifchen
Schöpfungen dasjenige Gebiet, auf welchem nicht erft hiftorifche
Studien das Verftändniß öffnen. Die geringe technifche Gefchicklichkeit tritt weniger auffallend hervor, der unentwickelte Formenfinn, der Mangel an ftiliftifcher Einheit ftört nicht die religiöfe
Empfindung, welche auf den künftlerifchen Eindruck unbewußt
großen Einfluß übt.

Von einem Syftem der romanifchen Architektur kann im
ftrengen Sinne des Wortes nicht gefprochen werden, doch gibt es
der gemeinfamen charakteriftifchen Merkmale fo viele, daß es nicht
fchwer hält, ein romanifches Werk von Bauten anderen Stiles zu
unterfcheiden.

Die romanifche Kirche (kirchliche Anlagen ftehen im Vordergrund der architektonifchen Thätigkeit) geht im Grundriffe auf die
altchriftliche Bafilika zurück. Dem höheren und breiteren Mittelfchiffe legen fich niedrigere, fchmälere Nebenfchiffe zur Seite. In
das Langhaus führt in der Regel eine Vorhalle mit einem Thurmbau verbunden, gefchloffen wird es durch die Apfis. Hier offenbaren fich aber gleich ftarke Abweichungen von der Ueberlieferung.
Das Atrium der Bafilika fällt gewöhnlich aus. Eine kleine reizende
Vorhalle befitzt noch die Klofterkirche von Laach (No. 55, 9). Die
Klofterhöfe an der Südfeite der Kirche angelegt, haben, wie fchon
der Name andeutet, nichts mit dem eigentlichen Kirchenbaue zu
thun. Auch der weit fich öffnende, fchmuckvolle Portalbau tritt
erft in der letzten Zeit des Romanismus auf (No. 52, 9, 10). Bei
mehreren Kirchen wird die Eingangsfeite halbkreisförmig wie der

Altarraum gefchloffen, eine Doppelapfis gefchaffen (No. **50**, 1. 5. u. a.). Wahrfcheinlich gab die Verehrung zweier Schutzheiligen, außer der Maria und eines Apoftels noch eines Localpatrons, zu diefer Anordnung den Anlaß. Meiftens baut fich die Faffade als eine gefchloffene Mauermaffe auf, mit runden oder viereckigen Thürmen zur Seite, mit fpärlichen Oeffnungen, eher den feften, ficheren Abfchluß, als den einladenden Eingang betonend. Bei den zahlreichen Klofter- und Stiftskirchen, in welche man von der Klofterfeite her eintrat, befaß fchon dadurch die Faffade eine untergeordnete Bedeutung.

Die Mauern des Mittelfchiffes ruhen auf Stützen, welche bald als Pfeiler bald als Säulen gebildet werden. Die Ecken der Pfeiler werden zuweilen abgefchrägt (No. **49**, 12) und mit Säulchen ausgefetzt (No. **49**, 11). Nicht felten wechfeln Säulen mit Pfeilern ab, ohne daß zunächft die Function der einen und der anderen verfchieden ift. Zur Erklärung diefes Stützenwechfels (No. **49**, 8; **50**, 1. 5. u. a.) muß der lebendige rhythmifche Sinn angerufen werden. Die Gliederung der Pfeiler ift einfacher Natur. Sie ruhen auf einem Fuße und fchließen mit einem Kämpfer ab, deffen Profil fich als eine Schräge oder Schmiege unter der Deckplatte (No. **49**, 15^{b.}) oder als Wulft (a) oder als Verbindung von Pfühl und Kehle, durch kleine Plättchen getrennt (d) darftellt. Viel mannigfacher erfcheint die Gliederung der Säulen. Ihr Fuß behält die Form der attifchen Bafis (Kehle zwifchen zwei Pfühlen) über einer viereckigen Platte, der Plinthe, bei (No. **49**, 16 u. a.). Die Bafis ift bald fteiler, bald, befonders in der fpäteren Zeit, flacher gehalten und zeigt feit dem Beginne des zwölften Jahrhunderts auf der Kante der unteren Platte einen kleinen Knollen oder klotzartigen Körper, der allmählich mehr die Geftalt eines Blattes annimmt, als Eckblatt bekannt ift und den Uebergang von der Plinthe zum rundlichen Pfühle vermittelt (Beifpiele No. **49**, 18, 19). Für die Maße des Säulenfchaftes gab es keine Regel, zwifchen feinerHöhe und Dicke kein feftftehendes Verhältniß. Wenn die Säule als wirklicher Träger einer Laft verwendet wird, empfängt fie leicht die wuchtige, fchwere Form eines Rundpfeilers; dient fie, an die Wand angelehnt, die Fenfter einfchließend, in die Pfeilerecke eingelaffen mehr dekorativen Zwecken, fo wird fie meiftens übermäßig fchlank gebildet. Reichere ornamentale Ausftattung gewinnt die Säule erft in den Portalbauten aus der letzten Periode des romanifchen Stiles (Beifpiele No. **52**, 9, 10). Wo die mittelalterliche Kunft auf römifchem Culturboden fich entwickelt, bleibt das Blätter- und Kelchkapitäl in Geltung. Ziemlich treu an dem römifchen Vorbilde halten Säulenkapitäle jener Bauten feft, welche noch nahe an die karolingifche Periode grenzen. Die Dürftigkeit des Materials und die geringe technifche Uebung ließen aber bald die feinere Zeichnung und Modellirung verkümmern. Kaum daß man die zu einem Knollen verdichteten Blattfpitzen und die aus der Fläche wenig vortretenden Blätterumriffe an Kapitälen des 11. Jahrhunderts erkennt. Erft gegen den Schluß der Periode kommt das Blätter- und Kelchkapitäl wieder allgemein in Aufnahme, wobei die Behandlung der Details, das ftarke Heraustreiben der Blattränder, die Verzierung der Rippen und Bänder durch Nagelköpfe an die Metalltechnik erinnern. (Beifp. No. 49, 17; 50, 14; 51, 4 u. a. vgl. auch 50, 11.) Eine beliebte Kapitälform führt den Namen des Würfelkapitäls (No. 49, 10). Der Urfprung des Würfelkapitäls ift kaum räthfelhaft. In allen romanifchen Kirchen ftehen unmittelbar auf den Säulen oder den Pfeilern des Mittelfchiffes die Rundbogen auf, über welchen die Mauern emporfteigen. Der Durchfchnitt des Bogenfchenkels bildet ein Viereck, das unterfte, gerade auffteigende Stück deffelben wird als Würfel behauen. Der Durchfchnitt der Säule dagegen zeigt einen Kreis, die Grundfigur derfelben einen Cylinder. Zwifchen dem Viereck und dem Kreife zu vermitteln ift die Aufgabe des Kapitäls, welches unten fich abrundet und die Geftalt der Säule ausklingen läßt, die Seiten aber abgeplattet zeigt, auf die zunächft folgenden Theile des Bogens vorbereitet. Die Flächen des abgerundeten Würfels bilden in weiterer Entwickelung den Grund für mannigfachen Zierrat, der fich bald an die Form des Kapitäls eng anfchmiegt (No. 49, 16; 50, 9), bald diefelbe vollftändig überfpinnt und für das Auge zurücktreten läßt (No. 49, 13, 14).

Die Ausfchmückung der Wände über den Bogen war zumeift der Malerei überlaffen; auch farbige Teppiche fpielten in der Decoration der inneren Kirchenräume eine große Rolle und lieferten zuweilen felbft den Bildhauern (z. B. in den Thierfiguren) die Gegenftände der Darftellung. Die architektonifche Gliederung befchränkte fich auf fchmale Gefimfe, welche die Wände entlang gezogen wurden (No. 49, 8), oder auf vertical auf den Säulen und Pfeilern aufruhende Gefimfe, welche durch horizontale Gurte verbunden waren und Felder einrahmten (No. 49, 7). Die Oberwand wurde durch Fenfter unterbrochen. Diefe waren anfangs klein und fchmucklos, gewannen erft allmählich an Umfang und Höhe. Sie wurden fpäter zu einer Gruppe vereinigt (No. 52, 13), von Säulen und Bogen eingefaßt (No. 51, 10). Sie breiten fich fächerförmig aus (No. 52, 7) oder werden im Spitzbogen oder Kleeblattbogen (No. 53, 13, 14) gefchloffen. Auch die Gliederung und Decoration der Außenmauern gewinnt erft fpät im zwölften Jahrhundert eine fefte und reiche Geftalt. Schmale, nur wenig vortretende Pfeiler, Lifenen genannt, unterbrechen die äußeren Wände, diefelben verftärkend, in verticaler Richtung; an reicher geftalteten Kirchen des

zwölften Jahrhunderts treten ſtärkere Pfeiler oder Halbſäulen, zuweilen durch Bogen verbunden den Mauern vor, auch durch die
andere Steinfarbe ſich unterſcheidend. Unter den horizontalen Gliedern,
von Liſene zu Liſene laufend, insbeſondere häufig zum Abſchluſſe
der Mauer unter dem Dache verwendet, nimmt der Rundbogenfries
(No. **51**, 1) die wichtigſte Stelle ein. Die Form deſſelben wechſelt,
erſcheint bald einfacher, bald geſchmückter, immer aber wird durch
denſelben in Verbindung mit den Liſenen der Zweck, die Wände
einzurahmen, die Maſſen zu gliedern, trefflich erreicht. Als Stützen
des leicht vorſpringenden Daches dienen Kragſteine (Conſolen) und
wulſtförmig gebildete Geſimſe, welche durch ein an Holzſchnitzerei
erinnerndes Linienornament (No. **50**, 12) belebt werden. Wie
ſtark die Gegenſätze der Außenarchitektur innerhalb der Grenzen
des romaniſchen Stiles ſein können, lehrt die Vergleichung der
kleinen Dorfkirche von Idenſen bei Minden (No. **52**, 5) mit dem
Aufriß der Kloſterkirche zu Laach) No. **50**, 13), der Apoſtelkirche
in Köln (No. **54**, 1) oder der Domkirche zu Bamberg (No. **53**, 9).

Nicht allein in der wirkungsvollen Gruppirung der verſchiedenen Kirchentheile, der Schiffe, der Seitenthürme, der Kuppel,
des Hauptthurmes, und in der reicheren Decoration, die namentlich an den Portalen (No. **51**, 16; No. **52**, 9 u. 10) zu höchſter
Pracht· ſich ſteigert, tritt uns der Gegenſatz zwiſchen früh- und
ſpätromaniſchem Stile vor Augen, ſondern auch in dem ſiegreichen
Durchdringen des Gewölbebaues. Die Kunſt der Wölbung war
eigentlich niemals völlig verloren gegangen. In den Landſchaften,
deren Cultur römiſchen Wurzeln entſproſſen war, oder welche Beziehungen zu Byzanz unterhielten, hatten ſich auch die Erinnerungen an die römiſche Gewölbekunſt lebendig erhalten und erſchien
die Kuppel als die ſchönſte Krönung des Baues. Die Krypta, die
unterirdiſche, unter dem Chore errichtete Gruftkirche, deren Anlage bis in die Karolingiſche Periode zurückgeführt werden kann,
wurde naturgemäß, da auf ihr die Laſt der Oberkirche lagerte,
eingewölbt. Von der Wölbung einzelner Theile der Kirche bis
zur Einwölbung aller Räume war aber ein langer Schritt, der in
den verſchiedenen Bauprovinzen nicht zu gleicher Zeit und nicht
in der gleichen Weiſe gewagt wurde. In einzelnen Landſchaften
wird das einfache Tonnengewölbe (eine ſchematiſche Zeichnung
deſſelben iſt bereits No. **11**, 6 gegeben worden) zur Bedeckung des
Mittelſchiffes — und dieſes bot wegen ſeiner Breite und Höhe die
größten Schwierigkeiten, — verwendet; vorwiegend aber kommt das
bereits von den Römern trefflich ausgebildete Kreuzgewölbe in
Gebrauch. Seine Conſtruction verſinnlicht man ſich am beſten,
wenn man ſich daſſelbe durch die Durchſchneidung zweier Tonnengewölbe entſtanden denkt (No. **50**, 6). Dieſe dringen ineinander

und bilden vier dreieckige Kappen, von denen nur die unteren
Endpunkte geftützt zu werden brauchen, da fich die darüber liegenden Gewölbetheile gegenfeitig das Gleichgewicht halten.   Durch
die Einführung der Kreuzgewölbe erfährt die Conftruction der
Kirchen eine durchgreifende Aenderung.   Die Pfeiler als Gewölbeftützen treten in den Vordergrund und gliedern die Wände des
Schiffes.   Diefes wird in quadratifche Felder getheilt; in den Ecken
des Quadrates find Pfeiler errichtet, welche unter einander durch
Bogen verbunden werden, und von welchen aus die Gewölbekappen
emporfteigen.   So bildet das Schiff eine ununterbrochene, durch
die Pfeiler markirte Folge von Quadraten, von welchen jedes als
Gewölbefeld (Travée) felbftändig fungirt und die fich doch alle
gegenfeitig ftützen.   Da die Quadrate des Mittelfchiffes größer find,
als die Quadrate der Seitenfchiffe, fo folgt daraus, daß die Zahl
der Gewölbe in den letzteren größer ift, als in dem erfteren.   Zwei
Gewölbefelder im Seitenfchiffe find gleich einem Gewölbefelde im
Mittelfchiffe.   Da ferner die Bogen, welche das Mittelfchiff vom
Seitenfchiffe fcheiden und auch auf Pfeilern ruhen, nicht fo weit
gefpannt werden, wie die Gewölbebogen, fo wird zwifchen Arkadenpfeiler und Bogenpfeiler unterfchieden.   Es wird bei der Gewölbe-
anlage ftets ein Pfeiler überfprungen, der eben nur die Arkade
trägt, während je der dritte Pfeiler zugleich die Gewölbe˙ ftützt.
Diefe Anordnung wird durch die fchematifche Zeichnung des Ge-
wölbefyftems (No. **50**, 7) klar, noch deutlicher durch die Betrachtung des Aufriffes, welcher dem Speyerer Dome entlehnt ift
(No. **50**, 8), und ebenfo dürften jetzt die Grundriffe romanifcher
gewölbter Kirchen (wie z. B. No. **50**, 3; **53**, 7; **55**, 6 u. 7) verftändlich werden.   In weiterer Entwickelung des Gewölbebaues lernte
man auch die Gewölbe über fchmalen Rechtecken errichten.   Dadurch
war man der Nothdurft, Arkadenträger mit Gewölbeftützen abwechfeln zu laffen, überhoben.   Alle Pfeiler dienen der gleichen
Aufgabe und empfangen auch die gleiche Geftalt.   Ebenfowenig
brauchte man fortan die Zahl der Gewölbefelder in den Seitenfchiffen zu verdoppeln.   Alle Gewölbe werden auf derfelben Grundlinie errichtet und die Maaße des Grundriffes zu einer größeren
Einfachheit zurückgeführt (No. **55**, 9).   Nach einer anderen Richtung wird ein mächtiger Fortfchritt im Gewölbebau dadurch erzielt,
daß von den Pfeilern nicht nur Querbogen und Bogen in der
Axenrichtung — Quergurte und Längengurte — gezogen, fondern
auch in der Diagonale aus Haufteinen Bogen gefpannt werden.
Die Gewölbekappen, bisher in fcharfen Nähten oder Graten an
einander ftoßend, lagern nun zwifchen den Rippen, von diefen
mitgehalten, und können aus leichtem Geftein gemauert werden
(No. **52**, 2).   Zu voller Durchbildung gelangte aber erft die Ge-

wölbekunſt, nachdem gleichzeitig der Rundbogen durch den Spitzbogen erſetzt worden war, in der gothiſchen Architektur.

So wenig, wie eine Landſchaft nachgewieſen werden kann, in
welcher der romaniſche Stil entſtanden iſt, ſo wenig läßt ſich auch
von einer einzelnen Landſchaft behaupten, hier allein hätte er ſeine
ſelbſtändige, ſtetige Entwickelung gewonnen. Es charakteriſirt vielmehr den romaniſchen Stil, daß er auf zahlreichen Punkten faſt
gleichzeitig auftaucht und daß ebenſo auf verſchiedenen Punkten
die weitere Ausbildung deſſelben verſucht wird. Die Mannigfaltigkeit der Bauweiſen innerhalb der Grenzen des romaniſchen Stiles
iſt viel größer, als zur Zeit der Herrſchaft der Gothik. Die Nationalitäten bilden eine erſte große Scheidewand, ſo daß neben dem
italieniſch-romaniſchen Bauſtile noch ein ſelbſtändiger franzö-
ſiſcher, deutſcher, engliſcher auftritt. Der weitere Kreis umfaßt
wieder kleinere landſchaftliche Gruppen, mehr oder weniger
ſelbſtändige Provinzialſtile. So erſcheint die ſüdfranzöſiſche Baukunſt der romaniſchen Periode der nordfranzöſiſchen, der rheiniſche
dem niederſächſiſchen Bauſtile entgegengeſetzt. Und in einzelnen
Landſchaften läßt ſich die Gruppenbildung in noch engeren und
räumlich beſchränkteren Kreiſen verfolgen. Man muß, ſo ſcheint
es, in jedem Lande einige Mittelpunkte, eine einflußreiche Stadt,
einen berühmten Biſchofsſitz, oder eine königliche Pfalz, ein hervorragendes Kloſter annehmen, von welchem aus ſich die Baubewegung
fortpflanzt, von welchen die architektoniſchen Werke einer weiteren
oder engeren Umgebung abhängig ſind. Zuweilen wurden Kirchen-
muſter mit den aus der Ferne herbeigeholten Mönchen aus einer
Landſchaft in die andere übertragen; auch die Berufung der Biſchöfe
auf neue oft entlegene Sitze, bot den Anlaß, neue Elemente in die
Bauweiſe einzuführen und die herrſchende Tradition zu unterbrechen.
So kommt eine Fülle von Typen in die romaniſche Architektur, die
in Wahrheit nur der zuſammenfaſſende Ausdruck für eine lange
Reihe gleichberechtigter Landes- und Provinzialſtile iſt.

Wenn die Schilderung der romaniſchen Architektur mit deutſchen
Bauten anhebt, ſo ſoll dadurch nicht der zeitliche Vortritt Deutſchlands behauptet werden. Wohl aber erreichte hier die romaniſche
Architektur am raſcheſten den formalen Abſchluß und monumentale
Größe. Scheint doch überhaupt die ſelbſtändige deutſche Bau-
phantaſie im romaniſchen Stile ihre reinſte Verkörperung gefunden zu haben. Die natürlichſte Gliederung der reichen Bauthätigkeit, zugleich dem hiſtoriſchen Entwickelungsgange entſprechend,
würde die Beſchaffenheit des Schauplatzes, je nachdem alter Culturboden oder friſch gerodetes Land uns entgegentritt, liefern. Die
alten Traditionen haben aber in den ſchon zur Römerzeit bedeutenden Pflanzſtätten eine arge Unterbrechung und Abſchwächungen

erfahren, auf der anderen Seite zeigt sich gerade in den der Bildung neu erschloffenen Landschaften oft ein so scharfer Blick für ältere Muster, z. B. Säulenkapitäle, daß von dieser Gliederung abgesehen werden muß.

Bereits im zehnten Jahrhundert, seit dem Emporkommen des sächsischen Königshaufes, regt sich am Rhein, wie im südlichen Deutschland, die Bauthätigkeit. Ein besonderer Eifer wird in dem Stammlande der Könige, auf sächsischem Boden, bemerkt, wo das Christenthum verhältnißmäßig noch jung, der Wohlstand durch die Aufdeckung der Silberwerke im Harze im Steigen, das ganze Leben in frischem Auffchwunge begriffen war. Die Fürsten gründeten befestigte Pfalzen und ummauerten Städte, die frommen Fürstinnen stifteten Klöster, die Bischöfe erweiterten und schmückten ihre Sitze. Quedlinburg, Merfeburg, bald auch Magdeburg, kamen in die Höhe, Hildesheim unter Bifchof Bernward († 1023) wurde der Sitz reichen Kunstlebens. Da in späteren Jahrhunderten die Culturbewegung diefe Landschaften nicht so mächtig durchzog, wie andere deutfche Gaue, so blieben hier zahlreiche Reste des 11. Jahrhunderts aufrecht und es bewahrte die Architektur auch das 12. Jahrhunderts verhältnißmäßig einen confervativen Charakter. Eine Probe des sächsisch romanischen Stiles bietet die Stiftskirche in Gernrode (No. 52, 4), vom Markgrafen Gero 961 gegründet. Die Rundthürme zu beiden Seiten der weftlichen Apfis, der Wechfel von Pfeilern und Säulen im Mittelfchiffe, die unbedeutende Entwickelung des Querfchiffes weifen auf die frühe Bauzeit hin.

Glänzende Beispiele des sächfisch-romanischen Stiles sind ferner die Michaels- und Godehardskirche in Hildesheim. Die erftere (No. 50, 1) wurde vom Bifchof Bernward 1001 mit dem dazu gehörigen Benedictinerkloster gestiftet und 1033 eingeweiht. Allerdings hat die Kirche 1184 nach einem Brande einen Umbau erfahren, doch aber viele der urfprünglichen Merkmale beibehalten. Sie erfcheint jetzt als eine dreifchiffige Anlage mit doppeltem Querfchiff und Doppelchor. Im Mittelfchiff wechfeln je ein Pfeiler mit zwei Säulen ab, von welchen letzteren noch mehrere dem urfprünglichen Gebäude angehören. Die Godehardkirche (No. 50, 5) wurde 1133 vollendet. Trotz der späteren Entstehung zeigt die Anlage der Schiffe (Stützenwechsel) eine große Verwandtfchaft mit der Michaelskirche. Eigenthümlich ist die Zeichnung des Chores. Um den Altarraum wird noch in Fortfetzung der Seitenfchiffe ein Umgang herumgeführt, aus welchem drei Nifchen heraustreten. Möglich, daß diefe Chorform aus Frankreich, wo fie häufig (Poitiers, Clermont, Cluny) vorkommt, herübergenommen wurde. Beide Hildesheimer Kirchen find flach gedeckt. Die vom Kaifer Lothar 1135 gegründete Benedictinerkirche zu Königslutter bei Braunfchweig

(No. **50**, 2) mit ·einem durch ihre ſchön gemeißelten Säulen berühmten Kreuzgange, zeigt den Stützenwechſel nur in den Pfeiler-
ſimſen leiſe angedeutet, dagegen Chor, Querſchiff und Seitenſchiffe
bereits eingewölbt. Beachtenswerth erſcheint die große Zahl von
Apſiden. Die Seitenſchiffe werden noch jenſeits des Kreuzſchiffes
fortgeſezt und ſchließen mit Niſchen ab; da aber das Kreuzſchiff
über die Seitenſchiffe heraustritt, ſo bleibt an ſeiner Oſtſeite noch
Raum zur Anlage von zwei Apſiden übrig. Dieſe Fünfzahl von
Apſiden kommt auch ſonſt noch öfter in Deutſchland vor (Breitenau
in Heſſen, Paulinzelle, Sangerhauſen, Boſau in Prov. Sachſen) und
dürfte als Anfang von Kapellenbauten aufgefaßt werden. Die vollſtändige Einwölbung und den ausgebildeten Pfeilerbau zeigt der
Braunſchweiger Dom, von Heinrich dem Löwen geſtiftet. Im
14. Jahrhundert wurden die Umfaſſungsmauern der Seitenſchiffe
abgebrochen, und die letzteren verdoppelt (No. **52**, 8). Sieht man
davon ab, ſo kommt nicht allein der breite Vorbau, dem ſächſiſch-
romaniſchen Stile gemäß als feſte Maſſe behandelt, ſondern auch
die Kreuzform zur Anlage zum Vorſchein.

Von beſonderer Wichtigkeit für die deutſche Baugeſchichte
ſind die drei mittelrheiniſchen Dome, unter welchem Namen
die Dome von Speier, Mainz und Worms verſtanden werden. Der
Dom von Speier (No. **50**, 3) wurde 1030 oder doch bald darauf
von Kaiſer Konrad II. und zwar bereits in ſeiner ganzen rieſigen
Ausdehnung begründet. Je zwölf mächtige Pfeiler, welchen Halbſäulen vortreten (No. **50**, 8), tragen die Mauern des Mittelſchiffes,
unter dem Kreuzſchiff und Chore zieht ſich die Königsgruft hin,
in welcher 1?39 der Stifter beigeſetzt wurde. Um das Jahr 1060
ſchritt man zur Errichtung des Triumphbogens, welcher den Chor
vom Schiffe ſcheidet. In welcher Zeit der ganze Bau (doch erſt
unter Kaiſer Heinrich IV.) vollendet wurde, iſt nicht ſichergeſtellt;
auch darüber herrſcht Streit, ob die Ueberwölbung auch des unge-
wöhnlich breiten Mittelſchiffes ſchon in dem urſprünglichen Plane
lag. Wiederholte Brände und insbeſondere die Zerſtörung der
Kirche 1689 haben von den oberen Theilen des alten Baues wenig
übrig gelaſſen. Bei Gelegenheit der inneren Ausmalung ſeit 1846
wurde auch eine vollſtändige Reſtauration der Architektur durchgeführt und die Vorhalle (No. **54**, 6) neu errichtet. Der Dom von
Mainz (No. **54**, 4 u. 5) geht in ſeinen Anfängen in das 10. Jahrhundert (Biſchof Willigis 976) zurück. Die älteſten Theile des gegenwärtigen Baues, die öſtlichen Rundthürme, gehören jedenfalls noch
der früheſten Zeit des 11. Jahrhunderts (Neubau Biſchof Bardo's
nach dem Brande 1009) an. Die Haupttheile des Baues, bis auf
das im 13 Jahrhundert errichtete weſtliche Querſchiff und den Weſt-
chor, dürften nach dem Brande 1081 (oder erſt nach dem Brande

von 1137?) errichtet worden fein. In diefe Zeit fiel auch die Anlage der Gewölbe in Mittelfchiffe. Doch fand eine Erneuerung der
Obertheile der Kirche nach dem Brande von 1191 ftatt, nachdem
kurz vorher die Herftellung des Werkes aus dem verwüfteten Zu-
ftande, in welchen es in Folge ftädtifcher Kämpfe (1155) gerathen
war, begonnen hatte. Die äußere Anficht mit dem gewaltigen
Mittelthurm (No. **54**, 4), zeigt den Mainzer Dom nach wiederholten
Reftaurationen in feiner gegenwärtigen, nicht in feiner mittelalterlichen Form. Der Dom von Worms (No. **55**, 6) gehört wefentlich dem 12. Jahrhunderte (bis 1181) an. Alle drei Dome befitzen
eine reichere Pfeilergliederung, desgleichen eine wohldurchdachte
Gliederung der Wände und Anordnung der Fenfter, fie gruppiren
wirkfam Thürme und Kuppel über die Vierung und ftreben nach
allen Richtungen die mächtigften Verhältniffe und Dimenfionen an.
Gerade die Sparfamkeit des Schmuckes beweift, daß den Baumeiftern
die Conftruction am meiften 'am Herzen lag und fie durch die
Kühnheit derfelben allein die Bewunderung der Zeitgenoffen feffeln
wollten. Jedenfalls feierte der deutfch-romanifche Stil in den drei
mittelrheinifchen Domen feine höchften und zugleich felbftändigften
Triumphe; fie find Denkmale einer Periode, in welcher auch Kaifer
und Reich die höchften Anfprüche auf Macht und Ruhm erhoben.
Als ein wahrer Mufterbau des bereits völlig ausgebildeten Stiles
kann die Abteikirche zu L a a c h bei Andernach gelten, über deren
Bauzeit (1093 gegründet, 1156 geweiht) wir genau unterrichtet find
und welche fich völlig unverfehrt und unverändert bis auf unfere
Tage erhalten hat (No **55**, 9: No. **50**, 9 u. 13). Die Einwölbung
ift vollftändig und ohne jede Schwierigkeit durchgeführt, die Pfeiler
mit vorgelegten Halbfäulen find richtig als Gewölbeträger behandelt,
die Kreuzform erfcheint ftark betont, durch die Gruppirung der
reich decorirten Thürme wird dem Baue ein gefchloffener, feft zu-
fammengehaltener Charakter verliehen. Unmittelbar in der Zeit
folgt auf die Laacher Kirche die Doppelkirche von Schwarzrheindorf gegenüber Bonn (No. **53**, 5 u. 6). Sie wurde von dem fpäteren
Kölner Erzbifchofe Arnold von Wied als Grabkirche geftiftet und
1151 eingeweiht. Nur wenige Jahre fpäter wurde das Schiff verlängert und die Centralanlage gelockert. (Der Grundriß gibt die
urfprüngliche Geftalt wieder.) Die mittlere Kuppel wird von fchmalen
Kreuzgewölben und Halbkuppeln umgeben und geftützt, von auffallend ftarken Mauern getragen. Eine offene gewölbte Galerie unter
dem Dache mindert die Laft der Mauern und bewirkt zugleich eine
wohlthuende Brechung des fonft maffenhaften Baues. Die reiche
Entfaltung der Choranlage, hier durch die Beftimmung des Werkes
bedingt, bemerkt man auch an den benachbarten Kölner Kirchen,
insbefondere die enge Verbindung der abgerundeten Kreuzarme mit

der gleich weiten Apſis, ſo daß die Erinnerung an die Kleeblattform auftaucht. Die Geſchichte vieler Kölniſcher Kirchen geht
ebenſo wie jene des Trierer Domes, deſſen aus dem 6. Jahrhundert
ſtammender Kern in 11. Jahrhundert nach Weſten erweitert, und
in 12. auch nach Oſten verlängert, worauf dann das Ganze eingewölbt wurde, in das vorige Jahrtauſend, oder doch wenigſtens in
das 11. Jahrhundert zurück. Die eigentliche Signatur empfangen
ſie aber erſt am Schluſſe des 12. und am Anfange des folgenden
Jahrhunderts, in der Zeit des mächtigſten p̓olitiſchen und wirth-
ſchaftlichen Aufſchwunges der „heiligen Stadt“. Die Kirche Maria
im Capitol (No. 52, 1) zeigt die vielgliedrige Choranlage (im Grundriß iſt nur der Anfang des Langhauſes gezeichnet) am früheſten (1049)
angebahnt. Die Mittelkuppel über der Vierung wird durch Tonnengewölbe mit den Halbkuppeln verbunden; dieſe ruhen auf Säulen,
welche einen mit Kreuzgewölben geſchloſſenen Umgang um den
ganzen Chorbau bilden. Die oberen Theile deſſelben, wie ſeine
äußere Decoration, entſtammen erſt dem Anfange des 13. Jahrhunderts; noch ſpäter wurde das urſprünglich flach gedeckte Mittelſchiff eingewölbt. Das glänzendſte Beiſpiel des Kölniſchen Chor-
baues bietet die Außenanſicht der Apoſtelkirche (No. 54, 1). Durch
die Rundthürme, welche die gleiche Decoration wie die Kreuzarme
beſitzen, werden die letzteren organiſch mit einander verbunden.
Ueber der mittleren Chorhaube ſteigt der Giebel des Mittelſchiffes,
darüber die Kuppel in die Höhe. Die beiden Seitenthürme, oben
achteckig, ſchließen dieſelbe ein, der ſchwere Thurm der Vorhalle
bildet die Spitze der Gruppe. Gegen den Chorbau erſcheint das
Langhaus, wie häufig in Köln, wenig entwickelt und faſt verkümmert
(No. 50, 4). Wie in der Geſammtanlage die perſpectiviſche Wirkung
als ein Hauptziel des Baumeiſters (ob der *Albero*, welcher 1219 die
jetzt nicht mehr vorhandenen Gewölbe des Mittelſchiffes vollendete,
den ganzen Plan gezeichnet, iſt fraglich), offenbar wird, ſo erſcheint
die Detaildecoration auf ein reicheres Farbenſpiel berechnet. Namentlich macht der Tafelfries und die Galerie darüber einen maleriſchen
Eindruck. Farbenwechſel in den Baugliedern und Ornamenten war
übrigens in Köln längſt heimiſch geweſen.
   Die abweichende Geſtalt der uralten Gereonkirche (No. 55, 8),
erklärt ſich aus ihrer urſprünglichen Beſtimmung. Sie war eine
Grabkirche und ſchloß die Gebeine der thebaiſchen Legion, welche
nach der Legende theilweiſe in Köln den Märtyrertod erlitten
hatte, in ſich. An die im 13. Jahrhundert als Zehneck erneuerte
Grabkirche (No. 55, 5) war im 11. Jahrhundert ein Langſchiff, im
folgenden Chor und Thürme angefügt worden. Die architektoniſche
Decoration der letzteren Bautheile entſpricht der in Köln üblichen
Weiſe, welche ſich auch über das Weichbild von Köln hinaus ver-

breitete, wie dieſes z. B. die Quirinskirche in Neuß (No. 55, 1)
lehrt. Die fächerförmigen Fenſter, die Arkaden über den Bogen
des Mittelſchiffes und die Form der letzteren (flachgeleibte Spitzbogen), kommen auch ſonſt an rheiniſchen Kirchen aus dem Schluſſe
des 12. und Anfange des 13. Jahrhunderts vor. Man pflegt dieſe
letzteren auch als Uebergangsbauten zu bezeichnen. Mit Unrecht,
wenn man darunter die bewußte Anbahnung und Vorbereitung der
gothiſchen Conſtruction verſteht. Aus den rheiniſchen Bauformen
hätte ſich niemals der gothiſche Stil entwickelt. Wohl aber darf
man hervorheben, daß ſich in den rheiniſchen, beſonders den Kölniſchen Bauwerken der ſtrengromaniſche Stil gelöſt zeigt und der
Nachdruck auf die reiche decorative Gliederung, mit Beimiſchung
eines maleriſchen Elementes, gelegt wird.

Aehnliches gilt von dem Prachtbau romaniſchen Stiles im
mittleren Deutſchland, vom Dome zu Bamberg (No. 53, 8 u. 9).
An ein dreiſchiffiges Langhaus ſchließen ſich auf beiden Seiten über
Krypten Chöre an, von welchen aber nur dem weſtlichen ein Querſchiff vorgelegt wurde. Bis tief in das 13. Jahrhundert wurde an
demſelben gebaut; daraus erklärt ſich die Verſchiedenheit der Bauformen. So ſind z. B. die weſtlichen Thürme mit den durchbrochenen Ecktreppen ganz anders behandelt als die öſtlichen viereckigen Thürme. Im Ganzen bleibt doch der romaniſche Charakter
gewahrt, auch in der Weiſe, wie der Spitzbogen bei den Arkaden
im Mittelſchiff verwendet wird. Ein verwandter Zug gibt ſich im
Dome zu Naumburg (No. 53, 7) kund, wo das Langhaus, wahrſcheinlich aus dem Anfange des 13. Jahrhunderts, gleichfalls noch
quadratiſche Gewölbefelder und ſpitzbogige Arkaden zeigt. Wenn
auch dem Raume nach weit entfernt, ſo doch im Stile naheſtehend,
erſcheint das Langhaus des Baſeler Münſters (No. 58, 1 u. 3).
Die Stiftung deſſelben geht zwar in alte Zeiten zurück, doch dürfte
die Anlage des Lang- und Querſchiffes (der Chor iſt bereits unter
dem Einfluſſe des gothiſchen Stiles entſtanden) nach dem Brande von
1185 fallen. Das quadratiſche Gewölbejoch faßt zwei im Spitzbogen
geſchloſſene Arkaden in ſich mit reich profilirten Pfeilern, über dieſen
öffnet ſich eine Empore, deren Säulchen Rundbogen tragen; die
noch ſchwer laſtende Oberwand wird von zwei Rundbogenfenſtern
unterbrochen.

Viel deutlicher kündigt ſich die Nähe der gothiſchen Architektur, deren Ziel auf wirkſame Unterſtützung der Gewölbe und
Verminderung ihres Druckes durch entgegenſtrebende Pfeiler gerichtet iſt, in zwei anderen Kirchen an. Die leider 1810 bis auf
einen dürftigen Chorreſt gänzlich zerſtörte Abteikirche zu Heiſter-
bach am Fuße des Siebengebirges, wurde 1202—1233 errichtet.
Sie war dem Ciſterzienſerorden angehörig. (Andere Ciſterzienſer-

kirchen, durch den geradlinigen Chorfchluß und die kapellenartigen
Nebenräume ausgezeichnet, find auf No. 52, 11. 12 u. No. 53, 1
wiedergegeben: Riddagshaufen ftammt aus dem Anfang des 13. Jahrhunderts, Ebrach in Franken aus derfelben Zeit.) Im ausgedehnten Langhaufe und Chore find in den Umfaffungsmauern Nifchen
angebracht, über denen Säulen ftehen, welche ihrerfeits das gegen
das Mittelfchiff auffteigende Gewölbe der hohen Seitenfchiffe tragen.
Namentlich am Chore bemerkt man die eifrigen Bemühungen, die
Gewölbe zu fichern. Starke Mauern wurden von denfelben über
das Dach des Chorumganges hinweg nach außen gezogen und auf
diefe Weife der Druck der Wölbung aufgehoben. Die Annäherung
an den gothifchen Stil und zwar in unmittelbarer Anlehnung an
ein franzöfifches Vorbild (Kathedrale von Noyon), offenbart noch
deutlicher der Dom zu Limburg an der Lahn (No. 55, 2 u. 3;
No. 51, 7). Nur das kurze Schiff, die äußere Dachgalerie, erinnern
an die kölnifche Schule. Die innere Gliederung, die Emporen über
den Seitenfchiffen, darüber ein fchmaler Laufgang in der Dicke der
Mauern (Triforium), gehen auf das franzöfifche Mufter zurück. Der
Chor wird von einem Umgang gefchloffen, der Druck der Gewölbe
durch Bogen, die zu kräftigen äußeren Pfeilern leiten, entlaftet.
Theilweife vom rheinifchen, theilweife vom franzöfifchen Einfluffe
abhängig zeigt fich auch die prachtvolle Kathedrale von Tournay
(No. 55, 4), deren Langhaus, noch flachgedeckt, 1146 gebaut wurde,
während das Kreuzfchiff, wie der Limburger Dom, die Formen der
Kathedrale von Noyon annimmt.

Die vorgeführten Proben follen den Entwickelungsgang der
deutfch-romanifchen Architektur von ihren Anfängen im 10. Jahrhundert bis zu dem Zeitpunkte, in welchem der romanifche Stil
theils in reicher Decoration eine freie Löfung fuchte, theils mit
gothifchen Conftructionen fich berührte, verfinnlichen. Um das
Bild der baulichen Thätigkeit insbefondere im 12. und Anfang des
13. Jahrhunderts vollftändig zu machen, mögen noch einzelne Baugruppen erwähnt werden.

Eine ftattliche Reihe romanifcher Gewölbebauten tritt uns im
Elfaß entgegen. Von der Benedictinerabtei in Murbach (No. 56, 1)
hat fich nur Chor und Querfchiff erhalten. Der erftere ift grad-
linig gefchloffen, über dem fchmalen Querfchiffe fteigen zwei fchwere
Thürme in die Höhe. Die äußere Decoration wird durch fchmale
Lifenen und den Rundbogenfries bewirkt. Ein eigenthümliches
Wefen prägt fich in der Kirche S. Peter und Paul in Rosheim
(No. 56, 3—8) aus. Der Grundriß zeigt ein dreifchiffiges Langhaus
mit Querfchiff und verlängertem Chor. Im Mittelfchiff wechfeln
Säulen mit breiten Pfeilern ab. Den letzteren treten Pilafter vor,
welche das Rundbogengewölbe tragen. Die Säulenkapitäle find

jedes verſchieden geſtaltet und aus Würfeln zuſammengeſetzt. Die thurmloſe Faſſade, im Gegenſatze zu dem ſchwerfälligen düſteren Inneren fein und harmoniſch componirt, hebt das Mittelſchiff durch den ſtattlichen Giebelbau in bedeutſamer Weiſe hervor. Wieder anders, viel geſchloſſener und ernſter, erſcheint die Faſſade der Benedictinerabtei zu Mauresmünſter bei Zabern (No. 58, 9) gebildet. Zwiſchen den beiden durch Liſenen belebten Thürmen, liegt die offene von zwei Säulen getragene Vorhalle. Mit dieſer Faſſade verglichen, erſcheint die einige Menſchenalter ſpäter errichtete Fronte der Pfarrkirche zu Gebweiler (No. 58, 4) viel feiner und harmoniſcher durchgebildet. Die Decoration iſt reicher, die Verhältniſſe ſind reiner und beſſer abgewogen, wie die Höhe der einzelnen Stockwerke, die Vertheilung der Portale und der Aufbau der Thürme über den Seitenſchiffen beweiſt. Daß allmählich der Sinn für reiche Gliederung und Ornamentirung durchgriff, zeigt der noch aufrechtſtehende Reſt der Kirche in Pfaſſenheim bei Ruſach (No. 56, 2), aus dem Anfange des 13. Jahrhunderts, ein fünfſeitiger Chorbau mit einer (geſchloſſenen) Säulenſtellung unter dem Dache. Die Kirche S. Fides in Schlettſtadt (No. 57, 1 u. 4) wurde, wie insbeſondere an den Thürmen bemerkbar iſt, in rein romaniſchen Formen erbaut. Sie iſt dreiſchiffig mit quadratiſchen Gewölbefeldern (Arkaden im Spitzbogen geſchloſſen), mit Querſchiff und drei Apſiden. Dagegen prägt ſich in der Benedictinerkirche S. Peter und Paul in Neuweiler (No. 57, 2. 7; 58, 2) der Stilwechſel deutlich aus, welcher während der Bauzeit ſtattfand. Der gerade geſchloſſene Chor, das Querſchiff und der daran zunächſt anſtoßende Theil des Langhauſes, vielleicht aus dem Ende des 12. Jahrhunderts, offenbaren romaniſche Formen, die weiteren Theile des letzteren dagegen ſind bereits im Anſchluß an franzöſiſche Werke im frühgothiſchen Stile errichtet.

Bauproben aus dem Schwabenlande bietet die Kirche eines Frauenſtiftes zu Oberſtenfeld bei Marbach (No. 57, 3), in welcher die Mauern des Mittelſchiffes nach einer im ſüdlichen Deutſchland oft wiederkehrenden Sitte (Ober- und Unterzell auf der Inſel Reichenau, Hirſau, Alpirsbach u. a.), auf Säulen ruhen. Dieſelben werden aber (die Kirche ſtammt aus dem 13. Jahrhundert) im Spitzbogen geſchloſſen, auch zeigen die beiden öſtlichen Felder des Langhauſes, daß eine Einwölbung verſucht wurde. Die Stiftskirche in Ellwangen (No. 57, 5) (1100—1124) iſt regelmäßig im Kreuze angelegt, vollſtändig gewölbt und mit fünf Abſiden verſehen. Schwieriger als in den anderen Bauprovinzen läßt ſich der einheitliche Grundtypus, von welchem in der ſchwäbiſch-alemanniſchen und in der benachbarten bairiſchen Landſchaft die einzelnen Bauten ausgingen, nachweiſen. Neben den Säulenbaſiliken kommen auch Pfeilerbafiliken (Mittelzell auf Reichenau, Dom zu Augsburg) vor; Anklänge an die Antike treten uns im eilften Jahrhunderte in Regensburg entgegen, wo überhaupt im tiefften Mittelalter eine überaus rege Bauthätigkeit waltet; einzelne Werke (Krypta im Freifinger Dom) zeigen eine reiche plaftifche Dekoration, andere wieder fallen durch die große Schlichtheit und die zähe feftgehaltene alterthümliche Weife auf.

Die Architektur Weftfalens, wo fowohl rheinifche, wie fächfifche Vorbilder zur Nachahmung vorlagen, wird zunächft durch den Dom zu Soeft (No. 55, 7) vertreten. Sowohl die Einwölbung des Mittelfchiffes wie die Errichtung der tiefen Vorhalle entflammt einer fpäteren Bauzeit. Bereits urfprünglich als Gewölbebau war der Dom zu Münfter (No. 55, 11) angelegt. Der Spitzbogen herrfcht hier faft unbedingt vor; der Chor wird in gothifcher Weife von einem niedrigeren Umgange eingefchloffen, eine Galerie, von kleinen Säulen getragen, in der Mauerdicke über den Arkaden des Mittelfchiffes angebracht. Bemerkenswerth ift die Verdoppelung des Querfchiffes. In den in Weftfalen beliebten Typus der Hallenkirchen führt der Dom von Paderborn (No. 55, 10) ein, kein einheitliches Werk, an welchem mehrere Jahrhunderte (der ältefte Theil ift der breite ungegliederte Weftthurm aus dem 11. Jahrhundert) arbeiteten. Die gleiche Höhe der Schiffe, welche bald auch zur Anordnung gleich breiter Schiffe, zur Verringerung oder gar zum Wegfall der Oberwand des Mittelfchiffes, zur Verlegung der Fenfter aus dem Mittelfchiffe in die Seitenfchiffe führte, weckt die Erinnerung an eine von Pfeilern geftützte Halle, woher der Name Hallenkirche ftammt.

Während die feit dem 12. Jahrhundert überaus rege Bauthätigkeit in den deutfch-öfterreichifchen Provinzen und den angrenzenden flavifch-ungarifchen Ländern (Proben auf No. 59) keine wefentlichen Unterfchiede von der bis jetzt betrachteten Bauweife darbietet, hat im deutfchen Norden, von Holland bis in das preußifche Ordensland hinein, foweit die Tiefebene reicht, das hier gebräuchliche Material, der Backftein, zu wichtigen Neuerungen geführt. Die Natur der Ziegel, die in gleichmäßigen Platten von kleinen Dimenfionen gebrannt werden, durch den Mörtel Feftigkeit gewinnen und, in verfchiedene Formen gepreßt, durch Zufätze mannigfache Färbung annehmen, erwies fich dem Pfeilerbaue, der Wölbung günftig, gab den Mauern leicht einen maffenhaften Charakter, verbot reiche plaftifche Gliederung, rückte das Flachornament, die gerade Linie an Stelle der ftarken Profile und leicht gefchwungener Kreife in den Vordergrund. Das Würfelkapitäl verliert feine Abrundung, erfcheint mehr trapezförmig (No. 60, 2 u. 3), die Deckplatte wird einfach abgefchrägt, dagegen der Rundbogenfries, aus Formfteinen

zufammengefetzt, durch Durchfchneidung der Bogen reicher belebt
(No. **60**, 1 u. 4). Auch Rautenfchmuck (No. **60**, 5), kleine Con-
folen, übereckgeftellte Steine, leicht herftellbar, waren beliebt, ebenfo
Mufterung und polychrome Ausftattung der Flächen und Glieder.

Von den zahlreichen Ziegelbauten Norddeutfchlands (Jerichow,
Dom zu Lübeck u. a.), wurde als Probe die durch ihre regelmäßige
Geftalt ausgezeichnete Cifterzienferkirche zu Dobrilugk in der Laufitz
(No. **60**, 6), aus dem Ende des 12. Jahrhunderts, ausgewählt.

In den fkandinavifchen Ländern bildete Holz aus klimati-
fchen Gründen das gebräuchliche Baumaterial. Nur hervorragende
Kirchen wurden in der romanifchen Periode aus Stein errichtet,
fo unter König Knud IV. (1080—86) der Dom zu Roeskild in See-
land, den wir aber nicht in feiner urfprünglichen Geftalt, fondern
wie er fpäter nach dem Vorbild des Braunfchweiger Domes erneuert wurde, befitzen (No. **60**, 7). Von den Holzkirchen Nor-
wegens, auf deren Alter die Bauformen, weil fie unmittelbar der
feftbegrenzten Natur des Baumaterials entfproffen find, keinen
ficheren Rückfchluß erlauben, ift Grundriß und Aufriß der Kirche
von Hitterdal (No. **60**, 8) als Probe gegeben. Den Kern der Anlage bildet ein von Holzfäulen getragenes beinahe quadratifches
Schiff, an welches fich der Chor öftlich anfchließt. Umgänge faffen
den Hauptraum ein, und zum befferen Schutze zieht fich überdieß
eine äußere Galerie, oben mit kleinen Fenftern verfehen, um den
ganzen Bau. Einer Pyramide nicht unähnlich fteigt derfelbe gleichfam in Abfätzen in die Höhe. Bretter, Bohlen und Baumftämme,
deren Fugen mit Moos verftopft wurden, hätten das Ausfehen der
norwegifchen Holzkirchen gar dürftig geftaltet, wenn nicht die
Schnitzkunft, die Jahrhunderte lang die alten Band- und Schlangen-
mufter wiederholte, und die Farbe für den Schmuck geforgt hätten.

Holzbauten bildeten auch in England urfprünglich die Regel,
wie denn überhaupt die Privatarchitektur des nordifchen Mittelalters
durchgehends auf den Holzbau zurückgeht. Anklänge an denfelben
laffen fich auch an den Steinwerken der romanifchen Periode in
England in großer Zahl entdecken. Der Name: romanifcher Stil
wird hier übrigens felten gebraucht. Man zieht vor, von einem
angelfächfifchen Stile, der namentlich nach der Verbreitung der
Dänen im 10. Jahrhundert blühte, und einem normannifchen, der
feit der Eroberung Englands durch die Normannen (1066) bis zum
Schluß des 12. Jahrhunderts herrfcht, zu fprechen. Refte aus der
fächfifchen Zeit find befonders in Lincolnfhire und Yorkfhire noch
nachweisbar: Thürme, Krypten, einzelne Bogen, Mauerftücke. Mit
den Normannenfürften kamen auch bauluftige Bifchöfe und bau-
kundige Männer aus Frankreich herüber. Eine überaus reiche
Thätigkeit begann, deren Spuren noch heute uns zahlreich und

deutlich entgegentreten, und welche der Architektur Englands ein dauerndes Gepräge verliehen hat. Es fcheint nicht, daß die aus Frankreich berufenen Baumeifter mit der fächfifchen Ueberlieferung vollftändig brachen; es ift vielmehr wahrfcheinlich, daß fie fich der in England herrfchenden Baufitte vielfach fügten, gerade fo wie es bei Einführung des gothifchen Stiles fpäter gefchah. So bildet der fog. normannifche Stil den Mittelpunkt in der Baugefchichte Englands. Noch aus der Zeit Wilhelms des Eroberers ftammt die Kapelle im weißen Thurm im Londoner Tower. Sie ift dreifchiffig und mit einem Tonnengewölbe überdeckt. Das Kapitäl (No. 60, 13) der fchweren Rundpfeiler zeigt geringe Höhe und als Schmuck Voluten an den abgefchrägten Ecken. Eine andere allgemein beliebte Kapitälform, durch aneinander gereihte kleine Würfel gebildet, lernen wir an dem mittleren Rundpfeiler No. 60, 10 kennen. Das gefältete Kapitäl (chapiteau godronné), gleichfam aus einem Kranz von Kegeln zufammengereiht, ift offenbar eine Abart des Würfelkapitäls und beftimmt, die Plumpheit des einfachen Würfelkapitäls zu verringern. Im Grundriß macht fich die große Länge der Kirche, die Anlage des Querfchiffes nahezu in der Mitte des Langhaufes, der gerade Chorabfchluß geltend. Ueber den dicken Rundfäulen, die zuweilen mit gegliederten Pfeilern wechfeln, zieht fich eine Empore hin. Die Decke des Mittelfchiffes ift gewöhnlich flach aus Holz hergeftellt. Die Decoration der Wandflächen und Bogen bewegt fich in geometrifchen Linien: Zickzack, Rauten, Schuppen (No. 60, 9) und zeigt nur felten Pflanzen-Formen. Von den gegebenen Beifpielen des normannifch-englifchen Stiles entftammt die Kathedrale von Durham (No. 60, 12) der Zeit Heinrich's I. und der folgenden Könige (1108 bis nach 1154); die Wölbung fällt noch fpäter; das Schiff der Kathedrale von Peterborough (No. 60, 10) wurde 1118—1195, die Kathedrale von Gloucefter (No. 60, 11) feit 1088 errichtet. Die überwiegende Zahl der englifchen Kathedralen, die nicht felten zugleich Klofterkirchen waren, weift Beftandtheile aus der normannifchen Periode auf.

Unter ganz anderen Lebensbedingungen als dieffeits der Alpen entwickelte fich die romanifche Architektur in Italien. Die Trümmer der alten Welt lagen hoch und zwangen das neue Gefchlecht zu langfamen Schritten. Der Aufbau des mittelalterlichen Kulturreiches hatte hier zunächft mit größeren Schwierigkeiten zu kämpfen, als im Norden. Die Kirche war in Italien nicht der Schöpfer und Träger der Bildung; die Städte, in welchen fich die Refte der alten Gefittung noch am lebendigften erhalten hatten und von welchen der fpätere geiftige Auffchwung ausgehen follte, bedurften längerer Sammlung, ehe fie diefe Aufgabe übernehmen konnten. Daher wird in der Periode des 10—12. Jahrhunderts in Italien die Kunft

nicht ſo reich und eifrig betrieben, wie in Deutſchland und Frankreich, wo das nationale Leben in jeder Hinſicht raſch den natürlichen Ausdruck fand.

Am ödeſten ſieht es in Rom aus. Die altchriſtlichen Bauten
auszubeſſern, da und dort neue Decken zu ziehen, Apſiden und
Eingänge herzuſtellen, füllt vorwiegend die Bauthätigkeit bis zum
12. Jahrhundert aus. Eine Kunſt allein verſteht man auch jetzt noch
vortrefflich: die antiken Mauerſtücke zu zerſägen und zu zierlichen
Muſtern auf Platten zuſammenzuſetzen. Das iſt die Hauptarbeit
der römiſchen „marmorarii". Die Plünderung Roms durch Robert
Guiscard 1084 bezeichnet den tiefſten Punkt des römiſchen Verfalles. Nur in den Küſtenlandſchaften, die durch politiſche Beziehungen und durch den Handel mit dem Orient verbunden ſind,
regte ſich eine mannigfache Kunſtthätigkeit. Mit ihnen wetteiferten
die Provinzen, in welchen eine ſtärkere befruchtende Volksmiſchung
wie in der Lombardei ſtattgefunden hatte oder ein energiſcher,
dabei von Frömmigkeit erfüllter Herrſcherwille, wie in den nor-
manniſchen Fürſtenthümern Süditaliens, waltete. Ein geſchloſſener
nationaler Stil konnte natürlich auf ſolchem Boden nicht entſtehen.
Die Landſchaften, nach außen offen, erfahren auch äußere Einflüße.
Beſonders anregend wirkten die Beziehungen zu Byzanz. Das berühmteſte Beiſpiel byzantiniſchen Einfluſſes auf die italieniſche Architektur liefert die Kirche S. Marco in Venedig (No. **63**, 2—4). Der
urſprüngliche in 11. Jahrh. errichtete Ziegelbau wurde im dreizehnten Jahrhundert mit Marmor umkleidet und mit Spolien aus
den levantiniſchen Siegeszügen geſchmückt. Die oberen Theile der
Faſſade fallen ſogar erſt in das 14. Jahrhundert. Die Grundform
iſt ein griechiſches Kreuz, von Seitenſchiffen und Vorhallen umſchloſſen. Auf mächtigen Pfeilern und Rundbogen erheben ſich
fünf Kuppeln, die Form des Kreuzes wiederholend. Zwiſchen den
Pfeilern ſtehen Säulen, welche die Galerien der Seitenſchiffe tragen.
Wie in der Conſtruction, ſo iſt auch in der Decoration: Marmor-
belag, Moſaikmalerei, das Vorbild der byzantiniſchen Kunſt feſtgehalten. Noch auf einem andern Punkte Italiens macht ſich die
Einwirkung der letzteren bemerkbar. Die ſüditaliſchen Provinzen
ſtanden unter byzantiniſcher Herrſchaft und unterhielten mit Konſtan-
tinopel einen lebhaften Verkehr. Waren auch die Werke des Kunſthandwerkes am meiſten begehrt, ſo zeigt doch auch die Architektur
einzelne orientaliſche Elemente, welche ſich dem heimiſchen Stile
zugeſellen. (Die Dome von Salerno und Amalfi, die Kathedralen
von Bari, Trani, Troja, meiſtens in 11. Jahrh. begonnen, in folgenden unter der Normannenherrſchaft vollendet und im Inneren geſchmückt, gehören zu den angeſehenſten Werken auf ſüditaliſchem
Boden.) Eine beſonders feſſelnde Miſchung verſchiedenartiger Ele-

mente offenbaren die Bauten Siciliens. Die ehemals römifche Provinz unterftand feit dem 6. Jahrhundert einem byzantinifchen Statthalter, im 9. Jahrhundert begannen die Araber von der afrikanifchen Küfte her die Eroberung der Infel, welche in den beiden folgenden Jahrhunderten ein Hauptfitz farazenifcher Macht und Bildung wurde. Den Arabern folgten in der Herrfchaft die normannifchen Fürften, die aber zunächft an den überlieferten Zuftänden wenig rüttelten, mit der Ausübung der äußeren politifchen Gewalt fich begnügten. Als officielle Sprachen galten im 12. Jahrhundert die lateinifche, griechifche, arabifche und franzöfifche mit gleichem Rechte. Eine ähnliche Gleichberechtigung der verfchiedenen Kunftweifen offenbaren die fizilianifchen Bauten aus der Normannenzeit, namentlich jene Palermo's, welchen, was harmonifche Pracht der Ausftattung betrifft, kaum ein anderes gleichzeitiges Werk Italiens zur Seite geftellt werden kann. Die Capella Palatina im Schloß in Palermo 1129—1140 bildet eine dreifchiffige Bafilika. Säulen, theilweife kannelirt, mit korinthifchen Kapitälen, durch Spitzbogen verbunden, tragen die Oberwand des Mittelfchiffes, deffen Decke mit den bekannten arabifchen hölzernen Gewölbetheilchen ausgefetzt ift. Eine Kuppel erhebt fich über dem Chore, der mit drei Apfiden abfchließt. Die unteren Theile der Wände find mit Marmor belegt, die oberen mit Mofaiken gefchmückt, das ganze Innere ftrahlt in farbigem, durch die kleinen Fenfter gedämpftem Glanze (No. 62, 6). Von dem anderen Prachtbau bei Palermo, der Benediktinerkircke von Monreale, gibt No. 63, 1 die Anficht des Klofterhofes, welcher mit feinen zierlichen, mufivifch decorirten Säulen und Säulengruppen weniger an die nordifchen Kreuzgänge als an die orientalifchen Palafthöfe erinnert.

Unter den Bauten Mittelitaliens nimmt der Dom zu Pifa (No. 62, 4 u. 5) eine hervorragende Stelle ein. Die Vollendung deffelben zog fich bis in das 12. Jahrhundert hin. Als ein Siegesdenkmal errichtet, follte er durch Größe und Koftbarkeit des Materials den Ruhm der Erbauer verkündigen. Er ift fünffchiffig angelegt, von einem dreifchiffigen Querhaufe durchfchnitten, über der Kreuzung mit einer Kuppel gekrönt, außen mit abwechfelnden Lagen von weißem und fchwarzem Marmor, mit Arkaden und Säulengalerien gefchmückt. Die Anordnung der Faffade, das Auffteigen des mittleren Giebelbaues über den Halbgiebeln der Seitenfchiffe fand in Toscana häufige Wiederholung. Die Decoration des Aeußeren durch Säulengalerien wurde auch an dem fchiefen Thurme, der fich, wie gewöhnlich die „campanile", neben dem Dome erhebt, angewendet. Er ftammt aus dem 12. Jahrh. (1174) und follte urfprünglich fenkrecht errichtet werden. Da fich die Fundamente fenkten und der Thurm neigte, wurde in den oberen Stockwerken die Südfeite des

Thurmes etwas höher aufgemauert als die nördliche und so derselbe schief weiter geführt.

Ein anderer berühmter Bau Toscanas ist die Kirche S. Miniato
al monte bei Florenz (No. 62, 2. 3), eine uralte Stiftung, im Grundriß an die Basilikenform (ohne Querschiff) sich anlehnend. Im
Mittelschiff wechseln Säulen mit Pfeilern, welche letzteren durch
Quergurte die Decke stützen. Wahrscheinlich am Ende des 12. Jahrhunderts entstand die Fassade mit ihrem farbigen Marmorschmucke,
ihrer harmonischen Feldereintheilung und antikisirenden Säulen und
Pilastern.

In Toscana behaupten neben Pisa noch Lucca, Arezzo, Pistoja,
Empoli eine hervorragende Stellung in der romanischen Periode;
auf lombardischem Boden zeigt sich eine besonders rege Bauthätigkeit in Mailand, Pavia, Verona. Kreuzgewölbe, auf gegliederten
Pfeilern ruhend, kommen hier allgemeiner, als in den Landschaften
südlich von den Apeninnen, zur Geltung. Die Fassade deutet nicht
die innere Theilung in Mittel- und Seitenschiffe an, sondern steigt
als einfaches Giebelhaus in die Höhe. Bogenfriese, Galerien, die
zuweilen der schrägen Richtung des Giebels folgen, Radfenster und
im Rundbogen geschlossene, oft vortretende Portale schmücken
dieselben. Beispiele bieten der Dom zu Piacenza, 1122 begonnen
(No. 62, 1) und der Dom zu Parma, wahrscheinlich nach einem
Erdbeben 1117 erneuert (No. 63, 5. u. 6), mit einer Kuppel über
der Vierung und mit Apsiden nicht allein an der Ostseite, sondern auch,
wie am Pisaner Dome, an den abschließenden Sehmalseiten des
Querschiffes. Die Verpflanzung des italienisch-romanischen Baustiles
nach Dalmatien lehrt die Fassade von S. Donato in Zara (No. 62, 7),
aus dem 13. Jahrhundert. Wie der Kuppelbau von S. Marco lange
nachwirkt, zeigt die erst im 14. Jahrhundert vollendete, als Wallfahrtskirche mit vielen Kapellen versehene Kirche S. Antonio in
Padua (No. 63, 7).

Die Blüthe der französischen Architektur des Mittelalters
fällt allerdings erst in die gothische Periode seit dem Schlusse des
zwölften Jahrhunderts. Nimmermehr hätte sich diese Blüthe aber
ohne längere Vorbereitung so glänzend entwickeln können; sie setzt
eine längere und stetige Bauthätigkeit schon in der romanischen
Zeit voraus, welche auch die Urkunden bestätigen. Dieselben erzählen von einer umfassenden Restauration zahlreicher Kirchen im
Laufe des 11. Jahrhunderts. Wenn die romanischen Kirchen in
den Landschaften nördlich von der Loire nicht in der gleichen
Zahl und Bedeutung uns entgegentreten, wie in den südlich gelegenen Landschaften, so beruht dieses auf zwei Umständen. Die
nördlichen Provinzen entwickeln in den späteren Jahrhunderten des
Mittelalters die reichste Bauthätigkeit, welcher natürlich viele der

älteren Werke zum Opfer fielen. Dann aber haben die füdlichen
Landfchaften, durch Sprache, Recht, Ueberlieferung und Abftammung
von den fränkifchen Provinzen unterfchieden, die Kunftpflege überhaupt frühzeitiger mit Eifer ergriffen, allerdings auch früher diefelbe
abgebrochen. An römifchen Baumuftern war hier kein Mangel;
fie boten nicht allein die beften Vorbilder für die ornamentalen
Theile, fondern führten auch zur Anwendung von Kuppeln und
Tonnengewölben, welche letztere das Mittelfchiff der ganzen Länge
nach bedecken und eine kräftige Stütze dadurch erlangen, daß über
den Seitenfchiffen halbe auffteigende Tonnengewölbe als Wider-
lager errichtet wurden.

Als die bedeutendften romanifchen Kirchen in Frankreich dürfen
folgende gelten: St. Sernin in Touloufe, St. Trophime in Arles,
Notre-Dame in Avignon, Notre-Dame du port in Clermont, St. André in Vienne, St. Philibert in Tournus, Notre-Dame in Beaune,
die Kathedrale in Valence. Die umfangreichfte romanifche Kirche,
die des berühmten Benedictinerkloiters Cluny, ift in der Revolutions-
zeit zerftört und abgetragen worden. Die Bauzeit diefer Kirchen
reicht meiftens bis in das 12. Jahrhundert hinein, die Grundlagen
des Stiles, wie er in den Kirchen in der Provence, Auvergne, auf
altem aquitanifchen und burgundifchen Boden uns entgegentritt,
find aber gewiß fchon im vorhergehenden Jahrhundert feftgeftellt
worden. Schwerlich hätten fonft die einzelnen Provinzen fich zu
fo klar und beftimmt ausgebildeten Baugruppen zufammenfchließen
und hier überall die Haupttypen eine fo unbeftrittene Herrfchaft
gewinnen können. Nach der Hauptkirche einer Landfchaft richteten
fich ftets die Kirchen der kleineren Städte. So ift die Kirche
St. Lazaire zu Autun das Mufter für Beaune und Saulieu, St. Cé-
faire in Angoulême das Vorbild für die ganze Charente. Diefe
Folgfamkeit deutet eine ftetige längere Kunftübung an.

Als Beifpiele der romanifchen Architektur im füdlichen Frankreich mögen folgende Beifpiele gelten. Die Kirche Notre-Dame
du port zu Clermont in der Auvergne (No. 64, 2—4; 65, 1). Der
Grundriß zeigt den Chor von einem niederen Umgange und vier
Kapellen umfchloffen. Das Mittelfchiff wird von Pfeilern mit vortretenden Halbfäulen begrenzt und mit einem Tonnengewölbe bedeckt. Ueber den Seitenfchiffen erhebt fich eine Galerie, deren
Gewölbe (halbe Tonnengewölbe) fich gegen die Wölbung des Mittelfchiffes anlehnen. Einen anderen Charakter trägt die Kirche St. Front
zu Perigueux (No. 64, 6, 7) an fich. Sie ift in der Form eines
griechifchen Kreuzes errichtet und mit fünf Kuppeln gefchloffen. Die
Nachahmung der Marcuskirche in Venedig und weiter des byzan-
tifchen Stiles ift unverkennbar; auf welchem Wege die Verpflanzung
ftattfand, läßt fich aber nicht genau feftftellen. Mit Kuppeln ift auch

die einſchiffige Grabkirche der Fürſten aus dem Hauſe Plantagenet, die Abteikirche von Fontévrault aus dem 12. Jahrhundert (No. 64, 10; 65, 2, 3) eingedeckt. Der Chor, ſchmaler als das Langhaus, wird von einem Umgang mit radianten Kapellen eingeſchloſſen. Aus dem Kreiſe der burgundiſchen Kirchen heben wir die Kathedrale von Autun (No. 64, 8) hervor. Außer den Anklängen an die Antike in Einzelheiten, verdienen die Spitzbogen der Arkaden und der Tonnengewölbe, ſowie die Anlage der ſchmalen Galerien über den Seitenſchiffen Aufmerkſamkeit. Für die reiche Decoration der Faſſaden, die bald (Provence) auf antike Muſter zurückgeht, bald in überladender Weiſe die ganze Fläche mit Ornamenten und Figuren bedeckt, bietet die Kirche Notre-Dame la grande in Poitiers (No. 64, 1) ein Beiſpiel. Die Kirche ſelbſt, aus dem 12. Jahrhundert, iſt dreiſchiffig und mit Tonnengewölben bedeckt.

Im nördlichen Frankreich bildet die Normandie einen wichtigen Schauplatz baulicher Thätigkeit. Wilhelm der Eroberer ſtiftete in Caen 1066 zwei Abteien, von welchen aber die hervorragendſte St. Etienne, kaum mehr in der urſprünglichen Geſtalt, ſondern vorwiegend in ihrer Erneuerung im 12. Jahrhundert ſich erhalten hat (No. 64, 9). Von den gegliederten Pfeilern an den Ecken jedes Gewölbefeldes ſteigen die Quer- und Diagonalgurten empor, welche das Gerippe des Gewölbe bilden; aber auch von den mittleren Pfeilern, die früher nur als Arkadenträger functionirten, werden Gurten in die Höhe geführt. Sie ſchneiden die Diagonalen und verwandeln das viertheilige Gewölbe in ein ſechstheiliges, aus vier kleineren und zwei größeren Dreieckskappen beſtehend. Dieſe Anordnung durchbricht bereits die romaniſche Conſtructionsweiſe und bildet einen deutlichen Uebergang zu dem gothiſchen Stile.

Bei aller Pracht und Größe der einzelnen Werke, kann Spanien doch nur, im Verhältniß zu Frankreich und Deutſchland, als ein Nebenland in der Kunſtgeographie des Mittelalters betrachtet werden. Der Süden des Landes ſtand unter mauriſcher Herrſchaft und trieb reizende Blüthen orientaliſcher Kunſt; langſam rückte im Norden die Macht chriſtlicher Fürſten vor und hob ſich wieder die chriſtliche Bildung. Die Kirchen, welche allmählich wieder erſtanden, wurden unter dem Einfluß der benachbarten ſüdfranzöſiſchen Architektur errichtet. Aus Frankreich ſtammten auch mehrere Baumeiſter. So erklärt ſich die Herrſchaft der Tonnengewölbe in den ſpaniſchen Kirchen romaniſchen Stiles. Die Kathedrale von Santiago de Compostella, dem weltberühmten Wallfahrtsorte des Mittelalters (No. 65, 4 u. 6), ſeit dem Ende des 11. Jahrhunderts im Baue, entlehnt provençaliſchen Kirchen den Grundplan. Das Mittelſchiff, an Länge mit gothiſchen Domen wetteifernd, iſt mit gegurteten Tonnengewölben gedeckt, über den Emporen der Seiten-

fchiffe fteigen halbe Tonnengewölbe empor, den Chor fchließen
Umgang und Kapellenkranz ein. Die Kirche S. Vincente in Avila
(No. 65, 7) zeigt wenigftens in den Armen des Querfchiffes Tonnen-
gewölbe, während im Langhaufe Kreuzgewölbe herrfchen. An der
Kathedrale von Salamanca (No. 65, 5), deren Vierung mit einer
mächtigen Kuppel gekrönt ift, macht fich bereits der Spitzbogen
an den Arkaden und Gewölben bemerkbar und deutet auf die
Bauzeit am Schluffe des 12. Jahrhunderts hin.

---

3. Die Baukunst gothischen Stiles.

Auf die Ausbildung und Sicherung des Gewölbebaues war fchon
frühzeitig die Aufmerkfamkeit gerichtet. Der Abfchluß diefer Beftrebungen und ihre Einfügung in ein feftes Syftem führte zu der
Bauweife, welche unter dem nichtsfagenden, aber nun einmal allgemein gebräuchlichen Namen „gothifcher" Stil verftanden wird.
Das Bedürfniß durchgreifender Neuerung des Gewölbebaues, machte
fich fo lange nicht geltend, als nur kleinere Kirchen geftiftet, ältere
Anlagen erweitert wurden; es ftieg aber und wurde dringend, als
die Städte zu Macht und Anfehen gelangten, das Bürgerthum auch
in Bauten den Ausdruck feiner wichtigen Stellung und feines Reichthums zu fehen wünfchte, Kirchen errichtet werden follten, von
einer Größe und Ausdehnung, wie fie der Bedeutung der Stadt
entfprach. Da zeigten fich die im romanifchen Stile conftruirten,
mit Kreuzgewölben überdeckten Kirchen unzureichend. Bei den
Kreuzgewölben blieb es; diefe waren überliefert und geftatteten
allein die bequeme Anordnung größerer Fenfter in den Oberwän-
den, wie fie das nordifche Klima verlangte. Die Aufgabe der Baumeifter ging dahin, die Kreuzgewölbe in ähnlicher Weife zu fichern,
wie die Tonnengewölbe durch die auffteigenden Halbtonnengewölbe
über den Seitenfchiffen geftützt werden. Einen Vortheil brachten
die Kreuzgewölbe. Die Tonnengewölbe verlangten eine ununterbrochene Unterftützung ihrer ganzen Länge nach, auf jedem Punkte.
Die Kreuzgewölbe, die man bereits zwifchen Haufteingurten zu errichten gelernt hatte, erforderten nur an wenigen Punkten eine Stütze, um
feft zu lagern. Die Endpunkte derfelben mußten zunächft in ver-
tikaler Richtung geftützt werden. Diefes erreichte man durch die
Pfeiler, welche die Gewölbe trugen. Die letzteren befitzen aber
auch die Neigung zur Seite auszuweichen, fich zu fchieben. Legt
man dem Punkte, wo der Seitenfchub am ftärkften ift, ein Wider-
lager vor, fo wird auch diefe Gefahr vermieden. Nun hindern

aber die Seitenſchiffe die Anlage ſolcher Stützpfeiler unmittelbar am Gewölbe des hohen Mittelſchiffes, deſſen Sicherung doch am dringendſten war. Derſelbe Zweck wurde auch dann erfüllt, wenn man das Wiederlager außen als ſtarken Pfeiler emporführte und über dem Dache der Seitenſchiffe durch einen Bogen mit der Wölbung des Mittelſchiffes verband. Der Bogen leitete den Seitenſchub zu dem äußeren Pfeiler, welcher dieſem entgegenwirkte und ihn überwand. So entſtand das Syſtem der Strebebogen und Strebepfeiler, das erſte, wichtigſte Element der gothiſchen Conſtruction. Der Querſchnitt No. 66, 2 macht dieſelbe deutlich. Bisher hatte man gewöhnlich auf quadratiſchen Grundflächen die Gewölbe errichtet. Dieſe Gebundenheit erſchien vielfach hinderlich. Die Gewölbejoche des Mittelſchiffes und jene der Seitenſchiffe empfangen eine verſchiedene Länge, die Pfeiler im Mittelſchiffe werden, da man die Arkaden nicht ſo weit ſpannen konnte, wie die Gewölbe, ungleich behandelt, zerfallen in Arkadenträger und Gewölbeſtützen. Gleichförmigkeit der Pfeiler war jedenfalls erwünſcht. So lange man im Rundbogen wölbte, konnte von der quadratiſchen Anlage der Gewölbe nur ſchwer abgeſehen werden, da auf einer Grundlinie nur ein Halbkreis gezogen werden kann, bei ungleichen Abſtänden die Scheitel der Bogen nicht in dieſelbe Ebene fallen. Alle Schwierigkeiten fielen fort, ſobald an die Stelle des Rundbogens der in der romaniſchen Architektur ebenfalls bekannte Spitzbogen geſetzt wurde, welcher auf gleicher Grundlinie beliebig erhöht oder herabgedrückt und auch bei verſchiedenen Abſtänden auf die gleiche Scheitelhöhe gebracht werden kann, überdieß wegen der Annäherung an die vertikale Linie eine geringere Spannung beſitzt. Anordnung ſchmaler rechteckiger Gewölbefelder, Gleichheit aller Pfeiler, Anwendung des Spitzbogens bilden das zweite Element der gothiſchen Conſtruction. Durch die Gewölbegurten, Strebepfeiler, Strebebogen und inneren Pfeiler iſt ein feſtes Gerippe des ganzen Baues gegeben. Nicht die Mauern, ſondern die genannten Glieder tragen und halten den letzteren. Es werden die conſtructiven von den bloß raumabſchließenden Theilen ſchärfer getrennt, die Wände zwiſchen den Pfeilern, die Kappen zwiſchen den Gewölbegurten als Füllwerk behandelt. Die gothiſche Architektur verwandelt den Maſſenbau in einen Gliederbau und drückt dieſes auch in der kühnen Durchbrechung der Wände, in der Anordnung weiter Fenſter und ſelbſt in der Wahl des Ornamentes aus, welches überall feſte, zuſammenhaltende Ränder und dazwiſchen leichte durchbrochene Zierraten zeigt.

Natürlich iſt der gothiſche Stil nicht gleich vollendet erſtanden; es hat denſelben keineswegs die Phantaſie eines einzelnen Meiſters fertig erſonnen. Viele Zwiſchenſtufen laſſen ſich nachweiſen, die ſtetige Entwickelung der verſchiedenen Glieder verfolgen. Sieht man von den erſten Anſätzen und früheſten Verſuchen ab, ſo beſtimmen folgende Merkmale im Weſentlichen die Natur des gothiſchen Stiles. Die Apſis lehnt ſich nicht in Form einer Halbkuppel gegen das Langhaus an, ſondern die Gewölbe des Mittelſchiffes ſetzen ſich im Chore fort und ſchließen ſich hier zuſammen. Die Seitenſchiffe ziehen ſich als Umgang um den polygonen Chor, ein Kapellenkranz reiht ſich gewöhnlich dem Umgange an. Durch die Einziehung des Chores in das allgemeine Gewölbeſyſtem wird, zumal auch die Krypta fortfällt, eine feſte Einheit des Grundplanes und eine überaus wirkungsvolle Perſpective erzielt.

Die Einzelſäulen und die maſſigen Einzelpfeiler im Schiffe verſchwinden. Die unmittelbare Beziehung auf die Gewölbegurten ſpricht ſich in der Form des gothiſchen Pfeilers aus. Der polygone Sockel (No. **66**, 5, 10; No. **67**, 6, 8) kündigt bereits die eigenthümliche Geſtalt des Pfeilers, den Bündelpfeiler, an. Um einen cylindriſchen Kern legen ſich Dreiviertelſäulen herum; der Kern bleibt anfangs noch ſichtbar (No. **66**, 10), verwandelt ſich aber dann in Hohlkehlen, welche die Dreiviertelſäulen von einander trennen und die letzteren als die wahren lebendigen Stützen der Gewölbe bekunden. (No. **66**, 5, 7). Weil die Dreiviertel- oder Halbſäulen ſich unmittelbar auf die Gewölbe beziehen, führen ſie den Namen Dienſte, und man unterſcheidet nach der Stärke derſelben alte Dienſte von jungen. (Den ganzen Bündelpfeiler bezeichnete man als Schaft.) Das Kapitäl der Dienſte und der Pfeiler überhaupt beſitzt nicht die gleiche Bedeutung, wie an den alten Säulen. Es fehlt der Gegenſatz der unmittelbar auf den Säulen laſtenden Balken und Mauern. Ein loſer Blätterſchmuck, ſo daß der Grund ſichtbar bleibt, umgiebt zuoberſt die Dienſte (No. **66**, 6; No. **67**, 1, 2). Die Blätter werden der heimiſchen Pflanzenwelt entlehnt und zunächſt naturaliſtiſch behandelt; erſt in der ſpäthgothiſchen Zeit (No. **67**, 3, 4) empfangen ſie eine derbe knollenartige Geſtalt. Dasſelbe Streben nach Verringerung der Maſſe und kräftiger Entwickelung der Einzelglieder, welches ſich in der Bildung des Schaftes ausſpricht, wird auch in der Profilirung der Bogen und der Gewölberippen bemerkbar. Nicht kreisförmig, ſondern herzförmig, beinahe bis zu einer Spitze ausgezogen, erſcheint das Profil derſelben, und es wird überdieß durch die ſcharfe Unterſchneidung, die tiefen Hohlkehlen noch bewegter (No. **66**, 15—18).

Das Zuſammenwirken der einzelnen Glieder verſinnlicht der Querſchnitt No. **66**, 1 und der Aufriß No. **70**, 1. Wir ſehen zunächſt den Bündelpfeiler mit ſeinen verſchiedenen Dienſten; während die in die Axenlinie geſtellten die Arkaden tragen, jene der Rückſeite die Gewölbe des Seitenſchiffes ſtützen, ſteigen an der Vorderſeite der Mittelſchiffwand die Hauptdienſte in die Höhe, auf welchen die Rippen des Gewölbes ruhen, im mittleren Kreuzungspunkt durch einen Schlußſtein (No. **66**, 11, 12) zuſammengehalten. Ueber den Arkadenbogen erhebt ſich das Triforium, der ſchmale in der Dicke der Mauer angelegte Gang, gegen das Mittelſchiff durch Bogenreihen geöffnet, auf der Rückſeite ſpäter nicht durch eine feſte Mauer, ſondern durch Fenſter geſchloſſen. Der übrige Theil der Mittelſchiffwand bis zu den Gewölben wird durch die Fenſterarchitektur eingenommen. Fenſtergruppen kannte bereits der ſpätromaniſche Stil (No. **53**, 13). Nur war der Trennungspfeiler ungegliedert, das Bogenfeld wenig belebt. Dieſes zu ändern, die großen Fenſter zu gliedern, alle todten Flächen aufzuheben und doch die Einheit der Fenſtergruppen zu wahren, bildete das Ziel der gothiſchen Architektur. Auf der Fenſterbrüſtung innerhalb des gemeinſamen Umfaſſungsbogens werden vertikale Pfoſten errichtet, die ſich in Spitzbogen zuſammenſchließen (Nr. **66**, 1). Die Zahl der Pfoſten und auch die Stärke derſelben iſt verſchieden. Meiſtens wird folgende Anordnung getroffen (Nr. **66**, 1—6). Vier gleich hohe im Spitzbogen geſchloſſene Fenſterabtheilungen reihen ſich an einander, je zwei werden dann wieder von einem gemeinſamen Bogen umgeben, und endlich auch dieſe zwei größeren Fenſtergruppen von einem Bogen umſpannt. Zwiſchen den inneren Seiten der größeren und den äußeren Seiten der kleineren Bogen bleiben Kreiſe übrig, die mit an einander ſtoßenden Kreisausſchnitten, Päſſen, ausgefüllt wurden. Je nach der Zahl der Kreisſegmente, die allmählich die Kleeblattform annehmen, noch ſpäter in flammenartig zugeſpitzte, geſchwungene Figuren, ſogenannte Fiſchblaſen (No. **66**, 4 u. 6) verwandelt werden, heißen die Päſſe Dreipaß oder Vierpaß; mit dem Namen Maßwerk aber bezeichnet man den ganzen aus Kreiſen und Kreistheilen gebildeten Fenſterſchmuck im Gegenſatz zu dem Stabwerk, den vertikalen Pfoſten. Die meiſte Beachtung verdient das erfolgreiche Streben, die Maſſe in einzelne Glieder aufzulöſen, die Conſtruction auf feſte Rippen mit leichtem Füllwerk dazwiſchen zurückzuführen. So zeigen die Fenſterwände (No. **66**, 7, 8) die feinſte Gliederung, ſo löſen ſich von den Spitzbogen die innerſten Plättchen ab, ebenſo von den Rahmen der Kreiſe die innerſten Schichten, welche ſogenannte Naſen (No. **66**, 9) bilden. Sie verwandeln den einfachen Spitzbogen in einen Kleeblattbogen, die Rundung in eine belebtere, in eine Spitze auslaufende Figur.

Arkaden, Triforien und Fenſter folgen im Inneren des gothiſchen Domes über einander. Die Außenarchitektur wird weſentlich durch das Gerüſte der Streben beſtimmt. Die Strebebogen (No. **67**, 11) zeigen über dem eigentlichen Bogen, welcher den Schub der Gewölbe auf den Strebepfeiler überträgt, noch ein meiſtens durchbrochenes ſchräges Mauerſtück. Dieſes verſtärkt die Widerſtandskraft des Bogens und leitet durch eine in ihm angelegte Rinne

zugleich das Regenwaſſer bis zu den weit vorſpringenden Waſſer
ſpeiern. Der Strebepfeiler ſteigt in Abſätzen ſich verjüngend in die
Höhe; er wird in den unteren Theilen ſeiner Beſtimmung gemäß
maſſiv gebildet und zuoberſt mit einer Spitzſäule oder Fiale gekrönt. An der Fiale wieder unterſcheidet man den unteren viereckigen Theil als Leib von dem Rieſen (die Erklärung giebt das
engliſche Verbum: to riſe), der pyramidalen Spitze. Fialen kommen
auch als krönende Glieder an den Dachgalerien vor. Die ſchräge
Linie des Rieſen wurde durch Boſſen oder Krabben, Knollen
(No. 67; 9, 10) welche gleichſam der äußeren Platte des Dreieckes entwachſen, geſchmückt; auf die Spitze des Rieſen wurde die
Kreuzblume (No. 68, 12) gepflanzt. Es gilt geradezu als Regel, wie
den einfachen Kreis, ſo auch die längere ſchräge Linie ſtets zu
vermeiden. Jener wird ausgezogen, zugeſpitzt, in das Kleeblatt verwandelt, dieſe durch die aufgeſetzten Boſſen unterbrochen. Boſſen
ſteigen daher den Seiten eines jeden Dreieckes entlang in die Höhe,
ſo insbeſondere an den Wimpergen (Windbergen?), den ſteilen
Dreiecken, welche ſich über den Spitzbogen und Giebeln als Schutz
derſelben erheben (No. 68, 2, No. 72, 3, No. 73, 5), feſte Ränder
und durchbrochene, mit Maßwerk gefüllte Innenflächen zeigen.

Während die Seitenanſicht eines gothiſchen Domes das Gerüſte
der Conſtruction faſt unverhüllt zeigt, drängt ſich an der Faſſade
aller Schmuck, über welchen die Baumeiſter gebieten, zuſammen.
Mächtige Portale, meiſtens in der Dreizahl, das mittlere überdieß
noch durch einen Pfoſten getheilt, treten der Faſſade vor. In den
Hohlkehlen der ſchrägen Seitenwände der Portale ſtehen Statuen;
dieſelben füllen das Thürfeld und die Thürbogen aus und werden
zuweilen reihenweiſe auch in den Galerien über dem Portalbau aufgeſtellt. Mit dem letzteren wetteifert im Schmucke die Fenſterarchitektur der Faſſade. Bald ſehen wir über dem mittleren Portale
ein Radfenſter, eine Fenſterroſe mit reichem Maßwerke errichtet,
bald ſtrebt ein gewaltiges Spitzbogenfenſter in die Höhe. Den Ab
ſchluß der Faſſadenarchitektur bilden die Thürme, ſei es, daß ein
Mittelthurm, das Ganze beherrſchend, emporſteigt, ſei es, daß zwei
Thürme, über den Seitenſchiffen ſich erhebend, die Faſſade begrenzen.
Da auch die Arme des ſtark betonten Kreuzſchiffes mit einer ähnlichen
Faſſade wie das Langhaus und mit Thürmen geſchmückt wurden, und
die Vierung des Kreuzes gleichfalls einen Thurm trug, ſo entſtand eine
förmliche Gruppe von Thürmen, welche allerdings an keinem Werke
ſich vollſtändig verkörpert zeigt, bei der Beurtheilung der Ziele der
gothiſchen Architektur aber nicht vergeſſen werden darf. Der
gothiſche Thurm wird in der Regel ſo angelegt, daß die unteren
Stockwerke viereckig, von Strebepfeilern geſtützt, aufſteigen; das
Viereck geht ſodann in ein Achteck über, worauf der durchbrochene

Helm (krabbenbesetzte Rippen mit leichtem Maßwerk als Füllung), an der Spitze in die Kreuzblume auslaufend, folgt. Verleiht der plastische Schmuck der äußeren Architektur den reichsten Glanz, so hilft die Malerei wesentlich zur Erhöhung der Wirkung im Inneren der Dome. Ohne Glasgemälde kann man sich die letzteren gar nicht denken. Sie wecken erst die rechte Stimmung und vermitteln harmonisch die Gegensätze zwischen den dunkeln Steinmassen und den großen Lichtfeldern. Aber außerdem war man bemüht, die Wirkung der einzelnen Glieder, z. B. der Kapitäle, Gurten, durch Farben zu erhöhen und ersetzte vielfach durch Polychromie den sonst üblichen Teppichschmuck.

Die Geschichte der gothischen Architektur weist uns zuerst auf das nördliche Frankreich, den Königsboden daselbst, die Isle de France mit den angrenzenden Provinzen, hin. Hier waren die inneren und äußeren Bedingungen für die frühzeitige Entwickelung der Gothik vereinigt. Die burgundischen Bauten vermittelten vornehmlich die Kenntniß des im Süden herrschenden Gewölbefystems und zugleich seiner Schwächen. In der in den nördlichen Landschaften heimischen Kreuzgewölbeconstruction besaß man einen fruchtbaren Keim für die weitere Entwickelung. Dazu kam, daß namentlich während der Regierung König Philipp August's (1180 bis 1223) die nordfranzösischen Städte zu großer Blüthe emporstiegen, in denselben gleichzeitig eine rege Bauthätigkeit begann, wodurch nicht nur der Ehrgeiz der Bauherren, sondern auch der Erfindungssinn der ausführenden Künstler angespornt, jeder Fortschritt gleich bemerkt und weiter geführt wurde. Die Bauten des zwölften Jahrhunderts vertreten in Wahrheit den Uebergangsstil. So sehen wir in der Kathedrale von Noyon (No. 69, 3, 4) die Kreuzarme noch abgerundet, die Schiffspfeiler in der Gestalt abwechselnd. Im Aufrisse mischt sich noch Altes (Empore) mit Neuem (Triforium); die Fenster sind im Rundbogen geschlossen, fügen sich nicht frei dem Schildbogen an; die Mühe, die auf einander folgenden Stockwerke in Maaßen und Verhältnissen in Einklang zu bringen, wird überall sichtbar. Der Chor von St. Remy zu Rheims, an das ältere Langhaus angebaut (No. 72, 5), stützt noch durch romanische Säulen die Oberwand der Chorrundung und läßt überhaupt, obschon die Construction (Anlage von Galerie und Triforium, Umgang und Kapellenkranz, Strebebogen) bereits dem neuen Stile angehört, in den Detailformen die Anhänglichkeit an die alte Weise durchklingen. Auch am Chore der Kirche Notre-Dame zu Chalons (No. 69, 5) erscheint die Construction, z. B. das Strebesystem, höher netwickelt als die decorative Kunst, wie die Nacktheit der Strebepfeiler, die schmucklosen Spitzbogenfenster zeigen. Von dem romanischen Stile sagt sich selbst die Thurmanlage der Kathedrale von

Laon (72, 2), an welcher in den letzten Jahrzehnten des zwölften Jahrhunderts gebaut wurde, nicht völlig los. Der Uebergang aus dem Viereck in das Achteck, die allmähliche Verjüngung, die Tabernakel in den oberen Stockwerken, wie die Gruppirung der Thürme, der Zahl urſprünglich auf ſieben beſtimmt war, beſitzen bereits den gothiſchen Charakter. Doch herrſchen noch Horizontallinien in den Abſchlüſſen der Stockwerke vor, und es fehlt die reiche Ornamentirung der vollkommen entwickelten gothiſchen Bauweiſe.

Im Weichbilde von Paris entfaltet ſich frühzeitig im zwölften Jahrhunderte eine rege Bauthätigheit. Bald nach 1121 erneuert Abt *Suger* die uralte Grabkirche der Könige in St. Denis, welches Werk gewöhnlich an die Spitze der gothiſchen Bauten Frankreichs geſtellt wird. Die kaum weniger ehrwürdige Kirche St. Germaindes-Près in Paris bekommt 1163 einen neuen Chor, in demſelben Jahre wird der Grundſtein zur Pariſer Kathedrale, der Kirche Notre-Dame auf der Seine-Inſel gelegt. Der Bau von Notre-Dame zieht ſich weit in das folgende Jahrhundert hinaus, noch während der Bauzeit wurde die urſprüngliche Anordnung der Obertheile geändert. Die Kirche (No. 70, 2, 4; 71, 4) iſt fünfſchiffig angelegt, dieſe Anlage auch im Chore durchgeführt. Dicke gedrungene Säulen tragen die Oberwände und die Gewölbedienſte, über den Seitenſchiffen erhebt ſich eine Empore, die Fenſter ſind nur dürftig gegliedert. Das unterſte Stockwerk der Faſſade nehmen drei reich geſchmückte (reſtaurirte) Portale ein, darüber befindet ſich eine Galerie mit den Statuen der Könige Iſraels, ein Radfenſter füllt das mittlere Hauptfeld aus, während das zweite Stockwerk der Thürme zwei von einem gemeinſamen Bogen eingefaßte Spitzbogenfenſter zeigt; mit einer offenen Galerie ſtatt des Giebels ſchließt oben die Faſſade ab. Das Radfenſter und die entſchiedene Betonung der horizontalen Glieder bleibt der franzöſiſchen Gothik auch ſpäter eigenthümlich. Von geringem Umfange, aber durch den Reichthum der inneren Ausſtattung ein wahres Kunſtjuwel, iſt die Saint-Chapelle im Hofe des Juſtizpalaſtes (No. 71, 6 u. 7), unter Ludwig dem Heiligen von *Pierre de Montereau* 1241—1251 errichtet. Sie darf den Doppelkapellen angereiht werden. Ueber der niedrigen dreiſchiffigen Unterkapelle (die Hälfte des Grundriſſes No. 71, 7 links) erhebt ſich die polychromiſch geſchmückte Oberkapelle, in deren Gliedern und Ornamenten die gothiſche Kunſt ihre höchſte Vollendung feiert. Mit Ausnahme der unteren Faſſadentheile fällt auch der Bau der Kathedrale von Chartres (No. 71, 5; 72, 6) in das dreizehnte Jahrhundert. Der Eindruck der Höhe des Baues (Mittelſchiff über 100 Fuß hoch) wird durch die Anordnung von nur zwei Seitenſchiffen geſteigert. Der Chor ſchließt ſich in der An-

lage an die Pariſer Kathedrale an, nur daß dem Umgange noch
drei größere Apſiden im Halbkreiſe vortreten.   Dieſes Motiv der
herausſpringenden kapellenartigen Apſiden erſcheint in der Kathedrale von Le Mans (No. 71, 3) noch ſtärker ausgebildet. Während
an den zuletzt genannten Werken ältere Theile (in Chartres die
Faſſade, in Le Mans das Langhaus) mit jüngeren verſchmolzen
werden, zeigen die großen Kathedralen von Amiens und Rheims
das gothiſche Bauſyſtem ganz einheitlich durchgeführt. Die Kathedrale von Amiens in der alten Picardie (No. 69, 1, 6) wurde
von 1220—1288 (zuletzt, wie gewöhnlich, die Faſſade) errichtet.
Dem dreiſchiffigen Langhauſe und ebenfalls dreiſchiffigen Quer-
ſchiffe ſchließt ſich der Chor mit doppeltem Umgange und einem
Kapellenkranze, alſo die Breite des Langhauſes weit überragend, an.
Die Faſſade wiederholt das an der Notre-Damekirche in Paris beobachtete Syſtem der Galerien und der Mittelroſe. Aehnlich, nur
noch glänzender und mit plaſtiſchem Schmucke beinahe überladen,
tritt uns die Faſſade der Kathedrale von Rheims (No. 69, 2 u. 7;
No. 70, 1 u. 3) entgegen. Wie bei der Kathedrale von Amiens
ſo iſt uns auch bei der Krönungskirche der franzöſiſchen Könige
der Name des Baumeiſters überliefert. Dort werden nacheinander
Robert de Luzarches, *Thomas de Cormont* und deſſen Sohn *Reg-
nault* als Architekten genannt, mit der Kathedrale von Rheims iſt
der Namen *Robert de Coucy's* verknüpft. Da dieſer 1311 ſtarb,
die Kirche aber bereits 1212 begonnen wurde, ſo rührt nicht von
ihm der Plan her; ebenſo wenig wiſſen wir, ob er ſich, als er ſein
Amt antrat, an die urſprüngliche Anordnung genau hielt, da in
dieſer Hinſicht den Werkmeiſtern des Mittelalters eine große Freiheit zuſtand. Tiefe Kapellen ſchließen ſich dem Umgange des
Chores an, deſſen Maße gegen die große Breite des Querſchiffes
und Ausdehnung des dreiſchiffigen Langhauſes zurücktreten. In
dem Aufbaue der Strebepfeiler bemerkt man ein gewiſſes Mißver-
hältniß zwiſchen dem unteren maſſiven und dem oberen Theile,
welches durch die Stilentwickelung im Laufe des dreizehnten Jahrhunderts nicht vollſtändig erklärt wird. Auch die Pfeilerbündel im
Mittelſchiffe ſind in wuchtiger Stärke angelegt und deuten auf eine
beſtimmte Schulrichtung des Baumeiſters hin.
    Weitere Proben der franzöſiſchen Gothik bilden die Faſſaden
von St. Pierre in Caen (No. 71, 1), welche Kirche erſt im ſechs-
zehnten Jahrhunderte vollendet wurde und der Kathedrale von
Coutances, gleichfalls in der Normandie, im 13. und 14. Jahrh.
gebaut (No. 72, 1). Sie unterſcheidet ſich durch die ſtärkere Betonung der vertikalen Linie von der ſonſt in Frankreich herrſchenden Weiſe und zeigt, daß innerhalb des allen gothiſchen Werken
gemeinſamen Syſtems doch landſchaftliche Sonderungen ſtatt-

fanden. Der mächtige hier unvollendete Mittelthurm, in engliſchen Kirchen häufig wiederkehrend, krönt auch die Vierung der Kirche St. Ouen in Rouen (No. **72**, 7), welche ihrer raſchen Vollendung (1318—1349) die vollkommene Einheit des Planes und die Harmonie der Formen verdankt. Beachtenswerth erſcheint die ſchräge Stellung der Faſſadenthürme (in dem Grundriß nicht genug hervorgehoben), wodurch eine freiere Entfaltung der Faſſade gewonnen wurde.

Wie in allen andern Ländern, ſo giebt ſich auch in Frankreich der Verfall der gothiſchen Architektur ſeit dem Schluſſe des vierzehnten Jahrhunderts in der gekünſtelten Gewölbeconſtruction und in der virtuoſen aber willkürlichen Zeichnung des Ornamentes kund. Ein Beiſpiel, wie die Gewölberippen zu einem Netze verſchlungen werden und ſcheinbar von freiſchwebenden Conſolen auffteigen, liefert die Anſicht des Inneren der ſüdfranzöſiſchen Kathedrale von Alby (No. **73**, 1), welche auch in der äußeren Architektur von dem Herkommen ſtark abweicht. Das ſogen. flamboyante Maßwerk zeigt der Lettner, die Querbühne zwiſchen Schiff und Chor, in der Kirche St. Madeleine in Troyes aus dem ſechzehnten Jahrhundert (No. **73**, 2).

Von gothiſchen Bauten aus jenen angrenzenden Ländern, welche wenigſtens theilweiſe dem franzöſiſchen Einfluſſe unterworfen waren, nennen wir die Kathedrale von Lauſanne (No. **72**, 9), neben der Kathedrale von Genf das hervorragendſte gothiſche Denkmal der franzöſiſchen Schweiz. Sie wurde von 1235—1275 errichtet, aber ſchon am Ende des Jahrhunderts durch eine Feuersbrunſt beſchädigt und nur nothdürftig wieder hergeſtellt. Sie erinnert in der Choranlage und in dem Pfeilerwechſel an frühgothiſche Kirchen (Langres) Frankreichs.

Unter den belgiſchen Kirchen des vierzehnten und funfzehnten Jahrhunderts ragt (neben St. Gudule in Brüſſel, St. Rombaut in Mecheln, dem Dom von Löwen) der Dom von Antwerpen durch die Ausdehnung des Grundriſſes und Mächtigkeit der Thurmanlage hervor (No. **73**, 3 u. 4). Er wurde 1352 mit dem Chor begonnen; ſeit 1406 leitete den Bau *Peter Apelemman*, dem man die Faſſade und die Anfänge des Thurmbaues zuſchreibt. Die oberſten Theile des letzteren hat *Dominik Waghemakere* 1518 vollendet. Die Kirche zählt ſieben Schiffe; die zwei inneren Nebenſchiffe ſind von geringerer Breite als die äußeren, wohl ſpäter hinzugefügten Seitenſchiffe.

Die gothiſche Architektur in England, von den heimiſchen Forſchern als engliſcher Stil bezeichnet und nach den Jahrhunderten und Eigenthümlichkeiten des Stiles in einen frühengliſchen (13. Jahrh.), einen decorirten (14. Jahrh.) und einen perpendiculären

(15. Jahrh.) eingetheilt, trat, während an dem Dome von Canterbury gebaut wurde, in Wirksamkeit. Der zu diefem Werke 1174
berufene Meifter *Wilhelm von Sens* brachte einzelne Elemente aus
feiner Heimath mit; doch hat im Ganzen die englifche Gothik eine
große Selbftändigkeit bewahrt und fteht vielfach den älteren anglo-
normannifchen Bauten näher als den französifchen Kathedralen,
von welchen fie fich durch den beliebten geraden Chorabfchluß,
die geringere Ausbildung des Maßwerkes, der Dienfte und der
Streben unterfcheidet. Frühzeitig wurde das Kreuzgewölbe mit
dem Stern- und Netzgewölbe vertaufcht; neben der Steinwölbung
bewahrt aber auch die Holzdecke, überaus kunftreich als Spreng-
werk behandelt, befonders in der fpäteren Gothik ihre Geltung
(No. 81, 2, 85, 5). Eigenthümlich erfcheint ferner an den englifchen Kathedralen die Zinnenbekrönung, der in der fpäteren Zeit
heimifche gedrückte, eingezogene Bogen, der fog. Tudorbogen
(No. 81, 8) neben dem Efelsrücken, dem gefchweiften zur Spitze
ausgezogenen Bogen (No. 81, 9), der auch auf dem Feftlande
vorkommt. Die gothifchen Kirchen Englands nähern fich mehr
der Hallenform als die französifchen Kathedralen; fie laffen zwifchen
der Höhe des Mittelfchiffes und jener der Seitenfchiffe keinen fo
beträchtlichen Unterfchied walten (daher die Verkümmerung der
Strebebogen) und betonen vielmehr die Längenrichtung.

Baugefchichtlich erregt die Kathedrale von Canterbury (Grundriß der öftlichen Hälfte No. 82, 8) das höchfte Intereffe. Der
erfte Blick lehrt die allmähliche Entftehung des Werkes in verfchiedenen Bauzeiten kennen. Mit der Krypta, dem Werke eines
Ernulf, welcher mit *Lanfranc* aus dem Klofter Bec nach Canterbury gekommen war, und zwar mit den weftlichen Theilen derfelben wurde noch in romanifcher Zeit begonnen. Es folgte fodann der Bau der angrenzenden Theile des Langhaufes mit dem
öftlichen Querfchiff und weiter des Chors, an welchen die Rund-
kapelle zu Ehren Thomas Beckets, die Becketskrone, angebaut ift.
Er befitzt eine geringere Breite als das Mittelfchiff, weil man die
älteren Thürme nicht zerftören wollte. Die zwifchen den beiden
Querfchiffen errichteten Theile, die noch von Wilhelm von Sens
herrühren, zeigen im Mittelfchiff quadratifche Gewölbefelder und
fechstheilige Gewölbe. Das Langhaus (im Grundriß nicht gezeichnet) ftammt aus dem vierzehnten Jahrhundert. Unter franzö-
fifchem Einfluffe fcheint auch die Abteikirche zu Weftminfter (No.
81, 3) mit radianten Kapellen und ausgebildetem Strebefyftem errichtet zu fein. Das in England herrfchende Syftem der Gothik empfängt in der Kathedrale von Salisbury (No. 81, 1 u. 10) einen reineren
Ausdruck. Der Grundriß der 1220 begonnenen Kirche zeigt das
dreifchiffige Langhaus zweimal durch ein Querfchiff unterbrochen,

dem sich nur ein Seitenschiff anlegt, und den geraden Chorschluß; der Querschnitt des Kreuzschiffes (No. 81, 10) lehrt die Anordnung der Fenster innerhalb des Umfassungsbogens, der Aufriß (No. 66, 13) die schlichte äußere Architektur kennen. An der Fassade der Kathedrale von Lincoln (No. 82, 2), mit welcher der 1185 begonnene Kirchenbau abschloß, erblicken wir zu beiden Seiten des hohen Thorbogens mehrere Reihen von Arkaden, an welchen zwar der Lanzettbogen an den gothischen Stil erinnert, die Anordnung aber im Allgemeinen von dem sonst üblichen Fassadenbau stark abweicht. Proben der äußeren Architektur bieten die Choransicht von der Kathedrale von Lincoln (No. 81, 7) und die reicher und klarer entwickelte der Kathedrale von Lichfield (No. 82, 1). Nach der in England gewöhnlichen Uebung ist der Hauptthurm über der Vierung der Kirche errichtet. In dem sogen. „decorated style" des späteren vierzehnten Jahrhunderts prangt die 1402 vollendete Fassade der Kathedrale von York (No. 81, 4), an welcher insbesondere das große Mittelfenster bewundert wird. Den Unterschied zwischen dem älteren englisch-gothischen Stile und jener Weise, welche den Namen „decorated style" führt, bringt die Vergleichung des Münsters von Beverley in der Grafschaft York (No. 82, 5) mit der Marienkirche ebendort (No. 82, 3) vor die Augen. In jener sind Maßwerk, gutgebildete Dienste, Steingewölbe herrschend, hier (vgl. auch No. 82, 6) ruht eine Holzdecke auf den schlanken Säulen, steigen perpendiculare Stäbe gitterartig an den Fenstern in die Höhe, fehlt das Triforium. Aus der letzten gothischen Periode rührt die Kapelle Heinrich's VII. in der Westminsterabtei (No. 81, 6) her, in welcher insbesondere die Bildung der fächerartigen Gewölbe mit tiefherabhängenden Schlußsteinen die Phantasie der Beschauer anregt und einen märchenhaften Reiz ausübt.

In Deutschland werden die frühesten Versuche im gothischen Stil erst im Anfange des dreizehnten Jahrhunderts, also später als in England und vollends im nördlichen Frankreich wahrgenommen. Es vergeht auch dann noch eine längere Zeit, ehe der neue Stil (opus francigenum genannt) hier vollkommen heimisch wird. Die weitüberwiegende Zahl deutscher gothischen Bauten fällt in das vierzehnte und folgende Jahrhundert, die vollendete und dann verfallende Kunst hat auf deutschem Boden mehr Denkmale aufzuweisen, als die aus den ersten Keimen emporsprießende Gothik.

Die Annährung an die gothische Construction wird bereits an dem Zehneck der Kölner Gereonskirche, wie an der Abteikirche in Heisterbach offenbar. Zu den frühesten Versuchen in der neuen Bauweise muß man auch den Chor des Magdeburger Domes (No. 78, 5), 1211 begonnen, rechnen; vollständig in derselben ausgeführt erscheinen außer der Cisterzienserkirche zu Marienstadt in

Naffau die an den Trierer Dom anftoßende Liebfrauenkirche (No. 77, 15) und die Elifabethkirche in Marburg (No. 76, 5 u. 6). Zwifchen die Arme eines Kreuzbaues, deffen Vierung durch hohe Wölbung und den Thurm hervorragt, fchieben fich in der Liebfrauenkirche nach dem Mufter einer franzöfifchen Kirche (S. Yved de Braine bei Soissons) feitlich ftets zwei niedrigere Kapellen, wodurch im Grundriß beinahe eine Centralform, für den Befchauer im Innern eine Fülle fchöner perfpectivifcher Durchblicke erzielt wird. Es fällt auf, daß die älteften gothifchen Bauten auf deutfchem Boden eine fo große Selbftändigkeit in der Grundrißbildung und im Aufriffe zeigen. Denn auch die Elifabethkirche in Marburg darf auf eine große Originalität der Anlage Anfpruch erheben. Sie ift in Hallenform errichtet: die Dienfte wie die Streben befchränken fich auf die durch die Conftruction gebotene Geftalt und Gliederung ohne weiteren Schmuck. Die Fenfter bilden noch zwei Doppelreihen über einander; alles erfcheint einfach, aber auf das klarfte und mit vollem Verftändniß für das Nothwendige geordnet.

Von den drei berühmteften weftdeutfchen Domen, den Münftern zu Freiburg und Straßburg und dem Kölner Dome, ift nur der letztere im gothifchen Stile ausfchließlich errichtet, die beiden anderen befitzen noch romanifche Elemente, an welche gothifche Theile angefetzt wurden; doch geben nur diefe die Signatur für den ganzen Bau ab.

Schon der Grundriß des Münfters in Freiburg im Breisgau (No. 75, 5) deutet auf verfchiedene Bauzeiten hin. Der ältefte Bautheil ift das mit einer Kuppel gekrönte, noch im romanifchen Stile gehaltene Querfchiff, an welches in der Mitte des dreizehnten Jahrhunderts das dreifchiffige Langhaus angefchloffen wurde. Die oberen Thurmtheile, welche auf dem maffiven Unterbau ohne weitere Vermittelung auffitzen, datiren aus dem Anfange des vierzehnten Jahrhunderts. Der Freiburger Thurm ift der ältefte in rein gothifcher Weife, mit durchbrochener Pyramide, errichtete, zugleich der fchönfte. Neben ihm aber in viel kleineren Dimenfionen angelegt zeigt noch der Thurm der Liebfrauenkirche in Eßlingen aus den Jahren 1440—1471 (No. 79, 5) die reinften gothifchen Formen. Als das Langhaus des Freiburger Münfters fchon fertig ftand, wurde öftlich vom Querfchiff der Chor mit Umfang und Kapellenkranz erbaut und 1513 geweiht.

Die fortfchreitende Stilentwicklung während der Bauzeit wird ebenfalls am Straßburger Münfter (No. 75, 2) offenbar. Aus der Zeit Bifchof Werner's von Habsburg (c. 1014) ftammen wahrfcheinlich noch die Ofttheile der Krypta her, fowie die Anlage des Chores. Zahlreiche Brände im Laufe des zwölften Jahrhunderts hatten insbefondere feit dem Jahre 1176 eine durchgreifende Er-

neuerung zur Folge. Zunächft wurde das ftark ausladende Querfchiff (der Nordflügel ift älter als der Südflügel) in Angriff genommen. An den Mittelpfeilern, welche jeden Flügel in vier Felder
theilen, erkennt man bereits das Eindringen gothifcher Formen,
ebenfo weift die füdliche Faffade des Querfchiffes (No. **74**, 2) in
der Aufeinanderfolge der Glieder auf den immer mehr fich fteigern-
den Einfluß der neuen Bauweife hin. Im reinen gothifchen Stile,
ungefähr vom Jahre 1230 an, wurde das Langhaus errichtet. Als
Baumeifter (magister operis) in der Zeit von 1261—1274 kommt urkundlich der Name *Konrad Oleymann* vor. Im Jahre 1275 erfcheint das Werk bis auf die Faffade vollendet (No. **74**, 3 u. 4).
Wie weit die Reftauration des Langhaufes nach dem Brande 1298
fich erftreckte, darüber herrfcht keine Sicherheit, da wir über den
Umfang des Brandes keine genaue Kunde befitzen. Mit dem Bau
der Faffade ift für immer der Name *Erwin's* als Schöpfer derfelben
verknüpft. Die übliche Bezeichnung deffelben: Erwin von Steinbach, kommt in keiner gleichzeitigen Urkunde vor, vollends mythifch
ift die Exiftenz feiner kunftgeübten Tochter Sabina. Wann Erwin
feine Thätigkeit begann, läßt fich nicht feftftellen. Da er am 17.
Januar 1318 ftarb, fo können nur die unteren Theile der Faffade
auf ihn zurückgeführt werden. Drei mächtige Portale füllen zwifchen
den Strebepfeilern den Raum des unterften Stockwerkes aus; über
den mit Spitzgiebeln und Fialen gefchmückten Portalen fehen wir
in der Mitte eine quadratifch eingerahmte Fenfterrofe, zu beiden
Seiten Spitzbogenfenfter; vor denfelben fteigen leichte Stäbe in die
Höhe, gleichfam die Faffade mit leichtem Gitterwerk noch über-
fpinnend. Schon das dritte Stockwerk, mit welchem der eigentliche
Thurmbau anhebt, zeigt eine Verringerung der Güte des Materials
und eine Verfchlechterung der Arbeit. Vollends abweichend von
dem urfprünglichen Entwurfe erfcheint der einzige ausgeführte nördliche Thurm von dem achteckigen Gefchoffe an. An den Ecken
deffelben find Schneckenthürme, als Fortfetzung der Strebepfeiler, angebracht und auch der durchbrochene Helm ift von Treppenthürmchen,
in welchen die Treppe fpiralförmig, beinahe bis zur Laterne emporfteigt, begrenzt. Diefe Anordnung wird auf die vielfach noch räthfel-
haften Junckherrn von Prag (Anfang des 15. Jahrh.) zurückgeführt,
welche nach den Söhnen Erwin's, einem Meifter Gerlach u. a. dem
Baue vorftanden. Schneckenthürme kommen auch am Prager Dome
vor, was die Herkunft der Junckherrn aus Prag beftätigen könnte.
Als letzter Baumeifter wird feit 1428 *Johannes Hültz* aus Köln,
der Schöpfer des durchbrochenen Thurmhelmes, genannt. Im Jahre
1439 war das Straßburger Münfter, wie es fich jetzt dem Blicke darbietet, wefentlich vollendet. Der gegenwärtigen Faffade (No. **74**, 1)
ift das Bild einer idealen Reftauration (No. **75**, 1) gegenübergeftellt.

Eine Feuersbrunst im Jahre 1248 zwang zu rascher, wahrscheinlich schon früher beabsichtigter Erneuerung des Kölner
Domes (No. **76**, 1, 2 u. 4). Mit dem Chore wurde der Bau, als
dessen erster Meister *Gerhard von Riehl*, der auch an der Benedik-
tinerkirche in München-Gladbach thätig war, mit Recht gilt, begonnen, nach der Einweihung des vollendeten Chores 1322 sofort
Querschiff und Langhaus in Angriff genommen, im Anfang des
sechzehnten Jahrhunderts die Thätigkeit abgebrochen. Sie wurde
erst nach vorhergegangener Restauration des Chores 1842 wieder
aufgenommen und 1880 glorreich abgeschlossen. Hat der Architekt
des Straßburger Münsters von St. Denis, Notre Dame in Paris,
St. Urbaine in Troyes mannigfache Anregungen geschöpft, so hatte
der Kölner Dombaumeister sein Vorbild im Dome von Amiens.
Auf dieses Muster weisen die Chortheile des Kölner Domes deutlich
hin. Umgang und sieben vieleckige Kapellen schließen den sieben-
seitigen Chor ein. Wie die Anlage des Chores, so lehnt sich auch
die Construction der Einzelglieder an das französische Vorbild an.
Selbständig verfuhr dagegen der Kölner Meister, welcher auf Meister
Gerhard, auf Arnold und Johann, Gerhard's Sohn, folgte, bei dem
Entwurfe des Langhauses. Er gab auch diesem, der Eintheilung des
Chores entsprechend, fünf Schiffe. Diese feste Consequenz prägt
sich überhaupt am Kölner Dome scharf aus. Wie alle Maße und
Verhältnisse sich auf eine Grundeinheit zurückführen lassen, so wird
auch die vertikale Tendenz im Aufbaue folgerichtig mit unerbitt-
licher Strenge ohne jede erhebliche Unterbrechung durchgesetzt.
    Als Grundmaß gilt in Köln die Breite des Mittelschiffes von
Säulenaxe zu Säulenaxe = 50 römische Fuß. Den Seitenschiffen
wurde die Hälfte, dem Kreuzschiffe das Doppelte, dem Chor das
Dreifache desselben gegeben. Einfache Verhältnißzahlen liegen allen
Maßen in der Längen- wie in der Höhenrichtung zu Grunde. Wie
unbedingt aber, mit den französischen Kathedralen verglichen, die
vertikale Tendenz vorherrscht, beweist die Fassade, deren Composition übrigens erst dem vierzehnten Jahrhundert angehört, wie denn
überhaupt auch am Kölner Dome die einzelnen Stufen der Stilentwickelung sich stark bemerkbar machen. Auffallend erscheint
die Verschiedenheit der decorativen Formen an den nördlichen
(viel einfacheren) und südlichen Streben des Chores (No. **76**, 1).
    Rasch breitete sich im Laufe des dreizehnten Jahrhunderts der
gothische Stil in den Rheinlanden aus. Noch theilweise mit romanischen Formen gemengt (Querschiff) tritt uns derselbe an der
Georgskirche in Schlettstadt im Elsaß (No. **75**, 6) entgegen. Bis
auf den geraden, über eine Krypta angelegten Chor und den Thurm
war der Bau 1393 vollendet. Der S. Martinskirche in Colmar,
an welcher in der ersten Hälfte des dreizehnten Jahrhunderts ge-

baut wurde, ist das Portal des südlichen Querschiffes (No. 75, 4)
entlehnt. Dasselbe schildert im Bogenfelde die Legende des h.
Nikolaus und darüber das jüngste Gericht und zeigt im äußersten
Bogen zwischen Heiligen und Propheten auch die Figur des Bau-
meisters, mit der Beischrift: Maistres Humbret, also wahrscheinlich
eines Franzosen. Der spätgothischen Zeit (14. und 15. Jahrh.) gehört die Kirche des h. Theobald in Thann (No. 75, 3 und 76, 8)
an. Die Thurmpyramide ist sogar erst 1516 von dem Baumeister
Remigius Valck vollendet worden.

Wie am Oberrhein, so erhoben sich auch am Mittel- und
Niederrhein zahlreiche und darunter oft stattliche Kirchen. Zu den
stattlichsten gehört die mit einem Doppelchore versehene Katharinen-
kirche in Oppenheim (No. 78, 6). Berühmt sind vor allem die
Fenster der Kapellenreihen zu beiden Seiten des dreischiffigen Langhauses, sowohl wegen der reichen Gliederung des Maßwerkes, wie
wegen der Schönheit der Glasgemälde. Die Choranlage mit den
schräg gestellten Kapellen zwischen Apsis und Querschiff erinnert an
die Anordnung in der Liebfrauenkirche in Trier, welche auch sonst
noch an rheinischen Kirchen z. B. Ahrweiler, Xanten (No. 77, 11)
und dann wieder weit vom Rhein entfernt und wahrscheinlich durch
unmittelbare französische Einflüsse hervorgerufen am Dome zu
Kaschau in Oberungarn (No. 77, 9) wiederkehrt. Eine so reiche
Chorentfaltung, wie sie an den Kathedralen aus der früheren
gothischen Periode wahrgenommen wurde, findet auf deutschem
Boden selten Raum. Das erscheint selbstverständlich bei Pfarrkirchen
oder den Klosterkirchen, welche jetzt nach der Einbürgerung der
Bettelmönche und Predigermönche an vielen Orten in schneller Folge
emporstiegen. Aber auch die großen Dome begnügen sich häufig
mit einem ganz einfachen Grundrisse. Als Beispiel kann der 1275
vom Meister *Ludwig*, dem Steinmetzen (Magister Ludwicus Lapacida)
angefangene Dom von Regensburg (77, 1; 78, 2) angerufen
werden. Je anspruchsvoller die Fassade, zu welcher ein breiter
Treppenbau führt, auftritt, je reicher das dreischiffige Langhaus
gegliedert erscheint, desto mehr fällt die schlichte Gestalt des Chores
und der Abschluß der Nebenschiffe, der romanischen Sitte gemäß
mit einer Apsis, auf. Auch am Stephansdom in Wien (No. 77, 8;
78, 1 u. 4) wird der bei Kathedralen sonst übliche Chorschluß vermißt. Der Chor, 1340 eingeweiht, zeigt drei gleich hohe Schiffe,
welche in polygonen Apsiden endigen. Dem Querschiffe sind Thürme
vorgebaut, von welchen der südliche, 1433 vollendete Thurm in
unseren Tagen eine durchgreifende Herstellung erfahren hat. Das
Langhaus, später als der Chor errichtet, wird in drei Schiffe getheilt,
das Mittelschiff, nur wenig breiter und höher als die Seitenschiffe,
entbehrt eigener Fenster und besitzt mit jenen ein gemeinsames

Dach. Langhaus und Querſchiff ſind mit Netzgewölben eingedeckt.

Auch am Ulmer Münſter, zu welchem 1377 unter werk-
thätiger Begeiſterung der Bürgerſchaft der Grundſtein gelegt worden,
hat der Chor nur die Breite des Mittelſchiffes, an die alte Apſis-
form erinnernd (No. 77, 2). So ſchlicht derſelbe erſcheint, ſo
mächtig und groß in allen Maßen tritt das Langhaus auf. Urſprünglich war dasſelbe auf drei gleich breite Schiffe angelegt, von
welchen dem Mittelſchiffe die doppelte Höhe der Seitenſchiffe gegeben wurde. Die Rückſicht auf die Sicherheit des Baues, welcher
zunächſt ohne Streben errichtet wurde, gab im Anfange des ſechzehnten Jahrhunderts Anlaß, jedes Seitenſchiff noch durch eine
Säulenreihe zu theilen; das dreiſchiffige Langhaus wurde in ein
fünfſchiffiges verwandelt. Wie dem Ulmer Münſter ſo fehlt auch
der Frauenkirche in München (No. 77, 3) das Querſchiff. Aus
der zweiten Hälfte des fünfzehnten Jahrhunderts ſtammend, bietet
ſie ein gutes Beiſpiel ſpätgothiſchen Stiles dar. Sie iſt aus Backſtein in Hallenform errichtet, von Kapellen begleitet, die zwiſchen
die Strebepfeiler eingebaut ſind, und zeigt die freien, luftigen Verhältniſſe, welche in der deutſch-gothiſchen Architektur ſo beliebt
waren. In Hallenform iſt auch der an das alte Langhaus 1343
angebaute Chor der Ciſterzienſer Kirche zu Zwetl in Nieder-
öſterreich (No. 76, 9, Nr. 77, 12) errichtet. Als Vorbild diente
eine franzöſiſche Ordenskirche (Pontigny). Gleichfalls an dem
franzöſiſchen Muſter, aber nicht einer Kloſterkirche, ſondern einer
Kathedrale hielt der erſte Meiſter des unvollendet gebliebenen
Prager Domes (No. 77, 4), *Matthias von Arras*, feſt. Er begann
den Bau 1344, welchen nach ſeinem Tode der in Köln ausgebildete
Peter von Gmünd oder Peter der Parlirer (Parler) fortſetzte.

Im nördlichen Deutſchland nimmt der Dom von Halberſtadt
(No. 66, 2, No. 80, 1) eine Ausnahmeſtellung ein. Der Bau rückte
von Weſten nach Oſten vor, daher die Thürme noch den Charakter
des ſpätromaniſchen Stiles an ſich tragen. Die Einweihung fand
1490 ſtatt. Das dreiſchiffige Langhaus wird von einem weit vorſpringenden Querſchiff durchſchnitten, an den Chor, welcher von
einem niedrigeren Umgange eingeſchloſſen iſt, ſtößt die Marienkapelle
an. Bei aller Einfachheit und Selbſtändigkeit im Einzelnen bleibt
der Einfluß des franzöſiſchen Kathedralſtiles ſichtbar. Im Allgemeinen
gehen die norddeutſchen Baumeiſter, welche die Hallenform vor-
ziehen und den Backſtein als Material benutzen, ihren eigenen Weg
und zeigen ſich fremden Einwirkungen wenig unterworfen, ſo daß
die Eigenart des deutſchen Volksthumes hier einen beſonders kräftigen, friſchen Ausdruck gewinnt. Die Natur des Materials prägt
ſich auch in den Formen aus. Die Pfeiler, meiſt achteckig gebildet,

erſcheinen nur ſchwach profilirt (No. **79**, 4, No. **80**, 8) und ſelbſt an den reicheren Portalprofilen (No. **79**, 3) wird man den Schwung und die Freiheit der Steinmetzarbeit vergebens ſuchen. Auch das Strebenſyſtem tritt mehr zurück, ebenſo der Fialen- und Maßwerkſchmuck. Der Charakter des Maſſenhaften herrſcht vor, im Innern und an den äußeren Mauern. Doch fehlt es nicht an wirkungsvollen Elementen und decorativen Gliedern. Die Wölbungen werden zu bedeutender Höhe emporgerührt, leicht und frei gebildet; außer dem von dem romaniſchen Stile herübergenommenen Bogenfrieſe (No. **79**, 8) dienen namentlich die Formſteine und die farbigen glaſirten Ziegel zu ornamentalen Zwecken. Die Formſteine geſtatten das durchbrochene Maßwerk nachzubilden, ſie überziehen wie ein leichtes Gitter die Wandflächen; durch die gebrannten und glaſirten, farbigen Ziegel, die in wechſelnden Schichten geordnet, zu verſchiedenen Muſtern zuſammengeſetzt werden, kommt Leben und Gliederung in die ſonſt todten Maſſen. Außer den Portalwänden erfreuen ſich namentlich die hohen Giebel des reichſten Schmuckes (No. **80**, 5). Als Beiſpiel norddeutſchen Backſteinbaues mag zunächſt die Marienkirche zu Lübeck (No. **77**, 6) erwähnt werden. Wie die niedrigen Seitenſchiffe, der Chorumgang und die Chorkapellen zeigen, hält ſie noch im Grundriß an dem zuerſt in Frankreich durchgeführten Kathedralſyſtem feſt. Die Behandlung der Dienſte, der Streben und insbeſondere der Thürme offenbart aber ſchon die klare, folgerichtige Einfachheit, welche die Backſteinbauten des deutſchen Nordens auszeichnet. Die Marienkirche wurde nicht bloß der Stolz der Stadt, ſondern auch das Muſter, nach welchem ſich die Baumeiſter der deutſchen Küſtenlande bildeten. Und ſelbſt wo ſie nicht als Vorbild diente, hat die zwingende Natur des Materiales, dann in weiterer Linie die Gemeinſchaft der Anſchauungen, Sitten und Intereſſen einen Zug der Verwandtſchaft in die Aeußerungen der Kunſt gebracht. Wenn man ſich den alten Hanſeſtädten nähert, begrüßen die gewaltigen Kirchen mit ihren hochragenden Thürmen das Auge wie die rieſigen Orlogſchiffe, auf welchen die Hanſafahrer ſich die nordiſche Welt tributpflichtig machten und ihren Städten Reichthum zuführten. Ueberall und immer bringen die Bauten die Erinnerung an die Wurzeln des Lebens und der Wohlfahrt der Küſtenſtädte nahe. Wie der Verſtand der Bewohner wenige, aber feſt und klar geſchaute Ziele verfolgt, ſo bewegt ſich auch ihre Phantaſie und ihr Formenſinn ſicher und kräftig in beſtimmten Richtungen. Der Stilwechſel kommt auf dem Gebiete des norddeutſchen Backſteinbaues weniger in Betracht als anderwärts. Die gothiſchen Werke nehmen mannigfache romaniſche Elemente herüber, Züge des gothiſchen Stiles vererben ſich auch auf die Schöpfungen des ſechzehnten und ſiebzehnten Jahrhunderts, welche

man gemeinhin als Producte der Renaiſſance bezeichnet. Ebenſo
vermiſchen ſich öfter als ſonſt die Grenzen kirchlicher und profaner
Architektur, die letztere tritt mehr in den Vordergrund und wetteifert an Tüchtigkeit und Bedeutung mit den kirchlichen Anlagen.
      Ehe die Profanarchitektur des Mittelalters geſchildert wird,
lohnt es ſich, den Entwickelungsgang der Gothik durch die Vergleichung der Pläne, Aufriſſe und Anſichten noch deutlicher zu erfaſſen. Der Bogen No. 77 enthält eine größere Reihe von Grund-
riſſen. Es wird nicht ſchwer fallen, ſowohl die Beziehungen einzelner Bauten zu einander, ſowie auch die Spuren verſchiedener
Bauzeiten an einzelnen derſelben zu erkennen. So offenbart die
Kloſterkirche zu Dargun in Mecklenburg (No. 77, 7) in dem Chorbau, ebenſo wie der Schweriner Dom (No. 77, 5) eine gewiſſe
Abhängigkeit von der Lübecker Marienkirche. Aus dem Grundriſſe
von Dargun kann man ferner herausleſen, daß das Mittelſchiff zu
einer Zeit angelegt wurde, in welcher ſich die ſchmalen rechteckigen
Gewölbefelder noch nicht eingebürgert hatten. Auch an der Pfarrkirche zu Botzen (No. 77, 13) iſt der Chor (mit Netzgewölben)
ſpäter errichtet, als das hallenförmige Langhaus. Am Dome zu
Minden (No. 77, 10) erkennt man gleichfalls aus dem Grundriſſe
den romaniſchen Charakter des vorſpringenden Thurmes und des
Querſchiffes. Die drei Anſichten aus dem Innern deutſcher Dome
bringen zunächſt (No. 78, 2) das ausgebildete Syſtem der Dienſte,
verbunden mit einfachen Kreuzgewölben, vor unſer Auge; die
reicheren Netzgewölbe, den beinahe unmittelbaren Uebergang der
Rippen aus den Dienſten zeigt das Bild aus St. Stephan in Wien
(No. 78, 3); die in ſpätgothiſcher Zeit beliebte Anordnung hoher,
ſchlanker Rundpfeiler, über deren Kapitälen die Gewölberippen an-
ſetzen, erblicken wir im Seitenſchiffe des Ulmer Münſters (No. 78, 1).
Hält man die Außenanſicht des Halberſtädter Domes (No. 80, 1)
mit jener der Barbarakirche in Kuttenberg (No. 80, 6) zuſammen,
ſo wird die Entwickelung der Strebenſyſteme nach der decorativen
Seite deutlich. Die Mannigfaltigkeit der Thurmkrönungen tritt
uns in der Thurmſpitze aus Eßlingen (No. 79, 5) verglichen mit
der Thurmſpitze der Prager Teynkirche und der Kirche Marie am
Geſtaden in Wien (No. 80, 4 und 7) entgegen. An der Wiener
Kirche verwandelt ſich die Spitze in eine durchbrochene Kuppel
(ähnlich früher am Frankfurter Dome); an der Prager Teynkirche,
unter Nürnberger Einflüſſen am Anfang des 15. Jahrhunderts errichtet, erſcheint die Pyramide an der Baſis und in der Mitte mit
kleinen Eckthürmchen beſetzt. Auch die Vergleichung der Portale
erweiſt ſich lehrreich. Sie zeigt z. B., daß der Spitzbogen in der
ſpäteren Gothik zuweilen vom Rundbogen abgelöſt (No. 80, 2) und
das Maßwerk als frei herabhängende Spitzenarbeit behandelt wurde.

4. Die Profan-Architektur im Nordischen Mittelalter.

Der vornehmfte und wichtigfte Gegenfland mittelalterlicher Bauthätigkeit ift die Kirche. Doch wird namentlich in der gothifchen Periode auch die Profanarchitektur eifrig gepflegt. Man empfängt erft dann das richtige Bild von Bauleben im Mittelalter, wenn man nebft den Kirchen auch die Klöfter und Burgen, die Rathhäufer und Zunfthäufer, die Stadtthore und Stadtthürme zur Betrachtung heranzieht.

Das goldene Zeitalter des Klofterbaues war vorüber, als der gothifche Stil aufkam. Die feit dem dreizehnten Jahrhundert in den Städten errichteten Klöfter der Bettel- und Predigermönche (Franciskaner, Dominikaner) befitzen felten eine künftlerifche Bedeutung. Anders verhält es fich mit den Abteien der älteren grundbefitzenden Orden, der Benedictiner und Cifterzienfer, welche vom zehnten bis in das zwölfte Jahrhundert fo zahlreich errichtet wurden. Diefe Klöfter, urfprünglich in der Weife der Königshöfe angelegt, umfpannen eine große Bodenfläche, bergen innerhalb ihrer Mauern mannigfache Häufer, Höfe, Gärten, kurz alles, was eine größere Gemeinde zur Nothdurft und zur bequemeren Ausftattung des Lebens bedarf; fie find dem Kern ftädtifcher Anlagen vergleichbar und enthalten regelmäßig auch einzelne künftlerifch gefchmückte Räume. Als Beifpiel eines Cifterzienferklofters ift No. 53, 2 der Grundriß des Klofters Maulbronn gegeben. Das Klofter, regelmäßig an der Südfeite der Kirche angelegt, ftößt mit der letzteren unmittelbar zufammen. Den Mittelpunkt des Baues bildete der Klofterhof, oft mit einem Brunnen gefchmückt, von Arkaden, den Kreuzgängen, umgeben, an welche fich die inneren Klofterräume, das Kapitelhaus oder Berathungsftube, die Schlaf- und Wohnfäle, der Speifefaal (Dormitorium und Refectorium) anfchloffen. Im weiteren Umkreife erhoben fich, gleichfam Quartiere oder Viertel bildend, die Gebäude, welche ökonomifchen Zwecken und dem Handwerksbetriebe dienten, die Schule, das Krankenhaus und die Wohnung des Abtes, welcher wegen feiner zahlreichen weltlichen Beziehungen außerhalb der engeren Claufur feinen Sitz auffchlug. Das Bild einer Klofteranlage, freilich aus fpäterer Zeit, giebt die Anficht des berühmten Wallfahrtsortes Einfiedeln in der Schweiz, No. 86, 1.

Die mittelalterliche Burg, in vielen Landfchaften auf das römifche Caftell zurückgehend, befitzt als Mittelpunkt den Bergfried oder Donjon, den bald viereckigen, bald runden Hauptthurm. Er dient den Burgbewohnern als Citadelle, als letzter und ficherfter Vertheidigungspunkt. Ausfchließlich auf die Sicherheit ift der Bau

des Bergfrieds berechnet. Daher wird der Einggng hoch oben über
der Erde angelegt, und werden die einzelnen Räume und Stockwerke oft von einander völlig abgetrennt, fo daß fie felbftändige
Vertheidigungsfyfteme bilden. Einen einfachen Donjon zeigt die
Burg Loches (Indre et Loire) in Frankreich (No. 60, 16), und die
Burg in Hedingham (Effex) in England (No. 60, 17, No. 61,
6 u. 7), wo neben dem Bergfried der noch höhere Treppenthurm
emporfteigt und die Dicke der Mauern die Anlage von Schlafftätten
in den Fenfternifchen geftattet. Die Burg Steinsberg bei Speier
(No. 61, 2) und St. Ulrich bei Rappoltsweiler im Elfaß (No. 61, 1)
führen uns den Bergfried mit feiner Umgebung, den Umfaffungsmauern, Vorthürmen, Thoren, Burgftraßen vor die Augen. Noch
klarer tritt Anlage und Einrichtung einer Burg in dem Plane der
Wartburg (No. 61, 3) uns entgegen. Hat man die Bergkuppe
erftiegen, deren fteiler Abfall alle Umwallung überflüffig machte,
die Zugbrücke (5) und den Thorthurm (6) durchfchritten, fo fteht
man in den Vorhof, an deffen rechter Seite fich niedere Wohnräume (jetzt Ritterhaus, Lutherzimmer, Dirnitz) erheben. Mauer
und Thor fperren den Vorhof vom inneren Burghof ab. Der Bergfried (9) ift fo geftellt, daß er den Eingang vom Vorhofe her unbedingt beherrfcht und zugleich das an ihn anftoßende (10) Land-
grafenhaus (Palas) fichert. Zum Landgrafenhaufe führt eine Freitreppe empor. Ein fchmaler Gang, der nach dem Hofe zu offene
Arkaden befitzt, fchiebt fich zwifchen die Gemächer und die Faf-
fadenmauer. Unter den Gemächern ift namentlich der große Feft-
faal im oberften Stockwerk bemerkenswert. Ein viereckiger Thurm
in der Südecke (12) fchließt das Vertheidigungsfyftem ab. Als
Fürftenfitz befaß die Wartburg glänzende Wohnräume; Palas und
Kemenate (Frauengemach) erfreuten fich reichen Schmuckes. Die
ächte Ritterburg lernen wir im Schloffe Arques bei Dieppe (No.
61, 4) kennen. Abgefehen von dem im fünfzehnten Jahrhundert
errichteten Vorwerke (I.) ftammt die Anlage aus dem elften Jahrhundert. Ein Thorbau (D), von zwei Rundthürmen (J. K.) flankirt,
fperrt den Hof (Zwinger) ab, in welchem Wohn- und Wirthfchafts-
räume zerftreut liegen. Der Donjon (A) erhebt fich dicht an der
Umfaffungsmauer; er ift durch eine Mauer fenkrecht getheilt, beherrfcht den zweiten Eingang (G) und fteht noch mit einem befeftigten Raume (M) in Verbindung. Alle Einrichtungen waren fo
getroffen, daß die Vertheidigung nur Schritt für Schritt zurückzu-
weichen brauchte.

Aus gothifcher Zeit (1288—1311) ftammt das Schloß zu Marburg (No. 87, 6, No. 85, 2). Der Burgweg (A), der in den Hof
(B) und weiter zu dem Hauptbaue (C) führt, läßt fich im Grundriß genau verfolgen. Die Kapelle und der mit ihr durch einen

Bogengang verbundene mächtige Ritterfaal (D) bilden die Haupt-
zierde des Marburger Schloffes. Weitaus das glänzendfte Beifpiel
des mittelalterlichen Schloßbaues, die wuchtige Kraft des nordifchen
Werkes mit den traumhaften Reizen des Südens vereinigend, von
einem halb mönchifchen, halb ritterlichen Gefchlechte bewohnt, ift
das Schloß des deutfchen Ordens Marienburg in Preußen (No.
86, 2). Nur der kleinere Theil der 1276 vom Landmeifter Konrad
von Thierenberg begonnenen Anlage fteht aufrecht, die fogenannte
Vorburg liegt in Trümmern. Aber fchon die erhaltenen Theile:
das Hochfchloß (A) und das Mittelfchloß (B) genügen, um die
Marienburg weit über alle verwandten Werke nicht nur in Deutfchland, fondern auch in England, wo fonft der Schloßbau (z. B. War-
wickcaftle [No. 85, 6]) am reichften blüht, zu erheben. Den Mittelpunkt des Hochfchloffes bildet der viereckige von Arkaden um-
fchloffene Hof. Der nördliche, etwas vorfpringende Flügel enthält
im unteren Gefchoffe die St. Annakapelle, im oberen (Grundriß zur
Seite des Hauptgrundriffes), die mit Sterngewölben eingedeckte
Schloßkirche und den Kapitelfaal. Im Mittelfchloffe einigt fich alle
Pracht in der auf dem Südende des weftlichen Flügels quer vorfpringenden Wohnung des Hochmeifters. Sie wurde wahrfcheinlich
unter Winrich von Knipprode's Herrfchaft (nach 1382) erbaut. Der
große wie der kleine Remter laffen das Fächergewölbe von einer
mittleren Granitfäule aufffteigen. Im öftlichen Flügel lagen die
Wohnungen der Ritter. Der Conventsremter (No. 87, 4) wird
durch Spitzbogenfenfter erleuchtet und durch drei fchlanke Granitfäulen getheilt, welche das palmenartig fich ausbreitende Gewölbe
tragen. Der Baumeifter diefes Wunderbaues ift unbekannt, ebenfowenig ift bis jetzt die Ableitung der in der Marienburg herrfchenden Gewölbeform von einem beftimmten Vorbilde (englifche Kapitel-
häufer?) gelungen.

Den Uebergang vom Schloßbau zum ftädtifchen Palaftbau re-
präfentirt das Haus des Schatzmeifters König Karl's VII., Jacques
Coeur, in Bourges (No. 85, 7). Der gewölbte Thorweg, über
welchem die Kapelle fich befindet, führt in den viereckigen Hof,
der ringsum von Arkaden und Bauten eingefchloffen wurde.
Treppenthürme fpringen vor, ftattliche Giebel und zierliche Thürme
krönen die Bauten. Das Bürgerthum, das am Schluffe des Mittelalters feiner Macht auch gern einen äußeren Ausdruck verlieh und
zu glänzen fuchte, legte namentlich auf den ftattlichen Bau der
Rath- und Zunfthäufer ein großes Gewicht. So finden wir denn
überall, wo das Bürgerthum zu politifcher Bedeutung und zu
großem Reichthum emporftieg, jene in kunftreicher Weife errichtet
und prächtig ausgeftattet. Namentlich in der Baukunft des ge-
werbreichen Flandern find die „Hôtels de ville" und die Kauf-

hallen zahlreich vertreten. Als Beispiel wird die Tuchhalle von
Ypern, vielleicht noch aus dem 13. Jahrhundert stammend (No.
88, 4) vorgeführt.

Proben deutscher Rathhäuser gothischen Stiles bieten das Rathhaus in Braunschweig (No. 86, 4), seit 1396 im Baue, und der
älteste Theil des Lübecker Rathhauses (No. 85, 1). In Braun-
schweig geht dem eigentlichen Hause ein Vorbau (Laube) vor:
Arkaden zwischen Strebenpfeilern, die mit durchbrochenen Giebeln
geschmückt sind und auch den Rundbogen wieder verwendet zeigen.
Viel einfacher erscheint das aus Ziegeln aufgeführte Rathhaus zu
Lübeck, welches erst in der Renaissanceperiode vollendet wurde.
In der Region des Backsteinbaues (Mark Brandenburg, Pommern,
Mecklenburg) zeichnen sich auch die Stadtthore durch Größe und
Schmuck aus. Das Holstenthor in Lübeck (No. 85, 3) ist aus ver-
schiedenfarbig gebrannten Backsteinen 1477 errichtet. Aus der un-
mittelbaren Verbindung der Thürme mit dem Thore, den hohen
von Fenstern und Fensterblenden fast ausgefüllten Stockwerken und
dem reichen Schmucke durch Formziegel ersieht man, daß der ursprüngliche Vertheidigungszweck schon vollständig vergessen war.
Aehnliches gilt von dem Thore aus Wismar (No. 87, 5) mit dem
hohen durchbrochenen, abgetreppten Giebel über dem Eingange.
Dagegen hat das Spalenthor (Spalon heißt Pfahlumfriedigung) in
Basel (No. 88, 3) noch den alten Festungscharakter bewahrt. Zwei
Rundthürme flankiren das mittlere Thor, welches überdies durch
einen befestigten Vorhof und eine Zugbrücke vertheidigt wurde.

Bürgerhäuser haben sich aus der romanischen Periode in
geringerer Zahl erhalten, (in Deutschland sind solche in Köln, Trier,
Goslar noch vorhanden), im wesentlichen blieb aber Anlage und
Einrichtung auch in der gothischen Periode dieselbe. Im Gegen-
satze zum antiken Privathause öffnet sich das mittelalterliche Haus
gegen die Straße; der Hof, in dem antiken Leben der Mittelpunkt
des Hauses, tritt entschieden zurück, er dient meistens nur wirth-
schaftlichen Zwecken und erscheint als Lichthof. Mit Vorliebe wird
die Mannigfaltigkeit der Hauszwecke auch äußerlich ausgeprägt.
Man verdoppelt die Eingänge; der eine führt unmittelbar in die
Werkstätte oder die Wohnstube, der andere zu der häufig selbst-
ständig angelegten Wendeltreppe, in Weingegenden in den Keller.
Die Anhäufung der Bevölkerung der Städte zwang, da die Bebau-
ungsfläche begrenzt war, die Häuser hoch emporzuführen, die Enge
der Straßen empfahl zahlreiche Fenster, welche möglichst dicht an
einander gerügt wurden. Ein Giebel krönt gewöhnlich das mehr
tiefe als breite, durch den Hof in ein Vorder- und Hinterhaus getheilte Bürgerhaus. Das in romanischen Formen gehaltene (re-
staurirte) Haus in Amiens (No. 61, 5) stammt aus dem dreizehnten

Jahrhundert. Die Beispiele gothischer Wohnhäuser (No. **87** u. **88**) sollen das verschiedene Baumaterial, welches zur Anwendung kam: den Bruch- und Haustein, den Backstein und das Holzfachwerk, das wichtigste und gewöhnlichste Material im Norden, vor die Augen führen.

Das „steinerne Haus" in Frankfurt am Main (No. **88**, 1), 1464 erbaut, dessen Walmdach theilweise durch die Zinnen verdeckt wird, gewinnt dadurch, wie durch die Eckthürmchen einen schloßähnlichen Charakter. Auch der sogenannte Nassauerhof in Nürnberg, gegenüber der Lorenzkirche aus dem vierzehnten Jahrhundert (No. **87**, 1) tritt noch mehr thurmartig auf; doch deutet der Erker oder das Chörlein, in der Nürnberger Architektur so sehr beliebt, ebenso wie die Anordnung des Hofes und der inneren Räume den friedlich bürgerlichen Zweck des Hauses an. Durch vielfarbigen Schmuck und die gewaltige, über das Dach noch hinausragende Höhe des Giebels zeichnet sich das Wohnhaus aus Greifswald (No. **88**, 2) aus. Es zählt in Pommern, der Mark u. a. zahlreiche Genossen und bildet neben dem Fachwerkhause einen Haupttypus der Privatarchitektur des deutschen Nordens. Den Fachwerkbau repräsentirt das Haus aus Rouen (No. **87**, 2), im fünfzehnten Jahrhundert auf steinernem Unterbaue errichtet. Es zeigt nicht, wie so viele andere Häuser, die oberen Stockwerke immer mehr vorspringend oder überhängend, stimmt aber in der Weise, wie es die Faßade in eine Fensterwand (mit vielen aber kleinen Fenstern) verwandelt, mit der allgemein herrschenden Sitte überein.

---

5. Malerei, Plastik und Kunsthandwerk im nordischen Mittelalter.

Enger als in den meisten anderen Kunstperioden erscheint im Mittelalter das Kunsthandwerk und was wir reine freie Kunst nennen verknüpft. Jenes ist nicht nur wie immer die Wurzel, aus welcher die künstlerische Thätigkeit herauswächst, sondern es ersetzt auch längere Zeit vielfach die letztere, erzieht und belehrt die Maler und Bildhauer. Im Kunsthandwerk liegt namentlich in den früheren Jahrhunderten des Mittelalters (10. bis 12. Jahrh.) der Schwerpunkt des künstlerischen Wirkens überhaupt, und während die Leistungen auf dem Gebiete der monumentalen Malerei und Plastik, so weit von solchen die Rede sein kann, das Bild der Dürftigkeit und der Rohheit vor unseren Augen entrollen, lautet das Urtheil sofort günstiger, wenn wir die gleichzeitigen Werke des Kunsthandwerkes betrachten. Dasselbe folgt nicht der Kunst, sondern führt sie.

Das von der Antike empfangene Erbe war nahezu aufgebraucht

worden, ehe ſich noch ein ſelbſtändiges Kunſtvermögen angeſammelt
hatte. So mußte der Weg der Kunſtentwickelung beinahe von den
elementaren Anfängen an wieder aufgeſucht werden. Das erſte war
der Neuerwerb der techniſchen Geſchicklichkeit, welche bei dem
Rückſchritte des ſtädtiſchen Lebens die größte Einbuße erlitten und
nun in den Königs- und Kloſterhöfen, in den allmählich wieder er-
ſtarkenden Städten langſam ſich hob. Den Werth, welchen man
auf die techniſchen Vorgänge legte, beweiſen nicht allein die vielen
Sammlungen techniſcher Recepte (die berühmteſte iſt die wahrſcheinlich ſchon am Schluſſe des 11. Jahrhunderts geſchriebene „diver-
ſarum artium ſchedula“ des Theophilus) ſondern auch die ruhm-
redigen Inſchriften auf Kunſtwerken, wenn techniſche Fortſchritte
oder Erfindungen verzeichnet werden durften.

In einem Kunſtzweige allein hatte ſich eine ſtetige Tradition
erhalten. Die illuſtrirten Handſchriften werden ohne merkliche
Unterbrechung ſeit dem Karolingiſchen Zeitalter insbeſondere in
kunſtliebenden Klöſtern angefertigt. In den Cermonialbildern, in
den größeren Einzelfiguren bemerkt man das Feſthalten an älteren
karolingiſchen oder altchriſtlichen Muſtern und das Streben, dieſelben nachzuahmen, während ſich in den hiſtoriſchen Darſtellungen,
für welche keine Vorbilder vorhanden waren, und die daher auch
viel flüchtiger, gleichſam nur mit Feder gezeichnet wurden, die
Spuren ſelbſtändiger Compoſitionen äußern. Proben von Cere-
monialbildern, Handſchriften aus dem Anfange des elften Jahrhunderts entlehnt, welche ſich im Beſitze des ſächſiſchen Königs-
hauſes befanden, ſind auf den Bogen No. 193 und 194 gegeben.
Das eine (No. 193, 3) ſtellt die Hälfte eines Bildes dar, auf welchem die Länder des römiſchen Reiches, Roma, Gallia, Germania
und Sclavinia, dem Kaiſer Otto III. huldigen. Die reproducirte
Hälfte zeigt den Kaiſer vor einem Vorhange auf einem Throne
ſitzend, mit Sceptnr und Reichsapfel in den Händen. Rechts von
ihm ſtehen Schwert- und Schildträger, links zwei Biſchöfe. Auf
der anderen Miniatur (No. 194, 2) ſehen wir Kaiſer Heinrich II.,
welchem der auf dem Firmament in einer Mandorla (Glorie)
ſchwebende Chriſtus den Segen ertheilt. Von Engeln empfängt er
die heilige Lanze und das Schwert, wobei zwei Heilige, Udalrich
und Emmeram, ſeine Arme unterſtützen. Das noch geringe Maß
ſelbſtändiger Erfindungskraft weiſt die Figur des pſalmodiren-
den David aus einem kalligraphiſchen Prachtwerke des 11. Jahrhunderts auf, welches gegenwärtig in der Bibliothek von S.
Gallen bewahrt wird (No. 194, 1). Der Maler des David machte
ſich viele Gedanken bei der Arbeit, er ſucht die Geſtalt in lebendiger, momentaner Action zu ſchildern, vergißt ſogar eine geſprungene
Saite nicht. Er kommt aber über die gute Abſicht nicht hinaus.

Die illuſtrirten Handſchriften der romaniſchen Periode lehren uns die. mannigfachſten Grade perſönlicher Begabung der „Illuminatoren" kennen; ſie helfen uns, in Ermangelung anderer Denkmäler, ein Bild der künſtleriſchen Zuſtände in den einzelnen Ländern zu entwerfen, da wir annehmen müſſen, daß ſich auch in der Miniaturmalerei im Ganzen und Großen die allgemeine Richtung und der Zug der gleichzeitigen Kunſt ausſprach. Den Einfluß der Miniaturmalerei auf die Entwickelung der anderen Kunſtzweige, ſo als ob jene ihnen den Weg gewieſen und den Formenſinn gebildet hätte, können wir aber. nur gering anſchlagen. Sie war für enge, auserleſene Kreiſe berechnet, ihre Werke kamen dem Volke ſelten oder gar nicht zu Geſichte, befruchteten nicht deſſen Phantaſie. Die volksthümliche Kunſt ſchlug vielmehr ihre eigenen Wege ein; zum Wegweiſer dient ihr das Kunſthandwerk, welches die techniſchen Schwierigkeiten ebnete und dem Formenſinne dadurch eine freiere Beweglichkeit geſtattete. Ohnehin übernahm in dem frühen Mittelalter das Kunſthandwerk zumeiſt die Aufgaben, welche ſpäter der Kunſt zufielen. Der Goldſchmied war der erſte Bildhauer, der Weber und Sticker vertrat den Maler. Der kirchlichen Kunſt des Mittelalters, und dieſe bildet den Hauptkreis der künſtleriſchen Thätigkeit, geht das kirchliche Kunſthandwerk voran.

Das Kirchengeräth rief zunächſt nach künſtleriſchem Schmucke. Die Muſterung deſſelben wird den Anlaß bieten, die hervorragende Bedeutung des Kunſthandwerkes kennen zu lernen und zugleich die formellen Wandlungen der einzelnen Geräthe im Laufe des Mittelalters zu erfaſſen. Die einfachſte Form des Altares zeigt (No. **156**, 1) die Steinplatte, welche von romaniſchen Säulen getragen wird. In der Architektur feiner durchgebildet, aber ſonſt gleichfalls ſchmucklos, erſcheint er No. **156**, 3; dagegen tritt uns an dem Altare No. **156**, 2 im Altaraufſatze die Mitwirkung des Bildhauers entgegen, ähnlich, noch reicher, an dem einem Gemälde van Eycks entlehnten romaniſchen Altare No. **151**, 5. Den Hauptſchmuck empfing der Altar durch den Goldſchmied, welcher den Altartiſch mit einer Tafel aus Golblech bekleidete (Antependium). Das berühmteſte Beiſpiel eines ſolchen Altarvorſatzes iſt die goldene Altartafel Kaiſer Heinrich's II. aus dem Anfange des 11. Jahrhunderts, ehemals im Baſeler Münſter (No. **150**, 13). In zierlichen Bogen ſtehen Chriſtus mit den drei Erzengeln und dem heiligen Benedictus. Die Figuren ſind über einem Holzkern aus Goldblech getrieben, die Ornamente, in den Motiven noch eintönig, mit Stempeln herausgeſchlagen worden. Aus den Händen der Goldſchmiede gingen auch die Kreuze hervor, welche auf dem Altare ſtanden. Edelſteine, Kryſtalle, Perlen, auch zuweilen aus alter Zeit gerettete

Gemmen, zieren die Arme des Kreuzes, deren Enden durch größere
Vierecke (No. 148, 1 u. 4) betont werden. Später in der gothiſchen Periode, treten an der Stelle der Vierecke Kreistheile vor
(No. 148, 7 u. 8). Ein anderes Kennzeichen früheren oder ſpäteren
Urſprunges der Kreuze gewährt die Beinlage des Gekreuzigten.
Die Beine liegen bis in das 12. Jahrhundert neben einander, ſeitdem werden ſie übereinander gelegt und beide von einem Nagel
durchbohrt. Den Kreuzen geſellen ſich als Altargeräthe Leuchter
zu (No. 148 und No. 149). Die Thierfiguren und Menſchenbilder
an den Ständern und am Fuße der Leuchter drücken oft nur die
bewegliche Natur des Geräthes aus, häufig aber müſſen ſie ſymboliſch gedacht werden und verſinnlichen den Kampf zwiſchen
Licht und Finſterniß. In den ſiebenarmigen Leuchtern (No. 149)
haben wir Anklänge an den Tempelleuchter in Jeruſalem, in den
von den Decken herabhängenden Kronleuchtern die Bilder des
himmliſchen Jeruſalem, der leuchtenden Stadt des Friedens mit
ihren zwölf Thorthürmen, zu erblicken. Die berühmteſten Kronleuchter
ſind jene im Hildesheimer Dome (No. 149, 1) und im Aachener
Münſter. Wie die Symbolik in der gothiſchen Periode zurücktrat,
ſo iſt auch die Form und die techniſche Ausführung eine andere
geworden. An die Stelle der Mauern und Thürme und Kreiſe
tritt (No. 149, 8) leichtes, fein geſchwungenes Zweig- und Blattwerk, an die Stelle der Flächen die zierlichſten Gliederungen. Den
Formenwechſel in der gothiſchen Zeit macht uns auch der vergleichende Blick auf die Kelche des Mittelalters (No. 150) deutlich. Der Kelch aus vergoldetem Kupfer, welchen der Baiernherzog
Taſſilo in den Jahren 772—788 dem Kloſter Kremsmünſter ſchenkte,
ſteht am Anfange, der Admonter Kelch aus dem 15. Jahrhundert
am Ende der Reihe. In der romaniſchen Periode herrſcht die
Halbkugel und der Kreis, in der gothiſchen die Eiform und der
aus Kreistheilen zuſammengeſetzte Fuß vor. Der Kelch gewinnt
an Höhe, erſcheint ſchlanker, in den Linien ausgezogener. Auf
einen anderen Unterſchied romaniſcher und gothiſcher Formenbildung weiſen uns die Weihrauchfäſſer hin. Das romaniſche
Gefäß (No. 150, 8) zeigt einen reichen figürlichen Schmuck, das
gothiſche (No. 152, 4) entlehnt ſein Ornament der Architektur.
Architektoniſch durchgebildeter erſcheint auch die gothiſche Kanzel
(No. 158, 6), während die romaniſche Kanzel aus dem Aachener
Münſter, welche Kaiſer Heinrich geſtiftet hatte (No. 148, 5), an den
altchriſtlichen Ambo erinnert und weſentlich Goldſchmiedearbeit iſt.
Sie beſteht aus einem mittleren Halbkreiſe, dem ſich rechts und
links kleinere Viertelkreiſe anſchließen. Der Holzkern iſt mit vergoldeten Kupferblechen überzogen, durch Bänder in Felder getheilt,
die theils in getriebener Arbeit Evangeliſtenbilder, theils in Elfen-

bein geſchnitzte (von einem ſpätrömiſchen Werke herübergenommene) Reliefs enthalten. Den Goldſchmieden danken wir auch die Reliquienſchreine (No. 150, 12; 153, 1 u. 2), welche häufig über den Altären aufgeſtellt waren (No. 152, 3). Sie haben in der romaniſchen Periode gewöhnlich die Form einer länglichen Lade mit einem Giebeldeckel. An ihnen vor allem verſuchten die Goldſchmiede alle ihre Künſte zu erproben. Dieſe aber waren gar mannigfacher Art. Der Goldſchmied des tieferen Mittelalters verſtand ſich nicht allein auf getriebene Arbeit, auf den Metallguß und das Faſſen von Edelſteinen, er kannte auch die Filigranarbeit, er gravirte Figuren und Ornamente und füllte die vertieften Linien mit ſchwarzem Schmelze (Niello) aus und übte die Emailmalerei. Die reiche Anwendung des Emails iſt für die frühmittelalterlichen Goldſchmiedwerke geradezu charakteriſtiſch geworden. Die Kenntniß des Emails war ſchon den galliſchen Stämmen nicht fremd, in Byzanz gehörte die Emailmalerei zu den eifrigſt betriebenen, gewinnreichſten Künſten. Die Byzantiner wählten Goldplatten, auf welchen ſie die Umriſſe der Zeichnung mit dünnen Goldſtreifen oder Lamellen auflötheten. Die ſo gewonnenen Käſtchen füllten ſie mit bunten Schmelzfarben, welche im Feuer erhärteten. Im Gegenſatz zu dieſem Zellenemail (émail cloisonné) benutzten die abendländiſchen Goldſchmiede vergoldete Kupferplatten, vertieften die Stellen, welche die Farbe aufnehmen ſollten, und ſchufen ſo das Grubenemail (émail champlevé), welches zu decorativen Zwecken vollſtändig genügte. Köln und etwas ſpäter Limoges im ſüdlichen Frankreich ſcheinen Hauptſitze der Goldſchmiedekunſt geweſen zu ſein; aus Köln ſtammen wahrſcheinlich auch die prächtigen in Aachen bewahrten Reliquienſchreine.

Eine genaue ſtiliſtiſche Unterſuchung würde lehren, daß die von den Goldſchmieden geübte Technik des Treibens auf die in der frühmittelalterlichen Sculptur herrſchende Modellirung der Geſtalten nicht geringen Einfluß übte. So müſſen z. B. die großen rundlichen Flächen, die von kleinen Falten umgeben ſind, am Unterleibe zahlreicher romaniſcher Figuren darauf zurückgeführt werden.

Wenden wir uns zur großen Plaſtik, ſo gebührt hier den Erzarbeiten wieder der Vorrang vor den Steinſculpturen. Namentlich in Deutſchland hat der Erzguß, wie die Metallarbeit überhaupt, nach allen Zeugniſſen ſich raſch aus dürftigen Anfängen herausgearbeitet. Ein großes Verdienſt gebührt neben dem ſächſiſchen Königshauſe, von deſſen Kunſtliebe noch der Kirchenſchatz zu Eſſen Zeugniß ablegt, dem Biſchof Bernward († 1023) in Hildesheim, welcher jede Art von Kunſtthätigkeit wirkſam förderte. Von den auf ſein Geheiß 1015 gegoſſenen Thüren liefert der Bogen No. 82, 4 eine Probe. Die Scenen auf dem abgebildeten Thürflügel der Genefis entlehnt, auf dem anderen dem Leben Chrifti, werden nur durch wenige Figuren verfinnlicht, die weit aus einander ftehen und in verfchieden ftarkem Relief vom Grunde fich abheben. Einer ganz anderen Schule gehört die Bronzethüre des Augsburger Domes an, von welcher zwei Felder (die Schöpfung Eva's und die Vögel, welche nach dem Evang. Matth. 10, 26 nicht fäen und doch ernährt werden) in No. 92, 3 reproducirt werden. Die Verhältniffe der Figuren find fchlanker, das Relief flacher. Der Urfprung der Thüre dürfte gleichfalls noch in das 11. Jahrhundert fallen. Ein wichtiger Gegenftand des Erzguffes waren die Taufbecken. Jenem aus Hildesheim (No. 151, 3) ift ein anderes aus Lüttich (No. 151, 9 und No. 92, 6) angefügt worden, weil es auf eine wichtige Stätte der Metallarbeit im Mittelalter, Dinant an der Maaß im Wallonifchen, den Blick lenkt.

Steinfculpturen aus der frühromanifchen Zeit (11. Jahrh.) find felten und die wenigen vorhandenen von gar keinem künftlerifchen Werthe. Intereffe erregt das aus dem lebendigen Felfen gehauene Relief der Kreuzabnahme bei Horn auf weftfälifchen Boden, die fogenannten Externfteine aus dem Anfang des 12. Jahrh. (No. 92, 7). Nicht durch die künftlerifche Form feffelnd, welche noch ungelenk auftritt und auch nicht durch den Inhalt der Darftellung (Bruftbild Chrifti [oder Gottvater?] über dem Kreuze, das von einem Drachen umwundene erfte Elternpaar am Fuße des Kreuzes) überrafchend, welcher auch fonft z. B. auf Elfenbeinreliefs wiederkehrt, fallen die Externfteine durch die Seltenheit der Arbeit unmittelbar auf dem Grunde der natürlichen Felsplatte auf. Mit welchen Schwierigkeiten eine figurenreiche Darftellung zu kämpfen hatte, lehrt das Relief der Seelenwägung und des Sturzes der Verdammten, dem Bogenfelde der Kathedrale von Autun (No. 93, 1) entlehnt.

Einen abgefonderten Kreis der mittelalterlichen Kunftthätigkeit vertreten die Elfenbeinreliefs, welche fo häufig an Buchdeckeln (No. 151, 1) vorkommen, ohne daß fie ftets fchon urfprünglich die Beftimmung hatten, Buchdeckel zu fchmücken. Sie fügen fich fchmiegfam allen Stilwandlungen, fo daß an ihnen der Formenwechfel genauer, als in jeder anderen Kunftgattung, ftudirt werden kann. Da aber mit ihnen vielfach Handel getrieben, fie in ferne Länder gebracht und verfchenkt wurden, fo läßt fich nur bei wenigen ihr Urfprung nachweifen und ihre Einordnung in die Kunft beftimmter Landfchaften felten durchführen. Die Elfenbeintafel (No. 92, 1), in drei Streifen kämpfende Thiere zwifchen Ranken, die Himmelfahrt Mariae und den h. Gallus mit dem Bären darftellend, rührt nach guter Tradition von dem Sanct-Gallener Mönche und Künftler *Tutilo* her, welcher nach 913 ftarb. Ob die Platte No. 92, 2 gleichfalls von Tutilo herrührt oder älteren Ur-

ſprunges iſt, erſcheint zweifelhaft. Jedenfalls diente ſie als Muſter
für den oberſten Streifen der erſten Tafel. Die Thierkämpfe
ſcheinen hier keine ſymboliſche Bedeutung zu beſitzen, ſondern
nur zur Belebung des Raumes in die Kreiſe eingezeichnet zu ſein.
Dagegen' ſind die Thierbilder auf dem Steinfrieſe der Kirchenvor-
halle zu Andlau im Elſaß (No. **92**, 5) wohl eher ſymboliſch zu
faſſen, aber freilich ſchwer zu deuten.

Neben den Goldſchmieden und Rothgießern lieferten die Tep-
pichweber und Teppichſticker den reichſten Kirchenſchmuck. Ge-
webte Teppiche kamen vielfach aus byzantiniſchen Fabriken, die
geſtickten wurden regelmäßig von heimiſchen Händen (Frauen) gearbeitet. Teppiche bedeckten die Wände, umgaben die Pfeiler,
verhüllten die Stuhlgerüſte, dienten zuweilen auch zum Verſchluſſe
der Fenſter. Das berühmteſte Beiſpiel frühromaniſcher Teppich-
ſtickerei iſt der 60 Meter lange, 54 Centimeter hohe Teppich von
Bayeux, mit der Schilderung des Normanenzuges nach England.
Die Teppiche vertraten die Wandmalerei und übten auch auf die
letztere in der fadenartigen Zeichnung der Umriſſe ſichtlichen Einfluß. Erhalten haben ſich von Wandmalereien des 11. Jahrhunderts
nur wenige Reſte (Oberzell auf der Inſel Reichenau, Kloſter Nonn-
berg in Salzburg, Kirche Saint Loup bei Provin, St. Jean in
Poitiers, Krypta der Kathedrale von Canterbury, wohl erſt ſpäter
geſchaffen, Kembley u. a.).

Erſt nach der Mitte des 12. Jahrhunderts iſt das techniſche
Vermögen genug erſtarkt, der Kunſtſinn hinreichend geübt und
geſchult, auch der Inhalt der Darſtellungen ſo weit abgeklärt, daß
nun den Schöpfungen der Maler ein tieferes Leben eingehaucht,
auf die Richtigkeit und Schönheit der Formen das Augenmerk
gerichtet werden kann. Ueberall, in Frankreich ſo gut wie in
Deutſchland und England und auf allen Gebieten der Kunſt, geht
es ſeitdem raſch vorwärts. Die Wendung, welche die Architektur
kurz vor dem Eintritt der Gothik genommen hat, die Entfaltung
decorativer Pracht, die Vorliebe für große geſchmückte Portale,
die feine plaſtiſche Durchbildung der Einzelglieder hilft weſentlich
den Fortſchritt auch auf die benachbarten Künſte übertragen. Die
aufſteigende Linie in der Entwickelung der Malerei und Sculptur
hält ihre Richtung beinahe ein Jahrhundert (1150—1250) inne.
Obſchon in dieſelbe Zeit die Einführung des gothiſchen Bauſtiles
fällt, ſo darf man doch nicht den Aufſchwung der bildenden Künſte
als eine Folge des neuen Bauſtiles auffaſſen und aus demſelben
erklären. Die gothiſchen Bauformen mußten ſich eingebürgert
haben, ehe ſie ihren Einfluß auf Maler und Bildhauer üben konnten.
Das geſchah erſt nach der Mitte des 13. Jahrhunderts. Seitdem
wird auch die Einwirkung des gothiſchen Stiles in der Plaſtik und

Malerei, nicht immer zu ihrem Vortheile, deutlich wahrgenommen. Die Blüthe der Malerei und Plastik in der spätromanischen Periode steht vielmehr im Zusammenhange mit dem wunderbaren Aufschwunge des allgemeinen Culturlebens am Schlusse des 12. Jahrhunderts. Die alte ritterliche Gesellschaft, die der fröhlichen Minne huldigte, an Kaiser und Reich glaubte, zeigte sich, ehe sie von der städtisch-bürgerlichen Culturmacht abgelöst wurde, in ihrem vollsten Glanze. Es war eine bildungssatte Zeit, welche den fröhlichen Natursinn ausgereift besaß und von dem Hauche der Antike leise berührt wurde. Wenn man das Bild der Verkündigung aus dem Bruchsaler Evangelium (No. 193, 4) mit älteren Miniaturen vergleicht, so überrascht die Natürlichkeit der Bewegungen und die viel größere Freiheit der Zeichnung. Auch die Wandmalerei nimmt an den Fortschritten der Kunst regeren Antheil. Die Wandgemälde in der Unterkirche zu Schwarzrheindorf, Wände und Wölbung bedeckend, entlehnen ihren Inhalt vorwiegend den Visionen Ezechiels. In der Apsis ist Christus mit Aposteln und Evangelisten dargestellt (194, 4). Das Streben nach reicherer Gruppirung wird auch in den späteren Deckenbildern des Capitelsaales zu Brauweiler bei Köln sichtbar. Die Probe (No. 194, 5) schildert Simson inmitten der erschlagenen Philister. Die feine symmetrische Durchbildung der Composition führt uns ein Wandgemälde in Gurk (No. 193, 6) aus dem Anfange des 13. Jahrhunderts vor die Augen: Maria auf dem salomonischen Throne von christlichen Tugenden umgeben. Nicht nur Mauern und Wölbungen, sondern auch Holzdecken erfreuten sich des malerischen Schmuckes. Berühmt ist die Deckenmalerei der Michaelskirche in Hildesheim, welche den Sündenfall (No. 193, 5) und die Wurzel Jesse darstellt. (Aehnliche Deckenbilder befinden sich in Peterborough und St. Alban in England).

Während am Rhein, nach den erhaltenen Denkmälern zu schließen, aber auch in Uebereinstimmung mit dem malerischen Charakter der Architektur, die Wandmalerei eine reiche Vertretung findet (aus dem 14. Jahrhundert stammen die Wandbilder in der abgebrochenen Kapelle zu Ramersdorf, welchen die Scenen des Jüngsten Gerichtes in No. 194, 6 u. 7 entlehnt sind), entwickelt sich insbesondere in den sächsischen Landschaften und auf dem angrenzenden fränkischen Gebiete eine überraschend tüchtige Schule von Bildhauern. Auch hier gelten als Voraussetzungen die Anregungen, welche der herrschende Baustil dem plastischen Sinne frühzeitig gegeben hat.

Noch aus den letzten Jahren des 12. Jahrhunderts stammt die Kanzel in Wechselburg (No. 93, 8; No. 95, 2). Die Bilder (der thronende Christus und die Vorbilder seines Opfertodes im alten Testamente) sind in starkem Relief ausgearbeitet und durch Ver-

goldung und Färbung bei aller Lebendigkeit milder geſtimmt. Die
Polychromie ſpielt überhaupt in der mittelalterlichen Sculptur bis
tief in das 15. Jahrhundert eine große, noch immer nicht hinreichend anerkannte Rolle. Jünger als die Kanzelreliefs, zugleich
viel vollendeter in Ausdruck und Zeichnung, erſcheint die Kreuz-
gruppe, aus Holz geſchnitzt und polychromiſch behandelt, welche
auf der Rückwand des Hauptaltares in Wechſelburg ſteht (No.
95, 1). Das Blut, welches den Wunden Chriſti entſtrömt, fängt
eine zu Füßen des Kreuzes liegende bärtige Geſtalt in einem
Kelche auf. Maria und Johannes fußen auf den gekrönten Figuren
des Judenthums und Heidenthums. Dieſe Gruppe und die Statuen
und Reliefs an der goldenen Pforte in Freiberg, gleichfalls aus der
erſten Hälfte des 13. Jahrh. (No. **52**, 9), bilden den Höhepunkt
der mittelalterlichen Sculptur in Deutſchland. Wie alle Landſchaften
an dem Aufſchwunge der plaſtiſchen Kunſt theilnahmen, zeigen die
Statuen, welche in einer weitentlegenen mähriſchen Ciſterzienſer-
kirche das in der Anlage der goldenen Pforte in Freiberg verwandte Portal ſchmücken (No. **93**, 7). Daß auch kühnere Aufgaben die Bildhauer nicht ſchreckten, beweiſt die Reiterſtatue Kaiſer
Konrad's III., im Mittelſchiffe des Bamberger Domes an einem
Pfeiler angebracht (No. **95**, 3).

Die Entwickelung der plaſtiſchen Kunſt nahm in Frankreich
denſelben Verlauf wie in Deutſchland. Auch hier wird ſeit der
Mitte des 12. Jahrhunderts ein friſches Leben, eine feinere Beobachtung der Natur und ein genaueres Studium der Formgeſetze, zunächſt in der Gewandung, viel ſpäter in der Stellung und Bewegung
der Figuren ſichtbar. Die Portalſtatuen an der Kathedrale zu
Chartres (No. **93**, 2) zeigen die Gewänder noch ohne jeden reicheren
Fluß in langen Parallelfalten zuſammengezogen. Wie ganz anders
natürlich und lebendig in Haltung und Zeichnung erſcheint die
Figur aus der Vorhalle des Kreuzſchiffes in Chartres (No. **93**, 3)
oder die Figuren vom Hauptportale der Kathedrale von Rheims
(No. **93**, 5), leicht bewegt in der Haltung, mit einem lebendigen
Ausdrucke in den Köpfen und gut modellirten Gewändern. Das
Harren und Warten iſt in den Apoſteln am Hauptportale der
Notre-Dame Kirche in Paris (No. **93**, 4), welche hier als Zeugen
des Jüngſten Gerichtes auftreten, glücklich wiedergegeben, auch bei
der Schilderung nackter Figuren (No. **93**, 6) offenbart ſich ein
beſſeres Verſtändniß der Natur. Alle dieſe Gruppen ſtehen mit
gothiſchen Baugliedern in Verbindung und ſind zur Zeit der Herrſchaft der gothiſchen Architektur geſchaffen worden. Zu vollem
Einklange mit der letzteren gelangt die Sculptur erſt ſeit dem
Schluſſe des 13. Jahrhunderts. Lehrreich erſcheint in dieſer Hinſicht die Vergleichung der beiden Portal-Statuen vom ſüdlichen

Querfchiffe des Straßburger Münfters (No. **96**, 1) mit den Statuen
am Weftportale (No. **95**, 4 u. No. **96**, 2). Die Rückficht auf die
architektonifche Umgebung, die vertikalen Linien, empfahl fchon
um des Contraftes willen eine Schweifung der Umriffe, fo daß die
Figuren in der Hüfte herausgebogen erfcheinen. Das Schönheitsideal erfuhr überhaupt, wie die Schilderungen in der gleichzeitigen
Poefie lehren, eine tiefgehende Aenderung. Rundliche kleine Köpfe
mit lächelndem Ausdruck, fchlanke Körper, dünne Arme, das Zarte
und Zierliche werden am lauteften gepriefen. Beifpiele des plaftifchen Stieles, wie er fich in diefer Weife im 14. Jahrhundert entwickelte, find in No. **94**, 2; No. **96**, 3 gegeben. An Elfenbeinreliefs (No. **94**, 8; No. **96**, 6), welche jetzt auch Geräthe profaner
Beftimmung, Schmuckkäftchen, Kämme u. a. m. fchmücken, kommt
in den kleinen zierlichen Geftalten diefer gothifche Stil befonders
glücklich zur Geltung.

Unendlich reich ift die Zahl der plaftifchen Werke in der
gothifchen Periode. Hunderte von Statuen fanden an den Faffaden
der Dome Platz. Und auch im Inneren traten Statuen den Pfeilern
vor, erhoben fich Grabdenkmäler, Steinfärge, auf welchen die Statuen
der Beigefetzten ruhten (No. **94**, 4); andere Grabdenkmäler in
Plattenform ftanden an den Wänden oder deckten den Boden.
Großen künftlerifchen Werth befitzen nur wenige diefer Grabmonumente. Die immer ftärker durchbrechende Vorliebe für die
treue Wiedergabe des äußeren Lebens geftaltet diefelbe zu an-
ziehenden Coftümbildern, an welchen aber der Ausdruck der Köpfe,
die feine Zeichnung der Leiber nebenfächlich erfcheint (No. **94**, 1).
Vorherrfchend ift die Darftellung des Todten, wie er in voller
Rüftung, die Lanze oder den Helm, fowie den Schild in den Händen,
auf der Grabplatte liegt, die Füße auf Löwen oder Hunde ge-
ftemmt, den Kopf auf einem Polfter etwas gehoben. Die Kreuzung
der Beine (No. **94**, 6 u. 7), auf englifchen Gräbern häufig, foll die
Kreuzfahrt, welche der Beigefetzte in Lebzeiten unternommen, andeuten. Eine fo lebendige und wirkungsvolle Auffaffung, wie fie
in dem Grabmal einer englifchen Dame (No. **94**, 5) fich zeigt, wird
nur felten beobachtet.

Erfreut fich die Sculptur in der gothifchen Periode einer
reichen Vertretung, fo tritt dafür die Wandmalerei, da es in den
Domen an großen Wandflächen fehlte, gegen die frühere Zeit in
den Hintergrund zurück. Erfatz bietet die Glasmalerei, welche
jetzt zu voller Blüthe gelangt. Die älteften Nachrichten über den
Verfchluß der Fenfter durch Glasgemälde (nicht bloß mofaikartig
zufammengefetzte farbige Gläfer), reichen in die letzten Jahre des
10. Jahrhunderts, lehren uns faft gleichzeitig den Gebrauch ver-
fchiedenfarbiger Scheiben mit Malerei (Tegernfee) oder mit gemalten

Geſchichten (Rheims) kennen. Noch immer liegt das Princip des muſiviſchen Schmuckes zu Grunde. Die einzelnen, nach einer Vorlage zurecht geſchnittenen Glasſtücke werden in Blei gefaßt und verbunden, die Zeichnung und die Schatten mit Schwarzloth hergeſtellt. Allmählich hebt ſich die Technik, die Zahl der Farben wird vermehrt, die Zeichnung verbeſſert. Die Rieſenfenſter der gothiſchen Dome, namentlich in Frankreich, boten den äußeren Anlaß, die Kunſt kräftig zu fördern, und ſo entſtanden ſeit der Mitte des 13. Jahrh. die prachtvollen Glasgemälde, welche aus den Schranken der Technik ſelbſt Vortheil zogen und durch Farbenglanz und Farbenharmonie die höchſte decorative Wirkung erzielten.

Den ausführenden Händen gebührt ein weſentlicher Antheil an den Werken der Glasmalerei. Das Ueberwiegen techniſcher Tüchtigkeit kommt nicht nur hier zur Geltung; es bezeichnet überhaupt den Charakter der gothiſchen Kunſt, daß das Handwerk, im beſten Sinne des Wortes gedacht, in den Vordergrund ſich ſtellt. So ſchiebt ſich auch in Baukreiſen zwiſchen den Architekten und den gewöhnlichen Maurer der Steinmetz in die Mitte, und ſeiner Thätigkeit danken die gothiſchen Dome in nicht geringem Maße ihre künſtleriſche Bedeutung. Das Uebergewicht des Handwerkes nimmt in der ſpäteren Zeit der Gothik immer mehr zu, ſo daß häufig die Grenzen zwiſchen Künſtler und Kunſthandwerker ſich verwiſchen. Nicht immer zum Vortheil der Kunſt. Das organiſche Verhältniß zwiſchen Conſtruction und decorativen Formen, welches nur die reine Künſtlerphantaſie empfindet und verſteht, wird gelockert, oft ganz zerſtört. Das Schickſal des Maßwerkes, welches ſchließlich ſich in krauſe, willkürliche Windungen verliert, die Verwandlung der Pfeiler in Aſtwerk (No. **79**, 10 und No. **156**, 7), dürfen als Zeugniſſe angerufen werden. Ebenſo ſchwindet über dem Eifer virtuoſer Ausführung die erfinderiſche Kraft. Das Ornament zeigt einen geringen Wechſel, wiederholt faſt ſchablonenhaft immer dieſelben Muſter, es reißt die architektoniſchen Zierglieder aus ihrem Zuſammenhange und wendet ſie unmittelbar und unbeſchränkt auch dort an, wo ſie völlig zwecklos ſich erweiſen. Ein Blick auf die Monſtranzen (No. **152**, 2 u. 5) mit ihren Strebebogen, Fialen, Statuen unter Baldachinen, auf den Sakramentsſchrein (No. **155**, 2), auf den Tiſch (No. **155**, 4) mit dem Blindfenſter am Geſtell, auf das Schloßſchild (No. **153**, 9) mit der vollſtändigen Fenſterarchitektur, wird die Bemerkung verſtändlicher machen. Wie dagegen bis in die ſpäteſte gothiſche Zeit das Prinzip feſter Ränder mit durchbrochenen inneren Flächen trefflich verwerthet wurde, zeigt der Beſchlag der Sakriſteithüre in der Brucker Pfarrkirche (No. **153**, 8). Feſte Eiſenſtreifen bilden Felder, welche auf einer Unterlage von abwechſelnd rothem und blauem Pergament mit leichten Orna-

menten, aus Blech getrieben und cifelirt, geschmückt find. Schlofser-
und Schmiedearbeiten, dann Holzfchnitzereien halten fich auch in
der fpäteften gothifchen Zeit auf bewunderungswürdiger Höhe.
Eine reiche Wirkfamkeit öffnete fich den Holzfchnitzern, als feit
dem 14. Jahrhundert die Altarfchreine und Flügelaltäre (No. **154**,
2 u. 3) aufkamen. Ueber einem niedrigen Auffatze erhebt fich ein
Schrein mit holzgefchnitzten farbigen Figuren, deffen Flügel theilweife Malereien, theilweife Reliefs zeigen, und welcher oben mit
einer architektonifchen Krönung abfchließt. Wahre Prachtwerke
diefer Gattung wurden im funfzehnten Jahrhundert gefchaffen und
noch im fechzehnten Jahrhundert häufig aufgeftellt. Der Antheil
tüchtiger Künftler hebt fie in einzelnen Fällen über den durch-
fchnittlichen Werth; in ihrer überwiegenden Zahl bleiben fie aber
dennoch nur Producte des Kunfthandwerkes, welches auf die Ausführung einen größeren Werth legt als auf die Erfindung, die
Schönheit des Einzelnen ftärker betont als die Harmonie des Ganzen.
Diefes glänzende Hervortreten des Kunfthandwerkes am Schluffe
des nordifchen Mittelalters läßt an einen Kreislauf in der Entwickelung der nordifchen Kunft denken. Wie am Anfange fo beherrfcht auch am Ende der Periode das Kunfthandwerk die gefammte
künftlerifche Thätigkeit. Die hervorragende Stellung des Kunfthandwerkes in der letzten Zeit der Gothik übte aber auch auf die
Kunft der folgenden Periode, befonders in Deutfchland, einen ge-
wichtigen Einfluß. Dem Kunfthandwerke war es vorbehalten, die
neuen (der italienifchen Renaiffance entlehnten) Formen auf dem
heimifchen Boden einzubürgern. Es hat diefe Aufgabe nach beften
Kräften gelöft, es konnte fich aber von der Gewöhnung an gothifche
Formen nicht vollftändig losfagen und hat fo dazu beigetragen,
daß Anklänge an den gothifchen Stil noch lange in der folgenden
Kunftperiode nachhallen.

6. Die italienische Baukunst im späteren Mittelalter.

Wenn die Formen, in welche fich der gothifche Stil im Norden kleidet, die allein wahren und richtigen find, dann hat man
Mühe, denfelben auch in Italien zu entdecken. Es fehlen die wichtigften Elemente deffelben, wie das kunftreiche Strebefyftem, die
enge Verknüpfung der Thürme mit dem Kirchenkörper, der ftrenge
Zufammenhang zwifchen Gewölberippen und Dienften. Dagegen
machen fich in der italienifchen Architektur des dreizehnten und
vierzehnten Jahrhunderts Züge geltend, welche mit dem überlieferten Wefen der Gothik wenig gemein haben, fo die Maßverhältniffe zwifchen Höhe und Breite der Schiffe, die Vorliebe für

vierzehn.

Flächendecoration und einfachere polygone Pfeilerbildung. Dennoch muß ein großer Auffchwung der italienifchen Architektnr im
Zeitalter der Gothik zugeftanden und der Einfluß der letzteren auf
die Phantafie der italienifchen Baukünftler anerkannt werden. An
die wunderbare Kraft des Spitzbogens glaubten noch in der Renais-
sancezeit gar viele Leute; die reiche decorative Ausftattung mit
kunftvoller Steinmetzarbeit entfprach in hohem Maße dem Sinne
der Zeitgenoffen. Es traf fich glücklich, daß, als die Kunde von
dem neuen Stile fich in Italien ausbreitete, die Städte in mächtigem
Aufblühen begriffen waren und ihren Stolz auf großartige Bauunternehmungen fetzten. Die alten ftädtifchen Kirchen erfchienen alle
zu klein und mußten erneuert werden, Communalpaläfte, Hallen
ftiegen rafch in die Höhe, auch in einzelnen emporgekommenen
ftädtifchen Gefchlechtern regte fich die Bauluft. Dazu kam, daß im
dreizehnten Jahrhundert die volksthümlichen Mönchsorden des
h. Franciscus und Dominicus in allen Städten Niederlaffungen
gründeten, und, von der begeifterten Zuftimmung der Bürger gehoben, große Kirchen errichteten. Im Dienfte diefer Orden trat
die italienifche Gothik zuerft auf. Die Mutterkirche des Francis-
canerordens in Affifi, bald nach 1228 begonnen und 1253 geweiht
und nach den Entwürfen eines Deutfchen, Namens Jacob, entworfen,
fteht an der Spitze der gothifchen Bauten Italiens. Vom Fuße der
Alpen wanderte der gothifche Stil im Gefolge des Franeiscaner-
und Dominicanerordens bis nach Sicilien herunter. Die berühmteften Ordenskirchen: ai Frari und S. Giovanni e Paolo in Venedig,
San Francesco in Bologna, S. Croce (Franciscaner) und S. Maria
Novella (Dominicaner) in Florenz, S. Maria fopra Minerva in Rom
find ebenfo viele Beifpiele italienifcher Gothik.

Der Umftand, daß zunächft Klofterkirchen errichtet worden,
übte gewiß Einfluß auf die Entwickelung des Stiles. Die Predigt
war durch die beiden neuen Orden mehr als früher in den Vordergrund des Cultus geftellt worden. Die Rückficht auf die Predigt
beftimmte die Anlage. Es galt zunächft weite Räume zu fchaffen.
Das Mittelfchiff wurde nicht mehr fo ausfchließlich in Maßen und
Schmuck ausgezeichnet, fogar die Wölbung wurde demfelben zuweilen entzogen, die Holzdecke wieder zu Ehren gebracht. Eine
reiche Entfaltung des Chores erfchien überflüffig. Dagegen empfahl
fich, um der dauernden Gunft der Familien ficher zu fein, die Anlage zahlreicher Kapellen als Privatftiftungen. Sie wurden meiftens
an der Oftfeite des breiten Querfchiffes errichtet. Stattliche Thurm-
bauten kannten felbft die nordifchen Klofterkirchen in der gothifchen
Periode nicht. Sie fielen auch in Italien aus, und da das Auge an
den Klofterkirchen zuerft die gothifchen Formen fchaute, fo vermißte es auch bei den fpäteren Kathedralbauten die mit der Faffade

untrennbar verbundenen Thürme nicht, zumal da die Tradition es an
die Trennung der Glockenthürme (campanile) von den Kirchen
gewöhnt hatte. Viele der gothifchen Kloſterkirchen wurden von
kundigen Laienbrüdern aufgeführt, aber auch berühmte weltliche
Baumeiſter, z. B. *Arnolfo di Cambio* (1232?—1310), haben fich an
denſelben thätig erwiefen.

Unter den Kathedralbauten nehmen die Dome von Florenz,
Siena und Orvieto als die reinſten Denkmäler italienifcher Gothik
den erſten Rang ein. Der Dom von Florenz, der Maria del Fiore
geweiht und an der Stelle der alten kleinen Kirche S. Reparata errichtet (No. 89, 1 u. 2) wurde am Ende des dreizehnten Jahrhunderts (1296) begonnen. *Arnolfo di Cambio* wird als der erſte
Werkmeiſter bezeichnet, doch find von feinen Werken nur geringe
Reſte in dem gegenwärtigen Baue nachweisbar, da im Laufe des
14. Jahrh. gründliche Aenderungen an der Anlage beliebt wurden.
Bereits *Giotto*, der große (famosus) Maler, welcher 1334 die Leitung
der Bauhütte übernahm, fchob zwifchen die Strebepfeiler zur Ver-
ſtärkung der Pfeiler Zwifchenpfeiler ein, *Francesco Talenti* aber,
welcher 1357 zum „chapomaestro" ernannt wurde, erweiterte die
Gewölbejoche, verlängerte das Langhaus, legte den achtfeitigen
Chor an und verlieh dem Baue die gewaltige Größe und Weite,
wodurch der florentiner Dom in der älteren italienifchen Kunſt
einzig daſteht. Das dreifchiffige Langhaus beſteht aus vier Gewölbe-
jochen mit überaus breiten Pfeilerabſtänden. Die Höhe des Mittelfchiffes beträgt 133 Fuß; fie wirkt aber doch nicht in gleichem
Maße wie in den nordifchen Domen, wofür die ungewöhnliche
Breite des Mittelfchiffes (53 F.), die Durchfchneidung der Oberwand durch eine hölzerne Galerie, die Anordnung von Rundfenſtern
erklärend eintritt. An das Langhaus ſtößt ein achtfeitiger Kuppelraum, welcher von drei aus dem Achteck conſtruirten Apfiden oder
Conchen umgeben wird. Der Kuppelbau, nur langfam fortfchreitend,
wurde erſt im fünfzehnten Jahrhundert unter dem Einfluß neuer
Kunſtanfchauungen kräftig in Angriff genommen und vollendet.
Die Außenmauern des Domes fchmückt Täfelwerk, aus weißem und
fchwarzem Marmor zufammengefetzt und zwifchen horizontalen
Streifen in vier Reihen übereinander wiederholt. Nur die Portale
(die Faffade oft begonnen, und immer wieder abgebrochen, wird
erſt feit 1875 aufgerichtet) und die Fenſter haben eine reichere
Gliederung und eine leife an gothifche Formen erinnernde fpielende
Decoration empfangen. Der Glockenthurm (campanile) neben dem
Dome (No. 89, 3), ein Werk Giotto's, ſteigt auf quadratifchem
Grundplane in fünf Stockwerken in die Höhe. Die äußere Gliede-
rung erfcheint jener am Dome verwandt, als Abfchluß war urfprünglich gewiß eine Spitze gemeint. Die Domportale und der

Glockenthurm bildeten eine wichtige Schule für die florentiner Bildhauer des 14. und 15. Jahrhunderts und danken dem plaftifchen Schmucke zu nicht geringem Theile ihre künftlerifche Bedeutung.

Die alte Rivalin von Florenz, Siena, wollte auch im Dombau mit der toskanifchen Hauptftadt wetteifern. Die Baugefchichte des Domes von Siena (No. **89**, 5 u. 6) belehrt uns nicht allein über den Ehrgeiz der fienefer Bürgerfchaft, fondern auch über die mannigfachen Schwankungen, welche im Laufe der Bauzeit (1259—1372) in Bezug auf Plan und Größe des Werkes ftattfanden. Die Pfeiler des dreifchiffigen Langhaufes find mit Halbfäulen befetzt und durch Rundbogen verbunden. Sie tragen ebenfo wie die Spitzbogenfenfter den gothifchen Charakter ftärker an fich, als die gleichnamigen Glieder im Florentiner Dome. Die Bekleidung der Wände und Pfeiler mit wechfelnden fchwarzen und weißen Marmorftreifen geht dagegen auf die alte heimifche Tradition zurück. In der Mitte des Querfchiffes treten die Pfeiler zu einem Sechseck auseinander, über welchem fich eine zwölffeitige Kuppel erhebt. Der dreifchiffige Chor fchließt gradlinig ab. Den glänzendften Schmuck entfaltet die Faffade, wahrfcheinlich von *Giovanni Pifano*, dem Sohne des berühmten Bildhauers Niccolò im Jahre 1284 begonnen, doch erft fpät im 14. Jahrhunderte vollendet. Drei Portale in Rundogen gefchloffen, durch fchmale Wandpfeiler getrennt, mit flachen Giebeln gekrönt, bilden das untere Stoekwerk; darüber erblicken wir in der Mitte die Fenfterrofe in viereckigem Rahmen, zu beiden Seiten fpitzbogige Arkaden. Drei Giebel zwifchen fialenartigen Thürmen, fchließen die Faffade, eine Prachtleiftung decorativer Plaftik, ab.

In ähnlicher Weife ift die Faffade des Domes von Orvieto (No. **89**, 7) behandelt. Derfelbe wurde von Sienefer Baumeiftern feit dem Ende des 13. Jahrhunderts gebaut und zeigt im Mittelfchiffe keine Gewölbe fondern den offenen Dachftuhl. Zur Ausfchmückung der Faffade trugen außer Mofaikmalern namentlich Bildhauer der Pifaner Schule bei, welche im 14. Jahrh. die Wandungen zwifchen den Portalen mit Reliefs, die Lehren des Glaubens von der Weltfchöpfung bis zum Jüngften Gerichte verfinnlichend, bedeckten.

Wäre es nach der Abficht der Bauherren und nach den Wünfchen der Bürger gegangen, fo würde die Kirche S. Petronio in Bologna alle anderen gothifchen Bauten Italiens an Größe weit überragt haben. Der Bau wurde 1388 von einem *Antonius*, Sohn des Vincentius, den die Urkunden einen bloßen Maurer nennen, begonnen, fchleppte fich viele Menfchenalter fort und befchäftigte noch fpät im fechzehnten Jahrhundert zahlreiche Künftler und Kunftfreunde. Der Grundriß (No. **91**, 9) zeigt die Kirche in der urfprünglich beabfichtigten Ausdehnung. Ausgeführt wurde nur das Langhaus, welches mit einer kleinen kreisförmigen Apfis am Anfange des

Querschiffes abschließt. Die Pfeilergliederung im Innern erinnert an jene im Florentiner Dom. Auf den unteren kreuzförmigen Pfeiler, welcher die Spitzbogenarkade trägt, ist ein ähnlich profilirter Pilaster gestellt, von welchem die Gewölberippen ausgehen (No. 91, 2). Die Oberwand wird durch ein einfaches Rundfenster belebt. Darin zeigt der Dom zu Lucca, theilweise im vierzehnten Jahrhundert umgebaut und erneudrt, einen großen Fortschritt. Die Arkaden sind zwar in Rundbogen geschlossen, aber darüber zieht sich ein Triforium hin, das Kreisfenster ist mit Maßwerk gefüllt (No. 91, 3).

Den weitesten Ruhm unter den gothischen Kirchen Ober-Italiens besitzt der Mailänder Dom (No. 90, 1 u. 2). Giovanni Galeazzo Visconti, der Herrscher Mailands, hat ihn 1386 gegründet, der Lombarde *Marco da Campione* wahrscheinlich entworfen, jedenfalls an dem Werke den größten Antheil genommen. Doch halfen Baumeister der mannigfachsten Schulen und aus den verschiedensten Ländern, außer Italienern auch Franzosen und Deutsche (*Ulrich von Ensingen, Heinrich von Gmünd* 1391) mit Rath und That bei dem Baue. Die Schwierigkeit der Construction, welche mehr auf dem Wege des Versuches als auf jenem der theoretischen Berechnung gefunden wurde, führte in diesem Falle, wie auch sonst häufig, zur Berufung von Künstlerconcilien. Die Anlage des Mailänder Domes entspricht der Weise nordischer Kathedralen. An ein fünfschiffiges Langhaus schliesst sich das dreischiffige Querschiff und der Chor mit dem Umgange an. Eigenthümlich ist die Abstufung der Höhe der Seitenschiffe, so daß das Mittelschiff nur wenig über die beiden inneren Seitenschiffe emporragt. Auf den Laien übt die Marmorverschwendung und außen die beinahe unendliche Welt von Fialen und Pfeilern den mächtigsten Eindruck und verleitet ihn leicht, den künstlerischen Werth des Baues zu überschätzen. Aus derselben Zeit (1396) stammt die weiträumige Kirche der Karthause oder Certosa bei Pavia (No. 90, 6). Doch fällt die Decoration des Innern und der Bau der Fassade in die folgende Kunstperiode, in die Zeit der Renaissance.

Es giebt wenige bedeutende Städte, namentlich in Mittelitalien, welche sich nicht hervorragender Denkmäler aus den letzten Jahrhunderten des Mittelalters zu rühmen hätten. Auch heute noch empfangen einzelne Straßen und Plätze ihr Gepräge von den Palästen und Hallen, welche die Gemeinden oder Private in jener Zeit errichteten. Den Charakter der mittelalterlichen Städte hat am besten das auf der Straße von Florenz über Empoli nach Siena hoch gelegene San Gimignano bewahrt, wo die Mauern und Thore (No. 91, 11), die Thürme, Häuser (No. 91, 6) und Paläste die Phantasie in die Zeiten des kräftigen, streitbaren, freien Bürgerthums zurückführen. Auch der alte Platz del Campo in Siena,

im Halbkreife von ftolzen Paläften umgeben, bietet eine ausdrucksvolle mittelalterliche Scenerie dar. Die gothifchen Stilformen
fchränken fich allerdings meiftens auf die Spitzbogen an Fenftern
und Portalen ein. Die wenig gegliederten, hochragenden Mauer-
maffen, deren eintöniger Charakter zuweilen durch Farbenftreifen
gemildert wird, die vorkragenden Zinnen, flachen Dächer find dem
einfachen praktifchen Bedürfniffe entfprungen. In der Anordnung
und Gliederung der Werke prägt fich die Rückficht theils auf die kli-
matifchen Anforderungen, theils auf die fociale Sitte aus. Die inneren
Parteikämpfe z. B. empfehlen wehrhafte Bauten, die Intereffen des
Verkehres anderwärts die Anlage offener Hallen im Erdgefchoße.

Aus dem zahlreichen Kreife der Florentiner Werke (Palazzo
del Podeftà, Palazzo vecchio, Loggia de' Lanzi) heben die Bilderbogen das Bruderfchaftshaus Bigallo (No. 91, 10) aus der zweiten
Hälfte des 14. Jahrhunderts heraus. Die Arkadenpfeiler (ähnlich
wie das Fenfter in Tivoli bei Rom [No. 90, 3]) werden als Rahmen
behandelt und die Flächen mit zierlichen Ornamenten ausgefüllt,
eine Anordnung, welche in der Renaiffanceperiode mit noch größerer
Vorliebe durchgeführt wird. Beifpiele aus Oberitalien, wo der Backfteinbau und die offenen Hallen im Erdgefchoffe vorherrfchen, bietet
der fog. Palazzo de' Giuriconfulti in Cremona aus dem Jahre 1292
(No. 90, 7), bei welchem man nur die Einbauten zwifchen den
Spitzbogen des Erdgefchoffes wegdenken muß, das (nicht mehr
vorhandene) Stadthaus in Udine (No. 91, 5) und das alterthümliche
Rathhaus (Broletto genannt, wie alle Bauten Oberitaliens, deren
Erdgefchoß aus einer offenen Halle befteht) in Monza (No. 91, 8).
Daffelbe ftammt aus dem 13. Jahrhundert und trägt noch das Ge-
präge des romanifchen Stiles in dem Giebel. Zu den glänzendften
Leiftungen des Backfteinbaues gehört das große Hospital in Mai-
land, von deffen langer Faffade No. 90, 4 ein Fragment wiedergiebt. Die zweitheiligen Spitzbogenfenfter zeigen noch den gothi-
fchen Stil, obfchon das Werk im 15. Jahrhundert errichtet und im
Uebrigen in Renaiffanceformen ausgeführt wurde.

Eine Welt für fich bilden die Palaftbauten Venedigs. Sobald
man fie aus dem venezianifchen Boden verpflanzt und verfetzt,
büßen fie alle Bedeutung ein, in Venedig erfcheinen fie gleichfam
als Naturproducte, die mit einer gewiffen Nothwendigkeit entftanden
find. Die Lagunen bilden die Straßen der Weltftadt; ihnen find
alle Häußer offen zugewendet. Zur Entfaltung eines reichen äußeren
Portalbaues ift kein Anlaß vorhanden, das Erdgefchoß dient meiftens
wirthfchaftlichen Zwecken und erfcheint befcheiden ausgeftattet.
Der Oberftock enthält in der Regel in der Mitte einen großen, die
ganze Tiefe des Haufes einnehmenden Saal, welcher von einer
reichen Fenftergruppe fein Licht empfängt, und zu beiden Seiten

fchmale mehr gefchloffene Flügel, mit kleineren Gemächern. Die
Gleichförmigkeit des Lebens bedingte eine große Stetigkeit der
baulichen Einrichtungen, daher die Paläfte der auf einander folgenden Perioden im Grunde diefelbe Geftalt offenbaren und wefentlich nur durch die Decoration fich von einander unterfcheiden. Aus
dem ftattlichen Kreife von Paläften aus dem fpäteren Mittelalter,
der fogenannten gothifchen Periode, unter welchen der Dogenpalaft
(im 14. Jahrhundert von *Peter Bafeggio* und *Filippo Calendarto*,
wie die gewöhnliche Annahme lautet, begonnen) am bekannteften
ift, heben wir einen zierlichen, farbenreichen, nur aus Mittelbau
und einem Flügel beftehenden Palaft am Canal grande, die Cà Doro
(No. **91,** 1), hervor.

Im Anhange follen noch aus einem Grenzlande mittelalterlicher Kunft, aus der pyrenäifchen Halbinfel, einzelne hervorragende
gothifche Bauten aufgezählt werden. Fremde Einflüße, anfangs
franzöfifche, im 15. Jahrhundert auch deutfche, laffen fich nicht
ableugnen, doch bricht aus vielen Zügen die heimifche Eigenart
und die füdliche Natur hervor, fo in der weniger unterfchiedenen
Höhe der Schiffe, in den Kuppelanlagen über der Vierung (No. **84,**
1), in der geringeren Ausbildung der Fenfterarchitektur, in den Anklängen an maurifches Ornament. Noch im 13. Jahrhundert wurde
die Kathedrale von Toledo (No. **84,** 3) begonnen. Sie trägt das
Gepräge franzöfifcher Kathedralen. In ähnlicher Weife folgt auch
die Kathedrale von Leon (No. **84,** 2) franzöfifchen Vorbildern. Die
Faffadenthürme der Kathedrale von Burgos (No. **83,** 3) dankten
ihre Geftalt einem deutfchen Baumeifter: *Johann von Köln*: fie
ftehen nicht in fonderlichem Einklange mit dem übrigen Bau, welcher
feit 1221 in der Weife früh franzöfifcher Gothik errichtet wurde.
Ein Hauptwerk des 14. Jahrhunderts (1298 begonnen und nach
den Plänen eines Meifters *Jayme Fabra* aus Majorka weiter geführt),
ift die Kathedrale von Barcelona (No. **83,** 1 u. 3). Sie zeichnet
fich durch die weite Spannung der Gewölbe des Mittelfchiffes, wo-
rin ihr die Kathedrale zu Palma auf der Infel Majorka (No. **83,** 4)
gleichkommt, aus. In fchroffem Gegenfatze zu der einfach klaren
Anordnung und Gliederung der Klofterkirche Batalha in Portugal
(No. **84,** 5) fteht das in gothifchem Barockftile erbaute Portal zum
Maufoleum König Manuels hinter dem Chore der Kirche (No. **84.** 4).
Ein Beifpiel des Palaftbaues aus fpät gothifcher Zeit (1482) bietet
die Cafa Lonja in Valencia (No. **85,** 4), an welcher fich befonders
der Contraft der Loggia auf dem linken Flügel zu den gefchloffenen
Maffen des Mittelbaues wirkfam erweift.

DIE KUNST DER NEUEREN ZEIT.

A. IN ITALIEN.

1. Niccolo Pisano und Giotto.

Die hiſtoriſche Betrachtung ſondert der Deutlichkeit wegen die
einzelnen Weltalter ſcharf und beſtimmt ab. In Wirklichkeit fließen
aber die Perioden der menſchlichen Entwickelung meiſtens ganz
unmerklich in einander, ſo daß erſt das nachträglich prüfende Auge
die trennenden Abſchnitte bemerkt. Auch auf dem Gebiete der
Kunſt vermitteln zahlreiche Uebergänge den Stilwechſel und laſſen
die neue Weiſe nur ſchrittweiſe aus der alten hervorgehen oder
neben der letzteren auftreten. In anderer Art hängt aber die mittelalterliche Kunſt in Deutſchland mit der neueren Kunſt zuſammen,
als in Italien. Dort werden zahlreiche gothiſche Elemente in die
Kunſt, welche den Namen deutſche Renaiſſance führt, herübergenommen, dagegen zeigen ſich in Italien ſchon im Mittelalter mannigfache Züge der ſpäteren, als italieniſche Renaiſſance geprieſenen
Kunſt. Die Erklärung dieſes Unterſchiedes liefern allgemeine hiſtoriſche Thatſachen. Für Italien genügt der Hinweis, daß bereits
am Ende der Hohenſtaufenzeit der Grund zu den politiſchen Einrichtungen und zu der nationalen Bildung gelegt wurde, welche
ſeitdem eine ſtetige Entwickelung erfuhr. Die Städte kamen in
die Höhe, der praktiſche Staatsſinn erſtarkte, der municipale Stolz
regte ſich, die ſtarken Perſönlichkeiten gewannen Macht und Anſehen, das Bild der römiſchen Vorzeit ſtieg immer deutlicher vor
den Augen der Zeitgenoſſen auf, ihre Phantaſie anregend und insbeſondere auch bei künſtleriſchen Verſuchen als Muſter benützt.

Bis zum zwölften Jahrhundert ſtehen Plaſtik und Malerei in
Italien auf ſehr tiefer Stufe. Doch iſt die Behauptung eines gänz-
lichen Stillſtandes der künſtleriſchen Thätigkeit ebenſo unbegründet,

wie die andere einer unbedingten Abhängigkeit von Byzanz übertrieben. Der Einfluß der byzantinifchen Kunft fchränkt fich auf
einzelne Landfchaften (Venedig, füditalienifche Handelsplätze, Sicilien)
und auf einzelne Kunftzweige (gravirte Bronzeplatten, Mofaikmalerei,
Emailarbeiten) ein. Erft im zwölften Jahrhundert erwacht allfeitig
ein regeres Kunftleben, feine Aeußerungen find aber in Oberitalien
und Toscana von jenen in Rom und Unteritalien wefentlich verfchieden. Hier herrfcht die decorative Richtung vor. Flächen,
welche in den nördlichen und mittleren Landfchaften Anlaß zu
figürlichen Darftellungen bieten, werden mit zierlichen mufivifchen
Muftern ausgefüllt, z. B. die Brüftungen der Kanzeln. Selbft wenn
der Steinmeißel zur Anwendung kommt, fchafft er mit größerer
Vorliebe und namentlich mit größerem Erfolge ornamentale Werke
z. B. gewundene, wie gedrechfelte Säulen. Die römifchen marmorarii
fetzen ihre Arbeit ununterbrochen fort. Seit dem Ende des 12.
Jahrhunderts bis tief in das 14. entwickelt eine Künftlergruppe, die
wir als zu einer Familie gehörig anfehen und nach Cosmas, einem
Gliede derfelben, Cosmaten nennen, in der Errichtung und mufivifchen Schmückung von Kanzeln, Bifchofsthronen, Schranken, Kan-
delabern, in Wandbekleidungen und Klofterhofanlagen (S. Paul bei
Rom und Lateran) eine umfaffende Thätigkeit. Sie verpflanzen
diefelbe nach Unteritalien, wo byzantinifche und arabifche Einflüße
die Empfänglichkeit für reiche farbige Flächendecoration gefteigert
hatten. An und für fich erfcheinen diefe decorativen Arbeiten
(Kanzeln in Salerno und Ravello, Wandbekleidung in der Capella
palatina zu Palermo) überaus reizend und bekunden einen gereiften
Formenfinn. In der Entwickelungsgefchichte der italienifchen Kunft
fpielen fie aber eine viel geringere Rolle als die Steinfculpturen in
der Lombardei und Toscana, mögen auch die älteften uns erhaltenen
Proben hier eine faft barbarifche Ungefchicklichkeit der Formenbildung offenbaren. Trotzdem fehlt nur wenigen Künftlern ein
ftolzes Selbftbewußtfein. Sie lieben es, ihre Namen infchriftlich
auf ihren Werken zu verewigen und ihre Tüchtigkeit zu rühmen.
Unter den lombardifchen Sculpturen des 12. Jahrhunderts ragen jene
von Parma (Portalfculpturen am Baptifterium) und Verona (Taufbecken in S. Giovanni in Fonte) hervor. Sie lehnen fich zum
Theil an die altchriftliche Tradition an. Das Relief im Dom von
Parma, das Fragment eines größeren Werkes (No. 108, 4) von
Benedetto Antelami gemeißelt, zeigt noch die Figuren der Ecclesia
und Synagoge, beide in kleinerem Maßftabe, jene durch Kelch und
Fahne, diefe durch die hohenprieſterliche Tracht und zerbrochene
Fahne charakterifirt. Auch bei den Reliefbildern in Verona möchte
man an ältere Vorbilder denken; überwiegend bleibt doch der Ein-
druck eines noch wenig erfolgreichen Kampfes der ungefchulten

Hand mit den Naturanregungen, welche das Auge empfing. In Toscana find außer zahlreichen Portalfculpturen (befonders in Piftoja, außerdem in Pifa, No. 108, 3) namentlich die an den Kanzeln angebrachten Reliefs (S. Leonardo in Florenz, No. 108, 5, Volterra, Groppoli, Piftoja) bemerkenswerth. Die Wiederholung derfelben Motive lenkte allmählich die Aufmerkfamkeit vom Inhalte auf die Formen und ließ in der Ausbildung und der gefteigerten Lebendigkeit der letzteren das Ziel der künftlerifchen Arbeit errathen. Auch der Bronzeguß fand hier, z. B. in Pifa (No. 108, 2), Pflege und lieferte beffere Früchte als in der Lombardei. Von Pifa wanderten fogar Bronzekünftler (Bonannus) nach Sicilien. Von großem hiftorifchen Werthe wären die Reliefs der Verkündigung, Geburt Chrifti und Anbetung der h. drei Könige (No. 108, 1), welche aus einer alten Kirche in Ponte allo Spino bei Siena in den Dom übertragen wurden, wenn fich die Zeit ihrer Entftehung genauer beftimmen ließe. Denn denfelben liegt offenbar eine Kenntniß der antiken Kunft, insbefondere etruskifcher Grabkiften zu Grunde. Da fie fich aber chronologifch nicht einordnen laffen, fo können fie nicht als die unmittelbare Vorftufe für die im dreizehnten Jahrhunderte auftretende Richtung gelten, welche in verfchiedener Weife fich von antiken Sculpturen die Mufter holt. An zwei Punkten können wir gleichzeitig die Nachahmung antiker Werke beobachten. Unter Kaifer Friedrich II., deffen Bauliebe eine Reihe leider jetzt völlig verfallener Schlöffer in Caftel del Monte, Andria, Foggia, Capua u. a. den Urfprung verdankt, fand auch die Sculptur eine weitere Pflege, die antike Kunft, von welcher Süditalien mannigfache Refte befaß, wieder Beachtung. Den Beweis liefern die in Meffina und Brindifi gefchlagenen Goldmünzen, die fogenannten Auguftalen, und die Refte des plaftifchen Schmuckes, mit welchem Friedrich II. 1247 die Marmorpforte des befeftigten Capua bedachte. Ein anderes Beifpiel diefer füditalifchen Plaftik bietet der Porträtkopf aus Ravello bei Amalfi (No. 110, 5), gewöhnlich als das Bildniß der Sigilgaita Rufolo bezeichnet und auf dem Thürbogen (ob auch fchon urfprünglich, ift zweifelhaft) der 1272 errichteten Kanzel aufgeftellt. Auf das reine Oval des Kopfes, das wellenförmige, zurückgelegte Haar und die breite Wangenbildung ift bei der Sigilgaita, wie bei dem anderen verwandten weiblichen Kopfe aus Scala bei Amalfi im Berliner Mufeum befonders zu achten.

Eine zweite Stätte antikifirender Kunftrichtung im dreizehnten Jahrhunderte finden wir in Pifa. Hier ift es eine beftimmte Perfönlichkeit, auf welche die Betrachtung antiker Sculpturen unmittelbar befruchtend wirkte: *Niccolò Pifano*. Ueber feine Lebensfchickfale, feine künftlerifche Erziehung find wir nicht näher unterrichtet. Feft fteht, daß die Vorbilder, die Niccolò Pifano vor Augen hatte,

in Pifa felbft vorhanden waren und hier von ihm ftudirt wurden:
etruskifche Afchenkiften, ein Sarkophag mit Darftellungen der Hip-
polytosfage, eine bacchifche Marmorvafe. Das erfte und berühmtefte Werk Niccolò's ift die Kanzel im Baptifterium zu Pifa (No.
109, 1). Sieben Säulen tragen die Kanzel, deren Brüftung mit
fünf Reliefbildern: Geburt Chrifti (No. 109, 2), Anbetung der Könige (No. 109, 3), Darftellung im Tempel, Kreuzigung und jüngftes Gericht gefchmückt ift. Der Gegenftand brachte es mit fich,
daß auf den beiden letzten Bildern keine Anklänge an die Antike
wahrgenommen werden. Defto ftärker treten fie uns auf den drei
erften Feldern entgegen. Der Künftler hat einzelne Geftalten von
antiken Reliefs, ohne fich um ihre urfprüngliche Bedeutung zu
kümmern, ganz herübergenommen, für Kopfbildung, Körperhaltung
fich unmittelbar die Vorbilder bei verfchiedenen antiken Werken
geholt. An der Geftalt und dem Kopfe der Madonna in der Verkündigung und Geburt, in der Kopftracht der Madonna (fie ift
nach dem Phaedrafarkophag im Campo fanto zu Pifa gearbeitet)
und in den Pferdeköpfen im Relief der Anbetung, wird diefes Verhältniß deutlich fichtbar. Als das zweite Hauptwerk des Meifters
gilt die Kanzel im Dome zu Siena, im Aufbaue und in dem plaftifchen Schmucke der Kanzel im Pifaner Baptifterium verwandt.
Sie wurde ihm 1265 in Auftrag gegeben und mit Hilfe feiner
Schüler Arnolfo und Lapo vollendet (No. 110, 1). Diefe Mitwirkung fremder Hände erklärt theilweife den Rücktritt von der antiken Richtung. Diefer wurde aber auch dadurch bedingt, daß die
Antike nicht die allgemeine und fichere Grundlage der Künftler-
bildung war. Vereinzelte Werke, deren fchöne Formen fein perfönliches Gefallen erregten, wurden von Niccolò nachgeahmt. Sobald feine Perfönlichkeit in den Hintergrund trat, verlor auch die
Antike wieder ihren Einfluß und kam das malerifche Element, die
Häufung der Gruppen, die fchärfere Individualifirung und ftärkere
Bewegung der Geftalten mehr zu ihrem Rechte. Niccolò's Stil klingt
noch in dem Relief der Kreuzabnahme am Dome zu Lucca (No.
108, 6) an; ebenfo zeigt die Madonna in einer Nifche über dem
Sarkophage des Cardinals von Braye in S. Domenico zu Orvieto,
ein Werk des berühmten Architekten *Arnolfo di Cambio* († 1310),
Verwandtfchaft mit den Typen Niccolò's (No. 109, 4), ähnlich wie
die Arbeiten des Dominikanermönches *Fra Guglielmo* an der Kanzel
in S. Giovanni Fuorcivitas in Piftoja und an dem gemeinfam mit
Niccolò gemeißelten Sarkophage des h. Dominicus in Bologna.
Aber fchon Niccolò's Sohn, *Giovanni Pifano* († nach 1328), betont
den energifchen Ausdruck und das kraftbewegte Leben in feinen
Geftalten faft ausfchließlich, felbft auf Koften der formellen Schönheit. Die Ueberrefte der Kanzel im Pifaner Dome: die gekrönte

Figur der Stadt Pifa über den Statuen der Cardinaltugenden (No.
108, 7) und das Relief der Geburt Chrifti (No. **110**, 2) verfinnlichen feinen Stil. Das hervorragendfte Werk zwar nicht Giovanni's, aber jedenfalls einer Künftlergruppe, die feiner Richtung nahe
ftand und diefelbe noch weiterrührte, find die Reliefs, welche die
vier Pfeiler der Faffade von Orvieto bedecken (No. **110**, 3 u. No.
111, 1). Natürlich erfcheint die Stellung des fchlafenden Adam,
verftändlich der ganze Vorgang; in den Auferftehenden des jüngften Tages bemerkt man den Fleiß, mit welchem die nackten Körper
wiedergegeben und die mannigfachen Empfindungen des Schreckens,
der Freude gefchildert werden. Noch weitere Fortfchritte macht
unter Giotto's bahnbrechendem Einfluße die toskanifche Plaftik
durch *Andrea Pifano* (den Sohn des Ugolino Nini, c. 1270—1348),
in deffen Bronzereliefs an der Thüre des Florentiner Baptifteriums
(No. **109**, 5), die knappe, gefchloffene Form der Compofition, die
Kunft in wenigen Figuren das Wefentliche der ganzen Scene zu
verkörpern und die Gruppen gefchickt in den gegebenen Räumen
anzuordnen, Bewunderung verdient. Wie auch bei Künftlern
mäßiger Begabung allmählich der Sinn für das Anmuthige erftarkte,
zeigt die Madonnenftatue des *Nino Pifano*, eines Sohnes des Andrea (No. **110**, 4). Ein anderes Beifpiel toskanifcher Plaftik im
vierzehnten Jahrhundert bietet das kleine Marmorrelief aus Siena,
welches *Agoftino di Giovanni* († 1350) gearbeitet hatte (No. **110**,
6). Nicht ficher geftellt ift der Name des Meifters, welcher die
Gruppe an der Ecke des Dogenpalaftes in Venedig (No. **111**, 6)
gemeißelt hat. Gewöhnlich wird Filippo Calendario, dem man auch
den Bau des Palaftes zufchreibt, genannt. Jedenfalls wird durch
die Sculpturen an den Säulenkapitälen des Dogenpalaftes der Beweis geliefert, daß der Auffchwung der Plaftik gegen das Ende des
vierzehnten Jahrhunderts über ganz Italien fich erftreckte. Für
Florenz beftätigen die auffteigende Linie der Kunft die Reliefs an
der Loggia de' Lanzi (No. **111**, 5) und die Reliefs, welche die Portale des Florentiner Domes einfaffen (No. **111**, 2—4). In dem
freien Linienfchwunge des Rankengeflechtes kündigt fich bereits der
neue Stil, der im folgenden Zeitalter zur Herrfchaft gelangt, unmittelbar an.

Der Entwickelung der toskanifchen Sculptur im vierzehnten
Jahrhundert geht die ftetige Ausbildung der Malerei zur Seite.
Beide Künfte greifen vielfach in einander und üben wechfelfeitigen
Einfluß. Während am Ende des Jahrhunderts die Sculptur die
Rolle des Führers übernimmt, fteht am Anfange deffelben die Ma-
lerei entfchieden an der Spitze und drückt auch der gleichzeitigen
Sculptur (Giovanni Pifano) ihr Gepräge auf. Diefe hervorragende
Stellung dankt die Malerei der epochemachenden Thätigkeit *Giotto's*,

des älteften Künftlers Italiens, an deffen Namen fich wahrer Weltruhm knüpft. Die Nachrichten, die wir über den Zuftand der
Malerei in Toscana vor feiner Zeit befitzen (ein Maler, Giorgio
Vafari aus Arezzo, fchrieb um die Mitte des fechzehnten Jahrhunderts Biographien der berühmteften Künftler, die noch heutzutage
die Hauptquelle unferer Kunde bilden), lehren uns als Giotto's Vorgänger und Lehrer *Giovanni Cimabue* (1240? bis c. 1302) kennen.
Cimabue war der erfte Maler, welcher die mechanifche, handwerksmäßig geübte Weife, gewöhnlich, aber grundlos, byzantinifche
oder griechifche Manier genannt, lockerte und, wenn er auch mit
der Tradition nicht vollftändig brach, durch ein heller geftimmtes
Colorit fowie in feinen Wandbildern durch eine freiere Anordnung der Gruppen feinen Werken einen höheren Grad von Lebendigkeit verlieh. Außer der Madonna in S. Maria novella, auf Holz
gemalt (No. 196, 1), zählen die leider halbzerftörten Wandgemälde
in der Oberkirche zu Affifi zu Cimabue's berühmteften und ficher-
ften Werken.

Die volle Befreiung von den Feffeln der älteren Kunftübung
bewirkte *Giotto di Bondone* (c. 1266—1337), der zu der Rolle als
Führer der Kunft feines Jahrhunderts auch durch den äußeren
Umftand befähigt war, daß er beinahe ganz Italien von Padua bis
Neapel durchwanderte und überall durch feine Werke die neue
Lehre predigte. Giotto fchildert die Ereigniffe der Bibel und der
Legende, wie fie fich in feinem Geifte wiederfpiegeln. Sie gewinnen
dadurch innere Wahrheit; wir fehen nicht bloß die äußeren Bewegungen der handelnden Perfonen, fondern auch die Beweggründe
derfelben. Die Seelenftimmung, der Charakter kommen zu deut-
lichem Ausdrucke. Giotto gebietet nicht über eine große Mannigfaltigkeit von Geftalten, feine Naturbeobachtung umfaßt keinen
weiten Kreis. Er wiederholt fich in den Köpfen, zeichnet die Gewänder meiftens nach einer immer wiederkehrenden Regel, befitzt
für die Darftellung von Thieren, Bäumen, für die landfchaftlichen
Hintergründe noch kein offenes Auge. Selten kann man feinen
Geftalten Anmuth und Schönheit zufprechen. Dafür glauben wir
aber an ihr Thun und Treiben, und find überzeugt, daß fie mit
ganzer Seele bei der Handlung find und durch ihre Bewegungen,
ihre Action treu ihre inneren Empfindungen wiedergeben. Die
Kunft zu erzählen wurde durch Giotto erft wieder zum Leben er-
weckt. So erklärt fich fein Einfluß auf das ganze Jahrhundert, zumal
da er auch über einen ausgebildeten Raumfinn gebot, die Gruppen auf
der gegebenen Fläche gut anzuordnen, fowie einen größeren Bilderkreis zu gliedern und mit der architektonifchen Umgebung in Einklang zu bringen verftand. Die Wandmalerei, welche überhaupt
in Italien bis zum Anfange des fechzehnten Jahrhunderts eine weit

größere Bedeutung besitzt als die Tafelmalerei, muß als architektonischer Schmuck aufgefaßt werden, und wie sie äußerlich mit der
Architektur zusammenhängt, so unterwirft sie sich auch in Bezug
auf Anordnung und Gruppirung architektonischen Gesetzen. Sie
läßt in der Composition die Linien der architektonischen Einrahmung anklingen und hält die Regeln der Symmetrie, der Uebereinstimmung der entsprechenden Flächentheile aufrecht. In allen
diesen Dingen wurde Giotto ein fruchtbares Muster. Der Umstand,
daß er auch als Baumeister thätig war, für Bildhauer die Reliefs
am Campanile des Florentiner Domes entwarf, förderte nicht wenig
seine persönliche Entwickelung. Folgenreich war auch das Aufkommen neuer Gegenstände der Darstellung. Die Legende des h.
Franciscus von Assisi fesselte die Phantasie des italienischen Volkes
mindestens in gleichem Maße wie die biblischen Geschichten und
wurde im vierzehnten Jahrhundert mir Vorliebe auch von Malern
geschildert. Hier gab es aber keine künstlerische Ueberlieferung,
welche mechanisch wiederholt werden konnte, die Maler mußten
vielmehr ihre Erfindungskraft anstrengen, die Scenen selbständig
verkörpern. An den Bildern aus dem Leben des h. Franciscus erprobte sich auch Giotto's Kunst; in Assisi, wo er seine Laufbahn
begann, haben wir die Geburtstätte auch seines Stiles, welcher bis
auf Raffael immer höher entwickelt wurde, zu begrüßen. Außer
Assisi waren namentlich Padua und Florenz Hauptstätten seiner
Wirksamkeit. Die kleine Kapelle dell' Arena in Padua schmückte
er (wahrscheinlich um das Jahr 1306) mit 38 Wandbildern, in
welchen er das Leben der Maria erzählte. Die Proben aus diesem
Bilderkreise (No. 195, 2, 3) zeigen, wie deutlich Giotto den Antheil
jeder Person an der Handlung unterscheidet, und wie sicher er die
inneren Bewegungen derselben zeichnet, so die kummervolle Stimmung Joachims und die mannigfachen Affecte der Umstehenden
bei der Auferweckung des Lazarus. In den Kapellen Bardi und
Peruzzi in S. Croce in Florenz schilderte Giotto das Leben des h.
Franciscus und Johannes des Täufers. Der Tanz der Herodias bei
dem Geigenspiele eines anmuthigen Jünglings (No. 195, 1) ist dem
Bildercyclus der Peruzzikapelle entlehnt.

Unter den zahlreichen Schülern und Nachfolgern Giotto's
(Taddeo und dessen Sohn Angelo Gaddi, Maso di Banco, Giotto di
Stefano oder Giottino, Bernardo Daddi u. a.) ragt *Andrea di
Cione*, gewöhnlich *Orcagna* genannt (1308?—1368) hervor, der
auch als Bildhauer thätig war und als Hauptwerk der Wandmalerei
das jüngste Gericht, die Hölle und das Paradies in der Capella
Strozzi in S. Maria novella, vielleicht mit Beihilfe seines Bruders
Nardo (Lionardo), schuf. Die Mittelgruppe aus dem Paradiese (No.
196, 3) liefert den Beweis, daß Orcagna auch nach der Seite der

würdevollen und anmuthigen Schilderung die anderen Giottiſten
weit überragt. Zu den ſpäteren Vertretern der Richtung Giotto's
gehört noch *Spinello Aretino* (1333?—1410), der in S. Miniato bei
Florenz, im Campo Santo zu Piſa und im Rathhaus in Siena malte
und in ſeinen Fresken als ein wirklich lebendiger Erzähler und
Charakterzeichner, wenn auch mit geringem Verſtändniß der Körperformen, ſich kund gibt. Die aus dem Kreiſe ſeiner Wandgemälde
in S. Miniato herausgeholte Begräbnißſcene (No. **197**, 4) lehrt uns
einen überaus beliebten Gegenſtand der Darſtellung im 14. und 15.
Jahrhundert kennen und zeigt, in welchem Grade Spinello den
Schmerz und die Trauer abzuſtufen fähig war.

Bei dem hohen Einfluß, welchen die beiden Orden der Franciskaner und Dominikaner auf die Kunſtthätigkeit Italiens im 14.
Jahrhundert gewannen, kann es nicht Wunder nehmen, daß auch
die in beiden Orden gepflegten Gedankenkreiſe unter den Malern
Eingang fanden, zumal dieſelben mit der allgemeinen Richtung der
Phantaſie zuſammenſtimmten. Schon Dante's göttliche Komödie gewährt der Allegorie einen weiten Raum. Auch in den Dichtungen,
welche aus dem Schoße des Franciskanerordens hervorgingen, ſpielt
die Allegorie eine bedeutende Rolle. Sie athmet hier einen poetiſchen
Schwung, während den allegoriſchen Vorſtellungen, welche der
Dominikanerorden pflegte, ein lehrhaftes Element ſich ſtärker beimiſcht. Bereits Giotto hatte in der Unterkirche zu Aſſiſi die Ordens-
gelübde der Keuſchheit, Armuth und des Gehorſams in allegoriſchen
Schilderungen verherrlicht. Eine noch breitere aber zugleich trocke-
nere allegoriſche Darſtellung, nach den Lehren des heiligen Thomas
von Aquino, des Haupttheiligen der Dominikanermönche, befindet
ſich in der ſogenannten Spaniſchen Kapelle im Kreuzgange des
Kloſters S. Maria Novella zu Florenz. Das große Wandbild an
der Oſtſeite der Kapelle zeigt uns zunächſt (No. **198**, 3) Papſt und
Kaiſer mit ihrem Gefolge und die gläubige Gemeinde von Hunden
(domini canes) bewacht. Die Predigt und die Bekehrung, die Abwehr der Ketzer (Hunde überfallen Füchſe) iſt der Gegenſtand der
Schilderung auf der rechten unteren Hälfte des Bildes, während
darüber (No. **197**, 3) die im Frieden der Kirche lebende Menſch-
heit den fröhlichen Reigen anſtimmt. Sie hat die Verſuchungen
der weltlichen Luſt und der Sünde (durch die geigeſpielende Frau,
den Mann mit dem Falken, die Frau mit dem Schoßhunde angedeutet) überwunden, dem beſchaulichen Leben, durch den nach-
denkenden Mann ſymboliſirt, ſich gewidmet und ſchreitet auf dem
Wege nach dem Paradieſe. Auf der Weſtwand der Kapelle ſind
die freien Künſte und chriſtlichen Tugenden durch geſchichtliche
Vertreter und allegoriſche Figuren zur Anſchauung gebracht. Das
Fragment (No. **198**, 2) zeigt uns die Aſtronomie mit Ptolemäus

die Musik mit Tubalkain, die Dialektik mit Aristoteles. Die Frage nach den Malern diefer Bilder kann nicht mit Beftimmtheit beantwortet werden.

Ein ungleich anziehenderes allegorisches Bild gewährt der Triumph des Todes im Campo Santo zu Pisa. Zahlreiche Maler hatten hier feit 1370 die Wände mit biblischen Geschichten und legendarischen Erzählungen geschmückt, das ganze Werk sollte aber erft im fünfzehnten Jahrhundert durch Benozzo Gozzoli den Abschluß empfangen. Unter den älteren Wandbildern des Campo Santo ragt der Triumph des Todes (No. **198**, 1) nach Inhalt und künftlerifcher Form mächtig hervor. Die Gegenfätze weltlicher Luft und friedlich abgezogenen Lebens, das Eingreifen des Todes in die Kreife fröhlichen Genuffes, feine dämonifche Gewalt werden in dem Bilde verfinnlicht. Der heiteren Gefellfchaft, die fich im Vordergrunde rechts bei Saitenfpiel ergötzt, naht plötzlich der Senfenmann. Was ihr bevorfteht, zeigt die Gruppe in der Mitte, wo über die Todten Gericht gehalten wird. Nur über die Glücklichen, Lebensluftigen übt der Tod feine Gewalt, die Armen und Elenden rufen ihn ungehört. Links im Vordergrunde ftößt eine glänzende Reiterfchaar plötzlich auf Geripppe in Särgen und erblickt hier Spiegelbilder der eigenen Zukunft. Erfchrocken wendet fie fich ab, während die Einfiedler, die Vertreter des befchaulichen Lebens, ruhig und unbeforgt über ihr Schickfal friedlich ihren Befchäftigungen nachgehen. Der Kampf zwifchen Engeln und Teufeln um die Seelen der Abgefchiedenen in den Lüften fchließt die Scene ab. Als Schöpfer des Werkes wurde gewöhnlich Orcagna geprieffen. Daß ihm das Werk nicht zugewiefen werden kann, fteht feft; ob fein Urheber in der fienefer Schule (Pietro Lorenzetti) oder in der florentiner (Bernardo Daddi) zu fuchen fei, ift noch ftreitig. Die beiden Schulen, anfangs getrennt, berühren fich in der fpäteren Zeit des vierzehnten Jahrhunderts enge und vielfach und machen in manchen Fällen die Entfcheidung fchwierig, zumal in den großen Wandgemälden die Eigenthümlichkeit der Maler, ihre Handfchrift, wie man zu fagen pflegt, nicht fo deutlich auftritt, wie in den fpäteren Tafelbildern.

An der Spitze der altfienefer Schule fteht *Duccio di Buoninfegna*, ein jüngerer Zeitgenoffe Cimabue's, von 1282—1339 thätig. Sein Hauptwerk war der Altar für den Dom zu Siena (1308—1311), welcher jetzt zerftückelt an verfchiedenen Stellen im Dom bewahrt wird. Ihm ift das Madonnenbild (No. **195**, 4) entlehnt, an welchem insbefondere die über die Brüftung des Thrones laufenden Engel den Sinn für freiere Anmuth verrathen. Die feinere Betonung der Geberden und des Ausdruckes zeigen auch die Tafeln der Rückfeite des Altars, welche in 26 Scenen die Paffionsgefchichte und

außerdem auf kleineren Tafeln Chrifti Kindheit und das Leben der
Maria (No. **195**, 5) fchildern. In der eigentlichen Erzählungskunft
fteht Duccio hinter den Florentinern zurück, ebenfo wie der fienefifche
Zeitgenoffe Giotto's, der von Petrarca gerühmte *Simone Martini*
(† 1344 in Avignon), deffen Thätigkeit fich bis nach Neapel erftreckte. Aus Simone's großem Wandgemälde im Rathhaufe des
Palazzo pubblico in Siena, welches die Madonna unter einem Baldachin, von Heiligen und Engeln umgeben, — eine fog. Majestas
— darftellt, heben wir die Mittelgruppe (No. **196**, 2) hervor. Sie
zeigt in Formen und Ausdruck, verglichen mit Duccio's Geftalten,
den rafchen Fortfchritt der Schule. Des Gegenftandes halber erregt
das Porträtbild eines Feldherrn, des Siegers von Montemaffi und
Saffoforte, Guidoriccio Fogliani, (No. **197**, 2) unfere Aufmerkfamkeit. Wie ftark die politifchen Dinge die Phantafie der Sienefer
feffeln, erfieht man daraus, daß die Allegorie, in Florenz zur Er-
läuterung religiöfer Begriffe verwendet, hier auf die Schilderung
des politifchen Lebens übertragen wurde. Im Palazzo pubblico
erläuterte *Ambrogio Lorenzetti*, von 1323 — 1345 thätig und
mit feinem Bruder *Pietro* den beften Malern Siena's bei-
gezählt, in großen Wandbildern das gute und fchlechte Welt-
regiment. Die Stadt Siena, durch einen greifen Herrfcher mit
Scepter und dem Stadtfchild fymbolifirt, erfcheint auf dem einen
Bilde (No. **197**, 1) in Begleitung der Tugenden, welche dem ge-
fitteten Leben vorftehen follen. Gefangene werden rechts vorgeführt,
links fchreiten die ftädtifchen Bürger, mit einer Schnur in den Händen,
die von der Geftalt der Concordia feftgehalten wird und bis zur Per-
fonification der Stadt Siena reicht. Ueber der Figur der Concordia (Kopf No. **196**, 6) thront die Gerechtigkeit mit zwei Engeln,
welche Lohn und Strafe austheilen, über der Juftitia fchwebt die
Weisheit. Von diefer geht das Band aus, welches die guten Bürger
Siena's vereinigt. Mit der Erfindung der fchwerfälligen, durch
Verfe deutlich gemachten Allegorie hatte der Künftler nichts zu
thun; feine Meiftergeftalt bewährte er in den Einzelgeftalten der
durch Ebenmaß, Anmuth und Würde ausgezeichneten Tugenden,
insbefondere des Friedens und der Gerechtigkeit. Die Fragmente
einer Kreuzigung (No. **196**, 4 u. 5) mit überlebensgroßen Figuren
im Seminario (früher Klofter S. Francesco) in Siena entftammen
gleichfalls den Händen Ambrogio's und weifen auf den Einfluß
Giotto's auch in der Sienefer Schule hin. Wie lange fich die überlieferte Richtung in Siena erhielt, offenbart das Wandgemälde des
Taddeo Bartoli in der Kapelle des Palazzo pubblico, welcher 1407
das Leben Mariae (die Himmelfahrt, oder die Aufnahme Maria's in
den Himmel durch Chriftus, No. **199**, 3) wefentlich in der alten
Weife fchilderte.

Die Detailforfchung weift das Dafein zahlreicher Künftler-gruppen neben den beiden Hauptfchulen von Florenz und Toscana in mannigfachen italienifchen Landfchaften nach, welche, wie z. B. die altumbrifche Schule, auch einzelne eigenthümliche Züge be-fitzen. Von befonderer Tüchtigkeit erfcheinen zwei Künftler Ober-italien: *Altichiero da Zevio* und *Jacopo Avanzi*, von deren Thätig-keit in Verona und Padua berichtet wird. Dem großen Kreuzi-gungsbilde in einer Kapelle der Antoniuskirche in Padua ift die Gruppe der würfelnden Soldaten (No. 199, 1) entlehnt. Aus dem Kreife der Wandgemälde, welche die Georgskapelle bei S. Antonio fchmücken, ift als Probe die Befreiung des auf das Rad geflloch-tenen h. Georg durch Engel (No. 199, 2) ausgewählt. Beide Künftler arbeiteten in Padua gemeinfam in den fiebziger Jahren des vierzehnten Jahrhunderts und ftreifen im Verftändniß der Beweg-ungen, des Ausdruckes und in der Kunft lebendiger Schilderung nahe an Giotto.

Eine eigenthümliche Mittelftellung zwifchen alter und neuer Zeit nimmt der Maler *Fra Giovanni Angelico da Fiefole* (1387 — 1455) ein. Sein Leben reicht bis über die Mitte des funfzehnten Jahr-hunderts; feine Werke befitzen Eigenfchaften, welche die Bewun-derung der Zeitgenoffen erregten; fie drücken aber Empfindungen aus und offenbaren eine Begeifterung für religiöfe Ideale, die wir als die Lebensluft des Mittelalters aufzufaffen gewohnt find. Auch ift ihnen das Streben nach formeller Durchbildung und Beherr-fchung der äußeren menfchlichen Natur, wodurch fich die Kunft des fünfzehnten Jahrhunderts auszeichnet, ziemlich fremd geblieben. Vor allem verkörpert aber Giovanni's Perfönlichkeit das Bild eines kunftliebenden Klofterbruders fo rein und vollkommen, daß er auch in diefer Beziehung der mittelalterlichen Welt näher fteht, als dem Reiche der Renaiffance. Fra Giovanni, mit dem weltlichen Namen Guido, hatte wahrfcheinlich fchon vor feinem Eintritt in den Do-minikanerorden (1407) Kunftunterricht empfangen. Aus der Zeit feines Aufenthaltes in den Klöftern zu Cortona und Fiefole haben fich keine belangreichen Spuren feiner Thätigkeit erhalten. In feiner ganzen Größe und Eigenthümlichkeit tritt er uns erft feit feiner Ueberfiedlung nach Florenz in das Klofter S. Marco (1436) entgegen, wo er Zellen, Kreuzgang und Kapitelfaal unermüdlich mit Wandgemälden fchmückte, Ueber dem Eingange zur Klofter-herberge malte er Chriftus als Pilger von zwei Klofterbrüdern be-grüßt (No. 199, 4). Im Kapitelfaale fchildert er in einem umfang-reichen Bilde Chriftus am Kreuze von feiner Mutter und zahlreichen Heiligen beweint. Eine Gruppe aus diefem Gemälde, in welcher namentlich der fchluchzende h. Damian Beachtung verdient, ift in No. 199, 5 wiedergegeben. Die Zellenbilder find theils der Leidens-

gefchichte, theils dem Leben Mariä gewidmet. Seine letzten Jahre
brachte er vom Papfte Eugenius IV. berufen in Rom zu, wo eine
Kapelle im Vatican fein reiffles Werk, Scenen aus dem Leben des
h. Laurentius (No. **199**, 6) und Stephanus, birgt. Zahlreiche Tafelbilder (u. a. Krönung Mariä, jüngftes Gericht) haben fich von **Fra
Angelico** erhalten. An diefen zeigt die Technik noch vielfach die
alten, enge begrenzten Mittel; von trefflicher Durchführung find
dagegen die Wandbilder. Schon im vierzehnten Jahrhundert hatte
man die Malerei auf naffem Kalkbewurfe (al fresco) immer mehr
ausgebildet. Bei Fra Angelico erfcheint die Frescomalerei bereits
auf einer Stufe, der nur wenig zur Vollendung mangelt, und diefes
wenige wird nicht durch beffere Farbenbereitung und Mifchung,
fondern durch gründlichere Zeichnung, richtigere Perfpektive, pla-
ftifchere Formengebung erzielt.

2. Die italienische Renaissancearchitektur.

a. Die Frührenaiffance.

Der großartige Umfchwung im italienifchen Leben, mit dem
Namen der Renaiffance gemeinhin bezeichnet, bricht fich im Kreife
der bildenden Künfte feit dem Anfange des fünfzehnten Jahrhunderts bereits Bahn. Das Grenzgebiet zwifchen Architektur und
Plaftik, die decorative Kunft, wird von demfelben am früheften und
ftärkften berührt. Hier kamen die Studien nach der antik-römifchen Architektur zuerft zur Geltung, hier konnte fich auch die
Perfönlichkeit der Künftler, in dem äußeren Auftreten noch vielfach
gebunden, am freieften entfalten. Auf die reiche Bewegung in der
Architektur übt der Ruhmesfinn der Zeitgenoffen, ein Hauptbeftand-
theil der Renaiffancebildung, günftigften Einfluß. Er fand in der
Bauliebe, in der Errichtung von architektonifchen und plaftifchen
Denkmälern den lauteften Ausdruck. Ein ftarkes Selbftbewußtfein,
die Ueberzeugung, daß eine neue, glänzende Kunftperiode beginne,
fpricht fich in den Ausfprüchen der Baumeifter, z. B. des großen
Theoretikers *Leo Battifta Alberti* (c. 1404—1472), offen aus. Das
klaffifche, insbefondere das römifche Alterthum, als Heroenzeitalter
verehrt, wurde zum Mufter erhoben. Doch regten die Einzelglieder
die Bauphantafie mehr an, als die ganzen Anlagen. Das anti-
quarifche Studium ward nicht allein von Gelehrten, fondern auch
von Künftlern eifrig gepflegt; die Aufnahme der Ruinen von Rom
befchäftigten zahlreiche Architekten von Francesco di Giorgio bis
Raffael und Antonio da Sangallo. Die Baupraxis entlehnte aber

zunächſt von einzelnen Geſimſen, Kapitälen, Pilaſtern, Wandfüllungen
die brauchbaren Muſter. Die Bauaufgaben: Kirchen, Paläſte, verlangten ein ſelbſtändiges Vorgehen der Architekten und ſchränkten
die Nachbildung der Antike auf die Einzelglieder und die Decoration ein. Nicht minder wichtig als dieſe Durchdringung des
Details durch antike Elemente erſcheint die der Antike abgelauſchte
Reinheit und Schönheit der Maßverhältniſſe. Auf der Harmonie
der Maße, auf den ſchönen Contraſten beruht eine weſentliche
Wirkung der Renaiſſancebauten; durch die Betonung des Rhythmus der Verhältniſſe, die feine Abſtufung der einzelnen Theile,
das Gleichgewicht derſelben zeichnen ſie ſich insbeſondere vor den
mittelalterlichen Werken aus. Hierin und in der künſtleriſchen
Durchbildung des Details liegt der Hauptreiz der Renaiſſancearchitektur. Proben von Einzelgliedern, zunächſt von Pilaſtern und
Säulenkapitälen, bietet der Bogen No. 97, 3—6 und No. 159, 6, 7.
Das korinthiſche einblättrige Kapitäl bildet den Ausgangspunkt,
von welchem in ſelbſtändiger Weiſe, zierlich, aber wenig organiſch,
das Motiv weitergeführt wird. Gurt- und Kranzgeſimſe ſind gleichfalls auf dem Bogen No. 97 reproducirt. Während bei den
erſteren, z. B. No. 97, 11, auch die antike Plaſtik als unmittelbares
Muſter benützt wird, bemerkt man bei der Conſtruction der Kranzgeſimſe zunächſt ein Schwanken, ob es als Abſchluß des oberſten
Stockwerkes oder des ganzen Baues gedacht werden ſoll, bis die
letztere Anſicht unbedingt ſiegt. Als das glänzendſte Beiſpiel eines
Kranzgeſimſes aus der Renaiſſanceperiode gilt außer jenem am Palaſte
Strozzi in Florenz von Cronaca (No. 98, 6) das von Michelangelo
für den Palaſt Farneſe in Rom entworfene (No. 97, 1). Wie Säulen
und Pfeiler gruppirt, durch Bogen verbunden und dekorirt werden,
lehrt das Beiſpiel aus dem Dogenpalaſte zu Venedig No. 97, 2.
Die Behandlung der Pilaſter als Rahmen mit vortretenden Rändern
und vertieften Feldern iſt beſonders charakteriſtiſch. Die inneren
Füllungen mit Rankenwerk zu ſchmücken (No. 161, 3. 4), verſtanden die Meiſter der Renaiſſance am beſten. Es hält nicht
ſchwer, wenn man den Schwung der Linien, den feinen Fluß derſelben, die Zeichnung der Blätter und Ranken, wie ſie ſich ineinander verflechten und dennoch ſtetig weiter entwickeln, genau verfolgt, den Charakter der Renaiſſance nach dieſer Seite ſicher zu
erfaſſen. Dagegen kann aus bloßen Nachbildungen die andere Seite
der Renaiſſancearchitektur, die hoch geſteigerte Kunſt harmoniſcher
Verhältniſſe und ſchöner Maße kaum verſtanden werden. Der Anblick der Originalwerke gibt erſt den Schlüſſel zu vollkommenem
Verſtändniß.

Bahnbrechend wirkte der Florentiner Baumeiſter *Filippo Bru-*
nellesco (1377—1446), gleich Giotto nicht anſehnlich von Geſtalt,

aber von mächtigem Geifte, in vielen Wiffenfchaften und Künften
zu Haufe, durch wiederholten Aufenthalt in Rom mit der antiken
Architektur vertraut, bei hochfliegender Phantafie auch in technifcher
Hinficht ein Meifter. Bei dem Hauptwerke feines Lebens, der
Florentiner Domkuppel (No. **99**, 1), war er allerdings an den
älteren Bau gebunden, immerhin bleibt die Gliederung der Kuppel
in den Cylinder oder Tambour, die polygone Schale und die
Laterne fein Verdienft. Die kleine Kapelle der Familie Pazzi im
Klofterhofe von S. Croce (No. **99**, 4) offenbart die reinen Renaiffanceformen. Eine Vorhalle, von fechs Säulen getragen, mit Tonnengewölben eingedeckt, führt in das Innere, welches in Form eines
griechifchen Kreuzes entworfen ift und wo eine flache Rundkuppel auf
zwei Seitenbogen ruht. Sowohl diefes letztere Motiv, wie die Decoration
der Gewölbe mit glafirten Kaffetten (No. **159**, 5) fand eifrige Nachahmung. Die Pazzikapelle zeigt, wie frühe und wie ftark das Ideal
des Centralbaues in der Renaiffanceperiode auftrat. Brunellesco
gab diefer Lieblingsform noch einmal in der angefangenen Kirche
degli Angeli (No. **99**, 6), einem achtfeitigen Kuppelraum mit Kapellen
und Nifchen in der Außenmauer, Ausdruck. In der Kirche S. Lorenzo
(No. **105**, 3) ging er dagegen auf den Bafilikentypus zurück. Doch
gab er den Einzelgliedern mit bewußter Abficht einen antiken
Charakter, fetzte auf die Säulen die ihnen zugehörigen Gebälk-
ftücke und führte auch außen am Oberfchiff das römifche Gebälke
durch. Die Baubewegung auf kirchlichem Gebiete war bei der
Fülle älterer Anlagen in Florenz nicht fo reich, wie im Kreife der
Palaftarchitektur. In der Zeit von 1450—1478 wurden hier nicht
weniger als dreißig Paläfte errichtet. Die Baumeifter hatten nicht
immer freie Hand. Das traditionelle toskanifche Steinhaus, wehr-
haft und trotzig in feinem Wefen, nach außen fo abgefchloffen wie
möglich, ließ fich nicht gleich befeitigen. So blieb es denn auch
jetzt noch bei den an der Vorderfeite roh behauenen Quadern
(Ruftica), bei der Abftufung der Stockwerke als wichtigfter Gliederung,
bei der ftarken Betonung der feften Mauertheile, fo daß im Erdgefchoffe die Thür- und Fenfteröffnungen zurücktreten und auch
in den oberen Stockwerken die im Halbkreife gefchloffenen Fenfter
in weiten Abftänden angeordnet werden. An die Stelle der Zinnen
tritt das Kranzgefims, doch hat fich auch das weit vorfpringende
Sparrendach erhalten. Der Pittipalaft (No. **102**, 6. 7), von Brunellesco
entworfen und von S. Fancelli weitergeführt, dann der Palaft Riccardi,
von *Michelozzo di Bartolomeo* (1396?—1472), dem thätigften
Architekten in der erften Hälfte des funfzehnten Jahrhunderts, für
Cofimo Medici erbaut, der Palaft Strozzi (No. **98**, 6), von *Benedetto
da Majano* am Ende des Jahrhunderts begonnen, find die hervorragendften Beifpiele des florentiner Rufticaftiles. Unabhängiger von

dem Herkommen, als bei dem Faſſadenbaue, bewegten ſich die
Architekten in der Anlage der Höfe (No. **98**, 4), wo die Kenntniß
der antiken Säulenordnungen und die Zierluſt zur vollen Geltung
kamen. Schon abgeſchliſſener, zierlicher erſcheint der altflorenti-
niſche Palaſtbau in dem Palazzo Guadagni (No. **101**, 1), einem
Werke des *Cronaca* (1454—1509), welcher auch am Pal. Strozzi
thätig war. Die Quadern dienen vorwiegend als Einfaſſung, eine
offene Säulenhalle mit vorſpringendem Dache ſchließt den Bau ab.
Ein neues Element kam durch die Verwendung der Pilaſter als
Trennungsglied der Faſſaden in die Florentiner Architektur. Wir
bemerken Pilaſter in Verbindung mit Ruſtica zuerſt am Palazzo
Rucellai (No. **101**, 3), deſſen Entwurf auf den größten Kunſttheo-
retiker des Quattrocento, auf *Leo Battiſta Alberti* (1404—1472),
zurückgeführt wird. Eine ähnliche Faſſade beſitzt der von *Bernardo Roſellino* entworfene Pal. Piccolomini (No. **101**, 6) in Pienza,
der Heimath des Papſtes Pius II. (Aeneas Sylvius), die von dieſem
mit einer Reihe ſtattlicher Bauten bedacht wurde. Roſſelino gilt
daher auch vielfach als der Schöpfer der Rucellaiſaſſade, ähnlich
wie auch von der Faſſade der Kirche S. Maria novella (No. **97**, 10)
behauptet wird, daß ſie nicht von Alberti, ſondern von *Giovanni
Bettini* herrühre. Die Marmortäfelung (Incruſtation) geht auf die
alte Weiſe zurück; neu iſt der Erſatz der Halbgiebel durch Voluten
zur Vermittelung des hohen Mittelgiebels mit den breiteren unteren
Stockwerken. Muſtergiltig für den Stil der Frührenaiſſance erſcheint
das mittlere Portal (No. **157**, 6) mit cannelirten Pfeilern, caſſetirten
Bogen und korinthiſchen Säulen eingefaßt. Dieſes Portal wenigſtens
dürfte ein Werk Alberti's ſein.

Verwandt mit Florenz, wie in ſo vielen anderen Beziehungen,
iſt Siena es auch in ſeinen Palaſtbauten; von Siena und Florenz,
den beiden Hauptorten toskaniſcher Kunſt, iſt wieder Pienza abhängig, wo insbeſondere *Bernardo di Matteo*, gen. *Roſſelini* eine
reiche Thätigkeit als Baumeiſter des Papſtes Pius II. entfaltete.
Der Dom (No. **105**, 6. 7) zeigt im Inneren drei gleich hohe Schiffe,
die Hallenform, an der Faſſade eine bereits durchaus klare und
ſichere Gliederung des Giebelbaues durch durchgehende Pilaſter.
Seit dem Pontificate Nicolaus' V. regt ſich auch in Rom die Bauthätigkeit. Bald kürzer, bald länger verweilen toskaniſche Architekten, oft nur als Scarpellini bezeichnet, in Rom, um die Pläne des
Papſtes auszuführen, ſo außer Bernardo Roſſellini ein anderer Ber-
nardo (di Lorenzo), Giacomo da Pietrasanta, Giovannino de'Dolci u. a.
Sie wurden ſowohl bei dem Kirchenbaue, wie bei dem Palaſtbaue
(Pal. S. Marco) und bei der Anlage von Fortificationen beſchäftigt.
Aus der ſpäteren Zeit des funfzehnten Jahrhunderts wäre noch das
Schloß von Urbino zu erwähnen; äußerlich zwar der mittelalter-

lichen Burg verwandt, aber im Schloßhofe (No. **107**, 5) von scharf ausgeprägter Renaiffancearchitektur und in der inneren Einrichtung als Mufter von den Zeitgenoffen bewundert.

In der erften Hälfte des funfzehnten Jahrhunderts geht Florenz und weiterhin Toscana allen anderen Landfchaften Italiens an Kunfteifer und Rafcheit der Entwickelung voran, in der zweiten Hälfte ftellt fich bereits ein vollftändiges Gleichgewicht her, und mehrere Provinzen Italiens ftehen nahezu auf gleicher Linie mit Florenz. So namentlich Oberitalien, wohin zwar auch florentinifche Einflüffe (Michelozzo) reichen, welches aber dennoch im Ganzen eine große Selbftändigkeit bewahrt. Eine reiche Bauthätigkeit offenbart Mailand unter der Herrfchaft des Lodovico Moro. Gemeinhin wird mit derfelben der Name *Bramante's* verknüpft, der im Jahre 1476 als Ingenieur nach Mailand kam und hier zwei Jahrzehnte verweilte. Bramante's wahre Natur lernt man erft aus feinen römifchen Werken kennen. Mit diefen verrathen die ihm in der Lombardei zugefchriebenen Bauten zwar einzelne verwandte Züge. Ueberwiegend tragen fie aber dennoch den rein lombardifchen Charakter an fich, welcher auch ohne Bramante's Eingreifen aus dem hier heimifchen Materiale, dem Backftein, erklärt wird. Der Pfeilerbau herrfcht vor, die Kreislinie und die Halbkreislinie wird bei der Bildung der Grundriffe gern angewendet, die Decoration mit Hilfe der Farbe durchgeführt, der Polychromie eine reiche Stätte gegönnt. Auch die Kuppel, zunächft die polygone, flachgedeckte, ift diefem Stile nicht fremd. Als ein gutes Beifpiel lombardifchen Backfteinbaues darf die Kirche S. Maria della Croce bei Crema (No. **100**, 1. 2), innen achteckig, außen rund und mit Vorbauten, gelten. Verwandte Formen zeigt die Kuppel der Kirche S. Maria delle Grazie in Mailand (No. **100**, 3). Sie ruht auf quadratifcher Grundlage und wird von einer offenen Galerie umgeben. Nicht als Abfchluß des Mittelfchiffes, fondern des ganzen Langhaufes wird fie aufgefaßt, ihr eine Breite gegeben, welche den drei Schiffen zufammen entfpricht, ähnlich wie in der unvollendeten, im Holzmodell vollftändig mit der Faffade erhaltenen Domkirche zu Pavia (No. **99**, 5), welche gleichfalls auf Bramante, richtiger vielleicht auf *Chriftoforo Rocchi* zurückgeführt wird. Das Prachtwerk der lombardifchen Renaiffance bleibt die Faffade der Karthaufe bei Pavia (No. **98**, 3), weniger durch die Kunft der Conftruction, als durch den Reichthum der üppigften Marmordecoration ausgezeichnet, fo daß die Architektur nur als der Hintergrund für den plaftifchen Schmuck erfcheint. *Giovan Antonio Amadeo* hat an der Ausführung des Entwurfes den größten Antheil. Eine wefentlich verfchiedene Baugruppe, Säulenbafiliken mit Tonnengewölben und niedriger Kuppel, wird durch zwei Kirchen in Ferrara, S. Francesco (No.

99, 7, No. 105, 12), 1494 von *Pietro Benvenuto* begonnen und S. Benedetto (No. 105, 8), einem Werke des *Giovan Battiſta* und *Alberto Triſtani* um das Jahr 1500, vertreten. Die Ornamentirung des Inneren fiel faſt ausſchließlich der Malerei anheim. Nur geringe Schönheit kann man der Faſſade des Turiner Domes (No. 99, 2) nachrühmen; doch verdient ſie Beachtung, weil Formen und Gliederung häufig (z. B. in Rom) wiederkehren und für kleinere Kirchen geradezu typiſch werden. Die Uebereinſtimmung der römiſchen Kirchen (S. M. del popolo u. ſ. w.) mit dem Turiner Dome führt zu dem Glauben, daß der Erbauer des letzteren Amadeo di Francesco da Settignano (1430—1501), auch *Meo del Caprina* genannt, die erſteren errichtete. Früher wurden dieſe dem Baccio Pontelli (1450—?1492) aus Florenz, der in Urbino thätig war, unter Papſt Sixtus IV. und Innocenz VIII. ſeit 1481 als Militäringenieur in Città vecchia verwendet wurde, zugeſchrieben.

Wie für den Kirchenbau, ſo iſt Oberitalien auch für den Palaſtbau eine reiche Pflegſtätte geworden. In Bologna wurde in dem üblichen Materiale (Backſtein) und in der hergebrachten Weiſe (das Erdgeſchoß als offene Halle behandelt) eine Reihe von Paläſten (No. 102, 3; No. 104, 3) im Laufe des fünfzehnten Jahrhunderts errichtet. Man darf keine ſtrenge Gliederung nach antiken Motiven erwarten, auch keine große Mannigfaltigkeit in der Anlage ſuchen. Dagegen wird das Auge oft durch den reichen Fenſter- und Bogenſchmuck erfreut und die Phantaſie, indem ſie die Einrichtung dieſer Bauten mit dem Volksleben in Verbindung bringt, angenehm angeregt. Auch die Communalbauten, der Stolz der lombardiſchen Städte im Mittelalter, erſcheinen in der Renaiſſanceperiode glänzend vertreten. Sie imponiren nicht durch Größe und Ausdehnung, behalten ihren alten Charakter der offenen Halle im Erdgeſchoſſe bei, ſteigern aber durch die Fülle und die Zierlichkeit der Decoration die heitere Wirkung. Der Palazzo communale in Brescia, wie die Loggia del Conſiglio in Verona (No. 102, 2 und 160, 5) fallen zwar ſchon in das 16. Jahrhundert; ihrer ganzen Natur nach, in der Behandlung der Pfeiler und Wandfelder, gehören ſie noch zu den Schöpfungen der Frührenaiſſance. Dahin weiſt ſie auch die Vorliebe für aufgemalte Ornamente. Die Veroneſer Loggia iſt ein Werk des *Fra Giocondo* (c. 1435—1514), des vielgereiſten und vielkundigen Mannes, für deſſen unendlichen Thätigkeitstrieb die Vaterſtadt zu enge Schranken beſaß.

Die venetianiſche Architektur des fünfzehnten Jahrhunderts kann ſo wenig wie die frühere und ſpätere die durch Bodenbeſchaffenheit und Sitte bedingte Eigenthümlichkeit aufgeben. Nur das decorative Gerüſte wird der Renaiſſance entlehnt und der überlieferten Conſtruction angepaßt. Mit beſonderer Vorliebe pflegt man die Incruſtation, belegt die Flächen mit bunten Steinſcheiben, füllt die Pilaſter mit Arabesken aus. Der Name einer Künſtlerkolonie kehrt in der venetianer Baugeſchichte des 15. Jahrh. regelmäßig wieder, jener der *Lombardi,* unter welchen man einen Martino und Moro Lombardo, einen Pietro, Antonio, Tullio u. a. unterſcheidet. So wird als Architekt der Kirche S. Zaccaria (beg. 1497) Martino Lombardo genannt, bei dem Baue der reizenden Kirche S. Maria de' Miracoli (1480) Pietro Lombardo erwähnt. Demſelben Pietro wird auch der Palaſt Vendramin Calergi (No. **101,** 2) zugeſchrieben. Nur im unteren Stockwerk prägt ſich die übliche Dreitheilung in Mittelbau und zwei Flügel deutlicher aus, die oberen Stockwerke werden durch kanellirte Säulen gegliedert, zwiſchen welchen mächtige Rundbogenfenſter ſich ausbreiten. Die Hofarchitektur im Dogenpalaſte, ein Werk des *Antonio Rizzo* oder *Bregno* und des *Antonio Scarpagnino,* nur an einer Seite vollendet (No. **103,** 3), noch mit Spitzbogen im erſten Stockwerke, zeigt weder Einheit in der Anlage noch Folgerichtigkeit in der Gliederung, wird aber ihren reichen Effect, ganz abgeſehen von den großen hiſtoriſchen Erinnerungen, die ſich an den Bau knüpfen, ſtets bewähren.   •   ˎ

b. Die Hochrenaissance.

Erſcheint Florenz als die Geburtsſtätte der Frührenaiſſance, ſo muß Rom als der wichtigſte Schauplatz der Baukunſt im 16. Jahrh. begrüßt werden. Doch darf über dem Ruhme Roms nicht vergeſſen bleiben, daß ſlorentiner Künſtler an dem Aufſchwunge der Architektur weſentlichen Theil nahmen, denſelben wirkſam vorbereiteten. In Florenz ſind neben *Baccio d'Agnolo* (1462—1543), der namentlich den Palaſtſtil weiter entwickelt, die Brüder *Giuliano* (1445—1516) und *Antonio da Sangallo* zu nennen. In einer Madonnenkirche zu Prato hatte Giuliano die Form eines griechiſchen Kreuzes mit einer Kuppel über der Vierung, das Ideal des Renaiſſanceſtiles, bereits durchgeführt, nur in der Decoration (farbige, glaſirte Frieſe) an der älteren Weiſe feſtgehalten. Denſelben Typus, mit ſtarker Betonung der Kuppel, zeigt die Kirche der Madonna di S. Biagio in Montepulciano (No. **105,** 10), ein Werk des Antonio da Sangallo. Die beiden Thürme hat Antonio von dem Kirchenkörper getrennt angebracht, der Kuppel in der Höhe untergeordnet. Auch ein Eckhaus in derſelben Stadt, der Palazzo Tarugi (No. **104,** 4), geht bereits über die Formen der Frührenaiſſance heraus. Die Familie der Sangalli fand ſpäter in Rom mannigfachen Anlaß, ihre Kunſt zu bethätigen. Denn Rom lebte in allen Kreiſen der bildenden Kunſt vorwiegend von fremden Kräften, welche die Prunkliebe der Päpſte, die ſteigende Macht der

Stadt und der Zauber der Antike hierherzog. Nur langſam erholte
ſich die päpſtliche Reſidenz von der Verwilderung, welcher ſie im
Mittelalter und während der Avignon'ſchen Periode anheimgefallen
war. Große Baupläne hegte Nicolaus V., der Humaniſt auf päpſt-
lichem Throne. Aber noch die unter Papſt Sixtus IV. ausgeführten
Kirchen und Kirchenfaſſaden (S. Agoſtino, S. Maria del popolo, S.
Pietro in vincoli u. a.) üben keinen bedeutenden Eindruck. Die
architektoniſche Größe Roms beginnt erſt mit dem Pontificate
Julius II. und dem Eintritte Bramante's in den römiſchen Kunſtkreis.

Der Stil, welcher unter dem Namen Hochrenaiſſance geht
und von Bramante zuerſt begründet wurde, verzichtet freiwillig auf
den decorativen Reichthum, auf die Mitwirkung der Malerei, auf
die Fülle des zierlichen Details. Nicht in Einzelheiten allein, ſondern auch in der Aufeinanderfolge der Glieder, in der Geſammtanlage wird die Antike (z. B. das Theater des Marcellus) ſtudirt.
Die Anzahl der Glieder erſcheint geringer, aber dieſelben werden
kräftiger gebildet, ſtärker profilirt. Mit der größeren Einfachheit
der Formen hängt das Vortreten der doriſchen Säulenordnung, mit
der Abſicht, die Glieder zu verſtärken, die Vorliebe für Contraſte
zuſammen. Die Wandflächen unterbricht der Architekt durch
Niſchen, die Fenſter- und Thüröffnungen faßt er mit Pilaſtern,
Säulen und Giebeln ein, die Mauerecken betont er durch kräftigen
Quaderbau. Auch jetzt noch wird auf die Verhältniſſe das Hauptgewicht gelegt, in der Harmonie der Maße die Wirkung des
Werkes geſucht, das Einzelglied groß, oft koloſſal gebildet, aber
dabei die Rückſicht auf das Ganze nicht außer Augen gelaſſen.
Das Großräumige, das Mächtige · in allen Dimenſionen gewinnt
immer mehr die Herrſchaft, namentlich gegen das Ende der Hochrenaiſſance, welches in den Schluß des 16. Jahrhunderts fällt.

Mit der Hochrenaiſſance iſt der Name des Donato d'Angelo,
oder wie er in der Kunſtgeſchichte heißt, des *Bramante*, für immer
verknüpft. Er ſtammte aus Urbino und kam erſt im Greiſenalter
nach langem Aufenthalte in der Lombardei um das Jahr 1500 nach
Rom, wo er 1515 verſtarb. Ueber Bramante's Jugendentwickelung
fehlen alle Nachrichten, daher auch die Erklärung, aus welchen
Wurzeln ſeine Phantaſie Nahrung zog. Auf Medaillen und in den
Hintergründen der Gemälde entdeckt man ſchon in der zweiten Hälfte
des 15. Jahrhunderts zuweilen Anklänge an Bramante'ſche Formen
und erkennt die Vorliebe für centrale Kuppelbauten. Unter ſeinen
Palaſtanlagen nimmt die Cancelleria (No. 105, 9), welche die Kirche
S. Lorenzo in Damaſo einſchließt, den erſten Rang ein. Das Erdgeſchoß wurde in einfacher Ruſtica entworfen, in den oberen Stockwerken durch Pilaſter eine reichere Gliederung, überhaupt eine
feinere Abſtufung der Flächen und Formen durchgeführt. Von

Bramante's Gefimsbildung gibt No. **97**, 12, von der Fenfterprofi-
lirung No. **107**, 6 ein Beifpiel. Eine verwandte Faſſade zeigt der
Palaſt Giraud (No. **102**, 8), wobei befonders die Höhe des Erd-
gefchoſſes und die Einordnung von zwei Fenſterreihen über einander im oberſten Stockwerke Beachtung verdient. Auch der Aus-
bau des vaticanifchen Palaſtes wurde Bramante übertragen, das
Beſte freilich, die Anlage um den hinteren Hof und Garten herum,
iſt theils nicht ausgeführt, theils zerſtört. Mit dem Plane zu St.
Peter ging es Bramante kaum beſſer; nur aus den Zeichnungen,
die ſich (in Florenz) erhalten haben und nicht an dem ausgeführten
Werke lernt man die Abfichten des Künſtlers kennen. Als ein
Programm der Bramante'fchen Richtung kann der kleine Rundtempel im Hofe von S. Pietro in Montorio gelten; wie Bramante
ſich einen decorativen Prachtbau dachte, würde man aus der Casa
santa in Loreto (No. **105**, 2) erkennen, wenn man die bauliche
Anordnung mit Sicherheit ihm zufchreiben könnte.

Neben Bramante wirkte in Rom ein ſtattlicher Künſtlerverein.
Die großen Bauunternehmungen Julius' II. und Leo's X. lockten
zahlreiche Architekten heran. Aus Verona kam der greife *Fra Gio-
condo*, aus Florenz *Giuliano da Sangallo*. Des letzteren Neffe,
Antonio da Sangallo d. j. († 1546), gehört zu den befchäftigſten
Meiſtern nicht nur im Fache des Palaſt- und Kirchenbaues, fondern
auch des Feſtungsbaues. Sein Hauptruhm knüpft ſich an den Palaſt
Farnefe (No. **101**, 4. 8; No. **102**, 10), welchen nach feinem Tode
Michelangelo vollendete. Von diefem ſtammt das vorher durch ein
Holzmodell genau erprobte Hauptgeſims (No. **97**, 1). Wieviel
von der nach dem Muſter des Marcellustheaters entworfenen Hofarchitektur (No. **101**, 8) dem Antonio, wieviel Michelangelo gehört, iſt ſtrittig. — Nahe an Bramante reicht *Baldaſſare Peruzzi*
aus Siena (1481—1537) heran. Zahlreiche Bauten werden in feiner
Heimat ihm zugefchrieben. Im Auftrage feines Landsmannes Agoſtino Chigi erbaute er (1509) eine Villa am Tiber, die Farnefina
(No. **102**, 4 u. 5; No. **158**, 4). Nur aus wenigen Hallen und Gemächern beſteht das in Mittelbau und vorfpringende Flügel ge-
gliederte Luſthaus; maßvoll wie die Zahl und Größe der Räume
iſt auch der äußere Schmuck entworfen, und dennoch, ja geradezu
deswegen kann man kaum eine andere Anlage nennen, die beſſer
ihrem Zwecke entfpräche und zu feinem, vornehmen Lebensgenuſſe
kräftiger aufforderte. Durch gefchickte Ausnützung des befchränkten und winkeligen Raumes iſt der Palazzo Maffimi alle Colonne
berühmt, von malerifcher Wirkung der innere Säulenhof dafelbſt
(No. **103**, 2).

Aus dem jüngeren von Bramante abhängigen Gefchlechte iſt
zunächſt *Raffael* zu nennen, Bramante's Landsmann und Ver-

wandter, auch fein Nachfolger in dem Amte am Petersbauc. Außer
mehreren römifchen Paläften (dem nur in der Faffadenzeichnung
erhaltenen Pal. Branconio d'Aquila und Pal. Vidoni) wird in Florenz
der Palaft Pandolfini (No. 102, 1) auf Raffael's Entwürfe zurückgeführt, mit Ruftica-Ecken und überaus prächtiger Fenfterarchitektur.
    Gleichfalls durch wenige aber kräftig geformte Glieder wirkt
der Palaft des Herzogs von Urbino, von einem unbekannten Meifter
in Pefaro (No. 101, 7). Die breiten Flächen des oberen Stockwerkes, das hohe Zwifchenglied zwifchen der unteren Bogenhalle
und dem oberen Stockwerke verdecken die zwifchen der Zahl der
Arkaden und der Zahl der Fenfter herrfchende Ungleichheit.
    Auch Raffael's befter Schüler, *Giuliano Romano*, trat als Ar-
chitekt auf. Nach dem Entwurfe feines Meifters begann er bei Rom
für den Kardinal Giulio de' Medici eine Villa (V. Madama), welche,
wenn vollendet, das Ideal eines vornehmen, auf die Aufnahme eines
großen Gefolges berechneten Landfitzes gebildet hätte (No. 107,
1, 2). Bogenhallen mit Nifchen zur Seite, Teraffen, Höfe, alles
groß aber mehr in die Breite als in die Höhe angelegt, die Architektur durch eine üppige Decoration belebt, erhoben fich mit trefflicher Benützung der Terrains auf dem Abhange des Monte Mario.
In Mantua, wohin Giulio Romano überfiedelte, erbaute er vor der
Stadt den Palazzo del Te (Tajetto) in Ruftica (No. 102, 9), mit
einer prächtigen offenen Halle gegen den Garten, und gleichfalls
außerhalb der Stadt die dreifchiffige Kirche S. Benedetto (No. 105, 1)
mit einer achtfeitigen Kuppel über dem Chore.
    Selbftändigen Geiftes verfuhr *Michelangelo*, als er in den fpä-
teren Jahren feines Lebens der Architektur fich zuwandte. Er war
nicht zum Baumeifter erzogen worden, fo wenig wie Raffael und
Giulio Romano. Seine erften Leiftungen in der Architektur, z. B.
die (nicht ausgeführte) Faffade von S. Lorenzo in Florenz, nahmen
auch feine conftructiven Kenntniffe wenig in Anfpruch. Es galt
ein architektonifches Prachtgerüfte, zur Aufnahme zahlreicher Statuen und Reliefs beftimmt. Auch im Angefichte mehrerer feiner
römifchen Werke (feit 1534), wie der Pläne zu den Capitolinifchen
Bauten, zur Vollendung des Pal. Farnefe, zum Umbaue der Dio-
cletianifchen Thermen, darf man die Behauptung ausfprechen, daß
wefentlich die Difpofition, die Feftftellung der Verhältniffe, die Beftimmung der Maße, das Erfinden und Componiren feine Sache
war, wobei fein Sinn für das Mächtige und Gewaltige, feine Kunft,
die einzelnen Glieder und Formen, freilich zuweilen auf Koften
ihrer felbftändigen Schönheit, zu einer ergreifenden Gefammtwirkung
zu ftimmen, zu vollfter Geltung kam. Eine auch die conftructiven Aufgaben umfaffende Thätigkeit begann für Michelangelo, als er, fiebzig-
jährig, 1546 das Amt des Baumeifters an der Peterskirche übernahm.

Bereits im fünfzehnten Jahrhunderte unter dem Pontificate
Nicolaus' V. war der Plan zu einem Neubau der alten Bafilika gefaßt und durch Roffellino mit der Erneuerung des Chores begonnen worden. Das Werk ruhte, bis es Julius II. 1506 wieder
in Angriff nahm. Bramante entwarf eine Reihe von Plänen, unter
welchen der Entwurf eines Centralbaues in Form eines griechifchen
Kreuzes mit abgerundeten Armen und gewaltiger Mittelkuppel (No.
106, 4) ihm gewiß am meiften genügte, wie er noch heutzutage
das Entzücken aller Kunftfreunde erregt. Auf diefen Kirchentypus
hatte die Renaiffance feit ihrem Anfange hingearbeitet, er fchien
die moderne Architektur wieder auf die Höhe der antiken Kunft
zu bringen. Verwandte Anlagen hatte Bramante in der Lombardei
kennen gelernt und felbft gefchaffen. Doch fcheint es nicht, daß
diefer Entwurf ohne jeden Widerfpruch angenommen wurde, obgleich Bramante felbft noch mit der Errichtung der vier Kuppel-
pfeiler begann. Das Herkommen fprach der Form des lateinifchen
Kreuzes viel zu ftark das Wort, als daß nicht Verfuche gemacht
worden wären, fie an die Stelle der von Bramante entworfenen
Centralanlage zu fetzen. So erklärt man am beften das Schwanken
der aufeinanderfolgenden Baumeifter zwifchen den beiden Typen.
Von Raffael, dem Nachfolger Bramante's, ift ein Plan überliefert,
welcher dem Kuppelbau, an dem alle fefthalten, ein Langhaus vorlegt. Dem Baldaffare Peruzzi wird eine Zeichnung zugefchrieben
(No. 106, 2), welche wieder auf den Centralbau zurückgeht, die
Hauptkuppel mit kleineren Kuppeln umgiebt, die vier Kreuzarme
abrundet und diefen noch Umgänge anfchließt. Im Wefentlichen hält
auch Michelangelo an Bramante's und Peruzzi's Plan feft, nur daß
er die Nebenräume ausläßt, alles einfacher, größerer, gefchloffener
zeichnet (No. 106, 5). Dem vorderen Kreuzesarm läßt er eine
vierfäulige Giebelhalle vortreten, der Kuppel unterordnet er alle
Theile des Baues. Noch bei feinen Lebzeiten wurde die Kuppel
nach feinem Modelle beinahe vollendet. Ueber dem Cylinder mit
gekuppelten Säulen erhebt fich die überhöhte Schale und die Laterne. Von dem übrigen Baue geht noch auf Michelangelo die
äußere Anordnung der hinteren Kirchentheile und bis zu einem
gewiffen Maße auch die Decoration des inneren Raumes unter der
Kuppel (Pilafter, Nifchen) zurück. Nach Michelangelo's Tode
wurde (1605) durch Carlo Maderna der vordere Arm wieder verlängert, das lateinifche Kreuz hergeftellt und der Peterskirche die
gegenwärtige Geftalt (No. 106, 3) gegeben. Der kritifche, auf das
Einzelne gerichtete Blick findet fowohl an der Decoration des
Inneren der Peterskirche (No. 106, 1) z. B. der Marmorincrufta-
tion, wie an der Faffade, welche nach Maderna's Tode Lorenzo
Bernini (1629) vollendet hatte, vieles auszufetzen. Der Gefammt-

eindruck bleibt trotzdem ein unausfprechlich großer, und was an der Faffade gefündigt wurde, hat die wirkungsvolle Colonnade, gleichfalls ein Werk Bernini's (No. 106, 7), großentheils wieder gut gemacht. Nur der Kuppel konnte nach Errichtung eines Langhaufes nicht mehr die triumphirende, alles beherrfchende Haltung verliehen werden.

Selbft in der nicht durchaus befriedigenden Form, welche die Peterskirche fchließlich angenommen hatte, übte fie auf die Phantafie der fpäteren Künftlergefchlechter großen Einfluß. Die Vorliebe für Kuppelanlagen, das Zurückdrängen der Seitenfchiffe, die Steigerung in den Maßen der Einzelglieder legen dafür Zeugniß ab. Hand in Hand mit der Bewunderung der Peterskirche ging die Verehrung für den Hauptmeifter an derfelben, für Michelangelo. Ohne daß er eine eigentliche Baufchule begründet hätte, fühlte fich das jüngere Künftlergefchlecht unwiderftehlich von ihm angezogen und geneigt, ihm einzelne Züge abzulaufchen und diefelben nachzuahmen. Freilich konnte Michelangelo's eigenthümliche Natur, auf Regeln abgezogen und mit einem rein verftandesmäßigen Studium der Antike verknüpft, keine lebendigen Früchte tragen. Das Berechnete, das Kalte, nach Effekten Strebende, das übertrieben Derbe kam gerade bei den jüngeren Architekten nur zu häufig zur Herrfchaft. Giorgio Vafari, Bartolommeo Ammanati, Giacomo Barozzi Vignola, Galeazzo Aleffi find die Hauptvertreter der fpäteren Richtung. Von *Gal. Aleffi* aus Perugia (1512—1572) ftammt die Kirche S. Maria di Carignano in Genua (No. 100, 6. 7), welche am ftärkften an Michelangelo's Plan der Peterskirche fich anlehnt. Der Grundriß bildet ein Quadrat an Stelle des griechifchen Kreuzes, die Nebenkuppeln werden wegen der kleinen Dimenfionen außen nicht als eigentliche Trabanten der Hauptkuppel behandelt, fondern nur leicht durch Laternen angedeutet. *Vignola's* (1507—1573) Thätigkeit in Rom, gleich groß und einflußreich in der Theorie wie in der Praxis, wird in den Bilderbogen durch den Grundriß zur Kirche del Gesù (No. 105, 4) vertreten. Die Seitenfchiffe verkümmern zu Kapellen, die Hauptwirkung concentrirt fich auf das breite und hohe, tonnengewölbte Mittelfchiff, auf welches ein mächtiger Kuppelraum folgt. Die Fenfter werden in das Tonnengewölbe eingefchnitten, bilden fog. Ohren. Eine große Zahl von Kirchen, insbefondere Jefuitenftiftungen, wiederholten den von Vignola gefchaffenen Typus, welcher übrigens in den Formen und Gliederungen, durch das Studium Vitruv's gefchützt, noch eine fefte Regel und Gefetzmäßigkeit bewahrt, im Gegenfatz zu dem ausfchweifenden, durch *Maderna*, insbefondere aber durch *Bernini* und *Borromini* eingeführten und feit dem Ende des fechzehnten und im ganzen Verlaufe des fiebzehnten Jahrhunderts herrfchenden Barockftile.

In Oberitalien, welches fich auch im fechzehnten Jahrhundert nicht unbedingt dem römifch-toskanifchen Einfluffe fügt, find die beiden großen Seeftädte an der Weft- und Oftküfte, Genua und Venedig, die Hauptfchauplätze architektonifcher Thätigkeit. Die Mehrzahl der genuefifchen Paläfte, welche Rubens fo fehr entzückten, daß er die Mühe forgfältigfter Aufnahmen nicht fcheute, wurden im Laufe des fechzehnten Jahrhunderts zumeift von lombardifchen Architekten errichtet. Die pomphaften Treppenanlagen, die Schönheit perfpektivifcher Durchblicke, die wirkungsvolle Ausnützung des befchränkten Terrains zeichnen fie vorzugsweife aus. Der Palaft Tursi Doria (No. 104, 8. 9), an welchem die Faffade zu beiden Seiten in Hallen fortgefetzt wird, und der Treppenraum im Pal. Balbi von *B. Bianco* und *P. A. Corradi* erbaut (No. 103, 5) mögen als Beifpiele dienen.

Als Mufter einer venetianifchen Kirche des ausgebildeten Stiles darf S. Salvatore (No. 100, 4 u. 5) gelten. Drei Kuppeln, auf breiten Bogen ruhend, folgen einander, jede von der anderen durch Tonnengewölbe getrennt. Auch in den Seitenfchiffen, die freilich ihre urfprüngliche Bedeutung verloren haben, find kleine Kuppelräume angebracht. Eine ähnliche Anordnung zeigt die Kirche S. Sepolcro in Piacenza (No. 105, 5). Neben den Lombardi übten in Venedig der aus Verona ftammende *Michele Sammicheli* (1484—1559), namentlich als Ingenieur berühmt, dann *Jacopo Sanfovino* aus Florenz (1477—1570) und *Vincenzo Scamozzi* eine große Wirkfamkeit. Von Sammicheli rührt der Palaft Bevilacqua in Verona her (No. 101, 5), unten Ruftica, oben zwifchen Säulen abwechfelnd größere und kleinere Rundbogenfenfter, bei den letzteren der obere Raum durch fchmale Querfenfter ausgefüllt. Dem Jacopo Tatti oder Sanfovino dankt Venedig den Prachtbau der Bibliothek an der Piazzetta (No. 104, 6), eigentlich eine Doppelhalle, an welcher die Halbfäulen und die Führung der Profile das römifche Studium verrathen.

Der letzte große Architekt Venedigs, zugleich der letzte große Meifter der Renaiffance ift *Andrea Palladio* aus Vicenza (1518—1580), der namentlich feiner Vaterftadt in der Kunftgefchichte Italiens die Unfterblichkeit gefichert hat. Seine Kirchenbauten find in Venedig zu fuchen, wo er u. a. die Kirche del Redentore (No. 100, 8) fchuf. Die Faffade, mit einer einzigen Säulenordnung, wie feit Palladio die allgemeine Regel wurde, gewinnt befonders durch die Treppe an eindrucksvollem Charakter. In dem Aufbaue erfcheinen die inneren Höhenmaße und die ganze innere Gliederung durchfichtig angedeutet. In Vicenza begann Palladio, der felbftändig auf die römifche Architektur zurückging und nicht durch decorativen Reichthum, fondern durch die Schönheit und Mächtig-

keit der Verhältniffe zu wirken fuchte, feine Thätigkeit mit der
fog. Bafilika (No. 105, 11). Er umgab einen mittelalterlichen Palaft
mit offenen Bogenhallen. Der Palazzo Tiene (No. 103, 1) zeigt
über dem in Ruftica ausgeführten Erdgefchoffe ein mächtiges Säulen-
gefchoß und darübrr eine Attica. Wie fehr er dem Säulenbaue
alles andere unterordnete, zeigt noch deutlicher der Pal. Valmarana
(No. 104, 5). Zwifchen den Säulen find zwei Fenfterreihen über
einander angeordnet, die erfteren durch beide Stockwerke bis zur
Attica emporgeführt.

---

3. Die Renaissancesculptur.

a. Frührenaiffance oder Quattrocento.

Ein fcharfer Einfchnitt fcheidet, wenn wir dem Biographen der
italienifchen Künftler folgen, auf dem Gebiete der Plaftik die Renaiffance von der mittelalterlichen Kunftweife. Vafari erzählt aus-
führlich von dem Wettftreite, welchen 1401 bie beften Künftler
von Florenz anftellten, als es galt, die zweite Thür des ftädtifchen
Heiligthums, des Baptifteriums, mit Bronzereliefs zu fchmücken. Als
Probebild war das Opfer Ifaaks auserfehen worden. Haben fich
auch nicht alle Probeftücke erhalten, fo wurden wenigftens die
beiden Arbeiten, zwifchen welchen den Richtern die Wahl fchwer
fiel, vor der Zerftörung gerettet. Sie find im Mufeo nazionale aufgeftellt (No. 112, 1 u. 2) und entftammen den Händen Brunellesco's und Lorenzo Ghiberti's (1378—1455), der aus der Concurrenz
als Sieger hervorging und vom J. 1403—1424 die Pfortenreliefs
mit Darftellungen aus dem neuen Teftamente und den Bildern der
Evangeliften und Kirchenväter (No. 111, 9; 113, 3) arbeitete.

Ghiberti's Bronzethüre, fowie die zahlreichen Statuen außen
an Or San Michele find der augenfällige Wendepunkt in der Gefchichte der italienifchen Plaftik. Nicht die Anlehnung an die
Antike ift das Neue, was in diefelbe hineingebracht wird. Die
Antike wird vorwiegend im decorativen Beiwerke, zuweilen in Ge-
wandmotiven nachgeahmt. Epochemachend wirkt die unmittelbare
und reiche Lebendigkeit in der Schilderung. Sie fetzt genaues
Naturftudium voraus, fie verleiht den Köpfen und Geftalten ein
porträtartiges Gepräge, fie geht auf befonderen Ausdruck, verftänd-
liche und richtige Bewegungen aus und fammelt gern die Einzel-
züge zu einem gefchloffenen Charakter. Ueber die energifche Wiedergabe eines innerlich bewegten Lebens tritt zuweilen die Anmuth
und Schönheit der Erfcheinung zurück. Doch zeigen die nackten

Figuren, daß auch nach dieser Seite hin der Sinn erschlossen war. Dagegen hat bei Reliefdarstellungen das Streben nach Naturnachahmung zu einer malerischen Auffassung geführt, welcher die ganze Renaissanceperiode treu bleibt und wodurch die Renaissanceplastik am meisten von der Antike abweicht. Bei der führenden Rolle, welche der Malerei seit der Einführung des Christenthums zufiel, war eine Annäherung an dieselbe für die Sculptur unvermeidlich.

Wie in der Architektur, so steht auch in der Plastik Florenz im Mittelpunkte. Aus dem Kreise der Bildhauer, welche sich von dem künstlerischen Herkommen nicht völlig lossagen konnten, wie Niccolo d'Arezzo (von 1388 bis 1444 thätig), Nanni di Banco († 1421), Bernardo di Piero Ciuffagni u. a. heben sich als bahnbrechende Meister: Lorenzo di Cione *Ghiberti,* Donato di Niccolo di Betto Bardi, gewöhnlich *Donatello* genannt, und *Luca della Robbia* hervor. Ghiberti's Kunst bewegt sich vorzugsweise im Erzguß. Nachdem er die zweite Thüre am Baptisterium vollendet hatte, in welcher er sich noch nicht vollständig von dem Vorbilde Andrea Pisano's, des Gießers der ersten Thüre, entfernte, arbeitete er 1425—1452 an der dritten, jetzt der Hauptthüre. Das ist das Werk, welches Michelangelo würdig erklärte, die Pforten des Paradieses zu schmücken. In zehn großen Feldern schilderte er Scenen aus dem alten Testamente (No. 112, 5), jeden Thürflügel faßte er mit einem decorativen Rahmen ein, der theils Ranken, Fruchtschnüre, theils in Nischen Köpfe und kleine Figuren enthält. Die letzteren vor allem gehören durch lebendige Natürlichkeit des Ausdruckes und Schönheit der Behandlung zu dem Besten, was die Renaissance geschaffen hat. Das antike Studium ist in der Gewandung am meisten erkennbar, hemmt nicht das frische Naturgefühl des Künstlers, welches so weit geht, daß er die hergebrachten Regeln des Reliefstils wohlgemuth überspringt und mit der Malerei zu wetteifern erfolgreich versucht. Die Relieftafel (No. 113, 1) zeigt, gerade wie die gleichzeitige Malerei, eine größere Reihe von Scenen von der Erschaffung Adams bis zur Vertreibung aus dem Paradiese in einem Rahmen vereinigt; die vordersten Figuren sind beinahe in vollem Runde, die hinteren flach und in allen Dimensionen kleiner gearbeitet. Offenbar lag die Absicht vor, die Wirkungen der malerischen Perspective auf die Reliefdarstellung zu übertragen. Auch die Behandlung des Hintergrundes, seine Ausfüllung mit landschaflicher und architektonischer Staffage, die Abstufung der Composition nach der Tiefe zu, wurde für lange Zeit mustergiltig. Von Ghiberti's Bronzestatuen an Or San Michele, Johannes, Matthaeus, Stephanus, ist der letztere (No. 112, 6) am spätesten (1428) in Erz gegossen worden. Man muß ihn mit dem Petrus des Donatello (No. 112, 7) vergleichen, um den ganzen Gegensatz zwischen den

beiden Künftlern und die Eigenthümlichkeit Ghiberti's vollftändig
zu erfaffen. Die größere formelle Schönheit befitzt der h. Stephanus; das tiefere Leben, den fchärfer ausgeprägten Charakter offenbart Donatello's Jugendarbeit.

Ueber Donatello's (1386—1466) Jugendentwickelung find wir
nicht genau unterrichtet. Am wichtigften erfcheint feine Freundfchaft mit Brunellesco, die gemeinfame Wanderung nach Rom. Am
Dome, wie an Or San Michele, fand er frühe und reiche Befchäftigung.
Die Marmorftatuen des h. Markus und Georg an letzterem Orte,
die Statue des David (Zuccone) am Campanile des Domes liefern
jede in ihrer Art einen Typus, zu welchem die jüngeren Gefchlechter
lernbegierig emporblickten. Als Gewandftatue mit befonderer Betonung des Faltenwurfes wurde der h. Markus behandelt, im Ausdrucke das Ehrlich-Biedere trefflich hervorgehoben. In dem h.
Georg (No. 114, 1), deffen keck und feft gefpreizte Stellung viele
Nachahmer fand, gab Donatello das Bild felbftbewußter, frifcher
Kraft. Der „Zuccone", d. h. Kahlkopf, verfinnlicht das Streben
des Künftlers nach individuellem, fprechendem Ausdruck. Es ift
für Donatello überhaupt und für die ganze Richtung der Sculptur im
fünfzehnten Jahrhundert bezeichnend, daß fo viele Heiligenftatuen
von feiner Hand offenkundige Porträts darftellen. Seine Kunft als
Idealbildner zeigte er in der Bronzefigur des Hirtenknaben David
im Mufeo nazionale, die feit der Antike zum erften Male wieder
die Aufgabe eines fchönen nackten Körpers glücklich gelöft. Wie
fich in Donatello's zahlreichen Statuen eine merkwürdige Mannigfaltigkeit der Auffaffung von der herbften und fchroffften Wiedergabe der Wirklichkeit (die büßende Magdalena, der Wüftenprediger
Johannes) bis zu würdevollen, gemeffenen, faft idealfchönen Geftalten enthüllt, fo weifen auch feine Reliefbilder eine unendlich
reiche Scala der ftiliftifchen Behandlung auf.

Schwerlich eine eigenhändige Arbeit aber doch in Donatello's
Nähe entftanden ift die Reliefbüfte der h. Cäcilia (No. 113, 2). Die
Formen heben fich kaum merklich von der Grundfläche ab, fo
flach (stiacciato) find fie modellirt, fo fein aufgelegt. In fchroffem
Gegenfatze dazu erfcheinen die fingenden und tanzenden Knaben,
welche ehemals die Brüftung der Sängertribüne im Florentiner Dome
fchmückten (Fragment No. 113, 5). Derb in den Formen, beinahe
völlig rund gearbeitet, athmen fie höchfte Lebensluft und erfreuen durch die Wahrheit und Freiheit der Bewegungen. Ein
ähnliches Werk lieferte Donatello für die Außenkanzel am Dome
von Prato unter Mitwirkung Michelozzo's, der auch fonft bald mit
Ghiberti, bald mit Donatello zufammenarbeitete. In den Kreis tieferer Seelenftimmung führt uns das Relief der Verkündigung
(No. 113, 6), aus der früheren Zeit des Künftlers, mit feiner pfy-

chologifcher Charakteriftik der fchüchternen Jungfrau und des de-
müthigen Engels.

Donatello überragt durch Vielfeitigkeit des Wirkens und die
gewaltige Energie, mit welcher er an jede Aufgabe herantritt und
die Wahrheit und Natürlichkeit, den Realismus, in jeder Darftellung
betont, alle Zeitgenoffen. Er ift gleich tüchtig in Erz- und Marmorarbeit. Er wagt fich zuerft an größere Erzgruppen. Erfcheint auch
feine Judith mit dem Leichnam des Holofernes wenig gelungen, fo
bleibt doch bei der noch geringen Entwickelung der Gießerkunft
fein Muth zu loben. Das Reiterftandbild des Condottiere Gatta-
melata (Erasmo de' Narni) in Padua, durch die lebendig individuelle
und doch monumental ruhige Auffaffung des Roffes und Reiters
ausgezeichnet, ift auch in dem Sinne ein echtes Werk der Renaiffance, als es zum erften Male wieder eine in der antiken Kunft
heimifche Aufgabe verkörperte. Die Gegenftände der Darftellung
holt Donatello fowohl aus der Bibel wie aus der mythologifchen
Welt. Cameen und Münzbilder überträgt er (Hof des ehemaligen
Pal. Medici, jetzt Riccardi) in Reliefmedaillons. Dem der Renaiffance eigenthümlichen Ruhmescultus huldigt er in den großen Grabmonumenten, Statuen und Büften berühmter Männer, welche feitdem in der italienifchen Plaftik eine fo große Rolle fpielen. Florenz,
wo fich Donatello der Gunft des alten Cofimo Medici erfreute, ift
wohl der wichtigfte, aber nicht der ausfchließliche Schauplatz feiner
Thatkraft. Beinahe ein Jahrzehnt (1444—1454) brachte er in Padua
zu, wefentlich an der Ausfchmückung des Hochaltars in der Kirche
des h. Antonius betheiligt, und verpflanzte auf diefe Weife feinen
Einfluß auch auf oberitalienifchen Boden. Aus Donatello's letzter
Zeit ftammen die Arbeiten in S. Lorenzo in Florenz, fowohl die
Reliefs in der Sakriftei, wie die Erztafeln, welche die beiden Kanzeln
fchmücken. Das dramatifche Element kommt in der Kreuzabnahme
(No. 114, 2) befonders zur Geltung. Seine umfaffende Begabung
ftellte Donatello in den Mittelpunkt der italienifchen Sculptur des
fünfzehnten Jahrhunderts. Seit Giotto hat kein Künftler einen fo
nachhaltigen und weitgreifenden Einfluß geübt wie Donatello. Er
gab nicht nur in feinem eigentlichen Fache die Richtung an, welcher
die meiften Genoffen folgten, fondern warf auch auf das benach-
barte Gebiet der Malerei den Schatten feines Wirkens.

In der dramatifchen Gewalt der Erzählung, in der kraftvollen
Wahrheit der Schilderung, in dem energifchen Bloßlegen innerer
Empfindungen, in der Richtigkeit und Mannigfaltigkeit der äußeren
Bewegungen, in der Kenntniß des menfchlichen Körpers ging er den
Malern voran und zwang fie zum Einfchlagen des gleichen Weges.

Neben Donatello fteht unter den älteren Florentiner Renaiffancekünftlern *Luca della Robbia* (1399—1482) in erfter Linie. Viel-

fach wetteiferte er mit Donatello, fo in den zehn Reliefs fingender, mufizirender und tanzender Kinder, welche die Brüftung der Orgeltribüne im Florentiner Dom fchmückten (Fragment No. 115, 1). Sie find zierlicher und feiner durchgebildet als Donatello's Knaben, entbehren aber der Mannigfaltigkeit und Kühnheit der Bewegungen, welche Donatello's Fries auszeichnet, find auch in der Gefammtwirkung nicht fo glücklich erfunden wie die letzteren. Ein anderes Mal tritt Luca an Donatello's Stelle, als diefer die Bronzereliefs für die Domthüre nicht ausführte. Luca arbeitete fie 1446 gemeinfam mit Michelozzo und Mafo di Bartolomeo. Der Hauptruhm Luca's knüpft fich aber an die Thonreliefs. Er belebte einen volksthümlichen Kunftzweig, gab ihm durch feine Erfindung, den Thon zu bemalen und zu glafiren, Dauer und erweiterte Wirkung, verlieh ihm zugleich durch die Anmuth feiner Madonnen, die milde Ruhe feiner Geftalten eine künftlerifche Weihe. Meift ftellte er außer Einzelfiguren (Evangeliften, Apoftel) Madonnen mit Engeln in anmuthiger Weife und mit lieblichem Ausdrucke dar, in weißer Färbung auf blauem Grunde. Für das Nebenwerk benützte er grüne, violette, gelbe Töne und umgab die Medaillons mit Blumen und Fruchtgewinden. Diefer Kunftzweig blieb in feiner Familie (Andrea della Robbia, Luca's Neffe 1435—1525) heimifch und wurde bis in das 16. Jahrhundert hinein eifrig getrieben; zunächft als Schmuck der Architektur (Thürlunetten, Friefe) gedacht, wurden die Robbien fpäter auch bei Altären, Sakrifteibrunnen u. f. w. verwendet. Die Krönung Mariä, als Altarbild mit Predella in der Offervanza in Siena (No. 114, 4) zeigt eine befonders reiche, ausdrucksvolle Compofition. Andere Proben der Robbia-Arbeit find auf Taf. 115, 2, 160, 3, 166, 2 abgebildet. Von Luca theilweife abhängig erfcheint *Agoftino d'Antonio di Duccio* (1418—c. 1498) welcher namentlich in Perugia (Faffade von S. Bernardino) eine reiche Wirkfamkeit entfaltete. Keine hervorragende Künftlernatur, verdient er dennoch Beachtung, weil er den Lokalcharakter der umbrifchen Schule, den fchwärmerifchen Ausdruck der Köpfe, in der Sculptur eingebürgert hat.

Gleichzeitig mit den bahnbrechenden Florentiner Bildhauern entwickelt *Jacopo della Quercia* in Siena (c. 1371—1438) eine fruchtbare Thätigkeit. Er hat fich von dem Stile des 14. Jahrhunderts in mancher Beziehung noch nicht losgelöft, fteht aber in der Kunft, die Compofition dramatifch zu beleben und die Körper bewegt und voll Kraft zu geftalten, den florentiner Meiftern mindeftens gleich. Außer in Siena (Fonte gaia, Taufbrunnen in S. Giovanni) und in Lucca (Grabmal der Ilaria del Caretto) war Jacopo auch in Bologna thätig. Am Hauptportale von S. Petronio fchmückte er Pilafter (Probe in No. 111, 8), Architrav und Thürbogen mit flachen, trotz der kleinen Verhältniffe mächtig wirkenden Reliefs.

Die zweite Hälfte des fünfzehnten Jahrhunderts hat keinen
Bildhauer von gleicher Größe und Bedeutung wie Donatello aufzu-
weifen, wohl aber eine Reihe tüchtiger Kräfte, die vorwiegend auf
Donatello's Grundlage weiter bauen, dabei aber die technifchen Vorgänge verbeffern, das decorative Element glänzend ausbilden und
überdieß der heiteren ruhigen Anmuth in der Schilderung einen
größeren Raum gönnen, als ihr in der Welt des Charakteriftifchen
und mächtig Bewegten vorzugsweife heimifcher Vorgänger. Die
Porträtbüfte und das Grabdenkmal find die Hauptaufgaben der
fpäteren Florentiner Plaftik. In den Bildniffen wird von dem
herben Realismus in der Auffaffung nichts gefchenkt, einer Veredlung der Züge auf Koften individueller Lebendigkeit nicht nach-
geftrebt. Den Beweis liefern u. a. die bekannten Marmorbüften,
welche ehemals zum Familienfchatze der Strozzi gehörten; die Büfte
der Marietta Strozzi von Defiderio da Settignano im Berliner
Mufeum, jene des Niccolò Strozzi von Mino da Fiefole ebendort
und die Büfte des Filippo Strozzi von Benedetto da Majano im
Louvre. Bei den Grabmonumenten führte bereits die reiche, zierliche decorative Einrahmung zu einer leichten Milderung des herben
realiftifchen Tones. Das Grabdenkmal gewinnt einen feften Typus,
der bis in das fechzehnte Jahrhundert fich herrfchend erhält, die
mittelalterliche Grabplatte und den mittelalterlichen freiftehenden
Sarkophag befeitigt. Es wird an die Wand angelehnt, als Hoch-
bau behandelt. Auf einem plaftifch gefchmückten Sockel (vgl. No.
161, 5) fteht über dem Boden erhoben der Sarkophag, über dem
Sarkophag ruht, gleichfam auf einem Paradebette oder einer Bahre
der Todte, nicht gerade ausgeftreckt, fondern mit dem Kopfe etwas
gegen den Befchauer gewendet. Eine flache Nifche, von Pilaftern
umrahmt, bildet den Hintergrund. Die Pilafter tragen ein zierliches
Gebälke, das Ganze wird halbkreisförmig abgefchloffen, in der Lu-
nette ein Medaillon, von Engeln gehalten, von Fruchtgewinden umgeben, angebracht. An der Spitze der Bildhauer, welche den Typus
des florentinifchen Grabdenkmales vollendeten, fteht der frühver-
ftorbene *Defiderio da Settignano* (1428—1464). Sein Hauptwerk
ift das Grabmal des 1455 verftorbenen Florentiner Staatsfekretärs
Marzuppini in S. Croce (No. 116, 3). Ihm ftehen *Bernardo Roffellino*, der bekannte Architekt (Grabmal des Lionardo Bruni in S.
Croce) und deffen Bruder *Antonio* (1425—nach 1478) zur Seite,
von welchem das Monument des Cardinals Johann von Portugal
in S. Miniato bei Florenz (No. 116, 4) herrührt. Der fruchtbarfte
Künftler in diefem Kreife war *Mino da Fiefole* (1431—1484), auch
als Porträtbildner berühmt. Außer in Florenz entwickelte Mino
namentlich in Rom eine reiche Thätigkeit. Faft alle hier in dem
letzten Drittel des 15. Jahrh. errichteten Monumente (ein wahres

Mufeum von Grabdenkmälern befitzt die Kirche S. Maria del Po-
polo) werden auf feinen Namen zurückgeführt. Wird auch der
Name meiftens conventionell gebraucht, fo läßt fich doch Mino's
Einfluß auf die römifche Grabfculptur nicht ableugnen.

Die zuletzt genannten Künftler waren durchgängig Marmor-
arbeiter. Eine viel umfaffendere Wirkfamkeit offenbart *Benedetto
da Majano* (1442—1498), hervorragend als Baumeifter, in der Kunft
eingelegter Holzarbeit (Intarfia) wohl erfahren, als Decorateur und
Marmorbildner bedeutend. Sein plaftifch decoratives Hauptwerk ift
die Kanzel in S. Croce (No. 161, 2). In reicher architektonifcher
Gliederung fteigt fie von der Confole empor, gefchmückt mit
Statuetten in den Nifchen des Unterbaues und mit Reliefs in den
Feldern der Brüftung. Die letzteren (No. 117, 1) zeigen die
malerifche Auffaffung in der glücklichften Weife durchgeführt,
ftehen mit den gleichzeitigen Gemälden in unmittelbarem Zufammenhange, ohne das plaftifche Element ungebührlich zurück-
zudrängen. Benedetto's Wirkfamkeit dehnt fich auf Siena (Cibo-
rium in S. Domenico), Neapel und San Gimignano aus.

Beinahe in noch höherem Anfehen als die Marmorarbeit ftand
in Florenz der Bronzeguß. Die technifchen Schwierigkeiten bei
dem letzteren reizten die Erfindungskraft der Künftler, die durch
die Natur des Materiales bedingte Formenbehandlung, die Schärfe
und Präcifion der Modellirung entfprach der realiftifchen Richtung
der Phantafie. Die Brüder *Antonio* (1429—1498) und *Piero Pollajuolo* zählten zu den gefchätzteften Bronzegießern. Antonio war
als Goldfchmied ausgebildet worden, übte auch als Maler eine wichtige Wirkfamkeit und fand in Rom, wo er die Papftgräber
Sixtus' IV. und Innocenz' VIII. (in der Peterskirche) fchuf, Gelegenheit, feine Kunft als Erzbildner zu beweifen. Dem Ant. Pollajuolo wird auch das Relief der Kreuzigung (No. 115, 3) im Mufeo
Nazionale zugefchrieben. Am Schluffe der Frührenaiffance fteht
Andrea (di Michele di Francesco Cioni) *Verrocchio* (1435—1485),
urfprünglich gleichfalls ein Goldfchmied, als Lehrer der Malerei
durch feine drei Schüler Lionardo da Vinci, Lorenzo di Credi,
Perugino hoch angefehen, als Bildhauer zunächft von Donatello angeregt, wie feine Reliefs am Grabmale der Francesca Tornabuoni
zeigen. Verrocchio war es vorbehalten, nach Donatello das zweit-
größte Reiterftandbild des 15. Jahrhunderts, feit der Zerftörung des
Modells Lionardo's für das Monument Francesco Sforza's die
fchönfte und gewaltigfte Reiterftatue der Renaiffance zu. fchaffen.
Im Auftrag der Republik Venedig errichtete er das Standbild des
Condottiere Bartolomeo Colleoni, deffen Vollendung er aber nicht
mehr erlebte (No. 115, 7). Der Knabe mit dem wafferfpeienden
Delphin (No. 115, 5) ift frifchweg nach der Natur gebildet; da-

gegen contraſtirt in eigenthümlicher Weiſe in ſeinem Hirtenknaben
David (115, 6) mit dem noch naturaliſtiſch aufgefaßten Körper der
Ausdruck des Geſichtes. Aus dem Lockenkopfe mit dem ſchwärme-
riſchen Lächeln, ſchmalen Kinne, den großen Augen iſt Lionardo's
Ideal hervorgegangen. Verrocchio's Bedeutung tritt am klarſten
dem Beſchauer in der Gruppe Chriſti mit dem ungläubigen Thomas
(No. 116, 2) vor die Augen. Die Gegenüberſtellung der beiden
Geſtalten, ſo einfach und ungeſucht, konnte nicht kunſtreicher erſonnen werden, um den Vorgang deutlich zu machen und die
Charaktere und die Stimmung der beiden Perſonen lebendig zu
verkörpern. Auch die plaſtiſche Wirkung wurde durch den Contraſt des männlich würdigen Chriſtus und des jugendlich ſchönen,
kleineren Thomas namhaft erhöht.

Die florentiner Künſtler gehörten ganz Italien an. Sie wurden
ebenſo häufig nach Oberitalien wie nach Neapel gerufen; nicht nur
die Medici, insbeſondere Lorenzo Magnifico und die anderen
Florentiner Geſchlechter, auch die Päpſte und Fürſten Italiens
förderten ihre Kunſt. Wer außerhalb Florenz geboren war und
arbeitete, erfreute ſich dieſer Gunſt in geringerem Grade, wurde
ſchwerer berühmt. So kommt es, daß z. B. die Werke des *Matteo
Civitale* (1435—1501) in Lucca weniger begehrt wurden, als jene
ſeiner Florentiner Kunſtgenoſſen, denen er kaum nachſteht, die er
in einer Beziehung ſogar überragt. Die größere Muße geſtattete
ihm eine feinere techniſche Durchführung ſeiner Marmorarbeiten.
Sein umfangreichſtes Werk iſt der Regulusaltar im Dome zu Lucca.
Die Figuren zeigen wie auch ſonſt ſeine Einzelſtatuen, z. B. der
h. Sebaſtian ebendort (No. 117, 3), das Reliefbild des Glaubens in
Muſeo Nazionale, den ausgebildeten Schönheitsſinn, der Matteo
beſeelte und in allen ſeinen Geſtalten ſich offenbart. Nebenbei bemerkt, iſt der h. Sebaſtian eine Lieblingsfigur der Renaiſſancekünſtler
(Ant. Roſſellino in Empoli), weil ſie ihnen die erwünſchte Gelegenheit bot, mit der Antike in der Darſtellung anmuthiger, jugend-
licher, nackter Körper zu wetteifern.

Die Sculptur der Lombardei ſteht theilweiſe unter dem Einfluſſe Donatello's. Sein langer Aufenthalt in Padua führte ihm
hier mehrere Schüler und Nachahmer zu, wie Vellano (c. 1430 —
c. 1492) und *Andrea Briosco*, nach ſeinem gelockten Haar *Riccio*
(1470—1532) genannt, deſſen Bronzecandelaber in der Antoniuskirche zu den berühmteſten Werken dieſer Art gehört. Doch
fehlen auch nicht eigenthümliche Richtungen. Statuen, in Thon
gebrannt und bemalt, erfreuten ſich hier einer weiten Beliebtheit.
Auf Kreiſe berechnet, welche in größter Naturwahrheit die höchſte
Kunſtwirkung bewundern, zeigen dieſe Werke einen unverhüllten
Naturalismus und laſſen, namentlich wenn die einzelnen Statuen

zu Gruppen zufammengeftellt werden, die eigentliche künftlerifche Compofition oft vermiffen. Ein Hauptmeifter in diefer Gattung ift *Guido Mazzoni*, gen. *Modanino* aus Modena († 1518). Außer feiner Vaterftadt befitzt auch Neapel in Monteoliveto eine Paffionsgruppe, von welcher die Probe (No. 117, 7) entlehnt ift. Mazzoni wird noch von einem jüngeren modenefifchen Meifter, dem *Antonio Begarelli* (c. 1498—1565) übertroffen, deffen Gruppen durch den gefteigerten Affekt, und die erhöhte Empfindung in den Köpfen den Eindruck üben, als wären Correggio's Gemälde in Thon übertragen worden, zumal fie auch vollkommen malerifch angeordnet, für einen einzigen Gefichtspunkt gearbeitet find, keine Mannigfaltigkeit der Anfichten bieten. Die Mängel im Aufbau der Gruppe, die felbft in Begarelli's Hauptwerke, der großen Kreuzabnahme in S. Francesco in Modena (Einzelgruppen daraus in No. 118, 10; No. 119, 3) offen zu Tage treten, werden durch die Schönheit der Köpfe und die packende innere Bewegtheit der Geftalten beinahe vollftändig verwifcht. Auch fonft ftreift die lombardifche Lokalfchule leife an die malerifche Behandlung an und läßt in den größeren Einzelftatuen und insbefondere in der Zeichnung der Gewänder die ftrengere Zucht, welche die Florentiner an der Hand des Naturftudiums und der Antike durchmachten, vermiffen. Ueberreich erfcheint fie dagegen in der Wiedergabe feiner und zierlich anmuthiger Empfindungen, auch weiß fie in den Reliefs, der Hauptftärke der Schule, lebendig zu erzählen und ausdrucksvoll zu charakterifiren. Die Mehrzahl der plaftifchen Werke in der Lombardei fteht in unmittelbarer Beziehung zur Architektur, dient decorativen Zwecken. Insbefondere fanden die Lombardifchen Bildhauer an der Certofa bei Pavia die reichfte Gelegenheit zu fruchtbarem Wirken. Ein volles Jahrhundert waren fie mit der Ausfchmückung der Faffade, der Portale, der inneren Räume befchäftigt. Kaum ein Künftler kann genannt werden, der nicht auch hier thätig gewefen wäre, fo in der zweiten Hälfte des 15. Jahrh. die Brüder *Criftoforo* und *Antonio Montegazza*, welchen der bedeutendfte Meifter Oberitaliens *Giovan Antonio Amadeo* aus Pavia (1447—1522), *Criftoforo Solari*, gen. *Gobbo, Agoftino Bufti*, gen. *Bambaja* (ca. 1480—1548) und andere folgten. Die Beifpiele von Sculpturen aus der Certofa (No. 117, 4—6) deuten wenigftens einigermaßen die gefteigerte Innigkeit der Empfindung an, welche die lombardifchen Werke auszeichnet und für die Wiedergabe fanft lyrifcher und elegifcher Stimmungen trefflich geeignet macht. Die decorative Pracht, welche die lombardifche Sculptur in Verbindung mit der Architektur und an Grabmonumenten entfaltet (Capelle und Grabdenkmal Colleoni's in Bergamo von Amadeo, Grabmal des Gafton da Foix, in zerftreuten Fragmenten erhalten, von Agoftino

Bufti (No. 157, 4, 5) Statuenfchmuck im Mailänder Dome und am
Dome zu Como) kann freilich durch die bloße Wortfchilderung
nicht anfchaulich gemacht werden.

Die Eigenart norditalienifcher Kunftanfchauung prägt fich auch
in den Elfenbeinreliefs aus, welche einen im Grazer Dome bewahrten Schrein fchmücken (No. 116, 1). In der Paduanifchen
Schule kam eine ftarke Vorliebe für allegorifche Darftellungen auf.
Das gelehrte Treiben an der Univerfität, das Studium der Antike
hatten fie begünftigt, die alt-italienifche Poefie (Petrarca) diefelbe
vorbereitet. Einen „Triumph", wie ihn Mantegna malte, hat hier
ein unbekannter Künftler dargeftellt, dabei antike Coftümftudien verwendet. Die gleichzeitige Dichtung und Illuftration, z. B. die
Hypnerotomachia Poliphili bewegt fich in der gleichen Richtung.

Die venetianifche Sculptur bewahrt längere Zeit einen confervativen Zug, fo daß der Uebergang in den Renaiffanceftil theilweife unter dem Einfluffe Donatello's ganz unmerklich erfolgte. Damit ftimmt auch die Kunftpflege in Familien und, wie es fcheint, faft
zunftmäßig gefchloffenen Verbänden zufammen. Auf Glieder der
Familie Bregno oder Rizzo (Antonio und Pietro) folgen die Lombardi,
fchwerlich alle als die Glieder einer Familie, wahrfcheinlicher nur als
durch gemeinfame Herkunft verbundene Künftler aufzufaffen, unter
welchen als Plaftiker Pietro und deffen Söhne Tullio und Antonio
hervorragen. Zahlreiche Altäre, Chorfchranken, Faffadenfkulpturen an
Kirchen (S. Maria de' Miracoli) zum Theile Werke dekorativer Natur
werden auf fie zurückgeführt. Die reichfte und lohnendfte Befchäftigung bot der in Venedig herrfchende Gräberluxus. Die Grabdenkmale, anfangs noch mit gothifchen Anklängen, empfangen bald
den reinen Renaiffancecharakter, ohne aber dem florentiner Typus
fklavifch zu folgen. Der wahre Renaiffancebildhauer Venedigs ift
der in feinen äußeren Lebensverhältniffen wenig bekannte *Aleffandro
Leopardi* († nach 1521), in deffen Werken das fleißige Studium der
Antike fich deutlich kundgiebt. Leopardi ift der Schöpfer des
fchönften Dogengrabes (Andrea Vendramin in S. Giovanni e Paolo),
eines durch den freien Aufbau wie durch die feine Durchbildung
der Einzelgeftalten und Reliefs gleich ausgezeichneten Werkes; von
ihm rühren ferner die Flaggenhalter auf dem Marcusplatze her, er
vollendete auch nach Verrochio's Tode das Reiterftandbild Colleoni's.
Einzeln betrachtet ftehen die oberitalienifchen Werke den florentinern keineswegs nach, viele üben fogar durch den Liebreiz der
Köpfe einen ftärkeren Eindruck auf den Befchauer. Wenn die
hiftorifche Betrachtung trotzdem bei der florentiner Sculptur länger
verweilt, fo erklärt diefes die Thatfache, daß fchließlich doch nur
diefe eine kräftige Initiative befitzt und die Entwickelung der Kunft
beftimmt.   .

b. Hochrenaiffance oder Cinquecento.

Die Sculpturwerke des 15. Jahrhunderts feffeln durch das warme frifche Leben, den naiven Zug, welcher der Mehrzahl derfelben innewohnt. Die Natur war für die Kunft gleichfam neu entdeckt worden, mit Begeifterung werfen fich die Bildhauer auf ihre Wiedergabe, fie belaufchen diefelbe eifrig in allen ihren Regungen, find faft ungeftüm in der Freude, der Wirklichkeit nahe zu kommen. Die naive, wenn auch oft herbe und unbändige Wahrheit der Schilderung fichert der Sculptur der Frührenaiffance einen dauernden Werth, macht fie namentlich im Zeitalter kühl reflektirender Kunftanfchauung zu einem begehrenswerthen Mufter. Das jüngere Gefchlecht, welches im Anfange des 16. Jahrhunderts in die Höhe kam, fühlte fich aber nicht befriedigt, fuchte nach allen Richtungen fortfchreitend die Kunft zur Vollendung zu bringen. Die Sculptur des 15. Jahrhunderts ift vielfach decorativ, von der Architektur abhängig, in der Nachahmung malerifcher Motive, z. B. in der Gewandung, befangen. Die Natur konnte größer gefchaut, die Formen konnten mächtiger und doch einfacher wiedergegeben werden. Die Antike war noch nicht vollftändig ausgenützt, die Behandlung der Statuen ließ fich ihrem Vorbilde noch mehr annähern. Das idealifirende Element trat entfchieden in den Vordergrund, beftimmte die Wahl der Gegenftände und ihre Auffaffung. Die Sculptur ftellt fich auf ihre eigenen Füße, löft das Band, welches fie an die Architektur und die decorative Kunft gefeffelt. Wie die äußeren Dimenfionen der Werke bis zum Koloffalen wachfen, fo wird auch die Mächtigkeit der Formen gefteigert. Die Gefahr liegt freilich nahe, und fie wurde nur zu frühe unausweichlich, daß gefpreizte Hohlheit an die Stelle der Mächtigkeit und die fubjective Willkür der Künftler an die Stelle greifbaren charaktervollen felbftändigen Lebens tritt. Die Berührungen mit dem Volksthum werden fchwächer, die Beziehungen zu feingebildeten Kunftkennern häufiger.

In Florenz lernen wir zunächft eine Reihe von Künftlern kennen, welche einer Uebergangsperiode angehören, mit Werken im alten Stile beginnen oder Züge des letzteren ihren in der neuen Weife angelegten Schöpfungen einverleiben, fo Andrea Ferrucci aus Fiefole (1465—1526), Benedetto da Rovezzano, Baccio da Montelupo (1469—ca. 1533). Der bedeutendfte Bildhauer diefes Kreifes ift Giovanni Francesco *Ruftici* (1474— ca. 1554). Seiner Bronzegruppe über der Thüre des Baptifteriums: die Predigt Johannis, find die beiden Pharifäerftatuen (No. 118, 4) entlehnt.

Vollftändig im Geifte des Cinquecento arbeitet *Andrea* (Contucci dal Monte) *Sanfovino* (1460—1529), angeblich in der Schule des Erzgießers A. Pollajuolo gebildet, viel wahrfcheinlicher aber in

der Werkſtätte des Simone Cronaca unterrichtet. Er war eine
Zeit lang (c. 1492—1500) in Portugal thätig; unmittelbar nach
ſeiner Rückkehr in die Heimat ſchuf er ſein ſchönſtes Werk: die
Taufe Chriſti über dem Oſtportal des Baptiſteriums (No. 118, 3).
Die Durchbildung des Nackten in der Figur Chriſti wie die Zeichnung des Gewandes in jener des Täufers erſcheinen gleich vollendet, von mächtiger Wirkung überdieß der Contraſt des Ausdruckes
und der Charakter in den beiden würdigen, einfach und groß gedachten Geſtalten. Von Florenz wandte ſich Andrea (c. 1505) nach
Rom und ſchuf hier im Chor der Kirche S. Maria del Popolo in
Rom die Grabmäler der Kardinäle Baſſo und Sforza Visconti (No.
99, 3), in welchen das überlieferte Niſchengrab die reichſte decorative Ausbildung gewann. Der Geſtalt des Verſtorbenen, welcher
das Haupt auf den Arm ſtützt (No. 118, 1), gab er eine bewegtere
Stellung, den allegoriſchen Statuen verlieh er, beſonders in der
Gewandung, eine der Antike entlehnte geſetzmäßigere Haltung.
Im Auftrage eines deutſchen Protonotar an der Curie, Johann Co-
ricius, bildete Andrea 1512 in der römiſchen Kirche S. Agoſtino die
Gruppe der Madonna mit der h. Anna (No. 118, 2). Sie iſt im Aufbaue trefflich geſchloſſen, das Antlitz der Madonna in holdſeliger
Schönheit ſtrahlend, der Effekt aber durch die Gegenüberſtellung
der runzeligen alten Anna und der anmuthigen jugendlichen Maria
beinahe ſchon an das Geſuchte ſtreifend. Die ſpätere Zeit ſeines
Lebens wird durch die Arbeiten an der Caſa Santa in Loreto ausgefüllt, wo Andrea an der Spitze einer zahlreichen Künſtlerkolonie
(Niccolò Pericoli gen. Tribolo u. a.) ſtehend, eine reiche Fruchtbarkeit entwickelte.

Durch ſeinen Schüler Jacopo Tatti aus Florenz (1477—1570),
nach dem Meiſter gewöhnlich *Jacopo Sanſovino* genannt, wird der
Stil des Cinquecento nach Venedig übertragen. Aus ſeinen jüngeren
Jahren, welche er in Florenz und Rom verlebte, ſtammen der von
anmuthiger Fröhlichkeit durchſtrömte Bacchus im Muſeo Nazionale,
wohl die glücklichſte Wiedergabe eines ſtreng antiken Motives in
der Renaiſſanceperiode und die Madonna in S. Agoſtino in Rom.
Es ſcheint, daß ihn die Kriegsſtürme unter dem Pontifikate Clemens VII. aus Rom vertrieben. So verhängnißvoll dieſelben für
Rom waren, ſo befruchtend wirkten ſie auf die Kunſt, beſonders
Oberitaliens, wo zahlreiche ausgewanderte Künſtler ein neues Thätig-
keitsfeld fanden. Sanſovino ging nach Venedig, wo er vierzig
Jahre lang eine umfaſſende Wirkſamkeit entfaltete und neben Tizian
gleichſam als Künſtlerfürſt herrſchte. Wie raſch er perſönlich in
dem glänzenden Genußleben Venedigs heimiſch geworden war, ſagen
die Briefe ſeiner Zeitgenoſſen. Aber auch auf ſeine Werke ſcheint
ein Zug des venetianiſchen Geiſtes übergegangen zu ſein. So er-

klären wir uns die Lebensfülle, die aus mehreren feiner Götterbilder, z. B. aus den Bronzeftatuen an der Loggia des Marcusthurmes
(No. 119, 2) und aus vielen feiner Reliefs mit mythologifchen und
chriftlichen Scenen wie z. B. an der Sakrifteithüre in S. Marco
fpricht. Schilderungen leicht bewegter Geftalten gelingen ihm beffer
als Darftellungen leidenfchaftlicher Natur (No. 119, 1, die Wieder-
erweckung einer Selbftmörderin durch den h. Antonius). Berühmt
find Sanfovino's Koloffalftatuen des Mars und Neptun an der nach
ihnen benannten Riefentreppe im Dogenpalafte, an welche fich die
lange für ein antikes Werk ausgegebene Statue des Herkules in
Brescello bei Parma reiht. Durch liebenswürdigen Ausdruck feffeln
die ehemals vergoldete Madonna aus Terracotta im Innern der Loggia und der kleine Johannes über dem Taufbecken in der Kirche
Maria de' Frari (No. 118, 8). Zahlreiche Gehilfen, zum Theile aus
der Schule der Lombardi hervorgegangen, befchäftigt Sanfovino,
wodurch fich der ungleiche Werth feiner Arbeiten erklärt; auch
Schüler und Nachfolger befaß er, unter welchen *Girolamo Cam-
pagna* aus Verona (zahlreiche Altäre und Madonnaftatuen) und
Aleffandro Vittorio († 1605), deffen befte Arbeit fein eigenes Grabdenkmal (No. 122, 2) fein dürfte, hervorragen.

Eine ähnliche Stellung wie Sanfovino in Venedig, nimmt Niccolò de Pericoli oder *Tribolo* (1485—1550) in Bologna ein, wohin
er aus Florenz berufen wurde, um die Seitenportale an S. Petronio
mit Reliefs zu fchmücken. In der Nähe der beiden Sanfovino ausgebildet, mit Michelangelo's Werken bekannt, brachte er den römifchen Stil nach Bologna und drängte die bisher hier herrfchende
Weife zurück. Von dem Kampfe zwifchen beiden Manieren legen
einzelne Werke des *Alfonfo Lombardi* (c. 1488—1537), der eigentlich Cittadella hieß und aus Lucca ftammt, Zeugniß ab. Er ging
in feinen meift bemalten Thonfiguren von der malerifch naturaliftifchen Auffaffung aus, fuchte aber dann, wie z. B. in feinem Tode
Mariae (No. 118, 7), die Wirkung durch einen gefchloffenen Aufbau
der Gruppen und durch Idealifirung der einzelnen Geftalten zu fteigern.

Von den drei größten Künftlern des Cinquecento, Lionardo,
Raffael und Michelangelo, verbrachte der erftere ein Jahrzehnt mit
dem Entwurfe zu dem Reiterftandbilde Francesco Sforza's. Das
Modell ging zu Grunde, die Compofition wird nur durch einzelne
Handzeichnungen des Meifters verfinnlicht. Zu *Raffael* verfahen
fich zwar die Zeitgenoffen auch im Sculpturfache tüchtiger Leiftungen. Was ihm aber zugefchrieben wird, die nackte Statue des
Jonas in S. Maria del popolo, der todte Knabe auf dem Delphin
in Petersburg (No. 118, 9) kann nur auf Raffaelifche Skizzen zurückgeführt werden. Die Ausführung rührt in dem einen Falle
von Lorenzetto, im anderen von einem fonft unbekannten Bild-

hauer, Pietro d'Ancona, her. Dagegen spielt im Leben und Wirken
Michelangelo Buonarroti's (1475—1564) die Sculptur die bedeutendste
Rolle. Obschon Baukunst und Malerei Michelangelo zu den ruhm-
reichsten Meistern zählen, so fühlte er sich doch vorwiegend als
Bildhauer. Wäre es stets nach seinen Wünschen gegangen, so hätte
er niemals die Sculptur durch die übrige Thätigkeit in den Hintergrund drängen lassen.

Als Unterbrechung seiner ihm naturgemäßen Bildnerthätigkeit
faßt er die Berufung zu Werken der Malerei auf. Die lange Be-
schäftigung mit der letzteren übte Einfluß auf seinen Formensinn
als Bildhauer, aber in noch höherem Grade tragen die Gemälde das
Gepräge seiner plastischen Phantasie. Auf dem Gebiete der Malerei
streiten sich Raffael und Michelangelo um die Herrschaft, im Kreise
der Sculptur ist Michelangelo's Muster für die jüngeren Geschlechter
ausschließlich geltend gewesen. Schon in Michelangelo's Erziehung
prägt sich die künftige Doppelwirksamkeit aus. Er ist Lehrling in
der Malerwerkstätte Domenico Ghirlandajo's, er genießt den Unterricht in der Sculptur in dem mit Bildwerken angefüllten Garten
der Medici unter der Leitung des alten Bertoldo. Jugendarbeiten
aber kennen wir nur plastischer Natur. Die Centaurenschlacht (No.
120, 1) ist das älteste von Michelangelo erhaltene Werk. Er hat
es in seinem siebzehnten Jahre mit merkwürdigem Verständniß
antiker Kunst verfertigt. In der Weise, wie seine Phantasie die
Schranken des Raumes übersieht, Motiv an Motiv sich drängt,
klingt bereits seine leidenschaftliche, zur Uebertreibung neigende
Natur deutlich an. Mehr in den Grenzen des überlieferten Stiles
hält er sich in dem gleichzeitigen Relief der Madonna an der Treppe
(No. 119, 4). Die Flucht aus Florenz (1494) nach dem Sturze der
Medici führte ihn nach Bologna und gab Anlaß, daß er zur Arbeit
an dem noch unvollendeten Grabmal des h. Dominicus herangezogen wurde. Ein Engel mit dem Candelaber und die Statuette
des h. Petronius sind sein Werk. Der Aufenthalt in Bologna währte
nur wenige Monate; aber auch Florenz, wohin er zunächst zurückkehrte, fesselte ihn bei den unruhigen, der Kunstpflege wenig
günstigen Zeiten nicht lange. Im Jahre 1496 sehen wir den ein-
undzwanzigjährigen Jüngling in Rom, wo er auf Bestellung des
Cardinals Jean de Villiers de la Grolaie das Hauptwerk seiner ersten
Periode, zugleich dasjenige, das am reinsten und ganz unmittelbar
genossen werden kann, schuf: die Pietà (No. 119, 6) in der Peterskirche. Zur Schönheit der Madonna, zur edlen Bildung des Christus-
körpers, zur kunstreichen und doch scheinbar einfachen Gruppirung
gesellt sich ein tiefer inniger Ausdruck, wie ihn der Meister nie
wieder erreicht hat. Der Schmerz hat hier seine idealste Versinn-
lichung empfangen. Einem ganz anderen Gedankenkreise gehört

der gleichzeitige Bacchus, für den befreundeten Kaufherrn Jacopo Galli gearbeitet, (No. 119, 5) an. Michelangelo hat ihn im trunkenen Zuftand, der feften Stütze bedürftig, dargeftellt, auf die lebendigfte Durchbildung des Körpers den Hauptausdruck gelegt. Aus einem verhauenen, halb fchon zugerichteten Marmorblocke fchuf er, nach Florenz zurückgekehrt, 1504 den David (No. 119, 7), welchen die Zeitgenoffen gemeinhin den Giganten nannten. So aufgefaßt gewinnt die Statue an einheitlichem, wahren Charakter, der allerdings vermißt wird, wenn man den ernften, zum Kampfe gerüfteten Riefen als die Verkörperung eines Hirtenknaben betrachtet. Eine glänzende Zeit für den Bildhauer Michelangelo fchien heranzukommen, als ihn Papft Julius II. bald nach dem Antritt des Pontificates nach Rom berief, um fein mächtiges mit vierzig Statuen gefchmücktes Grabmal von Michelangelo errichten zu laffen. Wir kennen aus den Briefen des Künftlers und den uns erhaltenen Contrakten die Schickfale des Werkes genau. Wir wiffen, daß Michelangelo gleich (1505) mit Feuereifer an die Arbeit fchritt, daß diefelbe nach längerer, durch die Malereien in der· Sixtinifchen Kapelle veranlaßter Unterbrechung erft nach dem Tode des Papftes (1513) wieder aufgenommen wurde, um nach wenigen Jahren, da der neue Papft Leo X. andere Pläne (Faffade von S. Lorenzo in Florenz) für den Künftler hatte, neuerdings fallen gelaffen zu werden. Immer wieder kam Michelangelo auf das Grabmal Julius II. zurück, immer gekürzter und befchränkter wurde die Anlage. Erft 40 Jahre nach Beginn der Arbeit kam das Werk zum Abfchluffe und wurde in der Kirche S. Pietro in Vincoli aufgeftellt, aber in durchaus verkümmerter Geftalt, fo daß von der urfprünglichen großartigen Conception in dem häßlichen Wandbau kaum eine Spur fich erhalten hat. Von den drei Figuren, welche an der unteren Wand ftehen (Mofes, Rachel, Lea) ift der zornmüthige Mofes (No. 119, 8) weltberühmt. In den erfteren Entwürfen hatte ihn Michelangelo nicht in einer Nifche fitzend gedacht, fondern ihm mit anderen verwandten Figuren oben auf einem Freibaue feine Stelle angewiefen. Ueber der Bewunderung der Einzelheiten, des linken Armes, des Bartes, des Knies darf man die vollendete Kunft, mit welcher der augenblickliche Gemüthsaffekt, die mühfame Beherrfchung des Zornes wiedergegeben ift, nicht überfehen. Mehrere von Michelangelo halb oder ganz vollendete Statuen fanden in dem reducirten Denkmale keine Verwendung. Sie find an verfchiedenen Orten (Florenz, Paris) zerftreut. Die bedeutendften Refte find die beiden Sklaven im Louvre (No. 120, 6). Sie, mit vielen anderen Statuen, waren beftimmt, dem Unterbaue des Denkmals vorzutreten, wo Michelangelo die von Julius II. eroberten Provinzen und die durch feinen Tod wieder gefeffelten Künfte darzuftellen gedachte.

Auch das zweite große Monument, die Gräber der Medici, nach dem Tode des jüngeren Lorenzo Medici bei Michelangelo 1519 beftellt, befaß urfprünglich einen größeren Umfang, blieb nach dem Stürze der florentinifchen Republik und der Ueberfiedlung des Künftlers nach Rom (1534) liegen und wurde, foweit es fertig war, durch Schülerhände theilweife ergänzt, aufgeftellt. Die Anordnung der beiden Grabmonumente in der mediceifchen Capelle in S. Lorenzo in Florenz (No. 121, 1) ift ftets die gleiche. Auf dem Deckel des Sarkophags ruhen allegorifche Geftalten, darüber in einer Nifche befindet fich die Statue des Beigefetzten. Zu Grunde liegt der Gedanke, daß die Zeit, durch die Theile des Tages perfonifizirt, den frühen Tod der beiden Herzöge betrauert. Urfprünglich follte auch die klagende Erde und der über den neu empfangenen Schmuck erfreute Himmel an dem Monumente Platz finden. Auf Porträtähnlichkeit hatte es Michelangelo nicht abgefehen, fowohl dem Lorenzo, Herzog von Urbino (No. 120, 3), in nachdenklicher Stellung, in fich verfunken dargeftellt — daher die volksthümliche Bezeichnung: il pensiero — wie dem Giuliano, Herzog von Nemours, als Gonfaloniere der römifchen Kirche in Feldherrntracht (No. 120, 2) gefchildert, gab der Künftler eine allgemeinere Faffung. Zu Füßen Giuliano's haben fich träumend die Nacht (No. 120, 4) und der Tag (No. 120, 5) gelagert, unter Lorenzo die Morgendämmerung oder Aurora (No. 121, 3) und die Abenddämmerung (No. 121, 2) niedergelaffen. Einzelne Theile, z. B. der Kopf des Tages, find unvollendet geblieben, in allen Geftalten prägt fich das Streben, durch großartige Formen und mächtige Contrafte zu wirken, aus, ein geheimnißvoller Schein umwebt diefelben, ein gewaltiges Leben fpricht aus ihnen, wenn auch die befondere Empfindung, die fie befeelt, dunkel bleibt. Von Einzelftatuen wären aus Michelangelo's früherer Zeit der todte Adonis im Mufeo Nazionale und die Madonna in der Liebfrauenkirche in Brügge, aus fpäteren Jahren der nackte Chriftus in S. Maria fopra Minerva in Rom und die unvollendete, arg verhauene Gruppe der Pietà im Florentiner Dome zu erwähnen. Reliefs haben fich nur wenige und diefe aus feiner älteren Periode (Randbilder der Madonna mit dem Chriftuskinde und dem kleinen Johannes im Mufeo Nazionale und in der Londoner Akademie) erhalten.

Michelangelo's beftrickendes Vorbild beftimmte das Schickfal der italienifchen Sculptur. Nicht allein daß feine Geftalten eifrig ftudirt wurden, auch die allgemeine Richtung nach dem Großen und Mächtigen wurde durch ihn gegeben. Während aber bei dem Meifter alles der Ausfluß feines perfönlichen Geiftes ift, beharren die Späteren bei der bloß äußerlichen Nachahmung des gewaltigen Formengerüftes. Beinahe alle Bildhauer folgen feinem Einfluß, fo Giovanni Angelo Montorfoli, Guglielmo della Porta, Bartol. Ammanati und zuweilen auch *Benvenuto Cellini*. Das Hauptwerk diefes durch feine Selbftbiographie in weiteften Kreifen bekannten Florentiners (1500—1572), der bronzene Perfeus in der Loggia de' Lanzi, zeigt noch die herb-naturaliftifchen Formen des 15. Jahrhunderts. Sieht man aber die in Gold getriebenen Figuren an der Bafis feines Salzfaffes (No. 118, 5) an, welches er während feines Aufenthaltes am Hofe Franz I. von Frankreich arbeitete, fo entdeckt man die Nachahmung michelangelifcher Figuren. In fchlimmfter Weife fuchte *Baccio Bandinelli* (1493—1560) mit Michelangelo zu wetteifern, indem er (Gruppe des Hercules mit Cacus auf der Piazza della Signoria in Florenz) die mächtigen Formen, die Kühnheit der contraftirenden Bewegungen hier zur Gewaltfamkeit fteigerte, ohne ihnen Leben einflößen zu können. Beffer find feine Relieffiguren der Apoftel an den Chorfchranken im Florentiner Dome (No. 121, 5), wo ihn die Nachahmung Michelangelo's noch nicht zum Verlaffen der Einfachheit und Linienfchönheit verleitet hat.

In der zweiten Hälfte des 16. Jahrhunderts, nachdem fich die leidenfchaftliche Vorliebe für Michelangelo's Kunft einigermaßen beruhigt, kommt wieder der Sinn für fchöne Formen und reine Linien zur Geltung, wobei freilich eine gewiffe akademifche Kälte bemerkbar wird. Die immer ftärkere Abkehr von dem Volksgemäßen, Objektiven, die immer fteigende Neigung zum fubjektiven Virtuofenthume wird theilweife durch die wachfende Zahl von Künftlern fremder Nationalität, welche in Italien eine große Rolle fpielen, erklärt. Je mehr fich die italienifche Kunft zur europäifchen Mufterkunft erweiterte, defto fchwächer mußten die lebendigen Beziehungen zum eigenen Volksthume werden, defto ausfchließlicher der auf äußerliche Größe und prunkende Kraft bedachte Formalismus herrfchen. So ift der namhaftefte Künftler in der fpäteften Renaiffanceperiode ein geborener Vläme: Jean de Boullogne aus Douay (1524—1608), bekannter unter dem Namen *Giovanni da Bologna*. Seine Gruppen: Raub der Sabinerinnen in der Loggia de' Lanzi, feine Bronzeftatue des Mercur, der durch die Luft fliegt, mit dem einen Fuße noch auf einem Windftoße leicht aufruhend, im Mufeo Nazionale in Florenz, gehören zu den beften und beliebteften Werken jener Zeit. Nicht minder wirkfam in den aus- und eingezogenen Umriffen, lebendig in der Haltung der Figuren ift der Neptunbrunnen in Bologna (No. 121, 4). Auch in der Reiterftatue Cofimo's I. in Florenz erfcheint das Streben des Künftlers nach lebendigem und maßvollem Ausdrucke glücklich durchgeführt. Ueberhaupt erhält fich das Porträtfach am längften tüchtig, wie z. B. die Büften und Medaillen Cellini's (No. 118, 6), die Bronzeftatue Paul III. von Guglielmo della Porta in der Peterskirche, die Büfte des A. Vittoria (No. 122, 1) u. a. darthun.

c. Barockſculptur.

Das 17. Jahrhundert betritt wie in den anderen Künſten, ſo
auch in der Sculptur, neue Bahnen. Der Zuſammenhang mit der
Architektur iſt vollſtändig geſtört, der Wetteifer mit der Malerei an
der Tagesordnung. Auf der einen Seite wird die ſinnliche Wirkung,
z. B. in der Behandlung des Fleiſches, in dem Fettüberzuge desſelben, in der täuſchenden Wiedergabe des Stoffes in den Gewändern ſo weit als möglich getrieben, auf der anderen Seite durch
das wild Bewegte, Affectirte der Stellungen, die geſchwollenen Muskeln, die verrenkten Glieder eine ideale Großartigkeit gefälſcht.
Die Fruchtbarkeit der Bildhauer, an deren Spitze der Neapolitaner
Lorenʒo Bernini (1598 — 1680), vorwiegend in Rom thätig, ſteht,
verdient nicht geringere Bewunderung, als ihre techniſche Geſchicklichkeit und virtuoſe Kunſt. Einzelnes, wie Kinderfiguren (der
Hauptmeiſter dieſer Richtung iſt der Niederländer [Fiammingo] Franz
Duquesnoy), gelingt vortrefflich, die decorative Wirkung zahlreicher
Werke iſt unbeſtreitbar. Aber die Ermüdung, welcher der Beſchauer
vor einer größeren Reihe von Barockſculpturen anheimfällt, beweiſt
am beſten, wie gering die Lebenskraft derſelben iſt. Als Proben
der Kunſt Bernini's, deſſen Einfluß nicht minder ſtark und dauernd
war als jener Michelangelo's, mögen ein Brunnen, ein Grabmal
und eine mythologiſche Gruppe dienen. Der große Brunnen auf
der Piazza Navona (No. 122, 3) mit den großen Stromgöttern, die
übrigens keine eigenhändige Arbeit Bernini's ſind, zeigt ſeinen Stil
in der vortheilhafteſten Weiſe. Für die Grabmälerform, wie ſie im
17. Jahrhundert herrſchte, gaben offenbar Michelangelo's Mediceer-
gräber die wichtigſte Anregung. Dieſes Vorbild erkennt man auch
in Bernini's Grabmal Urban's VIII. in der Peterskirche (No. 122, 4),
ebenſo aber die Uebertreibung (ſtehende Frauen und Gruppen an
den Sarkophag angelehnt) und die Verwilderung des Sinnes, welche
welche das Zerrbild des Todes zwiſchen ideal gedachte Geſtalten
einſchiebt. Auf grob ſinnlichen Effekt iſt die Gruppe: Pluto mit
Proſerpina in der Villa Ludoviſi (No. 123, 5) angelegt, der weich-
lich üppige Körper der Proſerpina mit dem muskelkräftigen Leibe
Pluto's in grellen Gegenſatz geſetzt. In den nackten Statuen
erſcheint das Unnatürliche, zu künſtlichem Leben Aufgebauſchte
noch nicht ſo ſtark wie in den Gewandſtatuen, wo das Unruhige,
Flatternde, willkürlich Bewegte den höchſten Grad erreicht. Mit
dieſer äußeren Leidenſchaftlichkeit der Schilderung ſtehen die
Gegenſtände: Martyrien, Verʒückungen u. ſ. w. im Einklange.
Bernini herrſcht nicht nur in Italien (neben ihm iſt Aleſſ. Algardi
ein Hauptvertreter der Richtung); ſein Einfluß erſtreckt ſich auch

nach Frankreich, welches Land er auf Geheiß Ludwig's XIV. befuchte, und wo er feine eifrigften Anhänger (Puget, Girardon
u. f. w.) fand.

---

4. Die italienische Malerei im fünfzehnten Jahrhundert.

Ein Werk und eine Perfönlichkeit werden in der Erinnerung
lebendig, wenn von dem Beginn der Renaiffancemalerei, von dem
glorreichen Umfchwunge, welchen die Malerkunft im 15. Jahrhundert
nahm, gefprochen und gefchrieben wird: die Wandgemälde der
Kapelle Brancacci in der Karmeliterkirche (del Carmine) zu Florenz
und *Masaccio*, ihr Schöpfer. Die Schule Giotto's hatte fich allmählich ausgelebt. Ihre Grundlage blieb aufrecht, aber die formellen Schranken fanken. Schärfer wurde die Natur ftudirt, genauer die äußeren Erfcheinungen betrachtet. Die allgemeine Wahrheit der Schilderung verwandelte fich in einen vollkommenen
Realismus, der durch alle erreichbaren Hilfsmittel — beffere Kenntniß des Nackten, Erforfchung der perfpektivifchen Gefetze, Prüfung
der Farbenwirkungen — geftützt wird. Die Anlehnung an die
Architektur wurde beibehalten, aber in freierer Weife als früher
gelöft. Die Haufen fondern fich in Gruppen ab, die Hauptperfonen
werden von einem theilnehmenden Chore umgeben, die Handlung
in behaglicher Breite, aber zugleich auch im Raume vertieft dargeftellt, der Hintergrund forgfältiger, reicher, natürlicher gefchildert.
Die architektonifchen Gefetze, die Symmetrie, die Uebereinftimmung
der entfprechenden Bildtheile, umfpielen die malerifch und indivi-
duell lebendig aufgefaßten Geftalten. Sie geben dem Künftler ein
feftes Maß, hindern feine Freiheit nicht. Die alten Gegenftände
der Darftellung empfangen neues Leben, regen, als wären es gegenwärtige Ereigniffe, die unmittelbare Empfindung des Befchauers an.
Dankt die Malerei der benachbarten Architektur, deren neue Typen
fie gern wiederholte, mit üppiger Phantafie in die Staffage zeichnete,
die Gefetzmäßigkeit der Compofition, fo entlieh fie der Sculptur
die Fähigkeit, die Geftalten körperlich, rund zu fchauen, das Nackte
durchzubilden, die Gewänder richtig und fchön zu ordnen.

Alle diefe Eigenfchaften des neuen Stiles zeigen zum erften
Male Mafaccio's Fresken in der Brancaccikapelle. Kein Wunder,
daß fie als Schule galten und die jüngeren Gefchlechter bis in die
Zeit Raffael's und Michelangelo's von ihnen lernten, um fo wunderbarer aber, daß über das Leben des bahnbrechenden Meifters fo
großes Dunkel herrfcht. *Masaccio* oder Tommafo di Ser Giovanni
di Caftello di S. Giovanni wurde nach den Urkunden 1401 geboren,

trat 1421 in die Zunft der Apotheker, drei Jahre fpäter in die
Malergilde; im Jahre 1429 wird fein Tod in Rom berichtet. Er
ftarb in der Fremde, ehe er fein Werk in der Brancaccikapelle
vollendet hatte, jung und in dürftigen Verhältniffen. Daß Mafaccio
die Fresken in der Kapelle nicht vollendete, fteht feft. Erft ein
halbes Jahrhundert fpäter fanden fie durch Filippino Lippi's Hand
den Abfchluß. Hat er den Bilderkreis auch begonnen? Nach der
Tradition hatte Mafaccio's Lehrer, der gleichnamige Tommafo, gewöhnlich *Mafolino* da Panicale genannt († 1447), der auch in Caftiglione d'Olona bei Varefe Fresken in der Collegiatkirche (1428?)
und im Baptifterium (1435) gemalt hatte, die Freskoarbeiten in der
Brancaccikapelle angefangen. An der letzteren Thatfache ift nicht
zu zweifeln. Bezieht fich aber Mafolino's Antheil auf die völlig
zerftörten Deckenbilder in der Kapelle oder auf die Wandgemälde?
Die neuere Kritik fchwankt zwifchen beiden Meinungen, wie fie
auch die Fresken in S. Clemente in Rom aus dem Anfang der
zwanziger Jahre des 15. Jahrhunderts (Legende der h. Catharina,
Kreuzigung) bald dem einen, bald dem andern Maler zufchreibt. Die
Meinung, daß der Meifter in S. Clemente auch die Fresken im
Baptifterium in Caftiglione gemalt hat, verdient unbedingt den Vorzug; dagegen fchwankt vielfach noch die Entfcheidung, ob zwifchen
den Bildern in der Brancaccikapelle ein bloßer Grad- oder ein
wirklicher Grundunterfchied walte, ob die drei früheften Fresken
dafelbft (Sündenfall, Auferweckung der Tabitha und Predigt Petri)
die Hand des noch nicht gereiften Schülers oder jene des noch
auf einer niedrigeren Stufe ftehenden Lehrers verrathen. Geläugnet
kann nicht werden, daß abgefehen von der Tradition auch fonft
viele Umftände zu Gunften Mafolino's fprechen. Die Bedeutung
Mafaccio's bleibt von der Streitfrage unberührt. Die ihn auszeich-
nenden Eigenfchaften kommen in den Fresken, welche ihm feit jeher zugefchrieben wurden: Vertreibung aus dem Paradiefe (No.
200, 3), der Zinsgrofchen (No. **200**, 1), Petrus heilt Kranke durch
feinen Schatten, vertheilt Almofen, zur vollften Geltung. Geradezu
epochemachend darf das Bild der Vertreibung gelten. Eine ganze
Welt trennt es von den Schilderungen der früheren Künftlergefchlechter; ganz nahe rückt es an den Stil der Cinquecentiften
heran, deren größter, Raffael, es vor Augen behielt, als er denfelben Gegenftand in den Loggien malte. Die nackten Körper find
trefflich durchgebildet, die Bewegungen natürlich dargeftellt, die
Stimmung, die Scham in Adam, der laute Schmerz in Eva, lebendig wiedergegeben, auch die Verkürzung in der Engelsfigur mit
feinerem Verftändniß gezeichnet. In der Freske: der Zinsgrofchen
find drei verfchiedene Scenen gefchildert, fo glücklich aber angeordnet, daß die Compofition nicht auseinanderfällt, vielmehr einer

gefchloffenen Einheit : fich nähert. Mit markiger Kraft hat der
Künftler die Apoftel begabt, die Chriftusgeftalt wirkfam durch
Stellung und ideale Auffaffung über die ganze Umgebung erhoben,
in dem Zöllner eine prächtige naturwahre Geftalt gefchaffen. Mafaccio fteht nicht allein und unvermittelt in dem Kunftkreife des
15. Jahrhunderts da. Wodurch er feine Genoffen überragt und den
Ruhm, an die Spitze der Renaiffancemaler geftellt zu werden, fich
verdient hat, ift feine groß und harmonifch angelegte Perfönlichkeit, welche ihn vor jedem einfeitigen Streben bewahrt, ihn ftets
den Kern der Handlung und die künftlerifch fchöne Form treffen
läßt, die Phantafie und das technifche Vermögen in glücklichem
Gleichgewicht erhält. In der Entwickelungsgefchichte der italienifchen Malerei fpielen noch andere Meifter eine wichtige Rolle, wie
Paolo (di Dono) *Uccello* (1397—1475), in der Perfpektive wohl
bewandert, auf Licht- und Schattenwirkung ftets bedacht (Probe
aus feinen einfarbigen Fresken im Klofterhofe von S. M. Novella
No. 201, 1), der umgeftüme *Andrea del Caftagno* (1390?—1457),
ein fcharfer Naturbeobachter, die *Pefelli* (Großvater und Enkel),
von welchen der letztere, Pefellino, als Thiermaler berühmt war u. a.
Die Fortfchritte, welche durch die Bemühungen diefer Künftler der
Realismus der Darftellung, die plaftifche Schärfe der Geftalten, die
Farbentechnik machten, find unbeftreitbar. Den Mittelpunkt des
ganzen Kreifes nimmt aber dennoch allein Mafaccio ein, bei dem
man nicht von einem vereinzelten Fortfchritte in diefer oder jener
Richtung fprechen kann, der nach keiner Seite eine Virtuofität
offenbart, wohl aber alle Beftrebungen organifch vereinigt und dem
Dienfte einer reichen, edlen Phantafie dienftbar macht.

An Mafaccio reicht auch fein Schüler, der Carmelitermönch
Fra Filippo Lippi (1406?—1469) bei weitem nicht heran. Die
bunten Schickfale des Mannes (Raub durch Seeräuber) boten den
Novelliften willkommenen Erzählungsftoff; auch die beglaubigten
Ereigniffe feines Lebens (Entführung einer Nonne) find nicht ohne
Intereffe. Doch enthalten fie nichts, was feine befondere Kunftrichtung erklären könnte, es fei denn, daß man die heitere Lebensluft, die Freude an munteren Frauentypen in feinen Gemälden auf
feine Perfönlichkeit zurückführt. In den Madonnenbildern ftreifte
Filippo Lippi das kirchliche Gepräge beinahe vollftändig ab. Sie
wecken nicht Andacht, übertragen die Scene auf einen durchaus
irdifchen Boden, feffeln durch die natürliche, faft gemüthliche Haltung und das Streben, die Einzelgeftalt anmuthig zu beleben. Mit
Lippi kommt eine Madonnenauffaffung in die Höhe, welche in
Raffaels florentiner Madonnen ihre Vollendung empfing. Wohl hat
auch Filippo Fresken gefchaffen, in der Pfarrkirche zu Prato das
Leben des Täufers und des h. Stephanus, in der Apfis des Domes

zu Spoleto die Krönung Mariä gefchildert; will man aber das neue
Element, welches durch ihn der italienifchen Kunft zugefügt wurde,
betonen, fo muß man fich befonders feinen Tafelbildern zuwenden.
Jedenfalls nehmen diefelben jetzt eine größere Bedeutung, als ihnen
bisher zuftand, in Anfpruch. Als Probe aus dem Kreife der Tafelbilder Lippi's, noch in Tempera gemalt, heben wir das Rundbild
in der Pittigalerie (No. **201**, 3) hervor. Das nackte Chriftkind auf
dem Schoße der halblebensgroßen Madonna fpielt mit einem Granatapfel, im Hintergrunde ift die Wochenftube der h. Anna und rechts
oben die Begegnung Joachims mit Anna dargeftellt. Noch erfcheint
die Handlung nicht concentrirt, der breite Erzählungston nicht
völlig unterdrückt; in den Figuren des Vordergrundes ift aber
offenbar das Ziel des Malers auf die Schilderung hold mütterlichen
Wefens gerichtet. Beachtung verdient die Frauengeftalt vor dem
Pfeiler, mit dem Korbe auf dem Kopfe und dem, gleichfam durch
einen Luftzug zurückgebaufchten Gewande. Sie wurde mit Vorliebe von den Bildhauern und Malern des Quattrocento verwendet.
Das andere Tafelbild (No. **202**, 2), die Krönung Mariae läßt uns
wieder das große Gewicht, welches der Maler auf die Darftellung
munterer lieblicher Frauengeftalten legte, erkennen. Sie füllen den
ganzen Vordergrund und ftehen nur in lockerer Verbindung zu
der Hauptgruppe.

Längere Zeit währt es, ehe in Florenz wieder ein Maler erfteht, welcher, wie Mafaccio, als eine volle, harmonifche Perfönlichkeit auftritt, und deffen Werke einen allfeitig befriedigenden Eindruck üben. Um die Mitte des 15. Jahrhunderts fcheint in Florenz
eine Armuth an hervorragenden Künftlern zu herrfchen. Sonft
hätte fchwerlich ein bloßer Durchfchnittsmenfch wie *Benozzo Gozzoli* (1420—1498) aus Florenz eine fo große Fruchtbarkeit entfalten und mit fo zahlreichen Aufträgen bedacht werden können.
Man ftößt auf ausgedehnte Wandgemälde von feiner Hand in
Montefalco bei Foligno (Leben des h. Franciscus), S. Gimignano
(Leben des h. Auguftin), Florenz (Zug der h. drei Könige, in der
Kapelle des Palaftes Medici-Ricardi), endlich im Pifaner Campo
Santo, wo er, von 1468 angefangen, in 16 Jahren zweiundzwanzig
Fresken, altteftamentliche Scenen, malte. Mehrere derfelben erfreuen
durch die zahlreich angebrachten Porträtköpfe und die eingeftreuten,
dem unmittelbaren Volksleben entlehnten Züge. So gibt die Wein-
lefe Noahs (No. **201**, 2) ein gutes Bild eines toskanifcheu Herbftes.
Wie fich zu dem Thurmbau zu Babel Neugierige drängen, Bau-
handwerker fich fleißig regen, fo mag es bei dem Bau der florentiner Domkuppel zugegangen fein. Die Vermählung Jacobs mit
Rahel erinnert an eine luftige florentiner Hochzeit. Nirgends fpricht
fich eine kräftige künftlerifche Individualität aus, nach keiner Seite

hin brachte B. Gozzoli die Malerei vorwärts. Man darf übrigens nicht glauben, die Natur wäre plötzlich mit der Schöpfung künftlerifcher Talente karg geworden. Es warfen fich aber viele an fich tüchtige Meifter mit fo großem Eifer auf die Löfung von Einzelproblemen, daß darüber das Streben nach dem harmonifchen und zufammenfaffenden Ausgleiche der verfchiedenen künftlerifchen Aufgaben zurück gedrängt wurde. Der vollendete Realismus der Darftellung, das nächfte Ziel der italienifchen Renaiffancekunft, ließ fich nicht mit einem Male erreichen. Da fuchten die Einen durch fchärfere Nachahmung namentlich der Bronzefculptur, durch das Studium der Antike, die Anderen durch Erforfchung der perfpektivifchen Gefetze in ihrem weiteften Umfange, durch Verbefferung der technifchen Mittel, insbefondere der Bindemittel der Farben dem Ziele näher zu kommen. Ehe fie den Geftalten die freiere individuelle Empfindung einhauchten, fie tiefer befeelten und als Schöpfungen ihrer Phantafie über die bloße Wirklichkeit erhoben, bemühten fie fich, die natürliche Gefetzlichkeit in ihnen zum Ausdruck zu bringen. Hier liegt die Bedeutung der beiden Brüder *Pollajuolo*: Antonio (1429—1498) und befonders Piero Pollajuolo (1443—c. 1496), in deffen Tafelbildern die reiche Ausbildung der landfchaftlichen Hintergründe, die genaue anatomifche Zeichnung der Geftalten auffällt, vor allen aber des *Piero degli Franceschi* (? 1416—1496), der zwar nicht dem florentiner Kreife angehört, jedoch als echter Wanderkünftler feinen Einfluß in viele Landfchaften trug. Erft im letzten Drittel des 15. Jahrhunderts kommt wieder eine gewiffe Beruhigung und Sättigung über die Geifter, fucht man aus den vorausgegangenen arbeitsvollen Beftrebungen behaglich die Früchte zu fammeln. Die florentiner Localfchule erreicht eine neue Blüthe, die Künftler fpielen nicht bloß in der neueren Entwickelungsgefchichte der Malerei eine wichtige Rolle, fondern wirken auch in ihren Werken durch den fchönen Schein, das Gefällige, Reiche unmittelbar auf die Phantafie der Befchauer.

Aus diefem Kreife ift zunächft *Sandro Botticelli* (richtig Aleffandro Filipepi) 1447—1510 zu erwähnen, im Goldfchmiedhandwerke zuerft unterwiefen, dann in der Schule Filippo Lippi's ausgebildet. Die Gegenftände der Darftellung find vielumfaffend. Er holt fich aus einem homerifchen Hymnus feine Infpiration zu der Geburt der Venus (No. 201, 4), entlehnt einmal Lucian (Verleumdung des Apelles) das andere Mal Bocaccio (Naftagio's Vifion) den Inhalt feiner Bilder, illuftrirt Dante und ergeht fich wohl auch nach antiken Schriftftellern in allegorifchen Schilderungen (Frühling). Außer zahlreichen Tafelbildern, Madonnenbildern, Porträts, malte er auch Fresken. Papft Sixtus IV. berief ihn (ca. 1480) mit mehreren Genoffen (Domenico Ghirlandajo, Cofimo Roffelli, Signorelli, Perugino) nach Rom, um die von ihm erbaute Palaftkapelle (Sixtinifche Kapelle) mit Wandgemälden zu fchmücken. Die Thaten Mofis und Chrifti werden nach mittelalterlicher Sitte einander gegenüber geftellt. Die Häufung der Gruppen, die allzugroße Beweglichkeit der einzelnen Geftalten, die fich auch den heftig flatternden Gewändern mittheilt, die Vorliebe für das Schmuckreiche macht fich in Botticelli's Fresken geltend. Aus der Reihe der Tafelbilder heben wir die Krönung Mariae (No. **203**, 1) hervor, welches das Ziel des Künftlers im Anfchluffe an die Beftrebungen Filippo Lippi's, das herkömmliche Devotionsbild durch felbftändige Formenfchönheit wirkungsvoller zu ftimmen, deutlich ausfpricht. Das Chriftkind hält in der einen Hand einen Granatapfel und führt mit der anderen die Hand der Madonna, welche fich anfchickt, in das ihr vorgehaltene Buch das Magnificat (Anfangswort des Lobgefanges Mariä bei Lucas 1, 46) zu fchreiben. — Einzelne Züge des Meifters vererben fich auf feinen Schüler *Filippino Lippi* (1457—1504), den Sohn des Fra Filippo Lippi, wie z. B. die Fresken in der Kapelle Strozzi (S. Maria Novella) mit Scenen aus dem Leben des Täufers und des h. Philippus, darthun. Filippino's Hauptruhm knüpft fich an die Fresken in der Kapelle Brancacci, welche er etwa fünfundfünfzig Jahre nach Mafaccio's Tode fortfetzte. Er vollendete die Auferweckung des Sohnes des Theophilus, welche Mafaccio nur zur Hälfte fertig gemalt hatte, und fchilderte fodann felbftändig den Befuch des Paulus bei dem Gefangenen Petrus, die Befreiung Petri (No. **211**, 4), das Verhör der Apoftel vor dem Proconful und die Kreuzigung Petri (No. **211**, 5). In der Schilderung der Scene, wie Petrus durch einen Engel aus dem Kerker befreit wird, erfcheint die Figur des fchlafenden Soldaten befonders gelungen. Im Proconful auf dem großen Wandbilde ift das Studium antiker Porträtköpfe erfichtlich, der gekreuzigte Petrus beweift die genaue Kenntniß der Natur und des Nackten. Als Compofition fteht das Bild nicht hoch, ebenfo fehlt die tiefere Charakteriftik der handelnden Perfonen. Auch in Tafelbildern entfaltete Filippino Lippi eine große Fruchtbarkeit. Aus feiner früheren Zeit ftammt die Vifion des h. Bernhard (No. **200**, 2). Dem Heiligen, welcher feine Homilien fchreibt, erfcheint in Begleitung von Engeln die Madonna. Hinter dem h. Bernhard bemerkt man gefeffelte Teufel und rechts im Hintergrunde Mönche. Im Vordergrunde links kniet der Befteller des Werkes: Francesco del Pugliese. Die Landfchaft ift phantaftifch behandelt, der Gegenfatz zwifchen dem abgehärmten Heiligen und den anmuthigen Engeln überaus wirkfam.

Im Mittelpunkte des florentiner Kunftkreifes fteht *Domenico Ghirlandajo* (1449—1494). Seine Klage, daß er nicht die Ringmauern von Florenz mit Hiftorien bedecken könne, fein Ruhm als

Schnellmaler bezeichnen am beſten, daß er zu ruhiger Herrſchaft über alle bis dahin erworbenen Kunſtmittel gelangt war. Kein ſtürmiſcher Neuerer, ohne Vorliebe für die eine oder andere Seite der Kunſtwirkung weiß er die Reſultate der mannigfachen Beſtrebungen harmoniſch zu vereinigen. Ihn unterſtützt dabei die lebendige Empfindung für das Würdevolle und Vornehme, für das Mächtige und Große in den Formen menſchlicher Erſcheinung. Obſchon er auch zahlreiche Tafelbilder ſchuf und auch hier ſeine glänzenden Eigenſchaften entfaltete, wie z. B. in der Heimſuchung Mariae aus dem Jahre 1491 (No. **203**, 2), wo Eliſabeth demuthsvoll vor der gebenedeiten Jungfrau kniet, Maria Salome und Maria Kleophas in glücklichem Contraſte die Scene einſchließen, ſo bleibt doch die Frescomalerei ſeine eigentliche Heimat. In der Sixtiniſchen Kapelle in Rom, in S. Gimignano, in florentiner Kirchen (Ogniſanti, Trinità) war er thätig. Sein Hauptwerk ſind unſtreitig die Fresken im Chore der Kirche S. Maria Novella, wo er an drei Wänden in je vier Reihen das Leben Mariae und des Täufers erzählte. Sein hochentwickelter Raumſinn lehrte ihn, die Kompoſition architektoniſch zu gliedern, ſein Schönheitsgefühl bewahrte ihn vor den Klippen eines harten Realismus. Es geht bei der Geburt Mariae (No. **202**, 4) ganz natürlich zu, es fehlt nicht an Porträtköpfen, jede einzelne Geſtalt aber ragt durch Stattlichkeit und markige Schönheit hervor, über dem Ganzen ſchwebt ein Hauch gediegen vornehmen Weſens, das uns den Eindruck macht, als bewegten wir uns in der Geſellſchaft auserleſener Menſchen.

So fruchtbar Domenico Ghirlandajo erſcheint, ſo ſelten ſind die echten Proben maleriſcher Thätigkeit, die ſich von dem berühmten Bildhauer *Andrea del Verrocchio* (1435—1488) erhalten haben. Dennoch darf er nicht in der Geſchichte der Malerei übergangen werden. Daß aus ſeiner Schule ſo hervorragende Meiſter wie Lorenzo di Credi, Perugino, Lionardo da Vinci hervorgingen, beweiſt ſeine ausgezeichnete Lehrbegabung. Der Umſtand, daß Verrocchio's Handzeichnungen jenen Lionardo's oft ganz nahe kommen, geſtattet noch einen wichtigeren Schluß. Verrocchio hat bereits das Schönheitsideal angeregt, welches ſodann in Lionardo's Werken zur Vollendung gelangt. Das einzige beglaubigte Tafelbild Verrocchio's: die Taufe Chriſti (No. **202**, 1), beſitzt noch ein beſonderes Intereſſe dadurch, daß der Kopf des vorderen, zu Chriſtus aufblickenden Engels von Lionardo gemalt wurde. Nicht bloß im Schülerverhältniß, ſondern auch in perſönlicher enger Verbindung ſtand zu dem Meiſter *Lorenzo di Credi* (1459—1537), nur als Tafelmaler thätig und um die Ausbildung der Oelmalerei verdient. Seine Bilder, mit größter Gewiſſenhaftigkeit und faſt peinlicher Reinlichkeit ausgeführt, athmen aber zugleich eine milde Empfindung

und gewinnen durch die treffliche Färbung. Ein lieblicher, faft
fchwermüthig angehauchter Zug fpricht aus feiner Anbetung des
Chriftkindes (No. **202**, 5). Eine fcharf ausgeprägte, gefchloffene
Natur offenbart fich in Lorenzo's Bildern nicht, ebenfo wenig wie
in jenen des Piero di Lorenzo (1462—1521), der nach feinem
Lehrer, dem in Florenz und Rom (Sixtina) thätigen, perfönlich un-
bedeutenden Cofimo Roffelli (1439—1507), den Namen *Piero di
Cofimo* führte, anfangs unter des letzteren Leitung arbeitete, mit
Vorliebe antike Sagen und Mythen novellenartig bearbeitete, in der
Erfindung reicher landfchaftlicher Hintergründe fich überaus frucht-
bar zeigte, nachmals aber in der Wahl feiner Vorbilder bedenklich
fchwankte und einen guten Theil feiner Individualität verlor, daher
auch feine Gemälde (z. B. h. Magdalena, im Privatbefitz in Rom,
No. **203**, 6), ihn nicht immer gleich als Urheber verrathen.

Die mittelitalienifchen Localfchulen verlieren gegen das Ende
des 15. Jahrhunderts den feften abgegrenzten Charakter, öffnen fich
gegen die Nachbarfchulen, taufchen ihre Eigenthümlichkeiten und
Vorzüge gegenfeitig aus. Diefe Ausgleichung geht wefentlich auf
Wanderkünftler zurück, welche, in kleineren Orten heimifch, fich
von den Mittelpunkten der Kunftübung angezogen fühlten, oder ohne
feften Aufenthalt, ihre Lehren und ihr Beifpiel nach verfchiedenen
Städten verpflanzten. So fandte z. B. die an Toskana grenzende
umbrifche Landfchaft einzelne junge Künftler nach Florenz, welche
hier die rechten Wege und großen Ziele der Kunft kennen lernten
und den Muth und die Kraft, in dem mächtigen Hauptftrome zu
fchwimmen, empfingen. Da fie keine einflußreiche Lokaltradition
leitete, fo warfen fie fich mit wahrem Ungeftüm gerade auf die neuen
Aufgaben, welche die florentiner Malerei aufgeftellt hatte, und wurden
Hauptvertreter des technifchen Fortfchrittes. In Florenz hemmte
die Fülle heimifcher Kräfte öfter ihre Wirkfamkeit, dagegen öffnete
fich ihnen ein weiter Schauplatz in den Provinzialftädten und an
den kleineren Höfen. Sie brachten in die Künftlerkreife bis nach
Oberitalien Leben und Bewegung. Der hervorragendfte diefer
Wanderkünftler ift *Piero degli Franceschi*, aus Borgo S. Sepolcro,
vielleicht der gelehrtefte unter den Malern des 15. Jahrh., welcher
fowohl die anatomifchen wie in noch höherem Maße die perfpektivifchen Gefetze theoretifch ergründet hatte und diefe Kenntniß
in feinen Werken energifch verwerthete. Diefelben (Auferftehung
Chrifti im Palazzo communale feiner Vaterftadt, die Kreuzlegende in
S. Francesco in Arezzo) zeichnen fich daher auch mehr durch die
Richtigkeit der Darftellung als durch die Unmittelbarkeit der
Empfindung und des Ausdruckes aus. Seiner Richtung erfcheint
Melozzo da Forli (1438—1494) verwandt, deffen jetzt nur frag-
mentarifch erhaltenen Gewölbebilder in SS. Apoftoli in Rom die

Figuren in Unteranficht, als ftänden fie im Raume aufrecht, zeigen. Die vollen Früchte aus den theoretifchen Studien zog erft *Luca Signorelli* aus Cortona (1441?—1523). Luca war kein großer Farbenkünftler, aber was Verftändniß des Nackten, Kühnheit der Zeichnung und Großartigkeit der Auffaffung betrifft, ein würdiger Vorgänger Michelangelo's. Das Tafelbild aus Cortona in der florentiner Akademie (No. **204**, 1), die Madonna zwifchen den Erzengeln Michael und Gabriel, zu Füßen ihres Thrones zwei Kirchenväter, zeigt den breiten Wurf der Gewänder, die kräftige Charakteriftik der Köpfe, die mächtigen Formen, die alle feine Werke, insbefondere feine Fresken, offenbaren. In der Sixtinifchen Kapelle (Mofes' letzte Tage), in Siena, in Monte Oliveto (Leben des h. Benedikt) hat er folche gefchaffen, im Dome zu Orvieto (Cappella nuova) das glänzendfte Denkmal feines Wirkens hinterlaffen. Die letzten Dinge: die Predigt und den Sturz des Antichrift, die Auferftehung der Todten, die Strafe der Verdammten und den Einzug in das Paradies, fchildert er hier in ausgedehnten Wandbildern, in einer Weife, die vielfach an Dante erinnert. Die Probe aus diefem Freskenkreife (No. **202**, 3) läßt die vollkommene Herrfchaft über das Nackte, die reiche Phantafie des Künftlers, dem auch die kühnften Stellungen und leidenfchaftlichften Bewegungen gelingen, deutlich erkennen.

In Oberitalien feffelt zunächft die **Paduaner Schule** die Aufmerkfamkeit. Der Sammeleifer des Kunftftickers Francesco Squarcione, der eine Reihe von Vorlagen, Zeichnungen (auch Gipsabgüffe?) auf Reifen erworben hatte und darnach junge Leute arbeiten ließ, gab den äußeren Anlaß, daß fich in Padua eine Richtung entwickelte, welche vom Studium nach der Antike, befonders in der Decoration, ausging. Der doctrinäre Geift der Paduaner Univerfität förderte fowohl die Vorliebe für Allegorien, als auch die Neigung zur Löfung mathematifch-perfpectivifcher Aufgaben. Der Einfluß Donatello's empfahl die fchärfere Beobachtung plaftifcher Formen und die Nachahmung derfelben. Alle Eigenthümlichkeiten der Paduaner Schule erblicken wir verfchmolzen und überdieß durch eine kräftige Perfönlichkeit wirkfam gehoben in den Werken des Hauptmeifters: *Andrea Mantegna* (1431—1506). Die Beziehungen zu feinem Schwiegervater, Jacopo Bellini, der längere Zeit in Florenz gelebt und hier fich Gentile da Fabriano (ca. 1370—1450) angefchloffen hatte, fügten noch ein neues Element zu Andrea's künftlerifchem Charakter. Seine frühefte Thätigkeit gehörte Padua an, wo er neben anderen Meiftern aus dem Kreife Squarcione's eine Kapelle der Eremitenkirche mit Fresken aus dem Leben des h. Jacobus und Chriftophorus fchmückte. Reiche Architekturen füllen den Hintergrund, die Geftalten find trefflich in den Raum

componirt, die Verkürzungen mit Sicherheit gezeichnet, auf die
prägnante Wahrheit der Darstellung ist überall Bedacht genommen.
Im Jahre 1459 folgte Mantegna nach längeren Verhandlungen einem
Rufe des Marchese Lodovico Gonzaga und siedelte nach Mantua
über.   Die Fresken im Castello di Corte, Familiengeschichten
schildernd, z. B. (No. **205**, 2) die Begegnung des Marchese mit
seinem schon im Knabenalter zur Cardinalswürde erhobenen Sohne
Francesco, sodann der Triumphzug Cäsars: neun Bilder auf Papier
mit Leimfarben gemalt und dann auf Leinwand gezogen, zur Decoration eines Theatersaales bestimmt (gegenwärtig in Hamptoncourt
bei London), sind die hervorragendsten Denkmäler seiner Mantuaner
Thätigkeit.   Offenbart der Triumphzug Cäsars eine große Kenntniß
des äußeren antiken Lebens, so lehrt uns die Composition der
Deckenbilder im Castello di Corte das Streben des Künstlers nach
täuschender Wahrheit der Darstellung kennen.   Er zeichnet ähnlich
wie Melozzo die Gestalten an der Decke so, wie sie im wirklichen
Lufttraume, von unten gesehen, dem Auge sich darbieten würden.
Unter seinen Tafelbildern nimmt die Madonna della Vittoria im
Louvre (1496) einen Hauptrang ein.   Ihr in der Stimmung verwandt ist die Madonna mit Johannes und Magdalena in der
Londoner Nationalgalerie (No. **205**, 1).   Andrea zog auch mytho-
logisch-allegorische Gedanken in den Kreis seiner Schilderungen.
Sie waren in der höfischen Welt, welche jetzt die Kunstpflege vielfach übernahm, in Cabinetten oder Studios zur Unterhaltung Bilder
sammelte, wie es z. B. Isabella Gonzaga in Mantua that, beliebt und
durch die Anklänge an die gelehrte Poesie des Zeitalters und die
Zierlichkeit der Malerei doppelt fesselnd. — In doppelter Beziehung
greifen die oberitalienischen Schulen in das Schicksal der italienischen
Kunst bedeutsam ein.   Sie pflegen den Kupferstich, welchen nach
früherer Meinung der florentiner Goldschmied Maso Finiguerra um
das Jahr 1450 erfunden hatte und der jedenfalls aus der Uebung
der Goldschmiede, Platten zu graviren und die vertieften Linien
mit schwarzem Schmelze (Niello) zu füllen, seinen Ursprung nahm,
mit Vorliebe und heben ihn zuerst auf eine höhere Stufe.   Mantegna steht unter den italienischen Kupferstechern des 15. Jahrh.
obenan.   Dann aber übt die in Flandern ausgebildete Oelmalerei
auf die Entwickelung der oberitalienischen Technik einen überwiegend größeren Einfluß, als dieses in Mittelitalien der Fall ist,
wo die Frescomalerei immerhin den Mittelpunkt der Thätigkeit
bildete.   *Antonello da Messina* (dessen Thätigkeit von 1465 bis 1478
verfolgt werden kann) brachte die Kunst der Oelmalerei ungefähr
im Jahre 1473 nach Venedig, wo sie alsbald einen völligen Um-
schwung in der Malerei herbeiführte und zunächst Antonello's Ruhm
als Porträtmaler begründete.   Die älteren venetianischen Bilder,

vor dem Einleben in die neue Weife gemalt, laffen denfelben kaum
ahnen. So zeigt *Carlo Crivelli's* (1440? bis nach 1493) Madonna
mit dem Kinde, welches dem h. Petrus den Himmelsfchlüffel über-
reicht (No. **203**, 3), noch Anklänge an die Paduaner Schule,
Zierlichkeit mit herber Strenge gemifcht. Auch der felige Lorenzo
Giuftiniani (No. **206**, 1) des *Gentile Bellini* (1427? — 1507), des
älteren Sohnes von Jacopo Bellini, aus dem Jahre 1465, ift nur
durch die überaus forgfältige Zeichnung des abgezehrten Kopfes
beachtenswerth. Doch hat fich fpäter Gentile, der feine Thätigkeit
bis nach Konftantinopel ausdehnte, zu einer höheren Stufe empor-
gehoben, ohne aber feinen Bruder Giovanni zu erreichen, der als
der Stammvater der fpäteren venetianifchen Malerei begrüßt werden
muß. Ein anderer Meifter der älteren venetianifchen Schule, *Vittore Carpaccio*, ift namentlich durch feine Erzählungskunft berühmt.
In neun Bildern fchildert er z. B. die Urfulalegende und weiß hier
nicht nur durch die treffliche Perfpective und den reichen Hintergrund,
fondern auch durch die Fülle lebendiger Figuren zu feffeln (No.
203, 5). Er malte die Urfulabilder 1490—95 auf Leinwand in
Oelfarben, ohne aber noch der neuen Technik die ihr eigenthümlichen Vorzüge abzugewinnen.

Gar groß ift die Zahl der Nebenfchulen, welche fich im Laufe
des 15. Jahrhunderts theils auf den alten Kunftftätten, wie Siena,
theils in den aufblühenden Refidenzen neuer Dynaftien erhoben.
In jeder einzelnen laffen fich mehr oder weniger tüchtige Meifter
nachweifen, alle haben zu der umfaffenden Blüthe der italienifchen
Kunft beigetragen, wenn fie auch keine hervorragenden Mittel-
glieder in der Entwickelungsgefchichte derfelben bilden. Namentlich in Oberitalien giebt es kaum eine größere Stadt, welche fich
nicht von der Mitte des 15. Jahrhunderts an einer ftattlichen
Künftlerfchaar erfreute. Einzelne unter den Malern gravitiren nach
den Hauptftädten der Kunft, nach Padua oder Venedig. Im Ganzen
bewahren fie aber alle einen deutlich ausgefprochenen localen Charakter. In Verona, wo fchon im Anfange des 15. Jahrh. Vittore
Pifano, der berühmte Former und Gießer von Denkmünzen, auch
als Maler aufgetreten war, ftoßen wir nachmals auf Liberale da
Verona, Girolamo dai Libri u. a.; in Vicenza begegnen uns Bartolommeo Montagna, in Brescia Vincenzo Foppa u. f. w. Das
Fürftenhaus der Efte fammelte und befchäftigte in Ferrara zahlreiche Maler, unter welchen neben den älteren Meiftern, Cofimo Tura und Francesco Coffa, befonders *Lorenzo Cofta* (1460 bis
1536) hervorgehoben werden muß. Der fog. Mufenhof der Ifabella Efte im Louvre (No. **203**, 4) zeigt, daß fich Cofta in einem
ähnlichen poetifchen, uns leider nicht mehr verftändlichen Gedankenkreife bewegte wie Mantegna und Gent. Bellini. In Bologna (wie in

Urbino) fanden zahlreiche fremde Künſtler gute Aufnahme; eine bedeutende, beſonders in der Wiedergabe ruhiger Situationen ſinnig empfindende heimiſche Kraft erſtand in *Francesco* (Raibolini) *Francia* (1450—1517). In den Madonnen Francia's, der als Gold-ſchmied erzogen und als Stempelſchneider berühmt war, gibt ſich ein liebenswürdig frommer Zug, eine milde lyriſche Stimmung, ge-paart mit anmuthiger Farbenſchönheit kund (No. **204**, 2). Im Porträtfache überragt ihn keiner ſeiner Zeitgenoſſen. Durch ſeinen Schüler *Timoteo Viti* (1467—1523) wurde Francia's Stil nach Urbino verpflanzt, in Bezug auf Feinheit der Formengebung und auf Linienſchönheit der landſchaftlichen Hintergründe noch weiter gebildet.

Von allgemeiner hiſtoriſcher Bedeutung tritt uns nach der Florentiner und Paduaner Schule noch die Umbriſche entgegen, und zwar auch dieſe nicht in ihren lokalen Anfängen, ſondern in den Schlußgliedern, welche in Bildung und Wirkſamkeit nicht mehr an die Provinzgrenzen gebunden ſind. Der erſte Platz gebührt Raffael's Lehrer, dem Pietro Vannucci aus Città della Pieve (1446 bis 1523), gewöhnlich *Pietro Perugino* genannt. Wahrſcheinlich dankt er der Unterweiſung Piero degli Franceschi's ſeine perſpek-tiviſche Kunſt, die er gern in ſeinen Bildern zur Schau trug; ſeine tüchtige Farbentechnik, die ihn die Vorzüge der Oelmalerei ge-ſchickt verwerthen ließ, lernte er in der Werkſtatt Verrocchio's in Florenz. Florenz wurde überhaupt neben Perugia ſeine zweite Heimat. Er wetteiferte mit den Florentiner Künſtlern, nahm wiederholt einen längeren Aufenthalt in der toskaniſchen Haupt-ſtadt, ſcheint ſogar eine Zeit lang eine Doppelwerkſtätte, die eine in Florenz, die andere in Perugia eingerichtet zu haben. Ueber ein reiches Maß von Kraft und Begabung gebot Perugino nicht. Daher erſcheint ſeine Entwickelung bald abgeſchloſſen und tritt Stillſtand und Verfall frühzeitig ein. Bereits in den Fresken in der Sixtiniſchen Kapelle (Taufe Chriſti, Uebergabe der Schlüſſel) ſteht er auf der Höhe ſeiner Entwickelung. Seine Blüthe währt bis zum Anfange des 16. Jahrhunderts. Die letzten zwanzig Jahre ſeines Lebens verſtreichen, ohne ſeinen bereits erworbenen Ruhm zu ver-mehren. Außer den Fresken in der Sixtina ſind auf dem Gebiete monumentaler Malerei noch die Wandbilder im Saale des Wechſel-gerichtes (Cambio) in Perugia hervorzuheben, die Perugino 1500 ſchuf. An der Decke ſchildert er die Planetengötter (No. **159**, 3), an den Wänden vorwiegend Helden des klaſſiſchen Alterthums, Sibyllen und Propheten. Ueberaus groß iſt Perugino's Fruchtbar-keit als Tafelmaler. Das Leben Mariae war der Lieblingsgegenſtand ſeiner Schilderungen. Er verſtand in den rundlichen Kopf der Madonna einen frommen, ſchwärmeriſchen Ausdruck zu legen, in ihrer Geftalt die zarte Weiblichkeit glücklich hervorzuheben, durch das Colorit eine milde, freundliche Stimmung zu wecken. Bald malt er die Madonna auf dem Throne, von Heiligen umgeben, bald fchwebt fie in den Lüften, von der unten verfammelten Apoftelgemeinde verehrt, bald kniet fie anbetend vor dem Chriftuskinde, das, von einem Engel gehalten, auf der Erde fitzt, während auf den Flügelbildern die Erzengel Raffael und Michael, überaus anmuthig gezeichnet, gleichfam die Wacht halten. Mariae Vermählung, ihre Himmelfahrt, wie fie unter dem Kreuze fteht, den Tod Chrifti mit den Freunden beweint, das find die Ereigniffe, die Perugino mit Vorliebe und am gelungenften verkörpert. Die beiden Proben feiner Kunft (No. **205**, 3 u. 4), die nach 1500 gemalte Vermählung in Caen und die 1495 vollendete Klage an dem Leichnam Chrifti in der Pittigalerie zeigen einerfeits, daß es Perugino nicht immer gelang, die Geftalten mit reicherem Leben zu füllen, und daß er feine Schwäche hinter der faft fchematifchen Regelmäßigkeit der Compofition barg, andererfeits aber, daß er auch tiefere Empfindungen kräftig auszudrücken, die Gruppen meifterhaft zu ordnen verftand. Neben Perugino behauptet *Bernardino* (di Betto) *Pinturicchio* (1454?—1513), nicht Schüler, wohl aber in jüngeren Jahren Gehilfe Perugino's, einen hervorragenden Platz. In einer Beziehung fpielt er in der umbrifchen Schule eine ähnliche Rolle wie Ghirlandajo in der florentinifchen. Er ftürmt nicht vorwärts, begnügt fich vielmehr, das überlieferte Kunfterbe zu verwalten und zu verwerthen. Er erwirbt fich dadurch eine ungemeine Sicherheit in der Compofition, welche ihn befähigt, ausgedehnte Wandflächen mit Bildern zu füllen, die zwar nicht über den Durchfchnitt hinausragen, immer aber eine lebendige Wirkung hervorrufen. Als feine Hauptwerke dürfen die Deckenfresken im Chore von S. Maria del popolo, ausgezeichnet durch die fchöne ornamentale Gliederung und die Fresken in der Libreria des Domes zu Siena (1503—1507) gelten. In den letzteren fchildert er in zehn farbenprächtigen Gemälden das Leben des Papftes Pius II., oder, wie er in der Gefchichte gewöhnlich heißt, des Aeneas Sylvius Piccolomini (No. **204**, 3). Bei dem Entwurfe der Cartons foll ihm der jugendliche Raffael Hilfe geleiftet haben.

5. Lionardo, Michelangelo und Raffael.

Es kommt nicht bloß in der Gefchichte der Staaten vor, daß wir plötzlich auf mächtige Perfönlichkeiten ftoßen, welche mit einem Male das Schickfal der Völker wenden, fo daß mit ihrem Auftreten eine neue Zeit beginnt und, während fie leben, fie allein den ganzen Raum ausfüllen, neben ihnen alles unbedeutend, untergeordnet erfcheint. Auch die Kunftgefchichte verehrt Heroen, welche durch ihre gewaltige, allumfaffende Perfönlichkeit den Gang der Kunft auf lange hin beftimmen, die alten Bahnen vollenden, neue eröffnen. Als folche Helden treten uns in der Renaiffanceperiode Lionardo da Vinci, Michelangelo Buonarroti, Raffael Santi entgegen. Sie fanden den Boden für ihre Wirkfamkeit wohl vorbereitet. Es gibt wenige Züge in ihren Werken, welche nicht ältere Künftler wenigftens angedeutet hätten, fchwerlich eine von ihnen eingefchlagene Richtung, für welche nicht Vorläufer nachgewiefen werden könnten. Sie wurzeln in Wahrheit in ihrer Zeit und wachfen organifch aus der früheren Kunft heraus. Nur zu leicht vergißt man aber im Angeficht ihrer Schöpfungen diefe Abhängigkeit und glaubt an eine unbefchränkte fchöpferifche Kraft. Immerhin muß man anerkennen, daß fie nicht bloß zufammenfügten, was bisher getrennt war, fondern der gegebenen und überlieferten Kunft, indem fie diefelbe mit ihrer Phantafie befruchteten, ihre Perfönlichkeit dafür einfetzten, eine neue überrafchende Geftalt verliehen.

Lionardo da Vinci ift der natürliche Sohn des Ser Piero da Vinci, mit einem Landmädchen Catarina erzeugt und im Caftell Vinci 1452 geboren. Ein äußeres Zeugniß für die Erzählung, daß er in Verrocchio's Werkftätte gearbeitet, liefert fein Antheil an des letzteren Bilde: die Taufe Chrifti. Von feinen Jugendarbeiten, welche Vafari anführt (Schild mit einem phantaftifchen Ungeheuer, Medufakopf, große Zeichnungen Neptuns und des erften Elternpaares) haben fich die ficheren Spuren verloren. Am beften beglaubigt ift die braun untertufchte Anbetung der h. drei Könige in der Uffiziengalerie in Florenz. Wir wiffen urkundlich, daß Lionardo 1481 für die Klofterkirche S. Donato in Scopeto ein Gemälde diefes Inhaltes übernommen, aber, wie es beinahe feine Gewohnheit war, unvollendet gelaffen hatte. Daß von Lionardo's künftlerifchem Treiben bis über fein dreißigftes Jahr hinaus fo geringe Kunde vorhanden ift, ift nicht wunderbar. Lionardo war kein Fachmenfch, deffen Thätigkeit in einem einzelnen feftbegrenzten Kreife wurzelte; er entfprach vielmehr dem Ideale, welches die Renaiffance von einer vollendeten Perfönlichkeit fich gebildet hatte.

Wenige Sterbliche dürften fich einer folchen Vielfeitigkeit der Anlagen, einer folchen Fülle von Kräften und Fähigkeiten rühmen, wie Lionardo. Seiner echt univerfellen Natur genügte kein abgefchloffener Wirkungskreis. Alle Wiffenfchaften, alle Künfte und Fertigkeiten übten eine gleich große Anziehungskraft auf ihn aus, alle fuchte er zu erwerben, nahezu alle beherrfchte er mufterhaft. Hatte er aber an ihnen die eigene Kraft und Natur erprobt, fo verringerte fich das Intereffe an dem Einzelwerke. So erklären wir uns Lionardo's Freude am Experimentiren und den geringen Werth, den er auf die äußere Vollendung feiner Bilder legte. Einen Mann von diefer Univerfalität des Wiffens und Könnens, welcher dabei auch mit körperlichen Vorzügen verfchwenderifch ausgeflattet war, zu gewinnen, mußte nothwendig einem Fürftenhofe der Renaiffancezeit begehrenswerth erfcheinen. Auf eine fatte glänzende Bildung baute man hier den Lebensgenuß, bedeutende Männer zog man gern heran, um die öffentliche Meinung zu gewinnen; der Dienfte gedankenreicher, erfinderifcher Künftler bedurfte man nicht bloß für die höfifchen Prunkfefte, fondern auch für die großen Unternehmungen, beflimmt, in Friedenszeiten die Unterthanen mit der tyrannifchen Herrfchaft der Dynaftien zu verföhnen, in Kriegszeiten die Macht der letzteren zu fchützen. Wir begreifen, daß an einem der großen italienifchen Höfe für Lionardo ein paffenderer Platz war, als in dem von eiferfüchtigen Parteien erfüllten Florenz. Um das Jahr 1483 nahm Lionardo einen Ruf nach Mailand an, in die Nähe Lodovico Sforza's. Seine mufikalifche Kunftfertigkeit foll ihm zunächft den Ruf verfchafft haben. Gar bald aber erweiterte fich fein Wirkungskreis. Wir finden ihn nicht nur als Anordner bei Hoffeften, fondern auch als Ingenieur thätig. Er fand Zeit für feine wiffenfchaftliche, alle Zweige der Natur umfaffende Thätigkeit und fammelte in feiner Akademie jüngere Künftler um fich, fie durch Beifpiel und Lehre anweifend. Auch zu eigenen künftlerifchen Schöpfungen fühlte er fich angeregt. Die Porträts, welche er für den Herzog malte (Lucrezia Crivelli, Cecilia Gallerani) laffen fich nicht mehr mit Sicherheit nachweifen, ein unfterbliches Denkmal, freilich in arg verftümmelter Geftalt, ift uns in dem Abendmahle (No. 207, 3) geblieben. Lionardo malte es an die Wand des Refectoriums im Klofter S. Maria delle Grazie. Der Verfuch, durch Anwendung von Oelfarben, an Stelle der fonft gebräuchlichen Wafferfarben, dem Frescobilde einen tieferen Ton zu geben, ftrafte fich durch rafchen Verderb des Werkes, welchen die Rohheit fpäterer Gefchlechter noch fteigerte. Immerhin reicht, was fich von dem Originale erhalten hat, in Verbindung mit alten guten Copien hin, die Bedeutung des Werkes vollkommen erkennen zu laffen. Mit gutem Grunde ift es, wie kein zweites Gemälde, durch Nach-

bildungen über die ganze Welt verbreitet worden. Mag man die
formale Compofition, die Anordnung der Gruppen, das Linienfpiel,
oder den Ausdruck und das dramatifche Leben in das Auge faffen,
immer bleibt das Abendmahl als unübertreffliches Mufter beftehen.
Je zwei Gruppen zu drei Apofteln fitzen rechts und links von
Chriftus. Jede Gruppe fchließt fich zu einer Einheit zufammen,
greift aber gleichzeitig in die nächfte Gruppe durch Handbewegung,
Blicke einzelner Apoftel über. Alle beziehen fich auf Chriftus, der
fich als der äußere und innere Mittelpunkt der Handlung offenbart,
von welchem alle Bewegung ausgeht, zu welchem fie wieder zurück-
kehrt. Die Tiefe des Ausdrucks in den einzelnen Köpfen, die
Wahrheit und Mannigfaltigkeit der Charaktere, das Mitfpiel der
Hände in der Action find feit jeher laut bewundert und als unnach-
ahmlich dargeftellt worden. Bis zum Anfange des 16. Jahrhunderts
währte Lionardo's Aufenthalt in Mailand. Nach dem Sturze
Sforza's wandte er fich wieder nach der Heimat. Eine kurze Zeit
1502 ftand er als Kriegsingenieur in den Dienften Cefare Borgia's,
mehrere Male befuchte er Mailand, immerhin blieb Florenz für
mehrere Jahre eine Hauptftätte feiner künftlerifchen Thätigkeit.
Sie erreichte ihren Höhepunkt, als ihm 1503 gemeinfam mit Michelangelo der Auftrag wurde, den Rathsfaal im alten Palafte mit
Fresken zu fchmücken. Lionardo's Aufgabe war die Schilderung
der Schlacht bei Anghiari, in welcher 1440 die Florentiner über
das Mailänder Heer den Sieg errangen. Lionardo begann in den
erften Wochen 1504 den Carton und hatte 1506 die Hauptgruppe,
den Kampf um die Fahne, auf die Wand übertragen. Dann brach
er die Arbeit ab, um nie zu ihr zurückzukehren, wahrfcheinlich
weil ihm mißlungene Farbenexperimente diefelbe verleideten. Sein
Carton ging zu Grunde, und nur aus einer angeblich von Rubens
gemachten Zeichnung (im Louvre) und dem Edelink'fchen Stiche nach
diefer Zeichnung lernen wir die Hauptgruppe (No. **207**, 1) kennen.
Die Kampfeswuth, die maßlofe Leidenfchaft, welche auch den
Schlachtroffen fich mittheilt, hat Lionardo in dem kaum entwirr-
baren Knäuel von Figuren draftifch wiedergegeben. Der florentiner
Zeit entftammt auch das berühmte Porträt der Mona Lifa, der
Frau des Francesco Giocondo, im Louvre. Ein Hauptwerk der
Tafelmalerei, ein von den Servitenmönchen beftelltes Altarbild: die
Madonna mit dem Chriftuskinde im Schoße der h. Anna, vollen-
dete Lionardo nur im Carton, welchen die Londoner Akademie
bewahrt. Ueber die Entftehungszeit anderer Madonnenbilder: die
Madonna unter den Felfen, die Madonna mit der h. Anna im
Louvre, die Madonna mit dem Basrelief (No. **207**, 4) im Gatton-
park in England u. f. w., find wir nicht genauer unterrichtet, auch
ift bei einzelnen derfelben die Eigenhändigkeit der Arbeit bezweifelt

worden. Theilweiſen Erſatz für die ſchlecht erhaltenen Oelbilder
liefern Lionardo's Handzeichnungen. Sie haben ſich in großer
Zahl erhalten und zeigen bald, wie die ſogenannten Caricaturen,
den unermüdlichen Eifer des Meiſters im Auffpüren eigenthümlicher
Naturbildungen und mannigfaltiger Charaktere, bald lehren ſie uns
die idealen Formen, in deren Schöpfung Lionardo ſeines gleichen
ſuchte, kennen. Ein Beiſpiel eines weiblichen Idealkopfes iſt in
No. **207**, 2 reproducirt. Im Jahre 1515 trat Lionardo dauernd in
die Dienſte König Franz I. und folgte ihm 1516 nach Frankreich.
Im Jahre 1519 ſtarb er im Caſtell Cloux bei Amboiſe, von ſeinem
Lieblingsſchüler Melzi gepflegt, welcher auch der Erbe ſeines literariſchen Nachlaſſes wurde.

Aus den akademiſchen Kreiſen, welche Lionardo um ſich ge-
ſammelt hatte, ging, mit einzelnen ſelbſtändigen Meiſtern wie Gau-
denzio Ferrari (1484—1549), von Geburt einem Piemonteſen, mit
Andrea Solario, dem Gliede einer bekannten Künſtlerfamilie, u. a.
wetteifernd, die lombardiſche Malerſchule hervor. Dank der
gediegenen Unterweiſung erhielt ſie ſich, obgleich keine hervorragenden Talente darunter waren, ziemlich lange in Blüthe. Zu
ihren Gliedern gehörten Marco d'Oggione, Ceſare da Seſto, Bol-
traffio und insbeſondere *Bernardino Luini* (bis nach 1533 thätig).
Unter den zahlreichen Fresken Luini's nehmen die große Kreuzigung in Lugano, noch im Geiſte des Quattrocento componirt, und
der Bilderkreis in Saronno, einem berühmten Wallfahrtsorte, mit
Scenen aus dem Leben Mariae einen hervorragenden Platz ein.
Seinen nicht minder zahlreichen Oelgemälden ſoll in vielen Fällen
ein Entwurf Lionardo's zu Grunde liegen. Daß er in dem Ma-
donnenbilde (No. **215**, 4) den Chriſtusknaben mit dem Lamme
einem Werke ſeines Meiſters entlehnt hat, ſteht feſt.

Lionardo's Einfluß beſchränkt ſich nicht auf die Localſchule
in Mailand. Als er nach Florenz zurückgekehrt war, erregte ſeine
Weiſe, die Dinge aufzufaſſen, Köpfe zu zeichnen, die größte Bewunderung und reizte zur Nachahmung. Ohne daß er eigentliche
Schüler in Florenz ausgebildet hatte, zwang er dennoch alle Kunſtgenoſſen, ſeinen Fußtapfen zu folgen, auch den widerwilligen, ihm
unfreundlich geſinnten *Michelangelo*.

Der Schilderung Michelangelo's als Architekt und Bildhauer
reiht ſich hier die Erzählung an, was er in dem dritten Thätigkeits-
kreiſe, in der Malerei, geſchaffen hatte. Das Band, welches Michelangelo's Wirken in den verſchiedenen Kunſtzweigen vereinigt, iſt
ſeine machtvolle Perſönlichkeit. Sie offenbart ſich nicht minder
deutlich in ſeinen maleriſchen Werken, wie in ſeinen Sculpturen,
und zwingt dort ebenſo gut wie hier die Formen unter den Bann
ſeiner in ihrer Tiefe faſt unergründlichen Phantaſie. Bereits das

erſte ſicher beglaubigte Gemälde Michelangelo's, die h. Familie in
der Tribuna der Uffiziengalerie, für Agnolo Doni in den erſten Jahren
des 16. Jahrhunderts gemalt (No. **207**, 5), läßt über die untrenn-
bare Verknüpfung des plaſtiſchen und maleriſchen Elementes in
Michelangelo keinen Zweifel zu.   Er malte das Bild in der alten
Temperamanier, die ihm vollkommen für die ſcharfe Modellirung
und feine Rundung der Formen genügte.   Gewöhnlich wird erzählt,
daß Michelangelo eigentlich nur gezwungen und gegen ſeinen Wunſch
zum Pinſel gegriffen habe.   In ſeiner Erziehung jedoch wurde die
Malerkunſt keineswegs vernachläſſigt.   Die Werkſtätte Domenico
Ghirlandajo's theilt ſich mit dem Garten von S. Marco in den
Ruhm, Michelangelo's Kräfte zuerſt geweckt zu haben.   Und ebenſo
ging er keineswegs widerwillig an die Arbeit, als ihm gleichzeitig
mit Lionardo die Aufgabe geſtellt wurde, den Rathsſaal im Regie-
rungspalaſte mit Fresken zu ſchmücken.   Michelangelo ſchilderte
eine Scene aus dem Piſanerkriege, 1364, den Ueberfall der im Arno
badenden Florentiner durch Piſaner Truppen, deſſen ſchlimme Folgen durch die Wachſamkeit des Manno Donati verhütet wurde,
ſo daß die unmittelbar darauf folgende Schlacht bei Cascina zu
Gunſten der Florentiner ausfiel.   Michelangelo vollendete den
Carton der „badenden Soldaten" im Februar 1505.   Zur Ausführung desſelben in Farben kam er nicht, da er vom Papſte Julius II.
abberufen wurde.   Der Carton hat ſich leider nicht erhalten.   Einzelne Gruppen aus demſelben wurden von Marcanton und Agoſtino
Veneziano geſtochen und belehren uns allein mit Sicherheit über
den Charakter des Werkes.   Marcanton's Kletterer (No. **208**, 3)
mit einer willkürlich hinzugefügten landſchaftlichen Staffage, zeigen
uns am beſten, wie tief das Werk in der plaſtiſchen Phantaſie des
Meiſters wurzelte, und wie vor allem die Kühnheit der Bewegungen,
die Fülle des Lebens in den nackten Körpern den Maler bei dem
Gegenſtande anzog.   Mit ſichtlichem Behagen hatte Michelangelo
das Wandgemälde im florentiner Palaſte begonnen, und dennoch
ließ er es unvollendet.   Mit Widerwillen ſchritt er an die Deckenbilder in der Sixtiniſchen Kapelle, und trotzdem ſchuf er hier ein
Hauptwerk, in welchem ſeine Größe und ſeine eigenthümliche Natur
zu voller Geltung gelangte.   Michelangelo hatte kaum die Vorarbeiten
für das Juliusdenkmal begonnen, als er (April 1506) unerwartet
den Auftrag erhielt, die Decke in der Sixtiniſchen Kapelle mit
Fresken zu ſchmücken.   Durch ſchleunige Flucht aus Rom ſuchte
er ſich dem widerwärtigen Befehle und dem Zorne des Papſtes zu
entziehen.   Erſt nach mehreren Monaten wurde er wieder zu
Gnaden aufgenommen.   Zunächſt goß er in Bologna die Erzſtatue
Julius II., dann, 1508 nach Rom zurückgerufen, mußte er dennoch
dem Wunſche des Papſtes willfahren und die Bilder in der Sixtina,

aber nach einem während der Arbeit großartig erweiterten Plane ausführen. Vom Frühlinge 1508 bis zum Herbſte 1512 währte die Arbeit. Michelangelo erdachte für die ungegliederte Decke (ein Spiegelgewölbe) ein reiches architektoniſches Scheingerüſte, malte Rahmen und Geſimſe, belebte ſie mit vorſpringenden, Marmor- oder Bronzefarbe nachahmenden Figuren, nackten Geſtalten, Kindern, welche gleichſam die Träger und Stützen des Gerüſtes vorſtellen, und verlieh ſo ſeinem Werke eine geſetzmäßige architektoniſche Ordnung. In den neun Mittelfeldern der Decke erzählt er die Ge-ſchichten der Geneſis. Drei Felder behandeln die Weltſchöpfung, drei andere die Schickſale Adam's und Eva's, von ihrer Erſchaffung bis zur Vertreibung aus dem Paradieſe, die letzten drei endlich ſind dem Erneuerer des Menſchengeſchlechtes, dem Erzvater Noah, ge-widmet. Mit den Noahbildern begann er ſeine Arbeit. So erklärt ſich die Verſchiedenheit in den Maßen, welche zwiſchen dieſen und den ſpäteren Mittelbildern waltet. Michelangelo wählte ſpäter, der weiten Entfernung vom Beſchauer entſprechend, größere Dimen-ſionen. Auch die Anklänge an den florentiner Carton, welche namentlich die Sündfluth (No. 208, 2) darbietet, werden durch die frühere Entſtehung begreiflich. In den Geſtalten Adam's und Eva's, auf den mittleren Bildern, entfaltet Michelangelo eine vollendete Kunſt in der Schilderung leiblicher Schönheit und ruhiger innerer Empfindung, ſo in dem aus dem Schlafe gleichſam erwachenden, leiſe von lebendigem Athem durchwehten Adam. Seine volle Größe zeigt ſich in den Schöpfungsbildern. Die Geſtalt Gottvaters hat Michelangelo für alle Zeiten feſtgeſtellt, in der Verſinnlichung der ſchöpferiſchen Allmacht durch eine ſcheinbar unbegrenzte, unend-lich ſtürmiſche Bewegung das Muſter geboten, an welches ſich fortan alle Künſtler halten mußten. Wie majeſtätiſch kommt nicht Jehovah auf dem zweiten Bilde (No. 208, 4) aus dem tiefen Welt-raume hervor, die beiden Arme weit ausgeſtreckt, mit dem Zeige-finger Sonne und Mond befehlend! Noch einmal erblicken wir ihn auf demſelben Bilde, rückwärts gewendet, mit der Hand der Pflanzenwelt Leben ſpendend. Man vergißt die ſo unübertrefflich gelungene‘ perſpectiviſche Verkürzung der Geſtalt zu bewundern über dem Eindruck, welchen die ſcheinbar unendliche Bewegung hervorruft.

Zu beiden Seiten werden die Mittelbilder von den Geſtalten der Propheten und Sibyllen begrenzt, welche zwölf an der Zahl (ſieben Propheten, fünf Sibyllen) zwiſchen den Pfeilern des archi-tektoniſchen Gerüſtes ſitzen. In ihnen hat Michelangelo das Harren und Hoffen auf den Erlöſer in allen Stufen der Stimmung, von dem grübelnden Forſchen bis zum begeiſterten, gewiſſen Ahnen, verkörpert. Am berühmteſten ſind die Geſtalten des in ſich ge-

kehrten gramerfüllten Jeremias und der delphifchen Sibylle, welche
mit verzücktem Blicke die Offenbarung des Heiles empfängt. Den
Propheten Jefaias (No. **208**, 5) hat Michelangelo in dem Augenblicke gefchildert, in welchem er das Buch der Verheißungen fchließt
und von dem ihn begleitenden Engel auf die Erfüllung der letzteren aufmerkfam gemacht wird. Zu den Mittelbildern, den Propheten
und Sibyllen gefellen fich in den Bogenfeldern und dreieckigen
Gewölbekappen über den Fenftern namenlofe Gruppen, häufig als
die Vorfahren Chrifti bezeichnet, in welchen ähnliche Stimmungen,
wie in den Propheten, angefchlagen werden und nur noch in all-
gemeinerer Weife das Harren und Erwarten zum Ausdruck gelangt.
Vier Bilder in den Gewölbeecken, rettende Thaten aus der Gefchichte Ifraels darftellend (Goliath's und Holofernes' Tödtung, Ha-
man's Beftrafung, eherne Schlange), fchließen den Bilderkreis ab.
Ift auch derfelbe erft nachträglich von Michelangelo gefchaffen
worden, fo fügte er fich doch der Gedankenwelt, welche bereits
die Wandfresken verkörpern (Heilsgefchichte), trefflich ein. Aus
jeder Geftalt fpricht der plaftifche Geift des Meifters. Nur wer in
der Sculptur groß geworden war, konnte die Propheten, Sibyllen
und decorativen Figuren fchaffen. Die Deckenbilder aber boten
Michelangelo den Vortheil, daß er die Empfindung noch mehr vertiefen, die Bewegungen noch kühner zeichnen konnte, als diefes in
dem immerhin fpröderen Steine möglich ift. So kam die gewaltige
ungeftüme Phantafie Michelangelo's hier reiner zur Geltung als in
feinen plaftifchen Werken.

Mehr als zwanzig Jahre vergingen, ehe Michelangelo wieder
den Pinfel in die Hand nahm. Nachdem er, von den medicëifchen
Grabmälern weg, wieder nach Rom zurückgekehrt war (1534), begann er auf das Andringen Papft Paul's III. an der Altarwand der
Sixtinifchen Kapelle das Jüngfte Gericht zu malen. Am Schluffe
des Jahres 1541 war die Riefenfreske vollendet. Das berühmte
Kirchenlied „Dies irae" gibt am beften den Eindruck des Gemäldes
wieder, in welchem Michelangelo die rächende Macht Chrifti und
die furchtbare Vergeltung fchilderte. Chriftus, feine Mutter zur
Seite, von zahllofen Heiligen umgeben, nimmt die Mitte des Bildes
ein. Wirkungsvoll find namentlich die Märtyrer in der Nähe Chrifti,
welche die Werkzeuge, mit denen fie gepeinigt worden, zur Rache
auffordernd, emporhalten (No. **208**, 1 mit den hh. Laurentius und
Bartholomaeus). In der unteren Abtheilung wogen und fchweben
die Auferftandenen, die einen zur Seligkeit emporfteigend, die anderen zur Hölle herabgezogen, während in der Mitte die fieben
Engel des Gerichtes die Pofaunen blafen. In der unterften Zone
erblicken wir links das Feld der Auferftehung, auf welchem die
wiederbelebten Leiber den Gräbern entfteigen, rechts aber fährt

Charon die Verdammten der Unterwelt entgegen, wo ihrer der Höllenrichter Minos harrt. Das Jüngſte Gericht iſt nicht das letzte Werk Michelangelo's. In den Jahren 1543—1550 malte er in der Kapelle Paolina im Vatican die Bekehrung Pauli und die Kreuzigung Petri. Doch ſtehen beide Fresken tief unter den früheren Werken. Für Vittoria Colonna, die hochverehrte Freundin ſeiner ſpäteren Tage, zeichnete er die Madonna unter dem Kreuze und einen qualvoll leidenden Chriſtus am Kreuze in einer Auffaſſung, welche für die ſpäteren Geſchlechter maßgebend wurde. Mehrere ſeiner Compoſitionen wurden von Schülern und jüngeren Künſtlern ausgeführt. So geht die Kreuzabnahme Daniel da Volterra's (in Trinità de' Monti zu Rom) gewiß auf einen Entwurf Michelangelo's zurück. Und auch auf die Auferweckung des Lazarus von *Sebaſtiano del Piombo* (No. 213, 1) · mochten ſeine Rathſchläge Einfluß geübt haben. Sebaſtiano del Piombo war urſprünglich in Venedig in Giorgione's Werkſtätte zum Maler ausgebildet worden; durch Agoſtino Chigi, den reichen Bankherrn und Kunſtfreund, nach Rom gerufen, gelangte er hier zu großem Anſehen und wurde von der Partei Michelangelo's dem vielbeneideten Raffael gegenüber geſtellt. Die Auferweckung des Lazarus, in welchem Bilde namentlich die Geſtalt des Lazarus an Michelangelo erinnert, wurde von Sebaſtiano 1518 im Wettſtreit mit Raffael gemalt. Und wohl hatten die Künſtler Roms Grund, Raffael um ſeine Stellung, ſeinen Einfluß am päpſtlichen Hofe, ſeine faſt unbegrenzte Wirkſamkeit zu beneiden. Gerade damals, als Sebaſtiano mit ihm um die Palme in der Malerei rang, ſtand Raffael auf der Höhe ſeines Glückes und ſeiner Thätigkeit, gleichzeitig aber auch am Ende ſeines Lebens. Das Gemälde, welches Sebaſtiano durch ſeine Kunſt in Schatten ſtellen wollte, die Verklärung Chriſti, hinterließ Raffael unvollendet.

Raffael wurde am Charfreitag (28. März) 1483 in Urbino geboren. Sein Vater, Giovanni Santi, übte ſelbſt die Malerei und ſtand wie am Hofe, ſo auch bei ſeinen Kunſtgenoſſen in gutem Anſehen. Wer nach des Vaters frühzeitigem Tode (1494) Raffael's Unterricht bis zu deſſen Uebertritt in die Werkſtätte Perugino's (ungefähr 1500) leitete, iſt uns nicht überliefert worden, doch vermuthen wir aus äußeren Gründen, daß es Timoteo Viti war, welcher jedenfalls als der tüchtigſte urbinatiſche Meiſter zählte und ſpäter mit Raffael in perſönlichen Beziehungen ſtand. Nur etwa zwei Jahre konnte Raffael die unmittelbare Unterweiſung Perugino's genießen, da dieſer ſeit 1502 vorwiegend in Florenz verweilte. Doch blieb er noch längere Zeit mit Perugino's Werkſtatt und auch mit Pinturicchio, dem beſten umbriſchen Maler nächſt Perugino, verbunden. Eine Wanderung (1504) in ſeine Heimat brachte ihn wieder mit Timoteo Viti und wahrſcheinlich auch ſchon damals mit Francia in engeren Ver-

kehr. Die Einwirkung diefer beiden Meifter auf feine Kunftweife
wird durch einzelne Jugendwerke beftätigt, ebenfo wie der Einfluß Perugino's in einer Reihe von Bildern noch bis über die Zeit
(1504—1505), in welcher Raffael fich dauernd in Florenz niederließ, ohne aber feine Verbindungen mit Perugia und Urbino völlig
abzubrechen, wiederklingt. Nach der damals herrfchenden Sitte
überließ der Befteller dem Künftler, zumal wenn diefer noch in
jungen Jahren ftand, nicht die freie Wahl der Compofition, fondern
wies ihm häufig ein beftimmtes Vorbild an, nach welchem er fich
zu richten hatte. So kommt es, daß die großen Altartafeln, welche
Raffael für Kirchen in Città di Caftello und Perugia malte, mit
Bildern Perugino's und der umbrifchen Schule in der Anordnung
und allgemeinen Gliederung übereinftimmen. Für Raffael's Crucifix,
Krönung Mariae (Vaticanifche Galerie), Vermählung Mariae, für die
Madonna der Nonnen des h. Antonius (Depot der Londoner Na-
tionalgalerie), aus dem Jahre 1505, und die Madonna aus dem Haufe
Ansidei (Blenheim bei Oxford), aus dem Jahre 1507, laffen fich die
Mufter, welche Raffael befolgen mußte, nachweifen.

Für die Entwickelungsgefchichte Raffael's befitzen gerade diefe
großen Altarbilder ein hohes Intereffe; denn fie zeigen, wie fich
innerhalb des gegebenen Rahmens feine eigene Natur und Anlage
Bahn brach. Raffael's Vermählung Mariae z. B. (No. **209**, 1), mit
Perugino's Vermählung (No. **205**, 3) verglichen, offenbart, ober-
flächlich betrachtet, mit diefer die größte Verwandtfchaft. Nur ift
der Tempel reicher gegliedert, der Hintergrund näher herange-
fchoben, die Gruppen im Vordergrunde rechts und links ausgetaufcht.
Sieht man genauer zu, fo erkennt man, daß nur in den groben
äußeren Zügen eine Aehnlichkeit waltet. Wie Raffael die Mittelgruppe mit tieferer Empfindung, feinerer Bewegung ausftattete, fo
hat er auch in die Köpfe der Umftehenden Mannigfaltigkeit und
kräftigere Schönheit, in die Geftalten Leben und Wahrheit gebracht.
In den anderen Tafelbildern aus Raffael's Jugend ift das gleiche
Verhältniß nachweisbar.

Der Verkehr mit der florentiner Kunftwelt wurde für Raffael
die fruchtbarfte Schule. Gerade in den erften Jahren des 16. Jahrhunderts hob fich, nach dem tragifchen Niedergange Savonarola's
und feitdem größere Ruhe im Staate herrfchte, wieder die künftlerifche Thätigkeit. Größere Unternehmungen, wie die Ausmalung
des Rathfaales, wurden gewagt, der Bauluft und Bilderfreude reicher
gehuldigt. Ein neues Gefchlecht war in die Höhe gekommen,
welches Dank der raftlofen Arbeit der Quattrocentiften über die
technifchen Mittel faft unbedingt gebot und auf fefter Grundlage
weiter bauen konnte. Mit mehreren der Kunftgenoffen trat Raffael
in nähere Beziehungen, fo mit dem Sohne Domenico's, mit Ridolfo

Ghirlandajo (1483—1561), deffen Hiftorienbilder (aus dem Leben
des h. Zenobius) und Porträts ihn als einen der beften Oelmaler
feiner Zeit bekunden. Am innigften war aber Raffael mit *Fra Bartolommeo*, dem Mönche von S. Marco (1475—1517) verbunden.
Bartolommeo, mit dem Beinamen della Porta, war in der Werkftätte Cofimo Roffelli's zuerft befchäftigt gewefen und hatte dann
mit *Mariotto Albertinelli* (1474—1515), dem Maler der wunder-
fchönen Heimfuchung in der Uffiziengalerie, gemeinfam gearbeitet.
Durch die Hinrichtung des ihm befreundeten Savonarola in tieffter
Seele verwundet, fuchte er in einem Dominicanerklofter Frieden
und Ruhe. Erft nach mehreren Jahren nahm er die praktifche
Thätigkeit als Maler wieder auf. Die Proben feiner Kunft (No.
212, 1 u. 2) bekunden, wie vortrefflich fich Fra Bartolommeo auf den
feften Aufbau der Gruppen, auf die Wiedergabe ergreifender Empfindungen verftand. Den großen Einzelfiguren, die er gern malte,
verlieh er durch den fchönen Wurf der Gewänder ein würdig-
ideales Ausfehen, die h. Familien hob er durch die gefchloffenen
Linien über den gewöhnlichen Naturalismus der Darftellung hinaus,
ohne daß die unmittelbare Lebendigkeit und Frifche der Bewegung
und Empfindung darunter litten.

Raffael löfte durch den Verkehr mit Fra Bartolommeo und
den Einblick in die reiche florentiner Kunftwelt rafch die Schranken,
in welchen ihn die umbrifche Schule gefangen gehalten. Es offenbarte fich hier zum erften Male die wunderbare Empfänglichkeit
Raffael's für fremde Kunftweifen, welchen er feinfühlig das für ihn
Brauchbare abfieht, um es fo feft in fich aufzunehmen', daß es
alsbald wie ein Zug der eigenften Natur erfcheint. Im Gegenfatze
zu Michelangelo, der nur in feiner eigenen Welt lebt, erfchließt
fich Raffael willig gegen äußere Einflüffe, ohne doch jemals von
denfelben abhängig zu werden. Das vollkommene Gleichgewicht
zwifchen felbftändiger Schöpferkraft und verftändnißvoller Aneignung aller Elemente, die feine eigene Natur ergänzten, erklärt es,
daß Raffael doch noch mehr im Mittelpunkte des Cinquecento fteht
als Michelangelo, trotzdem daß die Natur des letzteren als die groß-
artigere und gewaltigere anerkannt werden muß.

Den Entwickelungsgang Raffael's unter dem Einfluffe der florentiner Kunft verfinnlichen am beften die Madonnen und heiligen
Familien, bei deren Schöpfung er nicht an ältere Mufter gebunden
war, und welche, wenigftens theilweife, nicht mehr Andachtszwecken
dienten. Es kommt nicht allein eine reifere Schönheit in die
Madonnengeftalten und ein kräftigeres Leben in die Chriftuskinder,
die ganze Auffaffung zeigt einen unbefangenen, dem Leben zuge-
wandten Blick: Raffael läßt uns in feinen florentiner Madonnen die
Mutterfreude und das Mutterglück rein genießen. Unter der ftatt-

lichen Zahl derfelben dürften die Madonna del Granduca in Florenz,
die Madonna aus dem Haufe Tempi in München, die Madonna mit
dem Stieglitz in Florenz und die fchöne Gärtnerin in Paris die
bekannteften fein. Den allmählichen Umfchwung in feiner Phantafie offenbart auch die von Raffael, 1507, für eine Dame in Perugia gemalte Grablegung. Die erften Entwürfe bewegen fich noch
in dem überlieferten Schulgeleife, in der endgiltigen Compofition (No.
209, 2) fügt Raffael, durch einen Kupferftich Mantegna's angeregt,
der „Klage" noch eine dramatifche Action, das Begräbniß Chrifti, hinzu.

Im Jahre 1508 verließ Raffael Florenz und wanderte nach Rom,
hier fein Glück zu fuchen. Noch war er nicht berühmt genug, um,
wie Michelangelo, einen unmittelbaren Ruf des Papftes erwarten zu
dürfen. Julius II. hatte große Dinge mit dem vaticanifchen Palafte
vor, den er durch Bramante erweitern und umbauen ließ. Auch
die päpftlichen Prunkgemächer (Stanzen) empfingen neuen künftlerifchen Schmuck. Zu den Malern, welche in den Stanzen thätig
waren, trat, wahrfcheinlich durch Bramante, den Landsmann und
Verwandten, empfohlen, auch Raffael. Und es gelang ihm alsbald,
die Gunft des Papftes in fo hohem Grade zu erwerben, daß ihm
das ganze Werk übertragen wurde. Die Arbeit in den vaticanifchen
Prunkgemächern zog fich durch viele Jahre hin. Die Fresken in
der erften Stanze fallen in den Anfang des römifchen Aufenthaltes
(1508—1511), die Wandgemälde in dem letzten Saale wurden erft
nach Raffael's Tode, theilweife gar nicht mehr nach feinen Entwürfen vollendet.

Die erfte Stanze führt, weil in ihr die kirchlichen Gnadenfachen
in Gegenwart des Papftes verhandelt und befiegelt wurden, den Namen
S t a n z a d e l l a S e g n a t u r a. An der Decke fchilderte Raffael in
vier Rundbildern, durch Beifchriften kenntlich, die allegorifchen
Figuren der Theologie, Poefie, Philofophie und der Gerechtigkeit,
verfinnlichte auf diefe Art die Kreife, in welchen fich das Geiftes-
leben der Menfchheit bewegt, und die Mächte, welche demfelben vorftehen. In den vier großen Wandbildern ftellte er fodann die
idealen Gemeinden dar, welche jenen Mächten huldigen, fie in das
wirkliche Leben eingeführt haben. Das unter dem Namen Difputa
bekannte Gemälde (No. **210**, 1) zeigt uns die Helden des Glaubens
und die Männer, welche die religiöfe Erkenntniß anftreben, vereinigt. Der Himmel hat fich geöffnet und enthüllt in der Mitte
Chriftus mit der Madonna und dem Täufer, von den Heiligen des
alten und neuen Teftamentes umgeben. Gottvater fchwebt über
Chriftus, während das Symbol des h. Geiftes unterhalb des Wolken-
thrones Chrifti fichtbar ift. Unten um den Altar, auf welchem in
einer Monftranz die Hoftie prangt, haben zunächft die vier Kirchenväter Platz genommen, weiterhin aber zwifchen Päpften, Cardinälen,

Bifchöfen und Mönchen, als den äußeren Vertretern der Kirchen-
gemeinde, fich Männer gruppirt, in welchen die verfchiedenen Stufen
der religiöfen Erkenntniß, vom grübelnden Zweifel bis zur begeifterten Ueberzeugung, Ausdruck gewinnen. Durch die Verpflanzung des Gegenftandes von dem hiftorifchen auf den idealen
Boden, wodurch die Wiedergabe der mannigfachften pfychologifchen
Affecte möglich wurde, empfing das Gemälde das reichfte Leben.
Auch Porträts hervorragender Italiener, Dante's, Fra Angelico's,
Savonarola's, fehlen nicht.

Auf der gegenüberftehenden Wand malte Raffael die „Schule
von Athen" (No. **210**, 2), verherrlichte die Philofophie und die
Wiffenfchaft, wobei ihm die zu feiner Zeit herrfchenden, namentlich
von Marfilius Ficinus eifrig verbreiteten platonifchen Lehren zur
Richtfchnur dienten. Aus einer prachtvoll gezeichneten Tempel-
halle, der Akademie, treten die beiden Philofophenfürften, der göttliche Plato und Ariftoteles, der das Wefen der Dinge ergründet,
hervor. Ein reiches Gefolge fteht ihnen zur Seite und füllt die
Plattform der Halle. Sokrates (links von Plato) ift auf den erften
Blick kenntlich, ebenfo der auf den Stufen liegende halbnackte
Diogenes. Im Vordergrunde fehen wir die Vertreter der Wiffenfchaften, welche auf die philofophifche Erkenntniß vorbereiten,
die Stufenleiter zu derfelben bilden, gruppirt, rechts Aftronomen und
Geometer, links die Mufiker und Arithmetiker. Natürlich hat
Raffael einzelne hiftorifche Repräfentanten der Wiffenfchaften, gleichfam als Richtpunkte für den Befchauer, feiner Schilderung einverleibt. So kann Ptolomaeus mit Krone und Globus und Pythagoras,
welchem ein Knabe die Tafel mit den Harmoniezahlen vorhält, nicht
verkannt werden. Das Wichtige und Neue aber bei Raffael ift, daß
er die verfchiedenen Gruppen in lebendige Action fetzt und innerlich zufammenhängen läßt. Es baut fich das Bild nicht bloß in
den Linien als eine Einheit auf, es drängen auch pfychologifch die
Gruppen mit Nothwendigkeit dem Mittelpunkte entgegen, welchen
die idealen, majeftätifchen Geftalten Plato's und Ariftoteles' bilden. —
Das dritte Bild an der Fenfterwand ift der Darftellung des Parnaß
gewidmet. Um Apollo und die Mufen haben fich die alten und
neuen Dichter verfammelt. Der blinde Sänger Homer ragt über
alle Genoffen hinaus und fchreitet, unbekümmert um ihr heiteres
Treiben, wie von dem göttlichen Geifte getrieben, einher. Die Freske
der gegenüber liegenden Wand, das Walten des Rechtes fchildernd,
zerfällt in drei Abtheilungen. In dem oberen Halbrund hat Raffael
die drei Tugenden der Stärke, Vorficht und Mäßigung in überaus
anmuthigen Geftalten verkörpert, unten zu beiden Seiten des Fenfters
die Uebergabe des weltlichen und kirchlichen Gefetzbuches durch
Kaifer und Papft gemalt.

Die Fresken in der zweiten Stanze, noch zu Lebzeiten Julius II. begonnen, aber erft nach dem Regierungsantritte Leo's X. 1514 vollendet, führen uns himmlifche Erfcheinungen zur Rettung der Kirche und des Glaubens vor die Augen. Das erfte Bild, nach welchem die Stanze benannt wird, hat die Vertreibung Heliodor's aus dem Tempel zu Jerufalem (No. 211, 2) zum Gegenftande. Der fyrifche Feldherr, der fich eben anfchickt, mit dem geraubten Schatze den Tempel zu verlaffen, wird von einem himmlifchen Reiter zu Boden geworfen. Der Hoheprieffter kniet im Hintergrunde am Altare, Rettung vom Himmel zu erflehen. Er fieht nicht, daß das Gebet bereits erhört fei, wohl aber fehen es die Weiber, welche Schrecken über die plötzliche Erfcheinung ergriffen hat, und die jungen Männer, die den Sockel einer Säule erklommen, um das Ereigniß beffer überblicken zu können. Links aber naht, von vier Männern getragen, der Papft, durch die gemeffene Ruhe der Haltung gegen die leidenfchaftlich bewegten Gruppen der Weiber und Heliodor's wirkfam contraftirend. Hier lernen wir zum erften Male das Geheimniß des Raffaelifchen Stiles, die feine Abwägung der Gegenfätze, den harmonifchen Abfchluß des Affectes kennen. Nachdem der letztere bis zur höchften Steigerung entwickelt wurde, gleitet er wieder zu gemeffener Empfindung herab und tönt aus. An die Stelle einer durch ihre Dauer peinlichen Spannung läßt Raffael gern eine beruhigende Entlaftung und Löfung treten. — Mit dem Heliodorbilde dem Inhalte nach verwandt ift auf der gegenüber ftehenden Wand die Darftellung, wie Attila durch die Erfcheinung der Apoftelfürften in den Lüften vom italienifchen Boden zurückgetrieben wird. Auch hier ift der Papft (Leo X.) gegenwärtig, aber nicht mehr als bloßer Zufchauer, fondern durch abwehrende Handbewegung die That der Apoftel wiederholend. In den Reitern im Gefolge des Hunnenfürften bemerkt man zum erften Male eine ftärkere unmittelbare Anleihe bei der Antike (Reliefs der Trajansfäule). — Die beiden Fresken an den Fenfterwänden fchildern die Befreiung Petri aus dem Kerker und die fog. Meffe von Bolfena, wie dem ungläubigen Priefter am Altare in der Hoftie Blutstropfen Chrifti erfcheinen. Die Gegenwart des päpftlichen Hofes bei der Scene gab Raffael Anlaß, eine Reihe prächtiger Charakterfiguren zu zeichnen.

In der dritten Stanze feffelt unfere Aufmerkfamkeit, außer der Vorführung der Gefangenen nach der Schlacht bei Oftia im Jahre 849, der Brand des Borgo (d. h. Vaticanifchen Quartiers), welcher durch den Segensfpruch des Papftes Leo IV. gelöfcht wurde. An die Stelle des befonderen Ereigniffes, dem fich keine reichen künftlerifchen Seiten abgewinnen laffen, fetzte Raffael die Schilderung einer gewaltigen Feuersbrunft (mit Anklängen an den Brand von Troja) und verlieh durch die Uebertragung der Scene in eine heroifche Zeit den Gruppen der Fliehenden und Rettenden einen eigenthümlich großen, idealen Charakter. — Die beiden anderen Fresken haben die Krönung Karl des Großen und wie fich Papft Leo III. in dem Streite zwifchen ihm und römifchen Patriziern vor dem Kaifer durch einen Eid reinigt, zum Gegenftande. Die Tendenz diefer 1514—1517 ausgeführten Bilder ging nicht bloß dahin, der päpftlichen Macht zu huldigen, fondern auch dem Papfte Leo X. perfönlich zu fchmeicheln, daher nur Scenen aus dem Leben gleichnamiger Päpfte ausgewählt wurden. Der letzte und größte Saal befitzt als Hauptbild die Conftantinsfchlacht, zugleich das einzige, welches mit Sicherheit auf Raffaelifche Entwürfe zurückgeführt werden kann, während die anderen, gleichfalls Darftellungen aus dem Leben Conftantin's, von Schülern nicht bloß gemalt, fondern auch componirt find.

So lange Julius II. lebte, durfte Raffael feine Thätigkeit fammeln, und trat der Antheil der Schüler an den einzelnen Werken gegen die eigenhändige Arbeit entfchieden zurück. Das änderte fich, als Leo X. zur Herrfchaft kam. Er überhäufte Raffael mit Aufträgen, welche fchon wegen ihrer decorativen Natur die Mitwirkung der immer zahlreicher werdenden Schüler erheifchten. Vollends nach der Uebernahme des Baumeifteramtes an S. Peter drohten fich die Kräfte Raffael's zu zerfplittern, zumal bei feinem fteigenden Ruhme auch die Begehrlichkeit nach feinen Werken ftieg. Kein Genoffe des Hofes, kein kunftfreundlicher Fürft, der nicht ein Bild, von Raffael gemalt, zu befitzen gewünfcht hätte. Daher finkt in den letzten fechs Jahren feines Lebens die Zahl der eigenhändig ausgeführten Arbeiten. Nicht einmal alle Porträts aus der fpäteren römifchen Periode Raffael's können fich diefes Vorzuges rühmen. So rührt z. B. die Zeichnung zu dem Bilde der Gemahlin Ascanio Colonna's, der Johanna von Arragonien, von einem Schüler her, welcher diefelbe in Neapel machte, und nach welcher dann in der Werkftätte Raffael's das Bild gemalt wurde. Selbft an dem berühmten Porträt Leo X. mit zwei Kardinälen (No. **211**, 1) half Giulio Romano mit. Daher befitzen die Bilder aus der früheren römifchen Periode für die Kenntniß der Raffaelifchen Malweife einen viel höheren Werth, als die fpäteren Gemälde. Proben aus diefer früheren Zeit, in welche auch die Madonna di Foligno in der vaticanifchen Galerie, die Madonna della Sedia in der Pittigalerie in Florenz, und die Vifion der h. Cäcilia in Bologna fallen, find das Porträt Julius II. (No. **209**, 3) und die aus Neapel nach Madrid gewanderte Madonna mit dem Fifche (No. **209**, 4). Der thronenden Madonna fteht der h. Hieronymus und links der Erzengel Raffael mit dem jungen Tobias zur Seite. Sowohl durch die Innigkeit des Ausdrucks und die Harmonie der Farben, wie durch die feierliche Würde in der

Anordnung gehört fie zu den hervorragendften Madonnenbildern
Raffael's.

Für eine urfprünglich dem rein decorativen Gebiete angehörige
Beftellung fchuldet die Nachwelt dem Papfte Leo X. die höchfte
Dankbarkeit. An die Stelle der alten Teppiche, welche die unteren
Wandflächen in der Sixtinifchen Kapelle fchmückten, follten neue
treten. Die Teppichbilder wurden Raffael zu componiren übertragen (1514—1516). Nach Raffael's Cartons wurden die Teppiche
(elf an der Zahl) in Brüffel unter der Leitung des Pieter van Aelft
gewirkt und am Stephanstage 1519 zum erften Male in der Kapelle
enthüllt. Die Teppiche, mit einer breiten Bordüre und mit Sockel-
bildern verfehen, werden noch im Vatikan, freilich in argem Zu-
ftande, bewahrt; die Cartons Raffael's aber, leider nur fieben, von
Rubens aufgefunden, kamen in den Befitz König Karl's I. von England und befinden fich gegenwärtig im Kenfington-Mufeum. Wenn
auch die mit dünner Leimfarbe auf zufammengeklebtes Papier gemalten Cartons mit der Zeit viel gelitten haben, fo bilden fie
doch neben den vaticanifchen Fresken das Hauptwerk Raffael's, ja
fie überragen diefelben fogar in einem Punkte, da fie nicht Spuren
äußeren Zwanges, einer Anfügung an den Willen des Beftellers zeigen,
keinen fpröden Stoff zu bewältigen hatten, fondern der Phantafie
des Künftlers den freieften Spielraum boten. Die Eigenthümlichkeiten des Raffaelifchen Stiles, das fefte Maß auch in leidenfchaftlichen Schilderungen, der verföhnende milde Zug, die Scheu vor
allem Gewaltfamen, Unvermittelten, treten daher hier am deutlichften
auf. Der Gegenftand der Schilderung waren die Stiftung der Kirche
und folche Ereigniffe der apoftolifchen Zeit, welche den göttlichen
Schutz und die göttliche Macht in der Kirche beweifen. Der
wunderbare Fifchzug, die Uebergabe der Schlüffel an Petrus bilden
gleichfam die Einleitung zu dem Bilderkreife. Es folgen fodann die
Heilung des Lahmen an der fchönen Pforte des Tempels durch
Petrus und Johannes, die Beftrafung des Ananias, die Blendung des
Zauberers Elymas, das Opfer zu Lyftra und Pauli Predigt in Athen.
Das Opfer zu Lyftra (No. **211**, 3, im Gegenfinne) wird nach den
Worten der Apoftelgefchichte 14, 7 dargeftellt. Paulus und Bar-
nabas hatten einen Lahmen geheilt, werden von dem Volke für
Jupiter und Mercur, die zur Erde herabgeftiegen find, gehalten und
follen das Dankesopfer empfangen. Den Opferapparat entlehnt Raffael
antiken Sculpturen, deren Studium den Meifter und die Schüler
immer eifriger befchäftigte. Während auf der einen Seite der Ge-
heilte und feine Freunde herandrängen, die einen neugierig das
Wunder prüfend, die anderen in Verehrung zu dem Apoftel blickend,
fteht diefer auf erhöhtem Sockel für fich und droht in Entrüftung
über die Götzendienerei die Kleider zu zerreißen. Der Augenblick

höchſter Spannung iſt gewählt, die Darſtellung aber doch ſo geordnet, daß der Hergang in ſeinem ganzen Verlaufe deutlich erſcheint. Die Gruppe am Opferaltar bildet die neutrale Mitte, und
wie ſie die Gegenſätze räumlich auseinanderhält, ſo vermittelt ſie
auch löſend die leidenſchaftlichen Stimmungen der Hauptperſonen.

Der zweite große Auftrag Leo's X. bezog ſich auf die Loggien,
die offene Bogenhalle im vorderen Hofe (Cortile di Damaſo) des
vatikaniſchen Palaſtes. Sowohl die Kuppelgewölbe wie die Pfeiler
und Rückenwände der Halle ſchmückte Raffael mit vorwiegender
Hilfe ſeiner Schüler in den Jahren 1513—1519 maleriſch aus.
Jede in vier Felder getheilte Flachkuppel — und ſolcher Kuppeln
gibt es vierzehn — enthält vier bibliſche Bilder. Man zählt alſo
die Summe von 56 Bildern in kleinem Formate, die unter dem
Namen die Bibel Raffael's häufig in Kupfer geſtochen und nachgebildet worden. In den Schöpfungsſcenen hielt ſich Raffael an
Michelangelo's Muſter, ſelbſtändig geſchaffen und von reizender
Wirkung ſind die idylliſchen Schilderungen aus der Zeit der Patriarchen und Moſis Jugendleben. Die Pfeiler und Wände wurden
unter der Leitung Giovanni's da Udine (1487—1564) mit Zierraten
bemalt, welche unter dem Namen Grottesken bekannt ſind. Der
Name deutet den Urſprung an. In den verſchütteten, unterirdiſchen
Bädern und Villen, die wie Grotten ausgegraben werden mußten,
entdeckten die Ornamentmaler eine Fülle köſtlicher Muſter, aus
dem Spiel mit leichten architektoniſchen Gliedern (Stengel ſtatt
Säulen, Kränze ſtatt Balken u. ſ. w.) hervorgegangen, welche ſie
ebenſo wie die zierlichen Stuckreliefs eifrig benützten und in fröhlicher Weiſe mit der altbekannten Rankendecoration und rein
naturaliſtiſch behandelten Frucht- und Blumengewinden miſchten
(Probe eines Pfeilers No. 158, 3). In den Stuckreliefs und gemalten Medaillons legten die Schüler Raffael's vornehmlich die
Früchte ihrer antiken Studien nieder, daher wir in denſelben eine
ganze Reihe antiker Sculpturen flüchtig ſkizzirt wiederfinden, neben
allerhand launigen Einfällen, welche ihnen während der Arbeit durch
die Phantaſie kamen.

Neben dem Papſte bewährte ſich der reiche, ebenſo üppige
wie feinſinnige Kaufherr Agoſtino Chigi als warmer Gönner Raffael's. In ſeinem Auftrage malte Raffael in der Kirche S. Maria
della Pace (ungefähr 1513—1514) über einem Bogen die Sibyllen
(No. 210, 4). Der Vergleich mit Michelangelo's Sibyllen drängt
ſich unwillkürlich auf. Ihm folgte Raffael in der Zuſammenſtellung
der Sibyllen mit Engeln, was übrigens ſchon Giovanni Piſano durchgeführt hatte. Eigenthümlich bleibt aber Raffael die unvergleichlich ſchöne Umrißlinie der ganzen Gruppe, die in freien Schwin-
gungen ſich der Bogenlinie anſchließt, die Belebung des Raumes,

die Anmuth der Frauengestalten und die Lieblichkeit der Engel-
knaben. Die Verbindung mit Agoftino Chigi gab aber noch zu
anderen Frescowerken¶Anlaß. In der Villa, welche fich Chigi von
Peruzzi bauen ließ (Farnefina) malte Raffael zunächft in einer
kleineren Halle des Erdgefchoffes die Galatea, wie fie triumphirend,
von Tritonen umgeben, das Meer auf einer von Delphinen gezogenen Mufchel durchfchifft. Hier arbeiteten neben Raffael noch andere
Künftler: Peruzzi, Sebaftian del Piombo. Später aber (1517—1519)
übertrug Chigi die Ausfchmückung der größeren Halle ausfchließlich Raffael. Die Anordnung des Bilderkreifes wird aus der Anficht der Halle (No. 158, 4) kenntlich. In den vierzehn Stichkappen
des Gewölbes fchildert Raffael, von einem antiken Epigramme angeregt, den Triumph Amor's, welcher die Waffen aller Götter als
gute Beute wegfchleppt und als Weltbeherrfcher fich offenbart. In den
Bogenzwickeln, von dicken Fruchtfchnüren eingerahmt, find Scenen
aus der Pfychefabel auf Grund der Novelle des Apulejus dargeftellt, in der Mitte der Decke endlich, gleichfam auf zwei ausge-
fpannten Teppichen, wird der Richterfpruch Jupiter's und die Aufnahme Pfyche's in den Olymp und im anderen Bilde die Hochzeit
Amors mit Pfyche (No. 210, 3) befchrieben. Um den Tifch haben
fich nebft dem Brautpaare die Götter Jupiter mit Juno, Neptun
mit Amphitrite, Pluto mit Proferpina, Hercules und Hebe gelagert.
Bacchus übt das Amt des Mundfchenken, Ganymed credenzt Jupiter
den Göttertrank, Grazien und blumenftreuende Horen umfchweben
die Tafelrunde. Links ftimmen die Mufen zur Lyra Apollo's und
zur Flöte Pan's das Hochzeitslied an, und bewegt fich Venus in
zierlichem Tanzfchritte. Die fröhliche Feftftimmung, welche der
dem feinften Lebensgenuffe gewidmete Raum in feinem Schmucke
verlangte, wurde in Raffael's Fresken vollkommen erreicht.

Raffael's Leben in Rom, wie es fich in den fpäteren Jahren ge-
ftaltete, weckt in uns das Bild eines wahren Kunftfürften, der über
eine Schaar von Schülern gebietet, deffen Wirken kaum eine Grenze
kennt, dem man nur huldigend naht. Seine Intereffen umfaffen
alle Kunftzweige. Er leitet den Petersbau und zeichnet Palaftpläne;
die großen Werke der monumentalen Malerei werden unter feiner
Auffiht gefchaffen; er übt auf die Kupferftecherkunft (Marcan-
tonio Raimondi von Bologna) nachhaltigen Einfluß. Ihn feffelt
nicht allein die antike Kunft, er fucht auch die Form und Geftalt
des alten Rom zu durchdringen und denkt an eine ideale Reftauration der ewigen Stadt. Nur die größte Arbeitskraft war im
Stande, fo umfaffende, weitgreifende Aufgaben zu bewältigen. Von
diefer Arbeitskraft legt auch die forgfame Vorbereitung aller bedeutenderen Werke Zeugniß ab. Faft zu jedem derfelben haben
fich Skizzen, Modellftudien erhalten. Viele köftliche Entwürfe

find uns nur in Handzeichnungen aufbewahrt. Es zeigt alfo die
fchöpferifche Kraft noch einen Ueberfchuß über die ausgeführten
Werke, und doch begreifen wir fchon von diefen kaum, wie fie eine
einzige Hand durchführen oder wenigftens leiten konnte. Wunderbar ift, daß keine Spur von einer ermüdeten Phantafie wahrgenommen wird. Während er an den Cartons arbeitete, malte er
feine beften Porträts (Caftiglione, im Louvre) und fchuf die aus
einem Guffe entftandene Sixtinifche Madonna für ein Klofter in
Piacenza (jetzt in Dresden). In den Tafelbildern aus feinen letzten
Jahren macht fich fogar das Streben nach Steigerung des Reichthums und der Tiefe der Compofition bemerkbar. So offenbart
die fog. große h. Familie im Louvre, 1518 für die Königin von
Frankreich gemalt, und die „Perle" in Madrid, ebenfalls die h. Familie darftellend, gegen früher, eine reichere Entfaltung der Gruppe,
und in feinem letzten Werke, der Transfiguration, überragt die
großartige Kühnheit, mit welcher zwei Scenen, die Verklärung
Chrifti und die Vorführung des Befeffenen vor die Apoftel verknüpft werden, alle früheren Werke des Meifters. Raffael ftarb am
Charfreitag (6. April) 1520 an den Folgen eines Fiebers, das er
fich bei dem Ausmeffen der Ruinen Roms zugezogen, in feinem
fiebenunddreißigften Jahre.

Einige Zeit hielt noch nach Raffael's Tode die Schule zufammen, zu deren wichtigften Vertretern neben Francesco Penni,
Perin del Vaga u. a. *Giulio Romano* (1492—1546) gehört. Und
auch den Stil des Meifters bewahrten fie noch in einzelnen Werken,
wie Giulio Romano's Madonna mit dem Wafchbecken (No. 213, 4)
und die Bilder des Andrea da Salerno zeigen. Allmählich aber
verblaßte mit dem fteigenden Einfluffe Michelangelo's das Vorbild
Raffael's, und auch das Zufammenwirken in Rom hörte auf, feitdem die Plünderung der Stadt durch die kaiferlichen Truppen und
die arge Zerrüttung der politifchen Verhältniffe der Kunftpflege
ein fchweres Hemmniß bereitet und die Künftlerkolonie aus einander gefprengt hatte. Giovanni da Udine kehrte in feine Heimat
zurück, der als Decorationsmaler berühmte, in der antiken Mythen-
welt merkwürdig heimifche Polidoro da Caravaggio wanderte nach
dem füdlichen Italien. Auch die Localfchulen Mittelitaliens löften
fich um diefe Zeit vom Volksboden los und verloren ihre felbft-
ftändige Bedeutung.

In Siena, wo bis gegen den Schluß des 15. Jahrhunderts
eine alterthümelnde Richtung vorwaltete, hebt fich aus dem jüngeren
Gefchlechte Girolamo del Pacchia (1477 bis nach 1535), der auch
als Baumeifter berühmte Baldaffare Peruzzi (1481—1537) und der
reichbegabte Giov. Antonio Bazzi, unter dem Spottnamen *Sodoma*
bekannter, (1477—1549) hervor. Seiner Geburt nach gehört er

der Lombardei an, und auch feine erften künftlerifchen Eindrücke
dankt er wohl der Schule Lionardo's. Seit dem Jahre 1501 hält
er fich vorwiegend in Siena auf. Zwar fuchte er auch in Rom
fein Glück zu machen. Er malte vor Raffael in den vatikanifchen
Stanzen. Die Gunft Agoftino Chigi's verfchaffte ihm fodann in der
Farnefina eine größere Arbeit. Die Hochzeit Alexander's mit
Roxane, in einem Gemache des oberen Stockwerkes der Villa, gehört zu den anmuthigften und heiterften Schilderungen der Raffael'fchen Periode. Doch kehrte er bald nach Siena zurück, wo er
insbefondere in der Frescomalerei eine große Fruchtbarkeit entfaltete. Sein Schönheitsfinn verlieh einzelnen Geftalten und einfachen Gruppen eine große Anziehungskraft, fo dem h. Sebaftian
in der Uffizigalerie, der h. Katharina an einem Pfeiler in S. Domenico in Siena, dem h. Vittorio (No. **204**, 4) im Rathhaus in
Siena u. f. w. Die Wirkung der Gefammtcompofition verdirbt aber
häufig die Flüchtigkeit der Zeichnung, die Aeußerlichkeit des Ausdruckes, die Eintönigkeit der Anordnung.

　Die Reihe der florentiner Localmeifter, Giuliano Bugiardini
(1475—1554), Franciabigio (1482—1525), Pontormo (1464—1557),
Ridolfo Ghirlandajo, Granacci u. a. fchließt *Andrea del Sarto*, der
Sohn eines Schneiders, zuerft zum Goldfchmied erzogen, der aber
bald zum Pinfel griff und fchon in jungen Jahren die meiften Genoffen überragte. Der wichtigfte Schauplatz feiner Thätigkeit war
der Klofterhof der Kirche Annunziata de' Servi, wo er zunächft
Scenen aus dem Leben des h. Filippus, dann Bilder aus dem
Leben Mariae malte. Die Geburt Mariae (No. **212**, 3) geht in
einem prächtigen Renaiffancegemache vor fich. Auserlefene Geftalten
von ftattlicher Schönheit begrüßen die Wöchnerin und befchäftigen
fich am Kamin mit dem neugeborenen Kinde. Es weht in dem Bilde
noch die gefunde Lebenskraft, in welcher fich Ghirlandajo's Fresken
bewegen, hinzugekommen ift aber eine überaus glänzende, auf feine
Rundung der Formen bedachte Färbung. Als Frescotechniker hat
Andrea keinen Nebenbuhler zu fürchten. Aehnliche Eigenfchaften,
die kräftig fchönen Formen und das fatte dabei durchfichtige Colorit zeichnet die Freske im Kreuzgang des Klofters aus: die Madonna del sacco (No. **212**, 4) aus dem Jahre 1525. Noch an anderen Orten in Florenz befinden fich Fresken von feiner Hand, fo
im Kreuzgang der Barfüßermönche (Scalzo) grau in grau gemalte
Bilder aus dem Leben des Täufers, im Refectorium des Klofters
S. Salvi (vor den Thoren vor Florenz) das Abendmahl. Viele Oelbilder, darunter umfangreiche Altargemälde, durch den Schmelz
und die feine Stimmung des Colorits ausgezeichnet, haben fich von
Andrea erhalten. Daß er häufig auf denfelben die Züge feiner
Gattin, Lucrezia del Fede, verewigt, thut der Wirkung derfelben

geringen Eintrag, da die Frau üppig fchöne Formen und ein frifch
blühendes Ausfehen befaß. Nicht in feinen Werken fo fehr als in
feinem äußeren Lebenslaufe bemerkt man den Niedergang der florentiner Kunft. Ihn lockte der leichte Gewinn in der Fremde, ihm
bot die Heimat nicht mehr den allein ficheren Boden für die Entfaltung feiner Kräfte. Er verfuchte, allerdings nur für kurze Zeit,
fein Glück am Hofe Königs Franz I. von Frankreich. Ihm und
feinen Genoffen genügte nicht mehr der allgemeine bürgerliche
Verkehr. In befonderen Vereinen traten fie zufammen, ein Virtuofenthum im Lebensgenuffe ftrebten fie an, dem nur zu bald das
Virtuofenthum in der Kunft folgen follte. In der Mitte des 16.
Jahrhunderts erfcheint die toskanifche und römifche Kunft bereits
tief gefunken, obfchon es nicht an Talenten fehlte und in einzelnen
Zweigen, z. B. von Angelo Bronzino (1502—1572) im Porträtfache,
Bedeutendes geleiftet wurde. Der Ernft und die Würde der Kunft
ließen fich, wo die Bildung keine fefte Grundlage bot und der Anfchluß an das Volksthum fehlte, durch keine perfönliche Künfte
aufrechterhalten.

6. Die Malerei des 16. Jahrhunderts in Oberitalien.

Kunftfchulen, welche fich nicht in der Mitte des Kulturftromes
bewegen, zeigen verhältnißmäßig eine ruhigere langfamere Entwickelung. Sie erreichen nur felten den Höhepunkt der letzteren,
beftimmen nicht das Schickfal der nationalen Kunft, fie halten aber
auf der anderen Seite auch den Verfall, welcher in Rom fobald auf
die höchfte Blüthe folgte, länger von fich fern. Die Malerei in Oberitalien erfreut fich bis tief in das fechzehnte Jahrhundert hinein
eines frifchen, gefunden Lebens. Wieder müßten, um ein vollftändiges Bild der hier herrfchenden künftlerifchen Regfamkeit zu
gewinnen, die einzelnen Lokalfchulen aufgezählt werden. Wenigftens die Schule von Ferrara verdient eine befondere Erwähnung,
in welcher fo hervorragende Meifter wie Benevenuto Tifi oder
Garofalo (1481—1559), Doffo Doffi (1479— nach 1546) und der durch
gelbröthlichen glühenden Farbenton ausgezeichnete Lodovico Maz-
zolino (1481— nach 1528) wirkten und das fpäter fo wichtige antike
Genrebild, die novelliftifche, zuweilen phantaftifche Schilderung antiker Mythen und Sagen eine fo reiche Pflege fand. Weltgefchicht-
liche Bedeutung befitzen aber doch nur zwei Einzelkünftler, Correggio und der nach Mantua aus Rom übergefiedelte Giulio Romano,
ferner die weitverzweigte Venetianer Schule. Ohne Ahnen fteht Antonio Allegri aus Correggio (1494?—1534), gemeinhin kurzweg

Correggio genannt, da. Ebenſo gering wie unſere Kunde von
ſeinem äußeren Leben — daher die mannigfachen Legenden, die
nachmals über ihn ausgeſponnen wurden — iſt auch unſere Kenntniß ſeiner künſtleriſchen Entwickelung. Als ſein erſter Lehrer
wird der in Modena thätige Francesco Bianchi aus Ferrara genannt,
eine gewiſſe urſprüngliche Wahlverwandtſchaft mit der ferrareſiſchen
Schule angenommen. Möglich ferner, daß Mantegna auf ihn in
der Jugend Einfluß übte und die von Correggio geübte Kunſt der
Verkürzungen dieſer Quelle entſtammt. Im Weſentlichen dankt er
aber ſeinen Stil, ſeine Auffaſſung, ſeine Technik der eigenſten perſönlichen Natur. Mit feinſter Empfindſamkeit ausgeſtattet, weiß
Correggio insbeſondere die Zuſtände geſteigerter Sinnlichkeit, er-
höhter Lebensfreude bis zur vollendeten Seligkeit zu ſchildern und
findet dafür in dem Helldunkel den entſprechenden maleriſchen
Ausdruck. Jubelnde Engels- und Heiligenchöre, bei welchen die
innere freudige Erregtheit ſich auch in der leidenſchaftlichen Bewegung kundgibt, mythologiſche Darſtellungen wie Io, Danae, Geſtalten überhaupt, welche von mächtigem Lebensgefühle durchſtrömt
werden, gelingen ihm am beſten. Unter ſeinen Fresken ſind jene
in S. Paolo (Diana mit Genien in den Oeffnungen einer Laube),
in S. Giovanni (Krönung Mariae) und im Dome (Mariae Himmelfahrt) die Hauptwerke. Nicht gering iſt die Zahl ſeiner Oelbilder.
Die Madonna mit dem h. Franciscus (No. **215**, 1) in Dresden und
die Ruhe auf der Flucht nach Aegypten in der florentiner Tribuna
vertreten die frühere, die h. Nacht oder die Geburt Chriſti, in
welcher das Licht vom Chriſtkinde ausſtrömt (No. **215**, 3) in Dresden, Chriſtus auf dem Oelberge, im Beſitze des Herzogs von Wel-
lington, die ſpätere Zeit des Meiſters. Außer dieſen werden die
Madonna mit dem h. Hieronymus (der Tag genannt) in der Galerie
zu Parma, die Madonna della scodella ebendort, die Vermählung
der h. Katharina im Louvre und mehrere mythologiſche Bilder am
meiſten gerühmt. Auf die italieniſche Malerei des 17. Jahrhunderts
hat Correggio den größten Einfluß geübt und noch im 18. Jahrhundert (Rococo) hallt ſein Stil nach. — Eine ähnliche ſtarke Nach-
wirkung in der ſpäteren Kunſt äußern die Werke *Giulio Romano's*
in Mantua. Von dem Herzoge Federigo II. Gonzaga im Jahre 1524
nach Mantua gerufen, brachte hier Giulio Romano die zweite Hälfte
ſeines Lebens (bis 1546) zu. Der Schüler Raffael's iſt nur in wenigen Zügen kenntlich. Eine gröbere Zeichnung, eine derbere
Auffaſſung, eine mehr äußerliche Wiedergabe der Antike unterſcheiden ſeine Mantuaner Werke von ſeinen früheren Schöpfungen.
Wirkungsvoll aber bleiben ſie durch die ſinnliche Lebensgluth,
welche aus ihnen ſtrömt, die Kühnheit der Compoſition, die decorative Pracht der Farbe. Im Palazzo Te ſchilderte Giulio Romano

das Leben Amor's und Pfyche's (Fragment No. **213**, 3) und in einem zweiten Saale den berühmten Sturz der Giganten. Im Refidenzfchloffe bot ihm der trojanifche Krieg den Inhalt zu einer Reihe von Fresken (No. **213**, 2), in welchen das heroifche Leben nach der Seite mächtiger Kraftentfaltung glücklich verkörpert ift.

Eine viel längere Lebensdauer und größere Selbfländigkeit als die Schulen von Parma und Mantua entfaltet die v e n e z i a n i f c h e Ku n f t im fechzehnten Jahrhundert. Mit *Giovanni Bellini* (1426 bis 1516) beginnt die Reihe der großen venezianifchen Maler, welche mit Paolo Veronefe fchließt. Giovanni Bellini reißt fich bald los von der herben und ftrengen Richtung feines Meifters Jacopo, bemächtigt fich vollftändig der neuen Technik (Oelmalerei), welche durch Antonello da Meffina nach Venedig gebracht wurde, und laufcht dem Colorit zuerft alle jene Wirkungen ab, welche die venezianifche Malerfchule auszeichnen. In feinem langen Leben entwickelt er (auch in Wandgemälden) eine erftaunliche Fruchtbarkeit. Noch als Dürer 1506 Venedig befuchte, galt Bellini als der Befte in der Malerei. Aus diefer Zeit (1505) ftammt die Tafel in S. Zaccaria in Venedig (No. **206**, 2). Die Madonna, in einer mofaicirten Nifche thronend, ift von den h. Petrus und Katharina (links) und den h. Hieronymus und Lucia (rechts) umgeben, ein geigefpielender Engel fitzt auf der unterften Thronftufe. Solche Compofitionen find in der Kunftgefchichte unter den Namen: heilige Unterhaltungen (sacre conversazioni) bekannt, weil in denfelben eine ftillruhige Stimmung herrfcht, die Heiligen in traulicher Weife zufammenftehen und nur durch erhöhtes Lebensgefühl und auserlefene Schönheit und Kraft ihr überirdifches Wefen offenbaren. Nach alter Ueberlieferung gilt Giovanni Bellini als Lehrmeifter der drei größten Venezianer: Giorgione, Palma vecchio und Tizian. Mag auch ein eigentliches Schülerverhältniß nicht ftattgefunden haben, die drei genannten Künftler dem Wetteifer unter einander ihre Ausbildung wefentlich verdanken, immerhin bleibt Bellini's Ruhm beftehen, daß er zuerft die Richtung eingefchlagen hat, welche das jüngere Gefchlecht vollendete. *Giorgione*, mit vollem Namen Giorgio Barbarelli, ift mehrere Jahre vor 1477 in Caftelfranco geboren worden und wahrfcheinlich ein illegitimer Sproffe der vornehmen Familie der Barbarelli. Zu den beftbeglaubigten Werken feiner Hand gehört die aus den erften Jahren feines Aufenthaltes in Venedig ftammende Altartafel in Caftelfranco (No. **206**, 4), die thronende Madonna mit dem h. Liberale und Franciscus. In der allgemeinen Anordnung gilt noch Bellini als Vorbild, in der tieferen Farbengluth, in der duftigen Fernficht, in den einzelnen Köpfen, befonders des ritterlichen Liberale, offenbart fich aber die ganz anders tief und reich geartete Natur Giorgione's fchon deutlich.

Vollends fcharf und eigenthümlich prägt fich feine Perfönlichkeit in mehreren Gemälden aus, für welche wir vergebens nach paffenden Unterfchriften und Namen fuchen, die vielmehr als reine Stimmungsbilder wahrfcheinlich im Anfchluß an intime poetifche Ergüffe von Zeitgenoffen aufgefaßt werden müffen. Den deutlichen Novellenton fchlägt Giorgione in kleinen biblifchen Bildern an. In dem „Concert" in der Pittigalerie, einem mufizirenden Mönche mit zwei Zuhörern, können wir uns den Vorgang klar machen. Was follen wir uns aber bei den fog. drei Aftrologen im Wiener Belvedere oder bei der fog. Familie Giorgione's (No. **208**, 3) denken? Trotz des dunkeln Inhaltes üben aber diefe Phantafieftücke, Märchen gleich, einen großen Eindruck aus und laffen die vollendete malerifche Kunft Giorgione's in hellftem Lichte erfcheinen. Der frühe Tod des Meifters (1511) befreite Tizian von dem gefährlichften Rivalen.

Enger befchränkt in der Phantafie, nicht durch Reichthum der Compofition und poetifchen Schwung glänzend, aber durch die Einführung und Verkörperung des venezianifchen Frauenideals mit Recht hoch gefeiert ift *Jacopo Palma* aus Bergamo, gewöhnlich Palma vecchio genannt (1480?—1528). Bald in Einzelportäts (Violanta in Wien, die Bella im Palazzo Sciarra in Rom), bald zu einer Gruppe vereinigt (die fogenannten drei Grazien in Dresden) führt er uns einen Frauentypus von mächtigen Formen, üppig blühendem Ausfehen, reichem goldigen Haare und zarter warmer Hautfarbe vor die Augen. Mit Recht bleibt Palma im Rahmen des Bruftbildes ftehen, bricht die Figuren unter dem Gürtel ab. In diefen Halbgeftalten, welche läffig ruhen, mit den weißen vollen Händen den Fächer halten, die Haarflechten zurückftreifen oder fie auch unbewegt im Schoße liegen haben, prägt fich das behagliche, einfach fchöne Dafein am beften aus. Diefes auch von Tizian benützte Frauenideal überträgt Palma felbft auf Heiligengeftalten, z. B. auf die h. Barbara in S. M. Formofa (No. **212**, 5), eine der am meiften gepriefenen Schöpfungen des Malers, und läßt es felbft in den Madonnenköpfen anklingen.

Tiziano Vecelli aus Cadore (1477—1576) fah in feiner Jugend Giovanni Bellini herrfchen, wetteiferte mit Giorgione und Palma und erlebte noch die Zeiten Paolo Veronefe's und Baffano's. Einige Jahre vor Raffael geboren, ftarb er, als in Mittelitalien der fchlimmfte Manierismus, z. B. der Brüder Zuccaro, wucherte und die Kunft in Rom und Florenz fich kaum noch ihrer großen Vorfahren erinnerte. Die Wandlungen beinahe eines vollen Jahrhunderts gingen an ihm vorüber. Seine eigene Natur wurde von denfelben nicht berührt; kaum daß fich in feinen letzten Werken die Spuren des Greifenalters nachweifen laffen. Ueber Tizian's Jugendentwickelung find wir dürftig unterrichtet. Als fein erfter Lehrer wird ein Mofaikmaler, Sebaftiano Zuccato, genannt, auf eine nähere Beziehung zu

Palma deutet die Benützung gleicher Modelle (in der „himmlifchen und irdifchen Liebe" in der Galerie Borghefe in Rom) hin. Ungefähr im Jahre 1508 war Tizian mit der Ausfchmückung des Kaufhaufes der Deutfchen befchäftigt. Leider find feine Fresken, wie jene Giorgione's faft fpurlos verfchwunden. Aus diefer Zeit ftammt der Zinsgrofchen (No. 214, 2), ein Bild, das nicht nur durch die vollendete Charakteriftik der beiden Geftalten feffelt, fondern auch durch die Anekdote, es fei im Wettftreite mit Dürer entftanden, unfer Intereffe erregt. Die wundervolle Ausführung, die felbft das feinfte Detail beachtet, ohne aber darüber die Gefammtwirkung zu ftören, hat offenbar zur Vergleichung mit dem deutfchen Meifter den Anlaß gegeben. Als Malerfürft wurde Tizian oft gepriefen, mit Rückficht auf das reiche glänzende Leben, dem er gern huldigte. Aber auch als Maler der Fürften darf er begrüßt werden. Mit allen mächtigen Herren Italiens uud Spaniens ftand er in Beziehungen. Eifrig wurden feine Dienfte von Alfonfo von Efte aufgefucht, die Gonzaga's von Mantua wetteiferten mit dem Herzoge von Ferrara in der Begehrlichkeit nach Werken von Tizian's Hand. Der Herzog von Urbino, die Farnefen betrauten ihn mit Aufträgen, Papft Paul III. empfing ihn in Rom (1545) mit dem größten Wohlwollen. Kaifer Karl V., an deffen Hoflager in Augsburg er zweimal, 1548 und 1550, verweilte, fchenkte ihm, ebenfo wie Philipp II. von Spanien, reiche Gunft. Ein Wiederfchein diefer höfifchen Beziehungen fpiegelt fich in den zahlreichen mythologifchen Gemälden Tizian's ab. Diefelben wurden mit Vorliebe von den hohen Herren beftellt und fagten, da fie die Frauenfchönheit, den Lebensgenuß verherrlichten, angenehme Heiterkeit athmeten, dem Gefchmacke der fürftlichen Kreife jener Zeit am beften zu. Da fie zugleich dem Maler die dankbarften Aufgaben ftellten, fo wurden fie auch von Tizian bis an fein Lebensende (die Ausrüftung Amor's (No. 214, 3), welche auch die Erziehung Amor's getauft werden könnte, fchuf er beinahe neunzigjährig) mit fichtlicher Liebe wiederholt.

Zu den bedeutendften Bildern diefer Gattung zählt man die Venus von Urbino (Uffizi), Bacchus und Ariadne (Londoner Nationalgalerie), Diana (Neapel), Jupiter und Antiope (Madrid) u. f. w. Ein reines wonniges Dafein und hoch gefpannte Lebensluft athmen auch die unter den Namen La Bella, Lavinia, Flora, Tizian's Geliebte u. f. w. bekannten Frauenporträts. Diefelben ftreifen an Palma's ideale Schönheitstypen an. Während aber Palma's Phantafie fich in diefen Schilderungen behaglichen, anmuthigen Dafeins beinahe erfchöpft, bilden fie bei Tizian nur eine Seite feines weitumfaffenden künftlerifchen Wirkens. Ebenfo fruchtbar und groß tritt er uns in den religiöfen Darftellungen entgegen, gleichviel ob diefelben ein gewaltiges pathetifches Leben athmen und ftürmifche

Empfindungen offenbaren, wie z. B. die urfprünglich für den Hochaltar der Frari beftimmte Himmelfahrt Mariae (Affunta) in der
Akademie zu Venedig und die Grablegung im Louvre, oder ob fie,
wie die zahlreichen Madonnenbilder (Madonna mit dem Kaninchen
im Louvre), den idyllifchen Ton anfchlagen. Proben kirchlicher
Schilderungen find die Ermordung des Mönches Petrus Martyr
durch Lombarden im Jahre 1252 (No. **213**, 5), welches Gemälde
1867 durch eine Feuersbrunft zu Grunde ging, und die Madonna
mit den h. Petrus, Johannes, Antonius, welche die Gunft der
Himmelskönigin für die Familie Pefaro erflehen (No. **214**, 1). Die
facra converfazione ift hier in eine dramatifche Handlung umgewandelt worden. Die beiden Bilder ftammen aus der früheren Zeit
des Meifters: 1530 und 1526. Auch als Porträtmaler (Aretino, im
Pal. Pitti, Paul III., in Neapel, Karl V., wiederholt, Strada, im Wiener
Belvedere u. f. w.) überragt Tizian alle Genoffen und zeigt, daß
der pfychologifche Scharfblick, die Kunft feinfter und fchärffter
Charakteriftik nicht bloß den Oratoren der Republik in ihren Rela-
zionen innewohnte, fondern auch von dem Maler getheilt wurde.

Neben Tizian rühren fich zahlreiche Kunftkräfte, theils in Venedig, theils in den angrenzenden Landfchaften (Friaul, Bergamo, Verona,
Brescia) entfproffen. Noch der älteren Generation, aus gleichen
Wurzeln wie Tizian Nahrung fchöpfend, gehört Sebaftian del Piombo
an, dann Lorenzo Lotto (1480? bis nach 1554), aus Trevifo, vorwiegend mit religiöfen Darftellungen befchäftigt, eine dem Correggio
wahlverwandte Natur, weiter Giovanantonio Pordenone (1484?—1539),
auch als Frescomaler überaus fruchtbar, und der einer Veronefer Künftlerfamilie entftammende Bonifazio († 1540), in deffen Familie noch
zwei andere gleichnamige Künftler lebten, von welchen aber keiner
den Bonifazio Veronefe im heiteren, fein geftimmten Glanz der
Färbung erreichte. In Brescia entfaltete neben Girolamo Romanino
und dem trefflichen Porträtmaler Giovan Battifta Moroni († 1578)
der unter dem Namen *Moretto* bekannte Aleffandro Bonvicino (1498
—1555), der Zeitgenoffe des einen und Lehrer des anderen, die
bedeutendfte Wirkfamkeit. In zart gedämpftem Silbertone malte er
eine ftattliche Reihe umfaffender Altarwerke (Probe in No. **215**, 2),
welche durch die vornehme, ruhige Haltung der Gruppen und die
würdevolle Bewegung und ausdrucksvolle Empfindung der Geftalten
mächtig wirken. Als Porträtmaler wetteifert mit Tizian Paris Bor-
done (1500—1570). Von dem jüngeren venezianifchen Künftler-
gefchlechte errangen Jacopo Robufti, genannt Tintoretto (1518—
1594) und Paolo Caliari Veronefe (1528—1588) den weitesten
Ruhm. *Tintoretto* fprengt die Einheit des venezianifchen Stiles,
indem er nicht allein an die Stelle der allfeitig vom Licht umftrömten
goldigen Farbe einen ftärkeren Wechfel von Licht und Schatten

fetzt, fondern auch einer heftig bewegten, unruhigen Empfindungsweife mit Vorliebe Ausdruck leiht. Michelangelo's mächtige Geftalten zogen ihn an, dabei konnte er fich aber von naturaliftifchen
Regungen nicht frei machen. Daher üben feine fpäteren Werke
felten eine harmonifche Wirkung. Mit denfelben füllt er nicht nur
venezianifche Kirchen, fondern auch den Dogenpalaft an, der nach
dem Brande von 1574 eines neuen malerifchen Schmuckes bedurfte.
Tintoretto's Paradies im Saale del maggior Configlio ift wegen feiner
riefigen Größe berühmt, nicht minder umfaffend find das jüngfte Gericht und die Anbetung des Kalbes in der Kirche dell' Orto. Unter
den für die Scuola di S. Rocco (Brüderfchaftshaus) gemalten Bildern
ragt die Kreuzigung (No. **214**, 4) hervor. Zu einer lebendigen
reichen Volksfcene erweiterte er den Vorgang, eine in den Umriffen vollendete und durch den Ausdruck ergreifende Gruppe
fchilderte er in den klagenden Frauen am Fuße des Kreuzes. —
Paolo Veronefe kam erft als fertiger Künftler 1555 nach Venedig.
Kein Wunder, daß er auch fernerhin an den Traditionen der Schule
feiner Vaterftadt Verona in einzelnen Dingen, z. B. in dem feinen
filbergrauen Farbentone, fefthielt. Immerhin darf er als ein ächter
Repräfentant des venezianifchen Lebens und der venezianifchen
Kunft gelten. War auch die politifche Bedeutung und die Handelsmacht der Republik in rafchem Sinken begriffen, fo hatte fich doch
noch das äußere Prunkgerüfte der früheren Herrlichkeit erhalten,
die Freude an einem glänzenden Auftreten und feftlich frohem
Leben noch gefteigert. Den Wiederfchein diefer Zuftände zeigen
Veronefe's Werke. In prächtige Marmorcolonnaden verlegt er den
Schauplatz der biblifchen Gaftmähler (Hochzeit zu Cana im Louvre,
das Gaftmahl im Haufe Levi in der Akademie zu Venedig [No.
215, 5], das Gaftmahl bei Simon in der Turiner Galerie u. f. w.)
und ftattete fie mit allem Glanz eines vornehm üppigen Gelages
aus. In feinen Frauengeftalten liebte er es, durch äußeren Putz
die Wirkung der Erfcheinung zu erhöhen, und vertaufchte die fatte
ruhige Schönheit des älteren Typus mit bewegteren pikanten Reizen.
Als charakteriftifch für den Meifter und feine Richtung muß auch
gelten, daß in Breitbildern feine Kunft fich am freieften entfaltet.
Der ftrenge Aufbau der Gruppen fällt fort, in behaglicher Weife
fchreiten die vornehm gekleideten, munter lächelnden oder mit
ftolzem Selbftbewußtfein aufblickenden Geftalten an uns vorüber.
Das decorative Element herrfcht in Veronefe's Bildern ftärker vor,
als in jenen Tizian's. Er fühlte fich daher auch Aufgaben, wie fie
ihm im Dogenpalafte und in der Villa Mafèr bei Caftelfranco geboten wurden, am meiften gewachfen. Im Dogenpalafte füllte Paolo
Decken und Wände mit ausgedehnten Gemälden hiftorifchen und
allegorifchen Inhaltes, in der Villa Mafèr (Probe No. **216**, 1) fchuf

er mit wunderbarer Leichtigkeit und unermüdlicher Phantafie mythologifche Scenen, abwechfelnd mit Bildern aus dem gefelligen Leben,
und mit Landfchaften.

---

7. Die italienische Malerei im 17. Jahrhundert.

Nach längerem Stillftande, zum Theile veranlaßt durch die Betäubung, in welche Michelangelo's Nähe alle Künftler verfetzte,
hob fich die mittelitalienifche Malerei am Schluffe des fechzehnten
Jahrhunderts zu reicherem Leben und fichtlichem Auffchwunge.
Hand in Hand ging mit der fogenannten Wiederherftellung des
guten Gefchmackes die wieder emporfteigende Macht Roms, die neu-
erweckte Bauluft der Päpfte feit Sixtus V. und das Zuftrömen aller
Künftler und Kunftfreunde nach Rom, welches als die wahre Hoch-
fchule aller Künfte galt und wo allein Ruhm und Wirkfamkeit für
die Künftler zu holen war, mochten fie auch an anderen Orten fich
Bildung und Meifterfchaft erworben haben.   Steht man den Fresken
und Oelgemälden, welche in den Jahren 1540—1580 gefchaffen
wurden, gegenüber, fo entdeckt man rafch die Verfchwommenheit
der Zeichnung und Farbe, den Mangel an individueller Charakteriftik, das bald Süßliche, bald Leere des Ausdruckes als die häufigft
wiederkehrenden Merkmale.   Eine große technifche Fertigkeit, welche
zur Schnellmalerei verleitete, eine allgemeine poetifche Bildung,
deren Tiefe aber nicht weit genug ging, um vor hohlen Phrafen
und nur feltfamen Einfällen zu fchützen, machen fich ferner in
diefen Werken bemerkbar.   Was Noth that und wo die Hilfe lag,
läßt fich darnach leicht errathen.   Es mußte wieder der unge-
fchminkte Naturalismus, eine wahre Erholung nach der vorhergegangenen fchlaffen Manierirtheit, zu feinem Rechte kommen und
eine ernftere, gründlichere künftlerifche Bildung angebahnt werden,
die nicht an Aeußerlichkeiten der großen Meifter hängt, fondern
dem Wefen der letzteren nachgeht und fich diefes auf dem Wege
genauen Studiums anzueignen fucht.   Diefe Reform wurde von
einem Künftlerkreife in Bologna durchgeführt.   *Lodovico Caracci*
(1555—1619) hatte fich in feinen jungen Jahren mit den Werken
Correggio's und der Venezianer vertraut gemacht und, von der
Wanderfchaft in feine Heimath zurückgekehrt, auch feine beiden
Vettern *Agoftino* (1557—1602) und *Annibale* (1560—1609) zu dem
gleichen Studiengange angeregt.   Alle drei, zwar nicht dem Blute
nach eng verwandt — die Großväter waren Brüder gewefen —
aber durch die gleiche Richtung und dasfelbe Ziel eng verbunden,
dabei fich trefflich in ihren Naturen ergänzend, traten dann in

Bologna (1582) zu gemeinfamer Arbeit zufammen und ftifteten nach
damaliger Sitte eine Akademie (der Incamminati), die zugleich Kunft-
fchule wurde. Das Programm derfelben: Wählet aus allen großen
Meiftern das Befte, in einem Sonette Agoftino's niedergelegt, hinderte
nicht die freie Entfaltung der verfchiedenen Individualitäten. Die
Gunft der Farnefe's verfchaffte den beiden Brüdern Agoftino und
Annibale 1597 den Ruf nach Rom. Im Palazzo Farnefe fchufen
fie ihr bedeutendftes Werk: die Deckenfresken in der großen
Galerie, mit mythologifchen Schilderungen, welche die Macht der
Liebe verherrlichen. Ueber der Arbeit ftarb Agoftino, der auch
als Kupferftecher und Gelehrter fich einen Namen gemacht hatte.
Annibale vollendete die Fresken und dankt es diefem Umftande,
daß fie gewöhnlich ihm allein zugefchrieben werden, wie er auch
als Oelmaler den Ruhm des Bruders und Vetters überftrahlt. Als
Probe des Caracci'fchen Stiles, der freilich noch andere Eigenfchaften
aufweift, ift die Madonna mit dem fchlafenden Chriftus, unter dem
Namen „Silence du Carrache" bekannt, (No. **217**, 2) ausgewählt
worden.

Der Akademie der Caracci in Bologna dankt eine Reihe der
beften Maler des 17. Jahrhunderts, welche befonders Rom mit ihren
Werken und ihrem Ruhm erfüllten, ihre Bildung. So zunächft
Guido Reni (1575—1642), von allen Schülern der Caracci der be-
gabtefte, auch in feinem äußeren Auftreten der glänzendfte Vertreter der damaligen Künftlerwelt. In Rom, wo er feit 1605 fich
wiederholt aufhielt, fchuf er die Aurora (No. **217**, 4), den Triumphzug des vom Horenreigen umkreiften Apollo, welchem Aurora,
Rofen ftreuend, voranfliegt, ausgezeichnet durch die lichte Harmonie
der Färbung und die unvergleichliche Leichtigkeit der Bewegungen.
In Bologna, wo er namentlich die letzten Jahre feines Lebens zubrachte, malte er befonders viele Staffeleibilder, die ihren Weg in
alle Galerien Europa's fanden. In den Frauenköpfen entdeckt man
häufig einen abfichtlichen Anklang an den Niobetypus, wie er überhaupt von allen Eklektikern den Spuren der Antike am häufigften
nachging. Doch verlor er darüber die gefunde Berührung mit dem
Naturalismus nicht. Für die Wendung der Kunftrichtung, theilweife unter dem Einfluffe der veränderten kirchlichen Anfchauungen,
find die unter den Namen: Magdalena, Kleopatra bekannten weiblichen Bruftbilder bezeichnend. Sie mahnen an die venezianifchen
Schilderungen fchöner Frauen, mußten fich aber einen fentimentalen
Beigefchmack gefallen laffen. Auch mit dem Chriftus- und Madonnen-
ideal geht ein Wechfel vor fich. Mit Vorliebe wird der leidende
Chriftus (No. **217**, 5) und die fchmerzensreiche Maria dargeftellt.

Neben Guido behauptet Domenico Zampieri oder *Domenichino*
(1581—1641) einen hervorragenden Platz in der Schule der Ca-

racci. Von feiner raftlofen, gewiffenhaften Thätigkeit zeugen die zahlreichen Fresken in Rom (S. Andrea della Valle, S. Luigi), in Grottaferrata bei Rom (Leben des h. Nilus) und Neapel. Unter feinen Tafelbildern nimmt die letzte Communion des h. Hieronymus in der vatikanifchen Galerie (No. 217, 3) vielleicht den höchften Rang ein. Bereits Agoftino Caracci hatte denfelben Gegenftand behandelt. Domenichino's Compofition zeigt aber nach jeder Richtung eine feinere Harmonie, ein befferes Gleichgewicht der Gruppen. — Nur in einem befchränkten Formen- und Gedankenkreife gewann der Mitfchüler Guido's und Domenichino's, der Sohn eines reichen Seidenhändlers, *Francesco Albani* (1578—1660), Bedeutung: in der Schilderung anmuthiger Nymphen und Genien, die fich in heiterer Landfchaft bewegen und zu welchen ihm feine zweite Frau und feine zehn Kinder Modell ftanden (ein Beifpiel No. 217, 6). Und auch für diefe Bilder nahm er häufig die Mitwirkung von Gehilfen in Anfpruch. — Giovanni Francesco Barbieri aus Cento, feines Schielens wegen *Guercino* benannt (1591—1666), wird dem Kreife der Caracciften gleichfalls zugezählt, hat aber nur ein bedingtes Anrecht darauf, da er, von einem energifchen Farbenfinn unterftützt, fich der Richtung der Naturaliften vielfach nähert. Auch diefe hatten in Rom den Mittelpunkt ihrer Wirkfamkeit gefunden, den Kampf gegen die Manieriften noch leidenfchaftlicher geführt als die Caracci's, aber andere Waffen in den Händen getragen. An ihrer Spitze ftand der Bergamaske *Michelangelo Amerigi* aus Caravaggio (1569—1609), nach dem Geburtsorte gewöhnlich benannt. Die venezianifchen Einflüffe, unter denen er aufwuchs, verloren fich in feiner fpäteren Zeit und wichen der Vorliebe für kellerartige Beleuchtung, welche grelle Lichter in eine dunkle Umgebung fchroff hineinwirft. Sie paßt zu einzelnen Gegenftänden der Darftellung: zu den Spielern (No. 218, 2) und anderen unheimlichen Gefellen, die er fchildert, zieht aber Gegenftände des religiöfen Lebens (No. 218, 1) in das Gemeine und Rohe herab. Der raufluftige Mann vertaufchte Rom, den Hauptkampfplatz feiner Partei, zuletzt mit Neapel, wo er in *Salvator Rofa* (1615—1673), dem auch als Dichter und Landfchaftsmaler gefeierten Manne, einen trefflichen Nachfolger fand, der auch durch Gedankenreichthum zu glänzen und die Compofition zu vertiefen fuchte, was nicht die Sache und die Stärke des Stifters der Schule war. Die Radirung (No. 218, 3) zeigt am beften Salvator's Anrecht, zu den Naturaliften gezählt zu werden. Es ift merkwürdig, daß der Naturalismus unter Künftlern fremder Nationalität die eifrigften Anhänger fand, fo den Spanier Ribera oder Spagnoletto, die Franzofen Vouet und Valentin, den Niederländer Honthorft. Außer den beiden Hauptfchulen haben fich fonft noch zahlreiche Künftler Anfehen und Wirkfamkeit verfchafft und zu-

weilen ganz vortreffliche Bilder gemalt, ſo Chriſtofano Allori in
Florenz (Judith), Salvi oder Saſſoferrato (1605—1685) in Rom, der
ſich in ſeinen Madonnen in den Raffaeliſchen Stil einzuleben verſuchte und Andrea Sacchi in Rom (h. Romuald). Von *Carlo
Dolce's* affectvollen Madonnen (No. **217, 7**) kann man wenigſtens
ſagen, daß ſie die Zeitſtimmung gut trafen und der beliebten ſüß-
lichen Andacht gefälligen Ausdruck gaben. Das 18. Jahrhundert
repräſentiren der Venezianer *Giovan Battiſta Tiepolo* (No. **218, 4**),
in welchem bei aller Flüchtigkeit ein guter Kern der heimiſchen
Schule ſich erhielt, und der als Decorationsmaler Tüchtiges leiſtete,
und dann der in Rom hochgeſchätzte *Pompeo Battoni*, welcher ſeine
Ideale gleichfalls in der älteren Kunſt ſuchte und in ſeiner Magdalena (No. **218**, 5) Correggio nicht unglücklich nachahmte.

---

8. Das Kunsthandwerk in der italienischen Renaissance.

Ueberaus beweglich und leicht verſchiebbar ſind in der italieniſchen Renaiſſance die Grenzen zwiſchen reiner Kunſt und dem
Kunſthandwerke. Decorative Aufgaben werden dem letzteren vorzugsweiſe zugewieſen. Es bewegt ſich aber auch die monumentale
Architektur und Sculptur, insbeſondere der Frührenaiſſance, gern in
decorativen Geleiſen, und man würde jener nicht wenig von ihrem
Reize und ihrer Bedeutung rauben, wollte man das decorative Element aus derſelben ſtreichen. Die Künſtler ſelbſt aber machten
keinen Unterſchied zwiſchen Kunſt und Kunſthandwerk, waren auf
beiden Gebieten mit gleichem Eifer thätig. Ghiberti z. B., Luca
della Robbia, Deſiderio da Settignano und noch viele andere Bildhauer ſpielen auch in der Geſchichte der decorativen Kunſt eine
große Rolle. Hervorragende Maler hatten an der Herſtellung von
Bettſtellen und Truhen Antheil und ſchmückten ſie mit Bildern,
von dem Mythus, welcher den Aufſchwung der Töpferei in Urbino
an Raffael's Namen knüpft, ganz zu ſchweigen. Der rege Antheil
der Künſtler an dem Wirken des Handwerkes hat das Feſthalten
an geläuterten Formen in dem letzteren zur Folge; insbeſondere
übt die Architektur einen beherrſchenden Einfluß auf die Geſtalt
und den Schmuck decorativer Arbeiten aus. Die Altäre, die Grabmäler wiederholen die Glieder der monumentalen Architektur, ſogar an dem Kamine im Dogenpalaſte (No. **160**, 1) können wir die
Aufeinanderfolge von Architrav, Fries und Kranzgeſims und den in
der Architektur beliebten Schmuck der trennenden und verbinden-
den Glieder: Welle, Perlſtab, Zahnſchnitt u. ſ. w. beobachten.

Eine große Rolle fpielen in der Renaiffancearchitektur die ornamentalen Füllungen der Pilafter. Sie führen den Namen Arabesken
im Gegenfatz zu den horizontalen Friefen. Auffteigendes Rankenwerk (No. **159**, 2; No. **161**, 3 u. 4) oder Trophäen (No. **157**, 4)
bilden den Kern der Decoration. Die gleichen Motive treten uns
an Werken der Holzfchnitzerei, an Chorftühlen (No. **162**, 9), Truhen
(No. **164**, 6) entgegen. Durch die ftrenge Unterordnung unter
die architektonifchen Gefetze kommt zuweilen etwas Kaltes und Ab-
gemeffenes in die Geräthewelt, viel häufiger aber ein vornehmes
Wefen und eine wohlthuende Ruhe, zumal wenn die Arbeit in
edlen Stoffen, z. B. in Marmor, durchgeführt ift. Und unleugbar
fchwebten den Renaiffancekünftlern, auch wenn fie in einem anderen
Materiale arbeiteten, Marmormufter vor und haben Marmorwerke
auf den Stil der Renaiffancedecoration nachhaltig eingewirkt. So
ift der holzgefchnitzte Candelaber in Siena (No. **163**, 6) offenbar
aus der Nachahmung eines Marmorwerkes hervorgegangen.

Sowohl die Kirche, wie der Palaft und das reichere Wohn-
haus riefen für Einrichtung und Ausfchmückung die Hilfe des
Kunfthandwerkes an und befchäftigten in umfaffendfter Weife alle
Zweige der fogenannten Kleinkunft. In den Kirchen find es die
Altäre (der Wandaltar, architektonifch gegliedert, mit Säulen und
Giebel fiegt allmählich über den freiftehenden Altar des Mittelalters),
Kanzeln, Grabmäler, Ciborien (No. **164**, 7), zur Aufbewahrung der
Hoftien beftimmt, Tauffteine, Weihwafferbecken, Gitter, das Chor-
geftühl, die Candelaber und Leuchter, im Kirchenfchatze koftbare
Gefäße, Kleinodien, Prachtgewänder, welche Marmor-, Metall- und
Holzarbeitern, Stickern u. f. w. lohnende Aufgaben darbieten.

Ehe wir noch die Paläfte der Renaiffancezeit betreten, erblicken
wir außen am Erdgefchoß die Thürklopfer und Fackelhalter (No. **162**,
2—5). Unter den Fackelhaltern ift der von Niccolò Groffo oder
Caparra aus Eifen gefchmiedete am Palazzo Strozzi der berühmtefte.
Im Inneren fchmücken Kamine und Prachtmöbel die Räume, Bemalung und Vergoldung fpielt nicht bloß an den Holzdecken, fondern
auch bei den Möbeln eine große Rolle. Auch die textile Kunft wird
gern zur Decoration herangezogen. Teppiche an den Wänden,
goldgeftickte Decken und Kiffen über den Bettftellen, Seidendecken
über den Tifchen werden in den Schilderungen der Prunkzimmer
häufig angeführt.

Wie zu allen Seiten, fo fteht auch in der Renaiffance die Erz-
arbeit in höchftem Anfehen. Die Technik des Erzguffes, auch
durch die Kanonengießereien gefördert, gelangte rafch befonders in
Oberitalien zur Vollendung und geftattete der Phantafie des Bildners
die freiefte Bewegung. Für die wichtigfte Gattung der Bronzewerke,
für die Candelaber, boten nicht die antiken Bronzeleuchter, die

auf den Stab zurückgehen, ſondern die. maſſigen ausgebauchten Marmorcandelaber das Vorbild. Die vaſenartige Ausbauchung und Einziehung, der reiche Blätterſchmuck weiſen auf Steinmuſter hin (Beiſpiele No. **163**, 1; **164**, 8). Oberitalien iſt beſonders reich an Bronzecandelabern, und hier iſt wieder der Candelaber des Andrea Riccio in der Antoniuskirche in Padua das glänzendſte Werk. Wie die Bronzewerke häufig in das Gebiet der Marmorarbeit übergreifen, ſo daß ſie ſich nicht in den Formen, ſondern nur in dem Materiale von dieſer unterſcheiden, ſo berühren ſich wieder Erz- und Gold-ſchmiedearbeiten auf das engſte. Waren doch Erzgießer und Goldſchmiede häufig in einer Perſon vereinigt, und konnten die letzteren bei der Anfertigung zahlreicher Gegenſtände, wie der Becken, Schalen, Gefäße (Lavori di groſſeria), der Gießkunſt nicht entbehren.

Für die Renaiſſance beſonders charakteriſtiſch ſind jene Gold-ſchmiedarbeiten, in welchen die Phantaſie des Künſtlers, losgelöſt von allen ſtreng architektoniſchen Regeln, in üppigen Bildungen von Pflanzen- und Thierformen ſich ergeht, dieſe zum Schmucke von Gefäßen und Geräthen verwendet und dabei die plaſtiſche und maleriſche Wirkung vereinigt. Edelſteine und Halbedelſteine wie Achat, Jaspis, Lapis Lazuli, ſelbſt Seemuſcheln werden nach Farbe und Form in lebendige ſinnreiche Geſtalten umgewandelt, alle Theile des Gefäßes bis auf Henkel, Fuß, Griff in reichſter decorativer Weiſe durchgebildet. Das berühmteſte Beiſpiel dieſer Art iſt das Salzfaß *Benvenuto Cellini's* (No. **118**, 5), jetzt in der Kaiſerlichen Schatzkammer in Wien. Auf einem ovalen Unterſatze ſehen wir den Meeresgott dargeſtellt mit einem Schiffe als Salzfaß, ihm gegenüber die Erde mit einem Tempel zur Seite, welcher das Gewürz in ſich aufnehmen ſollte, ringsum aber waren Land- und Seethiere, Fiſche, Muſcheln angebracht. Benvenuto Cellini hat durch ſeinen Ruhm faſt alle anderen Goldſchmiede Italiens in den Hintergrund gedrängt, ſo daß nicht nur die beſten Werke auf ſeinen Namen geſchrieben werden, ſondern die ganze Weiſe der Arbeit als Cellini-Stil ausgegeben wird. Doch befaß er eine ſtattliche Reihe von Nebenbuhlern, und waren alle in ſeinen Werken vorkommenden techniſchen Vorgänge ſchon früher geübt worden, ſo insbeſondere auch die Emailmalerei, welche in der Renaiſſanceperiode einen neuen Charakter empfing. An die Stelle des mittelalterlichen Gruben- und Zellenemail trat das Reliefemail (émail translucide sur relief). Ein ganz flaches Relief wird auf der Platte mit Hilfe von Grabſtichel und feinſtem Meißel hergeſtellt, darüber mehr oder weniger dünn die Email-farbe aufgetragen, ſo daß unter der durchſcheinenden Farbe die Ciſelirung ſichtbar bleibt, das Relief colorirt erſcheint (Beiſpiel No. **162**, 1).

Die Arbeiten in Holz fallen theils in das Gebiet der Plastik, theils in den Kreis der Malerei. Die Holzschnitzerei zeichnet sich vor allem dadurch aus, daß sie zwar die architektonischen Gesetze befolgt, aber sich nicht auf die unmittelbare Nachahmung fertiger Bauten einläßt. Das Rahmenwerk, Füllungen und Felder, spielen die Hauptrolle. Ein Prachtwerk der Holzsculptur sind die Thüren der vatikanischen Loggien, unter Clemens VII. gearbeitet, wie überhaupt die Holzschnitzereien in den Stanzen von *Giovanni Barile* aus Siena, der mit seinem Bruder Antonio (Probe seiner Kunst No. 159, 4) eine reiche Thätigkeit entwickelte, die größte Beachtung verdienen. Auch die Thüre in Monte Oliveto bei Siena (No. 158, 2) kann als ein treffliches Muster italienischer Holzschnitzerei hervorgehoben werden, während die florentiner Stühle (No. 162, 7, 8) mit ihren Masken und Putten den nahenden Verfall der Kunst anzeigen. Mit der Holzschnitzerei wetteifert die eingelegte Arbeit (Intarsia) an Schönheit und Bedeutung. Sie wurde vorzugsweise in der Lombardei geübt und von Klosterbrüdern, denen diese zur Geduld herausfordernde Arbeit zusagte, gepflegt. Von einfachen Ranken (No. 157, 3), Arabesken, bis zur Nachbildung unbelebter und belebter Gegenstände wie Musikinstrumente, Trophäen, Vögel (No. 159, 1) kann man die Gegenstände verfolgen. Selbst Architekturen, perspektivische Ansichten, wurden in eingelegter Arbeit wiedergegeben. Für solche Werke genügte der einfache Gegensatz heller, eingelegter Zeichnung auf dunklem Grunde nicht. Die Hölzer wurden gebeizt und gefärbt, um die verschiedenen Mitteltöne hervorzubringen. Chorstühle, Schränke, Thüren wurden am häufigsten mit Intarsien in den Feldern geschmückt, mit eingelegter Arbeit oft auch die geschnitzte verbunden. Im 15. Jahrhundert zählt die Kunst der Intarsien die berühmtesten Namen unter ihren Vertretern, wie Brunellesco, Giuliano da Majano; im Cinquecento sind es vorzugsweise Dominikaner, wie Fra Giovanni da Verona, Fra Damiano da Bergamo u. a., mit deren Namen die vollendetsten Werke in eingelegter Arbeit verknüpft werden.

Eine glänzende Rolle spielt in der italienischen Renaissance die Kunsttöpferei, welche im Mittelalter unter den occidentalischen Völkern in Verfall gerathen war und nur im Oriente sich in glänzender Weise theils erhalten, theils fort entwickelt hatte. Die Proben orientalischer Keramik (auf den Bogen No. 145—147) zeigen die herrschende farbige Decoration der Schüsseln und Gefäße mit Blumen und Arabesken. Auch das am weitesten vorspringende Glied der orientalischen Culturwelt, die Mauren in Spanien, pflegten mit großem Erfolg diesen Kunstzweig und verstanden sich trefflich auf die Anfertigung glasirter Thonwaaren, deren Ornamente, meist Blattwerk auf weißlichem Grunde, gegen das Licht gehalten einen

metallifchen gelb-röthlichen Glanz zeigen (No. **145**, 5 u. 9). Ein
Hauptfitz der fpanifch-maurifchen Töpferei fcheint auf einer der
balearifchen Infeln, auf Majorka, beflanden und von hier im Laufe
des 15. Jahrhunderts die Vorliebe für ähnliche Producte nach
Italien fich verpflanzt zu haben. Darauf deutet der in Italien übliche Name: Majoliken hin. In Italien hatte bereits Luca della
Robbia in Florenz die undurchfichtige weiße Zinnglafur erfunden,
feine Kunft aber vorwiegend im Intereffe der architektonifchen
Decoration (No. **160**, 3) und der Plaflik verwendet. Die wahre
Heimath der italienifchen Majoliken, der bemalten, zinnglafirten
Schüffeln, Kannen, Vafen u. f. w. ift das umbrifche Land, wo
fich eine Reihe fruchtbarer Werkflätten erhoben. Wir zählen die
wichtigflen auf: Deruta bei Perugia, Faenza, nach welcher Stadt
die Majoliken auch Faiencen benannt wurden, Pefaro, Urbino,
Cafteldurante. Auch Caffagiolo in Toscana und Ferrara erfreuten
fich eines großen Ruhmes.

Die befte Zeit der Majoliken umfaßt die erfte Hälfte des
16. Jahrhunderts. Anfangs begnügte man fich mit aufgemalten
Arabesken, hielt die Decoration hell auf farbigem, blauem oder
gelbem Grunde, fpäter wagte man fich an die Reproduction von
Gemälden, decorirte farbig auf hellem Grunde und lernte der Glafur
einen metallifchen, faft rubinartigen Glanz zu verleihen. Letzteres
verfland am beften Maeftro Giorgio oder Giorgio Andreoli († ca. 1525)
aus Pavia, der fich mit zwei Brüdern in Gubbio niedergelaffen und
in deffen Werkflätte, wie es fcheint, anderwärts gefertigte Thonwaaren gebracht wurden, damit er fie mit Rubinglanz verfehe. Mit
den Majoliken aus Urbino find die Namen des Xanto Avello aus
Rovigo (bis 1542) und Orazio Fontana verknüpft. Die Majoliken
find überwiegend Prunkgefäße, nicht für den häuslichen Gebrauch
beftimmt. Zu Liebesgefchenken waren wahrfcheinlich die Schüffeln
beftimmt, welche ein ideales Frauenbild mit der Beifchrift: Cintia
bella, Beatrice diva u. f. w. gemalt zeigen (No. **165**, 1). Durch
die plaftifche Decoration find wieder andere Gefäße wie Kannen
(No. **164**, 2) ausgezeichnet und fchon dadurch aus dem Kreife des
gewöhnlichen Hausrathes herausgehoben. Der malerifche Schmuck
wagt fich in der fpäteren Zeit an die Wiedergabe größerer Compofitionen; Kupferfliche nach Raffael, felbfländig erfundene Zeichnungen, insbefondere Battifta Franco's, werden häufig als Vorbilder
benutzt. Die Farbenzahl bleibt aber flets eine befchränkte und verleiht den Majoliken den echten decorativen Charakter.

Der Keramik benachbart find die Werke der Glaferkunft. Auch
in diefer hatte es bereits die Antike zu einer erftaunlichen Größe
gebracht, in der Nachahmung von Edelfteinen und Cameen durch
Glaßfluß, in der Herftellung leichter, durchfichtiger, mit Glasnetzen

überſponnener Gläſer Vollendetes geleiſtet. Die Byzantiner wurden
die Erben der Antike, verſorgten die ganze Welt mit farbigen
emaillirten Gläſern. Von byzantiniſchen Glasarbeitern wurde die
Kunſt nach Venedig gebracht und hier wegen der drohenden Feuers-
gefahr auf der Inſel Murano localiſirt. In der Herſtellung farbiger
Gläſer blieb Venedig hinter dem Orient zurück, dagegen glänzen
venezianiſche Gläſer durch eine andere Eigenſchaft. Die
ſcheinbar körperloſe, dehnbare und biegſame Natur des Glaſes wird
in denſelben zu höchſter Wirkung gebracht. Ihre Millefiori- und
Filigrangläſer galten lange Zeit für unnachahmbar. Sie verſtanden
z. B. Fäden verſchiedenfarbigen Glaſes ſo zuſammenzuſchmelzen,
daß ſie Form, Farbe und gegenſeitige Lage beibehielten und ſpiralförmig gedreht werden konnten. Auch in der kecken, phantaſtiſchen
Form, welche ſie den Henkeln, Füßen gaben, kam die eigenthümliche Natur des Glaſes zu voller Geltung (Beiſpiele in No. **165**, 4).

Die maleriſche Flachdecoration befand ſich von den erſten Anfängen der Renaiſſance an in künſtleriſchen Händen. Die Frescomaler nahmen regelmäßig auch die Ausſchmückung der unmittelbaren Umgebung ihrer Gemälde als ihre Aufgabe in Anſpruch. Sie
bemalten die Pfeiler, welche die Gemälde trennen, fügten den letzteren einen decorativen Sockel und Fries hinzu, und wenn ihr Werk
ſich an der Decke befand, ſo bedachten ſie auch die architektoniſchen Glieder derſelben (bei Gewölben die Gurten) mit Ornamenten.
Muſter ſolcher Decorationsmalerei bieten vornehmlich die Fresken
Mantegna's und der umbriſchen Schule. Die Gewölbefelder werden
mit Medaillons verziert, dieſe durch Feſtons verbunden, die Gewölberippen mit Fruchtſchnüren verdeckt. Das Gewölbe in der
erſten Vaticaniſchen Stanze iſt noch ähnlich decorirt. Als die
Grottesken in der Raffaeliſchen Schule zur Aufnahme gelangten,
empfing die Flächendecoration der Gewölbe und Wände einen
neuen Charakter. Zur Farbe tritt noch das Stucco hinzu, neben
der freien Nachahmung antiker Decorationsmotive macht ſich beſonders in den Fruchtſchnüren, Kränzen ein friſcher Naturalismus
geltend. Bei allem Reichthume der Decoration bleibt dieſelbe doch
der Architektur untergeordnet und treten die einzelnen Bauglieder
ſcharf und deutlich hervor. Die Raffaeliſchen Loggien bewahren
für dieſe Art der Decoration eine ewige Muſtergeltung (No. **158**, 3).
Neben Giovanni da Udine erwieſen ſich Giulio Romano (in Rom
und Mantua), Perin del Vaga (in Genua) als Decorationsmaler beſonders fruchtbar. In ihren ſpäteren Gewölbemalereien offenbart
ſich die Abhängigkeit von der antiken Gewölbedecoration noch
ſtärker, als dieſes in den Loggien der Fall iſt.

Die Flächenbemalung ſchränkt ſich nicht auf die inneren Räume
der Kirchen und Paläſte ein, auch die Faſſadenmalerei iſt in

der Renaiſſanceperiode beliebt. Von einzelnen figürlichen Darſtellungen an dieſem oder jenem Theile der Faſſade ſtieg man zur vollſtändigen Bemalung der Faſſade empor, wobei entweder die letztere als neutraler Grund behandelt und die ganze Fläche mit figürlichen Darſtellungen bedeckt wurde oder die maleriſche Decoration ſich enger an die architektoniſche Gliederung anſchloß, dieſelbe belebte oder theilweiſe erſetzte. Vielfarbigkeit und Einfarbigkeit (Chiaroscuro) kommen gleich häufig vor; für buntfarbigen Faſſadenſchmuck zeigten die oberitalieniſchen Städte, beſonders Venedig, eine große Vorliebe. Eine Abzweigung der Faſſadenmalerei iſt die Sgraffitomalerei, in Toskana (No. 160, 2) und Rom reich vertreten. Die Mauer wird mit einem doppelten, einem unteren ſchwarzen, und einem oberen weißen Mörtelüberzuge bedeckt und die Zeichnung durch Wegkratzen und Wegſchaben bewirkt. Sie erſcheint dann ſchwarz auf hellem Grunde.

B. DIESSEITS DER ALPEN.

1. Malerei und Plastik im 15. Jahrhundert.

a. Die niederländiſche Malerſchule.

Ein organiſches Wachsthum aus einheitlichen Wurzeln, dieſes beneidenswerthe Schickſal der italieniſchen Kunſt, war der nordiſchen Kunſt nicht beſchieden. Die Elemente alter und neuerer Bildung durchdringen ſich hier nicht zu harmoniſchen Formen, die Welt reiner Schönheit bleibt der theils rauheren, theils ernſteren, gedankenſchweren nordiſchen Natur lange verſchloſſen. Für die Stellung der nordiſchen Kunſt in der neueren Zeit erſcheint es zunächſt bezeichnend, daß die Architektur nicht die führende Rolle übernimmt. Bis in das ſechzehnte Jahrhundert wird dieſſeits der Alpen im gothiſchen, freilich zur handwerksmäßigen Uebung herabgeſunkenen Stile gebaut. Die mit der Architektur eng verbundene Sculptur und auch die volksthümliche Holzſchnitzerei verlaſſen gleichfalls nur langſam die gewohnten Geleiſe, dagegen zeigt ſich auf dem Gebiete der Tafelmalerei ſchon im fünfzehnten Jahrhundert die ſchöpferiſche Macht der künſtleriſchen Perſönlichkeit. Der Kreis ihrer Thätigkeit wird durch den Umſtand, daß die Kunſtpflege weſentlich im ſtädtiſchen Bürgerthume ruht, in hohem Maße eingeſchränkt. Die große monumentale Kunſt findet keine Förderung. Die Anſchauungen und Beſtrebungen der beſten Künſtler ſtehen nicht ſelten im Gegenſatze zu dem Lebenskreiſe, in welchem ſie ſich bewegen, und ſie ſind gezwungen, in der einfachſten, unſcheinbarſten Weiſe ihre Gedanken zu verkörpern. Der Kupferſtich und Holzſchnitt beſitzt im Norden eine ganz andere Bedeutung als in Italien. Sie boten dem gedankenreichen, aber in der maleriſchen Ausführung innerlich und äußerlich gehemmten Künſtler ein willkommenes Ausdrucksmittel, in welchem er ſeiner ſchöpferiſchen Geſtaltungskraft die geringſten Schranken geſetzt ſah. Auch das iſt für die Stellung der bildenden Künſte im Norden charakteriſtiſch, daß nicht die großen einheitlichen Völker, welche im ſtaatlichen Leben herrſchten, nicht Franzoſen und Deutſche, ſondern ein romaniſch-germaniſch gemiſchter Seitenſtamm, der vlämiſch-walloniſche in den ſüdlichen Niederlanden lange Zeit in der Kunſt der Malerei den Ton angab und die beiden Nachbarn, Frankreich und Deutſchland, von ſich abhängig machte.

In Deutſchland zeigen ſich zwar im vierzehnten Jahrhundert und am Anfange des folgenden auf mehreren Punkten Anfänge eines reicheren Betriebes der Malerei. In Böhmen ſammelte der am franzöſiſchen Hofe erzogene Kaiſer Karl IV. Künſtler verſchiedener Nationalitäten um ſich, ließ von ihnen Kirchen und Burgen bauen und mit Bildern ſchmücken. Doch blieb die Prager Schule ohne Nachfolge und ohne dauernden Einfluß. Mehrere Städte, wie Ulm, Nürnberg, ſetzen die im tieferen Mittelalter begonnene Kunſtthätigkeit fort. Die Zünfte und einzelne Patrizierfamilien ſorgten dafür, daß auch die Kunſt zur Ehre der Stadt und zu eigenem Ruhme durch ihre Werke beitrage. Nürnbergs rechter Aufſchwung zu künſtleriſcher und kunſtgewerblicher Blüthe beginnt erſt in dem 14. Jahrhundert und läßt ſich ſeitdem bis in das 16. Jahrhundert verfolgen. Geht man dieſer Entwickelung nach, ſo ſieht man, wie ſich allmählich die Phantaſie von den mittelalterlichen Traditionen loslöſt.

Hätten ſich zahlreichere Tafelbilder aus der guten gothiſchen Periode erhalten, ſie würden ſtets denſelben Typus zeigen, der uns in dem Fragmente eines größeren weſtfäliſchen Altarwerkes, die Frauen am Grabe (No. **219**, 1), engegentritt. Schlanke, geſtreckte Verhältniſſe, in den Geſichtszügen das Streben, einen gemeſſenen Ernſt mit Zierlichkeit zu verbinden, die Gewänder in geraden Falten herabfließend, die feſten dunklen Umriſſe mit kräftigen Farben ausgefüllt, das ſind die wichtigſten Kennzeichen der älteren Bildwerke. Im weiteren Verlaufe der Entwickelung wird die Zierlichkeit der Köpfe immer mehr betont, die Schlankheit der Verhältniſſe gemindert, in die Gewandfalten mehr Bewegung und reicherer Wurf ge-

qracht. Zur Vergleichung diene die aus der Nürnberger Lorenzkirche ſtammende Tafel (No. **219**, 2). Deutlicher, als in Nürnberg,
offenbart ſich die allmähliche Wendung von dem mäßig belebten
Idealismus der Darſtellung zu einem näheren Anſchluß an die Natur
in Köln, welche Stadt ſchon im Mittelalter wegen der Tüchtigkeit
ihrer Maler berühmt war. Der hergebrachten Auffaſſung ſteht der
ſog. Clarenaltar im Kölner Dome noch ziemlich nahe. Er bildet
einen großen Schrein, innen mit holzgeſchnitzten Figuren, außen
auf den Flügeln mit dünn und licht auf Goldgrund gemalten Darſtellungen aus dem Leben Jeſu geſchmückt (Fragment No. **219**, 3).
Auf dem Boden des mittelalterlichen Idealismus ſteht auch noch die
Madonna mit den heiligen Frauen im Paradiesgarten (No. **219**, 7),
welches Bild dem Kreiſe des Meiſters *Wilhelm* zugeſchrieben wird.
Dieſen rühmt eine Chronik als den beſten Maler in allen deutſchen
Landen und ſetzt ſeine Thätigkeit um das Jahr 1380 an. Ob er
identiſch ſei mit einem in Rathsurkunden erwähnten Maler Wilhelm
von Herle († 1378), ſteht darin. Ein ungleich größerer Fortſchritt
ſpricht aus dem Dombilde, welches mit gutem Grunde dem ſonſt
wenig bekannten, wahrſcheinlich aus der Nachbarſchaft von Conſtanz
ſtammenden Meiſter *Stephan Lochener* († 1451) zugeſchrieben wird.
Der in einer Chorkapelle des Kölner Domes bewahrte Flügelaltar
zeigt bei geſchloſſenen Flügeln die Verkündigung, bei geöffneten
im Mittelbilde die Anbetung der Könige (No. **219**, 4), auf den
Flügeln die h. Urſula mit ihrem Gefolge (No. **219**, 5) und den h.
Gereon mit ſeiner Reiterſchaar, welche gleichfalls zur Anbetung des
Chriſtkindes pilgern. In den ſchlanken Fingern, dünnen Armen
der Madonna klingt noch die alte Schule nach; dagegen weiſen die
volleren rundlichen Züge des Madonnengeſichtes, die porträtartige
Wirkung der Männerköpfe, die fleißige treue Nachbildung der
Kleiderſtoffe, des Schmuckes auf eine ſchärfere Beobachtung der
äußeren Erſcheinungsformen hin, deren Darſtellung freilich, wie die
ungelenken Bewegungen zeigen, noch auf mannigfache Schwierig-
keiten ſtieß. Die ſtattliche Zahl von Tafelbildern, welche ſich dem
Stile des Meiſters Stephan anſchließen, wie die Madonna im Kölner
Muſeum (No. **219**, 6), deutet einen großen Einfluß desſelben und
eine weitere Verbreitung ſeiner Richtung an. Doch kam es in
Köln ſo wenig wie in Nürnberg, zu einer ſtetigen Fortbildung der
Schule. In der niederländiſchen Malerei, welche gleichzeitig
in die Höhe kam, fanden beinahe alle deutſchen Maler in der zweiten
Hälfte des 15. Jahrhunderts ihr beſtes Muſter, welchem ſie faſt aus-
ſchließlich folgten.

Noch iſt es nicht vollſtändig gelungen, die Wurzeln der altniederländiſchen Kunſt mit der wünſchenswerthen Schärfe bloßzu-
legen. Die Miniaturen, welche in den Niederlanden im 14. Jahr-

hundert gemalt wurden und bis nach Paris ihren Markt fanden,
zeigen zuweilen einen feiner ausgebildeten Formenſinn. In den
Sculpturen (Tournay) beobachtet man eine engere Anlehnung an
die wirkliche Natur, nicht ſelten, wie in dem Faltenentwurfe, auf
Koſten der Schönheit. Die Prachtliebe der burgundiſchen Fürſten,
unter deren Herrſchaft die Niederlande 1382 kamen, bewies ſich
wenigſtens in zweiter Linie auch den bildenden Künſten förderlich.
Schließlich beſtimmte doch eine hervorragende Perſönlichkeit und
eine Umwälzung in der Maltechnik das Schickſal der niederländiſchen Kunſt. Die Erfindung der Oelmalerei durch *Hubert van Eyck*
macht in der That Epoche in der Kunſtübung der neueren Zeiten,
und ihr danken die Niederländer die von den Zeitgenoſſen bewun-
derte und beneidete Blüthe ihrer Malerei im 15. Jahrhundert.

Die Farben mit Oel zu miſchen und zu binden beſtand zwar
längſt z. B. bei der Bemalung der Sculpturen. Die herrſchende
Technik in der Tafelmalerei war aber ein ſchichtenweiſes Auf-
tragen der Farben auf die Bildfläche, ſo daß man die Unter-
malung erſt trocknen ließ, ehe man auf dieſelbe die feineren Lichter
und Schatten, die Halbtöne, aufſetzte. Die Farben wurden mit
harzigen Stoffen, auch mit Feigenmilch oder Honig verrieben, für
jeden einzelnen Ton fertig gemiſcht auf die Tafel mit feinem Pinſel
aufgetragen. Jetzt aber wurden die mit Oel verriebenen Farben
flüſſig aufgeſetzt, die Töne auf der Tafel ſelbſt in einander verſchmolzen und dadurch eine ungleich feinere Abſtufung der letzteren
und zugleich eine große Leichtigkeit, Durchſichtigkeit des Colorits,
die Möglichkeit der Abrundung, des Ineinanderfließens der Farben,
wie in der Natur, erreicht. So allein konnte man den Schein der
wirklichen Dinge in der Malerei treu wiedergeben, ſo fand der im
niederländiſchen Volke ruhende Trieb, ſich an dem Glanze und
dem Schmucke des wirklichen Lebens zu erfreuen, dieſes auch in
Bildern zu verherrlichen, mit der Natur ſelbſt in der Wahrheit der
Schilderung zu wetteifern, einen vollkommenen Ausdruck. Daß zuerſt Hubert van Eyck dieſe Malweiſe eingeführt, unterliegt keinem
Zweifel, und ebenſo iſt das traditionelle Datum ſeiner Erfindung:
1410, von der Wahrheit gewiß nur wenig entfernt. Ueber die
Lebensverhältniſſe des merkwürdigen Mannes ſind wir nur ganz
dürftig unterrichtet. Er war in Maaseyck, nördlich von Maeſtricht,
um das Jahr 1366, wie gewöhnlich angegeben wird, geboren und
ließ ſich mit ſeinem viel jüngeren Bruder *Jan* in Gent nieder, wo
er mit vollſtändiger Sicherheit erſt 1424 nachgewieſen werden kann.
Er lebte hier als angeſehener Maler und empfing von einem reichen
Patricier, Jodocus Vydt, den Auftrag, in deſſen Familienkapelle
in S. Bavo eine Tafel zu malen. Das iſt der weltberühmte Genter
Altar, das größte Werk der ganzen Schule. Hubert ſtarb bald

nach dem Beginne der Arbeit 1426, das Werk wurde von feinem Bruder Jan fortgefetzt und 1432 vollendet. Der Genter Altar, deffen Beftandtheile gegenwärtig an mehreren Orten zerftreut aufbewahrt werden, ift ein Flügelaltar mit doppelten Flügeln. Werden die letzteren geöffnet, fo erblickt man in der oberen Hälfte in lebensgroßen Geftalten Gott-Vaters mit der Jungfrau Maria und dem Täufer, mit fingenden und muficirenden Engeln, und endlich das erfte Elternpaar (No. **220**, 1). In den letzteren Geftalten fowie in den Engeln tritt die Naturbeobachtung fchärfer zu Tage als in den mittleren Figuren, in welchen der Künftler vor allem die Hoheit und Würde auszudrücken ftrebte, doch läßt die Behandlung der Gewänder, die Malerei der Kleinodien auch hier das forgfältigfte Naturftudium erkennen. Die untere Mitteltafel (No. **221**, 1) fchildert die Anbetung des Lammes. Dasfelbe fteht, von knieenden Engeln verehrt, auf einem Altar, vor demfelben im Vordergrunde erhebt fich der Brunnen des Lebens, zu deffen Seiten rechts die Apoftel und die Vertreter der chriftlichen Gemeinde, links die Propheten des alten Bundes und heidnifche Helden zur Andacht fich verfammelt haben. Dem Schauplatze des Opfers ftrömen noch zahlreiche andere Schaaren mit heiligem Eifer zu, links Gruppen ftattlicher Reiter, rechts Büßer, Einfiedler und Pilger (No. **221**, 2), unter denen der riefige Chriftoph hervorragt. Bei gefchloffenen Flügeln fehen wir die Verkündigung mit einem reizenden Ausblick auf eine Genter Straße und die Porträts der Stifter, des Jodocus Vydt und feiner Gattin. Den Antheil der beiden Brüder an dem Werke fcharf abzugrenzen, hat feine Schwierigkeiten. Selbft die Theile, die am wahrfcheinlichften Jan van Eyck zufallen, die Flügel, zeigen eine größere Kunft, als fie feine fpäteren felbftändig componirten Arbeiten befitzen. Bewunderungswürdig ift im Mittelbilde die klare Anordnung der Gruppen, überaus lebensvoll die Reiterfchaar gemalt, auch der landfchaftliche Hintergrund mit feinem Sinne für die Natur und mit großer Kunft gefchildert.

Der Lebenslauf *Jan van Eyck's* liegt klarer vor. Im Jahre 1422 finden wir ihn im Gefolge Johann's von Bayern im Haag; nach dem Tode desfelben trat er 1425 in die Dienfte Philipp's des Guten von Burgund, der ihm mannigfache Huld erwies und ihn auch wiederholt auf Reifen (z. B. bei der Werbung um die Hand einer portugiefifchen Prinzeffin nach Liffabon, 1428) ausfchickte. Seinen gewöhnlichen Wohnfitz hatte Jan van Eyck in Brügge, wo er 1440 ftarb. Der glänzenderen äußeren Stellung entfprechend ift das erhöhte Selbftgefühl, das fich in dem häufigen Signiren feiner Bilder kundgiebt. Er ift aus dem Kreife der bürgerlichen Handwerker getreten. Reichthum und Tiefe der Phantafie zeichnen feine Bilder nicht aus. Das Vortrefflichfte leiftet er im Porträt-

fache, wodurch fich auch vielleicht die Gunft, die er in höfifchen
Kreifen genoß, erklärt. Selbft in religiöfen Schilderungen, z. B. in
der Madonna mit den hh. Donatian und Georg in der Akademie
zu Brügge aus dem Jahre 1436 (No. **221**, 4), überragen die Porträtfiguren, hier die knieende des Stifters de Pala weit die anderen
Geftalten.   Porträts von der Hand Jan van Eyck's, bald beglaubigt,
bald aus ftiliftifchen Gründen ihm zugefchrieben, befitzen die Galerien in Berlin (Mann mit den Nelken), Wien, Paris (Kanzler Rollin
die Madonna verehrend), London (Tuchhändler Arnolfini und feine
Braut).   Das letztere ftreift bereits an eine genremäßige Auffaffung
(Braut und Bräutigam ftehen in einem fchmucken Zimmer und
reichen fich zum Bunde die Hände), und in der That werden uns
förmliche Genrebilder Jan van Eyck's, z. B. eine Badeftube, befchrieben.   Zahlreich find feine Madonnenbilder, einzelne, im kleinften Maßftabe ausgeführt, z. B. die Madonna in Dresden, in Bezug auf Feinheit der Malerei, Durchfichtigkeit des Lufttones, treffliche Perfpective wahre Juwelen der Kunft.   Nur mit dem Madon-
nentypus kann man fich nicht immer befreunden, auch das Brüchige
der Gewänder befremdet vielfach das Auge des Betrachters.   Ein
Beifpiel, wie Jan van Eyck Frauen bildet, zugleich eine Probe der
reichen landfchaftlichen Staffage, die er anzubringen liebte, bietet
die (unvollendete) h. Barbara im Antwerpener Mufeum aus dem Jahre
1437 (No. **221**, 3).
    So lange Jan van Eyck lebte, verdunkelte fein Ruhm alle an-
deren Maler.   Kein Künftler von hervorragender Bedeutung wird
neben ihm genannt.   Erft nach feinem Tode traten mehrere Maler,
die man früher alle als feine Schüler bezeichnete, in den Vordergrund, fo *Petrus Chriftus* in Brügge, in den Jahren 1444—1472
erwähnt, deffen h. Eligius (Privatbefitz in Köln) uns einen Goldfchmied in feiner Werkftätte thätig zeigt und wieder die Vorliebe
der altflandrifchen Maler, religiöfe Darftellungen mit lebensfrifchen
Zügen auszuftatten, beweift. *Hugo van der Goes* aus Gent wird
gleichfalls den Schülern Jan van Eyck's zugezählt.   Ueber fein
äußeres, wenig erfreuliches Leben — er zog fich im Alter in ein
Klofter zurück und ftarb im Wahnfinne 1482 — befitzen wir ziem-
liche Kunde, wenig wiffen wir über feinen inneren Entwickelungsgang.   Ein einziges Werk von ihm ift gut beglaubigt, die im Auftrage des florentiner Kaufherrn Tommafo Portinari gemalte Altartafel, welche fich in der Sammlung des Hofpitals S. Maria nuova
in Florenz befindet.   Das Mittelbild (No. **220**, 5) ftellt die Anbetung der Hirten dar, auf den Flügeln ift die Familie des Stifters
mit den Schutzpatronen gefchildert.
    Nach Jan van Eyck hat kein Maler einen fo weitreichenden
Ruhm erworben wie *Roger van der Weyden* oder, wie er auch

genannt wurde, Rogier de la Pasture. In Tournay geboren, erst
in ziemlich vorgerückter Jugend bei der Malerzunft hier 1426 als
Lehrling eingeschrieben, befand sich Roger bereits 1436 in fester
und angesehener Stellung als Stadtmaler in Brüssel. Bei Gelegenheit des römischen Jubiläums 1450 machte er eine Reise nach Italien,
wo er von dem Markgrafen von Ferrara und vom' alten Cosimo
Medici Bilder bestellt erhielt. Auch in seiner Heimat erfreute er
sich der ausgebreitetsten Kundschaft. Er schmückte das Brüsseler
Rathhaus mit vier großen Leinwandbildern, die Macht der Gerechtigkeit versinnlichend. Er arbeitete für Kirchen in Löwen (Kreuzabnahme), für das Hospital in Beaume (Jüngstes Gericht), für die
Kirche der neugegründeten Stadt Middelburg (Geburt Christi mit
Flügeln, jetzt in Berlin), für die Kirche S. Aubert in Cambrai
u. s. w. Sein Tod fällt in das Jahr 1464. Neben dem herkömmlichen Bilderkreise, thronenden Madonnen, von Heiligen umgeben,
Dreikönigsbildern, wie z. B. jenem in München mit den Porträts
des knieenden Herzogs Philipp des Guten und des den Hut ab-
ziehenden Herzogs Karl des Kühnen (No. **220**, 3), tauchen bei
Roger auch neue Bildmotive auf: das Jüngste Gericht, die besonders
gerühmte Kreuzabnahme, die Grablegung (No. **220**, 4). Seine
Phantasie besitzt eine entschiedene Neigung zum Dramatischen, Pathetischen, sein Formensinn, an dem Studium der Steinsculpturen
gebildet, einen Zug zum Harten, Derbnaturalistischen. Scharf wie
seine Körper gezeichnet sind, erscheinen sie auch beleuchtet. Bis
zur feinsten Einzelheit tritt alles deutlich vor unsere Augen, bis in
die fernsten Straßen gestattet er uns einen klaren Einblick. Nur
die' satte, warme Färbung, das Helldunkel Jan van Eyck's wird vermißt. Den Zeitgenossen jedoch erschien Roger's Weise musterhaft.
Kein flandrischer Künstler übte auf dieselben einen so großen Einfluß wie Roger. Aus seiner Schule schöpften deutsche Maler die
wichtigsten Anregungen; derselben entstammten auch mehrere heimi-
sche Meister. Von *Dierick Bouts* wird es aus stilistischen Gründen
vermuthet, in Bezug auf Memlinc durch alte Nachrichten bestätigt.

Dierick Bouts kam aus Harlem, wo die Malerei, ähnlich wie
in den flandrischen Städten Brügge und Gent, einen Hauptsitz hatte
und als hervorragende Meister ein Albrecht von Ouwater und Gerhard (Gerrits) von Harlem gerühmt wurden, um das Jahr 1450
nach Löwen, wo er nach reicher Wirksamkeit 1475 verstarb. Manche
Züge in seinen Bildern erinnern an Roger, wie die eckige derbe
Zeichnung, die geringe Auswahl unter den Naturmodellen, so daß
auch grobe, wenig anmuthende Gestalten verkörpert werden, der
bis zum Pathetischen gesteigerte Ausdruck. Im Colorit weicht er
von seinen Vorgängern merklich ab: er giebt den Schatten gern einen
grauen Ton, verschmilzt die Farben feiner und weiß sie wirkungs-

voll zu ſtimmen. Als ſein Hauptwerk gilt der große, jetzt verſtreute
Altar in der Peterskirche zu Löwen aus dem Jahre 1466. Die
Flügel, altteſtamentariſche Speiſungen als Vorbilder des Abendmahles
und der Communion ſchildernd, werden in München (Melchiſedec,
Mannaleſe) und in Berlin (Paſſah, Speiſung des Elias durch einen
Engel) bewahrt, das Mittelbild (No. **221**, 6) befindet ſich an der
urſprünglichen Stelle.

Hans Memlinc, deſſen Vorname auf deutſche Abſtammung gedeutet wird, tritt uns urkundlich erſt am Schluſſe der ſiebziger
Jahre, in Brügge ſeßhaft, entgegen. Seine ſelbſtändige Thätigkeit
dürfte ein Jahrzehnt früher beginnen. Ob die große Zahl ſeiner
in Italien befindlichen Werke auf einen Aufenthalt des Künſtlers
daſelbſt zurückgeführt werden kann, ſteht dahin. Das Anfangs-
und Endglied ſeiner Kunſt bilden das berühmte Jüngſte Gericht in
der Danziger Marienkirche, bereits 1473 von einem Danziger Ka-
perſchiffe erbeutet, und der mächtige Flügelaltar in der Marienkirche
in Lübeck, mit der Kreuzigung als Mittelbild (Gruppe aus derſelben
No. **220**, 6), welches das Datum 1491 trägt. Doch iſt Memlinc's
Antheil an beiden Werken nicht vollkommen ſicher geſtellt. Das
Urtheil über den Meiſter wird am wenigſten von der Wahrheit
abirren, wenn es ſich auf die in ſeiner Heimat Brügge, insbeſondere
im Johannishospitale daſelbſt bewahrten, gut beglaubigten Gemälde
ſtützt. Eine ſtattliche Reihe von Werken hat er für das Hospital
geſchaffen: einen Flügelaltar mit der Vermählung der h. Katharina
und Scenen aus dem Leben des Täufers und Evangeliſten Johannes,
einen anderen Altar mit der Anbetung der drei Könige, eine Doppeltafel mit der Madonna und dem ſie verehrenden Stifter (No. **221**, 5)
und endlich den Urſulakaſten, welcher in überaus feiner Ausführung
in ſechs Bildern die Legende der h. Urſula erzählt. Die zuſammenfaſſende Betrachtung lehrt Memlinc als einen Künſtler kennen, der
nur hinter Jan van Eyck zurückſteht. Ruhige Situationen gelingen
ihm am beſten, die Frauenköpfe zeigen auserleſenere Typen, als ſie
ſonſt in der altniederländiſchen Schule vorkommen, ſeine Färbung
glänzt durch vollendete Zierlichkeit und feinen Auftrag, ſein lebendiger Naturſinn läßt ihn die landſchaftlichen Hintergründe reich
mit bunter Staffage ausſtatten.

Als Memlinc (ca. 1495) ſtarb, war bereits ein anderer Maler
in Brügge zu Geltung und Anſehen emporgeſtiegen: *Gerard David*
aus Harlem, deſſen äußeres, übrigens wenig bewegtes Leben vom
Jahre 1488, wo er zum Zunftvorſtande gehört, bis zu ſeinem Tode
1523 verfolgt werden kann. Er ſchließt ſich der Richtung Memlinc's auf das Zierlich-anmuthige (Madonna mit h. Jungfrauen und
Engeln in Rouen) an und zeichnet ſich durch einen hochausge-
bildeten Sinn für die landſchaftliche Natur aus.

2. Die deutsche Kunst im fünfzehnten Jahrhundert.

Die Kunst der Oelmalerei, von den Niederländern so trefflich ausgeübt, erregte bei allen Völkern neidische Bewunderung. Niederländische Bilder wurden in Italien und Spanien begehrt, niederländische Maler in Italien, z. B. Genua, Urbino, beschäftigt, nach der pyrenaeischen Halbinsel gerufen. Französische Maler wie *Jean Foucquet* in Tours (ca. 1415 bis nach 1475), der berühmte Miniaturmaler, standen unter niederländischem Einflusse, und vollends die deutsche Malerei befindet sich seit der zweiten Hälfte des 15. Jahrhunderts unter dem Banne der niederländischen Kunst, deren Realismus überdieß der herrschenden Richtung entsprach. Ein reger Verkehr waltete zwischen den Niederlanden und den rheinischen Städten. Hier gewann daher auch naturgemäß die Eyck'sche Schule (Roger van der Weyden oder Dierick Bouts?) die reichste Nachfolge. Wir sind nicht im Stande, die Personen zu schildern, welche am Niederrhein die Kunst in dieser Weise weiterführten, wir müssen uns in den meisten Fällen begnügen, die erhaltenen Gemälde nach dem Verwandtschaftsgrade zusammenzustellen und nach äußeren Kennzeichen, z. B. nach dem Besitzer eines Hauptwerkes, zu gruppiren. Die Schwierigkeit wird wesentlich dadurch herbeigeführt, daß die Mehrzahl der Meister Werkstätten unterhielten, wir aber nur selten zwischen der Werkstattarbeit und den eigenhändigen Werken scharf unterscheiden können. Technische Eigenthümlichkeiten lassen sich bei den niederrheinischen Malern wohl erkennen, ebenso bestimmte Manieren in der Formenbildung: Dinge, welche leicht auf Gesellen vererbt werden können; der persönliche Hauch aber, welcher ein Werk erst zum vollen Eigenthum dieses und keines anderen Künstlers macht, fehlt in den meisten Fällen. Die bloße Handwerksbildung drängt sich vor und schiebt die Individualität zurück. Gewöhnlich empfängt man den Eindruck, als wären alte Angewöhnung und neuer Erwerb nicht harmonisch verbunden. Der häufig vorkommende goldene oder teppichartige Hintergrund erscheint z. B. nicht im Einklange mit den derb natürlichen Gestalten, welche sich vor diesem Hintergrunde bewegen und nicht selten ein gar grobes Leben wiederspiegeln. Auch das Colorit zeigt zwar Kraft und Glanz, aber keine feinere Durchbildung. Zu den hervorragendsten Malern zunächst in Köln gehören der Meister der Lyversbergischen Passion (Kölnisches Museum), dessen Thätigkeit sich von 1463—1480 verfolgen läßt, und der andere Meister, welcher den Altar des h. Bartholomaeus (München) und den Thomas- und Kreuzaltar im Kölnischen Museum geschaffen hat. Etwas jünger, aber auch malerisch durchgebildeter erscheint *Johann Joest*

18*

in Calcar, von welchem die Flügelbilder an dem großen Altarfchreine in der Pfarrkirche zu Calcar (No. **222**, 3) herrühren.

Schwächer als in der niederrheinifchen Schule, immerhin aber
noch erkennbar, hat der niederländifche Einfluß auf Weftfalen und
Schwaben gewirkt. Dort (Liesborner Meifter) kommt noch der
ältere ideale Zúg zum Vorfchein. Aus Schwaben wanderten zwar
auch Maler zu ihrer Ausbildung nach Flandern; der bedeutendfte
Vertreter diefer Provinzialfchule aber, *Bartholomäus Zeitblom*, aus
Ulm, etwa feit 1480 thätig, zeigt doch nur geringe Anklänge an die
niederländifchen Meifter. Abgefehen von den ihm eigenthümlichen
Kopftypen, ift auch die Art der Gewandung wie das der feineren
Abtönung entbehrende, gleichfam erhitzte Colorit für ihn befonders
charakteriftifch. Die Probe feiner Kunft (in No. **222**, 5) ift einem
der vielen Flügelaltäre, die er mit Bildern fchmückte, entlehnt.
Der andere Flügel fchildert die Verkündigung.

Ein einziger deutfcher Maler des 15. Jahrhunderts gewann
Weltruhm und wurde fchon von den Zeitgenoffen hoch gepriefen:
Martin Schongauer in Colmar. Sein Geburtsjahr (nach 1440) fteht
nicht feft, fein Todesjahr 1488 dagegen ift ziemlich ficher beglaubigt. Alte Ueberlieferungen machen ihn zum Schüler Roger's.
Die Abhängigkeit von der niederländifchen Schule offenbart fich
in dem knittrigen Faltenwurfe, in den Kopftypen, befonders der
Frauen, und anderen äußeren Zügen. Martin Schongauer's berühmtefte, freilich fo wenig wie alle anderen Tafelbilder urkundlich beglaubigtes Gemälde: die Madonna im Rofenhage in S. Martin
in Colmar aus dem Jahre 1473, weift aber noch auf eine ihm
eigenthümliche Phantafierichtung, auf einen milden, dem Anmuthigen, foweit die Wiedergabe desfelben ihm möglich war, zugekehrten
Sinn hin. Diefer gibt fich auch in den ihm zugefchriebenen Altar-
flügeln im Colmarer Mufeum kund, von welchen der eine die Madonna vor dem Chriftkinde knieend, der andere den h. Antonius
(No. **222**, 2) darftellt. Das Madonnenbild bringt ein in der umbrifchen Schule beliebtes Motiv in die Erinnerung. Noch größer
als in der Malerei erfcheint Schongauer's Bedeutung im Fache des
Kupferftiches. Schon längere Zeit war der letztere geübt und gepflegt worden. Der nur nach feinem Monogramme bekannte Meifter
E. S. vom Jahre 1466 zeigt fchon beträchtliche technifche Fortfchritte und führt den Grabftichel mit großer Feinheit. Martin
Schongauer bleibt aber doch der erfte Künftler des Nordens, deffen
Name offenkundig mit der Kupferftecherkunft in Verbindung gebracht wird. An hundert Blätter und darüber, von ihm felbft erfunden, rühren von feiner Hand her, ausgezeichnet nicht allein
durch die fefte und doch zarte Zeichnung, fondern auch durch
warme Empfindung und fprechenden Ausdruck. Außer zahlreichen

Madonnen und Einzelblättern mit der Kreuztragung, Chriftus am Kreuze (No. **222**, 1) u. a. verdient namentlich die gefchloffene Folge der Paffion in zwölf Blättern hervorgehoben zu werden. Auch an dramatifche Compofitionen wagt fich Schongauer (Schlacht zwifchen Chriften und Mauren), felbft die phantaftifche Richtung (Verfuchung des h. Antonius) bleibt ihm nicht fern.

Hält man in den deutfchen Landen Umfchau, fo bemerkt man beinahe in allen Städten gegen den Schluß des 15. Jahrhunderts ein rühriges künftlerifches Treiben, aber nirgends einen eigentlichen Fortfchritt, eine ftetige Nachfolge. Ueberall tauchen einzelne Namen auf, faft überall ftößt man auf diefe oder jene Proben tüchtiger Kunftfertigkeit, ohne daß aber eine gefchloffene Schule erfteht. Es bleibt in der Regel bei bloßen Anfätzen, welche bald und plötzlich abbrechen. Zum Theil hängt diefes mit der handwerksmäßigen Gefinnung der meiften Künftler zufammen, mit ihrer Genügfamkeit an technifcher Vollendung. Dann aber übte die architektonifche Umgebung insbefondere auf die Sculptur eine ungünftige Wirkung. Der gothifche Stil in feiner fpäteften Ausbildung lehrte die Bildhauer nicht das Gleichmaß und die harmonifche Gliederung der Compofition. Fehlte jenem doch felbft das Ebenmaß und die Symmetrie. Die Bauformen der Renaiffance aber, in Italien die fruchtbarfte Schule für Maler und Bildhauer, waren noch völlig unbekannt. Daher fand fich auch kein Gegengewicht zu dem herrfchenden Streben nach kräftiger Natürlichkeit der Schilderung durch den Rhythmus der Linien, das fchöne Gleichmaß der Anordnung. Die mitgetheilten Proben der füddeutfchen Bildnerei, für welche eben fo gut Mufter aus anderen Landfchaften hätten angeführt werden können, beftätigen diefe Beobachtungen.

In Schwaben ragt über alle bekannten Bildhauer der Ulmer Meifter *Jörg Syrlin*, feit 1458 genannt, hervor. Ihm dankt der auch durch den reichen Inhalt der Darftellungen ausgezeichnete Schmuck des Chorgeftühls im Ulmer Dome (1474) den Urfprung. Auch der Fifchkaften in Ulm, mit einer gothifchen Steinpyramide gekrönt, welcher drei Ritter (No. **124**, 1) vortreten, rührt von ihm her. Von einem Manne gefchaffen, welcher wefentlich in der Holzfchnitzerei groß gezogen war, zeigt die ehemals bemalte Figur des Ritters eine unmittelbare Anlehnung an die frifche wirkliche Natur. Sonft verhalten fich Steinfculpturen, wie z. B. das Fragment von dem Marmorgrabftein Kaifer Ludwig's in der Münchener Frauenkirche (No. **125**, 1), von einem „Hans dem Steinmeißel" gearbeitet, offenbart, noch längere Zeit gegen den ungebundenen Naturalismus etwas fpröde. Diefer feiert dagegen in den gewöhnlich bemalten Holzfculpturen feine größten Erfolge. Die Reliefbilder, z. B. jenes von dem prächtigen Hochaltar zu Blaubeuren in Schwaben (No.

124, 2) und das andere, welches von der Moſel ſtammt (No. 125, 9) erſcheinen vollſtändig in der Weiſe von Gemälden componirt. Maleriſch wirkt auch die Uebernahme der Zeittracht in die religiöſe Plaſtik, wie das Beiſpiel der h. Margaretha mit dem als Bär dargeſtellten Teufel an der Kette (No. 124, 5) zeigt.   Den Kampf zwiſchen dem älteren und neueren Stile der Gewandung gibt die überaus ausdrucksvolle Madonna aus der bei München gelegenen Kirche Blutenburg, wohl ſchon dem 16. Jahrhundert angehörig, (No. 124, 3) kund, während die Johannesſtatue (No. 124, 4), einem großen Schnitzaltare in der Kirche zu Beſigheim, in der Nähe von Stuttgart entlehnt, in der Behandlung des Nackten, wie des knittrigen Mantels, ſchon den unverhüllten Realismus aufweiſt.   Beachtung verdient das Reliefbild der Madonna, welches gleichfalls von einem Schnitzaltare herrührt, in München (No. 124, 6).   Der Kopftypus der Madonna mit den kräftig üppigen Formen und dem aufgelöſten Haare hat ſeine Beliebtheit bis in das 17. Jahrhundert bewahrt.

Es iſt kaum zufällig, daß unter den berühmteſten Holzſchnitzern aus dem Schluſſe des 15. und Anfange des 16. Jahrhunderts Angehörige des Küſtenlandes und der Alpenländer genannt werden. Von *Hans Brüggemann* iſt der große Altar im Schleswiger Dome geſchnitzt worden, mit Statuetten (No. 125, 10) und zahlreichen Reliefs, welche die Paſſion, zum Theile nach Dürer's Kupferſtichen, erzählen.   Als einer der tüchtigſten Holzſchnitzer im deutſchen Süden gilt Michael Pacher aus Brunneck in Tirol, von welchem der Altar in S. Wolfgang (1481) ſtammt.   In den Küſtenländern (von Holſtein bis Pommern) und in den Alpen hat ſich die Holzſculptur bis zu unſeren Tagen herab als Volkskunſt erhalten.   Fiſcher, Hirten (außer ihnen auch die Bergleute in den Oſtländern) haben ihre Wintermuße mit Vorliebe auf die Ausbildung ihrer Handfertigkeit im Schnitzen verwendet.   Aber gerade dieſe Volksthümlichkeit wurde auch wieder eine Schranke in der Entwickelung der Holzſculptur und erklärt die Thatſache, daß ſich der raſche Fortſchritt nicht an dieſe Kunſtgattung heftet, in der hiſtoriſchen Schilderung die Holzſchnitzerei gegen die Steinſculptur und insbeſondere gegen die vornehmere Erzkunſt zurücktreten muß.

Der Volksglaube hat längſt Nürnberg als den Vorort altdeutſcher Kunſtübung geprieſen.   Die wiſſenſchaftliche Forſchung wies nun wohl neben Nürnberg noch eine Reihe von Pflegeſtätten der Kunſt nach, ließ aber im Weſentlichen den Ruhm Nürnbergs unverſehrt.   Man darf in Wahrheit von einer Geſchichte der Nürnberger Kunſt ſprechen, die mit Michael Wohlgemuth's und Adam Krafft's Wirken anhebt und mit der Schule Dürer's und der Gußhütte der Familie Viſcher ſchließt.

Drei Meiſter ſtanden am Schluſſe des 15. Jahrhunderts an der

Spitze der Nürnberger Künftlerfchaar: der namentlich als Holzfchnitzer berühmte Veit Stoß, der Steinmetz Adam Krafft und endlich der Maler und Vorftand einer ausgedehnten Kunftwerkftätte
Michael Wohlgemuth. Etwa um die Mitte des Jahrhunderts geboren, verließ *Veit Stofs* als junger Mann die Heimat und überfiedelte nach Krakau, wo er eine reiche Wirkfamkeit entfaltete und
offenbar auch Familienbeziehungen anknüpfte. Seine Nachkommen
wurden in Krakau und in Siebenbürgen nachgewiefen. Nach zwan-
zigjähriger Abwefenheit kehrte er 1496 nach Nürnberg zurück,
und feit diefer Zeit erft tritt er als lebendiges Glied des heimifchen
Künftlerkreifes für uns auf. Sein Hauptwerk ift der englifche Gruß
(No. **124**, 7), in lebensgroßen Figuren in Holz gefchnitzt und von
einem gleichfalls gefchnitzten, riefigen Rofenkranze umgeben, welchem fieben Medaillons, die Freuden Mariae in Reliefbildern darftellend, eingeflochten find. Das Ganze hängt an einer Kette fchwe-
bend von dem Chorgewölbe der Lorenzkirche herab. Aus einer
Nürnberger Kirche ftammt auch das Relief der Verkündigung in
Hannover (No. **125**, 2), ganz im Stile der gleichzeitigen Nürnberger
Malerei gehalten. Der unruhige, in mannigfache Händel und
Prozeffe verwickelte Mann ftarb, angeblich 95 Jahre alt, erblindet 1533.

Auf das Leben des anderen Hauptmeifters der Nürnberger
Sculptur, *Adam Krafft*, fällt gleichfalls erft, nachdem er fchon dem
Greifenalter fich näherte, ein helleres Licht. Man fetzt feine Ge-
burt um die Mitte des 15. Jahrhunderts an. Aber das frühefte datirte
Werk ftammt erft aus dem Jahre 1497. Das ift das frifch und
lebendig componirte Relief des ftädtifchen Wagemeifters, mit feinem
Knechte und einem Kaufmann über dem Eingange des Waghaufes
(No. **125**, 4). Viel früher hat er überhaupt keine reiche felbftändige
Thätigkeit in Nürnberg entfaltet. In den zwei letzten Jahrzehnten
feines Lebens (Adam Krafft ftarb 1507, angeblich im Spitale zu
Schwabach) fchuf er alle die großen Werke, welche den dauern-
den Ruhm feines Namens fichern. So zunächft das fogenannte
Schreyer'fche Begräbniß, drei Relieftafeln, außen zwifchen zwei
Strebepfeilern an der Sebalduskirche über der Gruft der Familien
Schreyer und Landauer angebracht. Sie fchildern in ununter-
brochener Folge die Kreuztragung, Grablegung und Auferftehung
Chrifti. Die vollftändige Bemalung der Reliefs, verbunden mit
dem reichen landfchaftlichen Hintergrunde erhöhte den maleri-
fchen Eindruck des Werkes, welchen die an drei Wänden fort-
laufende Compofition ohne alle Gliederung und Trennung der
Scenen hervorruft. Im Auftrage des Martin Ketzel, welcher eine
Pilgerfahrt nach Jerufalem unternommen hatte, arbeitete er die fieben Stationen oder Fälle Chrifti auf feinem Wege nach Golgatha.
Diefe Hochreliefs zeigen freilich mitunter derbe naturaliftifche Züge,

erfreuen aber durch die Ehrlichkeit der Empfindung und die klare
Anordnung der Gruppen. Gleich auf dem erſten Stationsbilde
(No. 125, 5), welches die Begegnung des hart geſchlagenen, mit
dem Kreuze beladenen Chriſtus mit ſeiner Mutter darſtellt, iſt der
Contraſt der zuſammenbrechenden Mutter mit den rohen Schergen
wirkungsvoll wiedergegeben, ebenſo auf dem ſiebenten Bilde, der
Kreuzabnahme, der Schmerz der Madonna (No. 126, 2) in ergreifender Weiſe geſchildert. Anſehnlich, nicht allein durch die Größe
(15 überlebensgroße Figuren) ſondern auch durch die gute Zeichnung und ſorgfältige Modellirung des Körpers Chriſti, erſcheint die
Grablegung (No. 126, 1) in der Holzſchuher'ſchen Kapelle auf dem
Johanniskirchhofe, welche erſt nach dem Tode des Meiſters vollendet wurde. Die größte Bewunderung aber erregte ſchon bei den
Zeitgenoſſen das Sakramentshäuschen in der Lorenzkirche (No.
156, 5), eine Stiftung des Hans Imhof, an welchem Adam Krafft
in den Jahren 1493—1500 arbeitete. Die bis an die Wölbung
reichende Pyramide iſt mit zahlreichen Reliefs aus der Paſſions-
geſchichte und Statuetten geſchmückt. Die architektoniſche Decoration zeigt die manierirten Formen des gothiſchen Stiles, an welchen offenbar der Bildhauer großes Behagen fand und deren ſpie-
lendes Weſen (z. B. ſpiralförmig gewundene Fialen) er mit großer
techniſcher Geſchicklichkeit in dem ſpröden Steinſtoffe wiedergab.
Iſt der Geſammteindruck des Werkes wegen der verwirrenden Menge
der Zierraten nicht erfreulich, ſo beweiſen doch Einzelheiten die
tüchtige plaſtiſche Kunſt des Meiſters, wie die drei knieenden Figuren (nach gewöhnlicher Annahme Adam Krafft ſelbſt mit ſeinen
Geſellen), welche die Pyramide auf ihren Rücken tragen. Sie lehren
uns die frühzeitige Ausbildung eines ſicheren Blickes für das Porträt kennen, welcher auch ſonſt in den plaſtiſchen Denkmälern jener
Zeit ſich offenbart. Die Grabmonumente z. B. werden bis in das
16. Jahrhundert mit gothiſchem Rankenwerke eingerahmt (eine
Probe von einem unbekannten ſchwäbiſchen Meiſter No. 127, 4),
die Gewänder, wenn nicht die Zeittracht ein zwingendes Muſter bietet,
knitterig und in mechaniſcher Weiſe gezeichnet, in den Köpfen
prägt ſich aber meiſtens ein friſches, kräftiges Leben aus. So auch
bei Adam Krafft, auf welchen außer den angeführten beglaubigten
Werken noch eine Reihe Nürnberger Sculpturen zurückgeführt werden,
wie z. B. die anmuthige Madonna, welche nach einer in Nürnberg
herrſchenden Sitte die Ecke eines Privathauſes ſchmückt (No. 125, 3).
Den Namen Adam Krafft's hat nicht Localpatriotismus ungebührlich in den Vordergrund gedrängt. Daß er verdient, vor vielen
anderen Kunſtgenoſſen hervorgehoben zu werden, zeigt die Vergleichung ſeiner Werke mit den Leiſtungen anderer gleichzeitiger
Bildhauer. Selbſt *Tilman Riemenſchneider* (ſeit 1483 genannt) tritt

bei aller Tüchtigkeit gegen den Nürnberger Meifter zurück. Würzburg ift der Hauptfchauplatz feiner Thätigkeit gewefen, fein berühmteftes Werk hat er aber für den Bamberger Dom geliefert: das Grabmal Kaifer Heinrich's II. und feiner Gemahlin Kunigunde, welche überlebensgroß auf dem mit Reliefs gefchmückten Sarkophage ruhen. Die Probe feiner Kunft (No. **125,** 7), aus der bei Würzburg gelegenen Kirche zu Maidbrunn entlehnt, und hier in großem Maßftabe ausgeführt, fagt uns, daß ihm der Ausdruck in den einzelnen Köpfen beffer gelang, als die (fchlecht gefchloffene) Anordnung der ganzen Gruppe.

Michael Wohlgemuth, neben Adam Krafft der bekanntefte Vertreter der älteren Nürnberger Kunft, wurde in früherer Zeit gern als der Typus des befchränkten, derben Handwerkers aufgefaßt, der fchlecht und recht, ohne daß feine künftlerifche Perfönlichkeit und Eigenart zu ihrem Rechte kommt, die Aufträge der Befteller nach ihrem Gutdünken ausführt. Erft die neuere Forfchung hat Wohlgemuth's Bild in helleren Farben gemalt, feine künftlerifche Bedeutung kräftig betont. Vieles bleibt freilich noch, fowohl was fein äußeres Leben, wie feine innere Entwickelung anbelangt, dunkel. Nach den gewöhnlichen Angaben ift Wohlgemuth 1434 in Nürnberg geboren und hochbetagt 1519 geftorben. Erfchwert wird das Urtheil über ihn durch den Umftand, daß er eine große Werkftätte unterhielt, aus welcher umfangreiche Altarwerke hervorgingen und wo der Antheil der Gefellen felten fcharf von feiner perfönlichen Thätigkeit abgefondert werden kann. Altäre lieferte er für eine Kirche in Hof (die Flügel jetzt in München), für die Nürnberger Auguftinerkirche (die Flügel diefes Peringsdörffer'fchen Altars find in der Moritzkapelle in Nürnberg), für die Stadtkirche in Schwabach, für die Marienkirche in Zwickau. Das Innere diefes letzteren Altarfchreines zeigt neun lebensgroße polychromirte Statuen, an den Flügeln malte Wohlgemuth Scenen aus der Kindheit (die Geburt Chrifti No. **222,** 4) und Paffion Chrifti. Nicht vergeffen darf der Antheil werden, welchen Wohlgemuth mit feinem Stieffohne Wilhelm Pleidenwurf an der Ausfchmückung der Schedel'fchen Weltchronik (1493) mit Holzfchnitten nahm. Sein größter Ruhmestitel für weitere Kreife bleibt immer, daß ihm Albrecht Dürer feine künftlerifche Erziehung verdankt.

2. Malerei und Plastik im 16. Jahrhundert.

1. Albrecht Dürer und Peter Vischer.

Schwer, in unabläffiger Arbeit rang Albrecht Dürer dem Schickfale feine Größe ab. Genoß er auch unter feinen Mitbürgern nicht
geringes Anfehen, fo vermißte er doch in feiner Kunft eine reiche
und nachhaltige Förderung. In feinem befonderen Fache, der Malerei, bei der Beftellung umfangreicher Altarwerke, hatte fich die
Handwerksübung fo fehr eingebürgert, daß wer der Hilfe der Gefellen entbehren, in feine Werke die ganze Tiefe und Kraft der
perfönlichen fchöpferifchen Phantafie legen wollte, keinen rechten
Boden fand. So erklärt fich die verhältnißmäßig geringe Zahl
größerer Altarbilder, welche Dürer hinterlaffen hat. In feiner Umgebung gab es wohl befreundete Männer von tüchtiger Gelehrfamkeit.
Sie waren von regem Eifer erfüllt, fich die Lebensweisheit des klaffifchen Alterthums anzueignen, fogar von poetifchen Empfindungen
durchftrömt. Was aber Willibald Pirkheimer und die anderen
Humaniften Poefie nannten, war vorwiegend gelehrte Allegorie, den
künftlerifchen Sinn wenig anregend, für Dürer aber doppelt gefähr-
lich, infofern er felbft der Gelehrfamkeit zuneigte und fcharffinnigen
Unterfuchungen, theoretifchen Aufgaben gern nachging. Schon die
Zeitgenoffen rühmen von ihm, daß die Kunft der Malerei die min-
defte unter feinen Naturgaben gewefen wäre. Mit Lionardo da
Vinci's Univerfalität läßt fich die Vielfeitigkeit feiner Intereffen, die
Vorliebe, die Kunft auf allgemeine wiffenfchaftliche Grundfätze auf-
zubauen, vergleichen. Die Studien über die Proportionen des
menfchlichen Körpers befchäftigten ihn bereits am Anfange feiner
Laufbahn; ununterbrochen fetzte er fie bis zu feinem Tode fort,
ohne fie vollftändig abzufchließen. Erft nach feinem Tode wurden
die „vier Bücher von menfchlicher Proportion" in den Druck gegeben.
Gegen diefes Werk treten für die künftlerifche Würdigung Dürer's
feine beiden anderen älteren Schriften, die „Unterweifung der Meffung
mit dem Zirkel und Richtfcheit", 1525, und der „Unterricht zur
Befeftigung der Städte, Schlöffer und Flecken" zurück. Was er
über die Gefetzmäßigkeit der Maße des menfchlichen Körpers
theoretifch ergründet hatte, fuchte er auch in einzelnen künftlerifchen Schöpfungen anfchaulich zu geftalten. Aus Normalfiguren
ift der Kupferftich mit Adam und Eva aus dem Jahre 1504 entftanden, und für einen anderen Kupferftich, welcher einen unbeirrt
von den Schrecken des Todes und der Hölle durch die Einöde
reitenden Ritter — den Ritter mit dem Tod und Teufel — darftellt, griff er gleichfalls auf ältere Studien eines wohlproportionirten

Reiters zurück. In feinen Schriften fteht Dürer beinahe vollftändig
auf dem Boden der Renaiffance. Die Richtigkeit und Schönheit
der Maßverhältniffe bildet bekanntlich einen Mittelpunkt auch ihrer
künftlerifchen Anfchauungen. Nicht unbedingt und namentlich nicht·
rafch huldigt er dagegen in feinen künftlerifchen Schöpfungen dem
Geifte der Renaiffance, mochte er auch frühzeitig antike Bauformen
als Decoration verwenden. Perfönliche Neigungen, heimifche Ueberlieferungen ließen ihn die längfte Zeit eigene Wege wandeln, die
nichts mehr mit der mittelalterlichen Kunftweife gemein haben, aber
auch von der in Italien gegründeten Renaiffance fich entfernt halten.
In der Anordnung der Gewänder hat er Mühe, das knittrige Gefälte aufzugeben. Die bloß äußerlich treue und wahre Wiedergabe
der natürlichen Typen genügt ihm nicht, er erhob fie aber nicht,
wie die gleichzeitigen Italiener, zu idealer Allgemeingiltigkeit, fondern
fteigerte das Charakteriftifche und fchärfte den befonderen Ausdruck.
Jugendliche Frauenköpfe und Kindergeftalten, welche einer folchen
Steigerung nicht zugänglich find, gelingen ihm daher weniger gut
als die Bilder gereifter, vom Schickfale gezeichneter Menfchen mit
markirten Zügen und von kräftig ausgearbeitetem Gepräge. Die
größte Sorgfalt verwendet Dürer auf den Farbenauftrag. Eine be-
wunderungswürdige Feinmalerei erblicken wir in vielen feiner Gemälde, aber nicht immer weiß er die an fich kräftigen Töne harmonifch zu ftimmen, die Härten zu vermeiden. Nur in zwei Ab-
fchnitten feines Lebens, nach der venezianifchen Reife (1506) und
am Abend feines Lebens, wo er felbft freimüthig bekannte, daß er
als Jüngling die bunten Bilder, die ungeheuerlichen und abfonderlichen Geftalten viel zu fehr geliebt, erreicht er auch in feinen Gemälden hohe Vollendung. Befaß Dürer nicht von Natur einen fo
reichen Farbenfinn wie manche feiner Zeitgenoffen, fo überragt er
fie dafür durchgängig durch feine feine Empfindung für landfchaftliche Schönheit. Klar bauen fich feine Hintergründe auf, in Duft
find feine Fernfichten gehüllt, Licht und Schatten, dämmeriges
Halbdunkel wechfeln wirkungsvoll ab. Vollends unvergleichlich erfcheint Dürer's Erfindungsgabe. Der Phantafie keines anderen Künftlers feiner Zeit entftrömt eine folche Fülle felbftändiger Gedanken,
keiner gebietet über einen fo mächtigen Reichthum entfprechender
Formen. Wenn man von einzelnen Darftellungen aus feiner Jugend
abfieht, find faft alle Compofitionen fein perfönliches Eigenthum.
Gerade zu unerfchöpflich ift er im Erfinden. Selbft wenn er denfelben Gegenftand mehrmals behandelt, weiß er ihm ftets immer
neue Seiten abzugewinnen. Und diefe Schöpferkraft bewährt fich
ebenfo gut, wenn er einzelne Geftalten, Charakterfiguren zeichnet,
wie wenn er idyllifche Scenen ausmalt oder dramatifche Ereigniffe
voll Pathos und leidenfchaftlichen Lebens fchildert. Diefe Seite

ſeines Geiſtes ſchätzten ſchon die Zeitgenoſſen in vollem Maße und
borgten fleißig von Dürer. Aus dieſem Grunde beſitzen auch Dürer's
Zeichnungen eine ſo hervorragende Bedeutung im Kreiſe ſeiner
Werke.   Sie ſind die unmittelbarſten Aeußerungen ſeiner Phantaſie,
geben ſeine Conceptionen am treueſten wieder und zeigen ſeine erfinderiſche Kraft in ihrem ganzen Reichthume.   Die Sorgfalt, mit
welcher Dürer viele derſelben behandelte, belehrt uns auch, daß er
dieſelben ſeinen anderen Schöpfungen durchaus ebenbürtig anſah.
Bei einem Manne, deſſen Leben in unabläſſigem Ringen und Streben
nach Vollendung, in immer tieferer Entfaltung ſeines künſtleriſchen
Vermögens verfließt, iſt die hiſtoriſche Betrachtung vorzugsweiſe
berechtigt.
    Albrecht Dürer's Vorfahren hatten ihre Heimath in Ungarn,
waren vielleicht magyariſchen Stammes und adeligen Geſchlechtes. Sie
führten nach einer nicht unwahrſcheinlichen Vermuthung den Namen
Ajtós (zu deutſch Thüre) und wohnten in Ajtós bei Gyula. Das Wappen
Dürer's, die offene Thüre, ſpricht jedenfalls zu Gunſten dieſer Annahme.
Dürer's Vater, Albrecht, ein Goldſchmied, war auf ſeiner Wander-
ſchaft 1455 nach Nürnberg gekommen und hatte ſich hier nieder-
gelaſſen.   Aus ſeiner Ehe mit einem Goldſchmiedstöchterlein, Barbara Holper, wurden ihm achtzehn Kinder geboren, der zweitgeborene
(21. Mai 1471) war unſer Albrecht Dürer.   Zuerſt im Handwerke
des Vaters erzogen, kam er 1486 in die Werkſtätte Michel Wohlgemuth's.   Schon aus Dürer's Knabenzeit beſitzen wir Proben ſeiner
Zeichenkunſt, ein Selbſtporträt, das er im dreizehnten Jahre zeichnete (in dem berühmten Cabinet von Handzeichnungen und Kupferſtichen des Erzherzogs Albrecht in Wien, der Albertina) und eine
Madonna mit Engeln aus dem folgenden Jahre (im Berliner Kupfer-
ſtichcabinet).   Neunzehnjährig (1490) zog Dürer auf die Wander-
ſchaft, welche ihn bis Pfingſten 1494 von der Vaterſtadt fern hielt.
Seine Reiſeziele ſind nicht vollſtändig bekannt.   Alte Nachrichten
weiſen nach Kolmar, wohin ihn Schongauer's Werkſtätte lockte,
und nach Straßburg.   Ziemlich allgemein wird angenommen, daß
Dürer ſchon damals auch Venedig beſucht hatte.   Jedenfalls lernte
er ſchon in jener Zeit Stiche Mantegna's kennen, die er nach-
zeichnete.   Noch mit einem anderen Maler trat er entweder
während der Reiſe oder bald darauf in nähere Berührungen, mit
Jacopo dei Barbari, auch Jacob Walch genannt, deſſen geheime
Weisheit in der Proportionslehre der junge Dürer ihm nicht wenig
neidete.   Unmittelbar nach der Heimkehr ſchloß Dürer mit Agnes,
der Tochter eines begüterten, in mannigfachen Geſchäften brauchbaren Bürgers, Hans Frey, die von einzelnen ſeiner Freunde ſpäter
als wenig glücklich geſchilderte Ehe und gründete ſeinen ſelbſtändigen Hausſtand.   Aus den Werken der neunziger Jahre, mehreren

Porträts, dem fog. Dresdener Altar (Maria, das fchlafende Chriftkind anbetend im Mittelbilde, die hh. Antonius und Sebaftian auf
den Flügeln) u. a., muß die große Holzfchnittfolge: die Apokalypfe,
in fünfzehn Blättern, hervorgehoben werden. Zum erften Male fehen
wir hier von Dürer die Kunft des Holzfchnittes benutzt, um eine
zufammenhängende Reihe von Compofitionen zu verkörpern. Wenn
auch in vielen Fällen das Meffer des Holzfchneiders die Linien der
Dürer'fchen Vorzeichnung nur grob und ftumpf herausbrachte,
immerhin bildete der Holzfchnitt für Dürer ein unvergleichliches
Mittel, die Schöpfungen feiner Phantafie in den weiteften Kreifen
zu verbreiten. Durch Dürer wurde der Holzfchnitt geadelt, in den
Kreis der wirkfamen künftlerifchen Ausdrucksweifen eingeführt. Daß
durch den Holzfchnitt das Charakteriftifche der Dürer'fchen Kunft
feftgehalten wird, zeigen am beften die vier Reiter aus der Apokalypfe (verkleinerte Nachbildung No. 226, 1). In grimmigem Zorne
ftürmen fie einher, um die Menfchheit zu vernichten. Das phantaftifch Erhabene kommt in diefem Blatte zu vollkommener Geltung. Dürer fand den Holzfchnitt fo paffend für die Wiedergabe
feiner gedankenreichen poetifchen Compofitionen, daß er nach Vollendung feiner „heimlichen Offenbarung" (1498) daran ging, auch
die Paffion Chrifti und das Marienleben in großen Holzfchnittblättern
als gefchloffene Folgen herauszugeben. Das dramatifche Element
ftellte Dürer in der „großen Paffion" in den Vordergrund; in
mächtigen Zügen werden vor unferen Augen die Leidenfchaften der
erregten Volksmenge entrollt, in fcharfen Gegenfätzen bewegt fich
die Handlung. Auf den Boden der Idylle führt uns Dürer im
„Marienleben". Hier kam ihm fein tiefes Verftändniß der landfchaftlichen Natur zu Statten, hier ftört das Hineinragen eines lokalen Nürnberger Zuges in die Darftellung am wenigften. Die
Gegenwärtigkeit der Darftellung gewinnt nur, wenn wir in der Scene
der Geburt Mariä in die Wochenftube einer deutfchen Bürgersfrau
hineinblicken, in der „Ruhe in Aegypten" (ftark verkleinert No. 225, 2)
ein ländliches Gehöfte vor Augen haben, in welchem der brave
Zimmermann emfig fchafft, die glückliche Mutter an der Wiege des
Kindes fleißig fpinnt. „Die Ruhe in Aegypten" ift eine der wenigen
Schilderungen Dürer's, in welchen ein fröhlicher Humor (die fpähne-
fammelnden Engel) ungebundenen Ausdruck empfängt. In der
„Heimfuchung" (No. 225, 3), wie in der Flucht nach Aegypten
erfcheint die landfchaftliche Staffage mit großer Liebe behandelt.
Erft nach mehreren Jahren kamen diefe Holzfchnittfolgen, durch
eine neue vermehrt, welche das Leiden Chrifti in fiebenunddreißig
Blättern erzählt (kleine Paffion), zur Vollendung und Ausgabe. Was
die Vollendung verzögerte und zugleich einen wichtigen Einfchnitt
in fein Leben bildete, war die Reife nach Venedig am Ende des

Jahres 1506. Ein volles Jahr und darüber währte ſein Aufenthalt in Venedig. Die noch erhaltenen Briefe an Willibald Pirkheimer gewähren einen trefflichen Einblick in Dürer's Stimmungen, ſein Leben und Treiben unter den Italienern. Das Hauptdenkmal ſeiner Wirkſamkeit daſelbſt iſt das „Roſenkranzfeſt", im Auftrage der deutſchen Kaufleute für den Altar in ihrer Kirche S. Bartolommeo gemalt, ſpäter vom Kaiſer Rudolf II. angekauft und nach Prag gebracht, wo es noch gegenwärtig (Gemäldeſammlung des Kloſters Strahow) bewahrt wird. Vor einem Teppiche thront die Madonna mit dem Chriſtkinde, zu ihren Füßen ruht ein Engel, die Laute ſchlagend. Zu beiden Seiten aber knieen Papſt und Kaiſer und die Vertreter der Chriſtengemeinde, welche von der Madonna, dem Chriſtkinde und dem h. Dominicus (dem Patron der Roſenkranzbrüderſchaft) mit Roſen bekränzt werden.

Ungern ſchied Dürer von Venedig. „O wie wird mich nach der Sonnen frieren! Hier bin ich ein Herr, daheim ein Schmarotzer", klagte er ſeinem Freunde Pirkheimer. Doch eröffnete ſich ihm in den nächſtfolgenden Jahren auch in der Heimat eine größere Wirkſamkeit und wurde ihm namentlich eine reichere Gelegenheit, ſich auch als Maler hervorzuthun, geboten. Wer die Doppeltafel mit Adam und Eva (Pittigalerie) beſtellt hat, wiſſen wir nicht. In den Geſtalten des erſten Menſchenpaares bemüht ſich Dürer ſein Ideal ſchöner Körperbildung zu verwirklichen. Für einen Frankfurter Tuchhändler, Jacob Heller, führte Dürer 1509 einen großen Altar aus, mit der Himmelfahrt Mariä im Mittelbilde. Leider iſt dieſes letztere durch Feuer zu Grunde gegangen und nur in einer Copie des Jobſt Harrich erhalten. Der Verluſt bleibt umſo mehr zu beklagen, als wir aus den zahlreichen noch vorhandenen Studien und den Briefen Dürer's wiſſen, mit welcher Sorgfalt der Künſtler das Bild vollendete. Von den Flügelbildern beſitzen wir noch die Mehrzahl, doch hatten an dieſen unzweifelhaft die Geſellen einen großen Antheil. Nur an Umfang, nicht an Kunſtwerth ſteht dem Heller'ſchen Altar die Tafel nach, welche Dürer für die Kapelle im Landauer Brüderhauſe in Nürnberg 1511 ſchuf. Für die weiſe Bedachtſamkeit Dürer's auch bei dieſem Werke ſpricht der Umſtand, daß er für den holzgeſchnitzten Rahmen (No. 174, 1) ſelbſt die Vorzeichnung lieferte. Das Gemälde, unter dem Namen das Allerheiligenbild bekannt (No. 225, 1), wird gegenwärtig in der kaiſerlichen Galerie in Wien bewahrt. Oben ſchwebt, von einer ſtattlichen Heiligenſchaar umgeben, die Dreieinigkeit. Tiefer, mit den Heiligen den Kreis um die Trinität ſchließend, knict anbetend die chriſtliche Gemeinde, nach Ständen gegliedert, vom Papſt und Kaiſer angeführt. Ganz unten in einer weiten Uferlandſchaft ſteht, auf eine Tafel ſich ſtützend, in ſtattlicher Pelzſchaube der Meiſter ſelbſt. Zur vollen-

deten Charakteriftik der einzelnen Geftalten, zum idealen Schwunge
der Compofition tritt noch eine wirkungsvolle helle Farbenharmonie,
ganz im Einklange mit dem überirdifchen Schauplatze des Vorganges, hinzu. Die nächftfolgenden Jahre zeigen Dürer vorwiegend
mit dem Grabftichel und mit Verfuchen, die Kupferftichtechnik zu
höherer Vollkommenheit zu erheben, befchäftigt. Er radirte mit
der Nadel, ätzte die Platten und fchuf jene wunderbaren Blätter,
welche eben fo fehr von feiner vollkommenen Beherrfchung der
Kunft, wie von der Richtung feiner Phantafie auf das Tieffinnige,
Gedankenreiche Zeugniß ablegen: den Ritter, Tod und Teufel (1513),
die Melancholie und den Hieronymus in der Zelle (1514). Derfelben Zeit entftammen auch die anmuthigften feiner Madonnen-
blätter. Dürer läßt fonft das Matronenhafte zu fehr vorwalten und
beharrt bei den individuellen Zügen des Modells aus feiner Umgebung. Der Madonna aber, welche, unter einem Baume fitzend,
dem Chriftkind eine Birne reicht (1511) und der Maria auf dem
anderen Kupferftiche, in welchem fie das Kind an fich drückt, ihre
Wange gegen fein Köpfchen preßt (1513), verleiht er einen idealen
Charakter und fchildert das Mutterglück mit feinfter Empfindung.
Auch fein Meifterftück im Fache des Holzfchnittes, das große Blatt
der Dreifaltigkeit, wurde von ihm in diefen Jahren (1511) gezeichnet.
    Hatte bis dahin Dürer fich keiner vornehmen Gönnerfchaft er-
freut — nur der Kurfürft Friedrich der Weife bedachte ihn mit
Aufträgen — fo follte fich diefes Verhältniß jetzt gleichfalls ändern.
Seit dem Jahre 1512 trat er zu Kaifer Maximilian in nähere Beziehungen. Doch reiften aus der Freundfchaft des Fürften nicht
die erwarteten Früchte. Dürer wurde vorwiegend mit der wenig
dankbaren Aufgabe befchäftigt, die allegorifche Verherrlichung des
Kaifers, wie fie deffen gelehrte Freunde nach einem weitfchweifigen
Programme erfonnen, in die Bildform zu übertragen. Der Triumph
des Kaifers follte dargeftellt werden, nach einer damals beliebten
Idee, mit allem Aufwande von allegorifcher Poefie, und reich belebt durch Schilderungen aus des Kaifers ereignißvollem Leben.
In langem Triumphzuge fchritten Herolde, Träger von Trophäen
und Ehrenkränzen, Vertreter mannigfacher Nationen einher, auf
einem pomphaft gefchmückten Triumphwagen faß der Kaifer mit
feiner Familie, eine riefige Triumphpforte bildete den Abfchluß des
Werkes. Es ift für die einflußreiche Stellung, welche der Holzfchnitt in der deutfchen Kunft gewonnen hatte, bezeichnend, daß
der Triumph in Holzfchnitt ausgeführt werden follte. Dürer hielt
fich fleißig an die Arbeit, entwarf mehrere Gruppen des Triumphzuges, zeichnete den Triumphwagen und ließ nach feinen Vifierun-
gen durch Hieronymus Andreae die Holzftöcke (zweiundneunzig an
der Zahl) zur Triumphpforte fchneiden. Ungleich zufagender, als

dieſe in der Erfindung doch vielfach trockenen Compoſitionen, mußte ihm eine andere für den Kaiſer unternommene Arbeit er-ſcheinen. Kaiſer Maximilian hatte ein für ſeinen ausſchließlichen Gebrauch beſtimmtes Gebetbuch verfaſſen und bei Schönſperger in Augsburg prachtvoll drucken laſſen. Die Blätter desſelben ſchmückte Dürer mit Randzeichnungen. Hier konnte ſich Dürer's Phantaſie ungehindert ergehen. Mit kalligraphiſchem Schnörkel, der zuweilen in Blätterwerk übergeht, umzog er die Blätter und zeichnete, an den Inhalt der Gebete ſich frei anſchließend, bald Geſtalten voll mächtigen Ernſtes, bald humoriſtiſche Scenen hinein. (Die Probe von :den Randzeichnungen des in der Münchener Bibliothek be-wahrten Gebetbuches [No. **224**, 3], iſt aus den Motiven zweier Blätter zuſammengeſetzt.)

Nach Kaiſer Maximilian's Tode mußte Dürer daran denken, die von dem Kaiſer ihm bewilligten Gnadengelder auch von deſſen Nachfolger beſtätigt zu empfangen. Da Kaiſer Karl V. in den Nie-derlanden weilte, ſo machte ſich Dürer mit Weib und Magd und einem ſtattlichen Vorrath ſeiner Kunſtblätter (Juli 1520) auf den Weg nach den Niederlanden. Das Reiſetagebuch Dürer's hat ſich erhalten. Wir leſen in demſelben von den mannigfachen Ehren, die ihm namentlich in Antwerpen von den Malern zu Theil wurden, von zahlreichen Bildniſſen, die er zeichnete, und kleineren Bildern, die er malte. Als er nach einem Jahre heimkehrte, fand er bereits die Vaterſtadt und die Freunde von der Reformationsbewegung tief ergriffen. Bei ſeinem ſcharfen und ernſten Geiſte und bei ſeiner tiefen religiöſen Empfindung konnte er von derſelben nicht unbe-rührt bleiben. Schon in den Niederlanden hatte ihn die (falſche) Nachricht von Luther's Gefangennahme mächtig aufgeregt. Als echter Künſtler faßte er ſein Glaubensbekenntniß in einer künſtleri-ſchen Schöpfung zuſammen. Er verehrte dem Rathe Nürnbergs 1526 eine Doppeltafel, auf welcher er die Apoſtel Johannes mit Petrus und Paulus mit Marcus (No. **224**, 2) gemalt hatte. Johan-nes und Paulus ſind die Hauptgeſtalten. Während Johannes (in rothem Mantel) ſinnend in das geöffnete Buch blickt, das er in den Händen hält, hat Paulus (in weißem Gewande) das Buch geſchloſſen, faßt mit ſtarker Hand das Schwert und blickt zornmuthig aus dem Bilde heraus. Prüfung der Wahrheit und mannhafte Vertheidigung derſelben — daraufhin ſind offenbar der Charakter und die Züge der Apoſtel gerichtet; aus dieſem Grundgedanken hat Dürer die beiden Hauptgeſtalten geſchaffen. In Bibelſtellen, welche Dürer eigenhändig unter die Bilder auf die Tafeln geſchrieben (ſie ſind von den Originaltafeln in München abgenommen und an die Co-pien in Nürnberg befeſtigt worden) ſprach er ſeine Abſicht noch deutlicher aus.

So find die vier Apoftel, wohl auch die vier Temperamente genannt, ein koftbares Denkmal der religiöfen Stimmung des Mei-fters, zugleich aber ein lebendiges Zeugniß der fiegreichen Ueber-windung aller früheren formellen Schranken feiner Kunft. Die feine, bis in das Kleinfte forgfältige Ausführung ift geblieben, aber ein plaftifches Element in der Modellirung der Gewänder durch Ab-ftufung der Farben hinzugekommen. Auch das Markige und Kern-hafte in der Auffaffung der Köpfe erfcheint noch reiner und wir-kungsvoller hervorgehoben, wie fich fchon aus der populären Bezeichnung der Apoftel als ,,Temperamente" ergibt. Diefelbe Voll-endung offenbart das gleichzeitig gemalte Porträt des alten Hiero-nymus Holzfchuher. Charakterfiguren und Bildniffe entfprachen der Richtung, welche Dürer's Phantafie in feinen letzten Jahren genommen hatte, am beften. Er ftarb 1528 am 6. April, an dem-felben Jahrestage wie Raffael, in feinem 57. Jahre, nachdem er fchon längere Zeit von Kränklichkeit heimgefucht worden war.

Die abfchließende Betrachtung darf nicht bei dem bloßen Staunen über Dürer's künftlerifche Fruchtbarkeit verweilen. Sie ift gewaltig groß. Von den Tafelbildern abgefehen, zählen die Verzeichniffe feiner Werke 104 Kupferftiche, über 170 Holzfchnitte und mehrere hundert Zeichnungen auf, unter den letzteren viele, welche mit der größten Sorgfalt nicht anders wie Malereien behandelt find, wahre Proben des geduldigen Fleißes darftellen z. B. das Doppeltäfelchen mit Simfon und Chrifti Auferftehung, die kolorirten Pflanzen- und Thier-zeichnungen. Viel wunderbarer als Dürer's Fruchtbarkeit ift der Reichthum feiner inneren Entwickelung. In jungen Jahren trat er Italienern wie Mantegna und Barbari nahe, felbft von antiken Werken nahm er Kenntniß. Er verfenkte fich dann in feinen großen Holz-fchnittfolgen in die überlieferte heimifche Kunftweife. Hier und dort bewahrt er feine volle Selbftändigkeit. Er wird weder zu einem Manieriften, noch begnügt er fich, die bekannten Typen der Paffionsfpiele, wie die meiften anderen Maler und Holzfchnitzer einfach in die Bildform zu übertragen. Die eifrige Umfchau in der äußeren Naturwelt hemmte nicht die Einkehr in das eigene tief bewegte und poetifch geftimmte Gemüth, deffen Wiederfchein fich in mehreren phantafievollen Kupferftichen (Melancholie u. f. w.) offenbart. Das letzte Ziel fand er in der Ausbildung des Porträts und der feft in Stimmung und Formen abgefchloffenen Charakter-figur, wodurch er der Pfadfinder der folgenden Kunftperiode wurde.

Dürer's Werkftätte zog fchon frühe Malergefellen an. Noch vor Dürer's venezianifcher Reife trat in diefelbe der aus Nördlingen ftammende *Hans Leonard Schäufelein* (? 1476 — 1540) ein, der namentlich im Fache des Holzfchnittes eine ungemeine Frucht-barkeit entwickelte, feit 1515 in feiner Vaterftadt fich anfiedelte

und hier auch als Maler (Wandgemälde im Rathhaufe: Judith und
Holofernes, Flügelaltar in der Hauptkirche: Kreuzabnahme) thätig
auftrat. Auch *Hans von Kulmbach* († ca. 1522), urfprünglich ein
Schüler des Jacopo dei Barbari, arbeitete eine Zeitlang in Dürer's
Werkftätte. Sein bedeutendftes Werk ift die Anbetung der Könige
(**226**, 4), in der Compofition an Dürer mahnend, durch den Schmelz
und die feine Harmonie der Färbung ausgezeichnet. Dürer's Einfluß erfuhr ferner *Hans Springinklee* († 1540), als Illuminator und
Zeichner für Holzfchneider gefchätzt. Von Schülern aus Dürer's
fpäterer Zeit wird namentlich *Georg Pencz* erwähnt, der feit 1523
felbftändig arbeitete und in dürftigen Verhältniffen 1550 verftarb.
Mehrere Porträts haben fich von feiner Hand erhalten; noch größer
ift feine Fruchtbarkeit als Kupferftecher, wobei er es liebte, zufammenhängende Blätterfolgen zu fchaffen z. B. eine Reihe berühmter Liebespaare, die Schilderung verderblicher Frauenherrfchaft,
die Gefchichte des ägyptifchen Jofeph (No. **225**, 4), des Tobias u. a.
An Georg Pencz fchloffen fich die beiden Beham an (Sebald Beham
1500 bis ungefähr 1550 und Barthel Beham 1502—1540). Alle
drei hatten 1524 den Lehren Carlsftadt's und Thomas Münzer's
Gehör gefchenkt und mußten fich wegen ihrer Gottlofigkeit vor dem
Rathe verantworten. *Sebald Beham* führte überhaupt ein unruhiges
Leben, bis er fich 1534 in Frankfurt niederließ. Eine gewaltige
Menge von Holzfchnitten und Kupferftichen (No. **223**, 8, No. **224**,
8—10), unter welchen die Schilderungen aus dem derben Bauernleben durch die frifche lebendige Charakteriftik befonders feffeln,
ging aus der Werkftätte des leicht und rafch arbeitenden Künftlers
hervor. Das berühmtefte Malerwerk Sebald's ift eine bemalte Tifch-
platte mit der Gefchichte Bathfeba's (im Louvre). *Barthel Beham*
fiedelte fich 1527 in München an und trat in die Dienfte des Herzogs Wilhelm von Bayern. Dadurch erklärt fich die große Zahl
fürftlicher Porträts (No. **223**, 7), welche Barthel gefchaffen hat.
Von einer Reihe ihm zugefchriebener Altarbilder ift der Urfprung
nicht völlig ficher geftellt. Auch als Kupferftecher war Barthel Beham
thätig, zeichnete hier nicht allein biblifche und mythologifche Geftalten und Figuren aus dem Alltagsleben (No. **224**, 7), fondern
entwarf auch, italienifchen Muftern folgend, viele Ornamente für
Goldfchmiede und Metallarbeiter. Befonders von diefer Seite ihrer
Wirkfamkeit her führen die beiden Beham und mehrere ihnen nahe
ftehende Kupferftecher (Altdorfer, Aldegrever, Binck, Pencz, Brofamer)
den Namen der Kleinmeifter. Gemeinfam ift denfelben die vir-
tuos geübte Technik, fo daß felbft die kleinften Blätter eine klare
und fcharfe Zeichnung zeigen, ferner die Anlehnung an die Renaiffance in den decorativen Motiven und die engere Berührung mit
dem Kunfthandwerke. Man erkennt deutlich, daß die deutfche

Kunft in diefem Zeitalter ihre Wurzeln und ihre Gönner faft ausfchließlich im ftädtifchen Kleinbürgerthume befitzt. Für diefen
Kreis paßten auch trefflich die Hiftorien, bald biblifchen, bald pro-
fanen, mythologifchen Inhaltes, mit ihrer hausbackenen aber grund-
ehrlichen, naiv wahren Auffaffung des Inhaltes. Man wird unwillkürlich an die zahlreichen „Hiftorien" des Nürnberger Dichters
Hans Sachs erinnert, der nicht in Dürer, wohl aber in den fogenannten Kleinmeiftern fein malerifches Spiegelbild findet. Uebrigens
läßt fich die Gruppe der Kleinmeifter nicht fcharf abgrenzen, ebenfo
wenig darf in der tüchtigen Kupferftichtechnik, welche bis zum
Schluffe des Jahrhunderts andauert, die einzige beachtenswerthe
Seite der deutfchen Malerei nach Dürer's Tode erblickt werden.

Es erhielt fich der Sinn für landfchaftliche Schönheit lebendig,
wie die Bilder und Zeichnungen des viel befchäftigten *Albrecht Altdorfer*, feit 1505 in Regensburg anfäffig und hier 1538 verftorben,
zeigen. Auch im Porträtfache, in den gemalten, wie in den durch
Kupferftich und Holzfchnitt reproducirten Bildniffen bewahrten fich
die deutfchen Künftler den Ruhm naturwahrer Auffaffung, fefter
Zeichnung, fcharfer Charakteriftik. Selbftverftändlich gelingen männ-
liche Bildniffe beffer als Frauenporträts. Als Beifpiel mag das
Selbftporträt (No. **225**, 5) des aus Köln ftammenden *Jacob Binck*
dienen, welcher in früheren Jahren als Kupferftecher eifrig wirkte,
fpäter in Kopenhagen auch als Porträtmaler auftrat. Eine tüchtige
Hand bekunden ferner die Porträts des *Heinrich Aldegrever* in
Soeft (1502 bis nach 1555), eines wackeren Vorkämpfers der Reformation. Mannigfache Einflüffe kreuzen fich in feiner Kunftweife;
auch von Dürer zeigt er fich angeregt, namentlich in der Technik
des Kupferftiches, in welchem Fache feine Hauptftärke liegt. Man
zählt von ihm beinahe 300 Stiche religiöfen (No. **224**, 4) und pro-
fanen Inhalts (Probe aus feinen Hochzeitszügen No. **224**, 5). Auch
als Ornamentftecher entwickelte der zum Goldfchmied erzogene
Aldegrever eine große Fruchtbarkeit (No. **175**, 10).

Man geht fchwerlich irre, wenn man auch in dem künftlerifchen Wirken des *Lucas Cranach* (1472—1553) auf die Porträts
das Hauptgewicht legt. Meifter Lucas (doch wohl Müller und nicht
Sunder, gewöhnlich aber nach feinem Geburtsorte Kronach im
Fränkifchen benannt) dankt feine große Volksthümlichkeit den
freundfchaftlichen Beziehungen zu den Reformatoren, den bürgerlichen Tugenden und insbefondere der rührenden Anhänglichkeit,
welche er feinem Herrn, dem unglücklichen Kurfürften Johann Friedrich, bewies. Auch die von ihm dargeftellten Perfönlichkeiten
(Luther [No. **223**, 3], Melanchthon, Katharina von Bora u. a.) feffeln
unfer Intereffe und laffen die Schranken feiner künftlerifchen Begabung in den Hintergrund treten. Gar mannigfacher Art find

die Gegenſtände ſeiner Schilderungen. Sie umfaſſen das religiöſe
Gebiet (No. **223**, 2 u. 4), mythologiſche Figuren (Venus mit Amor),
Schwänke (Jugendbrunnen). Von deſto geringerem Umfange iſt die
Formenwelt, über welche er gebietet. Er wiederholt gern die ihm
geläufigen Kopftypen und bringt immer dieſelben Trachten an. Er
liebt ein helles Colorit, vertreibt die Töne mit der größten Sorgfalt, ſo daß die Bildflächen wie aus einem Guſſe erſcheinen, zeichnet
ſcharf, aber nicht immer richtig, und vermag die Farben ſelten harmoniſch zu ſtimmen.

Nimmermehr darf Lucas Cranach mit Dürer verglichen werden,
welcher durch die Tiefe und den Reichthum der Phantaſie, wie
durch die Fülle der Kunſtmittel unendlich hoch emporragt. Eher
findet Dürer, allerdings in einem anderen Kunſtfache, ſein Gegen-
bild in dem Erzgießer *Peter Viſcher*. Wie mit Dürer die Nürnberger Malerſchule ihre Vollendung erreicht, ſo ſchließt Peter
Viſcher die Entwickelung der lokalen Sculptur ab. Noch manche
Punkte bleiben in dem Lebensgange des Meiſters räthſelhaft und
unentſchieden. Nach der gewöhnlichen Angabe wurde Peter Viſcher um das Jahr 1455 geboren. Er erreichte ein hohes Alter
und ſtarb erſt am 7. Januar 1529. Da erſcheint es nun wunderbar, daß er, nachdem er bereits das fünfzigſte Lebensfahr überſchritten hatte, noch als Greis eine vollſtändige Umwälzung ſeiner
künſtleriſchen Anſchauungen und ſeines Formenſinnes in ſich
erfuhr und ſchließlich auch in die neue Formenwelt ſich einlebte.
Denn während er bis in die Anfänge des 16. Jahrhunderts hinein
an der überlieferten gothiſchen Weiſe feſthielt, folgte er in der
ſpäteren Zeit den Spuren der italieniſchen Renaiſſance. Iſt dieſer
Umſchwung auf die elaſtiſche Natur des Meiſters oder auf die Thatſache zurückzuführen, daß ſein Sohn Hermann 1515 „Kunſt halb“
nach Rom gezogen war und den Vater ſowie die gleichfalls in der
Gußhütte beſchäftigten Brüder auf die italieniſchen Muſter aufmerk-
ſam gemacht hatte? Und auch ein anderer Umſtand wird verſchieden gedeutet. Wir wiſſen, daß Peter Viſcher, zuerſt in Verbindung mit ſeinem Vater, dann allein, ſpäter von ſeinen Söhnen
unterſtützt, eine Gußhütte leitete. War er ein bloßer Erzgießer,
der nur das Modell herſtellte und den Guß beſorgte, oder hat er
auch die Entwürfe zu ſeinen Werken gezeichnet? In einzelnen
Fällen arbeitete Peter Viſcher nach fremder Viſierung, ſo, als er das
Grabmal des Grafen Eitel Friedrich II. von Hohenzollern goß. Für
die Grabplatte (ſie iſt jener des Grafen Hermann von Henneberg
[No. **127**, 1] ſehr ähnlich) lieferte Dürer die Zeichnung. In welchen
Fällen er ſelbſtändig verfuhr, läßt ſich nicht immer entſcheiden.

Jedenfalls bilden die in der Werkſtätte Peter Viſcher's geſchaffenen Werke einen Wendepunkt in der Nürnberger und weiter in der

deutfchen Kunft. Ueberaus zahlreich find diefelben; bis nach Bres-
lau und Krakau, Meißen und Lübeck hatte fich Vifcher's Ruhm
verbreitet, fo daß bei Beftellung größerer Grabdenkmäler, der wichtigften Gattung der älteren deutfchen Plaftik, überall gern an ihn
gedacht wurde. Auch für das mächtige Denkmal, welches fich
Kaifer Max in der Innsbrucker Hofkirche noch bei feinen Lebzeiten
errichten ließ, wurde die Mitwirkung Peter Vifcher's (1513) angerufen, einzelne der Statuen, welche das Grabmal umgeben, in feiner
Werkftätte gegoffen. Als Beifpiel der früheren Kunftweife Peter
Vifcher's fei das Hochgrab des Erzbifchofs Ernft von Magdeburg
(No. **126**, 5) hervorgehoben, mit Wappenbildern und Statuetten in
gothifchen Nifchen an den Seiten des Sarkophages und mit der
rundgearbeiteten Statue des Erzbifchofs auf dem Deckel desfelben.
Das Hauptwerk feines Lebens ift das weltberühmte Sebaldusgrab
(No. **126**, 4). Mit der Herftellung eines Tabernakels über dem
filbernen Sarge des Heiligen hatten die Kirchenmeifter fich fchon
lange befchäftigt und im Jahre 1488 einen Entwurf zeichnen laffen.
Die Ausführung des Planes verzögerte fich. Erft im Jahre 1507
wurde das Werk Peter Vifcher übergeben, welcher es mit Hilfe
feiner Söhne 1519 vollendete. Auf einem Unterbaue, der mit Reliefbildern aus dem Leben des h. Sebaldus gefchmückt ift, ruht der
filberne Sarkophag; umgeben wird derfelbe von einem architektonifchen Gerüfte, das den Doppelzweck erfüllt, einen ficheren Verfchluß des Silberfarges zu bilden — daher die Pfeiler dicht ge-
fchart find — und mit einem auf diefen Pfeilern emporfteigenden
Baldachin das Werk zu krönen. Diefes Gerüfte zeigt in den unteren
Theilen noch gothifche Formen, geht aber in den oberen Gliedern
in den Renaiffanceftil über. An die Stelle der Pyramiden treten
kuppelartige Auffätze, die fich mit ihren Strebepfeilern und Strebebogen und mancherlei gothifirenden Einzelheiten feltfam genug aus-
nehmen. Zeigt die Architektur des Sebaldusgrabes eine beinahe
verwirrende Mifchung alter und neuer Formen, fo erfcheint der
plaftifche Schmuck desfelben fchon vollkommen in die letzteren ge-
kleidet. Diefes gilt nicht nur von den Kinderfiguren und mythologifch-allegorifchen Geftalten am Unterbaue, fondern auch von den
zwölf Propheten- und Apoftelfiguren an den Pfeilern. Namentlich
die letzteren, in größerem Maßftabe als die Propheten ausgeführt,
zeichnen fich durch würdig ernfte, lebendige Auffaffung und Mannigfaltigkeit der Charakteriftik aus (No. **127**, 3). Das Einleben in die
Renaiffancekunft, das mit jedem Jahre immer mehr fich fteigert,
wird auch in dem Regensburger Epitaph, zu Ehren der Margaretha
Tucherin 1421 errichtet, offenbar. Der Hintergrund zeigt einen
Renaiffancebau, die Gruppe im Vordergrunde, Chrifti Begegnung mit
den Schweftern des Lazarus, geht in der Zeichnung der Köpfe und

der Gewandung den Spuren des neuen Stiles deutlich nach (No.
127, 2). Ein Prachtgitter, welches die Fugger 1513 bei Peter
Viſcher beſtellten, das aber nach langen Wechſelfällen erſt 1540 im
Nürnberger Rathhauſe aufgeſtellt wurde, iſt leider in unſerem Jahrhundert ſpurlos verſchwunden und nur nach erhaltenen (modernen)
Zeichnungen zu würdigen. Auch kleinere Zierwerke gingen in
ſpäterer Zeit aus der Viſcher'ſchen Werkſtätte hervor, ſo eine
Statuette eines Bogenſchützen im Nürnberger Rathhauſe, ein Relief
mit Orpheus und Eurydice u. a. In *Pancraʒ Labenwolf* (1492—
1563), dem auch das bekannte Gänſemännchen zugeſchrieben wird,
fand die Schule Peter Viſcher's noch einen tüchtigen Vertreter; die
Gießkunſt ſelbſt erhielt ſich in Nürnberg bis in das 17. Jahrhundert
in weitem Anſehen.

2. Hans Holbein.

Mit Nürnberg wetteiferte während der Reformationsperiode in
politiſcher Macht, im Reichthum der Bürger und in künſtleriſcher
Bedeutung Augsburg. Einen wichtigen, für die Entwicklung der
lokalen Kunſt einflußreichen Zug haben beide Städte gemeinſam:
für Augsburg wie für Nürnberg bildete der Verkehr mit Oberitalien,
insbeſondere mit Venedig, ein wichtiges Lebenselement. Nach
Venedig wieſen die Handelsbeziehungen hin, an den Univerſitäten
von Padua und Bologna wurden die Patrizier in den humaniſtiſchen
Kreis eingeführt, die Kenntniß oberitalieniſcher Kunſt bewirkte eine
Aenderung des Geſchmackes und reizte zur Nachahmung. Die
Mittlerrolle für Augsburg übernahm vornehmlich die Buchdruckerkunſt. Deutſche hatten den Buchdruck nach Italien verpflanzt, hier
bei Zierdrucken die Anwendung der Renaiſſanceornamente kennen
gelernt und die Freude an denſelben in ihre Heimat zurückgebracht.
In Augsburg war der in jungen Jahren in Venedig beſchäftigte
Erhard Ratdolt (ſeit 1486 in ſeiner Vaterſtadt wieder angeſiedelt
und hier 1528 verſtorben) der erſte, welcher in ſeinen Drucken
Initialen im Renaiſſancegeſchmack anwendete. Wenige Jahrzehnte
ſpäter erhob ſich Augsburg zum Vororte der Buchdruckerkunſt.
Unternehmende Buchdrucker wie Johann Schönſperger bereiteten
ſorgſam die Ausgaben illuſtrirter Prachtwerke vor. Ihnen ſtanden
treffliche Formſchneider wie Joſt Dienecker (ſeit 1512 namentlich
angeführt) zur Seite, ebenſo hervorragende Zeichner wie H. Schäufelein (Theuerdanck) und *Daniel Hopfer*, dieſer beſonders unermüdlich in der Herſtellung reich geſchmückter Brodüren und Initialen.
Auch *Hans Burckmair* (1473—1531), der zu den angeſehenſten
Augsburger Malern zählt, entwickelte als Illuſtrator eine große
Fruchtbarkeit. Burckmair gehört zu den Künſtlern, deren Hilfe

Kaifer Max bei feinen literarifch-künftlerifchen Plänen in Anfpruch nahm. Von ihm rühren viele Blätter des großen Triumphzuges her, fo wie die Illuftrationen zu der phantaftifchen Lebensbefchreibung des Kaifers, welche Treitzfaurwein unter dem Titel: „Weisskunig" verfaßt hatte u. f. w. Auch Einzelblätter find von Burckmair gezeichnet worden, wie z. B. der Tod als Würger (No. **226**, 2), welches Blatt, im Original mit mehreren Platten gedruckt, eine farbige Wirkung (Clairobfcur) befitzt. Als Maler fand er in dem Katharinenklofter zu Augsburg längere Zeit reiche Befchäftigung. Aus feinen fpäteren Jahren ftammt ein Flügelaltar in der Augsburger Galerie. Das Mittelbild fchildert Chriftus am Kreuze, auf den Außenflügeln find Kaifer Heinrich II., eine befonders ftattliche Figur, und der h. Georg (No. **226**, 3) dargeftellt.

Den glänzenden Namen in der Kunftgefchichte verdankt aber Augsburg der Familie *Holbein*, welche hier ihre Geburtsftätte und zum Theile ihre Werkftätte befaß. *Hans Holbein der ältere* wurde zwifchen 1460 bis 1470 in Augsburg geboren. In den neunziger Jahren des 15. Jahrhunderts treffen wir ihn verheirathet und als Maler thätig an, ohne daß wir mit vollkommener Sicherheit auf feinen Lehrer (Schongauer?) fchließen können. Gleich Burckmair fand auch Holbein im Katharinenklofter vielfache Gelegenheit, feine Kunft zu zeigen. Die Nonnen hätten gern den reichen Ablaß gewonnen, welcher an den Befuch der fieben Hauptkirchen Roms geknüpft war. Die Pilgerfahrt nach Rom war fchwierig, oft unmöglich. Sie empfingen daher vom Papfte die Begünftigung, Bilder jener Hauptkirchen im Kreuzgange des Klofters aufzuftellen, vor welchen fie ihre Gebete mit der gleichen Frucht verrichten durften. (Einer ähnlichen Sitte danken auch die Kreuzwege, eine Nachahmung des Leidensweges Chrifti in Jerufalem, ihren Urfprung.) Die Nonnen begnügten fich aber nicht mit den bloßen Abbildungen der Kirchen, fondern erweiterten die Darftellung, indem fie Scenen aus dem Leben der Patrone der betreffenden Kirchen hinzufügten. Holbein fiel die Schilderung der Kirchen S. Maria maggiore und St. Paul zu. Dort malte er die Krönung und die Geburt Mariä, hier erzählt er das Leben des h. Paulus. (Beide Werke find gegenwärtig in der Augsburger Galerie.) Noch für mehrere andere Kirchen und fromme Stiftungen war Holbein thätig. Zu wiederholten Malen ftellt er in einer größeren Zahl von Tafeln die Paffion dar, wobei er fich genau an die Paffionsfpiele hielt und die Scenerie und die Charaktere, welche durch die dramatifchen Aufführungen volksthümlich geworden waren, in feine Bilder herübernahm. Auffallend muß es erfcheinen, daß ein Künftler, welcher mit dem Silberftift fo viele und fo treffliche Bildniffe gezeichnet hat — das Kupferftichkabinet in Berlin, die Mufeen in Bafel, Kopenhagen u. a.

bewahren noch zahlreiche Blätter aus ſeinem Skizzenbuche —, ſo
wenige Porträts gemalt hat.   Auffallend bleibt es ferner, daß kein
Holzſchneider Augsburgs jemals nach Holbein's Viſirungen gearbeitet hat, da doch ſonſt Entwürfe für den Holzſchnitt den
deutſchen Malern überaus geläufig waren.   Aber noch auffallender
und räthſelhafter iſt der Umſchwung, welcher in der Kunſt ſeiner
ſpäteren Jahre wahrgenommen wird.   Wohl zeigen einzelne frühere
Werke den ſtetigen Fortſchritt in Zeichnung und Auffaſſung, wie
die in der Augsburger Galerie bewahrten Flügel eines größeren
Altares (Martyrium der h. Katharina, des h. Petrus u. a.); dennoch
überraſcht der Sebaſtiansaltar (in München), deſſen Entſtehung in
das Jahr 1516 verlegt wird, in ſo hohem Maße, daß er lange Zeit
dem Sohne zugeſchrieben wurde.   Durch die Annahme, daß derſelbe das Werk eines wenn auch hochbegabten Anfängers ſei, wird
aber das Räthſel nicht gelöſt.   Denn gerade die Sicherheit, mit
welcher der Schöpfer des Sebaſtiansaltars über Zeichnung, Ausdruck,
Colorit, trotzdem er ſich in einer neuen Formenwelt bewegt, gebietet, muß beſonders hervorgehoben werden.   Bei geſchloſſenen
Flügeln zeigt der Sebaſtiansaltar die Verkündigung, bei geöffneten
im Mittelbilde das Martyrium des h. Sebaſtian (No. **223,** 1), auf den
Flügeln die anmuthigen Geſtalten der h. Barbara und der h. Eliſabeth, welche Ausſätzigen Labung ſpendet.   Im Jahre 1516 verließ
Hans Holbein ſchuldenbeladen Augsburg und wanderte nach Iſen-
heim im Elſaß, wo er einige Jahre vor 1526, vergeſſen und ohne
eine deutliche Spur künſtleriſcher Thätigkeit hinterlaſſen zu haben,
verſtarb.

Den Vater überſtrahlt weit an Ruhm und umfangreichem Wirken
der gleichnamige Sohn.   *Hans Holbein der jüngere,* 1498 geboren,
gewinnt für uns erſt ſeit ſeiner Ueberſiedlung (ſchon als ſelbſtändiger
Künſtler?) nach Baſel, welche vielleicht bereits 1515 ſtattfand, indi-
viduelles Leben und eine greifbare Geſtalt.   Arbeiten mannigfachſter
Art mußte er unternehmen, ehe er in die Höhe kam.   Wir finden
ihn mit der Bemalung von Faſſaden in Luzern und Baſel beſchäftigt,
er malte das Aushängeſchild eines Schulmeiſters, eine (in der
Züricher Bibliothek bewahrte) Tiſchplatte, er machte Entwürfe
zu Glasgemälden und Zeichnungen für Formſchneider: Titelein-
rahmungen, Bordüren, Initialen (No. **227,** 7), Buchdruckerſignete,
welche zahlreiche von Baſeler Buchdruckern (Froben, Val. Curio,
A. Petri u. a.) herausgegebene Werke ſchmücken.   Doch auch mit
dem Humaniſtenkreiſe, vor allen mit Erasmus von Rotterdam, kam
er frühzeitig in Berührung.   Er verſah ein Exemplar der 1514 ge-
druckten Schrift des letzteren, „das Lob der Narrheit“, eines Lieb-
lingsbuches der Zeitgenoſſen, zu großem Behagen des Autors mit
humoriſtiſchen Randzeichnungen, von welchen der Eſel beim Lauten-

fchlagen (No. **227**, 6) als Probe dienen mag. Seine innere Entwickelung, befonders in dem Fache, wo er den höchften Ruhm
erzielte, in der Porträtmalerei, hatte er früh und rafch vollendet.
Aus dem Jahre 1519 ftammt das Bruftbild des Bonifacius Amer-
bach (im Bafeler Mufeum), welches bereits die Vorzüge der Holbein'fchen Porträts, die fefte Zeichnung, die fcharfe Charakteriftik,
den feinen Farbenfchmelz aufweift. Wie auch äußerlich fein Anfehen geftiegen war, erfehen wir daraus, daß ihm 1521 der Rath
die Ausmalung des großen Saales im Rathhaufe übertrug. Nach
herrfchender Sitte wurden Mufter ftrenger Gerechtigkeitspflege als
Gegenftände der Darftellung ausgewählt, wie z. B. Charondas, der
Gefetzgeber der Stadt Thurii, welcher, nachdem er aus Vergeßlich-
keit fein eigenes Gefetz übertreten, fich felbft beftraft. Die Bilder,
von Holbein nach längerer Unterbrechung vollendet, find längft
zerftört, nur in Skizzen erhalten. Aber felbft in diefer Geftalt erfcheinen fie für die Beurtheilung der Künftlernatur Holbein's überaus lehrreich. Sie offenbaren ein tiefes Eindringen in das Wefen
des Ereigniffes, ein fcharfes Erfaffen des Kernhaften in Stimmungen
und Charakteren, eine Begeifterung für das Hiftorifche, wie fie in
gleichem Maße bei keinem Kunftgenoffen beobachtet wird. Holbein
fchrickt vor dem Herben und felbft Häßlichen nicht zurück, wenn
es ihm der Wahrheit der Schilderung dienlich erfcheint. Damit ift
auch feine Auffaffung biblifcher Scenen erklärt. Er gibt dem unverhüllten, ftrengen Realismus freien Raum und läßt der dramatifchen
Wirkung zu Liebe den überlieferten idealen Typus vollftändig zurücktreten. Wenn er Chriftus im Grabe malt (im Bafeler Mufeum), fo
fchildert er in grellen Farben die Schauer des Todes und bringt
uns einen halbverweften Leichnam vor die Augen. In den Darftellungen der Paffion betonte er ausfchließlich die lebendige Wahrheit, die dramatifche Stimmung, die klare Auseinanderfetzung der
mannigfaltigen Charaktere und ihrer Leidenfchaften. Holbein erzählte die Paffionsgefchichte in zehn frei behandelten Zeichnungen,
Entwürfen zu Glasgemälden (Probe aus diefer Folge die Hände-
wafchung des Pilatus No. **227**, 1) und malte auf einer größeren in
acht Felder getheilten Tafel die wichtigften Scenen aus der Paffion
(Bafeler Mufeum). Wenn auch die Färbung grell erfcheint, fo fpricht
doch aus der wirkungsvollen Wiedergabe nächtlicher Beleuchtung
in den Bildern der Gefangennahme und Vorführung vor Kaiphas
der malerifch ausgebildete Sinn des Künftlers. Eine ähnlich künftliche Beleuchtung brachte Holbein in der Geburt Chrifti an, einem
Altarflügel, welcher mit dem anderen Flügel, der Anbetung der
Könige, zufammen im Freiburger Münfter bewahrt wird. Das Licht
ftrahlt vom neugeborenen Kinde aus und beleuchtet die nächft-
ftehenden Gruppen, während der Hintergrund im Mondfchein er-

glänzt. Der ernſte Zug in Holbein's Phantaſie ſpiegelt ſich auch
in ſeinen Madonnenbildern wieder und verleiht denſelben eine
würdevolle Hoheit. Es iſt mehr die gnadenreiche Himmelskönigin,
als die anmuthige Mutter, welche er darſtellt. Die Madonna von
Solothurn, zwiſchen den h. Urſus und Martinus thronend, malte
Holbein 1522, die Madonna des Bürgermeiſters Meyer wird einige
Jahre ſpäter angeſetzt. Das Originalbild (No. **227**, 2) befindet ſich
im Beſitze des Großherzogs von Heſſen im Darmſtädter Schloſſe,
das bis vor wenigen Jahren als Original angeſehene Gemälde in der
Dresdener Galerie gilt als eine ſpätere Copie, welche freilich bei
der ſchlechten Erhaltung des Darmſtädter Exemplars wirkungsvoller
erſcheint, als das Originalwerk des Meiſters. Die Madonna mit
dem Chriſtuskinde auf dem Arm, mit lang herabfließendem auf-
gelöſtem Haare und einer Krone auf dem Haupte, ſteht in einer
Niſche und wird von der knieenden Familie des Bürgermeiſters
Meyer verehrt. Die Studien für das Bild beſitzt das Baſeler Muſeum.

Nach der ganzen Richtung der Holbein'ſchen Phantaſie iſt es
begreiflich, daß ihm Schilderungen, in welchen ſich ſchwerer Ge-
dankenernſt ablagert, ergreifende und erſchütternde Empfindungen
zum Ausdrucke gelangen, in hohem Grade zuſagten. Der Humor,
über welchen er gebot, ſteigert nur die tragiſche Wirkung. Nun
gab es im 15. und 16. Jahrhundert einen Ideenkreis, der mit beſonderer Macht das Volk zu tiefem Ernſte ſtimmte und die Seelen
mit herbſtem Inhalte füllte. Die unerbittliche Gewalt des Todes
über jegliche Kreatur hatte ſich durch die häufigen Peſtilenzen dem
Volke nur zu tief eingeprägt, ſie beſchäftigte die Phantaſie der
Dichter und Maler. Wenn der Tod zum Reigen auffordert, da
hilft kein Widerſtreben. So entſtanden die Todtentänze in Kirchen
und an Friedhofsmauern. Auch Holbein wurde von der künſtleriſchen Bedeutung der Todtentanzgedanken ergriffen und kam in
ſeinen Compoſitionen wiederholt auf dieſelben zurück. Er zeichnete
ein Initialenalphabet mit Todtentanzbildern, er entwarf als Schmuck
einer Dolchſcheide einen Todtentanz und ſchilderte denſelben
endlich in einer gröſseren Reihe kleiner Blättchen, welche Hans
Lützelburger, genannt „Frank", und andere in Holz ſchnitten. Die
ganze Folge wurde 1538 in 40 Blättern in Lyon und ſeitdem noch
öfter mit vermehrter Blattzahl herausgegeben, doch fällt die Entſtehung dieſer Zeichnungen und auch ihr erſter Druck in eine viel
frühere Zeit (1522—1526). In Holbein's Phantaſie verwandelte ſich
der einförmige Todtentanz in eine dramatiſche Action, in welcher
der Tod als Held auftritt. Gleichſam im Vorſpiel wird „wie der
Tod in die Welt kam", die Menſchenſchöpfung und der Sündenfall erzählt, am Schluſſe der Triumph des Todes dargeſtellt. Bei
Pauken- und Poſaunenſchall ſammelt ſich das „Gebein aller Men-

ſchen", der jüngſte Tag iſt angebrochen. Mit der Vertreibung aus dem Paradieſe beginnt die Herrſchaft des Todes. Alle Stände, alle Lebensalter ſind ihr unterworfen. Der Tod nach Holbein's Auffaſſung iſt ein dämoniſcher, unheimlicher Geſelle, der bald hämiſch ſeinem Opfer auflauert, bald gewaltthätig auf dasſelbe losſtürzt, bald auch des Amtes der rächenden Gerechtigkeit wartet. Immer unerwartet, faſt niemals willkommen tritt er auf, mitten aus dem Genuſſe und der Arbeit des Lebens reißt er ſeine Beute heraus. Wie er den Krämer, der noch gern ſein Ziel erreichen möchte, packt, zeigt die Probe aus dem Todtentanze (No. **227**, 5). Holbein hat häufig die Mitwirkung des Holzſchnittes für ſeine Compoſition angerufen. Im unmittelbaren Dienſte der Reformation iſt der Holzſchnitt entworfen worden, welcher den Ablaßhandel im Gegenſatze zur wahren Gottesverehrung verſpottet (No. **227**, 8). Auch Bilder des alten Teſtamentes und zahlreiche Einzelblätter zeichnete er, unter welch letzteren das Porträt ſeines Gönners, des Erasmus von Rotterdam, in ganzer Figur (No. **168**, 3) auf einen Terminus angelehnt, in reicher Einrahmung oder in einem „Gehäuſe", hervorragt. Das Bedeutendſte bleiben doch die Todtentanzbilder, nicht allein wegen ihres ergreifenden Inhaltes, ſondern auch wegen der Kunſt, mit welcher Holbein ſelbſt mit wenigen Strichen den charakteriſtiſchen Kern des Vorganges wiederzugeben verſtand.

Im Herbſte 1526 unternahm Holbein eine Reiſe nach England, wo er namentlich im Hauſe des ſpäteren Kanzlers Thomas More freundliche Aufnahme fand. Nach zweijähriger Abweſenheit kehrte er nach Baſel zurück und nahm die Arbeiten im Rathhauſe wieder auf. Die wirren Zuſtände in der Heimat und die Ausſicht auf eine reichere Beſchäftigung in England bewogen ihn aber, 1532 Baſel und ſeine Familie abermals zu verlaſſen, welche er nur noch einmal auf kurze Zeit (1538) wiederſah. Holbein bürgerte ſich in London vollſtändig ein. Die deutſchen Kaufleute, welche in London im Stahlhofe reſidirten, übertrugen ihm die Ausſchmückung ihrer Gildhalle. Holbein malte auf Leinwand in Leimfarben den Triumph des Reichthums und der Armuth, reiche allegoriſche Compoſitionen, die leider im folgenden Jahrhunderte ſpurlos verſchwanden, nur in Nachbildungen ſich erhielten. Die Originalſkizze zum Triumph des Reichthums beſitzt die Louvreſammlung. Später trat Holbein in die Dienſte König Heinrich's VIII. Damit hängt die nahezu ausſchließliche Thätigkeit im Porträtfache während ſeines engliſchen Aufenthaltes zuſammen. In Wandgemälden, Miniaturen, in zahlreichen (in Windſor bewahrten) leicht getuſchten Kreidezeichnungen und in Oelbildern führt er uns die königliche Familie, angeſehene Mitglieder des engliſchen Adels und des engliſchen und deutſchen, in London anſäſſigen Bürgerſtandes vor die Augen. Zu

den beſten Bildniſſen Holbein's gehören die Königin Jane Seymour
in Wien, der Goldſchmied Hubert Morett in Dresden (No. **227**, 3),
der Kaufmann Jörg Gyze in Berlin, Simon George aus Cornwall in
Frankfurt, der königliche Falkonier Robert Cheſeman im Haag,
die ſog. beiden Geſandten in Longford Caſtle, Lady Vaux in Hamptoncourt, der Herzog von Norfolk in Windſor u. a. Holbein ſtarb an
der Peſt im Oktober 1543. — Schüler hat Holbein nicht hinterlaſſen, doch ſtand ihm ſein Bruder Ambroſius, nach den uns erhaltenen Holzſchnitten zu ſchließen, ziemlich nahe.   Einen fruchtbaren, für Formſchneider vielfach thätigen Künſtler beſaß Baſel in
Urs Graf, der als Goldſchmied aus Solothurn zugewandert war
und von 1503 bis ungefähr 1529 in Baſel arbeitete.   Voll Leben
ſind ſeine Schilderungen aus dem Leben der Landsknechte und
Eidgenoſſen und ſeine oft derben Schwänke.   Mitunter legte er
Stimmungen und Erfahrungen des eigenen unruhigen Lebens in
ſeinen Zeichnungen nieder.   Bern iſt die Heimat eines anderen
Schweizer Künſtlers, des *Niklaus Manuel (Deutſch)* (1484?—1530).
Seine perſönlichen Schickſale, ſein Eingreifen in die Reformationsbewegung, ſeine Dichtungen haben ihn noch volksthümlicher gemacht, als ſeine künſtleriſche Thätigkeit, welche übrigens umfaſſend
genug erſcheint.   Er machte Entwürfe zu Glasgemälden, malte Haus-
faſſaden und (Berner Dominikanerkloſter) einen großen Todtentanz,
verſuchte ſich in religiöſen Darſtellungen und Porträten, zeichnete
Scenen aus dem Landsknechtsleben und Ornamente für Kunſthandwerker und half durch ſatiriſche Darſtellungen (Ablaßkrämer) den
Kampf gegen die alte Kirche ſchüren.
     Aus dem benachbarten Elſaß haben wir zwei hervorragende
Zeitgenoſſen Holbein's zu erwähnen.   *Hans Baldung Grien* wurde
ungefähr 1476 in Schwäbiſch-Gmünd geboren, erfuhr in jungen
Jahren mannigfache Anregungen von dem ihm perſönlich befreundeten Dürer, lebte ſeit 1509, mit Ausnahme weniger Jahre, die er
in Freiburg zubrachte, in Straßburg, wo er 1545 verſtarb.   Ein
Hauptwerk von ſeiner Hand iſt der Hochaltar im Freiburger Münſter, mit der Krönung Mariae im Mittelbilde.   Außer ſeiner Thätigkeit als Maler ſowohl im Porträtfache, wie in religiöſen Darſtellungen (die h. Familie [No. **222**, 7] feſſelt durch den reichen
landſchaftlichen Hintergrund) entfaltete Hans Baldung auch als
Zeichner eine große Fruchtbarkeit.   In den nach ſeinen Zeichnungen
ausgeführten Holzſchnitten macht ſich häufig ein phantaſtiſcher, an
Dürer mahnender Zug geltend, doch fehlt ihm die tiefere Charakteriſtik des letzteren.   Ueber die Entwicklung und die Schickſale des
anderen Meiſters, *Matthias Grünewald,* ſind wir bis jetzt ohne alle
nähere Kunde.   Lange Zeit wurde ſein Name mit den Bildern eines
dem Cranach verwandten Malers verknüpft.   Jener Grünewald aber,

von welchem die Flügel des Ifenheimer Altares im Colmarer Mufeum
(Probe No. **222,** 6) herrühren, war ein trefflicher Colorift, der mit
Vorliebe gefchloffenen Lichtwirkungen nachging und fich überdieß
gern fchwungvollen Empfindungen und einer lebhaften Beweglichkeit
des Ausdruckes hingab.

---

3. Plastik und Malerei unter italienischem Einflusse.

Am Anfange des 16. Jahrhunderts hob fich Antwerpen an
Brügge's Stelle zur erften niederländifchen Handelsftadt. Der Kunft-
betrieb folgte bald dem Waarenverkehre. Es gab in der Mitte des
Jahrhunderts hier mehr Künftler als in allen übrigen Städten der
Niederlande zufammen. Die in Antwerpen gepflegte Malerei fteht
mit der älteren Ueberlieferung nur in lockerer Verbindung, huldigt
gar bald anderen Idealen. Bezeichnend für die Stellung, welche
fie im Verhältniß zur altflandrifchen Schule einnimmt, ift der Umftand, daß für ihren erften bedeutenderen Vertreter kein beftimmter Lehrer nachgewiefen werden kann. Die Sage hat diefes in
ihrer Weife aufgefaßt und dem *Quentin Maffys* († 1530) die Liebe
zum Lehrmeifter gegeben. Eine Beglaubigung dafür ift fo wenig
vorhanden, wie für die andere Erzählung, welche ihn zum Grob-
fchmied von Antwerpen machte. Nach früheren landläufigen Angaben ftammte Quentin Maffys aus Löwen, neuere Forfchungen
laffen ihn vor 1460 in Antwerpen geboren werden. Jedenfalls
malte er für eine Kirche in Löwen 1509 eines feiner beften Werke,
einen großen Flügelaltar (jetzt im Brüffeler Mufeum), welcher das
Leben der h. Anna fchildert. Im Mittelbilde (No. **228,** 2) fitzen
in einer im Renaiffanceftil componirten Halle die h. Anna und Maria
mit dem Chriftkinde, von ihrer Sippe umgeben. Auf den Flügeln
ift das Opfer Joachim's und Anna's (No. **228,** 1), Joachim in der
Wüfte, welchem der Engel die Geburt Maria's ankündigt, und Anna's
Tod dargeftellt. Der Zeichnung kann man nicht Schönheit, wohl
aber Sorgfalt nachrühmen, die Gruppen erfcheinen gefchloffen, ein
feiner filbergrauer Thon herrfcht im Colorit vor, fchillernde Farben
werden mit Vorliebe verwendet. Von größter Wirkung ift feine
Behandlung des Hintergrundes, den er in eine duftige Ferne zu
rücken verfteht. Diefem Werke fteht ebenbürtig zur Seite ein für
die Schreinergilde in Antwerpen ausgeführter Altar (gegenwärtig
im Antwerpener Mufeum) mit der Grablegung Chrifti (No **228,** 3)
im Mittelbilde. Wenn hier die Energie des Ausdruckes und die
vollkommene Klarheit der Anordnung in hohem Maße überrafcht,

ſo fallen dagegen die Flügelbilder, welche die Herodiasſcene und
den Evangeliſten Johannes im Oelkeſſel darſtellen, durch die Derbheit der Geſtalten und die wenig durchgebildete Gruppirung um ſo
mehr ab. Vielleicht hat der vielbeſchäftigte Meiſter ihre Ausführung
Geſellenhänden überlaſſen. Maſſys, welcher in Antwerpen in hohem
Anſehen ſtand — auch mit Dürer und Holbein kam er in Berührung
und mit Erasmus von Rotterdam unterhielt er mannigfachen Verkehr — wurde von den Zeitgenoſſen als Porträtmaler ſehr geſchätzt.
Leider haben ſich Proben gerade aus dieſem Kunſtzweige nur ſehr
ſpärlich erhalten.   Eine große Beliebtheit errangen ſeine oft nach-
gebildeten und wiederholten Figuren aus dem Volksleben, der Geld-
wechsler mit ſeiner Frau (**229**, 1), die beiden Geizhälſe u. a.   Sie
ruhen auf porträtmäßiger Grundlage, geben aber die Perſonen in
einer beſtimmten Action und greifen dadurch in das Gebiet des
Sittenbildes, der Darſtellungen aus dem Volksleben, des ſog. Genre
über.   Der berühmteſte Kunſtgenoſſe Quentin's war Lucas Jacobsz
aus Leyden (1494—1533), nach ſeinem Geburtsorte *Lucas von Leyden*
genannt.   Er war ein Schüler des *Cornelis Engelbrechtſen* (1468—
1533), deſſen Kunſt, menſchliche Gemüthsbewegungen zu ſchildern,
bewundert wurde, und welche er auch in einfachen Genrebildern
zum Ausdrucke brachte.   Lucas von Leyden erreichte merkwürdig
frühe volle Reife, componirte ſchon in ſeinem 14. Jahre ſelbſtändig,
ſtarb aber auch in frühem Alter.   In Antwerpen trat er 1521 in
die Lucasgilde, verkehrte hier mit Dürer, den er gaſtfrei bewirthete,
wie er überhaupt einem pomphaften, ungewöhnlichen Auftreten und
glänzenden Leben gern huldigte.   Der Schwerpunkt ſeiner uns noch
kenntlichen Wirkſamkeit liegt bei der geringen Zahl und ſchlechten
Erhaltung ſeiner Gemälde (Jüngſtes Gericht im Rathhaus zu Leyden)
in ſeinen zahlreichen Kupferſtichen.   Vorwiegend ſind dieſelben noch
bibliſchen Inhaltes (No. **228**, 4), den er nach herrſchender Sitte in
das Gewand ſeiner eignen Zeit zu hüllen pflegt, wie z. B. auf dem
großen Blatte, welches die Ausſtellung Chriſti darſtellt.   Auch ſonſt
gab er häufig volksthümlichen Anſchauungen Ausdruck, ſo wenn
er den ſeitdem bei niederländiſchen Künſtlern ſo beliebten Gegenſtand: die Verſuchung des h. Antonius (No. **228**, 5) ſchildert oder
Schwänke (Eulenſpiegel [No. **228**, 6], ein ſehr ſeltenes Blatt) und
Volksfiguren (Zahnbrecher) uns vorführt.   Lucas von Leyden ſtand
in Bezug auf vollendete Technik des Kupferſtiches Dürer ebenbürtig
zur Seite, nur fehlte ihm die geiſtige Vertiefung und die Selbſtändigkeit, welche den deutſchen Meiſter auszeichnet.

Sowohl Quentin Maſſys wie Lucas von Leyden ſtehen noch
auf heimiſchem Kunſtboden, mag auch der eine von der Renaiſſancearchitektur eine oberflächliche Kenntniß beſeſſen haben, während
der andere ab und zu mit dem italieniſchen Kupferſtecher Marcanton

in Wettstreit trat. Die Einheit der Grundlage geht seitdem verloren; eine Doppelrichtung herrscht in der bildenden Kunst wie in der Poesie des Nordens von jetzt an bis zum Schlusse des 17. Jahrhunderts, und nur ein stärkeres Vorwalten der einen oder anderen Richtung wird in den aufeinanderfolgenden Perioden bemerkbar. Die nationale Weise, charakterisirt durch den scharfen Ausblick auf die Wirklichkeit, das liebevolle Eingehen auf die unmittelbare Umgebung, durch die Ausnützung des Colorits als wichtigsten Ausdrucksmittels und die Betonung der landschaftlichen Welt, wird eine Zeitlang durch die italienisirende Manier in den Hintergrund gedrängt und erringt erst nach heftigem Kampfe den Sieg. Jenes Zurückdrängen äußert sich am auffälligsten in den ersten Jahrzehnten des 16. Jahrhunderts. Nur in einzelnen Malern bleibt die künstlerische Natur von den fremden Einwirkungen unberührt, aber selbst bei diesen ruft die Ungunst und Unruhe der Zeiten wenig anmuthende Erscheinungen hervor. So darf z. B. *Hieronymus van Aeken*, genannt *Bosch* (ca. 1465—1518) noch zu den Vertretern der nationalen Richtung gezählt werden. Wenn er die „Flucht nach Aegypten" malt, so schildert er am ausführlichsten die Kirmeß, auf welche Joseph und Maria auf ihrem Wege stoßen. Die Scene ist vollständig in das Genrehafte übertragen. Aber Bosch leiht auch seinen Pinsel der religiösen Agitation, steht im Dienste der Kirche, welche gegen die Ketzer einschreitet. Und weil die Halsstarrigen unter ihnen mit Höllenstrafen bedroht werden, erfüllt sich auch seine Phantasie mit Höllenbildern, die er in phantastischer Weise ausmalt. Vor allem durch die grellen Höllenschilderungen ist er in romanischen Ländern zu künstlerischem Ansehen gelangt. Theilweise wenigstens folgt ihm auf diesem Wege *Peter Brueghel der ältere*, welcher bei Breda etwa 1525 geboren wurde, nach einer Reise in Italien 1552, die aber nichts in seinen Anschauungen änderte, sich in Antwerpen niederließ, später nach Brüssel übersiedelte und als Stammvater einer stattlichen Künstlerfamilie, ungefähr 1569 verstarb. Sein Beiname „Bauernbrueghel" deutet den Kreis an, welchem er häufig seine Darstellungen entlehnte; doch malte er auch biblische Bilder, denen er gern den Charakter von Volksscenen verlieh. So wie bei der Predigt des Täufers in der Wüste mag es ausgesehen haben, wenn Prädikanten ihre Anhänger um sich sammelten. Phantastische Spukbilder und allegorische Schilderungen lagen dem alten Brueghel ebenfalls nicht fern. Nach seinen Zeichnungen wurden zahlreiche Blätter gestochen, diese sodann mit erläuternden lateinischen Unterschriften versehen. Schwerlich hat Brueghel selbst die letzteren ausgewählt, nicht an Virgil's Verse in der achten Ecloge gedacht, als er (No. **229**, 5) eine Rüpelhochzeit in der grellsten Weise darstellte. Liegen in Brueghel's Bauernbildern die Keime zu den

ſpäteren Schilderungen aus den ländlichen und unteren Volkskreiſen
verborgen, ſo haben gleichzeitig andere Maler die bereits in der
Eyck'ſchen Schule (beſonders bei Gerard David) vorhandenen An-
ſätze der Landſchaftsmalerei weiter entwickelt. Zu den älteſten
Landſchaftsmalern zählt man den *Joachim de Patinir* aus Bovines
(oder Dinant?), der 1515 in die Antwerpener Lucasgilde aufgenommen wurde, und den ihm verwandten, nur wenig bekannten
Herry Bles, nach dem Zeichen in ſeinen Bildern, einem Käuzchen,
Civetta genannt, in Lüttich. An den bibliſchen Darſtellungen (Paradies, babyloniſcher Thurmbau) übte ſich zuerſt der Sinn für große
landſchaftliche Schilderungen, wobei freilich das Naturſtudium noch
wenig ausgebildet erſcheint, die Färbung in einem allgemeinen, zuweilen phantaſtiſchen Tone gehalten wird. Erſt in der zweiten
Hälfte des 16. Jahrhunderts wird auf naturgetreue Durchführung
der landſchaftlichen Einzelheiten großer Nachdruck gelegt, im Colorit
aber gern noch die miniaturartige Feinheit beibehalten. Eine Probe
aus dieſer Uebergangszeit liefert die nach einer Zeichnung des *Jan
Brueghel*, eines Sohnes des älteren Brueghel, gemachte Radirung
(No. **229**, 3). Als ein wichtiger Vertreter dieſer Richtung, welche
zunächſt auf die Einheit der Beleuchtung Nachdruck legt und dadurch die landſchaftliche Stimmung vorbereitet, gilt *Paul Bril*, in
Antwerpen 1556 geboren, vorwiegend in Rom thätig, wo er 1626
ſtarb. Der Aufenthalt in Italien iſt keineswegs eine zufällige Epi-
ſode, welche in das Leben nur dieſes einen Künſtlers hineinſpielt.
Der Verkehr mit Italien ſteigerte ſich mächtig im Laufe des 16. Jahrhunderts, und hier eine kürzere oder längere Zeit zu verleben, gehörte geradezu zu dem regelmäßigen Bildungsgange der niederländiſchen Maler. Auch Jan Brueghel hatte mehrere Jahre in Rom
zugebracht. Während aber die Landſchaftsmaler ihre Selbſtändigkeit bewahrten, oft ſelbſt lehrend in Italien auftraten, ergaben ſich
die Figurenmaler vollſtändig dem Einfluſſe der italieniſchen Kunſt,
huldigten zuerſt der Weiſe Michelangelo's und Raffael's, gingen dann
ſpäter bei den Venezianern (Tintoretto) in die Schule und brachten
in ihre Heimat den italieniſchen Stil mit, welcher dann hier bei
größeren religiöſen und mythologiſchen Darſtellungen das ent-
ſchiedenſte Uebergewicht errang. Dieſe Umwandlung lernen wir
zuerſt bei *Jan Goſſaert* oder *Mabuſe*, aus Maubeuge (ca. 1470—1531)
kennen. In ſeinen früheſten Bildern näherte er ſich Quentin Maſſys,
nach einer Reiſe in Italien änderte er aber unter dem Einfluſſe der
Werke Lionardo's und Michelangelo's ſeinen Stil, wobei wohl auch
der Umſtand, daß er in höfiſchen Kreiſen verkehrte und zahlreiche
fürſtliche Gönner beſaß, Rückſicht verdient. Die vornehmen Stände
zog natürlich die italieniſche Kunſt mehr an, als die in ihren Wurzeln
bürgerliche altflandriſche Weiſe. Das Lob, welches ein alter

Schriftfteller dem Mabufe fpendet, diefer hätte in Italien die rechte
Weife zu ordiniren, Hiftorien voll nackender Bilder zu machen
und allerlei Poetereien darein zu fetzen erlernt, deutet die Ziele an,
welchen die Künftler bei der Umwandlung ihrer Anfchauungen und
Formen nachftrebten.   Das Prager Dombild (No. **229**, 2) zeigt
Mabufe auf einer Mittelftufe der Entwickelung.   Die Geftalten des
Vordergrundes, der h. Lucas, welcher die Madonna malt, bewegen
fich in Gefichtstypus und Gewandfalten in der heimifchen Art; die
Decoration ift dagegen in reinen Renaiffanceformen gehalten.

Die tonangebenden Meifter der Niederlande folgten alle dem
Beifpiele Goffaert's und holten fich in Italien die künftlerifche Bildung.   Folgende Namen mögen genügen: *Barend van Orley* in
Brüffel (ca. 1490—1542), der Hofmaler Margaretha's von Oefterreich, *Jan Schoreel* aus Utrecht (1495—1562), welcher von feinem
Landsmanne, dem Papfte Hadrian VI., zu hohen Ehren erhoben
wurde und nach dem Tode diefes Gönners fich in die Vaterftadt
zurückzog, deffen Schüler *Marten van Heemskerck* in Harlem (1498
—1574), *Michael van Coxie* (1499—1592), vorzugsweife in Brüffel
thätig, *Martin de Vos* (1531—1603) und *Frans de Vriendt* oder
Frans Floris aus Antwerpen (? 1516—1570), deffen Schülerzahl auf
mehr als hundert angegeben wird.   Der Ruhm diefes ganzen Künftlerkreifes war von kurzer Dauer.   Die fpäteren Gefchlechter, theilweife andere Bahnen wandelnd, widmeten ihnen keine lebendige
Erinnerung.   Was ihre Werke bei aller technifchen Tüchtigkeit der
Meifter fo wenig erfreulich macht, ift die Gezwungenheit und innere
Unwahrheit, welche aus ihnen fpricht.   Sie mußten ihre eigene
Natur verleugnen und konnten doch die italienifche nicht vollftändig
in fich aufnehmen.   Die italienifchen Renaiffancebilder befitzen eine
ungleich größere Natürlichkeit als ihre niederländifchen Nachahmungen, mit ihrer gemachten, künftlich erfundenen Idealität.   Die Zeitgenoffen aber merkten diefen tiefen Abftand nicht — waren fie doch
in derfelben äußerlich gemifchten Bildung befangen — und über-
häuften die heimifchen Künftler mit Lob.   Diefe herrfchten nicht
allein in den Niederlanden, fondern fanden auch in Deutfchland
eine reiche Stätte des Wirkens.   Zahlreiche niederländifche Bildhauer fiedelten fich hier an, wie z. B. *Alexander Collins* aus Mecheln, welcher den plaftifchen Schmuck am Otto-Heinrichsbau in
Heidelberg beforgte und die Marmorreliefs am Grabmale Kaifer Maximilian's in Innsbruck (1566) ausführte.   Niederländer arbeiteten an
dem Grabmale des Kurfürften Moritz in Freiberg, *Adrian de Vries*
fchuf den Mercur- und 1599 den Herkulesbrunnen in Augsburg,
Hubert Gerhard aus Antwerpen den Auguftusbrunnen (1593) dafelbft.   Hubert Gerhard war auch in München thätig, wo überdies
Peter de Witte auch Candido genannt, am Hofe des kunftlinnigen

Herzogs Maximilian eine vielſeitige Thätigkeit entwickelte. Nach Candido's Entwürfen hat *Hans Krumper* von Weilheim die Madonna an der (alten) Reſidenz (No. 127, 5) und die Statuen am Denkmal Kaiſer Ludwig's (No. 127, 6) gegoſſen. Denn in keinem Fache der plaſtiſchen Kunſt fehlte es an heimiſchen tüchtigen Künſtlern, welchen die Ausführung der Werke — zumeiſt Grabdenkmäler und Brunnen — anvertraut werden konnte, mochte auch die höfiſche Sitte bei der Anlage und dem Entwurfe gern fremde, vornehmere Kräfte heranziehen. Die Erinnerung an den jüngeren (Georg) Labenwolf und Benedict Wurzelbauer in Nürnberg, Wolf Hilger in Freiburg u. a. muß genügen. Auch unter den an denſelben Höfen thätigen Malern befanden ſich mehrere Niederländer, wie Bartholomäus Spranger (1546—1625?) und Georg Hufnagel (1545—1600) aus Antwerpen, Friedrich Suſtris (1525—1599) aus Amſterdam. Sie unterſchieden ſich in ihrer Bildung nicht von den hervorragenden deutſchen Meiſtern, welche in München und Prag Beſchäftigung fanden oder die damals ſo beliebte Faſſadenmalerei (Augsburg, München, Regensburg, Paſſau u. a.) trieben. Sie alle, unter den Deutſchen: Chriſtoph Schwarz aus Ingolſtadt († 1594), Johann van Aken aus Köln (geb. 1556), Joſeph Heinz aus Bern, Johann Rottenhammer aus München (1564—1623), hatten ihre Schule in Italien, bald in Rom, bald in Venedig durchgemacht. Auch die Leiſtungen dieſer deutſchen Meiſter ſind meiſtentheils in den Hintergrund getreten, da ſie weder mit der vergangenen Kunſt in organiſchem Zuſammenhange ſtehen, noch auf die künſtige werkthätig vorbereiten. Ueberhaupt bewahrt im ganzen Norden nur ein einziger Zweig der Malerei eine ſtärkere Lebenskraft, die Porträtmalerei, da hier die Natur den von der Wahrheit abſchweifenden Sinn ſofort verbeſſerte. Porträts bilden denn auch in den Niederlanden wie in Deutſchland die erfreulichſte Seite der Kunſtthätigkeit. Als Ausläufer der älteren Richtung mögen hier *Chriſtoph Amberger* in Augsburg (1500—1563), dann der Kölner Meiſter *Bartholomäus de Bruyn*, zwiſchen 1524—1560 thätig. und der als Miniaturmaler berühmte *Hans Mielich* in München (1515—1572) genannt werden. In den Niederlanden waren *Antonis Mor* aus Utrecht (1517—ca. 1572), an mehreren Höfen beſchäftigt, der Günſtling des Cardinals Granvella, und ſpäter der ältere *Franz Pourbus* (1542—nach 1591) in Antwerpen als Porträtmaler geſchätzt.

Entſcheidend für den Rückgang der deutſchen Kunſt war die ſeit 1540 immer ſchärfer auftretende Trennung der Volkskunſt von der Hofkunſt. Die erſtere fand ihren wichtigſten Ausdruck im Holzſchnitt, der bis zum Ende des Jahrhunderts ſeine alte Beliebtheit bewahrt und durch eine lange Reihe tüchtiger Zeichner und Formſchneider vertreten wurde, unter welchen *Joſt Amman* aus

Zürich, 1591 in Nürnberg verftorben, *Tobias Stimmer* in Straßburg, *Virgil Solis* (1514—1562) in Nürnberg befondere Erwähnung verdienen. Die deutfchen Fürften waren keineswegs der Kunft abhold gefinnt. Mehrere derfelben bewiefen eine warme Kunftliebe, fo Albrecht von Brandenburg, Erzbifchof von Mainz, die bairifchen Herzöge Albrecht V., Wilhelm V. und Maximilian I., dann die öfterreichifchen Fürften: Ferdinand, der zweite Sohn Kaifer Ferdinand's I., und Kaifer Rudolf. Ihre Kunftliebe offenbarte fich aber viel weniger in der Förderung einer großen fchöpferifchen Thätigkeit der Künftler, als in einer eifrigen Sammelluft. Kunftbücher und Kunftkammern find die wichtigften Denkmale derfelben. Bei der Zufammenftellung der Kunftkammern wurde aber auf den Erwerb bloßer Curiofitäten mindeftens ebenfo großes Gewicht gelegt, wie auf den Befitz wirklicher Kunftwerke. So entftand die Kunftkammer Herzog Albrecht's von Baiern und die Ambrafer Sammlung. Selbft Kaifer Rudolf hatte bei der Stiftung feiner berühmten Kunftkammer auf die Vertretung der mannigfachften Intereffen Bedacht genommen. Die Kunftliebe der Höfe kam daher der monumentalen und freien Kunft wenig zu Gute, wurden doch z. B. Porträtfammlungen häufig nach genealogifchen Regeln, gleichfam als Illuftrationen des Stammbaumes, angeordnet. Die größte Förderung gewann durch die Kunftkammern das Kunfthandwerk, deffen Producte fich in jenen leichter unterbringen ließen und zum Schmucke derfelben wefentlich beitrugen. Das deutfche Kunfthandwerk erhielt fich auf diefe Art noch lange auf ftattlicher Höhe, während auf dem Gebiete der Plaftik und Malerei feit den vierziger Jahren des 16. Jahrhunderts von keiner gefchloffenen Schule, von keiner ftetigen Entwickelung mehr gefprochen werden kann.

4. Die Renaissancearchitektur im Norden.

Hundert Jahre hatte bereits die Renaiffancearchitektur in Italien geherrfcht, ehe fie fiegreich auch in die Länder diesfeits der Alpen einzog. In fich bereits vollkommen fertig und abgefchloffen, in die Form fefter Regeln (Serlio u. a.) gebannt, konnte fie hier nicht die vorhandenen Bauelemente durchdringen, fondern blieb äußerlich an denfelben haften. Sie erfcheint im Norden noch weniger als in der Heimat aus der conftructiven Gliederung hervorgegangen, bewahrt noch ftärker den decorativen Charakter. Sie brach fich Bahn theils durch die Berufung italienifcher Künftler nach dem Norden, theils durch die Studien nordifcher Künftler in Italien. Von durchgreifendem Einfluß auf ihre Verbreitung war der Umftand, daß in Italien

das Ideal höfifcher Bildung erblickt wurde, die vornehmen und
reichen Kreife Europa's fich in Sachen des Gefchmackes und Lebens-
genuffes gern nach italienifchen Muftern richteten.   Italien mußte
freilich diefen Sieg in der höfifchen Welt mit einem theuren Preife,
mit dem Verlufte feiner politifchen Selbftändigkeit und nationalen
Würde, bezahlen.

In jedem Lande tritt die Renaiffancearchitektur je nach den
Vorausfetzungen, auf welche fie trifft, und je nach den Perfönlichkeiten, welche fie einführen, verfchieden auf.   Frühzeitiger und
mächtiger als in allen übrigen Ländern äußert fie ihre Wirkfamkeit in Frankreich.   Während feit den Tagen Karl's VIII. franzöfifche Heere wiederholt auszogen, um italienifches Land zu unter-
werfen und franzöfifchen Einflufs in den italienifchen Staaten herrfchend zu machen, wanderten namentlich florentiner Künftler nach
Frankreich, um hier am Hofe den verfeinerten italienifchen Gefchmack einzuführen.   Von befonderer Wichtigkeit war die Berufung
des Roffo aus Florenz und des Francesco Primaticcio (1404—1570),
der in Mantua bei Giulio Romano den großen Decorationsftil
ftudirt hatte, durch König Franz I., um in dem Schloffe von Fontainebleau die Gemächer mit Fresken zu fchmücken.   Sie bildeten
mit ihren Gehilfen die Schule von Fontainebleau, welche wir freilich beffer aus Kupferftichen kennen lernen, als aus ausgeführten
Werken, deren einflußreiche Thätigkeit aber hinreichend bekundet
ift.   Sie beherrfchten beinahe vollftändig das Gebiet der Malerei,
fo daß eigentlich nur im Porträtfache (*François Clouet* von 1541—
1571 Hofmaler) eine felbftändige, auf fcharfe Naturwahrheit bedachte Richtung fich erhielt.   Auch die Sculptur widerftand nicht
auf die Dauer dem italienifchen Einfluffe.   Und das bleibt umfo-
mehr zu beklagen, als die franzöfifche Sculptur feit der Mitte des
fünfzehnten Jahrhunderts eine bemerkenswerthe Blüthe entfaltet hatte.
Namentlich prunkvolle Grabdenkmäler boten den Bildhauern dank-
bare Befchäftigung.   Das Grabmal Philibert's von Savoyen in der
Kirche zu Brou und das von Jean Jufte, dem berühmteften Gliede
der berühmten Künftlerfamilie, errichtete Denkmal Ludwïg's XII. in
St. Denis find nur die Ausläufer der Richtung, welche in der Decoration allmählich bereits in die Renaiffanceformen einlenkte, in den
figürlichen Schilderungen aber an einem kräftigen, oft recht lebensfrifchen Naturalismus fefthielt.   Diefer Naturalismus tritt nun zurück.   Italienifche Einflüffe beftimmten feitdem den Formenfinn der
Bildhauer und führten als Schönheitsideal jene fchlanken, mehr
eleganten als fchönen Geftalten ein, welche beinahe bis zu diefer
Stunde die Phantafie franzöfifcher Künftler erfüllen.   Möglich, daß
auch Cellini's Vorbild darauf einwirkte.   Jedenfalls fehen wir fchon
den Typus in den Werken des berühmteften und fruchtbarften

franzöfifchen Bildhauers im 16. Jahrhundert, des *Jean Goujon*
herrfchen, wie die Diana von Anet, ein Marmorrelief, als Brunnen-
figur gedacht (No. 122, 6), und wie die Nymphen, welche ehemals
die Fontaine des Innocents in Paris fchmückten (No. 123, 2), beweifen. Außer Jean Goujon verdienen noch *Germain Pilon*, der
die Graziengruppe (in der Louvrefammlung) gefchaffen, dann *Jean
Coufin* und der vielbefchäftigte Italiener *Leon Ponce* Erwähnung.
Längere Kämpfe koftete es, ehe der italienifche Stil auch in der
Architektur heimifch wurde. Die Kirchenbaumeifter hielten zähe
an der überlieferten gothifchen Conftruction feft und begnügten
fich, das gothifche Gerüfte (Streben, Fialen u. f. w.) mit Renaif-
fanceornamenten zu bekleiden. Ein Beifpiel diefes Uebergangsftiles
bietet die Kirche S. Pierre in Caen, von *Hector Sohier* 1521 ausgeführt (No. 130, 3). Aehnliche Mifchungen gothifcher Conftruction und Renaiffancedecoration zeigen einige Parifer Kirchen, z. B.
St. Euftache. Erft durch die Jefuiten gewann die italienifche
Kirchenarchitektur in Frankreich eine allgemeine Verbreitung. Die
Hauptthätigkeit der Architekten galt dem Schloßbaue. Noch heute
können mehr als dreißig Schlöffer aufgezählt werden, welche dem
16. Jahrhundert den Urfprung verdanken und an Stattlichkeit mit
einander wetteifern. Namentlich die Touraine, ein Hauptfitz franzöfifcher Königsmacht im 15. Jahrhundert, ift reich an berühmten
Schloßbauten, welche zum Theil fo großartig angelegt waren, daß
fie niemals vollendet wurden. Andere fanden in den Stürmen der
Revolution den Untergang. Die französifchen Schlöffer unterfcheiden fich im Grundplane wefentlich von den italienifchen Paläften.
Sie befitzen nicht das gefchloffene Wefen der letzteren, gehen vielfach auf die mittelalterlichen Burgen zurück, zeigen wie diefe eine
Anhäufung von Höfen und locker verbundenen Bauten, haben auch
die Defenfivanftalten der Burgen, die Thürme, Umfaffungsmauern,
Gräben, Thore, freilich nur wie ein Spielzeug, beibehalten. So
bildet den Mittelpunkt des berühmteften Schloffes aus der Zeit
Franz' I., des Schloffes von Chambord, in der Nähe von Blois,
ein quadratifcher Bau, an den Donjon der älteren Burgen erinnernd,
mit vier Thürmen in den Ecken (No. 131, 2), welchem fich andere
gleichfalls von Thürmen flankirte Bauten anfchließen. Charakteriftifch für die französifchen Schloßbauten ift, außer der geringen
Tiefe derfelben, die reiche Decoration der Dachtheile; Giebel, Schorn-
fteine, Thürme, die letzteren oft durchbrochen, laffen die eigentliche Dachlinie vollftändig zurücktreten. Von Gaillon, einem der
früheften Renaiffancefchlöffer, haben fich nur kärgliche Refte (No.
130, 7) erhalten. Man merkt an der Pfeilerdecoration den Einfluß
Italiens, während in den Flachbogen und der Fenftergliederung die
heimifche Bauweife vorwaltet. Aehnlich ift auch das Schloß Che-

pavillons an Stelle der mittelalterlichen Schloßthürme. Die Theile, welche nach Lescot's Entwürfen ausgeführt wurden, zeigen (No. 129, 6) über zwei ſäulengeſchmückten Geſchoſſen noch eine Attika. Durch einzelne vortretende Glieder, durch farbige Marmorplatten und vor allem durch den reichen plaſtiſchen Schmuck, welcher von Jean Goujon und deſſen Schülern ſtammt, kommt in die Maſſen Leben, ohne daß die Klarheit der Verhältniſſe und die Ueberſichtlichkeit der Dispoſition geſtört wird. So füllen z. B. im Erdgeſchoſſe die nachmals ſo beliebten Rundfenſter (oeil-de boeuf) über den Portalen den Raum trefflich aus. Am Anfange des 17. Jahrhunderts macht ſich eine gewiſſe trockene Nüchternheit und Derbheit in der Behandlung der Bauformen geltend, wie z. B. das Schloß Angerville (No. 129, 3) zeigt. Auch das Palais Luxembourg, für Maria Medici von *Salomon de Broſſe* erbaut, im Grundriſſe (No. 131, 4) mit den vorſpringenden Eckpavillons an die älteren franzöſiſchen Muſter ſich anlehnend, beſitzt dieſen Charakter, welchen *François Manſart* (1598—1666), der Erbauer des kleinen, im altfranzöſiſchen Geſchmacke ausgeführten Schloſſes Maiſons (No. 130, 8), gleichfalls ſeinen Werken aufdrückt. Wenig beliebt bei den Zeitgenoſſen, welche den einflußreichen aber herriſchen Mann mit giftigen Satiren verfolgten, beſitzt er doch bei der Nachwelt einen populären Namen. Die gebrochenen, gleichſam in Geſchoſſen aufſteigenden Dächer — Manſarden — ſind nach ihm benannt worden. Im Zeitalter Ludwig's XIV. kommt der ſogenannte Barockſtil zur Herrſchaft, der aber in dem Hauptwerke der Periode, im Schloſſe von Verſailles (No. 131, 3), einen viel ſtärkeren Ausdruck in der Decoration und in der inneren Ausſtattung findet, als in der äußeren architektoniſchen Gliederung (No. 129, 1). Hier klingt noch der Renaiſſanceſtil, wenn auch in geiſtloſer trockener Weiſe nachgebildet, nach. Ein Neffe des François Manſart, *Jules Hardouin Manſart* (1645—1708), leitete den Bau, der aus einem mittleren, in der Tiefe des Hofes gelegenen Haupttheile und langen galerieartigen Flügeln beſteht. In dem rechten Flügel haben, gleichſam gleichberechtigt, die Kapelle und das Theater, beide an dem halbkreisförmigen Abſchluſſe kenntlich, Platz gefunden.

In ganz anderer Weiſe, als in Frankreich, gewinnt in D e u t ſ c h l a n d die Renaiſſancearchitektur Verbreitung und Herrſchaft. Die Kenntniß der Renaiſſanceformen muß von der Einführung des Renaiſſanceſtiles in der Baukunſt ſcharf unterſchieden werden. Die erſteren begannen ſchon am Anfange des 16. Jahrhunderts im Kreiſe des Holzſchnittes und Kupferſtiches heimiſch zu werden und wurden von den Malern eifrig ſtudirt. Das flache Renaiſſanceornament erobert ſich raſch eine allgemeine Beliebtheit und erfreut ſich der mannigfachſten Verwendung. Maler ſchmücken den Hintergrund

gern mit italienifchen Säulenftellungen, Bildhauer verfuchen fich in
der Wiedergabe der „putti", der reizenden Kindergeftalten, in deren
Schöpfung die Renaiffance unermüdlich ift. Die Vorlagen für
Kunfthandwerker erfcheinen gleichfalls reich an Renaiffancemotiven
und lenken die Decoration in die Wege des neuen Stiles. Zuletzt
erft folgt der Bewegung die Architektur, in welcher feit der Mitte
des 16. Jahrhunderts der Renaiffanceftil die wirkliche Herrfchaft
antrat. Er gelangt auf den verfchiedenften Wegen nach Deutfchland, nimmt hier die mannigfachfte Geftalt an und erfährt in den
einzelnen Landfchaften ein ungleiches Schickfal. Einen einheitlichen
deutfchen Renaiffanceftil gibt es nicht, Charaktermerkmale, welche den
deutfchen Bauten von 1540 bis 1620 gemeinfam und nur ihnen
eigenthümlich wären, laffen fich in größerer Anzahl nicht aufweifen.
Wie gering erfcheint doch z. B. die Verwandtfchaft des Heidelberger
Schloffes (No. 135, 4) mit dem Leipziger Rathhaufe (No. 138, 1).
Zur Erklärung muß zunächft der Umftand herangezogen werden,
daß die Renaiffance in vielen Fällen nur für die decorativen Formen
zur Anwendung kommt, während der Grundriß und die conftructive
Gliederung an dem altheimifchen, gothifchen Herkommen fefthält.
So ift der deutfchen Renaiffance fchon früh ein zwiefpältiges We-
fen aufgedrückt. Verftärkt wurde dasfelbe aber dadurch, daß die
Kenntniß der Renaiffancearchitektur nicht ausfchließlich aus der
Urquelle gefchöpft wurde. Neben italienifchen Einflüffen und Muftern
machten fich auch franzöfifche und, namentlich feit dem Ende des
16. Jahrhunderts, im deutfchen Norden auch niederländifche geltend.
Ein grofer Unterfchied waltet, ob deutfche Baumeifter in Italien
ihre Studien machten oder ob italienifche Künftler über die Alpen
wanderten und hier thätig eingriffen. Und diefes thaten die letzteren
in ziemlich großer Zahl. Wenn wir erfahren, daß im 17. Jahrh. alljähr-
lich im Herbfte eine Schaar oberitalienifcher Maurer und Stuckarbeiter
aus Deutfchland nach ihrer Heimat zurückzugehen pflegten, fo dürfen
wir annehmen, daß diefe Sitte fchon feit längerer Zeit beftand.
Namentlich in den öfterreichifchen Landfchaften, deren Fürften
durch Bekenntniß, Politik und Familienbande mit italienifchen
Herren eng verbunden waren, und ebenfo in den angrenzenden
flavifchen Gebieten bis Polen fanden italienifche Künftler aller Art
eine willige Aufnahme. Einzelne ihrer Werke tragen fo vollkommen
das Gepräge des italienifchen Urfprunges, daß nur die räumliche
Entfernung hindert, fie der italienifchen Renaiffance einzureihen,
fo z. B. das Lufthaus oder Belvedere, welches Kaifer Ferdinand I.
in Prag 1536 unter der Leitung des Paolo della Stella errichten
ließ. Häufig machten fie aber auch der heimifchen Baufitte Zuge-
ftändniffe, oder es brachte die Ausführung durch heimifche Kräfte den
deutfchen Charakter ftärker zum Ausdruck. Je nachdem Fürften

Bauherren waren oder die Werke in Reichsſtädten emporſtiegen, änderte ſich nicht unweſentlich der Stil. Die Reichsſtädte waren vorwiegend conſervativ geſinnt, hielten an den überlieferten Anſchauungen und Formen feſter als die Fürſten, welche ungleich mehr fremdländiſchen Cultureinflüſſen zuneigten, oft aus weiter Ferne die Künſtler holten, dieſelben wechſelten, während die reichsſtädtiſche Architektur eine größere Stetigkeit zeigt und das landſchaftliche Gepräge ſtärker bewahrt. Eine beſtimmende Einwirkung auf den Stil übt endlich das Baumaterial. Der Fachwerkbau, den klimatiſchen Verhältniſſen des Nordens ſo ſehr entſprechend, hatte ſich weit über die Grenzen des Mittelalters hinaus erhalten. Vereinzelt iſt er noch in vielen älteren Städten anzutreffen, in größeren Gruppen hat er ſich namentlich in niederſächſiſchen Städten, wie in Hildesheim (Knochenhaueramtshaus), Braunſchweig, Halberſtadt, Celle, Münden u. a. erhalten. (Der Holzbau iſt übrigens auch außerhalb Deutſchlands weit verbreitet und glänzend vertreten, ſo in den Niederlanden [No. **134**, 5], in Frankreich [Orleans, Rouen], in England, wo namentlich in Cheſter [No. **133**, 2 u. 3] in mehreren Straßen Holzhäuſer mit fortlaufenden offenen Gängen im mittleren Stockwerke [rows] vorkommen.) Die Conſtruction der Fachwerkhäuſer bewegt ſich naturgemäß in engen Grenzen. Ueber Schwellen wurden Standſäulen oder Pfoſten errichtet, dieſe durch horizontale Riegel und oben durch Latten verbunden und durch ſchräge Zwiſchenſtreben befeſtigt. Das obere, mäßig vorſpringende Stockwerk wird in ähnlicher Weiſe conſtruirt. Daran ändert die Renaiſſanceperiode nichts Weſentliches, nur daß ſie in der Decoration die tragenden und raumausfüllenden Glieder deutlicher unterſcheidet, volutenartige Conſolen, Zahnſchnitte, Eierſtäbe (No. **175**, 7) verwendet, die Standſäulen als Pilaſter behandelt. Der Geſammtcharakter bleibt aber unverſehrt. Außer den Fachwerkbauten kommen ferner auf dem alten Gebiete des Ziegelbaues zahlreiche Backſteinbauten vor, bald im Rohbau, bald verputzt; häufig wird auch für Fenſtereinfaſſungen, Geſimſe, Portale, der Hauſtein zu lebensvollerem Schmucke herangezogen. In dieſem Kreiſe erhalten ſich gleichfalls die heimiſchen Ueberlieferungen ziemlich lebendig, und wo auf die reichere Ornamentirung der Faſſaden verzichtet wurde, kann man zuweilen nur ſchwer die ſchmalen, hochgiebeligen Häuſer des 16. Jahrhunderts von älteren Werken unterſcheiden.

Am weiteſten öffnet ſich italieniſchen Einflüſſen der Hauſteinbau, insbeſondere in den Landſchaften, welche, wie die öſterreichiſchen und bairiſchen, Marmor verwenden. Die Hauſteinbauten ſind zugleich diejenigen, in welchen die Steinmetzarbeit zu Ehren kommt. Der Kunſt der Steinmetzen dankt überhaupt die deutſche Renaiſſance das Beſte ihrer Wirkung und ihres Werthes. Die harmoniſche An-

ordnung der Faſſaden, das Ebenmaß in ihrer Gliederung bilden
bekanntlich nicht ihre Stärke. Wo uns diefe Vorzüge entgegentreten, dürfen wir beinahe immer auf die Mitwirkung fremder Meiſter und den Einfluß des italieniſchen Stiles ſchließen. Wie wenig
die Regeln Vitruv's und der italieniſchen Theoretiker die deutſchen Künſtler banden, erſieht man am beſten aus den Lehrbüchern
der Architektur und Perſpektive, welche in Deutſchland verfaßt
wurden. So gab z. B. Wendelin Dietterlein in Straßburg 1591
ein Werk über die „Architectura oder Austheilung der fünf Säulen"
heraus und erläuterte im Anfange die fünf bekannten Säulenordnungen. Im weiteren Verlauf des Werkes aber ergeht ſich ſeine
ungeregelte Phantaſie in der willkürlichen Ausſchmückung der einzelnen Bauglieder, in der Erfindung reich decorirter Pfeiler, Portale,
Altäre, Springbrunnen u. ſ. w. Diefe und ähnliche Zeichnungen
ſind nicht maßgebend. für die praktiſche Kunſt des Jahrhunderts.
Darin aber herrſcht dennoch Uebereinſtimmung, daß auch in diefer
der formelle Zuſammenhang der Bauglieder gelockert erſcheint, die
Kunſt ſich mit Vorliebe auf die Ausſchmückung befonders hervor-
gehobener einzelner Bautheile wirft. In Portalen, Erkern, Giebeln
concentrirt ſich häufig die künſtleriſche Wirkung, fo daß fie beinahe
aus dem Organismus des Gefammtbaues heraustreten und felbſtändige
Geltung erlangen. Als Beiſpiele mögen die Faſſaden eines Brüſſeler
Haufes (No. 134, 6), die Erkerbauten in Leipzig (No. 135, 1) und
Enſisheim im Elſaß (No. 139, 4) dienen.

Die deutſche Renaiſſance unterſcheidet ſich von der italieniſchen
nicht bloß durch die vorwiegende Gunſt, welche ſie dem decorativen
Elemente zuwendet. Herrſcht doch auch diefes in nicht geringem
Grade in der italieniſchen Architektur vor. Während aber hier das
architektoniſche Stilgefühl der Bildung des Ornamentes vorſteht,
die Formen der Geräthewelt durchdringt, fo daß auch in Geräthen
der monumentale Charakter anklingt, ſind es in der deutſchen Renaiſſance gerade die bunten Geräthformen, welche in die Architektur hineinragen und zu ihrem Schmucke die wichtigſten Elemente
darbieten. Der Umſtand, daß das Kunſthandwerk von den ſpätgothiſchen Zeiten her eine feſte und geſicherte Stellung einnahm und
man gewohnt war, auf den Reichthum und die virtuofe techniſche Vollendung der Einzeltheile eines Bauwerkes das Hauptgewicht zu legen,
wirkte entſcheidend auf die Geſtalt der deutſchen Renaiſſancearchitektur. Nicht nach architektoniſchen Regeln richtet ſich das
Kunſthandwerk, nach den Muſtern der verſchiedenen Kunſthandwerke vielmehr werden die Bauglieder behandelt. Die Säule, gewöhnlich auf einen hohen Sockel geſtellt, erſcheint wie ein Kandelaber ausgebaucht, empfängt, als wäre ſie aus Metall getrieben,
ſchräge Riefelungen oder Bänder, welche den Eifenbeſchlag voll-

ftändig nachahmen. Metallbefchläge bilden überhaupt ein in der architektonifchen Decoration gern benutztes Motiv (No. **141, 5; 175, 8**). Ein anderes Ornament ift unter dem Namen Lederornament bekannt (No. **175, 9**): aus der Fläche fcharf ausgefchnittene und aufgerollte Bänder. Wahrfcheinlich haben diefe Cartouchen in der Miniaturmalerei ihren Urfprung, wo fie als Rand oder Einrahmung eines mittleren Schildes oder Spiegels dienten. Von der deutfchen und niederländifchen Architektur gegen das Ende des 16. Jahrhunderts in den Ornamentenkreis aufgenommen, fanden die Cartouchen nachmals bis in das 18. Jahrhundert auch in' den graphifchen Künften als Titeleinrahmung die reichfte Verwendung. Diefer beliebige Gebrauch deutet fchon das unorganifche Verhältniß des Ornaments zur ftrengen architektonifchen Gliederung an. Daffelbe offenbart fich auch in der Vorliebe, die Ornamente gleichfam aus einer Eifenfläche fcharf herauszufchlagen und fie fo ftark vom Grunde abzuheben, daß fie wie äußerlich angeheftet erfcheinen. Das Pfeilerkapitäl aus der Marienkirche in Wolfenbüttel (No. **139, 5**) dient als Beifpiel einer folchen lockeren Verbindung zwifchen Kern und Schmuck des Baugliedes.

Die deutfche Renaiffance entwickelt fich nicht aus einem einzigen Mittelpunkte. Das verhinderte die politifche Vielherrfchaft und die tiefgehende Spaltung im Volke. Während man in Frankreich die aufeinander folgenden Entwickelungsftufen der Renaiffance zutreffend mit den Regierungszeiten der Könige von Franz I. bis Ludwig XIII. zufammenfallen läßt, würde eine Bezeichnung der einzelnen Perioden der deutfchen Renaiffance mit den Namen der gerade regierenden Kaifer vollftändig des Sinnes entbehren. Diefelbe tritt in Süddeutfchland an den verfchiedenen fürftlichen Höfen beinahe gleichzeitig (um 1530) auf, nachdem fie früher fchon an kleineren Zierwerken plaftifcher Natur, befonders in Kirchen, ihre Kraft geprüft hatte. Doch ift es nicht, wie im Mitttelalter, die kirchliche Architektur, welche der deutfchen Kunft die reichften Aufgaben ftellte. Der Kirchenbau fchränkt fich faft ganz auf die katholifchen Landfchaften ein, wird durch den rafch zu mächtigem Einfluffe geftiegenen Jefuitenorden befonders gefördert. Diefer aber, auch wenn er heimifche Künftler befchäftigte, gab doch dem italienifchen Bauftile den Vorzug, welcher auch den Gewohnheiten des Cultus am beften entfprach.

Im Schloßbau liegt in Deutfchland wie in Frankreich der Schwerpunkt der Renaiffancearchitektur. Nicht immer freilich wurden die Schlöffer aus einem Guffe errichtet, älteren Theilen vielmehr jüngere öfter nothdürftig angefügt; auch der Umftand, daß mit dem Burgcharakter fürftlicher Behaufungen nicht fchroff gebrochen, jener meiftens fchonungsvoll umgewandelt wurde, trug nicht zur Regel-

mäßigkeit der Anlage bei. An die Burg erinnern nicht allein die
zur besseren Vertheidigung bestimmten Vorbauten, die Gräben und
Doppelthore, sondern auch die Eckthürme und die Gruppirung der
Schloßbauten um einen Hof, nach welchem sich jene öffnen. Aus dem
Mittelalter stammen auch die Wendeltreppen (Schnecken) in selbständigen
an den Ecken oder in der Mitte des Baues liegenden Treppenhäusern.
Ein Zugeständniß an die Renaissance dagegen waren die Arkaden,
welche den Hof ganz oder theilweise umschlossen Den Burgcharakter
wahrt noch deutlich das Heidelberger Schloß, mit Recht als
die Krone der deutschen Renaissance begrüßt.   Ein Brückenkopf
vertheidigte den Zugang zum Schlosse, mächtige Thürme, einzelne
noch aus dem 15. Jahrhundert stammend, vollendeten die Wehr-
haftigkeit des Werkes. Den Schloßhof umgibt eine Reihe von Bauten
verschiedenen Alters, wie der nach außen vorspringende Rudolfs-
bau u. s. w. Unter denselben ragt durch Schönheit der Otto-Heinrichsbau (1556 begonnen) hervor, ein Rechteck mäßigen Umfanges bildend,
mit einer Fassade (No. 135, 4), welche, wenn sie auch nicht die Harmonie
der Verhältnisse italienischer Renaissancewerke erreicht, doch durch
die Pracht der plastischen (von *Alexander Collins* aus Mecheln theilweise besorgten) Decoration, sowie durch die wirksame Abstufung der
Stockwerke und die glänzende Belebung und Gliederung der Flächen
sich auszeichnet.   Eine Freitreppe führt zum Portal des hohen Erd-
geschosses.   Aus mächtigen tief gefugten Werkstücken (Bossagen) errichtete Pfeiler mit ionischen Kapitälen trennten dasselbe in fünf
Felder, in welchen sich das Portal und je zwei Fenster befanden.
Feiner ornamentirte Pilaster gliedern das erste, cannellirte Halbsäulen
das zweite Stockwerk, Giebel krönten ursprünglich den ganzen Bau.
Die Nischen zwischen den Fenstern nahmen Statuen auf, die Giebel
der Fenster wurden mit geflügelten Knaben, die mittleren Fenster-
stäbe mit hermenartigen Karyatiden und Atlanten geschmückt. Dem
Otto-Heinrichsbaue folgte an der Nordseite des Schloßhofes 1601
noch der Friedrichsbau, verwandt in der Disposition der Fassade, aber
in noch kräftigeren Formen gehalten.   Auch bei dem Friedrichs-
baue kennen wir den Meister des plastischen Schmuckes: *Sebastian
Götz* aus Chur; wer aber die architektonischen Pläne entworfen
hat, ist uns, wie bei dem Otto-Heinrichsbaue, nicht überliefert worden.   Bekanntlich wurde das Heidelberger Schloß von französischen
Truppen 1693 zerstört.   König Ludwig XIV. ließ auf das Ereigniß
eine Medaille schlagen, welche auf der einen Seite die Worte:
„Heidelberga deleta est", auf der anderen den Spruch: „Rex dixit
et factum est" enthält.
    Im Laufe des 16. Jahrhunderts stieg noch eine größere Zahl
stattlicher Fürstenschlösser in die Höhe, so das Schloß in Stuttgart,
seit 1553 vom Herzog Christoph errichtet.   Das Aeußere desselben

tritt fchlicht und maffig auf, den Schloßhof umgeben Arkaden, welche durch drei Stockwerke fich ziehen, von canellirten Säulen getragen und in flachen Bogen gefchloffen werden (No **138**, 3). In der Nähe des Schloffes befand fich das 1846 abgebrochene Luft-haus, außen von Arkaden umgeben, während das Innere im Erd-gefchoffe eine auf Säulen ruhende, gewölbte Halle mit drei ver-tieften Wafferbaffins in der Mitte (No. **135**, 2), im Oberftocke einen großen Saal enthielt. Als Baumeifter wird feit 1575 *Georg Beer* genannt, welchem der nachmals vielbefchäftigte, weitgereifte *Hein-rich Schickhardt* (1558—1634), bei der „Vifirung" half. Eine reiche Bauthätigkeit entwickelten die bairifchen Herzöge. Außer dem Schloffe in Landshut (1536), deffen Hof italienifche Künftler auf-richteten, und dem Schloffe Trausnitz bei Landshut, danken ihnen auch glänzende kirchliche und profane Bauten in München den Urfprung. Trausnitz erinnert durch Lage und Grundriß an die feften Burgen des Mittelalters, befitzt auch noch einzelne gothifche Bautheile. Der Schmuck der Prunkzimmer im Hauptgefchoffe fällt in die Zeiten Albrecht's V. und Wilhelm's I. Die innere Zimmer-decoration (No. **141**, 1), ausfchließlich der Malerei anvertraut, weift auf italienifche Mufter hin. Die Refidenz in München, von Herzog Maximilian 1600 an Stelle eines älteren Werkes errichtet, umfaßt fechs Höfe der verfchiedenften Größe und Form. Auch hier mußte die Malerei die Hauptkoften der Decoration tragen. So zeigt die Faffade im Kaiferhofe (No. **139**, 1) eine Doppelordnung von Pi-laftern mit Nifchen und Feldern grau in grau gemalt. Der Cha-rakter der Decoration ift wieder italienifch, wie bei der Richtung des Bauleiters, *Peter de Witte* oder *Candid*, und der ausführenden Künftler nicht anders erwartet werden konnte. Einen ähnlichen Typus trägt auch der Stucco- und Farbenfchmuck des Treppen-raumes (No. **140**, 1). Nur die breiten Flächen der Voluten ver-rathen die Mitwirkung deutfcher Hände. Aus der Reihe der öfter-reichifchen Schlöffer und fürftlichen Bauten, welche namentlich in Böhmen (Schloß Stern bei Prag, Rudolfinifche Bauten am Hrad-fchin in Prag, Waldftein'fche Gartenhalle ebendort u. f. w.) zahl-reich errichtet wurden, heben wir den Hof des Lofenftein'fchen Schloffes Schalaburg bei Mölk (No. **136**, 5) hervor. Säulenarkaden von rothem Marmor tragen eine offene Galerie, deren Pfeiler an den Seitenflächen mit Reliefs aus gebranntem Thone bedeckt find. In den fränkifchen Landfchaften verdienen das Schloß in Offen-bach bei Frankfurt mit fchönen vorgebauten Arkaden, aus den Jahren 1572—1578, das mächtige aber fchwerfällige Schloß in Afchaffenburg, ein Werk des *Georg Riedinger* (1613), die Plaffenburg bei Kulmbach, ein Sitz der Markgrafen von Brandenburg, befon-dere Erwähnung.

Frühzeitig brach fich in Oberfachfen die Renaiffancearchitektur
Bahn.   Das Schloß zu Torgau wurde vom Kurfürften Johann Friedrich dem Großmüthigen auf Grund einer älteren Anlage errichtet.
Einen unregelmäßigen Hof umgeben von allen Seiten Bauten, unter
welchen das dem Oftflügel vorfpringende Treppenhaus mit zwei
Freitreppen (No. 135, 3) wegen der kühnen Conftruction der Wendeltreppe und um des reichen Schmuckes willen Bewunderung verdient.
Das Dresdener Schloß, deffen Haupttheile während der Regierung
des Herzogs Georg und des Kurfürften Moritz gebaut wurden, befitzt
ebenfalls in dem großen Schloßhofe feinen Mittelpunkt.   Derfelbe
war mit Fresken gefchmückt und mit vier Eckthürmen (Schnecken)
und einer voifpringenden Bogenhalle oder Loggia über dem Eingange verfehen.   Die Leitung des Werkes führte als Oberbaumeifter
Hans von Dehn-Rothfelfer.   Neben ihm wird *Kafpar Voigt* als Baumeifter genannt. — In die Region des Ziegelbaues gelangen wir durch
den Fürftenhof zu Wismar.   Dem älteren 1512 errichteten Flügel
fügte Herzog Johann Albrecht I. 1553 im rechten Winkel einen
neuen an, wobei er fich anfangs der Kunft des *Gabriel van Aken*
bediente.   Sowohl die Außenfeite wie die Hoffaffade (No. 138, 4)
diefes neuen Flügels zeichnen fich vor vielen anderen Werken durch
die wirkfamen Maßverhältniffe und die feine Abwägung der decorativen und der blos raumausfüllenden Theile aus.   Die verputzten
Ziegelmauern werden als einfacher Hintergrund behandelt, von welchem fich die Portale, die Fenfter mit ihrem reichen Rahmen- und
Pfeilerfchmuck (No. 139, 6) und die horizontal laufenden Friefe,
theils in Sandftein, theils in gebranntem Thon ausgeführt, kräftig
abheben. An der Hoffeite kommen noch in den oberen Gefchoffen
Pilafter als verticale Trennungsglieder hinzu.
    Die ftädtifchen und privaten Bauten befitzen einen gefchloffeneren
landfchaftlichen Charakter als die fürftlichen Schlöffer; an ihnen
läßt fich ficherer, was in den verfchiedenen Landfchaften und Oertlichkeiten als Bauregel galt, nachweifen.   Selbftverftändlich wurden
die deutfche Schweiz und die füdlichen Theile Deutfchlands von
italienifchen Einflüffen am ftärkften berührt.   Faffaden, wie jene
eines Bafeler Zunfthaufes (No. 136, 3) oder eine Behandlung des
Erkers, wie fie uns in Colmar (No. 139, 3) entgegentritt, haben
hier nichts Auffälliges.   Auch die Sitte der Faffadenmalerei kam
aus Oberitalien in die nächftgelegenen nordifchen Landfchaften herüber.   Sie findet fich weit verbreitet in der Schweiz, in Tirol und
im füdlichen Bayern.   Ein Beifpiel der Faffadenbemalung bietet das
Rathhaus in Mühlhaufen im Elfaß (No. 139, 2).   Der Maler *Chriften
Vackfterffer* aus Colmar hatte 1552 die Ausführung derfelben übernommen.   Im Erdgefchoffe, dem fich eine Freitreppe vorlegt, ahmte
er die Ruftica-Architektur nach, die Fenfter krönte er mit Kränzen,

nonceaux (No. **131**, 1) geftaltet. Stärker macht fich der italienifche Einfluß im Schloffe von Chantilly (No. **129**, 5) geltend,
wenn auch der Grundriß mit feinem Vorhofe und dreieckigem
Haupthofe, feinen Rundthürmen die ältere Burganordnung wiederholt. Wie gegen die Mitte des 16. Jahrhunderts die Stellung des
Königthums fich ändert, die inneren politifchen Zuftände einen be-
deutfamen Wechfel erfahren, fo tritt auch in Bezug auf die Schau-
plätze der künftlerifchen Thätigkeit eine wichtige Wandlung ein.
An die Stelle der Schule von Tours tritt jene von Paris. Die
Hauptftadt beginnt die ausfchließlich führende Rolle in der Kunft
zu fpielen. Die Provinzen, insbefondere die nördlichen, bleiben zurück und halten noch längere Zeit an einzelnen überlieferten heimifchen Bauformen feft. Die Uniformität der künftlerifchen Bildung,
ein fo wichtiges Merkmal der neueren franzöfifchen Kunft, wird
erft im Zeitalter Ludwig's XIV. erreicht.

Zu vollkommenem Siege gelangt der italienifche Stil während
der Regierung Heinrich's II. in den Werken des berühmteften franzöfifchen Architekten der Renaiffanceperiode *Philibert De l'Orme*
aus Lyon. Auch diefer ftammt aus einer alten Baumeifterfamilie.
Während aber die Architekten der früher erwähnten Schlöffer, wie
Pierre Nepveu, *Pierre Fain* von Rouen, *Colin Biart* von Blois u. a.
ihre künftlerifche Erziehung in der Heimat genoffen hatten, dankt
Philibert de l'Orme (ca. 1515—1570) feine Bildung zum guten
Theile feinem Aufenthalte in Italien. Ruhm erwarb er fich fowohl
durch feine theoretifchen Arbeiten, wie durch die zahlreichen Werke,
deren Ausführung ihm unter der Regierung feines Gönners, Heinrich's II., übertragen wurden. Unter denfelben ragen das Schloß
Anet, für Diana von Poitiers 1552 begonnen, und der Tuilerien-
palaft (feit 1564) hervor. Anet ift theilweife zerftört worden, die
Zeichnungen und die erhaltenen Theile beweifen aber, daß ihm
hier volle Freiheit, feiner Phantafie zu folgen, geftattet war, fo daß
für die Erkenntniß feines Stiles Anet noch wichtiger erfcheint, als
die Tuilerien, deren Bau nach ihm *Jean Bullant*, der Schöpfer des
Schloffes von Ecouen, leitete. Während er in Anet (No. **130**, 6)
die Säulenordnungen der Renaiffance ziemlich unverändert beibe-
hielt, gab er an den Tuilerien (No. **130**, 1. u. 2) den Säulen dadurch eine neue Geftalt, daß er den Schaft mit mehreren horizontalen Bändern umzog (No. **130**, 5), wahrfcheinlich um die Fugen
der aus vielen Blöcken zufammengefetzten Säulen beffer zu verbergen. Ihn übertrifft in Bezug auf Reinheit des Stiles *Pierre
Lescot* (ca. 1510—1574), welcher den Bau des von König Franz I.
neu errichteten Louvrepalaftes leitete. Auch hier haben fpätere
Anbauten die urfprüngliche Anlage verändert. Nach Lescot's Plane
follte der Palafthof mit vier Faffaden gefchloffen werden, mit Eck-

in den oberen Stockwerken brachte er eine ionifche Säulenhalle mit Nifchen an. Folgerichtig empfing auch das Dach keinen Giebel-fchmuck, fondern wurde aus gemufterten Ziegeln hergeftellt. Die Verbindung des malerifchen Schmuckes mit dem Holzbau, welcher fich auf einem fteinernen Untergefchoffe erhebt, wird in einem Colmarer Bürgerhaufe (No. **136**, 1) vor die Augen gebracht. Das Rathhaus zu Enfisheim (No. **137**, 2) erinnert in der Difpofition, einer unteren offenen Halle und darüber einem gefchloffenen Saalbau, wie in der Decoration der Pilafter an italienifche Vorbilder. Die Spitzbogen der Halle und die Anordnung der Fenfter gehen auf heimifche Ueberlieferungen zurück. Der berühmtefte elfäffifche Baumeifter des 16. Jahrhunderts, *Daniel Speckle* in Straßburg (1536—1589), ein Mann von vielfeitiger Bildung, auch literarifch thätig, hat fich insbefondere um den Feftungsbau große Verdienfte erworben.

Die Privatbauten am Niederrhein zeigen mit jenen in den benachbarten Niederlanden eine große Verwandtfchaft. Die kleinen, meift drei Fenfter breiten Häufer mit abgetrepptem Giebel kommen hier wie dort in großer Anzahl vor. Die Aehnlichkeit der Lebensverhältniffe hat offenbar die gleichartige Baufitte hervorgerufen. Einen dominirenden Einfluß auf Deutfchland, befonders auf die nördlichen Theile desfelben, haben die Niederlande erft feit dem Schluffe des 16. Jahrhunderts geübt, hier den durch Rufticaeinfaffungen belebten Backfteinbau heimifch gemacht. Im 16. Jahrhundert hinderten die inneren Unruhen und die kriegerifchen Zeitläufte den Auffchwung der Architektur. Das bedeutendfte profane Bauwerk des 16. Jahrhunderts in den füdlichen Niederlanden ift das Antwerpener Rathhaus, von *Cornelius de Vriendt* 1561 erbaut. In Holland zeigt das Rathhaus zu Leyden, 1599 begonnen, eine feltfame Mifchung antikifirender Elemente mit heimifcher Decorationsweife. Der ftattliche Giebel über der Mitte der Faffade (No. **136**, 2) mit den Voluten und Pyramiden zur Seite kommt, wie die Vergleichung mit dem Stadtweinhaus in Münfter in Weftfalen (No. **136**, 4) zeigt, auch fonft noch oft vor, ift fogar im folgenden Zeitalter typifch geworden. Von der Wechfelwirkung zwifchen belgifchen und rheinifchen Städten legen einzelne kölnifche Werke Zeugniß ab. Der prächtige Lettner in der Kirche Maria auf dem Kapitol, das ältefte Renaiffancewerk in Köln, ift von einem Meifter aus Mecheln 1524 gearbeitet worden. Als der Rath von Köln eine neue Vorhalle am Rathhaus zu bauen befchloß, reichten auch niederländifche Künftler Entwürfe ein. Der Rath entfchied fich (1569) für den Plan des Bildhauers *Wilhelm Vernucken* (?) aus Köln, der mit Hilfe von Namurer Steinmetzen das Werk (No. **134**, 2) ausführte. An dem reichen plaftifchen Schmuck der Doppelhalle, welche oben Spitzbogen zeigt, erkennt man die Herkunft des Künftlers.

Die Umprägung des Renaiffanceftiles in deutfche Formen, der
confervative Zug, welcher an der deutfchen Renaiffance haftet und
eine natürliche Verbindung mit der fpätmittelalterlichen Bauweife
herftellt, tritt uns am lebendigften in mittel- und norddeutfchen
Städten entgegen.   Vor allen anderen muß Nürnberg genannt werden, welches gerade jetzt im Privatbau eine rege Thätigkeit entfaltet.   Der ftädtifche Handel hatte allerdings viel von feiner früheren Bedeutung verloren, eine große Wohlhabenheit der Bürger und
ein kräftiger Genußfinn waren aber geblieben.   Sie fanden Ausdruck in
den ftattlichen, im Inneren reich ausgeftatteten Privathäufern, die fich
in rafcher Folge erhoben.   Das Nürnberger Haus zeigt in der Regel
eine geringe Breite aber eine ftattliche Höhe und eine große Tiefe.
Vorfpringende Erker, zuweilen durch mehrere Stockwerke gehend
(No. 141, 4), fchmücken die Mitte oder die Ecke der Faffade, Giebel krönen den Bau.   Wenn die Häufer die Langfeite der Straße
zukehren, fo wird dennoch dem Dache ein breiter Giebel vorge-
fetzt (No. 140, 2).   Das Aeußere ift nicht frei von einem fchwerfälligen, zuweilen fteifen Wefen: dagegen erfcheint der innere Hof
durch umlaufende Galerien oder Arkaden belebt.   In der Tiefe find
nicht felten Gartenfäle errichtet.   Zu den bekannteften Beifpielen
gehören das Hirfchvogelhaus (1534), das Funk'fche Haus und das
Pellerhaus (1605).   Ein gutes Bild aus einer altdeutfchen Stadt —
denn altdeutfch heißt gewöhnlich die deutfche Renaiffance — bietet
uns der Marktplatz in Rothenburg an der Tauber (No. 137, 1) mit
feinem Rathhaufe, welches ein Nürnberger Meifter *Wolff* (1572), entwarf.
Auch Privathäufer und Brunnen der Renaiffancezeit befitzt Rothenburg
in überrafchend guter Erhaltung.   Gegen das Rothenburger Rathhaus mit feiner Ruftikabogenhalle, feinem Erker, Giebel und Thurm
tritt das Leipziger Rathhaus (No. 138, 1) zurück.   An feinen
Schmalfeiten wird es von einem abgetreppten Giebel bekrönt.   Die
Hauptfaffade zeigt das hohe Dach mit fechs kleineren Giebeln gefchmückt.   Die Fenfter find paarweife angeordnet.   Erbaut wurde
das Rathhaus von *Hieronymus Lotter*, der in Nürnberg ca. 1498
geboren war und auch als kurfürftlicher Baumeifter eine reiche,
ihm fchließlich fchlecht gelohnte Thätigkeit entfaltete.
    Im deutfchen Norden pflegten die Hanfaftädte mit großem
Eifer die Renaiffancekunft.   Die Rathhäufer in Bremen, Lübeck
(Bogenhallen und Treppenhaus), Zunfthäufer und zahlreiche Privathäufer, die letzteren bald in Fachwerk, bald in Backftein ausgeführt, legen dafür Zeugniß ab.   Ein Beifpiel aus der letzten Zeit
der deutfchen Renaiffance ift das Leibnitzhaus in Hannover (No.
134, 1).   Der Hauptnachdruck wird auf die Ausbildung des Erkers,
auf die Einfaffung der Fenfter gelegt, die horizontale Gliederung
befonders betont.   Einen fcharf ausgeprägten Charakter offenbaren

die Privathäufer in Danzig durch die fog. Beifchläge, Vorplätze, zu
denen man von der Straße auf mehreren Stufen emporfteigt und
welche mit Steinfchranken oder Metallgittern eingefaßt und mit Bänken verfehen find. Sie gleichen den italienifchen Loggien und
dienten auch ähnlichen Zwecken (No. **137**, 3). Im Zeughaus in
Danzig (No. **135**, 5) find die Mauerecken und die Fenfter mit Haufteinen eingefaßt, die Giebel mit reichem Schmucke bedacht.

Der Zwiefpalt in der Formenbildung verringert fich am Anfange des 17. Jahrhunderts. Auch die aus Italien herübergenommenen Bauglieder und Schmucktheile empfangen eine derbere Geftalt
und fchließen fich der kräftigen heimifchen Decoration beffer an.
Ging auch die Naivetät verloren, mit welcher in älteren Werken
ungleichartige Elemente verbunden wurden, und damit ein großer
Theil ihres malerifchen Reizes, fo zeigte doch die fyftematifche Behandlung der Glieder einen Fortfchritt. Auch der Zwiefpalt in der
perfönlichen Bildung der Baumeifter fchwindet. Die fremden Bau-
intendanten und heimifchen Werkleute ftehen fich nicht feindfelig
oder im Verhältniffe fchroffer Unterordnung gegenüber. Auch die
heimifchen Baumeifter erwerben eine umfaffende Fachbildung und
holen fich felbft in Italien die Belehrung, welche ihnen insbefondere
der Anblick der Werke Palladio's verfchafft. Ein Beifpiel diefer
ftrengeren, zugleich einheitlichen Richtung ift die Faffade des Nürnberger Rathhaufes, welche *Eucharius Karl Holzfchuher* 1613 entwarf. Ruftikaquadern an den Ecken, kräftige Trennungsgefimfe
zwifchen den einzelnen Stockwerken, abwechfelnd dreieckige und
rundgefchweifte Giebel über den Fenftern des Hauptgefchoffes und
ein Kranzgefims auf wuchtigen Confolen verleihen derfelben ein
fchweres aber einfach klares Gepräge. Zur felben Zeit (1615—
1620) baute *Elias Holl*, dem wir eine feffelnde Selbftbiographie
verdanken, das Augsburger Rathhaus. Das Aeußere desfelben erfcheint vielleicht nüchtern ftreng, die inneren Räume dagegen, befonders der große Saal im zweiten Stockwerk (No. **140**, 5) find
mit glänzender Pracht ausgeftattet. An den Schmalfeiten ziehen fich
zwei Fenfterreihen übereinander hin, die Langfeiten fchmücken Nifchen mit Statuen, das Kranzgefims wird von Confolen getragen,
die Stuccodecke zeigt bemalte Felder. Bemalung und Vergoldung
fpielt überhaupt in der Decoration des Saales eine große Rolle.
Wie in diefem Falle der Schwerpunkt auf die Ausftattung der
inneren Räume gelegt wurde, fo liebten es unfere Vorfahren überhaupt, auf die innere Einrichtung und Ausfchmückung des Haufes
den Nachdruck zu legen. Man wird der deutfchen Renaiffance
nicht gerecht, wenn man bloß die Außenfeiten der Häufer betrachtet.
Die niedrigen Stockwerke, die Erker beweifen, daß man gleichfam
von innen nach außen baute, die äußere Architektur durch die Be-

fchaffenheit und Anordnung der inneren Räume beftimmt und bedingt wurde. Erft wenn man die letzteren betritt, empfängt man
den lebendigen, phantafievollen Eindruck des deutfchen Renaiffance-
haufes und gewinnt die Ueberzeugung, daß auch in der deutfchen
Renaiffance der Sinn für das Gefetzmäßige und Vernünftige waltete. Daher wurde auf dem Bogen No..141 das Bild eines im Renaiffanceftil eingerichteten Wohnzimmers gegeben, welchem fich ein
belgifches Wohnzimmer (No. 141, 2) anfchließt. Das letztere unterfcheidet fich von dem altdeutfchen vornehmlich dadurch, daß an die
Stelle des behaglichen Thonofens der prunkvollere Kamin getreten ift.

Im Anhange mögen noch einzelne Bemerkungen über die
Renaiffancearchitektur in den fkandinavifchen Ländern, in Groß-
britannien und Spanien Platz finden. Die Architektur in Dänemark, unter der Regierung König Chriftian's IV. eifrig gepflegt,
wurde vorwiegend von niederländifchen und deutfchen Baumeiftern
ausgeübt. Das Schloß Frederiksborg (nicht mehr in der urfprünglichen Geftalt erhalten) zeigt in feiner Belebung des Ziegelwerkes
durch Haufteineinfaffungen wie in feinen abgetreppten Giebeln niederländifchen Einfluß (No. 133, 5). Auch nach Schweden wurden
wiederholt deutfche Baumeifter gerufen. Der Brunnen im Schloßhof zu Kalmar (No. 133, 6) ift in dem unteren Theile in antiken
Formen gehalten, während der obere Auffatz mit feinen gefchweiften
Giebeln ftelbftändiger auftritt. Das Schloß Wettersborg bei Wad-
ftena am Wetterfee (No. 133, 7), befitzt in den Außenwerken noch
einen kaftellartigen Charakter. Nur in den Seitengiebeln prägt fich
die Renaiffance deutlicher aus.

Während England auf den Gebieten der Plaftik und Malerei
feit den Zeiten Heinrich's VIII. fich faft ausfchließlich fremder Kräfte
bediente, hielt es im Kreife der Architektur an der nationalen
Weife länger und energifcher feft. Langfam nur fchwand der
gothifche Stil aus der Uebung, längere Zeit traten die Renaiffanceformen nur zaghaft, den gothifchen Gliedern fich beimifchend, auf.
Den Uebergang lernt man am beften an den Bauten in Oxford und
Cambridge (Colleges) kennen. Auch die vornehmen Landfitze aus
dem 16. und 17. Jahrhunderte bewahren im Grundriffe und in der
inneren Difpofition viel von dem herkömmlichen Charakter und
zeigen um die Halle kleinere, bald zurücktretende, bald vorfpringende
Räume gelegt. Beifpiele folcher Landfitze find Wollatonhoufe aus
dem Ende des 16. und Hollandhoufe aus dem Anfange des 17. Jahrhunderts. Durch *Inigo Jones* (1572—1652) kam die reinere italienifche Architektur zur Geltung. In Italien hatte er fich für Palladio's
Werke begeiftert, dann nach kurzem Aufenthalt in Dänemark an
den Königen aus dem Haufe Stuart eifrige Gönner gefunden. Er
trug fich mit dem Entwurfe zu einem riefigen Königspalafte in

London, der nicht weniger als fieben Höfe (No. **133**, 1) einfchließen follte. Dem langgeftreckten Mittelhofe legte er drei kleinere zur Seite, von welchen wieder die beiden mittleren durch Arkaden und Galerien ausgezeichnet werden follten. Dem einen (perfifchen) gab er eine kreisrunde Geftalt. Nur der Bankettfaal, fieben Fenfter breit, kam zur Ausführung. Ueber einem Rufticafockel erheben fich zwei Säulenordnungen, die untere im ionifchen, die obere im korinthifchen Stile. Doppelte Säulen markiren die Ecken, das Ge- bälke verkröpft fich mit den Säulen. Noch deutlicher als in White- hall zeigt fich die Anlehnung an Palladio in dem Grundriß zu einer Villa in Chisvick (No. **132**, 4), welche nach dem Mufter der Rotonda in Vicenza entworfen ift. Der Zeit nach fällt die Pauls- kirche in London (No. **132**, 5. 6), ein Werk des *Chriftopher Wren*, aus dem Kreife der Renaiffance heraus. Doch offenbart wenigftens der Kuppelbau, wie mächtig das Vorbild der römifchen Peterskirche nachwirkte. Wie trotz fcheinbarem Beharren bei Renaiffanceformen doch der ganze Reiz des Stiles verloren gehen kann, beweift der fchwerfällige Bau des Schloffes Blenheim (No. **132**, 7 u. 8). In Schottland hatte im 16. Jahrhundert, durch die politifche Ver- bindung hervorgerufen, franzöfifcher Einfluß auch in der Schloß- architektur fich geltend gemacht. In dem fpäteren Zeitalter weicht er wieder und macht einem wenig erfreulichen Formenfchwulfte Platz (No. **133**, 4).

Die beiden Stufen der Renaiffance in Spanien, die vorwiegend decorative Richtung (Goldfchmiedeftil), in welche auch maurifche Elemente hineinfpielen, und die ftrengere, nach italienifchen Muftern (Michelangelo) componirende Richtung verfinnlichen der Klofterhof zu Lupiana (No. **131**, 5) und der Riefenbau des Escurial (No. **131**, 6 u. 7), welcher Klofter und Schloß vereinigt und in der hoch- ragenden Kuppel der dem h. Laurentius geweihten Kirche den alles beherrfchenden Mittelpunkt empfängt.

---

5. Das Kunfthandwerk in der Nordifchen Renaiffance.

Frankreich und Deutfchland boten für die Entwickelung des Kunfthandwerkes in der Renaiffance den wichtigften, wenigftens den bekannteften Schauplatz dar. War Frankreich im 15. Jahrhundert in mannigfachen Kreifen des Kunfthandwerkes, z. B. in der Gold- fchmiedekunft, von Burgund abhängig gewefen, fo übten im folgen- den Zeitalter italienifche Künftler und Kunftwerke einen beftimmen- den Einfluß. Im Jahre 1531 wird von großen filbernen Leuchtern

„d'ouvraige à l'antique" geſprochen, bei denen wir uns offenbar
Nachahmungen oberitalieniſcher Kandelaber denken müſſen. Doch
gelang es in kurzer Zeit (ſeit Heinrich II.), einen Stil zu ſchaffen,
welcher den Anſpruch erheben darf, den nationalen Geſchmack und
Formenſinn glänzend auszudrücken. Uebrigens darf nicht vergeſſen werden, daß Frankreich fortdauernd flandriſche und deutſche
Kunſtkräfte in ſeine Dienſte zog. Die Goldſchmiedekunſt, das vor-
nehmſte aller Kunſthandwerke, hätte einen noch größeren Aufſchwung genommen, wenn nicht die Finanznöthen des Reiches
wiederholt zu Verboten des unbeſchränkten Gebrauchs der Edel-
metalle geführt hätten. Der längere Aufenthalt Cellini's am Hofe
König Franz' I. übte keinen ſo großen Einfluß auf die franzöſiſche
Goldſchmiedekunſt, wie man erwarten ſollte. Cellini wurde vorwiegend als Bildhauer beſchäftigt, und für den beliebteſten Schmuck,
die Hutſchilder, die Agraffen, waren vielfach heimiſche Traditionen
maßgebend. Vollends franzöſiſchen Urſprunges ſind die Namens-
züge, Deviſen, welche man dem Schmucke einzuflechten liebte. Das
Email ſpielt in der franzöſiſchen Goldſchmiedekunſt eine ebenſo
wichtige Rolle wie in Italien, ebenſo kamen geſchnittene Steine
(Matteo del Naſſaro) in allgemeine Aufnahme. Von hohem Werthe
für die Goldſchmiedekunſt war ihre nahe Berührung mit der gleichzeitigen Sculptur und weiter der Umſtand, daß derſelben Vorlagen von
ſo hervorragenden Zeichnern wie *Jacques Androuet Ducerceau*, dem
wir auch ein wichtiges Kupferwerk über franzöſiſche Renaiſſancebauten verdanken (Probe eines von ihm gezeichneten Ornamentes
No. **173**, 9), *Etienne Delaulne* (ungefähr 1518 bis nach 1582) und
Pierre Woeiriot in Lyon, zu Gebote ſtanden. In der ſpäteren Zeit
thaten *Jan Collaert's* Stiche (No. **173**, 8) die gleichen Dienſte.
Die Goldſchmiedewerke verloren am Ende des 16. Jahrhunderts
ihren Renaiſſancecharakter, als die Leidenſchaft für Diamanten,
Perlen und Edelſteine aller Art aufkam. Die Formen wurden
ſchwerer; die feinſten Künſte des Goldſchmiedes, das Treiben,
Cifeliren, Emailliren, traten in den Hintergrund, da der materielle
Werth des Schmuckes den Ausſchlag für ſeine Schätzung gab. Die
reiche plaſtiſche Decoration, welche die Goldſchmiedearbeiten aus der
Zeit Heinrich's II. auszeichnet, findet ſich auch in den aus Zinn gegoſſenen Krügen und Schalen eines ſonſt unbekannten aber jedenfalls künſtleriſch hochſtehenden Modellirers, des *François Briot*, vor.
Arabesken, Medaillons, Mascarons (Fratzenköpfe) umgeben die Gefäße; Cartouchen, Trophäen heben ſich von dem Rande der Schalen
ab. Die Grundlage dieſer Decorationsweiſe muß in italieniſchen
Muſtern (Polidoro da Caravaggio) geſucht werden, die Behandlung
aber weiſt auf einen ſelbſtändigen Formenſinn hin. Die Kraft der
nationalen Phantaſie macht ſich in den franzöſiſchen Faiencen der

Renaiffanceperiode noch mehr geltend. *Bernard Paliffy* (ungefähr 1510—1579) fteht an der Spitze der franzöfifchen Kunfttöpfer. Urfprünglich Glasmaler, unternahm Paliffy, von einem unermüdlichen Forfchergeift getrieben, die mannigfachften Verfuche, um das Geheimniß der weißen Zinnglafur zu ergründen. Spielen diefe Experimente in der Lebensgefchichte des intereffanten, fpäter aus der Provinz an den Hof nach Paris gezogenen Mannes eine große Rolle, fo befitzen feine künftlerifchen Projekte (Grotten aus Thon) und feine häufig nachgeahmten Werke für den Wechfel des ornamentalen Sinnes die ftärkfte Zeugnißkraft. An die Stelle der malerifchen Decoration tritt das plaftifche Relief (No. **169**, 5—7. No. **172**, 8 u. 9), welches ftreng naturaliftifch behandelt wird. Fifche, Mufcheln, Schlangen, Fröfche, Infekten, nach der Natur in Gyps abgeformt, Blätter und Blumen verwendete Paliffy mit Vorliebe zur Decoration der großen Prachtfchüffeln. Der Farbenüberzug zeigt von Gelbweiß, Grün, Blau bis Braun fortfchreitende Töne, die Glafur einen eigenthümlich fchimmernden Glanz. Diefe Arbeiten find unter dem Namen „pièces rustiques" bekannt und gefchätzt und befitzen in der keramifchen Kunft kaum ihresgleichen. Auch in Nevers, Rouen, Mouftier befanden fich berühmte Kunfttöpfereien. Aber alle von Fachkünftlern gefchaffenen Werke haben in den letzten Jahrzehnten nicht fo großes Auffehen erregt und eine fo unbegrenzte Werthfchätzung erfahren, wie die Produkte eines Liebhaberateliers. Etwa feit dem Jahre 1856 tauchten in rafcher Folge 70—80 Thongefäße auf, die als H e n r y - d e u x - f a i e n c e oder Faience von Oiron den Kunftmarkt in die heftigfte Aufregung verfetzten. Die Seltenheit diefer Gefäße (Kannen — aiguières oder ewers — Schalen, Flafchen, Leuchter, Salzfäffer u. f. w.) fteigerte ihren Marktwerth, das lange Zeit ungelöfte Geheimniß ihres Urfprunges und ihrer Herftellung reizte die Neugierde der Kenner und Sammler. Wir wiffen jetzt, daß die Henry-II.-Faience in der erften Hälfte des 16. Jahrhunderts im Schloffe Oiron bei Thouars hergeftellt wurde, als fich daffelbe in dem Befitze einer angefehenen Dame, Helene de Hengeft de Genlis, befand. Zu ihrem Haushalte gehörte (1529) ein François Charpentier, als Töpfer bezeichnet. Ihm mag die technifche Ausführung der Gefäße übertragen worden fein. Sie find aus weizengelber Thonerde gearbeitet, mit bräunlichen Arabesken decorirt, matt glafirt, einzelne Theile, wie Hermen, Mascarons, rund modellirt und angefetzt (No. **169**, 12; No. **171**, 9). In Bezug auf ihre Herftellung wird vermuthet, daß die Flächenornamente mit Stempeln, fog. Fileten, halbmondförmigen Eifen in flache Thonfcheiben eingedrückt und diefe dann, wie es die Hohlform erforderte, in Stücke gefchnitten wurden. Die Henry-II.-Faiencen find Dilettantenarbeit und nur foweit kunftgefchichtlich bedeutfam,

als ſie das Intereſſe weiter Kreiſe an kunſtgewerblichen Arbeiten und
dem guten Geſchmack, welcher in denſelben herrſchte, darthun. Dem
Kunſtſinne eines anderen Liebhabers dankt die Buchbinderei Frankreichs im 16. Jahrhundert ihren hohen Ruhm. *Jean Grolier* (1459—
1565), der Schatzmeiſter König Franz I., hatte während ſeines Aufenthaltes in Italien ſich mit der Renaiſſancekunſt innig befreundet,
namentlich auch für ſchöne Büchereinbände, wie ſie in Italien beliebt waren, ſich begeiſtert. (Die Bibliothek des Thomas Maioli
zeichnete ſich durch ſchön gebundene Bücher aus.) Jean Grolier
brachte die Leidenſchaft für ſchön gebundene Bücher nach Frankreich und war auch bedacht, daß die Herſtellung derſelben durch
den Drucker dem prächtigen äußeren Schmucke entſprach. Unter
ſeiner Leitung wurden jene Einbände geſchaffen, die noch heutzutage eine Muſtergeltung beſitzen. Außer einfarbigen Arabesken verwendete er häufig Ledermoſaik: aus dem Maroquingrunde ſchnitt
man die Zeichnung, Arabesken, verſchlungene Bänder, heraus, legte
bunte Lederſtreifen ein und glättete das Muſter mit erhitzten Eiſen,
hob die Wirkung noch durch Vergoldung. Die Ornamente ſind
meiſtens in Gold und Olivengrün auf braunem Grunde gehalten,
am Fuße des Deckels ſteht der Name des Beſitzers: Jo. Grolerii
et amicorum (No. **167**, 1). In ähnlicher Weiſe ließ ein anderer
Bücherfreund und Zeitgenoſſe Grolier's, Louis de Sainte-Maure, ſeine
Bücher binden (No. **167**, 2). Auch die von dem berühmten Buchdrucker *Geoffroy Tory* herausgegebenen Werke und die Bibliothek
der Diana von Poitiers im Schloſſe Anet zeichneten ſich durch
ſchöne Einbände aus. Von der weiten Verbreitung des Grolier-
ſtiles legt ein Bucheinband in der Wiener Hofbibliothek Zeugniß
ab (No. **168**, 1). Wie am Ende des Jahrhunderts die Zeichnung
ſchwer und ſchwunglos wird, lehrt der Vergleich des Grolier'ſchen
Einbandes mit dem Buchdeckel No. **167**, 3.

Nicht auf einzelne Liebhaber, ſondern auf eine in Frankreich
längſt heimiſche und fachmäßig betriebene Kunſtweiſe geht die Decoration der Metallgefäße mit Emailmalerei zurück. Limoges war
bereits im Mittelalter ein Hauptſitz der Emailkunſt, hier wurde auch
im Laufe des 15. Jahrhunderts das ſog. Maleremail (emaux peints)
ausgebildet. Nachdem die Umriſſe der Zeichnung in die Kupfer-
platte eingegraben und die letztere mit einer dünnen Schmelzſchicht
überzogen worden, füllte man auch die Umriſſe mit ſchwarzer
Emailfarbe. Ein erſter Brand fixirte die Zeichnung. Nach dem
Brande wurden ſodann die weiteren Farben aufgetragen und wieder
eingebrannt. Für die Fleiſchfarbe bediente man ſich violetten
Emails, die Lichter wurden mit Weiß oder Gold aufgeſetzt. Eine
Abart iſt die Griſaille, in welcher auf ſchwarzem Emailgrunde mit
Weiß gemalt, der Halbſchatten dünn aufgetragen oder durch Aus-

fparung oder Schraffirung gewonnen wurde. Eine ftattliche Reihe
von Emailmalern entftand in Limoges, in welcher Stadt fich, wie
die immer wiederkehrenden Familiennamen lehren, die Kunft vom
Vater auf den Sohn vererbte. Die Lionard und Jehan Penicaud, die
Leonard und Martin Limofin, die Pierre und Martial Reymond, die
Courteys u. f. w. entwickelten eine ftaunenswerthe Fruchtbarkeit
und waren im Stande, Porträts, figurenreiche religiöfe und hiftorifche
Compofitionen, vollftändige Triptycha etc. in Email herzuftellen.
Auch Gefäße, Kannen, Schüffeln, Schalen u. f. w. wurden mit
Emailmalerei gefchmückt (No. 170, 9), und infofern greifen die
Limoufiner Emailmaler auch in das Kunfthandwerk über.

Während in Italien die Intarfia, welche fich urfprünglich gewiß nicht am Holzmateriale entwickelt hatte, mit der Holzfculptur
in der Renaiffance um die Herrfchaft ftreitet, dankt die Kunft-
fchreinerei in Frankreich im 16. Jahrhundert der Mitwirkung der
Plaftik ihre größten Erfolge. Von der gothifchen Zeit her befaß
Frankreich in der Holzfculptur geübte Kräfte, welche, als allmählich
an die Stelle des Eichenholzes das Nußholz in Gebrauch kam, ihre
vollendete technifche Tüchtigkeit noch glänzender offenbaren konnten. Anfangs zeigen die franzöfifchen Renaiffancemeubel, ähnlich
wie die italienifchen, eine Vorliebe für ftrengere architektonifche
Formen, beleben die Füllungen mit flachem Relief (No. 175, 4).
Unter Heinrich II. fiegt die plaftifche Decoration. Die flachen
Pilafter verwandeln fich in Hermen; Figuren im Stile Goujon's, an
den geftreckten Verhältniffen leicht kenntlich, treten an den Ecken
und zwifchen den Feldern vor, Masken, fpäter auch Cartouchen
finden häufige Verwendung, die Giebel werden gebrochen, überall
im kräftigften Relief die Formen ausgearbeitet (Beifpiele No. 177,
4 u. 5; No. 178, 3). Am Anfange des 17. Jahrhunderts kommt
das Ebenholz auf und mit ihm die Incruftation und die farbige
Decoration; nebenbei nur erhält fich, die Derbheit der Formen
noch fteigernd, dabei trocken in der Zeichnung, fchwerfällig wie
die gleichzeitige Architektur in der Gliederung, der plaftifche Stil
der Meubel.

Zur Weltherrfchaft gelangt das franzöfifche Kunfthandwerk erft
unter der Regierung Ludwig XIV. In der eigentlichen Renaiffanceperiode bis zum Beginn des dreißigjährigen Krieges nimmt das
deutfche Kunfthandwerk die erfte Stelle ein, fowohl in Bezug
auf die Mannigfaltigkeit feiner Wirkfamkeit, fo daß kein Arbeits-
kreis unvertreten bleibt, wie in Bezug auf die Größe feiner Kund-
fchaft. Sind doch z. B. Zeichnungen für franzöfifche Prachtrüftun-
gen in Deutfchland von der Hand des Hans Mülich in München
u. a. entworfen worden. Die technifche Tüchtigkeit war ein Erb-
ftück aus der gothifchen Periode, in welcher das Kunfthandwerk

bereits der großen Kunst den Rang abgelaufen und an den Bauten
das Beste geliefert hatte. Die Fortdauer seiner Blüthe dankt es dem
Umstande, daß selbst die besten Maler und Zeichner des 16. Jahrhunderts nicht verschmähten, dem Kunsthandwerke ihre fruchtbare
Phantasie zur Verfügung zu stellen.   So groß der Reichthum an
ausgeführten Werken auch sein mag, so wird er dennoch von der
Fülle der Entwürfe überragt, welche von Künstlerhand herrühren
und durch den Kupferstich in den Kreisen der Kunsthandwerker
verbreitet wurden.   An der Spitze der Maler, welche das Kunsthandwerk befruchten, steht kein geringerer als der jüngere *Hans
Holbein*.   Namentlich während seines Aufenthaltes in England hatte
er vielfachen Anlaß, Zeichnungen für allerhand Geräthe und
Schmuck, Medaillen, Becher, Tafelaufsätze, Uhren u. s. w. zu entwerfen.   Als Probe mag die Zeichnung einer Dolchscheide (No.
168, 4) mit Venus und Amor, Pyramus und Thisbe und dem Paris-
urtheil dienen.   Einen nicht geringeren Eifer, besonders im Interesse
der Goldschmiedekunst, entwickelten die Kleinmeister und Ornament-
stecher, wie *Aldegrever* (No. 175, 10), *H. S. Beham* (No. 177, 8),
welchen *Gilich Kilian Proger* in Nürnberg (No. 168, 7), *Peter
Flötner* in seinem Modellbuche von 1549 (No. 173, 6 u. 7; 174, 4),
der vielseitige *Augustin Hirschvogel* (No. 170, 7), *Virgil Solis* (No.
170, 4 u. 5; 171, 1 u. 2), *Hieronymus Bang* in Nürnberg (No.
170, 6) *Paul Vlindt* (No. 170, 2), *Georg Wächter* (No. 170, 3), *Joh.
Sibmacher* (No. 170, 1; 174, 2) u. a. folgten.   Möglich, daß einzelne
dieser Blätter nach ausgeführten Werken gestochen wurden, wie z. B.
der Becher des Virgil Solis — waren doch einzelne Stecher auch
als Goldschmiede thätig, wie Bang und Vlindt.   Der Mehrzahl nach
sind sie aber wirkliche Vorlagen, bestimmt von den Goldschmieden
und Metallarbeitern verwerthet zu werden.   Seit der Mitte des Jahrhunderts bricht sich der eigenthümliche deutsche Formensinn eine
weite Bahn.   Während bei den älteren Vorlagen der Kleinmeister
die italienischen Einflüsse vorwiegen, herrschen in den späteren
Blättern die Cartouchen, Masken, das breite Bandornament vor.   Der
mit der Punze (Eisenstift mit stumpfer Spitze, welcher mit einem
Hammer in die Platte hineingetrieben wird) hergestellte Stich eines
Bechers von dem unbekannten Meister J. S. (No. 168, 5) gibt
uns ein deutliches Bild dieses Stiles.   Zuweilen erscheint der Körper
des Gefäßes mit dem Bandwerke umflochten, das Ornament hebt
sich scharf von dem Kern ab (No. 169, 4).   An demselben, nur in
Holzschnitt erhaltenen Doppelbecher bemerkt man auch die Vorliebe für geschweifte Linien, für scharfe Trennung der Glieder und
Häufung derselben.   An Stellen, wo das betreffende Glied zu dünn
und schmächtig erscheinen möchte, werden feine getriebene Span-
gen, gleichsam losgelöste Blätter, angesetzt, die sich volutenförmig

krümmen und oben und unten an das Glied anfügen. Ein Beifpiel dafür bietet No. 171, 3. Ueberhaupt macht fich darin die
gothifche Tradition geltend, daß häufig, z. B. an den Prachtmon-
ftranzen der Münchener Schatzkammer, zur Seite des Metallkörpers
leichte Pfeiler fialenartig emporfteigen, mit jenem durch zierliche
Querftäbe verbunden, welche die Stelle der Strebebogen einnehmen.

Die Kupferftichvorlagen bezogen fich zumeift auf die Goldfchmiedekunft, welche in der That auch im Kreife des deutfchen
Kunfthandwerkes obenan fteht. Als ihr berühmtefter Vertreter tritt
uns *Wenzel Jamnitzer* oder Jamitzer entgegen, welcher 1508 in
Wien geboren wurde, aber den Schauplatz feiner Wirkfamkeit in
Nürnberg fand, wo er 1588 ftarb. Das Lob, welches ihm fein Zeitgenoffe, der alte Biograph Nürnberger Künftler, Johann Neudörffer
ertheilt: „Was er von Thierlein, Würmlein, Kräutern und Schnecken
von felber goß, um die filbernen Gefäße damit zu zieren, das ift
vorhin nicht erhöret worden", empfängt feine Beftätigung durch den
Merkelfchen Tafelauffatz, gegenwärtig im Befitze Rothfchild's (No.
172, 2). Der Fuß deffelben ift mit Thieren und Blumen aller Art
bedeckt. Eine weibliche Gewandfigur entfteigt demfelben und trägt
mit ausgebreiteten Armen einen Korb, über welchem fich eine
Blumenvafe erhebt. Ein anderes Hauptwerk feiner Hand ift ein
ähnlich verzierter Schmuckkaften im Grünen Gewölbe in Dresden
(No. 178, 4). Sein Ruhm brachte es mit fich, daß faft alle hervorragenden Goldfchmiedearbeiten des 16. Jahrhunderts auf feinen
Namen gefchrieben wurden. Immerhin entfaltete er eine große
Thätigkeit, die fich nicht bloß in feinen ausgeführten Werken, fondern auch in feinen zahlreichen (geftochenen) Entwürfen bekundet.
Die letzteren verrathen eine große Aehnlichkeit mit den Zeichnungen Ducerceau's, was fich aus der gemeinfamen (italienifchen) Quelle,
aus welcher beide Meifter fchöpften, erklärt. In der Form geht
auch die Kanne (No. 172, 3) auf italienifche Mufter zurück, fchwer-
fälliger dagegen erfcheint der Becher (No. 172, 4) entworfen. Das
Motiv der glatten ausgebauchten Silberfpiegel kommt auch auf dem
Doppelbecher (No. 172, 5) vor, während die aus Nürnberg ftammende Kanne (No. 170, 8) fich durch die fchönen Verhältniffe und
den zierlichen Henkel auszeichnet. Die beiden Deckelkrüge (No.
169, 1 u. 2) find eigentlich nur in ein anderes Material übertragene
Thongefäße.

Neben Jamnitzer werden noch zahlreiche deutfche Goldfchmiede
gerühmt. So Melchior Bayr, Jonas Silber, Chriftof Jamnitzer, Hans
Kellner in Nürnberg, von welchem die reichen Silberbefchläge des
Tucherfchen Gefchlechtsbuches (No. 174, 7—9) herrühren; Heinrich Reitz in Leipzig, Daniel Kellerthaler in Dresden, Anton Eifen-
hoidt in Weftfalen u. a. Auch in Augsburg erfreute fich die Kunft

der Gold- und Silberſchmiede bis tief in das 17. Jahrhundert einer
großen Blüthe. Aus Augsburg ſtammt z. B. der berühmte Pom-
merſche Kunſtſchrank in der Berliner Kunſtkammer, welchen am
Anfange des 17. Jahrhunderts Silberſchmiede (David Altenſteter,
Matthias Walbaum, Paul Götting u. a.) in Verbindung mit Kunſt-
ſchreinern ſchufen. Die in Silber getriebenen Reliefs in den Feldern
des Unterſatzes verrathen einen richtigeren Formenſinn als die kleinen
Rundfiguren, welche in den Ecken und auf der Krönung des Werkes
(hier den Parnaß darſtellend) angebracht ſind.

Man braucht nur einen Blick in des alten Neudörffer's Nachrichten von Nürnberger Künſtlern und Werkleuten (1547) und in
Gulden's Fortſetzung dieſer Nachrichten zu werfen, um ſich von
der Fülle tüchtiger Kunſtkräfte, welche ſich der Bearbeitung unedler
Metalle widmeten, zu überzeugen. Kändelgießer, Eiſenſchneider,
Plattner, Schloſſer, Rothſchmiede, Büchſenſchmiede wetteiferten mit
einander in dem Streben, durch Formenreichthum und mannigfachen erhabenen und vertieften Zierrath den Werth der Gefäße
und Geräthe zu erhöhen und die Freude am Gebrauch derſelben
zu wecken. Da das Kunſthandwerk im kleinbürgerlichen Kreiſe
eine ſo reiche Pflege fand und in ſeinen Aufgaben vielfach auf die
Ausſchmückung der bürgerlichen Wohnſtube und der Prunkküche
angewieſen wurde, ſo kann die künſtleriſche Bearbeitung auch unedler Metalle nicht befremden. Wo die vornehmen Kreiſe Silber
verlangten, begnügten ſich die unteren Stände mit Zinn und Meſ-
ſing. Aber auch bei dem Zinn- und Meſſinggeräthe wünſchten ſie
Veredlung des Stoffes durch die Form. Nur zwang die Natur des
Materiales dem Kunſthandwerker feſte Formſchranken auf, die nicht
ungeſtraft überſchritten werden durften. An dem Zinnkruge (No.
172, 10) ſehen wir die Humpenform wiedergegeben. Die Annäherung an die Formen der Thongefäße erſcheint durchaus gerecht-
fertigt. Jeder Verſuch, die feinere Gliederung der Silbergefäße nachzuahmen, würde die Schwierigkeiten des Guſſes erhöhen, ohne eine
rechte Wirkung zu erzielen. Die Ornamente werden lieber einge-
ätzt und eingegraben, als im Relief modellirt. Das Maſſive, Feſte
in der Form herrſcht mit Recht im deutſchen Zinngeräthe vor.
Ebenſo weiſt die Natur des Meſſings (No. 178, 5) auf gedrehte
Glieder und glänzende polirte Flächen hin. In der That offenbaren
auch die Produkte des Meſſingguſſes, die bekannten Kronleuchter
mit ihren zahlreichen Kugeln und Knöpfen, die Leuchter, Wannen
u. ſ. w. ein ſtrenges Feſthalten an dieſer Regel und zeigen das
gravirte Ornament nur maßvoll angewendet. Von der Tüchtigkeit
der Schmiedekunſt legen die Proben von Eiſengittern (No. 174, 6;
176, 1 u. 2; 178, 6) Zeugniß ab. Durch das Treiben des Eiſens
wurden die kühnſten Spiralen, die feinſten Blumen und Arabesken

he:geftellt. Zu nicht geringerem Ruhme brachten es die deutfchen
Plattner, denen die Herftellung der Rüftungen oblag. Angefehene
Künftler, wie Mülich, Brockberger, Schwarz, machten die Entwürfe,
nach welchen die Plattner (einer der angefehenften war *Defiderius
Kolman* in Augsburg) die Helme und Harnifche arbeiteten. Gravi-
rungen, Aetzungen, Cifelirungen lieferten die Ornamente, deren
Reichthum und Mannigfaltigkeit jeder Befchreibung fpottet. Auch
Verzierungen von Gold und Silber wurden in das Eifen oder den
Stahl gefchlagen (taufchirt), durch die vollendete Kunft des Treibens
der Rüftung, befonders den Helmen, das Schwere und Drückende
genommen. Beifpiele find in No. 173, 1—3 und 5) gegeben.

In bürgerliche Kreife führen uns, ähnlich wie die Zinn- und
Meffingarbeiten, die Produkte der deutfchen Kunfttöpfer ein. Zwar
kommen auch Majolica- oder Faiencegeräthe vor. Mit der Einführung der Majolica auf deutfchem Boden wird gewöhnlich der Name
eines Nürnberger Künftlers in Verbindung gebracht. *Auguftin Hirfchvogel* (1488—1560), wie Bernard Paliffy urfprünglich Glasmaler
und gleich diefem von immer reger Erfindungsluft getrieben, hatte
nach Neudörffer's Nachrichten Venedig „in Compagnie mit einem
Hafner" befucht und von dort „viel Kunft in Hafner's Werken"
heimgebracht. Er machte „welfche Oefen, Krüge und Bilder auf
antiquitetifche Art, als wären fie von Metall gegoffen." Mit
Hirfchvogel's Namen liebt man die ganze Gattung deutfcher
Majoliken zu bezeichnen, obfchon er felbftverftändlich diefe Kunft
nicht allein, ja, wie es fcheint, fogar nur kurze Zeit ausübte. Die
fog. Hirfchvogelkrüge find durch ihre Form, durch die gedrehten
Henkel, den vorwiegend plaftifchen, in mehreren Reihen übereinander angeordneten Schmuck und die gröbere Emailfärbung
kenntlich. Daß die Majolicakunft auch auf anderen Wegen in
Deutfchland eindrang, lehrt der wahrfcheinlich aus Tirol ftammende Teller (No. 171, 6). Ueberwiegend wurde aber in Deutfchland Steingut oder Steinzeug fabricirt, harter Töpferton und Pfei-
fenerde zur Herftellung der Geräthe und Gefäße benutzt. Bei
dem maffenhaften Verbrauche konnte natürlich an eine künftlerifche
Herftellung, etwa mit freier Hand, der einzelnen Gefäße nicht gedacht werden. Auch verbot das grobe Material eine feinere Gliederung. Compacte Formen find allein zuläffig. Ift doch auch
die mehrfarbige und insbefondere die ausgedehnte plaftifche Decoration theilweife darauf zurückzuführen, daß eine feinere Bemalung und das Vorherrfchen eines Farbentones auf größeren Flächen
großen technifchen Schwierigkeiten unterworfen war. Die Ornamente wurden entweder vertieft eingedrückt und eingefchnitten
oder im Relief mittelft Thonformen aufgepreßt. Die Mascarons
fpielten auch hier eine große Rolle (No. 169, 11). Mittelalterlich

dagegen ist das Friesornament eines rheinischen Kruges (No. **176**, 7). Ueberall, wo sich Thonlager in der Erde fanden, erhob sich eine regere Töpferindustrie. Der Umstand, daß die Ausfuhr nach den Niederlanden und England durch Kölnische Kaufleute besorgt wurde, brachte die rheinischen Töpfereien in Aufschwung. Die „Krukenbäcker" lassen sich in ihrer reichen Thätigkeit von Siegburg und Frechen bei Köln, bis Höhr und Grenzhausen bei Selters im Nassauischen (Kannenbäckerländchen) verfolgen. Eine große Ausdehnung besaßen die Töpfereien in Raeren (Niederl. Limburg). Im inneren Deutschland waren die Fabrikate von Creussen bei Baireuth besonders berühmt und beliebt. Die Verschiedenheit des Materials, welches an den einzelnen Orten verwendet wurde, bedingt bereits eine Mannigfaltigkeit der Lokalstile. Das Siegburger Steingut (No. **169**, 8), aus eisenfreiem Thon hergestellt, zeichnet sich (wenigstens in späterer Zeit) durch weißliche Färbung aus, gestattete eine dünne durchsichtige Glasur, während das braune Frechener Steinzeug die unreine Naturfarbe des Thones durch eine undurchsichtige Glasur verdeckt. Den Krügen von Grenzhausen (No. **169**, 9) ist vorwiegend eine blaugraue Färbung eigen. Nach den eigenthümlichen Formen der Ornamente das Steinzeug von Siegburg, Grenzhausen u. s. w. zu gliedern, ist großen Schwierigkeiten unterworfen, da z. B. die Siegburger, wahrscheinlich in Köln modellirten Formen, auch in Raeren häufig gebraucht wurden, während die Rücksicht auf den Markt, den Geschmack der Besteller, zu Abweichungen von dem Herkommen Anlaß gab. Doch bildeten sich in den einzelnen Töpfereien Specialitäten aus. Raeren z. B. gehören die sog. Bartmänner, nach den bärtigen Masken am Halse der Krüge so benannt, an; in Creussen wurden die Krüge gearbeitet, welche nach den Gegenständen des Reliefschmuckes unter dem Namen Apostelkrüge (No. **169**, 10), Kurfürstenkrüge, Planetenkrüge, Jagdkrüge, Schwedenkrüge, Landsknechtskrüge u. s. w. gehen. Die Creussener Krüge sind meistens in dunkelbrauner Masse hergestellt, die Relieffiguren emaillirt, wobei blau und gelb, für Gesichter und Hände Fleischfarben vorherrschen. Die Formen besitzen hier eine größere Schwerfälligkeit als im rheinischen Steinzeuge, nur die Kannen mit Ausgußröhren zeigen Fuß und Hals reicher gegliedert. Nicht bloß nach dem Ursprungsorte und den Gegenständen des plastischen Schmuckes, sondern auch nach muthmaßlicher Bestimmung und nach der Gestalt unterscheidet der Sammler die Steingutgefäße. Er spricht von Trauerkrügen (No. **171**, 8), grauen Krügen mit rautenförmigem, meist eingeschnittenem weißen und schwarzen Schmucke und unterscheidet Schnellen (verjüngte Cylinder), Balustern (in der Mitte stark ausgebauchte Krüge), von Schnabelkrügen, Wurst- oder Ringkrügen, bei welchen der ringförmig gebogene Körper des Ge-

fäßes auf einem Ständer aufruht, Gurden, welche wie Pilgerflafchen
geformt find u. f. w.

Die Töpferhand bildete nicht allein Gefäße, fondern erwies fich
auch der Architektur dienftbar, indem fie, wie fchon im Mittelalter,
Fließe zur Bedeckung des Bodens und der Wände herftellte. In
den mächtigen Kachelöfen entwarf fie förmliche Meubel. Der Kachelofen des 16. und 17. Jahrhunderts, im füdlichen Deutfchland, namentlich aber in den Alpengegenden noch in einzelnen Exemplaren erhalten, zeigt in der Regel einen ftrengen architektonifchen Aufbau.
Auf dem Fußgeftelle, das nicht felten die Geftalt lebendiger Träger,
annimmt, ruht zunächft ein breiter Unterbau, über welchem fich
ein fchmälerer Oberbau erhebt (No. 171, 4). Gefimfe und Bekrönung, überhaupt architektonifche Glieder fehlen felten. Die Ka-
cheln find plaftifch decorirt, mit einer meiftens grünen Glafur überzogen. Die Einfarbigkeit weicht fpäter einer polychromen Ausftattung, der plaftifche Schmuck tritt gegen den malerifchen in den
Füllungen wenigftens zurück, während Pilafter, Gefimfe und Bekrönung noch lange eine kräftige plaftifche Form empfangen. Pracht-
öfen des 17. Jahrhunderts befitzt noch das Augsburger Rathhaus,
1626 von Adam Vogt geformt, mit fchwarzer Glafur, während in
der Schweiz, wo namentlich die Hafner in Winterthur eine reiche
Thätigkeit entwickelten, die mehrfarbigen Oefen in Prachtexemplaren
vorkommen. Der Tiroler Kachelofen (No. 182, 5) weift in feiner
Gliederung auf die Nähe Italiens hin.

Eine reiche Wirkfamkeit öffnet der Holzbau und die Holzaus-
ftattung der inneren Räume der Holzfculptur. Die Täfelung der
Wände, die Thüren, die der Täfelung vortretenden Schränke boten
dem Schnitzer ein weites Feld dar. Im Allgemeinen decken fich
die decorativen Formen der holzgefchnitzten Meubel mit den in der
Architektur gebräuchlichen. Aus Holbein's Todtentanzbildern erfehen wir, dafs bereits in den zwanziger Jahren des 16. Jahrhunderts
Renaiffanceformen an Stühlen, Bettftellen vorkommen. Gegen die
Mitte des Jahrhunderts erfcheinen die gothifchen Decorationsmotive
befeitigt, nur in der technifchen Arbeit bleibt die alte Uebung zu
Recht beftehen. Ein kräftiges Relief, ein ftarker Wechfel von Licht
und Schatten, die Scheidung der conftructiven und füllenden Glieder erinnern an die enge Beziehung zur Architektur, welche die
Sculptur in gothifchen Zeiten unterhalten hatte. Als Träger wird
weniger die Säule als der Pfeiler verwendet, dem letzteren treten
Hermen vor, oder er empfängt die Geftalt einer Karyatide. Die Füllungen werden von breiten Rahmen umfchloffen, zeigen häufig figürlichen Schmuck, an deffen Stelle in der zweiten Hälfte des Jahrhunderts die Cartouche oder auch rechtwinklig gebrochene Linien
treten. Eingelegte Arbeiten müffen, wie die graphifchen Vorbilder

Peter Flötner's beweifen, frühzeitig in Aufnahme gekommen fein; doch herrfchen fie erft am Ende des 16. und im 17. Jahrhunderte vor, in welcher Zeit zugleich die Vorliebe für die Verwendung mannigfaltiger Holzarten an einem Geräthe fich zeigt, der plaftifche Schmuck gegen den malerifchen zurücktritt, die Säulen und die übrigen Glieder der Renaiffancearchitektur in ftrengerer, allerdings auch trockener Weife nachgebildet werden. Die mitgetheilten Proben bieten Beifpiele aus der fpäteren Zeit des 16. und dem Anfange des 17. Jahrhunderts. Jene in No. 177, 1. u. 2 zeigen eine kräftigere Gliederung verglichen mit No. 177, 3 u. No. 178, 1, in welchem letzteren Falle die Aufeinanderfolge des dorifchen und ionifchen Stiles, die Nachahmung der italienifchen Fenfterarchitektur in den Füllungen Aufmerkfamkeit verdient. Es wäre übrigens ein Irrthum, in diefem Rückgange auf die italienifche Renaiffance die ausfchließliche Richtung des deutfchen Kunfthandwerkes am Anfange des 17. Jahrhunderts zu erblicken. Neben derfelben macht fich befonders in den Niederlanden und im nördlichen Deutfchland eine andere geltend, welche die heimifchen Traditionen kräftiger fefthält, den derben Formenfinn unverhüllt ausgeprägt zeigt und der eigentlichen Schnitzkunft ihr volles Recht wahrt. Ueberhaupt darf bei aller Größe des italienifchen Einfluffes nicht überfehen werden, daß die heimifche Phantafie dadurch zwar theilweife umgebogen aber nicht gebrochen wurde. Sie verfuhr nicht eklektifch, nahm nicht bedächtig nur einzelne wahlverwandte Elemente in fich auf, fie wurde vielmehr vollftändig von den neuen Anregungen und Formen überftrömt. Diefelben empfingen aber gar bald eine folche Umprägung, daß fie der nationalen Weife entfprechen und von diefer mit Recht als Eigenthum angefehen werden. Keine mechanifch wortgetreue Ueberfetzung, fondern eine freie Bearbeitung des gegebenen Stoffes wird verfucht und in den befferen Werken erreicht. Diefes gilt fowohl von der deutfchen wie von der franzöfifchen Renaiffance.

---

6. Die Flandrifche Malerfchule im 17. Jahrhundert.

Der Glaube an die berechtigte Vorherrfchaft Italiens im Reiche der Kunft, welcher am Anfange des 16. Jahrhunderts die felbftändige Weiterbildung der flandrifchen Malerei gehemmt und die letztere in italienifche Geleife gelockt hatte, wurde von einer längeren Reihe von Gefchlechtern getheilt. Auch noch im 17. Jahrhundert pilgerten regelmäßig die Künftler über die Alpen, um in

Italien die volle Meisterschaft zu erwerben. Andere Muster waren aber hier an die Stelle der früher verehrten Ideale getreten. Die Naturalisten gaben vorwiegend den Ton an und zogen auch viele nordische Künstler in ihre Kreise. In der Auffassung und Richtung der Naturalisten fanden die niederländischen Maler manche ihnen längst bekannte Züge; in der Betonung des Colorits, in der Beschränkung der Phantasie auf die wirkungsvolle Zusammenstellung derb realer Gestalten entdeckten sie eine auch in der altheimischen Kunst oft geübte Gewohnheit. Die leidenschaftliche, grob sinnliche Grundstimmung, welche in den Gemälden der Naturalisten waltet, war freilich in der vergangenen Kunst nicht in gleicher Stärke hervorgetreten, sie bedeutete aber nicht eine specifisch italienische Eigenthümlichkeit, sondern entsprach nur einer jetzt in weiten Kreisen verbreiteten Empfindungsweise. So kam es, daß die niederländischen Maler, auch wenn sie in Italien studirten, nicht ganz mit ihren überlieferten Anschauungen zu brechen brauchten, vielmehr denselben sich wieder näherten, auf sie zurückkamen. Das glänzendste Beispiel einer Neubelebung der heimischen Kunstweise ungeachtet eifriger italienischer Studien, ja theilweise durch dieselben bewirkt, bietet die Thätigkeit des berühmtesten Meisters, welchen die Niederlande im 17. Jahrhundert hervorgebracht haben: *Peter Paul Rubens.*

Der Vater, ein Antwerpener Schöffe, hatte, um der Verfolgung zu entgehen, welche ihm, wie allen protestantisch Gesinnten, von den spanischen Machthabern drohte, die Flucht ergriffen und sich 1568 in Köln niedergelassen. Ein unerlaubtes Verhältniß, das er mit der unholden Gemahlin Wilhelms von Oranien, mit Anna von Sachsen, unterhielt, zog ihm die Rache der beleidigten Fürstenfamilie zu. Er wurde in der nassauischen Festung Dillenburg in Haft gehalten, dann auf die Fürbitte seiner Gattin Maria Pypelinx in Siegen internirt. Hier gebar ihm dieselbe, nach allen Nachrichten eine vortreffliche, energische Frau, am 29. Juni 1577 einen Sohn, unseren Peter Paul Rubens. Gegen die Richtigkeit dieser Erzählung wurden zwar mehrfach Zweifel erhoben, Köln und Antwerpen als Geburtsstätten des Meisters gepriesen, doch sind bis jetzt alle gegen Siegen vorgebrachten Gründe zu leicht befunden worden. Wahr ist nur, daß die Familie 1578 nach Köln zog, später mit den spanischen Behörden Frieden machte, zur katholischen Kirche zurücktrat und 1588 (der Vater war in Köln verstorben) nach Antwerpen zurückkehrte. Rubens genoß eine sorgfältigere Erziehung, als sie sonst Malern im Norden zu Theil wurde, und trat zuerst in die Werkstätte des Tobias Verhaegt, eines auch in Italien geschätzten Landschaftsmalers, ein. Als weitere Lehrer werden der tüchtige Adam van Noort und Otto Vänius oder van Veen (1558—1629) ein mehr gelehrt gebildeter als künstlerisch begabter Mann genannt.

Von größter Wichtigkeit für die Entwickelung Rubens' war die
Reife, welche er 1600 nach Italien unternahm. Wir finden ihn,
bald nachdem er Italien betreten, in den Dienften des Herzogs
Vincenzo Gonzaga in Mantua, eines für die ganze Gattung vornehmer Kunftgönner typifchen Fürften. Politifche Unbedeutenheit
fuchte er durch Vielgefchäftigkeit und Aufbaufchen äfthetifcher
Intereffen zu verdecken. Seine Liebhaberei umfaßt gleichmäßig
Pferde, Hunde, Komödianten und Bilder, mit demfelben Eifer treibt
er Mufik wie Alchemie und Aftrologie. Aus Spanien verlangte er
zu gleicher Zeit Abbildungen wundertätiger Madonnen und Porträte fchöner Frauen. In feiner Refidenz fammelt er alle erdenklichen Kunftfchätze und kann es doch in ihr, von einer unerfätt-
lichen Reifeluft getrieben, niemals auf die Dauer aushalten. Im
Dienfte diefes feltfam von der Natur ausgeftatteten Herrn unternahm Rubens 1603, um Gefchenke überbringen zu helfen, eine
längere Reife nach Spanien. In Italien hielt er fich außer in
Mantua vorwiegend in Rom auf. Auch in Genua, von der prächtigen Palaftarchitektur angezogen, verweilte er viele Monate. „Ich
habe in meiner Jugend die Seligkeiten Italiens reich gekoftet",
fchrieb Rubens' nachmals einem Freunde. Und in der That füllte
der Aufenthalt in Italien nicht allein eine ftattliche Reihe von
Lebensjahren aus — erft 1608 kehrte er nach der Heimat zurück —,
fondern übte auch auf feine künftlerifche Natur einen großen Einfluß. Wenige Künftler haben in Italien fo viel gelernt wie Rubens.
Er kannte und fchätzte die älteren Meifter, deren Werke er
eifrig kopirte oder doch fkizzirte. Er fcheute fich nicht, von
ihnen einzelne Motive offen zu borgen. Wir erkennen in feiner
„Taufe Chrifti" Geftalten aus Michelangelo's Schlachtcarton, Raffael's
Cartons regten ihn zu Teppichentwürfen aus der römifchen Gefchichte
(Decius Mus) an, auf Mantegna geht fein „Chriftus auf dem Stroh"
(Antwerpen) zurück, wie feine Amazonenfchlacht, das nackte Frauen-
porträt (Pelzchen) in Wien und fein Venusfeft auf Tizian, der
h. Hieronymus (Antwerpen) auf Caracci. Auch der Einfluß Giulio
Romano's, deffen Werke er in Mantua vor Augen fah, macht fich
in Rubens' Gemälden geltend. Er bewahrt aber trotzdem feine
volle Selbftändigkeit. Es ift vorwiegend der große Stil, der dramatifche Ton, der pathetifche Ausdruck, das Machtvolle und Pomphafte der Schilderung, was er der italienifchen Renaiffance, die für
ihn ein abgefchloffenes Gebiet ift, abgelaufcht hat. Wie weit fich
Rubens fchon von der humaniftifchen Grundlage der italienifchen
Renaiffance entfernt hat, zeigt feine Stellung zur Antike. Er lebt
nicht unmittelbar in der Antike, wie die Cinquecentiften, fühlt fich
nicht als ihr Erbe. Als eine in fich fertige, hiftorifche Erfcheinung
betrachtet er fie; fein antiquarifches Intereffe regt fie vorwiegend

an. Er dankt Ovid mannigfache ftoffliche Anregungen, als Künftler fieht er in der antiken Welt eine Art von Vorwelt, in welcher die elementaren Leidenfchaften und Stimmungen, das ungetrübte, gewaltige Naturleben walten. Hier denkt er fich den rechten Schauplatz für feine mächtigen Männer und wuchtigen Frauen, hier kann er den Naturalismus zu den kräftigften und üppigften Formen fteigern und demfelben Wirkungen abgewinnen, welche die auf die gemeine und gewöhnliche Wirklichkeit gerichtete naturaliftifche Manier nie erreichen konnte. Die antiken Mythen erfcheinen ihm mit allegorifchen Vorftellungen von gleichem Werthe. Aus der mythologifchen Welt feffelt ihn der derbe Kreis der Faune, die dämonifchen Naturkräfte, wie Boreas u. a., am meiften. Das Reich der Grazien bleibt ihm verfchloffen.

Als Rubens Italien verließ, hatte er feine volle Reife und Meifterfchaft bereits erreicht. Nur kurze Zeit hielt er fich in Brüffel auf, bald nach feiner Vermählung mit Ifabella Brandt (1609) nahm er feinen ftändigen Aufenthalt in Antwerpen, wo er fich 1611 ein prächtiges Haus, allmählich zu einem Mufeum erweitert, erbaute. Die Gunft des Statthalterpaares Ifabella und Albrecht von Oefterreich blieb ihm, fo lange fie lebten, unverkürzt. In ihrem Auftrage malte er 1609 das erfte Meifterwerk, vielleicht die vollendetfte Schöpfung, die wir von ihm befitzen, den Ildefonfoaltar, jetzt in Wien. Das Mittelbild (No. **230**, 3) fchildert (nach einer Legende) die Uebergabe eines Meßgewandes durch die Madonna an den Vertheidiger der unbefleckten Empfängniß, den h. Ildefons. Die inneren Flügel des als Triptychon behandelten Altares bringen die Porträte der Stifter, des erzherzoglichen Paars, die äußeren Flügel die fog. „Raft auf der Flucht nach Aegypten" vor die Augen. Ununterbrochen folgt nun im nächften Jahrzehnt die Reihe ausgedehnter Werke, welche gegen die fpäter ausgeführten auch dadurch fich auszeichnen, daß der eigenhändige Antheil des Meifters vorwiegt. Im Jahre 1610 malte Rubens die Errichtung des Kreuzes (jetzt im Antwerpener Dome), im folgenden Jahre beftellte die Armbruftgilde bei ihm einen großen Altar, welcher im Mittelbilde die Kreuzabnahme (No. **231**, 1), auf den Flügeln die Heimfuchung und Darftellung im Tempel fchildert. Muß man auch zugeben, daß fich Rubens in der wunderbar gefchloffenen Compofition an italiänifche Vorbilder gehalten hat, fo bleibt doch die lebendige, fein abgewogene Gliederung des Antheils, den alle Perfonen an dem Vorgange nehmen, der gleichmäßige und dennoch nach den verfchiedenen Charakteren reich abgeftufte Ton der Empfindung, der ernft gemeffene Ausdruck fein künftlerifches Eigenthum. Aus früheren Jahren ftammt auch der für feinen Freund, den Bürgermeifter Rockox, gemalte Flügelaltar (Antwerpener Mufeum): der

ungläubige Thomas mit den Porträten des Stifters und der Frau desfelben auf den Flügeln. In diefem Werke lieferte Rubens den Beweis,
daß ihm für die tiefere pfychologifche Schilderung die Linien und
Farben ebenfo zu Gebote ftanden, wie für leidenfchaftlich bewegte,
pathetifche Scenen. Beinahe gleichzeitig, in den Jahren 1620—1622,
übernahm er zwei große Bilderfolgen. Er entwarf den ganzen
malerifchen Schmuck für die neugebaute Jefuitenkirche in Antwerpen,
der leider großentheils bei einer Feuersbrunft zu Grunde ging. Ein
Reft diefes Bilderfchmuckes find die beiden Gemälde im Wiener
Belvedere, welche Wunderthaten der Heiligen Ignatius und Xaver
darftellen und durch die Kunft, mit welcher Rubens abftracte Vorgänge finnlich verftändlich und wirkungsvoll zu verkörpern wußte,
die Aufmerkfamkeit feffeln. Den anderen großen Auftrag ertheilte
ihm die Königin von Frankreich, Maria von Medici, welche in
ihrem Palafte in Paris ihr und ihres verftorbenen Gemahls, Heinrich's IV., Leben in einundzwanzig Bildern verherrlicht fehen wollte.
Kein Werk — einzelne Allegorien ausgenommen — erfcheint fo
eng mit den damals herrfchenden poetifchen Anfchauungen ver-
webt, huldigt fo unbedingt der eigenthümlichen äfthetifchen Ge-
fchmacksrichtung jener Zeit wie die fog. Galerie im Palafte Luxembourg. Antike Götter und allegorifche Geftalten gehen unmerkbar
in einander über und ftehen alle zufammen wieder auf demfelben
Boden wie die hiftorifchen Figuren. Die Herrfchaft naturaliftifcher
Formen, in allen diefen Kreifen gleichmäßig geltend, hilft die
inneren Gegenfätze und das verfchiedenartige Wefen der einzelnen
Gruppen und Geftalten vermitteln. Freilich hat gerade der enge
Anfchluß an eine rafch wieder verfchwundene Gedankenrichtung
das Verftändniß fpäteren Gefchlechtern erfchwert, und auch der
Genuß der Bilder ift durch die ftarke Mitwirkung ungleich begabter
Schüler verringert worden.

Bisher verfloß Rubens' Leben ohne Trübung in ausfchließlich
künftlerifchem Schaffen. Im Jahre 1626 ftarb feine Frau, in den
folgenden fieben Jahren wurde er durch politifche Aufträge, die
ihn nach Madrid (1628), London (1629) führten, in einen neuen
Intereffenkreis gedrängt. Die hohen Herren, wie der englifche
König, Buckingham, König Philipp u. f. w., waren durch ihre
äfthetifchen Paffionen berühmten Künftlern befonders leicht zugänglich, Rubens aber durch feine Bildung und feinen welt-
männifchen Sinn nicht ungeeignet, die Wünfche und Pläne des
Statthalters bei fremden Höfen eindringlich zu vertreten. Seiner
diplomatifchen Laufbahn machte ein ärgerlicher Zwift mit den
Repräfentanten der belgifchen Stände, welche in den Verhandlungen
mit Holland andere Ziele verfolgten, als die Erzherzogin Ifabella,
und dann der Tod diefer feiner vornehmften Gönnerin ein Ende.

Auch hatte für ihn fein Haus durch den Einzug feiner zweiten
jugendlich blühenden Frau Helene Fourment (1630) neuen Schmuck
und erhöhte Reize empfangen. Von feinem ehelichen Glück legt
das Familienbild in der Blenheimgalerie (No. **230**, 1) Zeugniß ab.
Wie fehr auch fein· Auge an der üppigen Schönheit der zweiten
Frau fich erfreute, beweifen nicht nur die zahlreichen Porträte, die
er mit fichtlicher Liebe ausführte, fondern auch die wiederholte
Wiedergabe ihrer Züge in feinen großen religiöfen und mythologifchen Bildern. Bis an fein Lebensende bewährte fich Rubens,
von zahlreichen Schülern unterftützt, als ein überaus fruchtbarer,
in feiner Thätigkeit kaum nach irgend einer Seite hin befchränkter
Meifter. Er ftarb am 30. Mai 1640.

Die Zahl der Gemälde, welche aus Rubens' Werkftätte ftammen,
ift eine erftaunlich große. Natürlich darf man die technifchen
Eigenfchaften des Künftlers nicht einfach nach denfelben beurtheilen.
Außerdem muß man aber im Auge behalten, daß Rubens ein-
geftändlich feine Werke erft am Orte ihrer Aufftellung zu vollenden
liebte, die Beleuchtung und den Farbenauftrag nach der Entfernung
des Bildes von dem Auge des Befchauers beftimmte. Die riefigen
Altäre z. B. find nach anderen Grundfätzen gemalt, die einzelnen
Töne hier viel kräftiger neben einander gefetzt, als in feinen Por-
träten und kleinen Gemälden. Leuchtend· und klar bleibt fein
Colorit immer, feine Lafuren verbinden die Lokaltöne, dünne,
immer noch farbige Schatten runden die Flächen ab. Der breite
Auftrag, die mit den einfachften Mitteln erzielte fichere Wirkung
beweift die vollkommene Herrfchaft des Meifters über die technifche
Seite feiner Kunft. Dadurch wurde feine fonft unfaßbare Frucht-
barkeit bedingt und feiner die ganze darftellbare Welt umfpannenden
Phantafie die volle Freiheit der Bewegung gefchenkt. Seiner per-
fönlichen Natur, wie der Richtung der Zeit, namentlich auch der
Wendung, welche Dogma und Cultus in der katholifchen Kirche
genommen hatten, muß es zugefchrieben werden, daß pomphafte
Darftellungen (Anbetung der Könige), Schilderungen mächtiger
Actionen voll Leben und gewaltiger äußerer Kraftentfaltung am
häufigften feiner Phantafie fich darboten. Der Freude an der
Wiedergabe eines leidenfchaftlich bewegten Naturlebens danken auch
feine Löwenjagden (No. **231**, 2) und Thierkämpfe das Dafein. Selbft
wo Thiere nur als Staffage auftreten, wie z. B. in der allegorifchen
Darftellung der vier Welttheile (No. **230**, 4) der Tiger im Kampfe
mit dem Krokodile, bekunden fie die Wahrheit des Ausfpruches,
welchen Rubens that: in der Darftellung von Thieractionen fei er
fogar dem berühmteften Thiermaler feiner Zeit, *Franz Snyders*
in Antwerpen (1579—1657), überlegen. Wenn die großen Kirchen-
bilder und die mythologifch-allegorifchen Darftellungen häufig die

italienifche Schule verrathen, in welcher Rubens zur Selbfterkennt-
niß gelangte, wenn er in Bezug auf Darftellbarkeit des Gräßlichen
(Kreuzigung Petri in der Peterskirche zu Köln, 1638 für den
kunftfreundlichen Kaufherrn Jabach gemalt) diefelben Anfchauungen
hegte, wie die italienifchen Naturaliften, fo kommt die unverfchrte
vlämifche Natur in feinen Landfchaften und Genrebildern zum Vorfchein.   Unter den letzteren ftreift der „Liebesgarten“ in Madrid,
eine Unterhaltung von Liebespaaren in einem Parke, an die fpäter
fo beliebte Gattung der galanten Fefte an, während die „Kirmeß“,
im Louvre, die ungezügelte Lebensluft der unteren Volksklaffen in
derber Wahrheit vorführt.   Unter den männlichen Bildniffen nehmen
aus früherer Zeit die fogenannten vier Philofophen in der florentiner Pittigalerie den erften Rang ein.   Auch fich felbft und feine
beiden Söhne hat Rubens gemalt; diefe Bilder haben eine öftere
Wiederholung erfahren.   Von den Frauenporträten ift außer den
Bildniffen feiner beiden Frauen das Porträt einer Antwerpener
Schönheit, Fräulein Lunden (No. **230**, 2), unter der falfchen Bezeichnung „chapeau de paille“ bekannt, am berühmteften.

Neben Rubens traten natürlich die älteren Maler von Antwerpen
in ftarkes Dunkel zurück.   Von den Kunftgenoffen gleichen oder
wenig jüngeren Alters bewahrten fich vornehmlich nur *Caspar de
Crayer* (1582—1669) und *Jacob Jordaens* (1593—1678) eine größere
Selbftändigkeit.   Wenn der letztere öfter an Rubens gemahnt, fo
wird diefes durch den Umftand erklärt, daß beide in der Werkftätte des Adam van Noort erzogen wurden. Jordaens wird unter-
fchätzt, wenn man nur feine Bohnenfefte und grottesken Familiencon-
certe erwähnt. Sowohl in Bildniffen (Mädchen mit dem Papagei u. a.
in englifchen Privatfammlungen), wie in feinen mythologifchen Darftellungen (Venus mit Bacchanten im Haag) und allegorifchen Schilderungen (Haus im Bufch bei Haag) ftellt er fich Rubens ebenbürtig
zur Seite, welcher ihn nur durch feine viel umfaffendere Phantafie
überragt.   Der Haupterbe von Rubens' Ruhme, zugleich fein befter
Schüler war *Antonius van Dyck*.   Von wohlhabenden Eltern 1599
in Antwerpen geboren, genoß van Dyck zuerft den Unterricht van
Balen's, trat dann in die Werkftätte von Rubens ein.   Italien bereifte
er in den Jahren 1623—1626, wo ihn namentlich Venedig, Genua,
Rom längere Zeit feffelten.   Im Jahre 1632 überfiedelte er nach
London als Hofmaler des Königs, heirathete eine Hofdame, Mary
Ruthven, kam auf diefe Art mit vornehmen Kreifen in Verbindung,
ftieg aber auch durch eigenes Verdienft zu glänzenden Verhältniffen
empor.   Er ftarb frühzeitig 1641.   Der Hauptruhm des Künftlers knüpft fich an feine zahlreichen Bildniffe.   Seine Phantafie
und fein Formenfinn bewegte fich in zu engen Grenzen, um in
großen Compofitionen mit Rubens wetteifern zu können.   Elegifche

Stimmungen (Beweinung Chrifti) verfteht er am beften zu verkörpern, ruhigen Andachtsbildern (Madonna mit dem feligen Herrmann
im Wiener Belvedere, Vermählung der h. Katharina) die feffelndfte
Wirkung abzugewinnen. Seine großen Erfolge als Porträtmaler —
man zählt über 200 Bildniffe von feiner Hand, die Mehrzahl in
englifchen Privatfammlungen — dankt van Dyck feinem feinen Verftändniß vornehmen Wefens, feiner glücklichen, durch perfönliche
Neigungen verftärkten Gabe, fowohl das ariftokratifch Selbftbewußte
wie das durch elegante Haltung und zierliches Auftreten Gewinnende
zu lebendigem Ausdrucke zu bringen. Das Porträt in Caffel (No.
231, 4) ftammt aus feiner früheren Zeit, als van Dyck noch die
Formen, z. B. in der Zeichnung der Hände, ftärker individualifirte
und in der Färbung kräftigere Töne liebte. Das Porträt König
Karl's I. (No. **231**, 5) führt uns in die englifche Periode des Künftlers, in welcher er feinen Pinfel vorwiegend der Verherrlichung der
königlichen Familie und des Hofes widmete. Unter den Frauen-
bildniffen wird jenes der Marie Louife de Taffis in der Liechten-
fteingalerie in Wien befonders gerühmt. Mit den gemalten Porträts ftehen die von van Dyck radirten (11—18 an der Zahl) in Bezug auf Lebenswahrheit und fchöne Haltung auf gleicher Stufe.

Die anderen Schüler und Gehilfen Rubens': *Theodor van
Thulden, Abraham van Diepenbeek* u. a. befitzen geringe Bedeutung.
Dagegen muß hervorgehoben werden, daß fich um Rubens eine
Reihe von Kupferftechern (Soutmann, Lucas Vorftermann, Schelte a
Bolswert, Paul Pontius u. a.) fammelte, welche den malerifchen Stil
im Kupferftiche zu hoher Vollendung brachte und die niederlän-
difche Stecherfchule zur erften in Europa erhob.

Bereits Rubens' Thätigkeit zeigte das nationale Element in der
Kunftanfchauung nicht vollftändig verdrängt, vielmehr neben dem
in kirchlichen und hiftorifch-mythologifchen Darftellungen vorherrfchenden großen Stile zu Recht beftehend. Die Tradition,
welche der ungefchminkten Naturwahrheit in der Schilderung das
Wort fprach, aus dem Volksleben die Gegenftände der Darftellung
mit Vorliebe herausholte, das Charakteriftifche, wie es felbft in dem
kleinen privaten Treiben der einzelnen Volksklaffen fich ausfpricht,
ftark betonte, war niemals gänzlich abgebrochen worden. Nicht
nur Bilder, fondern namentlich auch Kupferftiche erhielten das Intereffe an Volksfcenen und an typifchen Figuren aus dem Volksleben aufrecht. Was jetzt neu dazu kam, war eine feinere malerifche Auffaffung, ein ftärkeres Heranziehen des Colorits als Ausdrucksmittel, wodurch nicht allein die Lebendigkeit der Darftellung
erhöht, fondern auch, was in der bloßen Zeichnung karikirt erfcheint, gemildert, durch den glänzenden Schein der Färbung nahezu idealifirt wird. Zwei Künftler insbefondere vertreten in Rubens'

Zeit und in Rubens' Nähe diefe in doppeltem Sinne volksthümliche Richtung: Adriaen Brouwer und der jüngere David Teniers.

Von *Adriaen Brouwer* (ca. 1605—1638) gilt, was von nun an für eine ganze Reihe niederländifcher Maler zutrifft. Man kann eine doppelte Biographie von ihm fchreiben, eine legendarifche, ziemlich vollftändige, reich an Einzelheiten, aber falfch oder doch fchlecht begründet, und eine urkundliche, zuverläffige, aber lückenhaft und reicher an negativen als an pofitiven Refultaten. Nach der legendarifchen Biographie ift Brouwer in Harlem geboren und ein Schüler des Frans Hals. Von Haufe aus unftät und lüderlich, kam er im Laufe feiner Wanderungen nach Antwerpen, erwarb hier die Gunft Rubens', verharrte aber bei feiner tollen Lebensweife und ftarb fchließlich elend in einem Hofpitale. Beglaubigte Nachrichten geben Oudenaarde in Flandern als Brouwer's Geburtsort an, laffen ihn vorwiegend, wenn nicht ausfchließlich, in Antwerpen fich entwickeln. Welcher der älteren Künftler Antwerpens als fein Lehrer gelten könnte, dafür liegt bis jetzt keine fichere Vermuthung vor. Urkundlich tritt Brouwer 1631 in die Antwerpener Malergilde ein; weitere Lebensnachrichten find nicht bekannt. Die Helden feiner Bilder find meiftens Bauern oder Proletarier, die im Wirthshaufe trinken, fich prügeln (No. **232**, 1) und vom Dorfbader fich dann die Wunden verbinden laffen (No. **232**, 2). Sie bewegen fich häufig auf dem Boden urwüchfiger Gemeinheit, fo daß erft der Blick auf die gefchickte Gruppirung und die kräftige, warme, dabei wunderbar verfchmolzene Färbung fich richten muß, um den erften häßlichen Eindruck zu überwinden. Der Bauer mit dem Kruge (No. **232**, 5) des David Teniers zeigt, daß Brouwer eine Zeit lang auf diefen berühmteften Genremaler Flanderns Einfluß geübt hat. *David Teniers* (1610—1690), zum Unterfchied von feinem gleichnamigen, wenig bekannten Vater der jüngere genannt, in feinen fpäteren Jahren in Brüffel anfäffig, ftand perfönlich mit der Familie Brueghel in Beziehungen, in feiner Manier war er auch von Rubens abhängig, überhaupt beftrebt, älteren Meiftern die äußere Manier abzulaufchen. Unter feinen zahlreichen Bildern find namentlich die Kirmeß- und Tanzbeluftigungen im Freien (No. **232**, 4) bekannt. Er fchildert in denfelben vorwiegend den fröhlichen Tumult größerer Volksmaffen, ohne auf eine fchärfere Charakteriftik der einzelnen Gruppen fich einzulaffen oder feinere Farbenftimmungen zu verfuchen. Doch zeichnen fich die Gemälde feiner mittleren Zeit (1640—1650) durch einen gefälligen filbergrauen Ton aus. In feinen fpäteren Jahren wird feine Farbe trocken, feine Auffaffung, dem elegant Paftoralen fich zuneigend (No. **232**, 6), conventionell. Unter den übrigen Antwerpener Künftlern, welche die Genremalerei pflegten, ausfchließlich oder doch vorwiegend Scenen aus niederen

Volkskreifen fchilderten, wären noch *Joos van Craesbeek* (1608? bis
nach 1654), der in der Weife feines Freundes Brouwer malte, und
David Ryckaert (1612—1662), der dritte Künftler diefes Namens,
da auch Vater und Großvater ihn führten, jedenfalls der bedeutendfte
der Familie, zu erwähnen. Eine befondere Stellung nimmt *Gon-
zales Cocques* (1614—1684), der feinfinnige Maler ftiller bürgerlicher
Behaglichkeit ein. Seine Porträtgruppen und Einzelbildniffe ftreifen
durch die glücklich getroffene momentane Stimmung und individuelle Auffaffung an Charakterfiguren an und verfetzen uns geradezu in das Gebiet der Genremalerei.

7. Die Holländischen Malerschulen im 17. Jahrhundert.

Bis zum Schluffe des 16. Jahrhunderts theilen die holländifche
und vlämifche Malerei im Ganzen dasfelbe Schickfal. Wie im 15.
Jahrhundert zwifchen den Werken holländifcher Künftler und jenen
der Eyck'fchen Schule kein wefentlicher Unterfchied waltet, fie alle
in verwandten Geleifen fich bewegen, nur daß in Holland der Blick
für die umgebende Natur noch gefchärfter erfcheint, fo ftehen die
holländifchen und flandrifchen Künftler im folgenden Jahrhundert
gleichmäßig unter italienifchem Einfluffe. Hat doch der Zug der nordifchen Maler nach Italien noch im 17. Jahrhundert nicht aufge-
hört. Die Schilderbent in Rom, die fröhliche Vereinigung niederländifcher und deutfcher Künftler, in welcher diefe charakteriftifche
Kneipnamen führten, zu allerhand Kurzweil zufammen faßen, erhielt
fich durch viele Generationen bis zum Ausgange der niederländifchen
Kunftblüte aufrecht. Und die Weife, wie Karel van Mander und
fpäter Sandrart in ihren Künftlerbiographien die italienifchen Künftler den heimifchen voranftellen, beweift gleichfalls die große Bedeutung der italienifchen Kunft in den Anfchauungen der nordifchen
Kunftfreunde. Auch darin offenbart fich ein verwandter Zug, daß
feit der Mitte des 16. Jahrhunderts das Studium der italienifchen
Naturaliften vorherrfcht. Als Nachzügler der letzteren mag
Gerhard Honthorft aus Utrecht, von den Italienern Gerardo dalle
notte genannt, erwähnt werden. Beffer als feine Nachtftücke (No.
230, 5), find feine Porträts. Seiner Manier folgte in mythologifchen und religiöfen Darftellungen, wenn auch ihre Derbheit mil-
dernd, fein Schüler, der vielfach gebildete *Joachim Sandrart*, der
angefehenfte Künftler Nürnbergs im 17. Jahrhundert (No. **231**, 6).
Bereits das Studium der italienifchen Naturaliften rückte die heimifche Anfchauungsweife wieder mehr in den Vordergrund. Noch

mehr wurde die Rückkehr zu derfelben dadurch erleichtert, daß befonders holländifche Künftler (Laftman, Pijnas, C. Poelenburg,
L. Bramer u. a.) in Rom fich für die Bilder eines deutfchen, in
Rom anfäffigen Malers, des *Adam Elsheimer* aus Frankfurt (1578—
1620) begeifterten.   Elsheimer malte biblifche und mythologifche
Scenen in kleinem Format, in welchen die Figuren zur Staffage
in der poetifch aufgefaßten Landfchaft herabgefetzt werden.   Die
überaus feine Ausführung, die warme Färbung, das trefflich verwendete Helldunkel, der gemüthliche, anheimelnde Ton in der
Schilderung fanden reichen Wiederhall bei feinen Anhängern und
trugen nicht wenig dazu bei, die holländifche Kunft fich felbft
wiederzugeben (Probe der Weife Elsheimers in No. **233**, 1).   Diefe
Einkehr in das heimatliche Wefen ging in derfelben Zeit vor fich,
in welcher das holländifche Volk fich nach fchweren und blutigen
Kämpfen fchließlich fiegreich feine Unabhängigkeit und Freiheit
eroberte.   In der politifchen wie in der künftlerifchen Welt behauptete es feitdem ein Jahrhundert lang eine ehrenvolle felbftändige
Stellung.   Die großen Ereigniffe, welche der kleinen holländifchen
Nation freilich nur für einen begrenzten Zeitraum eine weltge-
fchichtliche Bedeutung verliehen, fpiegeln fich nicht unmittelbar in
den einzelnen Gemälden ab, wohl aber bilden fie den allgemeinen
Hintergrund, von welchem fich jene abheben.   Sie haben die Stimmung vorbereitet und gefchaffen, welcher die Kunftwerke des 17.
Jahrhunderts in Holland einen fo reichen und vollendeten Ausdruck verleihen.   Wohl beftanden fchon längft in den nördlichen
Niederlanden fruchtbare Kunftfchulen, wie in Harlem, Leyden,
Utrecht und anderen Städten.   Auch das Stoffgebiet, in welchem
fich die holländifchen Maler des 17. Jahrhunderts bewegen, war
keineswegs von ihnen erfunden.   Das Porträt, der Ausgangspunkt
und die wichtigfte Grundlage ihrer Kunft, fpielte fchon vorher eine
große Rolle.   Selbft die Porträtgruppen, in welchen die Glieder
einer Corporation oder einer Gilde zufammengeftellt wurden, kommen
bereits in der zweiten Hälfte des 16. Jahrhunderts auf.   Und wenn
man von der moralifirenden und allegorifirenden Tendenz zahlreicher Darftellungen im 16. Jahrh. (die fünf Sinne, Tugenden und Lafter)
u. f. w. abfieht, befindet man fich mitten in der bunten Volks-
welt, welcher die fpätere Genremalerei die Gegenftände ihrer Darftellung entlehnte.   Die große politifche und kirchliche Bewegung,
welche das Volk bis in feine tiefften Wurzeln erfchütterte, die gewaltigen Ereigniffe, die heute die Nation bis an den Rand der Ver-
zweiflung trieben, morgen fiegesfroh aufjauchzen machten, warfen
aber einen hellen Wiederfchein auf alle Geftalten und verliehen
ihnen ein neues Gepräge.   Stämmige Kraft, muthiger, felbftbewußter
Sinn fpricht aus den Männern.   Die Sorge für die Rettung und

das Wohl des Vaterlandes ift jedem Einzelnen nahegetreten, hebt diefen über das kleinliche, fchwächliche Leben empor. Die Vorftände (Regenten) und Mitglieder der verfchiedenen Gilden und Corporationen, insbefondere der Schützengefellfchaften, deren Bildniffe, zu Gruppen vereinigt, die Gildenhäufer (doelen) fchmücken — diefe Porträtgruppen führen daher den Namen: Regenten- oder Doelenftukken — befitzen nichts Philiftröfes, Kleinbürgerliches, erfcheinen vielmehr aus dem Holze von Helden und Staatsmännern gefchnitzt. Hatte aber die Spannung fich gelöft, war für einige Zeit das Gefühl der Sicherheit herrfchend geworden, fo wurde nun auch der ungebundenen Lebensluft gehuldigt. Nur dadurch, daß dem Volke das weitefte Maß der Erholung, die vollfte perfönliche Freiheit gegönnt war, bewahrte es fich die Schnellkraft und die Fähigkeit, den Gefahren tapfer zu begegnen, für große Zwecke das ganze Dafein einzufetzen. Die politifchen Verhältniffe fchärften die Charaktere, welche die Holländer als feefahrendes Volk ausgebildet hatten. Die fchroffen Gegenfätze, in welchen fich das Matrofenleben bewegt, wiederholen fich hier in großen Zügen. Die furchtbare Gefahr, in welcher fo lange Zeit das Vaterland fchwebte, heiligte den heimifchen Boden auch in den Augen der Phantafie, ließ den Künftler nicht müde werden, denfelben zu fchildern. Und nicht der Boden allein, die Dünen, die Kanäle, die See waren den Holländern lieb und werth geworden. Als alte Seefahrer hatten fie längft fich daran gewöhnt, auch die Luft und die Wolken zu beobachten. Bei der glorreichen Belagerung von Leyden 1574, wie hatte da die Nation ängftlich auf die Windfahnen geblickt, und als endlich der Wind, als hätte er ein Einfehen in die Gerechtigkeit des Kampfes, fich drehte 'und der Flotte die Durchfahrt durch die durchftochenen Dämme und der hart bedrängten Stadt Entfatz gewährte, wie hatte fie gejubelt und dem Himmel auf den Knieen gedankt. Diefe ftete Befchäftigung mit den Naturerfcheinungen hob das Verftändniß derfelben und weckte den Sinn für die landfchaftlichen Reize. Ebenfo fachte die lange Entbehrung des Friedens und der Ruhe immer ftärker die Sehnfucht nach dem ftill behaglichen Genuffe des heimifchen Heerdes an. Die Phantafie fchmückte denfelben mit glänzenden Farben aus und ließ das ftille Dafein im gemüthlich eingerichteten Haufe, die kleinen Freuden eines befchaulichen Lebens gar lockend erfcheinen.

Die Wendung der holländifchen Kunft erfolgte nicht plötzlich und wurde nicht mit einem Male vollendet. Die lange Lebensdauer fo vieler Meifter, falls wir den überlieferten Nachrichten trauen dürfen, der Einfluß, den häufig jüngere Meifter auf ältere ausübten, erfchwert eine fcharfe Gliederung der einzelnen Entwickelungsftufen und verhindert den klaren Einblick in das Charakteriftifche der

verfchiedenen Perioden. Das gleichzeitige Wirken vieler hundert
Maler verführt zu dem Glauben, als ob fie alle denfelben Ausgangspunkt genommen hätten und nach den gleichen künftlerifchen
Grundfätzen vorgegangen wären. Man unterfchied fie vorzugsweife
nach den verfchiedenen Zweigen der Malerei, welche fie pflegten,
und dabei wurde noch gewöhnlich ein Zweig vollftändig überfehen,
weil er die fpäteren Sammler und Liebhaber weniger lockte: der
Kreis religiöfer Darftellungen. Selbftverftändlich blieb die kirchliche
Kunft ohne Vertretung. Die idealifirende Richtung, die Auffaffung
der Glaubensgeftalten als übermenfchlicher Helden widerfprach den
herrfchenden Anfchauungen. Dagegen behielten die altteftamen-
tarifchen Patriarchen volle Lebenskraft in der Phantafie auch der
holländifchen Künftler, ebenfo wie evangelifche Parabeln, das Wirken
und Leiden Chrifti gern und häufig in Bildern und Radirungen
dargeftellt wurden. In kalviniftifchen Kreifen gewann bekanntlich
das alte Teftament eine größere unmittelbare Bedeutung als in der
katholifch-romanifchen Welt. Ein Blick auf die holländifche Literatur des 17. Jahrhunderts, in welcher die geiftliche Dichtung neben
der gelehrt antikifirenden und neben einer derbrealiftifchen Volkspoefie ftets ihren Platz behauptete, genügt, die Fortdauer der religiöfen Malerei zu erklären.

Man geht fchwerlich irre, wenn man drei Entwickelungsftufen
der holländifchen Malerei annimmt, wobei nur feftgehalten werden
muß, daß Vertreter der älteren Stufen noch öfter in die fpätere
Zeit hineinragen. In der erften Periode (ca. 1580—1620) ftehen
die einzelnen holländifchen Städte: Delft, Harlem, Leyden, Utrecht,
Amfterdam einander im Range ziemlich gleich. Die italienifchen
Einflüffe find noch nicht vollftändig zurückgedrängt, aber der Hauptnachdruck wird doch fchon auf die Porträtkunft gelegt, die anfäng-
liche Trockenheit in Auffaffung und Colorit rafch überwunden. In
Delft, wo unter Wilhelm von Oranien fich ein reicher politifcher
und höfifcher Kreis fammelte, entfaltete *Michiel van Mierevelt*
(1567—1641) als Porträtmaler eine reiche Wirkfamkeit. In Harlem
treten uns *Cornelis Cornelisfen* († 1638), *Pieter de Grebber*, in
Utrecht *Paulus Moreelfe* (1571—1638), ein Schüler des Mierevelt,
in Dordrecht *Jacob Gerrits Cuijp* (1575? bis nach 1649), in Leyden
Joris van Schooten (1583—1650), im Haag *Jan van Ravefteijn* (1572?
bis 1657) entgegen.

Ravefteijn und *Thomas de Keijfer* in Amfterdam (1595?—1679),
der Sohn des berühmten Architekten Hendrik de Keijfer, ftehen an
der Spitze der älteren Porträtmaler, welche die fchlichte treue
Wiedergabe der Züge, ohne fie zu einem Charakter fcharf zuzu-
fpitzen, lieben, in einer forgfältigen Durchführung, einer feinen,
flüffigen, zuweilen blaffen Färbung fich gefallen. Auch für die

Richtung der fpäteren Landfchaftsmalerei wird jetzt fchon durch
Efaias van der Velde (in Harlem und Leyden) der Grund gelegt.
Die zweite Periode (ca. 1620—1645) füllt zwar theilweife
die Jahre aus, in welchen fich die Niederlande der thatfächlichen
Unabhängigkeit erfreuten, fteht aber am ftärkften unter dem Einfluffe der großen kriegerifchen Ereigniffe. Keinem Zufalle kann es
zugefchrieben werden, daß gerade die beiden Städte, welche von
der Kriegsfurie am meiften heimgefucht worden waren, Harlem und
Leyden, an die Spitze der holländifchen Kunftfchulen in diefer
Periode treten. Wir werden in eine leidenfchaftlich bewegte Welt
verfetzt. Sie fpiegelt fich in den Einzelbildniffen ab, welche freie,
felbftbewußte Kraft verrathen, und in den Regentenftücken, die fich
immer mehr zu dramatifchen Actionen zufpitzen. Die Phantafie
ift erfüllt von den Nachklängen der vorhergegangenen Kämpfe. Der
Mann fühlt feinen Werth und weiß, daß er etwas gilt. Alles Steife
und Enge hat er abgelegt, in der Tracht wie in den Sitten, im
äußeren Auftreten wie in den Stimmungen und Empfindungen.
Stürmifch find auch die Unterhaltungen des Volkes, derb die Scenen,
in welchen das Volksleben gefchildert wird. Eine urwüchfige Kraft
droht in jedem Augenblick überzufchäumen, fie kann es aber un-
geftraft thun, da fie aus einem unerfchöpflichen Born fchöpft. Die
gleichzeitigen Volkslieder, die faftigen Komödien Brederode's und
Cofter's ftehen auf dem gleichen Boden und beweifen die Volksthümlichkeit der von der Malerei eingefchlagenen Richtung. Auf
höchfte Lebendigkeit zielt auch das Colorit hin, keck und ficher
wird die Farbe aufgetragen, die Beleuchtung, befonders in der erften
Zeit, ehe die Kunft des Helldunkels fich allgemein verbreitet, breit
und voll genommen. Keine Kleidermalerei, überhaupt keine vir-
tuofen Kleinkünfte. Die Bedeutung der Geftalten fammelt fich in
den Köpfen, die in packender Wahrheit und fchärffter Charakteriftik
wiedergegeben werden.

　　In der dritten Periode, etwa feit 1645, lockert fich der Zufammenhang mit dem urfprünglichen Volksboden und verblaffen
die Erinnerungen an die großen nationalen Kämpfe. Ein neues
Gefchlecht ift groß geworden, welches nicht fehnfüchtig nach den
Segnungen des Friedens ausblickt, fondern im üppigen Genuffe des
Friedens und des im Handel mit dem Oriente erworbenen Reichthums behaglich das Leben zubringt. Eine faft an das Schwer-
fällige ftreifende Freude und Ruhe, die Luft an dem Glänzenden,
Feinen, Zierlichen machen fich geltend. An die Erfindungsgabe,
den Gedankenreichthum der Künftler werden geringere Anfprüche
gemacht, als an ihre virtuofe Behandlung der malerifchen Formen.
Die Zahl der Kunftliebhaber in reichen privaten Kreifen wächft,
dem Schmucke der „Cabinette", in welchen auch orientalifche Kunft-

gegenftände, Lackarbeiten, Porzellangeräthe, allmählich Platz finden,
dient die Mehrzahl der Bilder.   Diefe Beftimmung übt nicht allein
auf das Format der Bilder Einfluß, fondern auch auf die Wahl der
Gegenftände und das Maß der malerifchen Durchbildung.   Vorausgefetzt, daß die letztere den Anforderungen der Liebhaber entfprach, hatten die Künftler in der Auffaffung der Gegenftände einen
ziemlich freien Spielraum.   Ihr fubjectives Wefen tritt mehr als in
den früheren Perioden in den Vordergrund, der fcharfe Realismus
der Darftellung, dem fich die Eigenart der Künftler beugen mußte,
verliert langfam an Geltung.   Unter den Schauplätzen der Kunftthätigkeit bewahrt befonders in diefer Periode Amfterdam einen
hervorragenden Platz, während die andern Städte allmählich zurücktreten.

Bei zahlreichen holländifchen Gemälden, z. B. Landfchaften
mit Staffage, fchwankt die Beftimmung ihres Urhebers, da fie nicht
von einem einzigen Künftler herrühren, die Staffage von anderer
Hand gemalt ift, als die Landfchaft.   Bei mehreren Künftlern bleibt
man im Zweifel, ob man fie diefer oder jener Schule einreihen
foll, da fie öfter den Aufenthalt wechfeln.   Immerhin dürfte die
Scheidung nach Hauptfchulen, wie Harlem, Leyden, Delft, Amfterdam fich noch als die befte Gliederung erweifen.   Aus dem Kreife
der Localfchulen müffen aber zwei Künftler herausgehoben und an
die Spitze der ganzen holländifchen Kunft geftellt werden, weil ihr
Einfluß weit über den unmittelbaren Schauplatz ihres Wirkens
reicht: Frans Hals und Rembrandt van Rijn.

Frans Hals ift angeblich 1584 in Antwerpen geboren worden,
aber in Harlem ift feine Familie anfäffig gewefen, hier hat er feine
Erziehung (bei Karel van Mander) genoffen und bis zu feinem
Tode (1666) unabläffig gewirkt.   Daß er in feiner Jugend „etwas
luftig vom Leben" gewefen, ift urkundlich beftätigt, auch daß er
in Schulden gerathen und in bitterfter Armuth verftorben ift, fagen
beglaubigte Nachrichten aus.   Was fonft von feiner Trunkfucht,
feiner Lüderlichkeit erzählt wird, mag wohl auf Uebertreibung beruhen.   Die beliebte Manier, aus den Gegenftänden der Schilderung
unmittelbar auf die perfönlichen Neigungen des Künftlers zu fchließen, hat zu den verfchiedenen Anekdoten — und nicht bloß bei
Hals — Anlaß gegeben.   Nun malte allerdings Hals mit Vorliebe
luftige Zechbrüder, komifche Straßenfiguren, wie die Hille Bobbe
(in Berlin), ein halbbezechtes, grinfendes altes Weib, mit dem Bier-
kruge zur Seite und einer Eule auf ihrer Schulter, und den Rom-
melpottfpieler.   Seine Liebesfcenen (Junker Ramp mit feiner Lieb-
ften) laffen uns eher an die Nähe des Bacchus als an jene Gott
Amor's glauben.   Aus dem Doppelbildniß des Künftlers und feiner
Frau (No. **233**, 5), etwa 1624 gemalt, fpricht ein joviales Wefen,

eine für Lebensfreuden empfängliche Natur. Die grottesken Figuren
und derben Volksgruppen bilden aber nur eine und nicht einmal
die wichtigſte Seite ſeines künſtleriſchen Schaffens. Hals iſt in erſter
Linie Porträtmaler. Sowohl Einzelbildniſſe, wie Porträtgruppen
(Doelenſtücke), letztere lebensgroß, gewöhnlich um einen Tiſch ver-
ſammelt, zu keiner dramatiſchen Action geeinigt, in einfach natürlicher, ungezwungener Weiſe zuſammengeſtellt, beſchäftigten vorzugsweiſe ſeinen Pinſel. Unter den zahlreichen Einzelporträten
mögen folgende hervorgehoben werden: das Bildniß eines unbekannten Officiers (No. **233**, 2) aus dem Jahre 1624, die Porträts
der Familie Berenſteyn, beſonders das Bildniß eines jungen Mädchens
in ganzer Figur, in Harlem, das kleine Porträt des Willem van
Heythuſen (1635) im Brüſſeler Muſeum, das Bildniß desſelben Pa-
triziers in der Galerie Liechtenſtein in Wien, ein männliches Porträt
im Braunſchweiger Muſeum u. ſ. w. Als Maler von Doelenſtücken
lernen wir ihn im Muſeum ſeiner Vaterſtadt am beſten kennen. Er
ſchilderte zu wiederholten Malen die Mitglieder der verſchiedenen
Schützengilden, der Jorisdoelen, einmal im Jahre 1616, das andere
Mal 1627 (No. **233**, 3) und der Adriaensdoelen, wie ſie zum Feſt-
male ſich vereinigt haben, dann die Vorſteher des Eliſabethhoſpitals,
die Vorſteher (No. **233**, 4) und Vorſteherinnen des Altenmänner-
hauſes, 1664. Dieſen Regenten- und Schützenbildern ſtellt ſich das
große Schützenbild im Rathhaus zu Amſterdam, 1637, mit dreizehn
Figuren, nicht wie ſonſt als Knieſtück behandelt, ſondern die ganzen
Geſtalten bis zu den Füßen zeigend, ebenbürtig zur Seite.

Aus der Aufzählung der Werke des Frans Hals erhellt ſchon,
daß ihm die Erfindung des Inhaltes ſeiner Bilder geringe Sorgen
machte, poetiſche Compoſitionen ganz fern lagen. Doch war er
kein Abſchreiber der Natur, ſo lebensvoll und durchaus realiſtiſch
ſeine Geſtalten uns auch entgegentreten. Durch die Farbenkunſt
erhebt er ſie über die Wirklichkeit. In der Behandlung der Farben
offenbart ſich auch die wichtigſte Entwicklung während ſeiner langen
Laufbahn. Breit und kräftig erſcheint ſchon von allem Anfange
die Farbe aufgetragen, warm und leuchtend iſt die Wirkung des
Colorits. Immer mehr ordnet er die Lokalfarben einem Geſammt-
tone unter, durch welchen die Bilder ihre rechte Stimmung empfangen. Der Beleuchtung gibt er eine leiſe Dämpfung, der warm-
bräunliche Charakter weicht ſeinen ſilbergrauen Tönen. Zuletzt
ſchwinden die Lokalfarben vollſtändig, ein Ton dominirt, mit er-
ſtaunlicher Sicherheit werden die Farben neben einander auf die
Fläche geworfen, genügend um die Formen zu modelliren und den
Charakter zu beſtimmen. Man könnte ſagen, an die Stelle der
Naturwahrheit ſei die Naturſtimmung getreten, die Geſammthaltung
habe die realen Einzelheiten aufgezehrt.

Durch feine Malweife übte Frans Hals auf das jüngere Gefchlecht einen großen Einfluß, einen mächtigeren felbft als Rembrandt, welcher doch den Harlemer Meifter fonft in Bezug auf den
Reichthum der Phantafie, den Umfang feines Wirkens und durch
poetifche Schöpferkraft weit überragt.

Rembrandt Harmensz. van Rijn wurde 1607 in Leyden geboren, nicht in der Windmühle feines Vaters, fondern in einem
ftattlichen Haufe, welches diefer am Weddeftege befaß. Als fein
erfter Lehrer wird Jacob van Swanenburgh angegeben, kurze Zeit
foll er auch den Unterricht des Pieter Laftman in Amfterdam genoffen haben. Seine felbftändigen Arbeiten beginnen etwa mit dem
Jahre 1627. Aber bereits 1631 überfiedelte er nach Amfterdam,
wo er 1632 fein erftes Hauptwerk, die anatomifche Vorlefung des
Doctor Tulp (No. **234**, 1), fchuf. Rembrandt malte ein Regenten-
bild, fchilderte die Vorfteher der Chirurgengilde, welche fich um
den Secirtifch verfammelt haben und der Demonftration eines Genoffen beiwohnen. Diefe Anordnung hatte fchon früher (1617)
Miereveldt auf dem Regentenbilde im Delfter „theatrum anatomi-
cum" getroffen. Rembrandt aber hob die Wirkung, indem er das
äußere Zufammenftehen in eine innere Theilnahme verwandelt und
den Eindruck des beredten Vortrages Tulp's auf die aufmerkfam
horchenden und zufchauenden Genoffen in lebendigfter Weife und
kräftiger Färbung fchilderte. Gerade durch die fcharfe Betonung
der augenblicklichen Seelenftimmung, durch die Unterordnung des
porträtmäßigen ruhigen Ausdruckes unter die Action unterfcheiden
fich Rembrandt's Regentenbilder von allem Anfange von jenen der
anderen Künftler Hollands. Auf diefem Wege fortfchreitend, fchuf
er 1642 die fogenannte „Nachtwache" (No. **234**, 3). Die energifche, lebhafte Bewegung aller Geftalten und die eigenthümlich
dämmerige Beleuchtung des Raumes hat zu dem Namen und zu
der Vermuthung einer nächtlichen Scene den Anlaß gegeben. Auch
hier haben wir es nur mit einem Doelenftücke zu thun. Rembrandt bringt uns eine Amfterdamer Schützencompagnie vor die
Augen, aber nicht in behaglich ruhigem Zufammenfitzen oder Zufammenftehen. Seine Phantafie fpiegelt ihm den Augenblick vor,
in welchem die Schützen aus ihrer „doelen", ihrem Verfammlungs-
haufe, ftürmifch aufbrechen, um fich zu einem Preisfchießen zu
begeben. Sie durchfchreiten eilig die hohe, links von oben be-
leuchtete Bogenhalle, zu welcher von den inneren Räumen mehrere
Stufen herabführen. Voran der Kapitän Frans Banning Cock, mit
dem Kommandoftabe, im braunen Wamms und amaranthrother
Schärpe, in lebhaftem Gefpräch mit dem Lieutenant Willem van
Ruijtenberg begriffen, der einen citronengelben Rock, weiße Schärpe
und einen blanken, am Rande blau emaillirten Ringkragen trägt.

Neben und hinter ihnen ſtürmt die Mannſchaft vorwärts. Der eine ladet ſein Gewehr, der andere hat es bereits in freudiger Aufregung abgeſchoſſen, Jan Visscher Cornelisſen ſchwingt luſtig die Fahne, der wackere Tambour Jan van Kampoort (die Namen der Schützen ſind in dem Schilde oben am Pfeiler eingeſchrieben) rührt eifrig die Trommel. Mitten in dem Gewimmel entdeckt man ein reich geſchmücktes Mädchen, welches die Schützenpreiſe trägt. Das brauſende Gewoge der Menſchen empfängt ſeinen künſtleriſchen Ausdruck in der Färbung und Beleuchtung. Die Farben, an ſich kräftig und voll, werden harmoniſch gebunden, ſo daß nicht eine einzige vorherrſcht, vielmehr ein reicher, aus Tönen gleicher Stärke gebildeter Farbenaccord unſer Auge trifft. Lichter gehen in Schatten über, der Wiederſchein des Lichtes dringt in die Schatten, ein ſchimmernder Glanz umgiebt die Geſtalten, mildes Helldunkel hüllt ſie ein. In dem Auszuge der Amſterdamer Schützencompagnie erblicken wir Rembrandt auf der Höhe ſeiner Kunſt. Dasſelbe Jahr begrub aber ſein perſönliches Glück. Es ſtarb ſeine Frau, Saskia van Ulenburgh, mit welcher er ſich 1634 vermählt hatte. Saskia ſpielt in Rembrandt's Werken eine große Rolle. Seine Phantaſie iſt von ihren Zügen erfüllt, in ſeinen radirten Studienköpfen, wie in ſeinen Gemälden begrüßen wir häufig ihr freundliches Antlitz. Als Braut und als Gattin, bald allein, mit einer Blume in der Hand oder in reichem Juwelenſchmucke, bald wie ſie ſich dem frohgeſinnten Gatten anſchmiegt, iſt Saskia von Rembrandt verewigt worden (Dresden, Berlin, Caſſel, Antwerpen, Petersburg). Seine Thätigkeit erlahmt auch nach dem Tode der Frau nicht, bibliſche Schilderungen und Bildniſſe kommen Jahr für Jahr aus ſeiner Werkſtatt heraus, in ſeinen Vermögensverhältniſſen aber geht er immer mehr zurück, bis er 1656 den Bankerott erklären muß. Die ſchweren Finanzwirren, in welchen gerade damals Amſterdam ſteckte, und die Sammelleidenſchaft, welcher der Künſtler huldigte, erklären großentheils das Ereigniß. Das bei Anlaß des Bankerotts aufgenommene Inventar macht uns mit dem erſtaunlichen Umfange der Sammlungen Rembrandt's bekannt. Es fanden ſich in ſeinem Hauſe zahlreiche Gemälde auch italieniſcher Künſtler, 60 Portefeuilles mit Kupferſtichen, ferner Rüſtungen, venetianiſche Gläſer, indianiſche Waffen, chineſiſche Porzellantaſſen u. ſ. w. Aber auch die mangelnde weibliche Obhut im Hauſe (die zweite Heirat 1657 mit ſeiner Magd iſt nicht ſicher geſtellt, wohl eine ſpätere Ehe nach 1665 mit einer Katharina van Wijck) mag an ſeiner Verarmung Schuld getragen haben. Rembrandt zog ſich immer mehr von der Welt zurück, erfreute ſich auch nicht mehr, wie es ſcheint, der früheren reichen Gönnerſchaft. So ſtarb er in dürftigen Verhältniſſen 1669. Aus ſeiner letzten Periode ſtammt das dritte große Regentenſtück, welches

wir von ihm befitzen, die fog. Staalmeefter, d. h. die Vorfteher der
Tuchmacherzunft, deren Amt es war, die Herkunft der Tuchftücke
durch angehängte Bleifiegel zu beftätigen (No. **234**, 4). Sie find
um einen mit einem orientalifchen Teppiche bedeckten Tifch verfammelt. Während vier der Vorfteher am Tifche fitzen, ift der
fünfte im Begriffe fich zu erheben, als wollte er an eine (nicht
fichtbare) Menfchenmenge eine Anrede halten. Ein Diener, bar-
haupt, fteht weiter zurück. Von dem graubraunen Hintergrunde,
den fchwarzen Gewändern heben fich die Köpfe und Hände, obfchon die Carnation ebenfalls in bräunlichen Tönen gehalten ift,
leuchtend ab. Die Staalmeefter find ein treffliches Beifpiel der
letzten Wandlung, welche Rembrandt's malerifcher Stil erfuhr.
Während er anfangs noch ftrenge zeichnete und forgfältiger und
feiner die Farbe auftrug, auf Lebenswahrheit vorzugsweife bedacht
war, hob er in der zweiten Periode (etwa 1636—1656) durch Anwendung des Helldunkels und Unterordnung der Lokalfarben unter
einen Gefammtton feine Geftalten aus der unmittelbaren Wirklichkeit in eine eigenthümliche poetifche Welt empor. In der letzten
Periode, bei voller Herrfchaft über die Technik, die ihm den breite-
ften Farbenauftrag geftattet, verringert fich die Reihe der Einzel-
farben, er wirkt faft ausfchließlich durch Licht und Schatten, läßt
das erftere fich intenfiv an einzelnen Stellen fammeln und dadurch
aus dem umgebenden tiefen Dunkel kräftig, faft gewaltfam heraustreten. An den zahlreichen Selbftporträts, die er offenbar als Stu-
dienköpfe behandelte, läßt fich die Aufeinanderfolge diefer Mal-
weifen genau nachweifen. Ueberhaupt mag diefe Freude, Farbenftimmungen zu erproben, die Befteller von Porträts wenig befriedigt
und diefe bewogen haben, realiftifchere Maler ihm vorzuziehen.
Von feiner umfaffenden Phantafie, feiner Kunft zu componiren
legen die biblifchen Gemälde (und Radirungen) das befte Zeugniß
ab. Ihn feffelten, ganz im Sinne feiner Zeit und feines Volkes,
am ftärkften die Scenen, welche in den fpäteren hiftorifchen Büchern
des alten Teflaments gefchildert werden. So fchilderte er Simfons
Hochzeit (Dresden), den Zank Simfon's mit dem Schwiegervater, der
ihn aus dem Hochzeitshaufe ausgefchloffen hat, Simfon's Blendung
und malte öfter die Sufanna und Bathfeba im Bade; auch die Gefchichte des Tobias (Louvre) und der Maccabaeer (Stockholm, unter
der falfchen Bezeichnung: Zižka) boten ihm Motive zu Gemälden.
Die Jugendgefchichte Chrifti gab ihm Anlaß zu idyllifchen Bildern
(le ménage de menuifier im Louvre, die Holzhackerfamilie in Kaffel
aus dem Jahre 1640). Er verfetzt uns in den engften, dürftigften
Raum, in ärmlichfte Verhältniffe; trotzdem aber und trotz der
holländifchen Verkleidung Jofeph's und Maria's weiß Rembrandt
doch durch die warme harmonifche Beleuchtung den Eindruck

heiligen Friedens zu wecken. Hervorragende Bedeutung befitzen ferner: die Darftellung im Tempel 1631 (Haag), die Parabel vom Weinberg (Petersburg 1637, Frankfurt 1656), die Ehebrecherin 1644 (London) und unter den Radirungen das fog. Hundertguldenblatt: die Heilung der Kranken durch Chriftus, ungefähr 1650. Die Paffion war für ihn, wie für alle nordifchen Künftler, ein Ereigniß voll des herbften Ernftes und von tragifcher Gewalt. Seine Bilder und Radirungen aus der Paffionsgefchichte (No. **235**, 1) werden ähnlich wie Dürer's und Holbein's Paffionsfcenen von demfelben Geifte getragen, welcher Paul Gerhard das Kirchenlied: O Haupt voll Blut und Wunden eingab. Die Beimifchung jüdifcher Charakterköpfe und orientalifcher Trachten, deren Kenntniß das Judenquartier und der Hafen von Amfterdam bequem vermittelten, verleiht Rembrandt's biblifchen Schilderungen eine befonders anfangs befremdende Localfarbe.

Gar manche der Rembrandt'fchen Porträts find namenlos. Es fcheint nicht, daß er in feinen fpäteren Jahren in den vornehmen Kreifen Amfterdams als Porträtmaler befonders beliebt war; er felbft fuchte fich feine Modelle nicht nach ihrer Lebensftellung, fondern nach ihrer malerifchen Brauchbarkeit aus. Zu folchen namenlofen Bildniffen, die aber Werke erften Ranges find, gehört das auffallend früh datirte (1635) Porträt eines derben Proletariers, ehemals in der Galerie San Donato, der fog. Rabbiner in Berlin, die Dame von Utrecht (1639) in einer holländifchen Privatgalerie, das Frauenbildniß in der Salle carrée im Louvre, das Familienbild in Braunfchweig u. a. Unter den benannten Porträts heben wir die Bildniffe feines Freundes und Gönners, des Bürgermeifters Six, und der Mutter desfelben (Sammlung Six in Amfterdam), das noch forgfältig behandelte, überaus lebensvolle Porträt des Martin Day, eines Glücksfoldaten, und jenes von deffen Frau, im Befitze der Familie Rothfchild, früher in der berühmten Sammlung van Loon's in Amfterdam, die Bildniffe des Malers Jakob Noomer (?), gewöhnlich Rembrandts Vergolder genannt (1640), ehemals in der Galerie Morny, des Schreibmeifters Coppenol in Petersburg, des Jan Haaring (1658) in der Sammlung John Wilfon in England hervor. Selbftverftändlich ift damit die Reihe der Meifterwerke Rembrandt's in diefem Fache lange nicht erfchöpft. Eine treffliche Ergänzung bieten die radirten Porträts, wie jenes des Bürgermeifters Six, des Goldwägers (vielleicht eine biblifche Figur), des Arztes Ephraim Bonus, der nachdenklich eine Treppe herabgeht, des Predigers Uyttenboogaert und Anslo's, des Bilderhändlers de Jonghe, des trübfinnig blickenden Haaring. Nicht minder wichtig find die landfchaftlichen Radirungen, in welchen diefelbe feine Beobachtung der Bodenformen und der Wolkenbewegung fich ausfpricht, wie in feinen gemalten bei aller Eintönigkeit der Farben merk-

würdig naturlebendigen Landſchaften. Ebenſo lehren uns andere
Radirungen, ſein Charlatan, die Waffelbäckerin, der blinde Geiger,
die mannigſachen Bettlerfiguren Rembrandt's Auffaſſung des Volks-
lebens kennen.

Auf die Kunſtweiſe des jüngeren Geſchlechtes hat auch Rembrandt einen nachhaltigen Einfluß geübt, da er in Amſterdam einen
zahlreichen Schülerkreis um ſich verſammelte. Voran ging ihm als
Lehrmeiſter und Schulhalter Frans Hals. Die **Harlemer Schule**
lehnt ſich vorwiegend an dieſen an und dankt ihm die kräftige,
friſche Farbenbehandlung, die ſcharfe Charakteriſtik. In der Nähe
des Frans Hals ſammelten ſich die Maler der ſogenannten Geſellſchaftsſtücke, in welchen kecke Soldaten, flotte Offiziere, über-
müthige junge Herren, galante Mädchen bei Wein, Spiel und Liebe
ſich erluſtigen. Auch die muſikaliſche Unterhaltung kommt zuweilen zu ihrem Rechte. An der Spitze dieſer Maler ſteht, ſoweit
bis jetzt die Forſchung reicht, der Bruder des Frans Hals, *Dirk
Hals*. Nur ſein Todesjahr 1656 iſt ſichergeſtellt, über das Geburtsjahr und ſeine künſtleriſche Erziehung bleiben wir in Ungewißheit.
Seiner Richtung folgten *Antonis Palamedesz* in Delft (1601—1673)
und der weiter nicht bekannte *A. Duck* oder Le Duck. Auch *Pieter
Codde*, dem Dirk Hals gleichaltrig, gehört zu dieſer Gruppe. Vorläufer und Vorgänger der Harlemer Geſellſchaftsſtücke laſſen ſich
im 16. Jahrhundert nicht nachweiſen. Gegenſtand und Ton der
Schilderung ſcheint unter dem unmittelbaren Einfluſſe der ſtürmi-
ſchen, kriegeriſchen Zeiten als ihr Nachhall ſich ausgebildet zu
haben. Anders verhält es ſich mit den Bauernſtücken, als deren
glänzendſter Maler in der Harlemer Schule uns *Adriaan van Oſtade*
entgegentritt. Er iſt 1610 in Harlem geboren worden, genoß den
Unterricht des Frans Hals, ließ eine Zeit lang auch Rembrandt's
Werke auf ſich einwirken und ſtarb, als ſeine künſtleriſche Kraft
ſchon im Sinken begriffen war, 1685. Adriaan iſt nicht Schöpfer
dieſer Gattung, andere Maler in Flandern und in Holland waren
ihm vorangegangen; er hebt ſie aber durch einen liebenswürdig
humoriſtiſchen Ton, den er beſonders in ſeiner mittleren Zeit an-
ſchlägt, durch ſeine Kunſt des Helldunkels und der maleriſchen
Stimmung zu höchſter Vollendung. Bald führt er uns in die
dämmerige Bauernſtube, wo ſich derbe aber ehrliche Geſellen am
Trunke oder am Tanze ergötzen, oder die Familie ihren Beſchäftigungen mit gemüthlicher Ruhe nachgeht, bald ſind wir Zeugen,
wie ſich auf dem Dorfplatze eine muntere Geſellſchaft erluſtigt, oder
wie ein Geiger durch ſein Spiel Alt und Jung vor das Haus auf
den Hof gelockt hat. Die Figuren. oft nur wenige Zoll groß, ſind
doch überaus lebendig charakteriſirt. Die Farben erſcheinen auf
einen Hauptton geſtimmt, die Schatten zeigen feine Durchſichtig-

keit. Große Wirkung erzielt Adriaan in feinen Hintergründen,
feinen Durchblicken in eine hintere Kammer, welche ihm Gelegenheit zu Lichtreflexen und mannigfachen Abftufungen der Beleuchtung bieten (No. **237**, 4). Außer den zahlreichen Gemälden (Mufeum van der Hoop in Amfterdam, Haag, London, Dresden) und
Aquarellzeichnungen fchuf Adriaan mit ficherer Hand etwa ein halbes
Hundert Radirungen, Einzelfiguren und kleine Gruppen (No. **236**, 1).
Zu Adriaan's Gefolge gehört fein Bruder *Ifaak* (1621—1649),
Cornelis Bega in Harlem (1620—1664) und *Cornelis Dufart* (1660
—1704). Unter den Harlemer Landfchaftsmalern ragt *Jakob van
Ruijsdael* in erfter Linie hervor. Ob fein Vater Ifaak, als Rahmen-
und Bilderhändler urkundlich erwähnt, auch die Malerei felbft ausübte, darüber herrfcht eben fo wenig Gewißheit wie über feine
Lehrzeit. Wir wiffen nur, daß auch des Vaters Bruder, Salomon,
die Landfchaftsmalerei trieb, und daß der ungefähr um das Jahr
1625 geborene Jakob Ruijsdael 1648 in die Harlemer Malergilde
eintrat. Den Aufenthalt in Harlem beftätigen auch die Motive feiner
älteren Landfchaften, die offenbar der Umgebung von Harlem entlehnt find. Im Jahre 1659 wird er als anfäffig in Amfterdam erwähnt. Dorthin mag ihn, wie fo viele andere Künftler, der reiche
Verkehr, die große Zahl der Kunftliebhaber gelockt haben. Verarmt
und verlaffen kehrte er 1681 in feine Vaterftadt zurück und ftarb
hier 1682. Es wird wohl mit den in Harlem verbreiteten Kunft-
lehren zufammenhängen, daß auch ·Ruijsdael von genauer Naturbeobachtung und fcharfer Charakteriftik des Einzelnen ausgeht. In
der Zeichnung und im Colorit des Laubes, der Baumftämme, der
Wolken ftrebt er eine unmittelbare Wahrheit an, wie keiner feiner
Vorgänger. Damit aber verbindet er eine feinere Empfindung für
das bewegte Spiel in den Lüften und für die Farbenftimmung.
Häufig zieht durch feine Landfchaften ein ernfter, faft fchwermüthi-
ger Ton, für uns noch dadurch erhöht, daß feine Bilder die urfprüngliche Leuchtkraft verloren haben, allmählich nachdunkelten.
Die holländifchen Galerien, in Deutfchland die Dresdener Galerie
(No. **239**, 4) find befonders reich an feinen Werken. Theilweife
ihm verwandt (in der kühlen Färbung des Laubes), durch feine
Fernfichten am meiften berühmt, erfcheint ein anderer Harlemer
Meifter: *Jan van der Meer* (1628—1691). Eine Zeitlang hielt fich
auch *Jan Wijnants* (angeblich von 1606 bis ca. 1679) in Harlem
auf, in deffen Landfchaften (No. **239**, 2) insbefondere die Vorder-
gründe durch den feinen Farbenton und die Treue in der Wiedergabe der Bodenformen erfreuen. Ebenfo kehrte *Pieter van Laar*
(1613—1674) nach längerem Aufenthalte in Italien, wo er den
Spitznamen Bamboccio empfangen hatte, nach Harlem zurück und
malte hier fleißig Bilder aus dem Bauernleben, Räuberfcenen u. f. w.

Beide Künftler wirkten dann auf einen der berühmteften jüngeren
Harlemer Maler, auf *Philipp Wouwerman* (1619—1668) ein, in
deffen zahlreichen Bildern wohl noch das Kriegsleben der Zeit anklingt; aber weit entfernt von dem kräftigen Ungeftüm und der
urwüchfigen Leidenfchaft der älteren Kunft, zeigt feine Staffage,
bei aller Lebendigkeit und glücklichen Verbindung mit dem landfchaftlichen Hintergrunde, fchon verfeinerte, zuweilen elegante Züge.
Die Phantafie hat die ernften Kämpfe bereits in ein Kriegsfpiel
verwandelt. Außer zahlreichen Kriegs- und Jagdbildern malte er
auch häufig ländliche Scenen, wobei er meiftens (aus malerifchen
Gründen) einen Schimmel anzubringen liebte (No. **239**, 3). Gleichfalls ländliche Scenen, Hirtenbilder, führt uns auch *Claas Pieters̓*
Berchem aus Harlem (1620—1683) vor, bei welchem aber das
nationale Element in der Auffaffung und in der Farbengebung fchon
zurückzutreten beginnt und der italienifche Einfluß in der Wahl
der landfchaftlichen Motive (und in der Staffage z. B. Efel) fich
wieder regt (No. **238**, 4). In ähnlicher Weife arbeitete auch fein
Schüler Karel Dujardin (1625—1678).

Wenn Houbraken, der 1718 die Lebensbefchreibungen niederländifcher Künftler herausgab, deffen Angaben aber mit großem,
vielleicht mit übertriebenem Mißtrauen angenommen werden, Recht
hat, fo muß auch *Gerard Ter-Borch* zur Harlemer Schule gerech-
net werden. Ter-Borch ift 1608 in Zwolle geboren und foll zuerft
von feinem Vater, dann von einem Harlemer Maler Unterricht
empfangen haben. In der That laffen fich feine Bilder am beften
von den „Gefellfchaftsftücken", welche im Kreife des Dirk Hals
gemalt wurden, ableiten. Auch Ter-Borch fchildert mit Vorliebe
gefellige Unterhaltungen oder auch einzelne Charakterfiguren, wie
die älteren Harlemer Meifter, nur daß er befonders in feinen fpäteren
Gemälden nicht mehr wie diefe fo unmittelbar auf dem Volksboden
fteht, vielmehr den frifchen, kräftigen Ton dämpft, einer größeren
Eleganz, einer feineren Durchführung huldigt. Offenbar hat er als
fein Publikum raffinirtere Kunftliebhaber vor Augen. Er ftellt
Durchfchnittsmenfchen dar, nicht fchön und noch weniger geiftreich;
diefelben leben auch nicht für fich, fondern erfcheinen wie für den
Befchauer gemalt. Die behaglich gefchmückten Räume, in welchen
fie fich bewegen, die fchmucke Tracht der Männer, die reiche
Seidenkleidung der Frauen — mit Ter-Borch beginnt die Stoff-
malerei —, die lebendig fprechende Weife der Gruppirung führen
uns in Kreife, welche das Leben gemüthlich genießen, und ver-
locken uns, die von Ter-Borch mit zierlichen Farben gefchilderten
Scenen novelliftifch auszufpinnen. Wie köftlich hat Goethe in den
Wahlverwandtfchaften (Th. II. Kap. 5) die von Ter-Borch wiederholt gemalte Gruppe der jungen Dame, die vor einem älteren Paare,

dem Befchauer abgekehrt, mit gefenktem Kopfe fteht (No. 235, 2), gedeutet. In ähnlicher Weife könnte man an dem Trompeter, welcher den Offizier in einer zärtlichen Unterhaltung ftört, vielleicht den Befehl zum fchleunigen Aufbruch in das Feld überbringt (No. 234, 5), eine ˙Erzählung anknüpfen. Ter-Borch machte große Reifen bis nach Spanien, benützte den Aufenthalt in Münfter, um die Mitglieder des Friedenscongreffes zu einer Porträtgruppe vereinigt zu malen (Londoner Nationalgalerie), und lebte die fpäteren Jahre in Deventer, wo er 1681 ftarb. Sein Schüler war der auch in kleinen Porträts effektvolle *Kafpar Netfcher* (1639—1684), aus Heidelberg, welcher im Haag feine Werkftätte aufgefchlagen hatte (No. 235, 7).

Wie Harlem, fo befaß auch **Leyden** im 17. Jahrhundert eine zahlreiche Künftlergemeinde. Noch dem älteren Gefchlechte gehört *Jan van Goyen* (1596—1656) an, vielleicht ein Schüler des Efajas van de Velde, der zuerft in Harlem, dann in Leyden thätig war. In Goyen's fonnigen Landfchaften fiegt der Luftton über die Lokalfarben, fo daß die letzteren dadurch eine leife Dämpfung und eine ihnen allen gemeinfame durchfichtige Hülle empfangen. Flache Dünenlandfchaften, Flußufer, zuweilen mit reicher Staffage ausgeftattet, find feine Lieblingsmotive (No. 239, 1). Unter den fpäteren Malern ift *Jan Steen* (1626—1679) der bekannteste, eine Lieblingsfigur der Künftlerlegendenfchreiber, die ihm den Beinamen des luftigen Schenkwirthes von Leyden gaben. Eine Zeit lang lebte er auch ˙in Harlem, ohne aber von der dort herrfchenden Malweife eine nachhaltige Einwirkung zu erfahren. Die fpecififch malerifche Begabung ftand überhaupt bei Jan Steen gegen den dramatifchen Sinn zurück, welcher feine Bilder in förmliche Komödien verwandelte. Er ift daher auch mit Molière verglichen worden, nicht minder nahe liegt die Erinnerung an Hogarth. Richtiger ift es, auf die moralifirende Tendenz in der älteren Genremalerei, welche fich auch in der gleichzeitigen niederländifchen Poefie wiederfindet, hinzuweifen und hier fein Vorbild zu entdecken. Denn auch Jan Steen moralifirt, wie die Beifchriften auf feinen Gemälden beweifen, nur daß er fich von dem Ergötzen an dem luftigen Treiben oft hinreißen läßt, fo daß die fatirifche Tendenz zurücktritt und die komifche Schilderung als Selbftzweck erfcheint. Das fchlecht affortirte Ehepaar, die fidele Familie, die Scene, wie es nach dem Gelage zugeht, wenn die Herrfchaft eingefchlafen ift (No. 237, 3), der kluge Arzt, der gar bald die Urfache der Herzkrankheit erkennt (No. 237, 2), u. f. w. find die häufigften Gegenftände feiner Darftellung. Doch hat Steen auch harmlofere Scenen, das Bohnenfeft und Nikolausfeft, Kirmeffen gemalt, felbft an biblifchen und hiftorifchen Gegenftänden fich verfucht. — So kurze Zeit auch Rembrandt in Leyden als felbständiger Meifter zubrachte, fo bildete er doch fchon hier einen berühmten Schüler aus: *Gerard Dou* (1613—1675). Die Klein- und Feinmalerei im beften Sinne des Wortes fand in Dou ihren Hauptvertreter. Das kleine Format und der überaus faubere und forgfältige Farbenauftrag bedingen fich gegenfeitig. Die Phantafie hat Dou nicht übermäßig angeftrengt, er bewegt fich im engen Kreife des bürgerlichen Lebens, fchildert nicht felten ganz gewöhnliche Werktagsbefchäftigungen, welche erft durch Beleuchtung, Colorit, durch die liebevollfte und eingehendfte formale Behandlung einen erhöhten Reiz, gleichfam einen poetifchen Schein gewinnen. Es muß in Rembrandt's Kreife fchon frühzeitig die Darftellung einer Figur am offenen Fenfter, fo daß fie von dem letzteren eingerahmt wird, das volle Tageslicht von vorn empfängt, während die dämmerige, im Halbdunkel gehaltene Stube den Hintergrund bildet, eine beliebte Schulaufgabe gewefen fein. Faft alle Schüler Rembrandt's haben folche Bilder gemalt; auch Dou, der z. B. fich felbft geigend am offenen Fenfter darftellte (No. 240, 5). Außer zahlreichen Fenfterbildern (No. 235, 3) malte Dou auch viele Stubenfcenen, in welchen zuweilen Kerzenlicht den Effekt noch erhöht, wie in der berühmten „Abendfchule" im Mufeum von Amfterdam. Ohne befondere Kunftmittel wirkt die „Wafferfüchtige Frau" im Louvre dennoch durch die feinere pfychologifche Stimmung und die gleichmäßig verbreitete, leife gedämpfte, fonnige Beleuchtung nachhaltiger als die Mehrzahl feiner Werke. Seine Richtung, nur mit gefteigerter glatter Eleganz, wurde von feinem Schüler *Frans van Mieris* (1635—1681) in Leyden fortgefetzt. Die Bilder desfelben fanden wegen diefer Eigenfchaft in vornehmen Liebhaberkreifen bereits zu feinen Lebzeiten die größte Anerkennung (No. 237, 5, 6). Sein Sohn Willem, und fein Enkel, Frans Mieris der jüngere, hielten an der ererbten Kunftweife feft und ahmten die Werke ihres Vorfahren bald mit größerem, bald mit geringerem Glücke nach.

Die Leydener Schule führte uns bereits in Rembrandtifche Kreife. Auf diefelben ftoßen wir auch in mehreren jüngeren Gliedern der **Delfter** Künftlergemeinde. *Karel Fabritius* hatte Rembrandt's Werkftätte in Amfterdam befucht, dann in feiner Vaterftadt fich niedergelaffen, wo er bei der Explofion eines Pulverthurmes in jungen Jahren 1654 das Leben einbüßte. Ob der Schüler des Fabritius, der erft in unferen Tagen wieder zu Ehren gekommene *Jan van der Meer* (1635—1696), zum Unterfchiede von feinem Harlemer Namensvetter der Delfifche van der Meer genannt, unmittelbar oder mittelbar den Einfluß Rembrandt's erfahren hatte, wiffen wir nicht. Vornehmlich durch Rembrandt wurden der Kunft neue Aufgaben geftellt. Nach der ganzen Richtung der holländifchen Kunft bezogen fich diefelben auf die Beleuchtung. Es handelte fich nicht

um bloße technifche Probleme, fondern um eine wirkliche künftlerifche Auffaffung, durch welche an fich gleichgiltige Gegenftände
der Phantafie nahe gerückt wurden, einen poetifchen Schein empfingen. Solche Beleuchtungseffekte führte auch der Delftfche van
der Meer durch. Er verfetzt uns bald in eine Stube mit hellen
Wänden, in welche von der Seite durch das Fenfter ein Lichtftrom
eindringt, bald in einen Hofraum oder einen von der Sonne be-
fchienenen Vorplatz, in welchem die Geftalten wie im Lichte
fchwimmen, Schatten in die hellen Flächen hineinfpielen. Die Vorgänge, welche er fchildert, find in der Regel einfacher Art. Junge
Mädchen wickeln Garn ab, trinken Wein, treiben Mufik, ein Geo-
graph hält einen Compaß in der Hand, ein Soldat unterhält fich
mit einem lachenden Mädchen (No. **236**, 2), auf einem Vorplatze
hat fich eine größere Familie behaglich vereinigt (No. **236**, 3), ein
Knabe macht Seifenblafen u. f. w. Eigenthümlich ift van der Meer
die Vorliebe für Hellblau und Citronengelb. Ihm fteht künftlerifch
Pieter de Hoogh nahe, über deffen Leben (ca. 1632—1681) und
Ausbildung nichts Näheres bekannt ift. Seine Stubenbilder, in
welchen man gewöhnlich durch eine geöffnete Thüre noch in einen
zweiten Raum blickt (No. **236**, 4), feffeln durch einen ähnlich
pikanten Reiz breit einfallenden Sonnenlichtes, welches die dämme-
rigen Räume verfchieden erhellt und in mannigfachen Reflexen
fpielt, wie die Gemälde van der Meer's.

Die **Amfterdamer Schule** hat natürlich den ftärkften Einfluß
Rembrandt's erfahren. Durchaus felbftländig fteht neben ihm nur
ein einziger berühmter Porträtmaler: *Bartholomaeus van der Helft*
(?1613—1670). Im Gegenfatze zu Rembrandt, welcher in Bildniffen
und Porträtgruppen immer mehr die eigene fubjective malerifche
Stimmung walten läßt, erblickt van der Helft fein höchftes Ziel in
der vollendeten natürlichen Lebendigkeit der Schilderung. In gleichmäßig klarer Beleuchtung, in kräftigen, breit aufgetragenen Farben
führt er uns die Perfönlichkeiten vor. Die äußere Wahrheit kann
nicht größer gedacht werden. Ohne daß fich der Künftler in
kleinen Einzelheiten verliert, gibt er uns ein treffliches Bild der
äußeren Erfcheinung. Kein Zweifel, daß feine Porträts durch ftarke
Aehnlichkeit fich auszeichneten. Daher ftammt feine große Beliebtheit bei den Zeitgenoffen. Einen tieferen Einblick in inneres Leben
geftatten uns aber feine Geftalten nicht, eine fcharfe Charakteriftik
wird in der Regel vermißt. Als fein Hauptwerk gilt das Schützenfeftmahl zur Feier des weftfälifchen Friedens 1648, im Mufeum zu
Amfterdam.

Unter den Schülern Rembrandt's in Amfterdam muß zuerft
jene Gruppe hervorgehoben werden, welche nicht nur in der Malweife dem Meifter folgte, fondern auch in den Gegenftänden der

Darftellung, in der Auffaffung fich ihm anfchloß, in biblifchen Motiven fich verfuchte, Regentenftücke und Porträts darftellte. Voran fteht *Ferdinand Bol* (1611—1681), fodann *Salomon Koninck* (1609—1668?) und *Govaert Flinck* aus Cleve (1615—1660), als deffen Hauptwerk ein großes Schützenfeftmahl im Mufeum zu Amfterdam angefehen wird. Eine Probe feiner biblifchen Darftellungen bietet die „Vertreibung Hagars" im Berliner Mufeum (No. **237**, 1). Etwas fpäter traten *Jan Victors* und *Gerbrand van den Eeckhout* (1621—1674) in die Werkftätte Rembrandt's ein. In noch fpäteren Jahren empfing *Arent de Gelder* aus Dordrecht (1645—1727) Unterricht von Rembrandt, deffen letzte Malweife er vortrefflich nachzuahmen lernte. Alle diefe Meifter bilden die eigentliche Schule Rembrandt's, fchließen fich demfelben fo enge an, daß nicht felten ihre Werke z. B. jene Koninck's, van Eeckhout's, für Schöpfungen Rembrandt's genommen wurden. Sein Einfluß erftreckt fich aber auch auf folche Kreife, welche in den Gegenftänden der Schilderung, in der Auffaffung und Empfindung fich felbftändiger erhalten. Eine nachhaltige Einwirkung Rembrandt's in technifcher Hinficht erfuhr namentlich *Nicolaes Maes* aus Dordrecht (1632—1693), deffen einfache Figuren und Gruppen: die Spinnerin, das Milchmädchen, die Nätherin, das Mädchen, welches ein Liebespaar belaufcht, die an der Wiege eines Kindes eingefchlafene Wärterin u. f. w. in der Technik, der Behandlung des Roth z. B. das unmittelbare Studium Rembrandt's verrathen. Aehnlich verhält es fich mit *Gabriel Metfu* aus Leyden (1630 bis nach 1667), welcher fchon in jungen Jahren nach Amfterdam überfiedelte. Sein Liebespaar in Dresden (No. **235**, 5) geht in der Compofition auf Rembrandt's Selbftporträt mit Saskia ebendort zurück; fein junger Mann am Fenfter (No. **235**, 6) wiederholt eine in Rembrandt's Schule geläufige Aufgabe. Friedlicher Straßenverkehr (No. **235**, 4), Familienfcenen, mufikalifche Unterhaltungen, Liebesgetändel in behaglich eingerichteten Wohnftuben u. f. w. find die von Metfu am häufigften gemalten Vorgänge. Er ftreifte an Terborch an, ähnlich wie der gleichfalls von Rembrandt abhängige *Samuel van Hoogftraeten* in Dordrecht (ca. 1627—1678) mit Pieter de Hoogh und dem Delftfchen van der Meer zufammengeht. Für eine Reihe von Jahren übte aber auf Metfu's Malweife, auf feine Anwendung des Helldunkels, auf Farbenharmonie u. f. w. Rembrandt beftimmenden Einfluß.

Mit der fteigenden Macht Amfterdams in der Politik und im Welthandel fammelt fich auch das holländifche Kunftleben immermehr in diefer Stadt. Sie empfängt reichlichen Zuzug aus den anderen Kunftplätzen. In der üppig reichen, auf ruhig bequemes Stillleben bedachten Amfterdamer Welt entwickeln fich aber auch eigenthümliche Richtungen. Wie ein Nachhall der früheren großen

Zeit, in welcher die Kunſt mit den nationalen Intereſſen eng zu-
ſammenhing, erſcheint die Seemalerei. Als ihr berühmteſter Vertreter muß *Willem van de Velde* der jüngere genannt werden,
der Sohn eines gleichnamigen Seemalers, Schüler desſelben und des
Simon de Vlieger. Er iſt 1633 in Amſterdam geboren, lebte aber
ſeit 1675 als Hofmaler in Greenwich, wo er 1707 ſtarb. Seine
Seeſchlachten, Flottenrevuen (No. **239**, 6), See- und Marinebilder,
in welcher die Beleuchtung, das Wolkenſpiel den Reiz der Darſtellungen erhöhen, wurden von den Zeitgenoſſen überaus hoch geſchätzt. Aber ſchon ſein Bruder *Adriaan van de Velde* (1639—
1672) bewegte ſich in der idylliſchen Richtung, welche dem
Sinne der Zeitgenoſſen am meiſten entſprach und der Landſchaftsmalerei neue wirkſame Motive zuführte. Die Erde, von mannigfachen Nutzthieren belebt, bietet den Menſchen ihre befreundeten
Dienſte an und ladet zu behaglicher Ruhe, zur Ausſpannung der
im geſchäftlichen Verkehre angeſtrengten Kräfte ein. Bei Adriaan
van de Velde tritt die Thierwelt noch nicht in den Vordergrund,
ſie erſcheint in der Regel nur als heitere Staffage der Landſchaft.
Adriaan ſchildert mit Vorliebe Heerden im Bruchlande weidend,
in der Nähe eines ſtillen Waſſers, mit ländlichen Gehöften im Hintergrunde (No. **236**, 6). Aber auch die eigenthümlichen Reize der
holländiſchen Winterlandſchaft, die von fröhlichen Schlittſchuhläufern
belebte Eisfläche (No. **238**, 2) weiß Adriaan, welcher zahlreichen
Landſchaftsmalern die Staffage in ihren Gemälden ausführte und
trotz ſeines frühen Todes eine große Fruchtbarkeit entwickelte, in
lebendiger Weiſe darzuſtellen. Von der weiten Verbreitung der
idylliſchen Richtung in der Landſchaftsmalerei legt auch die Thätigkeit des *Aalbert Cuijp* (1605?—1691) Zeugniß ab, welcher, wie es
ſcheint, ziemlich unabhängig von den Hauptſchulen, in angeſehenen
Verhältniſſen in Dordrecht lebte und auf das Studium hellſter
Sonnenbeleuchtung und der Stimmung der verſchiedenen Tages-
zeiten erfolgreich ſich verlegte (No. **238**, 1). Während bei dieſen
Meiſtern die Thierwelt der Landſchaft ſich einordnet, bilden bei
Paulus Potter (geb. in Enkhuizen 1625, geſt. in Amſterdam 1654)
die großen Nutzthiere, Rinder, Ziegen und Schafe die Gegenſtände
ſelbſtändiger Darſtellung. Nicht bloß durch Naturtreue und überaus ſcharfe Auffaſſung der Eigenthümlichkeiten, wodurch ein Thier-
individuum von anderen ſich unterſcheidet, ragen Potter's Thierbilder über alle ähnlichen Schilderungen empor, ſondern auch durch
die maleriſche Stimmung und glückliche Beleuchtungseffekte, welche
insbeſondere ſeinen kleineren Gemälden einen großen Reiz verleihen. Seine berühmteſten Werke ſind in den Muſeen im Haag
und in Petersburg bewahrt (No. **236**, 5).

In der reinen Landſchaftsmalerei genügt die einfache heimiſche

Natur immer weniger. Viele Maler wenden fich wie *Jan Both* u. a. Italien zu, andere fuchen im hohen Norden nach neuen wirkungsvollen Motiven, fo *Allart van Everdingen* aus Alkmaar (1621?— 1675), welcher feit 1657 in Amfterdam fich niederließ. Während er in jungen Jahren vorwiegend Seeftücke malte, widmete er fpäter feinen Pinfel der Verherrlichung der wilden und fchroffen norwegifchen Natur. Wenn die Maler bei heimifchen Motiven verweilen, fo bemühen fie fich doch, diefelben in abfonderlichen Erfcheinungsweifen vorzuführen, wie im Mondfchein oder in nächtlichen Feuersbrünften. Die größte Virtuofität bekundete in folchen Darftellungen *Aart van der Neer* in Amfterdam (1619—1683?). Ueber feine Entwickelung ift uns nichts Näheres bekannt (No. **238**, 3). Ein einziger Landfchaftsmaler hält, obfchon er dem jüngeren Gefchlechte angehört, an der älteren einfachen Richtung feft und weiß auch in fchlichte heimifche Motive die feinfte Stimmung zu legen: *Meindert Hobbema* (1638—1709). Es ift ein Sommernachmittag nach einem kurzen Gewitter. Noch jagen einzelne Wolken am Himmel und hüllen den Vordergrund in Schatten, während die Sonne Mittel- und Hintergrund beleuchtet. Der Regen hat alles Grün aufgefrifcht, er läßt den Bach, der eine Mühle luftig treibt, reichlicher fließen und auch das Waffer in dem Teiche vorn fich leicht kräufeln. Am Raine des Waldes, durch deffen Baumwipfel ein rothes Dach hindurchblickt, zieht fich ein Pfad hin, auf welchem rüftige Wanderer fchreiten. So etwa möchte man die Lieblingsaufgabe Hobbema's faffen, welche er in zahlreichen Gemälden variirt (No. **239**, 5). Ueber Leben und Entwickelungsgang des Künftlers find wir nicht näher unterrichtet. Wir wiffen nur, daß er in Amfterdam lebte und ftarb. In der Schilderung lebendigen (*Melchior d' Hondecoeter* in Amfterdam) und todten Geflügels, fowie todten Wildes (*Jan Weenix* No. **238**, 6), in der Darftellung des fog. Stilllebens (Wildpret, Früchte, Gläfer kunftvoll arrangirt) und in Blumenftücken (*Jan de Heem, Rachel Ruyfch*) brachte die holländifche Malerei, recht bezeichnend für ihren Entwickelungsgang, noch zuletzt einen neuen Kunftzweig zur Blüthe. Ihren Verfall bekunden die glatten, fauber in der Farbe verfchmolzenen, aber ganz unlebendigen Bilder des *Adriaen van der Werff* (No. **238**, 5).

8. Die spanische Malerei im 17. Jahrhundert.

Für die gangbare Kunftbetrachtung treten aus dem Dunkel der fpanifchen Kunftgefchichte nur wenige Namen klar und hell heraus. Velasquez, Alonzo Cano, Zurbaran und Murillo genießen in weiteren

Kreifen glänzenden Ruhm. Andere Maler find wenig bekannt. Der
älteren Zeit wird im Allgemeinen die Anlehnung an die niederländifche und fpäter an die italienifche Kunft als wichtigfter Cha-
rakterzug zugefchrieben. An der vielfachen Abhängigkeit von fremden Kunftweifen, an einem regen künftlerifchen Verkehre zwifchen
Spanien und den Niederlanden läßt fich nicht zweifeln. Die Einflüffe florentiner Meifter und Raffael's find bei mehreren Malern
z. B. *Alexo Fernandes* und *Luis de Vargas* (1502—1568) in
Sevilla, *Vicente Juanes* (1523—1579) in Valencia nachgewiefen
worden. Ebenfo entwickelten Niederländer, wie *Ferdinand Sturm*
aus Zieriksee und *Pedro Campaña* aus Brüffel (1503—1580) in
Sevilla eine nachhaltige Wirkfamkeit. Ein Spanier, *Josef de Ribera*
gen. *lo Spagnoletto* (1588—1656), gehört mehr der italienifchen als
der heimifchen Kunftgefchichte an. Er zählt zu den hervorragendften Gliedern der naturaliftifchen Richtung, welche von Michelangelo
da Caravaggio begründet wurde (No. **241**, 3). Auf der andern Seite
muß man annehmen, daß auch die älteren fpanifchen Meifter Individualität und einen befonderen Charakter befaßen und daß zwifchen
dem malerifchen Schmucke der Retablos (Altäre) aus dem 15. Jahrhundert und der weiteren Entwickelung wenigftens einzelne Fäden
den Zufammenhang herftellen. Auch der Umftand, daß unter den
mannigfachen Lokalfchulen die Schule von Sevilla, der wahren
Hauptftadt des fpanifchen Volkes, in die erfte Reihe tritt, weift auf
engere Beziehungen zu dem nationalen Wefen hin. Sevilla hatte
an dem Handel mit Amerika den Hauptantheil, war die reichfte und
geiftig regfamfte Stadt Spaniens. Es würde einer eingehenden
Schilderung nicht fchwer fallen, eine nahe Verwandtfchaft zwifchen
der Poefie, befonders der dramatifchen und der Malerei in Spanien
zu entdecken.

Unter den älteren Malern in Sevilla ftehen im Vordergrunde
Juan de las Roelas (1558—1625), der fich an Tintoretto's Werken
herangebildet hatte, diefen aber durch die größere unmittelbare
Wahrheit der Darftellung übertrifft, fodann der als Kunftfchrift-
fteller bekannte *Francisco Pacheco* (1579—1654) und endlich der
ältere *Francisco Herrera* (1576—1656), welcher bereits in feinem
breiten Farbenauftrage, feiner kraftvollen, ungebundenen Lebenswahrheit die Kunftweife der fpäteren Hauptmeifter vorbereitet. Ein
hervorragendes Werk von Herrera's Hand befitzt die Louvregalerie
in dem h. Bafilius. Aus feiner Werkftätte ging *Diego de Silva
Velasquez* (1599—1660) hervor. In feinen frühesten Arbeiten, fo
lange er fich in Sevilla aufhielt, erfcheint Velasquez an kein Stoffgebiet gebunden. Er greift aus dem Volke einzelne Typen heraus,
offenbare Charakterftudien, wie den grinfenden Burfchen im Wiener
Belvedere, den Wafferverkäufer (Sammlung des Herzogs von Wel-

lington), er malt Stillleben, um die malerifche Auffaffung zu üben, und fchildert auch religiöfe Scenen (No. **242**, 2). Durch feine Berufung nach Madrid an den Hof Philipp's IV. 1623 wurde er vornehmlich auf die Pflege des Porträtfaches angewiefen. In demfelben entfaltete er feine ganze künftlerifche Größe und ftellte fich den erften Porträtmalern Italiens und der Niederlande ebenbürtig zur Seite. Dabei wurde er nicht durch die natürlichen Reize feiner Modelle unterftützt. Der Mehrzahl nach find die von ihm gemalten Perfonen durchaus nicht anziehend, manche fogar geradezu häßlich. Die Häßlichkeit wird befonders bei den Frauen durch die plumpe Tracht, die Schminke noch gefteigert. Nur feiner fcharfen Zeichnung, feiner lebendigen Auffaffung, feinem nicht beftechenden aber überaus wirkungsvollen Colorit, welches namentlich in den Fleifchtheilen der Natur ftaunenswerth nahe kommt, gelang es, diefe Schwierigkeiten zu bemeiftern. Die Königsfamilie bis zu den jüngften Infanten und Infantinnen herab wurde von Velasquez porträtirt. Unter den übrigen Bildniffen find der Papft Innocenz X., den er während feines zweiten Aufenthaltes in Italien 1648 malte (in der Galerie Doria in Rom) und der Herzog von Olivarez (No. **242**, 1) befonders gefchätzt. Die Porträtgruppen bringen noch einen anderen Vorzug des Meifters, die Kenntniß der Luftperfpective und des Helldunkels, zu vollfter Geltung. Die Abtönung der Farben in den vertieften Räumen, in welchen die Figuren angeordnet find, die Weife, wie das von verfchiedenen Seiten einfallende Licht zu malerifcher Wirkung ausgenützt wird, erfcheinen mufterhaft. In erfter Linie müffen unter den Porträtgruppen des Velasquez die fog. Ehrenfräulein (las meninas) genannt werden. In einem großen und tiefen Gemache ift Velasquez befchäftigt die königliche Familie zu malen. Er fteht rechts im Vordergrunde, die Mitte des letzteren nimmt die kleine Infantin Maria Margarita ein, welcher ein Ehrenfräulein ein Glas Waffer präfentirt (No. **241**, 2), links von diefer Gruppe find zwei Zwerge mit einem großen Hunde dargeftellt, mehr in der Tiefe erblicken wir eine Hofdame und ganz im Hintergrunde einen Cavalier, welcher eben die Thür geöffnet hat. Die „Ehrenfräulein" datiren aus dem Jahre 1656. Aus früherer Zeit ftammen die ähnlichen Schilderungen der Spinnerinen (las Hilanderas, im Madrider Mufeum) und des Künftlers eigener Familie (in der Wiener Belvederegalerie). Während uns diefe Gemälde in das gedämpfte Helldunkel innerer Wohnräume führen, zeigt das unter dem Namen „die Lanzen" bekannte Bild, welches die Uebergabe der Schlüffel der Stadt Breda an den fpanifchen Feldherrn Spinola darftellt, im Madrider Mufeum, die volle klare, mit nicht geringerer Meifterfchaft behandelte Tagesbeleuchtung. Um die Hauptperfonen haben fich fpanifche Lanzenträger (daher der Name des Bildes) und derb-

fchlächtige holländifche Soldaten verfammelt, in welchen die mannigfachften Charaktertypen Ausdruck finden. Der wiederholten Reife
nach Italien zum Trotze blieb Velasquez in Anfchauungen und
Formenfinn der reine Spanier. Diefes beweifen am beften feine
der antiken Welt entlehnten Bilder. Den griechifchen Göttern
ftreift er alles Ideale ab und verfetzt fie auf den Boden feiner Heimat.
Die antike Lebensweisheit (Aefop, Menipp) erfcheint ihm in den derben,
bedürfnißlofen fpanifchen Bettlern verkörpert. Die berühmteften
mythologifchen Schilderungen find die „Vulkanfchmiede", in welcher
Apoll dem unter Cyklopen hämmernden Vulkan die Untreue feiner
Gattin Venus berichtet, und dann fein Bacchus. Das letztere Bild
ift auch unter dem paffenderen Namen: los borrachos, die Trinker,
bekannt (No. **241**, 1). Eine luftige Gefellfchaft hat fich unter dem
Vorfitze eines halbnackten prächtigen Burfchen zu einem Wettkampfe im Trinken zufammengefunden. Der Sieger wird unter lautem
Beifall der Genoffen mit einem Epheukranze gekrönt. Der Kreis
der Werke des Velasquez umfaßt auch Jagdftücke und Landfchaften.
Er erinnert dadurch an die Niederländer, welchen er fich auch bei
aller Eigenthümlichkeit feiner Begabung und trotz der Verfchiedenheit feiner Umgebung in der naturaliftifchen Auffaffung und in der
vorwiegenden Betonung der Coloritwirkungen nähert. Auf moderne
Künftler hat kein alter Meifter einen fo großen Einfluß geübt wie
Velasquez.

In dem anderen Hauptmeifter der Sevillaner Schule *Francisco
Zurbaran* (1598—1662) kommt vor allem die herbe Strenge der
religiöfen Anfchauungen, unterftützt durch das düftere Colorit, zum
Ausdrucke. (Sein Hauptwerk ift die Verherrlichung des h. Thomas
von Aquino im Provinzialmufeum in Sevilla). Von feinerem Schönheitsgefühl getragen und in den Formen durchgebildeter erfcheinen
die Gemälde des *Alonfo Cano* (1601—1667), wie feine Madonnenbilder (Kathedrale von Malaga und Sevilla) zeigen. Cano war auch
als Bildhauer mit Recht hochgerühmt. Seine polychromirten, in
Holz gefchnitzten Statuen (h. Franciscus in der Kathedrale von
Toledo) finden in Tiefe des Ausdruckes und edler Haltung kaum
ihres Gleichen. Ueberhaupt erfreute fich die Holzfculptur in Spanien
einer reichen und tüchtigen Pflege. Außer Cano muß namentlich
deffen Lehrer *Juan Montañez* (Madonna, h. Bruno im Provinzialmufeum in Sevilla, Crucifix in der Kathedrale von Sevilla) als hervorragender Holzfchnitzer erwähnt werden. Die größte Popularität
genießt unter allen fpanifchen Malern der jüngfte Meifter der Schule
von Sevilla, *Bartolomé Eftéban Murillo* (1617—1682). In Deutfchland ift er namentlich durch die in der Münchener Pinakothek bewahrten Sevillaner Straßenknaben (Figur aus einem folchen Genre-
bilde No. **241**, 6) in weiten Kreifen beliebt. Doch find folche

Straßenfcenen von ihm nur felten und wahrfcheinlich nur in fehr
früher Zeit gemalt worden. Das Hauptfeld feiner Thätigkeit bildete die religiöfe Kunft. Doch hat er auch in diefer, und das
find gerade feine beften Schöpfungen, die naturaliftifche Grundlage
nicht aufgegeben, einen frifchen Volkston angefchlagen. So in
mehreren heiligen Familien, welche durch einen kleinbürgerlichen
gemüthlichen Zug an holländifche Darftellungen erinnern, in der
Engelsküche im Louvre (an der Stelle des in Verzückung ent-
fchlummerten Klofterkoches vollführen Engel die Küchenarbeit)
und felbft in feinen großen religiös-hiftorifchen Bildern. Das Wunder Mofis, welcher Waffer aus dem Felfen fchlägt (Caridad in
Sevilla) übt die größte künftlerifche Wirkung durch die lebendige
Schilderung der dürftenden Menfchen und Thiere, welche fich herandrängen, um endlich Labfal zu empfangen. Aehnlich überrafcht
in dem Bilde des Almofen fpendenden h. Thomas de Villanueva
(Provinzialmufeum in Sevilla) die fcharfe Charakteriftik der Bettler
und Krüppel, welche den Heiligen umgeben. Bis zur Wiedergabe
des Abftoßend-Häßlichen wagt fich Murillo's unbefangener naturaliftifcher Sinn in der h. Elifabeth, welche einen grindigen Knaben
durch Auflegung der Hände heilt (Akad. San Fernando in Madrid).
Verföhnend wirkt in beiden Bildern die Kunft des Colorits, der fein
abgewogene Gegenfatz des kühlen Silbertones, in welchem die Heiligen und ihre nächfte Umgebung gehalten find, zu der warm kräftigen Beleuchtung der Volksgruppen. Aber auch dem anderen
Elemente der nationalen·Phantafie, der leidenfchaftlich finnlichen
Erregung in religiöfem Dienfte, der auf das höchfte gefteigerten
Empfindung angefichts kirchlicher Myfterien, wird Murillo wie kein
anderer Meifter gerecht. Diefe Richtung vertreten außer zahlreichen
Schilderungen von Vifionen und ekftatifchen Zuftänden (No. **242**,
3) namentlich die fog. Conceptionen. Sie verfinnlichen das Dogma
der unbefleckten Empfängniß Maria's und ftellen die Madonna dar,
meift, wie fie, auf die Mondfichel den Fuß fetzend, von Engels-
reihen umgeben, in feliger Verzückung zum Himmel emporfchwebt
(No. **242**, 4). In den befferen Exemplaren der häufig gemalten Conceptionen übt die Auflöfung der feften Umriffe, die bei aller Leuchtkraft zarte Färbung, an das leife Zittern des Tones anklingend,
eine mächtige Wirkung aus. Murillo's Leben verlief überaus einfach. Mit Ausnahme eines kurzen Aufenthaltes in Madrid, wo er
Velasquez und die großen Niederländer und Italiener ftudirte, wirkte
er unermüdlich in Sevilla, eine überaus große Fruchtbarkeit ent-
faltend, die ihn befonders in der letzten Zeit zuweilen zu flüchtiger Arbeit verleitete.

9. Die französische Malerei im 17. und 18. Jahrhundert.

Das Zeitalter Ludwig's XIV. wird als die Glanzperiode der französischen Kunft gepriesen. Gewiß nicht mit Unrecht, wenn man die äußere Stellung derselben, ihre Anerkennung im Staatswesen (Gründung der Akademie 1648), die Fülle der ihr zugewiesenen Aufgaben erwägt. Größere Künftler, namentlich Maler hat aber Frankreich bereits in der Periode Louis' XIII. hervorgebracht. Nur daß sich in derselben die Beziehungen zu dem prunkvollen Hofe, in welchem sich ganz Frankreich unter Ludwig XIV. sonnte, welchem sich das halbe Europa willig beugte, noch nicht ausprägen, der nationale Charakter durch andere Einflüsse zurückgedrängt wird. Die italienische Kunft bewahrt im Anfange des 17. Jahrhunderts ihr volles Ansehen. Nach Rom pilgert, wer es in der Malerei weiter bringen will, Rom und Italien begrüßen die meisten Künftler als ihre Heimat, mag auch ihre Geburtsftätte in einer französischen Landschaft liegen. Nur wenige Maler, welche in der erften Hälfte des 17. Jahrhunderts thätig auftreten, entziehen sich dem italienischen Einfluße. So die drei Brüder *Le Nain* aus Laon, Antoine und Louis, welche beide rasch nach einander 1648 ftarben, und der jüngfte Bruder Mathieu (1607—1677). Sie schildern in schlichter Weise Scenen aus dem Volks- und Landleben, Schnitter, eine Bauernfamilie bei der Mahlzeit, ruhende Soldaten u. f. w. *Philipp de Champagne*, 1602 in Brüffel geboren, aber feit feinem einundzwanzigften Jahre in Paris anfäffig, wo er 1674 verftarb, hält in feinen trefflichen Porträts (jenes des Grafen Mansfeld 1624 brachte ihm die Gunft der Maria Medici) die niederländische Malweise feft, während in feinen religiösen Bildern der tief ernfte Geift von Port-Royal, welchem klöfterlichen Inftitute er auch perfönlich nahe ftand, hervortritt. Auch *Jacques Callot* aus Nancy (1592—1635) lebte zwar längere Zeit in Italien, offenbart aber in feinen figurenreichen, mit der Nadel radirten und geätzten Schilderungen in Inhalt und Auffaffung nordischen Charakter. Er bringt uns Volksfefte (Markt von Florenz), Cavaliere mit ihren Damen, Zigeuner vor die Augen er ftellt die Verfuchung des h. Antonius dar und befchreibt in achtzehn Blättern das in feiner lothringischen Heimat felbft gefchaute graufame Kriegselend (No. 241, 4). Auch die typischen Figuren der italienischen Komödie (Pantalon, Scapin u. f. w.) fanden in Callot's Radirungen einen hervorragenden Platz. Seine Phantaftik fpottete aller Schranken und bewirkte, daß Callot's Name schließlich gleichbedeutend mit einer ganzen poetischen Richtung (Hofman's Phantafieftücke in Callot's Manier) wurde. Die unerbittliche Wahr-

heit der Auffaffung in den „misères de la guerre", die fich auch
in der fcharfen, faft trockenen, aber jede Bewegung präcis zeichnenden Technik ausfpricht, verleiht feinen Radirungen befonderen
Werth. Sie erfcheinen als treue und treffende Illuftrationen der
gleichzeitigen Ereigniffe. Den Hauptton in der franzöfifchen Malerei
in der erften Hälfte des 17. Jahrhunderts gab aber die italienifche
Kunft an. Neben den minder bedeutenden Vertretern der naturaliftifchen Richtung lernen wir Maler kennen, welche, dem Zuge der
fpäteren franzöfifchen Renaiffancearchitektur folgend, correctere,
maßvollere Formen anftreben, von einem ernften, gründlichen Studium der älteren italienifchen Meifter ausgehen, der Begeifterung
für die antiken Gedankenkreife nachleben. Sie dürfen deßhalb eine
gewiffe Clafficität in Anfpruch nehmen, welche fie freilich mit dem
Verlufte frifcher unmittelbarer Lebendigkeit erkaufen. Der künftlerifche Verftand ift größer als die Macht ihrer Phantafie, eine
kühle, ftreng bemeffene Darftellungsweife in ihren Werken vorherrfchend. An ihrer Spitze fteht *Nicolas Pouffin* (1594—1665).
Schon frühzeitig lernte er Raffael aus Marcanton's Kupferftichen
kennen. Als er nach wiederholt mißglückten Verfuchen, in Italien
feine Studien fortzufetzen, fich 1624 in Rom niederließ, lebte er
fich in die klaffifche Welt vollftändig ein. Im Jahre 1641 folgte
er einem Rufe nach Paris, wo fich unter Richelieu's Patronate ein
reiches Kunftleben entfaltet hatte. Doch fchon nach zwei Jahren
kehrte er, in feinen Erwartungen vielfach getäufcht und fich zu-
rückgefetzt glaubend, nach Rom zurück. Zahlreich find Pouffin's
biblifche Bilder (Rebecca am Brunnen, Mofes fchlägt Waffer aus
dem Felfen, die fieben Sakramente), in welchen die weife bedachte
Anordnung der Gruppen, die würdige Auffaffung der einzelnen Geftalten am meiften feffelt, während felten ein fchwerer Farbenton
überwunden wird. In den Schilderungen des antiken mythologifchen
und hiftorifchen Lebens (Bacchanale, Teftament des Eudamidas) in
allegorifchen Darftellungen (No. **243**, 1) dämpft das Streben nach
ftrenger äußerer Richtigkeit der Darftellung die unmittelbare Wirkung. Namentlich in feinen letzten Lebensjahren pflegte Pouffin
auch die Landfchaftsmalerei (No. **244**, 1), in welcher nicht nur die
Staffage uns in das klaffifche Alterthum führt, fondern auch die be-
deutfamen landfchaftlichen Formen, theilweife der italienifchen Natur
entlehnt, aber durch die Anordnung in ihrer Mächtigkeit noch gefteigert, den Sinn der gewöhnlichen Umgebung entrücken, auf eine
ferne ideale Welt, auf den würdigen Schauplatz großer Thaten und
gewaltiger Menfchen hinlenken. Diefe Weife, die Landfchaft aufzufaffen (heroifche Landfchaft), wurde von Pouffin's Schwager *Gas-
pard Dughet* gen. *Gafparo Pouffin* (1613—1675) in Rom, einem
der fruchtbarften Maler des 17. Jahrhunderts, feftgehalten. Sie

klingt auch in den Bildern des *Claude Gelée*, gen. *Claude Lorrain*, an, nur daß diefer für die befonderen malerifchen Reize der land-fchaftlichen Natur, die Lichterfcheinungen, ein feineres Auge be-fitzt und milderen, heiteren Stimmungen gern Ausdruck leiht. In Lothringen, in einem Schloßflecken an der Mofel, in der Nähe von Epinal, 1600 geboren, als Knabe verwaift, hatte Claude fchon früh-zeitig viele Länder durchwandert. Als fein Hauptlehrer gilt Agoftino Taffi in Rom, der wieder mit Paul Bril zufammenhängt. Von 1627 an lebte Claude in Rom, wo er 1682 ftarb. Seinen ftaunenwerthen Fleiß bekundet das Buch der Zeichnungen, welches er in fpäteren Jahren anlegte, und in welchem er die von ihm gemalten Bilder fkizzirte, um fich vor Fälfchungen, die häufig verfucht wurden, zu fichern und die Echtheit feiner Bilder belegen zu können — unter dem Namen „liber veritatis" bekannt und gegenwärtig im Befitze des Herzogs von Devonshire. Es enthält 200 Zeichnungen und erfchöpft damit noch lange nicht die Summe feiner Gemälde. Gern fchiebt Claude im Vordergrunde kouliffenartig eine mächtige Baumgruppe oder einen Tempelbau vor, damit Mittel- und Hintergrund defto vertiefter erfcheinen. Auf weite, in den Linien leicht bewegte Flächen trifft unfer Auge; vor allem in den Küftenlandfchaften ver-liert fich der Horizont in einer unendlichen Ferne. Bald erglänzt die See im Lichte der Mittagsfonne, bald kräufelt ein fanfter Mor-genwind die Wellen, bald fenkt fich die Sonne glühend in das Meer herab. In der Kunft wirkungsvoller Beleuchtung, feiner Abtönung von Licht und Schatten, harmonifcher Färbung ftand Claude unter den Zeitgenoffen unerreicht da, und wenn auch zuweilen in der Compofition eine künftliche Anordnung bemerkbar wird, die Natur-ftimmung ift ftets vollendet wiedergegeben, der Eindruck idealer glückfeliger Ruhe bleibt unverfehrt (No. **243**, 2).

Der letzte berühmte Vertreter der franzöfifchen Malerei unter Louis XIII., der jung verftorbene *Euftache Le Sueur* (1617—1655) hat Italien nicht befucht, feine Erziehung zunächft in der Werk-ftätte eines Naturaliften, des ziemlich mittelmäßigen, aber vom Hofe begünftigten Simon Vouet empfangen. Doch haben auf feine Com-pofitionen Pouffin und die großen Italiener offenbar Einfluß geübt, nur fein Farbenfinn blieb unentwickelt. Als Le Sueur's Haupt-werk müffen die zweiundzwanzig Bilder aus dem Leben des h. Bruno, des Stifters des Karthäuferordens, im Louvre bezeichnet werden (No. **241**, 5).

Die Stiftung der franzöfifchen Akademie in Rom durch Colbert (1666) band zum Theil die weitere Entwickelung der franzöfifchen Kunft an Rom. Seitdem läßt fich in kirchlichen und mythologifchen Bildern die Exiftenz einer italienifirenden Schule, die bald in diefem bald in jenem älteren italienifchen Meifter ihre Ideale fucht, aber

niemals findet, verfolgen.   Doch dankt die franzöfifche Malerei ihre
Bedeutung in ungleich höherem Maße jener Richtung, welche fich
enger den heimifchen Culturformen anfchließt, den Zufammenhang
mit dem nationalen Boden nicht verliert.   Ohne den häufigen Zuzug aus der Provinz hätte die höfifche und hauptftädtifche Kunft
viel früher ihre Lebensfrifche verloren.   Diefe Einbuße drohte ihr
bereits am Schluffe der Regierung Ludwig's XIV., nachdem das
glänzend pomphafte Wefen, der rhetorifche Schwung der Kunft,
ähnlich wie der König felbft, der diefe Richtung in jüngeren Jahren
verkörpert hatte, fich in fchattenhaftes Greifenthum verlor.   *Pierre
Puget* (1622—1694) und *Charles Lebrun* (1619—1660) find die
berühmteften und zugleich bedeutendften Vertreter der franzöfifchen
Kunft in der zweiten Hälfte des 17. Jahrhunderts.   Puget, in der
Nähe von Marfeille geboren, hatte als junger Menfch in Rom den
Unterricht des Pietro da Cortona, des bekannten Manieriften, ge-
noffen, auch in der Malerei fich verfucht, aber frühzeitig in Toulon
(No. **181**, 8) und in Genua (h. Sebaftian) feine Tüchtigkeit als Bild-
hauer bekundet.   Er lebte abwechfelnd in Toulon und Marfeille,
wo ihm namentlich die plaftifche Decoration der großen Kriegs-
fchiffe (Soleil royal u. a.) als Aufgabe zufiel.   Auch mit Entwürfen und
Ausführungen von Bauten befchäftigte fich feine nimmer raftende
Phantafie.   In feinen Marmorwerken: Milon, der gallifche Herkules,
Perfeus und Andromeda, wie in feinen Reliefs (Peft von Mailand)
macht fich allerdings die italienifche Manier, welche damals in Frankreich herrfchte, bemerkbar, doch erfcheinen feine Geftalten nicht bloß
äußerlich bis zum Uebermaße bewegt, fondern auch von einer wirklichen inneren leidenfchaftlichen Kraft getrieben.   „Der Marmor zittert
vor mir", pflegte er zu fagen.   *Lebrun*, in deffen Händen die Leitung der großen künftlerifchen Unternehmungen Jahrzehnte lang
ruhte, dankt einen nicht geringen Theil feines Ruhmes den trefflichen Kupferftechern, welche feine Werke vervielfältigten.   Außer
der Gründung der Gobelinmanufactur ift die würdige Befchäftigung
einer zahlreichen Kupferftecherfchule die glorreichfte That auf dem
Kunftgebiete in der Periode Louis XIV.   Der aus Flandern ftammende Gérard Edelinck, Gérard Audran, das bekanntefte Glied der
Künftlerfamilie Audran, Rouffelet, Poilly, Robert Nanteuil u. a. übertrugen die Blüte des Kunftzweiges von Flandern nach Paris.   Die
Vollendung, mit welcher diefe Kupferftecher die malerifchen Effecte
wiedergeben, verleiht ihren Werken nicht allein an fich einen
großen Werth, fondern trägt auch dazu bei, den Ruhm ihrer Vorlagen zu verbreiten, um fo mehr, als nicht felten die Nachbildungen
die Fehler der Originale verbeffern oder doch verbergen.   Diefes ift
z. B. bei den Alexanderbildern Lebrun's der Fall, nach welchen
urfprünglich Teppiche in der Gobelinmanufactur ausgeführt werden

follten. Die Stiche Audran's und Edelinck's nach denfelben laffen
das unharmonifche Colorit der Gemälde gar nicht erkennen. Lebrun's
Thätigkeit war vorwiegend der großen decorativen Malerei zugewendet; außer Kirchenbildern danken ihm zahlreiche mythologifche
und allegorifche (No. **243**, 3) Darftellungen das Dafein. Die
Apollogalerie im Louvre, die große Galerie zu Verfailles haben
feinen Ruhm bis zum heutigen Tage erhalten. Eine leichte Hand,
eine gefchickte Verwerthung des mythologifchen Apparates, eine
effectvolle Anordnung der Scene müffen ihm zugefchrieben werden,
wenn auch feinen Geftalten und Gruppen die lebendige Wahrheit
und wirkliche Größe mangelt. Mit Lebrun rivalifirte der als Porträtmaler in Hofkreifen befonders beliebte *Pierre Mignard* (1612—
1695). Eintönig im Charakter find feine Bildniffe, wie die Mehrzahl der Perfonen war, welche er darftellte; doch ftehen fie künftlerifch immerhin höher, als feine großen Compofitionen und Madonnen, in welchen die füßlich verzwickten Züge die Grazie erfetzen follen. Wie der in Rom ausgebildete Künftler feine Porträts
zu einer idealen Bedeutung aufzubaufchen liebt, zeigt das Bild
feiner Tochter als Fama, den Ruhm ihres Vaters verkündend (No.
244, 2). Ungleich freier und wahrer in der Auffaffung treten uns
die Bildniffe *Hyacinth Rigaud's* (1659—1743) entgegen, welche
mit den Porträts *Jean Marc Nattier's* (1685—1766) zufammen eine
förmliche hiftorifche Galerie darftellen, in welcher kaum eine hervorragende Perfönlichkeit Frankreichs fehlt. Das pomphafte Ausfehen können fchon wegen der Tracht die vornehmen Hofherren
und Staatsmänner nicht gut abfchütteln (No. **244**, 3); doch dringt
befonders in den Künftler- und Frauenporträts die forgfältig ftudirte
Charakterwahrheit durch. Ein Menfchenalter fpäter ift es auch bei
Porträtfchilderungen mit dem fchwerfälligen fteifen Pompe vorbei.
Mit farbiger Kreide gezeichnete Bildniffe kommen in die Mode,
in welchen die flüchtigen, leichten Reize der äußeren Erfcheinung,
der Duft und Flaum der vom Schickfal unberührten Jugendblüte
am meiften anfprechen und am beften gelingen. Der berühmtefte
Paftellmaler Frankreichs, der freilich der befchränkten Technik oft
zu viel zutraute, war *Maurice Quentin Latour* (1704—1788), deffen
Vaterftadt St. Quentin eine Sammlung feiner hervorragendften Bild-
niffe befitzt. — Nicht die Porträtmalerei allein, die ganze franzöfifche
Kunft nimmt feit dem Anfange des 18. Jahrhunderts eine neue
Wendung, welche mindeftens im erften Anlaufe als ein entfchiedener
Fortfchritt in der Richtung auf Lebendigkeit und wahre Empfindung
begrüßt werden muß. Freilich blieb auch jetzt der unmittelbare
Volksboden, die reale Natur unberührt. Das ungebundene Leben,
die natürliche Heiterkeit, die Genußfreude, nach der öden, dürren
Zeit des alternden Louis XIV. fehnfüchtig herbeigewünfcht, fand

man nur in dem luſtigen Treiben der Komödianten, in Masken-
ſcherzen, in der erträumten Welt der arkadiſchen Hirten. In den
ſogenannten Wirthſchaften, mit welchen ſich die Hofleute erluſtigten,
hatte ſich die Freude, ungehemmt von den Feſſeln der Etikette auf-
zutreten, Luft gemacht. Und ein höfiſcher Ton klingt auch in den
„fêtes galantes" an, welche *Antoine Watteau* aus Valenciennes
(1684—1721), der beſte Vertreter dieſer Richtung, ſchuf. Watteau
iſt weſentlich Autodidakt, obſchon er einzelne Anregungen von
Rubens und den ſpäteren Venezianern empfing. Rieſiger Fleiß ſetzte
ihn nicht allein in den Stand, ungeachtet eines kurzen kränklichen
Lebens eine erſtaunlich große Fruchtbarkeit zu entwickeln — über
700 Blätter ſind nach ſeinen Gemälden und Zeichnungen geſtochen
worden — ſondern verlieh ihm auch eine Sicherheit der Hand,
eine vollkommene Herrſchaft über Formen und Bewegungen, welche
Bewunderung erregt, auch wenn man die von ihm erfundenen
Typen, die glattgeſchmeidigen Herren, die koketten Damen mit
den zierlichen, ſchelmiſchen Geſichtern, dem zurückgeſtrichenen
Haare, den muthwilligen Stumpfnäschen, den kleinen Köpfchen nicht
unbedingt anerkennt. Er führt uns bald die Hauptfiguren der
franzöſiſchen Komödie, Gilles, Mezzetin, Finette u. ſ. w. vor, bald
ſchildert er Feſte und Unterhaltungen im Freien (No. **243**, 4),
oder ſtellt galante Liebesſcenen dar. Als ſein Hauptwerk gilt die
Einſchiffung der Liebespaare nach der Inſel Cythera, dem Heiligthum der Venus. In Watteau's Fußſtapfen traten *Nicolas Lancret*
(1690—1743), *Jean Baptiſte Pater* (1696—1736) u. a., ohne aber
ihr Vorbild namentlich im Colorit zu erreichen. Auch *François
Boucher* (1703—1770) hatte anfangs viel nach Watteau gearbeitet.
Doch bildete Boucher ſchon frühzeitig die ihm eigenthümliche de-
korativ wirkſame Malweiſe aus, welche helle roſige Töne liebt,
Schatten vermeidet und dadurch wie durch die gefälligen, mit leichter Hand entworfenen Formen, den Schein oberflächlicher, ſinn-
licher Grazie bewirkt. Boucher verſetzt uns nicht bloß in eine mehr
dem Ballet als der Natur abgelauſchte Hirtenwelt, ſondern zieht
auch den Olymp in ſeine Darſtellungen. Aber ſeine Venusbilder
und Amoretten dienen gleichfalls ausſchließlich dem einen Zwecke,
die Reize des verfeinerten ſinnlichen Genußlebens zu ſchildern. Zu
ſeinen beſten Arbeiten gehört das Porträt ſeiner Gönnerin, der
Madame de Pompadour (No. **244**, 4). Aehnlichen Anſchauungen
wie Boucher huldigt der Provençale *Jean Honoré Fragonard* (1732—
1806), deſſen Kindergruppen in den zierlich lebendigen Terracotta-
figuren *Claude Michel Clodion's* (No. **186**, 3) ihr plaſtiſches Wider-
ſpiel finden. Die volle Rückkehr zur einfachen, wahren Natur
offenbaren die Stillleben und die Figurenbilder *Jean Baptiſte Char-
din's*. Dieſer ſchildert das Leben und Treiben in bürgerlichen Kreiſen

(No. **244**, 5) und weiß in gut niederländifcher Weife auch dem
Hausrath und der unbelebten Natur eine anheimelnde poetifche
Seite abzugewinnen. In noch engerem Anfchluß an die Lehren der
Aufklärung und an das „tugendhafte Bürgerthum" ftehen die Gemälde des von Diderot hochgepriefenen *Jean Baptifte Greuze*(1725—
1805). Seine Familienfcenen (No. **244**, 6) fpitzen fich zuweilen
zu dramatifchen Effecten zu, erzählen zufammenhängende Familien-
gefchichten. Mit der moralifirenden Tendenz zeigen fich freilich
die mitunter an das Lüfterne ftreifenden Züge feiner Mädchenge-
ftalten nicht ganz im Einklange.

10. Der Barock- und Rococostil.

Wie die Bezeichnung „gothifch" für die Kunft des fpäteren
Mittelalters urfprünglich als Tadel und Schimpf gemeint war, gegenwärtig aber ohne jeden fpöttifchen Beigefchmack zur Unterfcheidung
der Streben- und Widerlagerarchitektur von der älteren romanifchen
Baukunft verwendet wird: fo faßte man in den Ausdrücken Barock, Rococo, Zopf zuerft gleichfalls das verächtliche Urtheil über
die Kunft des 17. und 18. Jahrhunderts zufammen, gebraucht aber
jetzt namentlich in Deutfchland (die Franzofen gliedern die Kunftperiode von 1640—1790 nach der Regierungszeit ihrer Könige
diefelben fchlechthin zur Charakteriftik der auf einander folgenden
Kunftweifen. Man verfteht unter Barockftil die am Ausgange der
Renaiffance herrfchende Weife, durch bis zum Uebertriebenen und
Ueberladenen verftärkte Formen, durch gefchweifte und gekrümmte
Linien, durch fcharfe Contrafte zu wirken und den Schein der
Kraft und des Lebens zu erwecken. Die Renaiffancemotive werden
als Grundlage beibehalten, aber theils von fpielenden Zierraten
überwuchert, theils aus dem gefetzmäßigen Zufammenhange ge-
riffen, durch einfeitige Betonung von ihrer urfprünglichen Bedeutung abgelenkt (No. **179**, 1; **183**, 1). Pomp und Pracht fpricht
aus diefer Kunftweife; der Eindruck wird bis zur Betäubung gefteigert, wie dem Stoffe, in welchem der Künftler arbeitet, fo in
noch höherem Maße den einzelnen Kunftgattungen Gewalt angethan, ihre Schranken, dem Effecte zu Liebe, durchbrochen. Doch
überwiegt die Freude am Malerifchen, welches auch in den anderen
Künften gegen früher einen breiteren Raum einnimmt. Diefe Richtung deckt fich im Allgemeinen mit der Regierungszeit Ludwig's XIV.
In der folgenden Periode (Ludwig's XV. oder Rococo) löfen fich
alle feften, kräftigen Formen in leichte zierlich gewundene Linien

auf, das Gefchnörkelte und Mufchelartige (von „rocaille" dürfte der
Name herrühren, welcher wahrfcheinlich am Anfange unferes Jahrhunderts in franzöfifchen Emigrantenkreifen aufkam) herrfcht vor,
die Umriffe fchlängeln fich (No. **183**, 4, 5), an die Stelle des Ge-
baufchten tritt das Knittrige; wenn Farben zur Anwendung kommen,
fo werden alle kräftigeren Töne und tieferen Schatten vermieden,
lichte, rofige Farben beliebt. Die Rückkehr zum Geradlinigen,
Steifen und Harten, zugleich mit einer ftärkeren Wiederanlehnung
an antikifirende Formen und an die Natur bezeichnet die Kunft
in dem ernüchterten Zeitalter Ludwig's XVI. (Zopf). Mit diefen
Bemerkungen ift das Wefen der auf einander folgenden Perioden
noch lange nicht erfchöpft; die fo wichtigen kulturgefchichtlichen
Beziehungen bleiben unerwähnt. Doch mag das Gefagte genügen,
um die Grundzüge der Decoration in den verfchiedenen Kunftweifen zu charakterifiren. Eine Befchränkung aber der Ausdrücke
Barock, Rococo, Zopf auf das decorative Gebiet erfcheint aus
mannigfachen Rückfichten rathfam. Denn man kann wohl von
einer Barockarchitektur und Barockfculptur fprechen, eine reine
Rococoarchitektur zu fchildern würde aber fchon große Schwierigkeiten bereiten, und felbft in der Barockperiode laffen fich die Bau-
fitten der verfchiedenen Länder ebenfowenig wie die einzelnen Bauwerke auf eine einzige Wurzel zurückführen, die üblichen Bauformen fich nicht nach einer Regel oder Schablone zurechtlegen.
Der Gang der Bauentwickelung feit der Mitte des 17. Jahrhunderts
war beiläufig folgender:

In Italien hatten *Bernini*, noch mehr aber *Francesco Borromini* (1599—1667) die Wirkungen des überlieferten Renaiffanceftils
durch bewegtere Linien und der Malerei entlehnte Mittel gefteigert.
Durch fie kamen die Kurven bei der Faffadenanlage, die durch
Halbfäulen verftärkten Säulen, welche vortreten und die auf ihnen
ruhenden Gebälktheile nachziehen, das Spiel mit Schatten und per-
fpectivifchen Effecten zu allgemeiner Aufnahme.

Die alten kirchlichen Traditionen werden in der Anordnung
der inneren Räume aufgegeben, die Kirche verwandelt fich in einen
Prunkfaal. Der farbige Schmuck, durch Incruftationen und Fresken bewirkt, insbefondere die Deckengemälde mit ihrer prunkvollen
Scheinarchitektur, ihren künftlichen Perfpectiven, die reichen Ver-
goldungen erhöhen diefen Eindruck. Das virtuofe Element, das
fich in der Behandlung des Marmors, als wäre es gefügiges Holz-
material (gewundene Säulen), in der gefchickten Wiedergabe kühn-
fter und feltfamfter Bewegungen in den plaftifchen Werken, in der
auf Sinnentäufchung berechneten malerifchen Decoration ausfpricht,
darf nicht unerwähnt bleiben, wenn man den glänzenden Erfolg
des italienifchen Barockftiles erklären will. Derfelbe ift außer in

Rom namentlich in Unteritalien und auf Sicilien durch Prachtftücke
vertreten, wanderte aber auch über die Alpen und wurde befonders
in den katholifchen Landfchaften Süddeutfchlands und Oefterreichs
heimifch. Zahlreiche Paläfte und Kirchen in Wien und Prag, wie
in den füddeutfchen Refidenzen, auch einzelne Dome und Klofterkirchen (No. **144,** 3), find im italienifchen Barockftile ausgeführt.
Er herrfchte aber keineswegs ausfchließlich dieffeits der Alpen. In
Frankreich hatten heimifche Künftler frühzeitig die fefteren Regeln
der antik-römifchen Architektur zu Ehren gebracht und in der
äußeren Gliederung ihrer Bauten (nicht in der inneren Ausftattung)
eine größere Ruhe, einfachere mächtigere Verhältniffe angeftrebt.
Auch in Holland bewahrten, wie das Amfterdamer Rathhaus, ein
Werk des *Jacob van Campen* (No. **143,** 1), zeigt, die Formen der
reinen Renaiffance ihre Geltung. Auf deutfchem Boden kreuzen
fich und berühren fich die italienifchen, franzöfifchen und holländifchen Einflüffe. Nach franzöfifchen Muftern richteten fich gern
die geiftlichen und weltlichen Fürftenhöfe im weftlichen Deutfchland von Bonn, Brühl, Coblenz, Mainz bis nach Mannheim und
Raftatt hinauf. Die Einwirkung Hollands ift in der norddeutfchen
Architektur, befonders in Berlin, bemerkbar. Die deutfche Kunft
befaß aber überdieß noch ihre eigenthümlichen Ueberlieferungen.
Einzelne Elemente der deutfchen Renaiffance, z. B. die Cartouche,
wiederholen fich auch im Barockftil (No. **180,** 1; **181,** 7), wie
denn überhaupt die Grenzen der deutfchen Renaiffance gegen die
fpäter herrfchende Kunftweife kaum fcharf abgefteckt werden können.
Endlich muß die perfönliche Eigenart deutfcher Architekten, welche
auf weiten Studienreifen fich einen freien Ueberblick und größere
Selbftändigkeit errungen hatten, erwogen werden. Ein einheitlicher
deutfcher Barockftil, eine gleichmäßige Entwickelung der deutfchen
Architektur im 18. Jahrhundert beftand nicht. Von den gewöhnlichen Barockbauten unterfcheiden fich z. B. wefentlich die Kunft-
fchöpfungen, welche feit dem Ende des 17. Jahrhunderts in Berlin
erftehen: das Zeughaus (No. **142,** 4), von dem wahrfcheinlich aus
Holland ftammenden kurfürftlichen Oberingenieur *Johann Arnola
Nering* entworfen, nach deffen Tode (1695) von Schlüter und
Johann de Bodt ausgeführt, und das königliche Schloß. Das letztere,
eine ältere ziemlich unregelmäßige Anlage (No. **143,** 3), wurde im
Jahre 1699 einem Umbau und theilweifem Neubau unterworfen und
die Leitung des Baues *Andreas Schlüter* (geb. in Hamburg 1664,
geft. in Petersburg 1714) übergeben. Schlüter war nicht allein
Baumeifter, fondern auch Decorateur (No. **144,** 1) und Bildhauer.
In allen Thätigkeitskreifen bricht fich feine kraftvolle Perfönlich-
keit freie Bahn. Man möchte annehmen, ein Theil der kühnen
Flugkraft, welche feit dem großen Kurfürften dem jugendftarken

preußifchen Staate innewohnt, fei auf den Künftler übergegangen.
Man findet in Schlüter's Werken keinen leeren Pomp und mühfam
aufgebaufchten Glanz, fondern überall wirkliche Kraft, natürliche
Energie, welche daher auch das Maß der Wahrheit niemals über-
fchreitet.   Der plaftifche Schmuck am Zeughaufe, außen Trophäen,
in den Fenfterfchlußfteinen des Hofes Masken fterbender Krieger
(No. **128**, 1), bilden keinen zufälligen, nur lofe mit dem Werke
verknüpften Zierrat, fondern bringen wirkliches Leben in die architektonifche Gliederung und geben dem Zwecke des Bauwerkes
einen ergreifend poetifchen Ausdruck.   In der Hofarchitektur des
königlichen Schloffes (No. **143**, 2) hat Schlüter der Renaiffance die
einfach großen Verhältniffe und das Wirken durch kräftige Contrafte
abgelaufcht.   Sein berühmtefstes Werk hat er aber 1703 in der
ehernen Reiterftatue des großen Kurfürften (No. **128**, 2) gefchaffen.
Sie ift in den Maßen vortrefflich auf die Umgebung (Kurfürften-
brücke) berechnet; durch den Gegenfatz zu den heftig bewegten,
gefeffelten Kriegern am Sockel tritt die majeftätifche Ruhe des
Kurfürften noch deutlicher hervor.   Das Größte, was ein Künftler
leiften kann, das Fortleben des von ihm gefchaffenen Typus in der
Volksphantafie, hat Schlüter hier erreicht.
In eine Welt des üppigften Glanzes und höfifcher Pracht führt
der unter Auguft dem Starken errichtete Zwingergarten in Dresden,
gewöhnlich Zwinger genannt und urfprünglich nur als Theil eines
großartigen architektonifchen Feftapparates gedacht.   Nach dem
Plane des Baumeifters *Matthias Daniel Pöpelmann* (1662—1736)
follte die Anlage nach Art der „alten römifchen Staats-, Pracht-
und Luftgebäude" alles in fich vereinigen, was zu Luft- und Pracht-
aufzügen und zu ritterlichen Uebungen dienlich erfcheint.   Auch
in Schlüter's Geifte hatte fich der Berliner Schloßbau zu einem
römifchen Prachtforum erweitert, nur daß er auf bloß höfifche
Luftbarkeiten geringere Rückficht nahm, alles in ernfte, fchwer ge-
diegene Formen kleidete, während im Dresdener Zwinger gerade
auf die „Schauburg", die im Sommer in eine Orangerie verwandelt
werden kann und in welcher die Gepränge und Luftbarkeiten des
Hofes fich abfpielen, der größte Nachdruck gelegt worden war.   Der
Grundriß des Zwingers bildet ein mächtiges Rechteck, durch vor-
gelegte Quadrate und Kreistheile bewegter geftaltet.   Der als Hof,
oder Garten aufgefaßte mittlere Raum wird von Galerien (Arkaden
mit Plattform und Baluftraden) gefchloffen, welche durch hohe
und reich gefchmückte Pavillons an den Ecken und in der Mitte
(No. **142**, 2, 3) unterbrochen werden.   Die Dachform der Pavillons
geht auf franzöfifche Mufter zurück, die Vervielfältigung der Struk-
turtheile, wie der Säulen und Pfeiler, die gebrochenen Halbzirkel,
die Vorliebe für Hermen entfprechen dem herrfchenden Barockge-

fchmacke. Damit ift aber die Eigenthümlichkeit des Zwingerbaues nicht erfchöpft. Der Zwinger erfcheint vorwiegend als Innenbau. Die Plattform der Galerien haben wir uns von den glänzenden Damen und Cavalieren belebt zu denken, die Pavillons mit ihren Grotten, Springbrunnen ftellen Erholungsräume dar, in welche fich die Hofgefellfchaft auf Augenblicke zurückziehen kann. Diefen Charakter eines Schauplatzes bringt der Schmuck des Zwingers in den mit Blumen behängten Säulenfchäften, in den Vafen der Baluftraden, in den an Spiegelrahmen erinnernden Fenftereinfaffungen u. f. w. deutlich zum Ausdrucke. Es klingt im Zwinger eine Feftfaaldecoration an, im Gegenfatz zu den meiften franzöfifchen Prunkhöfen, die nur Faffadenmotive wiederholen. Aus einer anderen Gruppe von Barockbauten (in den fränkifchen Landfchaften) heben wir zwei Werke des *Balthafar Neumann* (1682—1753) hervor, einen Pavillon des Würzburger Schloffes (No. **144**, 4), an welchem fich der barocke Stil insbefondere in der Fenfterarchitektur und in dem oberften Halbgefchoffe offenbart, und das Innere der Wallfahrtskirche zu Vierzehnheiligen (No. **143**, 4) mit dem Gnadenaltar, deffen Mufchelwerk bereits die Nähe des Rococo andeutet. Proben der Bauweife in der zweiten Hälfte des 18. Jahrhunderts bieten das Luftfchloß Solitude bei Stuttgart (No. **142**, 1), welches durch die ftattliche Freitreppe und den Kuppelbau fich einen vornehmen Charakter wahrt, fonft in fchlichten Verhältniffen gehalten ift, und der Kuppelthurm der franzöfifchen Kirche in Berlin (No. **142**, 5). Derfelbe geht auf römifche Vorbilder des 16. und 17. Jahrhunderts zurück, zeigt die Ernüchterung, welche nach der Beraufchung im üppigen Barock- und Rococoftil eintrat und zu einer größeren Einfachheit und Regelmäßigkeit der Bauformen führte.

In der Ausftattung und Decoration der inneren Räume, auf dem Gebiete des Kunfthandwerkes kommt die franzöfifche Kunftweife viel ausfchließlicher zur Geltung als im Kreife der Architektur. Die Schilderung der auf einander folgenden franzöfifchen Decorationsmoden deckt fich beinahe vollftändig mit der Erzählung der Schickfale des europäifchen Kunfthandwerkes feit dem Ende des 17. Jahrhunderts. Diefe Thatfache wird nicht durch das Anfehen des franzöfifchen Hofes allein erklärt, fondern findet auch ihre Rechtfertigung in der Tüchtigkeit des franzöfifchen Kunfthandwerkes. Colbert hatte 1667 die Gobelinmanufactur zur „manufacture royale des meubles de la couronne" erhoben. In ihr fanden Kunfthandwerker aller Art: Ebeniften, Bildhauer, Maler, Goldfchmiede, reiche Befchäftigung und trefflichften Unterricht. Dem Eintritt in Spezialwerkftätten ging eine forgfältige Zeichenfchule voran. In diefer Manufactur wurden die fchönften Meubel des Verfailler Schloffes gefchaffen. Solche glänzende Aufgaben fpornten die

Kräfte der Arbeiter an. Die techniſche Tüchtigkeit der letzteren lockte wieder die Künſtler, Entwürfe zu zeichnen und ſich zu dem Kunſthandwerke in eine engere Beziehung zu ſetzen. Aehnlich wie im 16. Jahrhundert die ſogenannten Kleinmeiſter auf das Kunſt-handwerk der deutſchen Renaiſſance einen nachhaltigen Einfluß übten, ſo boten die franzöſiſchen „Deſſinateure" unter Ludwig XIV. und XV. den mannigfachſten Kunſtgewerben reiche Muſter und be-ſtimmten den Decorationsſtil. Wir führen die wichtigſten Ornament-ſtecher an, die aber vielfach auch die Erfinder der Ornamente waren und, wie z. B. *Jean Berain* (1636?—1711), die Decoration von Prachträumen (Plafond in der Apollogalerie im Louvre) unmittelbar in ihre Hände nahmen: *Jean Lepautre* (1617—1682), urſprünglich zum Tiſchler beſtimmt, von wunderbarer Fruchtbarkeit (ungefähr 2700 Blätter hat er geſtochen) und Vielſeitigkeit, dann den ſchon erwähnten *Jean Berain*, welcher von den Raffael'ſchen Grottesken ſeinen Ausgangspunkt nahm, übrigens noch drei Namensgenoſſen beſaß, deren Arbeiten ſchwer auseinander zu halten ſind, *Bernard Toro* in Toulon (1672—1731), auch als Bildhauer und Holzſchnitzer (No. 180, 9) thätig, und *Daniel Marot*, welcher als Hugenott aus Paris verbannt wurde und in Holland lebte (No. 179, 4; 181, 2). Im Zeitalter Ludwig's XV. gewannen als Decorateure und Orna-mentenzeichner *Juſte Aurèle Meiſſonier* aus Piemont († 1750), *Gille Marie Oppenort* (1672—1742), *Babel, Leroux*, und der in München thätige *Cuvillié* (No. 144, 2) den größten Ruf. In den Vignetten-zeichnern im Zeitalter Ludwig's XVI., wie *Gravelot, Karl Eiſen* (No. 185, 10), *Auguſtin de Saint-Aubin, Moreau le jeune* lebte die Ornamentik, die glänzendſte Seite der Kunſt des 18. Jahrhunderts, ſich aus.

Im Intereſſe der Goldſchmiede entfalteten die Deſſinateure vor-zugsweiſe ihre Wirkſamkeit. Die Werke der Goldſchmiede laſſen uns den wechſelnden Einfluß der letzteren und zugleich die Wand-lungen des decorativen Stiles am ſicherſten erkennen. Unter den Goldſchmieden, welche Ludwig XIV., ehe die Finanznoth des Staates ihm Sparſamkeit aufzwang, am meiſten beſchäftigte, nimmt *Claude Ballin der ältere* (1615—1678) den erſten Rang ein. Ein großer Theil der maſſiven mit boſſirtem Silber beſchlagenen Möbel im Verſailler Schloſſe ging aus ſeiner Werkſtätte hervor. Sie wan-derten ſämmtlich in den Schmelztiegel. Nur die bronzenen Garten-vaſen haben ſich erhalten. Die Prachtſtücke, Vaſen (No. 181, 3), Schalen, Kübel, Spiegel, Kandelaber, Leuchter kennen wir nur aus Zeichnungen. Wenn Zeitgenoſſen Ballin's Verſtändniß der Antike rühmen, ſo haben wir das Lob auf die Thatſache einzuſchränken, daß ihm Renaiſſancemotive nicht fremd blieben. Doch gilt auch dieſes mehr von ſeinen für den Hofgebrauch beſtimmten Arbeiten,

als von feinem Kirchengeräthe, welches durch den übertriebenen
Prunk und die maßlofe Anhäufung von Zierraten beinahe alle
Brauchbarkeit verliert. In den erften Jahren der Regierung Ludwig's XV. übten *Nicolas Delaunay* und der jüngere *Claude Ballin*
(1661—1754) eine reiche Wirkfamkeit aus. Der Hauptvertreter des
Rococo bleibt aber *Thomas Germain* (1673—1748), deffen Vater
Pierre bereits die Goldfchmiedekunft betrieben hatte. Sein Hauptwerk war eine Toilette für die Königin Marie Lesczinska, 1726
aus vergoldetem Silber hergeftellt und aus 50 Stücken beftehend,
unter welchen auch nicht das kleinfte Boudoirgeräthe bis zum Pu-
dermeffer herab fehlte. Die (No. 183, 8 u. 9; 184, 7 u. 14) mitgetheilten Proben zeigen die Vorliebe für das Gewundene, Mufchel-
förmige, welches den Rococoftil charakterifirt. Der letzte bedeutende Goldfchmied der Rococozeit, *Jacques Roettiers* (1707—1784,
doch nur bis 1750 hervorragend thätig) fchuf das Tafelgefchirr für
den Kölnifchen Kurfürften 1749, durch die feine Zierlichkeit der
Arbeit (Eichenblätter an den Girandolen, auf welchen Infekten
kriechen) ausgezeichneter als durch die Pracht der Formen. Bereits
an den Arbeiten des *Jean Denis Lempereur*, des Juweliers der Madame de Pompadour, macht fich eine Aenderung des Gefchmackes
bemerkbar. Es tritt die bisher vernachläffigte Blume, das Edel-
fteinbouquet, und damit die größere Natürlichkeit in ihr Recht.
Diefes hängt mit dem allgemeinen Umfchwunge in den Kunftanfchauungen feit der Mitte des 18. Jahrhunderts zufammen. Durch
Reifende, Antiquare, Theoretiker (Präfident de Broffe, Graf Caylus,
Laugier) wurde die Aufmerkfamkeit auf die Antike zurückgelenkt,
welche durch die Ausgrabungen in Herculanum ohnehin wieder
der gebildeten Gefellfchaft näher gerückt worden war. Mit der Em-
pfehlung des Maßvollen, Zweckmäßigen, Natürlichen verbanden fich
Angriffe auf das „Gothifche, das Contournirte und Recontournirte".
Bereits in den fechziger Jahren waren Formen und Ornamente
„à la grecque" in der Mode. Die Einwirkung auf die Goldfchmiedekunft blieb nicht aus. Auch übte die gleichzeitige Geld-
noth großen Einfluß. Die edlen Metalle wurden felten. Man half
fich mit plattirtem Silber und Stahl (pinsbeck); der glänzende
fchwarze Lack, mit welchem man die Gegenftände mit Vorliebe
überzog, machte den darunter verborgenen Stoff ziemlich gleich-
giltig. Die Goldfchmiede (Augufte, Gouttier, Forty u. a.) legten
auf die feine Cifelirung jetzt das Hauptgewicht, arbeiteten auch viel
in vergoldeter Bronze (No. 185, 5) und decorirten Porzellanvafen.
Einen Hauptgegenftand der Goldfchmiedearbeit bildeten die Taba-
tièren (Klingftedt war der „Raffael der emaillirten Dofen"), den
Herren im Salon bei der Converfation ebenfo unentbehrlich wie
den Damen die Fächer, an deren Bemalung das ganze Jahrhundert

hindurch Künftler, darunter ganz hervorragende, fich gern betheiligten.

Im Kreife der keramifchen Kunft, welche namentlich im 18. Jahrhundert einen hohen Auffchwung nahm, feffelt die Aufmerkfamkeit zumeift das Eindringen des orientalifch-chinefifchen Elementes. Seitdem chinefifches Porzellan in Europa bekannt geworden war, hat es an Verfuchen, dasfelbe nachzuahmen und herzuftellen, nicht gefehlt. Solche Verfuche find in Italien fchon im 16. Jahrhundert gemacht worden. Nicht die Seltenheit allein ließ das Porzellan in fo hohem Maße begehrenswerth erfcheinen. Es befitzt in der That alle Eigenfchaften eines idealen Eßgefchirres. Die Porzellanmaffe, eine Mifchung von Kaolin oder verwittertem Gneis und Feldfpath, welche bei ftarkem Feuer durch Zufammenfinterung in eine Pafte fich verwandelt, fügt fich allen Formen, ift leicht, transparent, wird nicht von Stahl und Feuer angegriffen, läßt fich bemalen, emailliren, vereinigt die Natur des Glafes und des Steines. Durch den holländifchen Handel kamen zuerft größere Maffen chinefifchen Porzellans auf europäifche Märkte; in Holland wurde es auch am früheften mit Erfolg nachgeahmt. Die Faiencen von Delft, wo feit dem Beginne des 17. Jahrhunderts mehrere Fabriken errichtet und alle erdenklichen Gegenftände, fogar Geigen, aus feiner Thonerde hergeftellt wurden, gehen von der Decoration in einfachen blauen Tönen bald zu polychromer Ausfchmückung über und fuchen namentlich in den Pflanzenornamenten, Blumen etc. den orientalifchen Vorbildern näher zu kommen (No. 180, 2—4; 181, 6). Epochemachend wurde fodann die Erfindung der echten Porzellanpafte durch *Friedrich Böttger* (1682—1719) in Meißen. Die höchfte Blüte der Meißener Porzellanmanufactur fällt in die Zeit 1730 bis zum fiebenjährigen Kriege. Der Sprung von der Gefäßfabrikation zur Darftellung von Figuren wurde befonders durch den Modelleur *Kändler* mit großem Erfolge gewagt, freilich nicht ohne daß der Natur des Stoffes mitunter Gewalt angethan wurde. Es find nicht die zierlichen Schäfer, die Miniaturcavaliere und feinen kleinen Damen allein, welche uns in die Welt des Rococo führen; auch die Formen tragen das Gepräge des Rococoftiles deutlich an fich. Da die einfachen Formen, durch die Glafur verkleiftert, keine Wirkung üben, fo ging man abfichtlich auf das Unregelmäßige, Gekrümmte und Kraufe los und fchuf hier das wahre Ideal und Mufter des Rococo (No. 183, 3; 184, 1; 185, 3 u. 4).

Zahlreiche Porzellanmanufacturen entftanden im Wetteifer der verfchiedenen Höfe und Länder, fo in Wien (No. 184, 5), Ludwigsburg (No. 184, 6), Höchft u. a. in Deutfchland, in Chelfea, in Capo di Monte bei Neapel u. a. Der Meißener Manufactur fteht jene von Sèvres, nach Sèvres 1756 aus Vincennes übertragen, eben-

bürtig zur Seite. Doch wurde in der berühmten franzöfifchen
Staatsanftalt nicht wie in Meißen hartes, echtes Porzellan, fondern
Frittenporzellan (pâte tendre) fabrizirt, welches glasartiger, durchfichtiger, fchmelzbarer erfcheint, Bleiglafur enthält, die Farben (rose
tendre und bleu turquois werden befonders gefchätzt) tiefer in die
Pafte eindringen läßt, nicht als Eßgefchirr fondern nur zur Herftellung von Prachtgefäßen verwendet werden kann. Diefer Beftimmung muß es zugefchrieben werden, daß in Sèvres fich die
Prunkformen des Barockftiles fo lange erhielten (No. 184, 2 u. 3).
Den Einfluß der Antike, welcher in der zweiten Hälfte des 18. Jahrhunderts in alle Kunftkreife immer ftärker eindringt, verrathen die
Faiencen, welche unter der Leitung des *Jofiah Wedgewood* (1730—
1795) in der „Etruria" genannten Fabrik in Staffordshire, dem
alten englifchen Töpferbezirke, hergeftellt wurden. Wedgewood
verfuchte fich in verfchiedenartigen Mifchungen von Thonerde,
ahmte bald Porzellan, bald (in der Farbe) Bafalt, Jaspis, Achat
nach, erfand den „Jasper", eine dem Porzellanbiscuit ähnliche, leicht
knetbare Maffe, die fich befonders zur Herftellung von Reliefs, Cameen u. dergl. eignet. Das kunfthiftorifch wichtigfte Moment bleibt
die Huldigung, welche in Inhalt und Formen den antiken Idealen
gewidmet wird (No. 184, 9—13).
Die Möbel der Barockperiode zeigen zunächft eine doppelte
Geftalt. Sie find gefchnitzt (No. 181, 4 u. 5) und gepolftert (No.
182, 3). Die gefchnitzten Möbel treten aber bald gegen die in-
kruftirten, eingelegten Arbeiten zurück, welche fich mit einzelnen
Modificationen das ganze 18. Jahrhundert im Gebrauch erhielten.
Sie kamen namentlich durch *André Charles Boule* (*Buhl*) am Ende
des 17. Jahrhunderts in die Mode. Nach Boule wurden geradezu
alle Arbeiten von ausgefchnittenem und wiedereingelegtem Metall
auf Schildkrotgrund benannt, welche eigentlich nur die viel ältere
Intarfia neubeleben, jetzt aber eine weitergehende Verwendung z. B.
bei Uhrgehäufen, Confolen, Tifchplatten finden (No. 180, 5; 182,
7 u. 9). Wie der Rococoftil fich in Möbeln widerfpiegelt, zeigen
die Beifpiele von Bilderrahmen (No. 184, 8; 185, 2). Sie verlieren
ihre fefte architektonifche Structur und ranken fich in mannigfachen
Krümmungen um die innere Fläche herum. Diefelbe Vorliebe für
das Gekrümmte, Verfchlungene zeigt der Dresdener Spiegeltifch
(No. 186, 2) und die zur Vergleichung zufammengeftellten Tifch-
beine (No. 186, 10 u. 11). Im fchroffen Gegenfatze zu denfelben
treten die mageren, fteifen, durch den Kupferbefchlag noch härter
erfcheinenden Möbel aus dem Zeitalter Ludwig's XVI. (No. 183,
10; 186, 12) auf. Den Wandel und Wechfel des Gefchmackes
geben auch die an der Stelle der Tapeten üblichen Wandverklei-
dungen oder panneaux kund. Leicht zierlich und duftig heben fich

in den älteren bemalten Wandfeldern Claude Gillot's und in jenen in Watteau's Stil entworfenen (No. **186**, 5) die Figuren und das Rankenwerk von dem hellen Grunde ab, die geraden Linien, die Säulen, die mageren Guirlanden herrfchen im Zeitalter Ludwig's XVI. vor (No. **183**, 1).

Das decorative Gebiet bildet unftreitig die Glanzfeite der Kunft des achtzehnten Jahrhunderts. Sollte wirklich die Kunft, wie fie vom Handwerke ausging, in das Handwerk fchließlich zurückgekehrt fein, für immer in ein zierliches, leicht tändelndes Spiel fich aufgelöft haben? Ehe man folchen trübfeligen Gedanken Raum gibt, empfiehlt fich die Erwägung, daß das 18. Jahrhundert nicht bloß das Zeitalter des Rococo fondern auch die glänzendfte Periode der freien Kritik und der begeifterten Erhebung zu großen menfchlichen Idealen darftellt. Es war eine Zeit der Ausfpannung, der nothdürftig durch überreizte Genüffe verdeckten Ermüdung, aber auch die Zeit kühner Kämpfe. In der Natur der bildenden Künfte liegt es nicht, den Kampf zu beginnen, über fo treffliche Mittel fie auch gebietet, den Feind, wenn der Kampf eine gewiffe Höhe erreicht hat, zu fchädigen. Es begreift fich, daß fie zunächft vorzog, in den gewohnten Geleifen zu beharren. Aber fchon wurde durch die Literatur der Boden bereitet, auf welchem fie neue Bahnen ziehen follte. Die Anrufung der Antike und der einfach wahren Natur, anfangs das Feldgefchrei der kritifchen Oppofition, erwies fich bald als ein fruchtbarer Ausgangspunkt für die Neubelebung künftlerifcher Thätigkeit. Auch die Thatfache muß zu Gunften der productiven Kraft des 18. Jahrhunderts fprechen, daß in der fpäteren Zeit desfelben der Kreis der kunftpflegenden Völker fich namhaft erweitert. In Spanien erfteht nach faft hundertjähriger Paufe ein hervorragendes Talent in *Francisco Goya* (1746—1824), welcher nicht bloß als Maler eine merkwürdige Vielfeitigkeit entwickelt, fondern insbefondere als Radirer (Caprichos, los desastros de la guerra u. f. w.) die lebendigften Sittenbilder uns vor die Augen führt und ähnlich wie Hogarth, nur noch ätzender und mit freierem Umblicke die Kunft die Geißel der Satire fchwingen und in den großen Kampf der Meinungen einfpringen läßt. England, bisher im Kreife der Malerei und Plaftik ungenügend vertreten, tritt jetzt in den Vordergrund. Mag auch *William Hogarth's* künftlerifche Bedeutung überfchätzt worden fein, in feinen Allegorien und in Kupfer geftochenen moralifirenden Erzählungen (Rakes progress, Mariage à la mode, Harlots progress u. f. w.), das Uebermaß des witzigen und fatirifchen Details die malerifche Wirkung zerftören: unleugbar bleiben die großen Verdienfte der englifchen Porträt-, Landfchafts- und

Genremaler, wie *Jofuah Reynolds, Th. Gainsborough, Th. Lawrence, Morland* und *Opie* (No. **245**, 1—5), welchen man zu ihrer Zeit auf dem Feftlande nur wenige ebenbürtige Maler zur Seite ftellen konnte. Bei den großen Kulturvölkern des Continents aber hat die Vertiefung in die antiken Studien nicht bloß eine augenblickliche Ablenkung vom Schwulfte und von der conventionellen Natur bewirkt, fondern einen feften und dauernden Grund zu einer neuen Kunftanfchauung gelegt. Die Männer, welche am Schluffe des vorigen Jahrhunderts dem antiken Ideale huldigten oder zu einfach natürlichen Schilderungen des Lebens zurückkehrten, find entweder wie *Raphael Mengs, Canova* und *Daniel Chodowiecki* die Vorläufer der modernen Kunft gewefen oder haben fich wie *Asmus Jacob Carftens* und *Jacques Louis David* (No. **246**, 1—5) als Reformatoren an die Spitze derfelben gefetzt. Sie finden ihre volle Würdigung, wenn die Schickfale der Kunft in dem gegenwärtigen Zeitalter erzählt werden.

Namenregister.

Die eingeklammerten Seitenzahlen beziehen sich auf das Textbuch, die anderen auf die Nummern der Bilderbogen.

———

Ortsregister.

Druckfehler.

Seite 186 Zeile 6 v. o. lies Rathhause statt Rathhause.

Druck von Hundertstund & Pries in Leipzig.